蒲魯塔克札記 I

Moralia *by* Plutarch

蒲魯塔克 ◎ 著

席代岳 ◎ 譯

目　次

第四冊

譯　序

壹、前言

　　一九九九年初譯者從軍中退役以後，某日前往陽明山平等里去看哈根。哈根就是與我同住一個眷村，誠正學校小學和初中同班的孟祥森（孟東籬），六十年來在鳳山、永和、花蓮、台中、台北經常聚首長談，眞是相知最久交情最深的老友。閒聊當中提到我雖然退休，下半輩子還有很長的路要走，問我爾後何以自處，建議從事寫作工作，當時只是聽聽而已；翌年陪伴小兒去美讀書，爲打發孤寂單調的生活，開始全力投身翻譯，才有八年間的數部譯著出版。等到譯完《希臘羅馬英豪列傳》，深感這段時期壓力很大，身心疲乏，返台定居以來，應酬甚多，況且年事已高，決定停筆。二〇〇九年某次與孟祥森相見，他說我的身子很硬朗，勸我繼續努力做老牛，聽他的話方始動手翻譯本書。未過多久他患癌症去看他，還與我相談甚歡，頗有莊子鼓盆而歌的灑脫，遽不知很快溘然長逝。今年他的友人特別選出他的主要作品，編了一冊很有份量的文集，囑我寫一篇紀念文字，因爲種種原因沒有答應，特別是我痛心他這一生，不能爲動盪和變幻的時代寫出幾本傳世之作，白白浪費才華和稟賦實在太不值得。現在我要把這部書獻給哈根，作爲對他最誠摯的感激和懷念。

貳、作者簡介

　　命運女神會嘲笑蒲魯塔克，他是最偉大的傳記家，卻沒有爲自己留下一部傳記；靠著蘇達斯（Suidas）內容很貧乏的注釋，我們只能從作者的著作當中，拼湊出他一生的點點滴滴。然而對他的生卒年月都沒有正確的記載，甚至對他父親的名字都不知曉，猜測可能是尼卡克斯（Nicarchus）或奧托布盧斯（Autobulus）；倒是知道他的曾祖父是尼卡克斯，祖父是蘭普瑞阿斯（Lamprias），兩個兄弟是蘭普瑞阿斯和泰蒙（Timon）。他們的祖先世居在皮奧夏（Boeotia）北部一個富

於歷史地位的小鎮奇羅尼亞（Chaeroneia）；作者生於西元一世紀中葉，大約是西元四十六或四十七年，尼祿（Nero）繼承克勞狄斯（Claudius）出任羅馬皇帝不久的事；逝世的狀況不得而知，可能是哈德良（Hadrian）皇帝在位初期的西元一一九至一二七年之間。蒲魯塔克一直活在帝國傳承動亂不息的時代，至成年娶阿勤克賽奧（Alexio）的女兒泰摩克森娜（Timoxena）為妻，婚姻生活非常美滿，養育四個兒子奧托布盧斯、蒲魯塔克、索克拉魯斯（Soclarus）和奇朗（Chaeron）及一個女兒泰摩克森娜，只是兩個兒子和唯一的女兒都在幼年夭折。很多學者認為他對女兒的死亡，抱著一種聽天由命的心情，他在第四十九章〈安慰拙荊〉這一篇以書信體寫成的隨筆當中，勸他的妻子哀傷要保持合理的限度。還有一些姻親也都在這本書中出現，分別是對話錄的參與者。

　　蒲魯塔克自幼依家庭的門風接受通識教育，內容包含數學和音樂。那個時代的雅典（Athens）是希臘和羅馬的教育重鎮、學術研究的中心，他離家負笈都城，成為逍遙學派哲學家阿蒙紐斯（Ammonius）的學生。他畢生寫作及講學皆未曾停息，只有履行政府或宗教職責時，才暫時受到干擾。返鄉出任公職，負責建設和工程，後來擢升為名年執政，西元九十五年成為德爾斐（Delphi）的祭司，終身保有此職直到逝世；他另獲得雅典李昂蒂斯部族（Leontis）的接納而成為榮譽成員，圖拉真（Trajan）皇帝授與執政官的位階，哈德良皇帝則任命他為亞該亞（Achaea）行省代行法務官頭銜的行政長官，這些可能都是名義上的職位而已。蒲魯塔克基於公務和愛好曾遊歷希臘各地，到過埃及和小亞細亞（Asia Minor），曾特別在羅馬停留很久，大約是在西元七十五到九〇年之間這段時期。他所從事的工作除了與職務有關，還教授希臘語文及主持各種講座，認識的朋友都是位高權重的人物及知名之士，像是索休斯‧塞尼西歐（Sosius Senecio，西元九十九及一〇七年的羅馬執政官）、米努修斯‧方達努斯（Minucius Fundanus，西元一〇七年的羅馬執政官，一二二至一二三年亞細亞行省的總督），且他們的友情都能延續到生命的結束。蒲魯塔克的一生可說是鴻運高照，羅馬帝國在那段時期，一直遵行奧古斯都（Augustus）的政策，減少對外的征戰討伐，達成「羅馬和平」（Pax Romana）這個要求，雖然首都因為帝位的傳承，出現很多政爭和人事的起伏，但身在行省的蒲魯塔克卻未受到影響。他從事的工作和對智慧的追求，不曾引起嫉妒和猜忌，所以一直生活在安定和平靜之中。

　　蒲魯塔克是羅馬帝國的權勢到達顛峰時期的士林領袖和知名學者，可以說他是一位傳記文學家、散文家、專欄作家、柏拉圖學派的哲學家和泛道德論的知識份子。他平生的著述極其豐富，次子蘭普瑞阿斯是一位哲學家，曾為他的作品編出一份目錄（這份文件被稱為〈蘭普瑞阿斯目錄〉，請參閱第四冊附錄），總共有

二百二十七篇各種類型的文章。後人將其中五十篇傳記編成《希臘羅馬英豪列傳》（*Parallel Lives*），再將存世的其他作品共六十篇編成《蒲魯塔克札記》（*Moralia*）一書，然而本書包含七十八篇，其中有十八篇未列入目錄之內；所以僅以目錄計算，就有一百一十七篇已經喪失，要是考量未列入目錄的作品，數量更為驚人，特別有幾部是卷數繁多的巨著，諸如《荷馬研究》（*Homeric Studies*）四卷、《伊姆皮多克利的注釋》（*Notes of Empedocles*）十卷、《亞里斯多德的論題》（*Aristotle's Topics*）八卷、《論修辭學》（*On Rhetoric*）三卷、《論第五實質》（*On the Fifth Substance*）五卷及《論遭到遺忘的歷史》（*On Neglected History*）四卷等；讓後人看到這種狀況，如同英國桂冠詩人德萊頓（Dryden）所說，出現商人在損失船隻以後細讀運貨清單，那無可奈何的心情。

　　本書的原文是希臘文，優點在於重視修辭和條理，文字生動而有力，講究音韻的配合，對讀者的思想產生吸引力，特別是喜歡運用長句，文章的起伏有如行雲流水，娓娓道來頓生蕩氣迴腸之感。表達的方式採用對話、書信、議論和敘述等不同的風格，只是他的對話與柏拉圖的對話錄大相逕庭，大都以獨白的形式呈現，還有幾篇則運用頌辭的體裁作為開始的部分。蒲魯塔克承認自己在義大利住過相當時日，還是沒有閒暇學習羅馬的語言，直到垂暮之年才閱讀拉丁文的書籍。從本書可以看出，他雖然對羅馬的事物瞭如指掌，卻始終沒有引用拉丁文的作品和詩文，對於當代知名的文人雅士，像是帕休斯（Persius）、朱維諾（Juvenal）、盧坎（Lucan）、塞尼加（Seneca）、昆蒂良（Quintilian）、塔西佗（Tacitus）和蘇脫紐斯（Suetonius）等人，無論是他們本人或作品都未曾提到，而且這些人也都沒有提及過他的名字。

　　後世肯定蒲魯塔克的《希臘羅馬英豪列傳》及《蒲魯塔克札記》兩本著作，前者使他獲得「傳記之王」的美稱，後者則令他成為「隨筆文體」的始祖；爾後對於英國和法國的文學和戲劇，產生極其巨大的影響。莎士比亞的三部劇本《朱理烏斯·凱撒》（*Julius Caesar*）、《科瑞歐拉努斯》（*Coriolanus*）和《安東尼和克麗奧佩特拉》（*Antony and Cleopatra*），皆取材自湯瑪士·諾斯爵士（Sir Thomas North）於一五七九年所譯的《希臘羅馬英豪列傳》。從此以後數百年間，英國對於古代希臘和羅馬的歷史與考古，一直執西方世界的牛耳；就是文物和藝術品收藏之豐富，也令其他國家望塵莫及。英國十七、十八世紀的哲學家、文學家和傳記家，像是詹姆士·鮑斯韋爾（James Boswell）、班·瓊森（Ben Jonson）、約翰·德萊頓（John Dryden）、亞歷山大·漢密爾頓（Alexander Hamilton）、約翰·彌爾頓（John Milton）、法蘭西斯·培根（Francis Bacon）等人，認為在古代的作家中，蒲魯塔克的作品最能深入人心，對於建立西方世界的價值觀，做出

極大的貢獻。美國文學家愛默生（Ralph Waldo Emerson）和一些先驗論者，自稱受到《蒲魯塔克札記》很大的啓示；法國文學家蒙田（Montaigne）的《隨筆集》（*Essais*），全書一百○七篇中，僅題目與本書相同者就有三十餘篇之多，特別是議論的方式和敘述的手法，可以清楚看出仿效的痕跡。

蒲魯塔克身後享有很大的名聲，西元二世紀的義大利文學家奧拉斯‧傑留斯（Aulus Gellius）讚譽他在學術方面有卓越的成就；三世紀的埃及哲學家阿昔尼烏斯（Athenaeus）在其《知識的盛宴》（*The Learned Banqueters*）一書中，推崇蒲魯塔克是充滿光輝的智者；四世紀的克勞狄斯‧克勞迪阿努斯（Claudius Claudianus）認爲他足當學富五車、才高八斗之名；四世紀的天主教主教和神學家優西庇烏斯（Eusebius）爲希臘哲學家所寫的傳記，將蒲魯塔克列名首位；十四世紀的義大利桂冠詩人佩脫拉克（Petrarch），在其作品中將這位傳記家冠上「偉大的蒲魯塔克」這樣的頭銜。還有不計其數的文人學者表達景仰之情，所以他的墓誌銘用下面這首詩頌揚他在歷史和文學的地位：

> 希臘羅馬多英魂，
> 飛揚跋扈起雄風；
> 太史志業唯著述，
> 千秋萬世掌玉衡。

參、論述要點

《蒲魯塔克札記》一書包羅萬象，變幻無窮、題材博大，文字優美，內容包括七十八篇形式各異的隨筆、小品、雜文、對話、傳記、論述和信函，知識範圍涉及倫理、神學、哲學、政治、歷史、科學、醫藥、文學、音樂、戲劇和詩學，譽之全世界最古老的百科全書亦不爲過。僅將論述的要點臚列如次：

一、歷史的傳承

自從第三次馬其頓戰爭（Third Macedonian War）結束，以及亞該亞同盟（Achaean Confederacy）解散後，希臘陷入悲慘的處境，所有的城邦完全喪失自由權利及政治獨立，成爲羅馬帝國的行省和屬地，昔日的創造才華和積極精神，全部在腐化和頹喪中消耗殆盡。亞歷山大大帝（Alexander the Great）建立的龐大帝國，在他逝世不過一百八十年的時光，分崩離析化爲烏有，人類接受羅馬一個城市的統治和支配。至蒲魯塔克誕生之際，希臘世界已淪爲卑微和受到征服的土

地，人口及疆域急劇減少，貿易和農業日益蕭條，人民的生活貧窮而絕望。再就文化的傳承而言，柏拉圖（Plato）、亞里斯多德（Aristotle）、季諾（Zeno）和伊庇鳩魯（Epicurus）望重士林，執文壇之牛耳，創建的學派為門人子弟全盤接受，逐代流傳，後人的心智被局限在前人的窠臼之中。詩人和辯士的華麗詞藻，無法激起進取的火焰，僅為追隨者不帶絲毫感情的抄襲模仿，要是有人敢於打破成見自立門戶，就被視為背離法統和正道，受到大眾的杯葛並鳴鼓而攻之。蒲魯塔克身為希臘民族最優秀的後裔，自幼接受哲學和文史的薰陶，唯恐希臘昔日的光輝在衰亡的過程，拋棄散離成為明日黃花。他相信一個偉大的民族歷經考驗，必然留下令後人景仰不已的豐功偉業，古代英雄人物的勇氣、智慧、剛毅和仁慈所遺事蹟，不能讓它就此湮滅無蹤，基於這個動機才開始許多傳記和隨筆的寫作。

　　本書有關歷史部分的記述是重點之所在，主要區分為三個部分：從第十五章到二十章共六章，記述古代希臘和羅馬君王將相的言行，與我國《世說新語》的性質相近，只是為文平鋪直入，取材的範圍比較狹窄而已。其中有兩章特別提到古代的婦女，著眼點是愛國和英勇，真是巾幗不讓眉鬚。其次是第二十三章到第二十六章討論羅馬和希臘的成就在於命運女神的庇護，以及彼此的互動。再其次是傳記和評述，除了為希臘的十位演說家立傳，特別對希臘史家希羅多德（Herodotus）的《歷史》（*The Histories*）進行非常理性的批判。吾人常言「盡信史不如無史」，就我國看來起因於鄉愿和怯懦，一切要「為長者諱」，修史的目標是對皇帝的歌功頌德；西方也逃不掉這方面的束縛，更多了一層惡毒的嫉妒之心。

　　古代的希臘和羅馬對於演說家都極其推崇，這些人也是「政客」和「律師」的代名詞，在行政及司法部門擁有權勢。作為一個演說家要精通「演講術」和「修辭學」，才能運用修飾的文辭、正確的語法、鏗鏘的音調、優美的姿態、崇高的風格和周詳的準備，在公眾會場陳述自己的論點和意見，獲得大家的認同和擁護。本書第五十八章〈十位演說家的傳記〉，所列舉的人物都是公元前五到四世紀希臘知名之士，其中伊索克拉底（Isocrates）、萊克格斯（Lycurgus）和笛摩昔尼斯（Demosthenes）更是個中翹楚，須知演說是當時進身的工具，雅典的城邦要靠辯論統治。笛摩昔尼斯留下的主要演說辭，像是〈論腓力〉（Philippic）共四篇、〈論奧林蘇斯人〉（Olynthiac）共三篇，以及〈論王權〉（On the Crown），皆為後世的議會政治帶來源頭的活水。

　　希羅多德的《歷史》一書，記述公元前六至五世紀，波斯王國和希臘城邦之間的長期戰爭，西方世界認為這是最早的歷史巨著，因此希羅多德被冠以「歷史之父」的美稱。作者雖然是出生於小亞細亞的希臘人，但並不堅持泛希臘愛國主

義的觀點，只是頌揚雅典人的功勳，難免會得罪其他的城邦。蒲魯塔克在本書第六十章〈論希羅多德的《歷史》是充滿惡意的著述〉對他大肆攻訐，說起來是爲他的祖先皮奧夏人（Boeotians）和科林斯人（Corinthians）討公道，其實這已經是過了五百年之後的事。即使《歷史》在開始四卷，記載了不少荒謬不經的傳說和神話，受到希臘史家修昔底德（Thucydides）的嘲笑，但後半部對波斯戰爭的敘述，仍保持實事求是的態度，具有很高的史料價值，許多事項可以爲後世的發掘和研究所證實。

二、哲學的理念

蒲魯塔克雖然師事逍遙學派的阿蒙紐斯，他本人卻是一位折衷派的哲學家。他的思想體系來自不同的淵源，又能吸取各家的長處和優點，他從柏拉圖的學院學派打下哲學思惟的理論基礎，從亞里斯多德的逍遙學派習得邏輯和自然科學，從斯多噶學派堅持立身處世的原則，從伊庇鳩魯學派建立合理的生活方式，從畢達哥拉斯學派養成與人爲善的態度。這些不同的門派所秉持的主張，在這本書中可以得到合乎理性的解釋。斯多噶學派慣稱蘇格拉底（Socrates）是禁欲哲學的源泉和典型人物，受到季諾（Zeno）的身教言教終能發揚光大，特別是對事物保持聽天由命的態度，更能符合蒲魯塔克的行爲模式，由於羅馬的哲學以斯多噶學派爲主流，他加以駁斥也是一種下意識的反抗行爲。

羅馬的倫理學朝兩個相反的方向發展，一是追隨赫拉克利都斯（Heracleitus）、蘇格拉底和戴奧吉尼斯（Diogenes）的領導，將犬儒學派推廣爲斯多噶哲學；另一種則源出德謨克拉底（Democrates）的學說，受到亞里斯蒂帕斯（Aristippus）的影響，將塞倫學派引入伊庇鳩魯學派；對折衷學派的蒲魯塔克而言，這是走向相互對立的兩個極端，所以他認爲斯多噶學派的學說自相矛盾，其言論荒誕悖理，因此對它的一般概念提出反駁，本書第七十一到第七十三章對此有很明確的表示；同時他在第七十四章〈伊庇鳩魯不可能過快樂的生活〉以及第七十五章〈答覆科洛底（Colotes）：爲其他哲學家提出辯護〉，用很長的篇幅對伊庇鳩魯和他的門徒進行極其嚴厲和無情的批判。時至今日，伊庇鳩魯學派或許已不能給我們帶來快樂，但誰知它所倡導的「原子論」竟造成驚天動地的變化。

作者對於柏拉圖的哲學思想和對話錄，不僅非常熟悉而且有精闢的見解，才會在本書第六十九章，對其《泰密烏斯篇》（Timaeus）有關「靈魂的出生」進行解說和分析，摘錄的原文僅是其中第三十五到三十六節一小段，卻能長篇大論拿出數字、立方體、音程與和聲、星球的位置、天體的運行等相關數據，運用等差中項和等比中項作爲計算的工具，得到的數字就是最後的比率，如果不加以詳盡

說明，眞是如讀天書；雖然柏拉圖到了晚年，企圖否定畢達哥拉斯的論點，亦即哲學的理念都是數學的形式，但蒲魯塔克仍將數學當成唯一的標準。尤其是最後談到全音程和半音程，以及各種音程的比率，與在第七十八章〈論音樂〉討論的樂理完全吻合，同時衍生出和聲中項的運用，並得知和聲是由整體及於各個部分的和諧狀態。雖然蒲魯塔克有精確的演算過程，譯者在注釋當中盡量列出簡單的算式，還是不容易了解他所要表達的意義。所以個人認爲還得閱讀《泰密烏斯篇》從第三十六到四十七節的後續各段，深入推敲極其奧密的論點，始能獲得完整的概念。

本書第二章〈年輕人何以應該學詩〉中，蒲魯塔克只是談到如何學詩，沒有討論詩的本質和原則，也未依循亞里斯多德在《詩學》（Poetics）中使用的方法，分析各種類別的體裁和風格（其實《詩學》一書主要的內涵和討論的重點，是戲劇而非詩文）。他只是把詩的閱讀和朗誦當成訓練的工具，讓年輕人有充分的準備以便爾後學習哲學。就作者個人的理念而言，年輕人在眞正從事研究哲學之初，對於將要遇到的理論和學說，不至陌生得毫無所悉，從而對於哲學和文學構建起密切的關係。就狹義的字源學觀點而言，按照蒲魯塔克的說法，語言學或文獻學本身就是科學的分支，此一學門的本質並非對文學的領悟。若干現代的教育家將它當成新發現的疆域，經常發表這方面的論文。然而換個角度來看，蒲魯塔克提出強烈的主張，針對不同的體裁和風格，深入推敲字句的架構和精確表達爲文的含意，就了解詩和戲劇這一類的作品而言，是不可或缺的條件；只是蒲魯塔克有的地方過於穿鑿附會，難免讓人譏爲畫蛇添足。

三、民主的眞締

公元前五〇八年克萊昔尼斯（Cleisthenes）在雅典建立民主體制，與希臘存在已久的君主體制度和寡頭體制，形成三足鼎立之勢。雅典民主的基礎在於自由的思想，須知這個城邦是在帖修斯（Theseus）的領導之下，將不同的聚落結合而成，後來因四個愛尼亞（Ionia）部落的加盟，而產生十個新型部落的編組，所以賦予每個成員相當的自由，這是與生俱來的權利；其次是語文的統一，以及從而產生的哲學、藝術、戲劇、建築和科學，凝聚成同心合力的生命共同體；第三是法治的社會，無論是城邦體制下的五百人會議、市民大會、阿里奧帕古斯（Areopagus）會議或最高委員會，主要的功能皆是制定和運用法律，且都能符合公正平等的要求。即便是陶片放逐制度，也是爲了根除亂源，維護秩序井然的社會；第四是經濟的富裕，從資產階級的建立到重商政策的落實，以及屯墾區和殖民地的建立，莫不與城邦的財政和貿易有重大的關係。

　　我認為在這部書當中，有一段話給我很大的啟示，就是在第十三章〈七位哲人的午宴〉，提到當代的哲人對政府體制所稟持的理念：梭倫（Solon）認為民主制度使城邦的施政獲得非凡的成就，能夠發揮長治久安的效用，重點在於人人都不會受到罪行的傷害，更不要說受到傷害的人可以告發犯罪，從而處以應得的懲罰；畢阿斯（Bias）提及卓越的民主體制是人民對於法律的畏懼更甚於暴君；安納查西斯（Anacharsis）則肯定民主制度是人人皆獲得同等的尊敬，好壞取決於個人的操守和德行。

　　蒲魯塔克著重政治的實踐，認為坐而言不如起而行，本書第五十五章〈為政之道的原則和教訓〉並不因為兩千年的時空間隔，損害到它放諸四海皆準的價值。本章論及為政之道的基礎在於政策的抉擇，要重視民意的運用、教育和控制；政治家的演說和口才，要特別考量周詳、言之有物和事先作好準備工作；政治家追求治國之道要保持力行不懈的積極作為；政治家對屬下的運用，要能發揮其長處和優點，避免受到蒙蔽和誤導；政治家對人和對事的方式，應堅定自己的立場，嚴守個人的分寸。另外，他討論到權力的運用和分配、對於反對黨和異議分子的態度，就是決不能讓真正的敵手或反對者沒有存在的餘地。在論及城邦的政治實務方面，很多地方與當前台灣的現況非常吻合，主要在於如何免除內部的爭執和對立、講究合作與團結，特別是要避免傲慢和排除嫉妒；最後他提到為政之道最偉大和最高貴的功能，在於促成社會整體進步和發展。

　　談起蒲魯塔克的政治理念，他認為只有共和國的民主政體是心目中最理想的制度，對於世襲的繼承和君王的專制抱著不以為然的態度，特別是寡頭政體所出現的僭主，更是他深惡痛絕，認為急需被撲滅的對象。要維持國家的獨立自主，必須運用選賢與能的方式，推舉有治國才華和道德勇氣的人士，組成元老院和政府。因此，蒲魯塔克對萊克格斯（Lycurgus）、努馬（Numa）、伯里克利（Pericles）及梭倫等偉大的政治家和立法者，帶著欽佩的神情給予最高的評價。至於當代開疆闢土的賢君名將，諸如亞歷山大、凱撒（Caesar）、亞傑西勞斯（Agesilaus）和蘇拉（Sulla），雖然建立舉世讚譽的霸業，旋起旋滅也不過是曇花一現而已。

　　西元一世紀的希臘已經淪為羅馬帝國的行省，政治方面喪失發言權，完全沒有反抗的能力，如果追根究柢，這是希臘各城邦之間因分化和內訌而遭到羅馬各個擊敗所致。只是在文化、藝術、語言、宗教、科學、生活方式等方面，希臘還能居於主導的地位，深受羅馬人的推崇和重視。我國就目前的狀況來看，還是一個有力的政治實體，可以拿古代的希臘作為借鏡，能夠更有積極的作為；特別是內部不能陷入爭權奪利的黨派惡鬥，否則就會完全喪失對外的競爭力量。

四、科學的實踐

　　本書探討科學的文字一共有七篇，包含的範圍擴及自然現象、月相、元素和原子，冷與熱、火與水、動物和植物，以及其他問題。例如第六十二章〈論月球的表面〉是古希臘對月球此天體一個綜合性的闡述，主要論及月球表面的結構、巨大海洋形成的反射，以及表面的地形和悶燒的火，並對尚未得知萬有引力之前，球體上面物體的存在和支撐的力量，做出最適合的解釋；他進而論及月球與地球之間存在自然律的關係，以及形成的介面和上下對等位置的考量，最後討論天體的運行和結構、光的反射作用、日與夜的區隔、月蝕和日蝕的形成，以及月蝕出現後月球表面的產生的現象。

　　另外，書中包含有史以來最早提及環保和污染的問題，以及對農業造成的損害之論述（參閱第十三章〈七位哲人的午宴〉第十五節）。而第六十一章〈自然現象的成因〉一共討論三十九個問題，都與動物、植物、食物、天候、水質和土壤有關。其中第四個問題提到伴著雷電落下的雨水稱為「閃電之雨」，對於苗木的生長大有助益，當然我們現在知道原因何在，那是雷電使氮氣離子化而可溶於水中，給植物帶來養分，然而古人就有這樣細密的觀察，真是令人感到不可思議。蒲魯塔克還提到潛水者將油含在口裡，到某個深度將它吐出去，可以增加亮度以便在水中看得更加清楚；須知當時在地中海收集海綿及在波斯灣潛水採珠，都是與民生有關的重要行業，當然會獲得這方面的經驗。還有章魚和變色龍可以改變體色，提出的論點都是透過觀察和驗證的結果。

　　Symposium是自古以來對話錄中常用的篇名，一般譯為〈會飲篇〉，柏拉圖和色諾芬（Xenophon）都以這個題目，寫出膾炙人口的文章，學者認為〈會飲篇〉是柏拉圖最偉大的兩篇對話之一。第七十七章〈會飲篇：清談之樂〉是本書最長的一章，分為九篇，提出八十六個問題來討論。英譯本當中原來的目次是第五十章，分列不同的冊次形成割裂，所以本書變更它的章次，列在最後第四冊。這一章有很多問題與科學有關，諸如老年人的視力和光的投射、先有雞抑或先有蛋、松露的生長和雷電的性質、聲音是空氣的振動和傳播、樹木的接枝、食物的處理和保存等等。特別是第四篇問題七「一個星期的天數用星球命名，為何不按從太陽起算的位置次序排列日期的先後？」本文雖然已經失落，但讀者只要參閱注釋，就知道我們的星期日到星期六，英美的Sunday、Monday、Tuesday、Wednesday、Thursday、Friday和Saturday，乃至日本人的日曜日、月曜日、火曜日、水曜日、木曜日、金曜日和土曜日，這樣的排列方式有其理論依據。

　　最後，蒲魯塔克有兩篇專文討論動物，即第六十五章〈陸生抑或海生動物是

否能更靈巧?〉及第六十六章〈野獸都有理性〉，從內文可以看出它的資料來源出自伊利安（Aelian）《論動物的習性》（*On the Characteristics of Animals*）、普里尼（Pliny）《自然史》（*Natural History*）以及亞里斯多德的《動物史》（*History of Animals*）、《動物的生殖作用》（*Generation of Animals*）和《動物的器官、行動和演進》（*Parts of Animals, Movement of Animals, Progression of Animals*）。其中有幾個重點值得我們注意：其一是當時的人士對於陸地和海洋的動物已有相當的認知，不僅用來分析牠們的行為，還可以評定牠們的智力，即使是特殊的狀況也可以得到合理的解釋。其二是蒲魯塔克將人道精神推廣到動物身上，在伯里克利（Pericles）和提米斯托克利（Themistocles）的傳記中，對愛護動物一舉有生動的描述，我們只要學著對人類永懷慈悲之念，那麼對其他動物也會有惻隱之心。其三是希臘人始終對海豚有好感，多次提到牠們在海中救人的事蹟。

五、宗教的根源

　　無論是希羅多德的《歷史》、戴奧多魯斯·西庫盧斯（Diodorus Siculus）的《希臘史綱》（*Library of History*），或蒲魯塔克的歷史觀，都認為希臘宗教的源頭是埃及，所以本書中他並未特別討論希臘的宗教，因為這已經成生活的一部分，沒有說明的必要。在談論埃及宗教時，他用了很長的篇幅仔細分析，發現埃及還是以傳統的風俗習慣為主，這方面與希臘是大相逕庭。讀者可以參閱第二十七章〈埃及的神：艾希斯和奧塞里斯〉，論及埃及與希臘宗教的關係、神性的尼羅河、善惡兩元論、宗教的哲學觀點，以及動物崇拜和圖騰。

　　希臘宗教的重點在神讖，共有三章（第二十八章到第三十章）對它作詳盡的敘述。神讖在希臘的歷史占有很重要的位置，像是波希戰爭期間，他們獲得神的指示，只要遵照辦理就能贏得最後的勝利。蒲魯塔克特別提到神讖的式微與希臘民族的命運有密切的關係，字裡行間可以看出一位愛國人士，接受羅馬統治那種無可奈何的神情。第二十八章〈德爾斐的E字母〉主要在討論「五」這個數字的重要性，雖然阿波羅用「七」這個數字做代表，相較之下還是有所不如，因此作者得到的結論是希臘不應該有「七賢」而應該是「五賢」，其中兩位僭主伯瑞安德（Periander）和克里奧布盧斯（Cleobulus）必須剔除在外。所以他才會大玩數字遊戲，把重要的項目都以五來表示，舉出很多例證說明，但若與我國的五行、五刑、五金，五官、五倫、五彩、五穀相比，顯得較為牽強。

　　我們仍舊擁有大量保存在希臘文學裡面的德爾斐神讖，諸如公元前五世紀波希戰爭期間著名的「木牆」（參閱希羅多德《歷史》第七卷一四一節），最令人激賞之處在於整段都是六音步英雄體的詩篇。更多有關神讖的記載，內容僅提到某

人根據神明的指示進行的作為，或是獲得告知將要遭遇何種狀況，其實在各方面都受到相當的限制。我們無意衡量蒲魯塔克的史料是否真實，唯一感到遺憾的地方，就是無法獲得蒲魯塔克失傳的作品《神讖選集》（*A Collection of Oracles*）（蘭普瑞阿斯目錄第一七一號），否則會有更豐富的資料作為研究的基礎。

蒲魯塔克在第二十九章〈德爾斐的神讖不再使用韻文的格式〉，討論希臘人最推崇的聖地德爾斐，以及當地目前已經改變的習俗和處境。本篇隨筆最令人感興趣之處，不在於主題的寫作方式，而是隨興離題的自由風格。本章包含徵兆、機緣、歷史、哲學的吉光片羽，以及諸如克里蘇斯（Croesus）、巴都斯（Batus）、賴山德（Lysander）、羅多普（Rhodope）之類人物的奇聞軼事，最後才慢慢提到很多神讖使用散文的形式頒布，雖然在較早的年代都是富於音韻之美的歌謠，今日自稱可以用簡潔和清晰替換古代的晦澀和誇耀。

本書第十四章〈迷信〉值得我們重視，蒲魯塔克認為迷信和無神論是兩個極端，真正的宗教是處於兩者之間；他對這個部分提出精闢的見解，兩千年後的今天仍能對我們產生教化的作用。蒲魯塔克認為命運是一種主宰的力量，但並非絕對控制一切，所以本書有五章從不同的面向來討論相關問題。第四十六章〈論命運〉則是一篇很好的學術論文，格式非常嚴謹，論點合乎理則，敘述層次分明，其中最重要的理論就是「積極的命運」和「真實的命運」；另外還將「可能」、「偶然」、「自主性」、「機會」和「自發」做出非常合理而嚴格的區隔；最後則談論「天意」的三種範疇以及與命運的關係，我們可以從本章得到很大的啟發。另外還要提一下第二十五章〈亞歷山大的命運和德行〉，全篇的論點在於亞歷山大大帝的成就完全是德行女神的鼎力相助，命運女神始終與他作對，他的成功就是一部「戰勝命運的奮鬥史」。

六、倫理的規範

古代的學者認為書名*Moralia*的原意是「倫理學隨筆」（Ethical Essays），其中大部分完成於《希臘羅馬英豪列傳》之前，所以內容會產生重複的現象，也可以說一種準備工作；我們讀完這兩本書常會有這樣的體認，蒲魯塔克是一個衛道之士，而非一位傳記或隨筆的作家，他的著述運用亞里斯多德的倫理學和柏拉圖的哲學所形成的宗教觀拿來教育當時的人民。一六七二年的手抄本僅僅包含二十一篇性質相近的倫理學隨筆，就是本書第三章到第七章以及第三十一章到第四十五章；後來加上更多的論述、雜文和書信，所以它的題目應以《蒲魯塔克的雜文、隨筆和書信集》為宜。

本書強調的倫理，並非狹義倫理學所定義的某種傳統、群體或個人所持有的

道德原則；而是將社會所有規範、習俗、制度、格言、禮儀、行為標準和律法，都包括在倫理的範疇之內。古代希臘有關倫理的問題如同我國的五倫：君臣、父子、夫婦、兄弟、朋友以及個人的格物致知、修身齊家，如果僅就隨筆而言，這就是全書的重點所在，全書從第一章到第七章、第三十一章到第四十三章以及從第五十二章到第五十四章，共有三十三章之多討論此議題。特別是第三十二章〈論倫理學的德行〉，他的論點是將德行稱為倫理，甚或視為倫理，主要的區別來自沉思默想，亦即靈魂當中所包含的情緒以及它所形成的理性，進而查明它的基本性質以及何以存在。

　　其中第三十五章〈手足之情〉、第三十六章〈論子女之愛〉和第五十章〈愛的對話〉分別律定兄弟、父子和夫婦的關係，至於談到友誼的專論有三章之多，忠於城邦和民族的思想更是瀰漫全書。我們仔細推敲第十五章〈國王和將領的嘉言警語〉、第十六章〈羅馬人的格言〉和第十七章〈斯巴達人的格言〉的文字，得知古代的雅典人和斯巴達人，就英勇、公正、剛毅和虔誠這四項美德而論，較之羅馬人有過之而無不及。隨筆能夠展示蒲魯塔克淵博的學識、華麗的詞藻和典雅的風格，現代學者認為他希望自己的作品，能在羅馬受到文人雅士的欣賞和讚譽，無論是開始的呈獻或結語的奉承，都要對羅馬人的統治歌功頌德一番，這也是無可厚非的事。

　　本書第四十七章〈論蘇格拉底的保護神及其徵兆〉充滿倫理的要素，訴說師道的尊嚴、友誼的可貴、愛國的情操和赴義的勇氣，可以說是一個引人入勝的故事。他將四個性質迥異的主題湊在一起，即蘇格拉底的精神感召、第安諾爾（Theanor）的遠道來訪、泰瑪克斯（Timarchus）的洞窟歷險和起義志士的刺殺僭主，雖然情節各有不同，彼此的關係非常複雜，文字的敘述倒是能夠一氣呵成，沒有給人帶來突兀之感。蘇格拉底的保護神不再僅僅具備象徵的意義，而能落實於底比斯的光復行動，使得雅典的民主制凌駕君主政體和寡頭政體，給後世帶來無與倫比的影響。

七、社會的習尚

　　古往今來有很多狀況和情景相通之處，所謂「陽光之下無新鮮事」就是這個道理。當時的社會對同性戀抱持很寬容的態度，不僅是男色，就是變童也已經蔚為風氣，連帝王都無法避免。這方面我國並不讓西方專美於前，無論漢唐還是更早的時代，都認可同性戀是解決性欲的權宜之舉，最重要的是不會產生後裔，帶來繼承問題的煩惱，只有到宋朝理學大興，才從公開轉向暗中，清朝的相公和書僮都是此類產物。西方的女詩人莎孚（Sappho）以同性戀知名於世，她的出生地

列士波斯（Lesbos）成為女同性戀的專有名詞。特別是當時對性的問題非常開放，提到戴奧吉尼斯（Diogenes）當眾手淫（參閱第七十一章二十一節），還說：「如果摸摸肚皮就能解決饑餓問題，那該多好？」當然這是犬儒學派憤世嫉俗的言論，其實餵飽肚皮得靠自食其力，不能僅摸摸就了事。

　　第七十七章〈會飲篇：清談之樂〉提到很多有關飲酒的問題，特別是立法對酗酒者予以重罰，酒醉鬧事者要戴上木枷示眾，想當年沒有交通事故尚且如此，我們現在要對駕車飲酒給予重罰，還沒有到戴枷示眾的地步，設若要能如此，必可收立竿見影之效。討論猶太人（Jews）何以不食豬肉（參閱第七十七章第四篇問題四），同為閃族（Semites）的阿拉伯人（Arabians）當然會有這種習慣，所以回教徒繼承傳統，也沒有什麼可怪之處，提出的論點非常合理，不帶任何迷信的色彩。還有就是第六十七章〈論肉食者鄙〉提倡素食，這是最早見諸文字的論點。

肆、譯者說明

　　《蒲魯塔克札記》是一本內容複雜的文集，在網路上和美國幾個圖書館搜尋，只找到兩個英譯本，一是美國哈佛大學出版社（Harvard University Press）的洛布古典文庫（Loeb Classical Library）所收錄，由傑佛瑞・韓德遜（Jeffrey Henderson）主編的希英對照本《蒲魯塔克：倫理學論叢》（*Plutarch: Moralia*）；一是美國波士頓勒特和布朗公司（Little, Brown and Company）出版，由威廉・戈德溫（William Goodwin）主編校訂的英譯本《蒲魯塔克：雜文與隨筆集》（*Plutarch's Miscellanies and Essays*）；再就是企鵝公司（Penguin）的兩本選集，分別是一九九三年出版的《隨筆集》（*Essays*）和二〇〇五年出版的《論斯巴達》（*On Sparta*），前者包括〈論聽講〉、〈如何從友人當中分辨阿諛之徒〉等十篇隨筆，後者包括《希臘羅馬英豪列傳》當中的〈萊克格斯傳〉（Lycurgus）、〈亞傑名勞斯傳〉（Agesilaus）、〈埃傑斯傳〉（Agis）和〈克里奧米尼斯傳〉（Cleomenes）以及本書第十七章〈斯巴達人的格言〉，可作為訂正原版本之用。本人的翻譯主要是依據《倫理學論叢》，並參考其他版本和過去為翻譯《希臘羅馬英豪列傳》建立的索引資料。

　　哈佛大學洛布古典文庫的《倫理學論叢》共有十六冊，其中第一冊出版於一九二七年，除第十五冊補遺和第十六冊索引不計，第十四冊譯於一九六七年，算起來全部完成時間長達四十年之久。參與翻譯的學者共有十人，其中哈佛大學希臘語文教授法蘭克・柯爾・貝比特（Frank Cole Babbit）負責前五冊共三十篇，康乃爾大學希臘語文教授哈羅德・契米斯（Harold Chermiss）譯成第十二冊及第

十三冊共十三篇，其餘各冊由八位知名大學的語文、哲學或歷史等學門的教授翻譯。其中史丹福大學的歷史學系教授李奧尼・皮爾遜（Lionel Pearson）所譯成的第六十章〈論希羅多德的《歷史》是充滿惡意的著述〉，更是膾炙人口。勒特和布朗公司的《雜文和隨筆集》初版印行是在一六八四至一六九四年，它的英譯者多達三十四位之多，都是當時各大學的教授，其中以清教徒領袖理察・巴克斯特（Richard Baxter）的姪兒威廉・巴克斯特（William Baxter）最爲有名，譯出的篇數最多。

這兩個版本的差異之處在於篇數不同，《倫理學論叢》有七十八篇，《雜文和隨筆集》有七十六篇。後者有兩篇即第三十九章〈哲學家用愉悅的心情關切自然界的問題〉和第七十六章〈論河流和山嶺的取名〉未見於前者；前者亦有四篇即第十六章〈羅馬人的格言〉、第十七章〈斯巴達人的格言〉、第十六章〈斯巴達婦女的嘉言懿行〉及第七十章〈論柏拉圖《泰密烏斯篇》有關「靈魂的出生」之概述〉未列入後者。

再者兩個版本的章次安排迥然有別；就整體的成效而言，雖然兩個版本都有眾多的譯者，美國人和英國人對英文的運用還是大相逕庭，特別是《雜文和隨筆》的譯成要早將近三百年，它的用語雋永，文字精鍊，敘述簡潔，辭句典雅，讀來有如行雲流水。當然《倫理學論叢》的第一到第五冊，可以感覺到現代英文的風格，但有的地方還是過於冗贅繁瑣，尤其是最後幾章有關哲學的論述，學究氣味非常濃厚，完全是學術論文的手法，有的地方讀起來不知所云，如果不是參考前面一個版本，譯者簡直無從落筆。

談到何以本書不用《倫理學論叢》這個名字，主要是這個書名太過生硬，缺乏內涵擁有的趣味和意境；特別是另一個版本用的書名是《雜文和隨筆集》，雖然與它具有的特性吻合，但字數較多，經過譯者和聯經出版公司再三斟酌，決定聽取林載爵發行人的意見，採用《蒲魯塔克札記》作爲書名。如同蒲魯塔克另一部書*Parallel Lives*的中文書名在台灣是《希臘羅馬英豪列傳》，大陸是《希臘羅馬名人傳》（後來安徽人民出版社再版時又改用《希臘羅馬英豪列傳》），因爲傳主都是當代的名君賢相、謀臣勇將，「名人」這個稱呼無法正確表達傳主的身分，再者就是「列傳」這個名詞一直爲我國史書所專有。可見書名的不同是見仁見智的問題，沒有一定的標準可以遵循。

譯者使用的兩個版本當中，洛布古典文庫本的注釋非常詳盡，另一版本則付之闕如；前者因爲出版時間和題目內容的關係，自第六十八章〈柏拉圖學派的論題〉起，很多注釋極其冗長而繁複，即使勉強譯出亦會讓人難以消化，只有割愛置之不理；譯者所能盡力之處，對於引用的詩文不僅僅只注明出處，就其內涵加

以補充和闡述，再則就重要的人物、地名、時間、事項，給予簡單的介紹，這其中很難區分原注或譯注，經過統計大約有七千五百條注釋。由於本書與其他歷史、文學或哲學書籍大不相同之處，在於本書的內容包羅萬象，可說是古代最早一本百科全書，很多專有名詞無法一一注解清楚，有待商榷之處敬請讀者諸君多多指正。

　　本書對於常用的人名和地名，一般按照約定俗成的原則不予變動，其他中文譯名均依據本人在《希臘羅馬英豪列傳》運用的模式，要求尾音的統一和用字的文雅，盡可能減縮譯名的長度，是以《希臘羅馬英豪列傳》在大陸出版，即便大陸有專用的人名和地名辭典，譯名仍全部保留不予改換，因為這對譯者而言是一種尊重和認同。本書共有七十八章，加上注釋近二百萬字，最長的章如第七十七章〈會飲篇：清談之樂〉約二百五十頁，短的章則僅有三頁，出現如此懸殊的狀況，主要是經歷的時代過於久遠，造成大量的遺漏、脫落，散失和誤植。當然這與隨筆的性質也有很大的關係。還有就是原文的每一章，都以數字表示節次，只是其文字非常冗長，在不影響行文的氣勢之下，力求再分為較短的段落，更能吻合現代人的閱讀習慣。

　　無論中外的古代著作，都會大量引用詩詞，以起修飾、證明、宣示的作用，本書約有一千五百餘首詩，常以單句、對句、三行聯句、四行體或詩篇的形式出現，有的長達二十句。它的來源分為三部分，一是荷馬（Homer）的史詩《伊利亞德》（Iliad）與《奧德賽》（Odyssey），大約占去三分之一；二是希臘的戲劇，包括古代的名家諸如伊司契尼斯（Aeschines）、亞里斯托法尼斯（Aristophanes）、優里庇德（Euripides）、米南德（Menander）、斐勒蒙（Philemon）、斐洛克森努斯（Philoxenus）、柏拉圖、索福克利（Sophocles）等人的一百多齣劇本，約占去三分之一強；其餘是希臘的抒情詩、輓歌體、田園體和諷刺詩著作，諸如阿契洛克斯（Archilochus）、克里門特（Clement）、伊姆皮多克利（Empedocles）、赫西奧德（Hesiod）、尼康德（Nicander）、希波納克斯（Hipponax）、品達（Pindar）、莎孚、賽門尼德（Simonides）、斯托貝烏斯（Stobaeus）、色諾法尼斯（Xenophanes）等人的作品。

　　個人認為詩的翻譯最為重要，也是全書的精華所在，投入的心血和時間最多，有的可以譯成四言詩、五言或七言的絕句或對句形式，大多數還是十四行體的方塊詩，除少數幾章外，其餘都能達到格式統一的要求，即使讓人覺得斧鑿的痕跡過深，總比用現代詩的體裁更合乎古典的風格。特別是英詩的體裁重視音步和音韻的變化，我國無論詩詞或曲調講究平仄和韻律的齊一，這就中文的十四行詩而論，對此兩者都會落落有所失之感，只能用押韻的方式表達歌謠的意味。就

拿希臘史詩的六音步英雄格而論，每個音步由一個長音節和兩個短音節構成，不要說中文無法模仿，就是十四行詩體都難以達到抑揚格的水準。如在本書第二章〈年輕人何以應該學詩〉當中，引用的詩多達二〇五首，所要表達的主旨、意境、場面、氛圍、角色、情緒、比喻，可說是千變萬化，不可方物，要想妥善的安排和適當的處理，眞是一件很難完成的工作。譯者還是保持一貫的論點再三強調，認爲詩的翻譯不能拘泥於字面的意念和文句的規範，雖然引用的詩文是從全篇詩章當中摘取數句，譯文更要能發全篇未盡之言，或引申爲言外之思。架構和體裁要能合乎古文的格局，講究對稱的美感和音韻的調和，所以就譯者的觀點是「立意在於境界求其寬，文體合於法則求其嚴」。

伍、結語

　　本書的翻譯從二〇一〇年元月到二〇一三年六月共三年半，每日花費的時間約爲十小時，所謂廢寢忘餐，嘔心瀝血不過如此。所有的詩文再三推敲達十餘遍不止。經過六年的努力，總算將蒲魯塔克的兩部作品全部譯畢，限於教育的環境和學識的不足，未能從希臘文直接翻譯，只有敬請讀者諸君見諒。譯者與聯經出版公司的合作，始終令人感到愉悅而順利，發行人林載爵先生和總編輯胡金倫先生給予最多的協助，本書始能以最華麗的面貌出現在讀者的面前；目前在景氣不佳和讀書氛圍低落的狀況之下，出版西方經典名著就是絕大的風險，然而聯經出版公司和兩位負責人，不僅是台灣最重要媒體集團的一分子，還能本著文化人和讀書人回饋社會的良知，慨然投入最大的人力財力，譯者衷心感到欽佩。特別是聯經出版公司今年正值成立四十週年紀念，本書能列爲年度重要作品，受到社方的厚愛和重視，也是譯者最大的榮幸。最後還要謝謝內子黃先慧的支持和鼓勵，讓我有安寧平靜的翻譯環境和情緒。

席代岳　謹識

二〇一四年五月二十五日

第一章
子女的教育

1 我要考量的問題是如何向市民的子女，那些自出生即具備身分的自由人，說明他們應受的教育是在成長的過程中培養健全的人格，從而可以獲得極大的優勢。

2 最好是先從他們的父母開始，我奉勸那些想要他們的後代成為著名人物的父親，絕不可任意與出身為娼妓和侍妾的女性同居生子。她們無論在父系還是母系方面，都沒有良好的家世，卑賤的過往帶來無法消除的羞辱，在與她們共同生活的一輩子當中，始終成為別人譴責和嘲笑的話題。詩人的明智之言：

> 家業基礎不固，
> 子孫難免受苦。[1]

擁有高貴的家世是最大的福分；一個人要說出真心話，那麼他認為最重要的一件事，就是他在出生的時候具備合法的身分。任何人要是來自低等或假冒的血胤，終其一生都處於寒微和卑劣的境地，這也是自然之理，詩人在這方面有很正確的看法：

> 雙親為人不齒，
> 勇士淪為奴隸。[2]

1　這首詩引用優里庇德(*Euripides*, c. 484-406 B.C.)的《海克力斯讚歌》(*Hercules Furens*)1261行。

2　引用優里庇德的悲劇《希波萊都斯》(*Hippolytus*)424行。

子女有顯赫的父母毫無疑問會感到興高采烈，表露出趾高氣揚的模樣。總而言之，他們說提米斯托克利(Themistocles)[3]的兒子克利奧藩都斯(Cleophantus)，經常向很多人誇耀，他的所作所爲都能獲得雅典人的贊同：因爲雅典人對提米斯托克利一向言聽計從，這位將領不敢違背他母親的任何要求，他的母親總要讓他稱心如意。

斯巴達國王阿契達穆斯(Archidamus)[4]娶一位身材纖細的女子爲妻，結果受到人民施予罰鍰的處分，說他使得爾後接位的國王，就體型來說失去泱泱大國的風範，我們對於斯巴達人高貴的情操，眞是感到由衷的欽佩。

3 我們的祖先在這方面毫無忽略之處，此話怎麼說呢？那就是丈夫爲了想使妻子懷孕，親近她的時候不會飲酒，就連最節制的分量都不可以喝下去。父親在醉酒的狀況下交合所生的子女，長大以後喜愛杯中之物，酒量也要較常人爲大。戴奧吉尼斯(Diogenes)[5]見到一位個性衝動而且頭腦不清的年輕人，就說道：「小夥子，你的父親一定喝了不少酒，才造成你這麼一副德性。」我對於出身的問題有這些看法，現在讓我們談談教育。

4 即使是一般的論點，仍舊有人堅持自己的觀念，認爲有關卓越的德行，就像我們經常提到的藝術和科學，爲了產生完美和正確的行動，必須同時具備三個因素，亦即本質、理智和習慣。我的意思是學習的行爲出自理智，持續不斷的實施養成習慣。最早開始來自本質，獲得進步來自學習，實際運用來自演練，達到融會貫通來自所有因素的配合。只要這三者欠缺其一，卓越的德行必然處於殘闕不全的狀態。因爲本質缺乏學習就茫然無所從，學習缺乏本質無法獲得完美的成果，實踐缺乏這兩者就變得毫無成效可言。說起立國基礎的農事，首要在於土壤必須肥沃，其次是農夫重視技術，第三是種子沒有缺陷；要是拿來比較，本質如同土壤，教師如同農夫，勸導和規範如同種子。我始終堅持這種信

---

3 提米斯托克利是雅典的將領和政治家(528/524-462/459 B.C.)，靠著自身的才華和素養，贏得波斯戰爭的勝利；這則軼事可以參閱蒲魯塔克(Plutarch)《希臘羅馬英豪列傳》(*Plutarch's Lives*)之〈提米斯托克利傳〉18節。

4 這位斯巴達國王是朱克西達穆斯(Zeuxidamus)之子阿契達穆斯二世(469-427 B.C.)，在位期間正值第一次和第二次伯羅奔尼撒戰爭(Peloponnesian War)，斯巴達和雅典的對抗最爲熾烈。

5 希臘主要的哲學家中有三位的名字都叫戴奧吉尼斯，本書所指應是夕諾庇(Sinope)的戴奧吉尼斯(400-325 B.C.)，他是犬儒學派最知名的人物，連亞歷山大(Alexander)大帝都表示欽佩之意，憤世嫉俗的態度對後世的影響極爲深遠。

念，就是人類之中最著名的智者像是畢達哥拉斯(Pythagoras)[6]、蘇格拉底(Socrates)、柏拉圖(Plato)，以及其他名聲永垂不朽的人物，他們的心靈之中能使三者配合無間達到超凡入聖的境界。

　　來自上天的力量將所有的特質授與一個人，不僅是無上的幸福也是神愛的表徵。如果有任何人認為自己沒有獲得先天的禮物，卻不願彌補本質的缺陷，盡其所能力求進步，應讓他知道已經犯下最大的錯誤，須知他仍然有機會去學習，使自己走上光明的正道。不求上進會損毀天賦的才能，經過教導可以改善稟賦的不足。遇到容易著手的事務就會粗心大意，唯有如臨深淵如履薄冰才能完成困難的任務。如果一個人留神日常所見到的許多事物，便可以了解到專注而勤奮的工作，就會如此有效而多產。滴水穿石乃自然之常理；手的接觸可以磨損金屬；車輪的邊木一旦為外力彎曲，就再也無法恢復原狀；演員使用的彎頭木杖不可能弄直；實在說，經由外力作用所造成的後天變形，較之天生原狀具有更大的持久性。難道只有這些東西可以展現出勤勉的潛力？不僅如此，可以列舉的項目何止億萬計。

　　一塊土地的好壞出於自然，缺乏照顧就會荒蕪；有很多原來美好的田園，沒有人在其中工作，就會變得殘破不堪，即使有些農田不僅難以到達而且地形非常崎嶇，經過辛勤的耕作還是生產價值昂貴的作物。樹木要是疏於照料，就會任意發展長出扭曲的枝幹，可以明顯看出無法開花結果，難道還能有什麼例外不成？然而只要施與正確的栽培，枝頭就會長出纍纍低垂的果實。處於花天酒地、生活奢華和作息失調的狀況下，還有那個人的身體不會受到斲喪最後到達淪亡的程度？就另一方面來說，衰弱的身體只要勤於鍛鍊難道不會獲得很大的改進？任何馬匹在幼駒的時候就不能服從騎士的命令，怎麼能夠說牠已經馴服？這些沒有經過調教的馬匹，難道就不會變得倔強而且難以駕馭？看到很多野獸經過馴化，讓人類可以運用牠們的蠻力，對於其他的例子為什麼會感到奇怪？帖沙利人(Thessalians)[7]說得真好，問他們誰是最主張和平的市民，當然是「那個剛從戰場

6　畢達哥拉斯是西元前6世紀末葉的哲學家和數學家，薩摩斯(Samos)人尼薩克斯(Mnesarchus)之子，531 B.C.為了反對波利克拉底(Polycrates)的暴政逃到克羅頓(Croton)，從事寫作和教學，參與宗教活動，後來隱居到梅塔朋屯(Metapontum)，平生著述甚多，都已失傳。畢達哥拉斯學派有段時期成為希臘哲學的主流，認為「數」為萬物的本源，要促進理性哲學的發展，提倡禁慾主義，宣揚靈魂轉生。

7　帖沙利是希臘北部一個區域，位於馬其頓的南方和伊庇魯斯(Epirus)的東方，該地民風強悍，人文鼎盛，瀕臨愛琴海，境內有兩處平原出產各種穀物，從146 B.C.起併入羅馬的馬其頓行省。

返家的人」。爲什麼到最後還是要討論這件事？長期持續的習慣最後會變成性格，如果要把行善的性格當成行善的習慣，雖不中亦不遠矣。

我要就這點再舉個例子加以說明，接著就不必再做更深入的討論。斯巴達的立法者萊克格斯（Lycurgus）[8]，拿走同一窩的兩隻小狗，豢養時用完全不同的方式，一條變成愛咬人又貪吃的野狗，另外一條成爲循著氣味尋找獵物的獵犬。等到一次斯巴達人集會，他說道：「各位同胞，經由訓練和教育以及對生活的引導，從而產生眞誠的習慣，對於培養優秀的市民發揮最大的影響力，我可以當場舉出實例來證明所言不虛。」他叫人將兩條狗牽進來鬆去項圈，在牠們的前面放一碟食物和一隻野兔，於是一條狗向著野兔奔去，另外一條只顧大快朵頤，在場的斯巴達人根本弄不清楚，他這樣做有什麼重要性，基於何種意圖要將兩條狗展示出來，他說道：「這兩條狗一窩所生，接受不同的調教方式，產生的結果一條是個貪吃鬼，而另外一條是優秀的獵犬。」有關習慣和生活的方式，我想說得已經夠多了。

5 其次依序要講的主題是餵食。我的看法是母親不僅自行哺乳，還要親手撫育她的嬰兒，用深厚的親情和仔細的照料，發自內心的母愛，如同俗語所說，要把子女視爲自己的心肝寶貝。奶媽和看護的親切照應出於勉強總是缺乏誠意，她們只關心所獲得的酬勞。自然之道爲了達成這樣的目標，使得所有的動物都用乳汁當成幼獸的食物，所以這是非常明顯的事實，母親理應對於帶到世上的子女要親自撫育和餵食。自然的智慧具備先見之明，婦女有兩隻乳房，產下孿生子可以運用兩條營養管道。除了所有這些以外，母親要用極其仁慈的態度對待自己的子女，要經常表現出母愛的親情。我可以發誓這並非不合自然之理，餵食具有束縛的力量，結合在一起產生友愛之情，即使是野獸之類的動物，將牠在哺乳的時候從同伴之中拖走，明顯看出依依不捨的姿態[9]。因而如同我所說那樣，母親必須盡其可能親自撫養自己的子女，要是她們沒有辦法這樣做，因爲身體過於虛弱（這種狀況屢見不鮮），或許是子女太多過於忙碌，然而奶媽和護士不可任意挑選，要盡可能找最適合的人員，最重要的一點她們應該是希臘人。嬰兒剛剛出生就要放在襁褓當中包紮好，使得身體和四肢長得挺拔，避免出現殘疾和

---

8 萊克格斯（Lycurgus, 700-630 B.C.）是斯巴達的政治家和立法者，制訂法令規章，奠定一個希臘強權的基礎。這個故事也出現在本書第17章〈斯巴達人的格言〉53之1，有關萊克格斯的嘉言警語之中。

9 摘自色諾芬（Xenophon）《居魯士的教育》（*Cyropaedia*）第5卷第4章1節。

缺陷，用同樣的方式，從開始就要規範子女的性格。

年輕人具備可塑性容易受到外界的影響，仁慈的課程會灌輸到內心的深處，任何事物只要難以軟化就會變得堅硬無情。如同印璽在軟蠟上面留下字跡，要趁著子女在年輕的時候，用這些課程在他們的心田留下印象。柏拉圖在我看來是極其卓越的哲人，曾經對護士提出適切的勸告[10]，就是講故事給兒童聽，也不可以不經過選擇，免得他們的心靈爲愚蠢的情節和敗壞的內容所污染。詩人福西利德（Phocylides）[11] 在警句中給予非常中肯的規勸：

> 兒童耳聞目染，
> 舉止高貴是瞻。[12]

6 年輕的主人選擇年齡較小的奴隸充當僕從和書童，這方面同樣不可忽視，要找的人選首先應該具備健全的性格，最好是希臘人，說話口齒清晰又有條理，這樣子女不會受到蠻族和下等人的影響，以至於帶有他們的習氣和腔調。那些編製諺語的人說得好：「你與瘸子同住，學會跛足而行。」

7 等到他們到達交由隨從照料的年齡，這時對指派的人員務必要格外留神，絕不可以粗心大意將自己的小孩託付給奴隸；一旦將來投身危險的戰爭，就是蠻族和不夠牢靠的人都不能任用。目前有很多人的做法更爲荒謬，他們將最受信任的奴隸派去管理農莊、擔任船長、從事貿易、成爲管家，甚至有人還負責錢財的借貸業務。只要發現酒鬼和好吃懶做的奴隸，從事任何行業都一無是處，就會把自己的兒子交給他們去負責。阿奇里斯（Achilles）的隨從斐尼克斯（Phoenix）是最好的榜樣[13]，忠實可靠又能將主人的生活照料得無微不至。

現在提出的問題較前面所說更爲重要，爲子女聘請的教師，要求的條件是他必須在一生之中沒有發生醜聞，言行舉止無可指責之處，具備良好的教學經驗。須知接受適當的教育是一切善行和美德的根源和基礎。如同農夫在一株樹苗旁邊

---

10 參閱柏拉圖《國家篇》377E，倒不是僅僅對於護士和乳媽的交代，可以說是放之四海皆準的原則和規範。

11 福西利德是米勒都斯人（Milesian），西元前6世紀的詩人，著有許多格言和警語。

12 參閱貝爾克（Bergk）《希臘抒情詩集》（*Poetae Lyrici Graeci*）第2卷448行。

13 斐尼克斯是阿明托（Amyntor）的兒子，他應該是阿奇里斯的家庭教師而非侍從，對於阿奇里斯的教育花費很多心血；後來隨同參加特洛伊的遠征行動，出謀獻策，是老成持重軍師型的人物。

插一根木條，盡責的教師非常用心拿出身教和言教，使得年輕人有所遵循，爲的是要養成正直向上的性格。然而目前有些身爲父親的人所以會遭到藐視，可能出於無知或是缺乏經驗，對應徵的教師沒有加以測試，就將自己的子女交到他們的手中，要知道沒有經過試教就很難讓人對他們建立信心。如果這些家長的做法出於無知還算是情有可原，還有其他的例子已到荒謬絕倫的程度。這是怎麼一回事呢？經常有人接受道聽塗說的推薦，即使是缺乏經驗或是人品低劣的教師，竟然信任有加，將子女託付到他們的手中；還有人屈從吹拍的奉承之言而感到揚揚自得，或者是在朋友的堅持之下不好意思不給情面。這種行爲很像一個人生了重病，拒絕醫道高明的人士拯救他的性命，爲了討好朋友情願在庸醫的手裡喪生；如同一個人出於朋友的堅持，辭退最優秀的船長去接受很差勁的傢伙，試問在海上航行會有什麼下場。

啊！神哪！請幫幫忙！一個人擁有父親的名分，何以認爲滿足別人的情面比起子女的教育更爲重要？不久之前蘇格拉底的說法極其適切，盡可能找機會到城市位置最高的地方，大聲說道：「各位市民同胞，大家一心一意要賺錢，對自己的兒子沒有什麼打算，這到底是怎麼一回事？」[14] 對這方面我還要多說幾句，有些父親的行爲給人一種印象，重視外表忽略實質，如同只顧穿著的鞋子要好看，對於打不打腳根本不予理會。不管怎麼說，很多父親到現在還是全心全意在錢上面打算，等於帶著敵視的眼光看待自己的子女，爲了避免支付更多的束脩，他們爲子女選擇教師唯價格低廉是問，甚至那些不夠資格領取教學報酬的人都在所不計。亞里斯蒂帕斯（Aristippus）[15] 並非粗俗之徒，事實上他非常精明，對於一位父親欠缺智慧和見識給予譴責，某個人問到要是教導他的小孩需要支付多少束脩，亞里斯蒂帕斯的答覆：「一千德拉克馬。」[16] 旁邊有位人士驚呼道：「老天爺！怎麼會要這麼多錢！一千德拉克馬可以買到一個奴隸。」亞里斯蒂帕斯反

14　引用柏拉圖《克利托奉篇》（*Cleitophon*）407A。克利托奉和他的父親亞里斯托尼穆斯（Aristonymus）都是柏拉圖的門人。

15　亞里斯蒂帕斯是生於塞倫（Cyrene）的哲學家，認為人生唯一的目標是追求快樂，因而創立塞倫學派（Cyrenaic），他要過奢華的生活，對於色諾芬和柏拉圖標榜的道德標準，感到一無是處。

16　古代希臘的銀幣用重量區分：1奧波（obol，價值12衡量單位的大麥，重0.72克）；1德拉克馬（drachma，等於6奧波，重4.31克）；1邁納（mina，等於100德拉克馬，重431克）；1泰倫（talent，等於60邁納，重25.86公斤）。要是拿希臘的幣值與羅馬做比較，1德拉克馬等於羅馬的1笛納（dena）。就希臘當時的物價來說1德拉克馬可以買到一隻羊，所以一年的束脩要付出一千頭羊，等於每天要三隻，看來比起我們古代的標準要高很多，因為孔子所說的「束脩」不過是「乾肉條」而已。

駁道：「這樣一來你可以得到兩個奴隸，一個是買來的，再加上你的兒子。」一般而論，人們習於要小孩用右手拿食物，如果事先沒有給予適當的教導，看到他使用左手就加以責備，這樣做還能有什麼道理可言？

現在我要告訴大家，即使是受到讚譽的父親，要是對於兒子的撫養和教育出現很大的差錯，最後會發生什麼狀況？等到他們的兒子進到成人的階層，鄙棄清醒和正常的生活，讓自己一頭栽進失序和奴性的歡娛之中，做父親的人為他們的失算感到苦惱，對於兒子的教育沒有盡到責任後悔不迭，這時已經沒多大用處。從小缺乏教養的子弟，喜歡與吹牛拍馬和雞鳴狗盜的門客結成好友，須知這些惹人厭惡的傢伙出身都很卑賤，年輕人受到他們的引誘，變得墮落而腐敗；還有人要為青樓女子贖身，自傲於一擲千金的奢華行為；有人要滿足口腹之欲，在賭博和狂飲中花盡家產；甚至有人最後放任於獸性的惡行，像是與婦女通姦或是參加酒神的狂歡，為一時的歡情付出生命的代價。如果這些子弟曾經接受更高等級的教育，養成的習性使得縱情聲色的欲念受到抑制，他們終究會熟悉戴奧吉尼斯的教誨，辭句雖然粗俗，倒是實話實說，他提出勸告說道：「進入妓院只學到一件事，那就是除了浪費金錢，此外都是鏡花水月一場空。」

8 簡而言之，我的看法（這不僅是規勸，還可以視為一道神讖）是從頭開始到中間的過程，所有的目標只針對一件事，那就是良好的教育和適當的訓練；我認為這樣做有助於導向高尚的品德和幸福的生活。其他的優勢和長處拿來與教育訓練比較，可以說是微不足道的瑣事，不值得我們給予過分的關注。顯赫的家世是人生最大的幸福，先天的優勢在於獲得祖先的餘蔭；眾多的財富讓人受到尊重，然而它卻是命運女神的奴僕，有時祂會從擁有者的手中將它奪走，交給對於金錢毫不動心的人士。除此以外，富豪巨室成為惡奴和勒索者覬覦的目標，他們用盡手段想要分得一杯羹。特別重要之處是一旦邪惡之徒擁有財富，做的壞事更是不堪入目。崇高的名聲有耀目的光彩只是難以持盈保泰。美麗的容貌是莫大的獎賞，更是曇花一現很快凋零。健康的身體是最有價值的所有物，仍舊無法永保「青春長駐」。充沛的精力受到眾人的欽佩，還是難逃病魔和老邁之年的毒手。

一般而論，任何人要是以強壯的體能感到自豪，得讓他知道會在智力的判斷方面發生嚴重的失誤。人的體能要是與其他動物的蠻力相比是何等的弱小，當然，我指的是大象、野牛和獅子。世間的萬事萬物唯獨學習具備不朽的神性。人的本質當中有兩個要素超越一切，那就是心靈和理性。心靈的作用可以控制理

性，理性成爲心靈忠實的僕從；兩者所形成的關係：財富無法使它降服；讒言無法使它動搖；疾病無法使它損傷；年齡無法使它虛弱。僅有心靈隨著歲月的增長變得愈來愈年輕；所有事物都會在時間中消失，然而對老年人可以增加智慧。再者，戰爭就像一道洶湧的洪流，沖毀所有的東西使之隨波而下，唯獨學識難以撼動分毫。就我看來，麥加拉（Megara）的哲學家司蒂坡（Stilpo）給予的答覆，值得記錄下來垂諸久遠[17]。德米特流斯（Demetrius）[18] 將城市的人民發售爲奴，所有的建築物夷爲平地，這時有人就問他或許會給他帶來損失，司蒂坡回答道：「對我而言老實說沒有任何影響，戰爭無法將德行當成可以掠奪的物品。」蘇格拉底的回答也有吻合之處，表現出同樣的認知[19]。有人（我認爲這個人是高吉阿斯［Gorgias］）[20] 問到某個國家的偉大國王，就一生的行誼而言是否幸福，他說道：「我不知道他用什麼來取代正義和學識。」蘇格拉底的意思是幸福要依靠這兩種標準，而不是其他偶然存在的優勢和長處。

9 如同我向人們提出的勸告，沒有任何事物比起對子女的教育更爲重要。所以我還要再三叮嚀，他們應該執著於正確和健全的教育，盡可能將他們的兒子從發表公眾意見的場所拉走，不要聽那些浮誇又無聊的廢話，爲了取悅群體就會斲喪人們的智慧。優里庇德[21] 的詩可以證明我的話所言不虛：

> 我沒有口若懸河的溝通技術，
> 僅有的智慧爲少數朋友展施；
> 雖然學問和見識不值多少錢，

---

17 司蒂坡是當代知名的哲學家，在參加拉興建一所學院而享譽於世。他與德米特流斯的對話，可以參閱蒲魯塔克《希臘羅馬英豪列傳》之〈德米特流斯傳〉9節。

18 德米特流斯（336-283 B.C.）是安蒂哥努斯一世（Antigonus I）之子，成爲馬其頓國王（在位期間：294-288 B.C.）以後，致力統一亞歷山大建立的帝國，因屢次奪取堅城而獲得「圍攻者」的稱號。戰敗後向塞琉卡斯一世投降，遭到囚禁而鬱鬱以終。

19 參閱柏拉圖的《高吉阿斯篇》（Gorgias）470E；以及西塞羅（Cicero）的《突斯庫隆討論集》（Tusculon Disputations）第5卷18節。

20 高吉阿斯（483-374 B.C.）生於西西里的李昂蒂尼（Leontini），是當代最知名的修辭學家及詭辯家，柏拉圖有一篇對話以他爲名。

21 希臘三大悲劇家之一的優里庇德，雖然是雅典人，平生鮮爲人知，寫出九十二部劇本，有八十部僅留劇名，存世的悲劇有十齣，以《阿塞蒂斯》（Alcestis）、《米狄亞》（Medea）、《希波萊都斯》和《特洛伊的婦女》（Trojan Woman）最爲知名，對於後世的戲劇發揮極大的影響力。

好過大庭廣眾前面發表講演。[22]

　　我看到那些靠說服的方式獲得平民大眾擁戴的人士，通常會出現這種結局，就是在他們的傳記當中只有箝口不語，以及縱情於聲色之娛無法自拔。再者，為什麼身為子女必須如此（像是教他們諸如此類的演講術）？要想真正對個人帶來好處，那就不要隨心所欲信口開河，或者未經思考任性而為，誠如俗語所言「好事多磨」[23]。即興演說展示事先周到的準備和個人擁有的才華，常人講話的共同特徵是不知從何開始以及如何結束。除了其他的缺失以外，有些人在衝動的狀況下開口說話，就會產生可怕的後果，不理會時間的限制變得饒舌令人難以忍受。經過深思熟慮的談吐就另一方面而言，可以預防超過適當的時限。伯里克利（Pericles）[24] 的行誼如同「流傳下來可以讓我們聆聽的故事」，提及他受到人民大會的召喚，通常他不理會大家的要求，只說他沒有充分的考量，所以不能發表任何談話[25]。笛摩昔尼斯（Demosthenes）對於伯里克利所制定的政策是熱心的擁護者[26]，在這方面的做法非常類似；當雅典人要他提供意見的時候，用推辭的口吻說道：「我對此毫無準備。」或許這是後人杜撰沒有根據的傳說，他在起訴密迪阿斯（Meidias）的講辭之中，明確提到三思而後言對他有很大的幫助。無論如何，他說道：「各位雅典市民，我確實對這個案件花了很多心血，也不否認為了使得演講達到完美的程度，曾經再三的預演和練習。有鑑於他過去和現在對待我的方式，如果我對於要向各位所說的話不特別加以注意，那我真是一個無可救藥的可憐蟲。」

　　就我這方面而言，並沒有提出這樣的主張，說是我完全拒絕從事演講的準備工作，或者說是這種演講不必運用在適合的地點，只是認為如同對待藥物一樣，保持小心翼翼的態度就夠了。實在說，除非一個人到達成年，我不認為他有資格可以任意發言，當他已經建立穩固的地位和權力，只要遇到機會適合，在他的談話中不受拘束地表達個人的見解，倒也是很自然的事。如同有些人長期戴著腳鐐

22　引用優里庇德的悲劇《希波萊都斯》986-987行。

23　參閱柏拉圖《克拉提魯斯篇》（*Craterus*）257E。

24　伯里克利(495-429 B.C.)是雅典民主政體政治家和謀略家，當政期間國勢臻於顛峰，建設雅典成為最偉大的城市。

25　參閱蒲魯塔克《希臘羅馬英豪列傳》之〈伯里克利傳〉8節，表現出小心謹慎的態度和不輕易開口的習慣。

26　參閱蒲魯塔克《希臘羅馬英豪列傳》之〈笛摩昔尼斯傳〉9節，雖然他認為伯里克利的個性，有很多地方他不敢苟同，對於伯里克利不會就任何問題隨便發表談話，覺得可以效法。

手銬，一旦獲得自由，由於已經習慣於四肢的縛束，這時不僅難以行走，已經到了舉足唯艱的地步。一個人的說話要是長期受到箝制也會產生同樣的狀況：即使有立即大聲疾呼的必要，他們還是要保持從前的表達方式，就是沉默以對。要讓一個人在年輕的時候，就可以站起來在毫無準備的狀況下發表意見，這種信口開河的談話給人帶來最壞的印象。他們講的故事有關一個態度極其惡劣的畫家，這個人將一幅作品展示給阿皮勒斯（Apelles）[27] 看，並且說道：「我只用剛才的片刻工夫就把它畫好了。」於是阿皮勒斯回答道：「即使你不說我也知道這是倉促之下完成的畫作，我只是對於你沒有繪出更多同類的東西感到奇怪。」

那麼我的勸告（現在我回歸到原來的題目）是一個人的說話必須小心謹慎，避免運用過火或鬧劇的手法，同時還要注意表達的內容不得瑣碎和通俗。虛憍的措辭不適於過公眾生活的人，貧瘠的體裁無法讓人產生深刻的印象。如同一個人的身體既要健康又要強壯，說話不僅要免於差錯而且要能生動有力。保持兢兢業業的態度僅僅受到推許，唯有積極進取才會獲得讚譽。說來很湊巧，我對精神和心理方面的素質抱持類似的觀點。做人一方面不能大膽妄為，另一方面也不能怯懦退縮，前者會使自己蒙受鹵莽急進的批評，後者會落到卑躬屈膝的地步，任何事物都要保持中庸之道，這才能凸顯評鑑的能力和卓越的品味。

當我就有關教育這個問題，詳述個人見解的時候，我很想加以說明，首先是這篇隨筆全由一序列的短句構成，這是缺乏文學素養的證據；其次是我認為反覆講授這類的文字很快讓人生厭，甚至到達難以忍耐的程度，不管怎麼說，只要單調就會索然無味引起反感。唯有變化多端可以讓人產生興趣，無論任何事物莫不如此。例如各種表演節目就是讓我們的視覺和聽覺滿足聲色之娛。

10 生而為自由人的兒童，在成長的過程中不容許缺乏知識，這是經由聽講和閱讀所獲得，包括各個學門在內稱之為通識教育；然而他所學的東西無法深入，只能淺嘗而已，人生許多方面都不過如此（對任何事物都不可能達到完美無缺的程度），他應該將哲學置於所有知識之上，或許我可以舉例來說明我的觀點，使大家更容易了解。譬如出航海外遊歷很多城市是賞心悅目的盛舉，為了個人的利益，住居一定要選最好的地點。哲學家拜昂（Bion）[28] 說出

---

27 阿皮勒斯是西元前4世紀希臘最有名氣的藝術家，成為馬其頓國王菲利浦二世（Philip II）和亞歷山大大帝的宮廷畫師；特別是他為亞歷山大畫出手執雷電的肖像，掌握獨特的神韻，只是面容稍嫌黝黑。

28 拜昂（325-255 B.C.）是出身錫西厄蠻族（Scythain）的哲學家，狄奧弗拉斯都斯（Theophrastus）

的機智格言：「求婚者無法接近珀妮洛普(Penelope)，得先去娶她的侍女」[29]，意思是我們要把哲學當成目標，除此以外，任何種類的教育都是捕風捉影，退而求其次沒有一點價值可言。因而要將哲學置於所有教育的頂端和前列。

　　人類關心自己的身體因而發明兩種技能，就是醫療和體操，主要作用在於獲得健康和強壯的身體。僅有哲學可以治癒心靈方面的疾病。經由哲學以及與哲學有關的科目，所能獲得的知識：在於明辨榮辱和是非，簡言之就是取捨的拿捏；舉凡如何與神明、父母、長者、法律、外人、部屬、朋友、婦女、子女和奴僕建立倫常關係；一個人應該崇拜神明、榮耀父母、尊敬長者、服從法律、禮讓部屬、愛護朋友、對待婦女以堅貞之心、對待子女以摯愛之情、對待奴僕不得作威作福。此外，至關重要之處，在於獲得成功不必欣喜若狂，身處逆境不要懷憂喪志；在於享受歡樂不得放縱墮落，克制情緒不得衝動野蠻。從哲學所能獲得的各種好處當中，我認為以上面所說的幾點最為突出。邁向成功之路能夠表現慷慨之心才是男子漢，不會引起嫉妒之心才是有教養的人；並不是每個人都可以控制自己的激情，能用理性克服歡樂才是明達的智者。我認為完美之處在於有人運用哲學綜合政治能力，同時也不要忘記兩件事情：運用公眾地位盡一生之力在世間做有用的人，追求哲學之道願意過寧靜和不受干擾的生活。

　　一般來說有三種生活方式，第一種是實際的生活；第二種是沉思的生活；第三種是享樂的生活。最後這種生活方式使人墮落成為歡樂的奴隸，變得極其惡劣帶有獸性；沉思的生活雖然近於日常的生活方式，只是沒有多大用處；實際的生活將哲學摒除在外，可以說是缺乏文化教養和品味。一個人必須在參與公眾生活的同時，盡可能找到機會就將哲學緊抓不放，如同伯里克利就過著公眾人物的生活，其他還有塔倫屯(Tarentum)的阿克塔斯(Archytas)、敘拉古(Syracuse)的狄昂(Dion)以及底比斯(Thebes)的伊巴明諾達斯(Epaminondas)，後面這幾位都是柏拉圖的同伴[30]。

(續)━━━

　　的知名弟子，個性幽默，有出口成章的才華。

29　聽到這話照著做的人，不僅自己倒楣，連那些侍女都會遭逢厄運；奧德修斯(Odysseus)殺光求婚者也就算了，那些與求婚者有交情的侍女死得更慘。有的格言看起來有理，仔細推敲還真是站不住腳。

30　塔倫屯最早是希臘人建立的殖民地，後來成為義大利南部主要的城市，現在的名字是塔蘭托(Tarento)，瀕臨塔蘭托灣是主要的海軍基地。
　　伊巴明諾達斯(418-362 B.C.)是底比斯的將領和政治家，希臘世界最偉大的人物之一，琉克特拉(Leuctra)會戰和曼蒂尼(Mantineia)會戰打敗斯巴達人，結束斯巴達在希臘的霸權，他在362 B.C.一次作戰行動中受傷逝世，接著才有馬其頓的崛起和亞歷山大的征服。參閱第15

有關教育我不知道爲什麼還要花時間再多說一些，前文當中曾經提到如何增加資料，可以發揮教化的作用，的確有這個需要，特例是不要對過去的學者寫出的作品抱著冷漠的態度，應該蒐集起來，就像農耕工作也要準備很多工具。與教育相應的工具就是書籍的使用，這些都經過時間的考驗，我們可以追本溯源來研究學問。

11 不可以忽略身體的鍛鍊，我們將小孩送到教練那裡，要他們盡心盡力加強這方面的教育，目的是優美的身材和充沛的體能，要知道兒童時期有強健的身體，等於爲矍鑠的老年打下基礎。如同在晴朗的日子就要準備暴風雨的來臨；所以年輕人的紀律和自制等於爲老年準備充足的糧食。體能訓練應該有限度，不能耗盡子女的精力，過於疲乏而無法讀書。根據柏拉圖的說法[31]：睡眠和勞累是研究學問的大敵。爲什麼非要在這裡提起這個題材？因爲我抱著焦慮的心情，認爲這件事比起其他任何問題都更重要。兒童必須及早習慣於戰爭的殺戮，他們要練習投擲標槍和彎弓射箭，熟悉打獵的技巧。「敗者的財物成爲勝者的獎品，唯有在戰場才會出現這種狀況。」[32] 戶內生活培養出來的體能條件，在戰爭之中已無容身之地；一位習慣於軍事操練的士兵，即使身材瘦削，仍舊像是如入無人之境，可以從一大堆肥胖的運動員中間直衝過去。

還是有些人會說：「對於有關教育的問題，你答應要給生而爲自由人的子女正確的指導，現在可以明確看出，你對貧窮家庭的兒童根本不理不睬，同時你自己也知道，所有的建議全是針對富家子弟，你說這是怎麼一回事呢？」對這些質疑並不難回答。我最大的願望是訂出爲眾人所通用的教育方針，要是有些人處於貧窮的環境，無法按照我的指導有效運作，那麼讓他們責怪命運的擺布，與我提出的勸告毫無關係。即使是清寒的人家仍舊要竭盡所能，爲子女安排最好的教育，如果這點都辦不到，還是要量入爲出做精細的打算。討論這些力不從心的事項讓我感到苦惱，連帶談起的題目，在於如何使年輕人願意接受正規教育。

（續）

章〈國王和將領的嘉言警語〉70節。

很多政治人物具備哲學家的身分，這在古代是不爭的事實，因為哲學代表著知識、文化和素養；伯里克利的自律甚嚴，要過獨善其身的生活，可以參閱蒲魯塔克《希臘羅馬英豪列傳》之〈伯里克利傳〉7節。君主政體應該如此，因為皇帝就是「寡人」，可以不必跟臣下打交道；民主政體極其困難，如果不理睬別人，最後會造成眾叛親離的局面。

31　參閱柏拉圖《國家篇》537E；只是引用的話沒有加上形容詞，因為原文說是「極度」的疲勞和「冗長」的睡眠。

32　參閱色諾芬《居魯士的教育》第2卷第3章2節。

12 我一直不斷強調，要用鼓勵和說服的手段，使得子女能夠誠心誠意實踐履行，絕對不能拿出體罰或凌辱的方式，大家都同意強迫只適合奴隸而不是自由人；他們要是對功課感覺不到一點興趣，或是一見到就為之戰慄不已，部分來自挨打的痛苦，部分出於自卑感作祟。對於自由人而言，讚揚和譴責較之其他任何虐待更有幫助，因為讚揚激勵他們追求榮譽，譴責使得他們避免羞辱。責罵和嘉許應該運用不同的方式交替而行，時機的拿捏非常重要，充滿信心的小孩因為責罵感到無地自容，稱讚可以讓他們振作精神，如同仿效奶媽的辦法，嬰兒哭鬧不休的時候，就用餵乳給予安撫。提到讚揚最重要是恰如其分，過度的誇獎會使他們自命不凡，助長驕縱之心反而壞事。

13 在我這把年紀，看到有些父親過於溺愛子女，產生的結果是適得其反。我這樣說到底是什麼意思，要是能夠舉出案例，那麼提出的論點豈不是更容易讓人了解得非常清楚？那就是說，有些父親抱著一廂情願的想法，認為自己的子女無論在各方面都會出人頭地，所以給他們加上繁重的功課，等到小孩發覺無力完成，這時就會感到悲傷。除此以外，他們會因不幸的經驗而日益消沉，對於接受的教導不會產生任何回應。如同植物的栽培要有適量的澆水，連續不斷的灌溉反而遭到淹死的結局。心智的成長如出一轍，應該給予適當的功課，要是作業過多就會得不償失。兒童接受連續的課程，必須要有喘息的空間，我們的心中要有這種想法，那就是整個生活區分為鬆弛和專注兩種方式。基於這種道理，大自然不僅創造出清醒的時辰也有睡眠的時辰，不僅有戰爭也有和平，不僅有暴風雨也有豔陽天，不僅有激烈活動的期程也有閒暇無事的假日。總而言之，休息可以培養工作的興趣。我們觀察到這種現象，同樣發生在無生物上面，平常我們可以鬆開琴弓或琴身所用的弦，到用的時候再裝上拉緊。一般來說，身體的維持靠著饑渴和飲食；心靈的平衡在於休閒和勞動。

有些身為父親的人應該受到譴責，他們將自己的兒子託付給隨從和教師，然後對於教導的方式擺出不聞不問的態度。他們根本不負責任，應該每隔幾天就要測試自己的小孩，結果完全依靠雇來的人員全權處置。要是這些人知道他們必須經常提出報告，那麼他們對於小孩的功課會更加注意。有關這一點，我要指出有位馬夫所說的話非常明智：「馬匹不能像國王的眼睛那樣肥。」

特別是兒童的記憶力要加以訓練和複習，因為這是儲存學問的庫房，神話學

家出於這種理由，把記憶女神當成九繆司的母親[33]，等於暗示這個世界沒有任何事物，比起記憶能發揮更大的創造和培育的功能。因此不論是記憶力很好或者很容易遺忘的小孩，都應該給予適當的訓練。前者要加強天生的稟賦，後者也要使這方面的缺陷獲得充實。最優秀的兒童要超越別人，其次在於能夠超越自己。赫西奧德(Hesiod)[34]的警語在讚譽：

積沙成塔，
功不唐捐。[35]

家長不會忘掉記憶對子女的學習有很大的貢獻，不僅在教育方面，就是生活中實際的活動亦復如是，所謂「前事不忘，後事之師」就是這個意思。

14 還有就是身為兒子的人不要口出惡言，德謨克瑞都斯(Democritus)[36] 說過「言是行的影子」這句話。那麼必須確保適當的限度，使得他們的言行舉止得體而且有禮，沒有任何事物比起不知好歹的性格更惹人討厭。除此以外，避免讓子女為同伴所嫌惡，特別是在發生爭論的時候不要固執己見。我們要了解征戰的光榮壯舉，不僅在於如何獲得勝利，而是如何使敗者降服，免得勝利帶來更大的災害，如同「卡德穆斯(Cadmus)大捷」[37] 付出高昂的代價。明

33　希臘神話的繆司是掌管文藝和科學的九位女神，都是宙斯和記憶女神奈摩昔妮(Mnemosyne)的女兒，分別是：卡利奧披(Calliope)司辯論和英雄史詩；克萊俄(Clio)司歷史；埃拉托(Erato)司情詩；優特披(Euterpo)司音樂和抒情詩；墨波米妮(Melpomene)司悲劇；波利赫妮婭(Polyhynia)司頌歌；特普西可瑞(Terpsichore)司舞蹈與合唱；塔利婭(Thalia)司喜劇和田園詩；烏拉妮婭(Urania)司天文。

34　西元前8世紀的赫西奧德是希臘最早知名詩人之一，蒲魯塔克曾為他立傳，但現已佚失。他寫作的範圍是史詩和敘事詩，主要留存的作品有《神譜》(Therogony)和《作品與時光》(Works and Days)。

35　引用赫西奧德《作品與時光》361行。它的意思是任何事物都是「由小而大，因少而多」，特別是德行和知識更是如此。

36　德謨克瑞都斯是西元前5世紀的哲學家，生於色雷斯(Thrace)的阿布德拉(Abdera)，曾遊歷亞洲和埃及各地，後來定居雅典，受教於安納克薩哥拉斯(Anaxagoras)門下，著作多達六十餘種，涵蓋哲學各學門和學派，卒年不詳，據說享有高壽。他是原子學說的解釋人和宣揚者，從而獲得「可笑的哲學家」表示嘲諷的稱呼。

37　那是說勝利要付出慘痛代價以至於得不償失或者造成兩敗俱傷的結果；這個典故的來源與伊底帕斯(Oedipus)的兩個兒子，波利尼西斯(Polyneices)和伊特奧克利(Eteocles)的鬥爭有關。可以參閱本書第35章〈論手足之情〉17節，以及希羅多德《歷史》第1卷166節。

智的優里庇德可以出面作證，引用他的詩句：

> 兩位演說家其中之一開始發怒，
> 誰在爭論中讓步才是明智之士。[38]

我們必須訂出一些行為規範，有的在前面已經提過，使得年輕人有所遵循，那就是：生活簡樸、保持沉默、避免發怒、廉潔自持。我們一定要知道這幾點都很重要，為了容易明瞭起見特別舉例說明。

我們從最後一點說起，有些人為了獲取不法的利益，使得早年建立的良好聲譽竟然毀於一旦，斯巴達人傑利帕斯（Gylippus）[39] 就是活生生的例證，他在私下拆開錢袋偷取銀兩，受到放逐的處分。

智者可以明顯看出具備沉潛穩健的氣質，有次蘇格拉底被一位膽大妄為的年輕人狠狠踢了一腳，他看到旁觀的人是如此氣憤，就要如法炮製對攻擊者採取不利的行動，於是出來打圓場說道：「要是一隻驢子踢了我，難道你們認為我應該回敬牠一腳？」這位年輕人還是難以逃過制裁，每個人都拿這件事向他開玩笑，給他取了一個綽號叫作「飛腿驢」，惱怒之餘自縊身亡。

亞里斯托法尼斯（Aristophanes）[40] 的《雲層》一劇要公開演出，趁著這個機會，對於蘇格拉底加以嬉笑怒罵無所不用其極，其中有位演員對蘇格拉底說道：「他在戲裡面把你貶得一文不值，蘇格拉底，怎麼你一點都不生氣？」他回答道：「老實說我根本不在意，他們在劇院中對我開玩笑，看來像是與一群要好的朋友參加盛大的宴會。」塔倫屯的阿克塔斯[41] 和柏拉圖的做法也有非常類似之

---

38 參閱瑙克（Nauck）《希臘悲劇殘本》之〈優里庇德篇〉No. 654。

39 要想知道這個故事的來龍去脈，可以參閱蒲魯塔克《希臘羅馬英豪列傳》之〈賴山德傳〉16 節。

40 亞里斯托法尼斯（457-385 B.C.）是希臘最偉大的喜劇家，成為古老阿提卡喜劇的領導人物，雖然是雅典人，長年居住在伊吉納島（Aegina），他的父親菲利帕斯（Phillppus）和兒子阿拉洛斯（Araros）都是當代知名之士。他的作品有四十多部劇本，尚有十一部存世，諸如：425 B.C.的《阿查尼人》（Acharnians）獲得優勝；424 B.C.的《武士》（Knight）獲得優勝；423 B.C.的《雲層》（Clouds）獲得三等獎；422 B.C.的《黃蜂》（Wasps）獲得二等獎；421 B.C.的《和平》（Peace）獲得二等獎；414B.C.的《鳥群》（Birds）獲得二等獎；411 B.C.的《黎昔斯特拉塔》（Lysistrata）；411 B.C.的《參加帖斯摩弗里亞祭典的婦女》（Women at the Thesmophoria）；405 B.C.的《青蛙》（Frogs）獲得優勝；392 B.C.的《主持會議的婦女》（Assembly Women）以及388 B.C.的《財源廣進》（Plutus）。

41 阿克塔斯是西元前4世紀中葉畢達哥拉斯學派的哲學家，在塔倫屯擔任公職。

處。阿克塔斯打完仗（當時他的職位是將領）回到家中，發現田園都已荒蕪，就將工頭召來訓了一頓，說道：「要不是我的脾氣很好，這下你可要倒大楣了。」

柏拉圖被一位好吃懶做而又頑劣不堪的奴隸激得怒氣大發，就把他的外甥史樸西帕斯(Speusippus)[42] 叫來，等到他要這兩個人下去以後，這時才說道：「眞是把我氣死了，非要狠狠打這個傢伙一頓不可。」特別強調這種行爲很難做到，旁人要模仿也不容易。我知道自己對這件事的看法，一直在努力去做，把這些人的行爲當成可以達到的標準，使得任性而爲和衝動易怒的脾氣爲之收斂不少，至於在其他方面，尤其是豐富的經驗和開闊的心胸，我們不要妄想能與他們相提並論。然而我們可以與他們一樣，認爲自己可以擔任神秘祭典的高等祭司和維護智慧的持炬者。我們爲達成企圖要盡力而爲，總要仿效他們的言行舉止，使得自己無忝所生。

談到「保持沉默」這個題目，我的意見是要做進一步的討論。如果任何人存有這種概念，認爲這是微不足道的小事，那他根本不了解眞相所在。及時閉口不語是明智之舉，較之直言不諱可以獲得更大的好處。古代的祭司爲什麼設立規定，要參加神秘祭典的人員先要經過入會儀式，我個人認爲這樣做有充分的理由，那就是讓大家習慣於保持肅靜，基於畏懼之心學到如何體驗神明的秘笈，目的是從而能夠保有世人的機密。沒有人會因爲保持沉默而感到後悔，輕率開口因而遺憾終生的人算起來千百倍都不止[43]。還沒有說出口的話很容易以後再說；等到話說出口，那就是「君子一言，駟馬難追」。我聽到難以數計的人士因爲「禍從口出」，落到極其悲慘的處境。

我可以舉出一、二個特例，其餘只有略而不提。托勒密‧費拉德法斯(Ptolemy Philadelphus)娶他的姊妹阿西妮(Arsinoe)爲妻，索塔德(Sotades)說道：

> 汝犯錯如鑄銅山，
> 策騾馬奮勇前行。[44]

因而他繫獄多年備嘗苦楚；譏諷的言辭脫口而出使他受到應得的懲處，不僅使自

42　史樸西帕斯是柏拉圖的外甥和繼承者，於347-339 B.C.期間擔任學院學派的負責人。

43　本書第39章〈言多必失〉，對這方面的缺失有精到的論點。

44　羅馬人嚴禁兄妹或姊弟的結婚，甚至姑表兄妹都不可以；希臘人放寬標準，同父異母可以而同母異父不可以；埃及的國王爲了保持血統的純正，經常會兄妹或姊弟結爲夫婦。索塔德的嘲笑並非婚姻不合法，而是阿西妮過於強悍。

己成為別人嘲笑的對象，有很長的時間一直感到後悔不迭。

　　還有一個故事性質非常類似，詭辯家狄奧克瑞都斯(Theocritus)經常出口傷人，遭遇的下場更加悲慘。亞歷山大打敗蠻族班師還朝，吩咐希臘人準備紅色官袍，舉行大典向神明獻祭；同時為了獲得額外的錢財，要求所有的城邦繳交人頭稅。等到狄奧克瑞都斯論及此事，說道：「從前我一直感到懷疑，現在才知道荷馬所說『血紅的死亡』[45] 是怎麼一回事。」這樣一來使得他成為亞歷山大的仇敵。馬其頓國王安蒂哥努斯瞎了一隻眼，非常氣憤別人用毀損容貌的殘疾對他痛加責罵。優特羅皮昂(Eutropion)曾經是部隊裡的官員，後來出任他的御廚，現在他將優特羅皮昂派到狄奧克瑞都斯那裡，特別交代兩人要共同行動，有事應該一起商量。等到優特羅皮昂要去傳達國王的旨意，連著幾次都無法見到對方，最後在會面時狄奧克瑞都斯說道：「我很清楚你想讓我吃生肉，就像你事奉那位賽克洛普斯(Cyclops)[46] 一樣。」嘲笑一位是破了相的「獨眼龍」，另外一位不過是廚子而已。優特羅皮昂說道：「口無遮攔的談吐和類似瘋狂的行為，會讓你自食苦果，看來你已經保不住項上人頭。」於是他把原原本本的狀況報告國王，使得狄奧克瑞都斯難逃一死。

　　除此以外，最神聖的責任是我們要讓子女養成實話實說的習慣；只有奴隸才會說謊，所有人都痛恨這種行為，甚至就是平素舉止得體的奴隸，一旦犯了這類過失都不能寬恕。

15 談到與年輕人有關的事物，包括端莊的舉動和謙恭的行為，迄今為止我沒有絲毫懷疑也不會有任何猶豫之處。提到現在要介紹的主題，我不僅產生兩種對立的意見，同時還抱著兩種不同的心情，希望能以持平之論不偏向任一方；對於這個題材不知是應該說明清楚，還是應該力求避免，雖然我覺得極其勉強，仍舊認為要不計一切冒險去做。這究竟是怎麼一回事呢？問題在於是否允許兒童的愛慕者與愛慕的對象交往，讓他們一起度過那段成長的時光。就反對的立場來說，是否應該將別有用心的傢伙從年輕人的身邊趕走，不讓他們相處在一起。當我提到這些絕不妥協的父親，認為與愛慕者交往，會給自己

45　參閱荷馬(Homer)《伊利亞德》(*Iliad*)第5卷83行，優里披拉斯(Eurypylus)殺死祭司海普森諾(Hypsenor)，描述成「血紅的死亡和厄運讓他閤上雙眼」。

46　獨眼巨人賽克洛普斯是天神烏蘭努斯(Urqanus)和蓋亞(Gaia)的後裔，根據赫西奧德的說法，他們共有兄弟三人，都是火神赫菲斯都斯(Hephaestus)的工匠，專門製造雷電；荷馬的《奧德賽》將他描述成吃人的妖怪。

的兒子帶來無法忍受的暴行，所以表現出粗魯和堅決的舉動，我要是站出來成爲這種習俗的贊助者和倡導者，一定得小心翼翼才行。每當我想到蘇格拉底、柏拉圖、色諾芬[47]、伊司契尼斯（Aeschines）[48]、塞畢斯（Cebes）[49] 和一大批知名人物，他們把男士之間的愛情加以神聖化，從而引導年輕人所走的道路，在於充實學問知識、加強領導統御和激勵崇高德行，我再度呈現不同的心情，傾向於把他們的榜樣作爲效法的對象。

優里庇德贊同他們的癖好，有詩爲證：

> 人類之中存在另一種愛情，
> 傾心於正直和高貴的靈魂。[50]

我們不要忽略柏拉圖既詼諧又端莊的論述，他說任何人只要表現出高貴的行爲，就可以親吻那些大家認爲英俊的男士。現在我們對有些人的確不諒解，因爲他們的欲望僅在於容貌的美麗，甚至對於抱持心靈之愛都擺出不予寬容的態度。當這種形式的愛情在底比斯風行一時之際，伊利斯（Elis）明令禁止，然而在克里特（Crete）則視爲誘拐，但在雅典人和拉斯地蒙人（Lacedaemon）之間卻爭相仿效。

16 對這樣一件事每個人根據自己的信念有不同的意見。有關兒童遵守秩序和彬彬有禮的行爲，我在先前都已提過，接著進入到青少年時期，對這方面我有幾句話要說。有些壞蛋引誘別人染上墮落的習慣，我經常對這種行爲表示極端的不滿。所以父母會對年輕人要比兒童付出更大的注意和警惕。然而他們卻沒有了解這點，由於兒童的過錯不僅微小而且易於矯正，使得身邊的隨從沒有注意，即使是老師也受到蒙蔽因而不放在心上。長此以往，到了成年之初的不法行爲通常嚴重而且邪惡，像是無限制的暴飲暴食、偷竊父母的錢財、賭博、縱酒狂歡、未成年女子的戀愛、已婚婦女的淫亂行爲。年輕人的衝動唯有加強監督和管束，才能收到制止和遏阻的功效。人生的青春期不能養成縱情於歡樂

47　色諾芬是蘇格拉底亡故以後希臘世界的良心，無論是軍事、政治、文學、歷史和哲學都有卓越的建樹。

48　伊司契尼斯・索克拉蒂庫斯（Aeschines Socraticus）是西元前4世紀的人物，蘇格拉底的支持者和追隨者；其實古代的希臘偏好男色和孌童已經成為風氣。

49　塞畢斯也是蘇格拉底的朋友和追隨者，本書有多處提到他的為人處事，非常值得大家欽佩。

50　引用自優里庇德失傳的悲劇《帖修斯》（Theseus）；參閱瑙克《希臘悲劇殘本》之〈優里庇德篇〉No. 388。

的習性，需要加上籠頭和馬勒，父母一定要用堅實的手扯緊繮繩，只有過分愚蠢的人才會讓兒子一再犯下錯誤。明智的父親在這段期間特別需要提高警覺，無論運用教導、威脅和乞求各種手段和方法，總要使年輕人能用理性對待所有事物，經常在成人當中舉出例證，由於貪圖歡樂的生活陷入不幸的處境，還有人能夠堅定不移，終於獲得大眾的讚許和響亮的名聲。須知建立德行的兩個要素在於獲得報酬的希望，以及接踵而來的懲處。前者會讓人更為熱烈的追求榮譽，後者難免陷入無法自拔的痛苦之中。

17 這是一些常見的「生活規範」，可以使年輕人避免與下流的壞蛋交往，特別是這些人惡習纏身，一旦接觸就會受到感染。畢達哥拉斯將應盡的本分，加入暗喻的形式之中，自古以來有很大的貢獻，對於德行的實踐發揮相當的影響力，我現在予以引用並且要詳盡的解釋。例如：

「不要想去品嘗黑尾魚。」意思是「不要把你的時間花在黑心腸的壞人身上，他們都是一些心地陰險和行為惡毒的傢伙」。

「不要踩過天平的橫梁。」意思是一個人對於「公平和正義」要特別重視，不可有任何逾越之處。

「不要呆坐在糧斗上面。」等於是說我們應該自食其力而且要使生活不致匱乏。

「不要向每個人都伸手。」表示「勿交友太快」。

「不要戴上過緊的指環。」意思是一個人要過自由自在的生活，不要受到過多的人為拘束。

「不要用鐵枝來撥爐火。」[51] 表示「不要對發怒的人再火上澆油」。實在說，這樣做會釀成大錯，我們對於發脾氣的人應該盡量予以優容。

「不要憂慮到傷心欲絕。」等於在說「憂愁過度既會傷身又會傷神」。

「絕足於繳豆粒的場合。」意思是一個人不要參與政爭；古老的時代拿豆粒當作投票的工具，用來罷黜官員的職位[52]。

「勿將食物丟進餿水桶。」意味著不宜將機智的談吐灌輸入卑劣的心靈，由

---

51 參閱本書第21章〈羅馬掌故〉71節及第27章〈埃及的神：艾希斯和奧塞里斯〉10節；蒲魯塔克《希臘羅馬英豪列傳》之〈努馬·龐皮留斯傳〉(Numa Pompilius)14節特別提到「不要挑起戰火」。

52 這是一種取消任命的合法程序，可以參閱亞里斯多德(Aristotle)《雅典的政體結構》(Constitution of Athens)第61章。

於言辭的表達是思想的糧食，人類的心中存著邪惡的念頭，會使純潔的思想變得骯髒無比。

「不要到達邊界就轉身。」當人們面臨死亡即將到達人生的盡頭，應該保持沉著寧靜的心情，不要表現出怯懦退縮的模樣。

我要回到本章開始所敘述的主題，如同我一直強調，年輕人要遠離各式各樣的壞人，特別是那些阿諛諂媚之徒。讓我再三重複對很多父親所說的話：沒有任何一種人比起奉承討好的馬屁精更爲有害，很快使得年輕人嘗到「一失足成千古恨」的苦果。無論是父親或兒子都受到他們的荼毒，給現在的老年人帶來遺憾，讓年輕人在將來感到後悔。他們把世間的歡樂拿在手裡晃來晃去，當成無法抗拒的誘惑物，勾引人們上當去聽從他們的甜言蜜語。對於繼承家產的兒子，父親交代他們要保持清醒，奉承者能讓他們飲酒過量；父親交代他們要克制欲望，奉承者能讓他們生活放蕩；父親交代他們要節約儉樸，奉承者能讓他們奢侈揮霍；父親交代他們要工作勤奮，奉承者能讓他們好吃懶做；同時還不斷放話，說是：「人生苦短，應該及時行樂；爲什麼我們要把做父親的威脅之辭放在心上？他已經是一腳跨進墳墓的老廢物，過不了多久就會把他裝進棺材運出家門。」

他們之中有些傢伙盡做一些下流的勾當，像是在年輕人尋求發展的路途上面設置墮落的女人，或者爲他介紹已婚婦女滿足淫欲；將父親爲老年積蓄的錢財揮霍得一乾二淨。這一夥人眞是可憎可惡，假裝出友情深厚的模樣，聽不到一點誠實的言語，他們討好豪門富室，藐視出身清寒的貧士，他們的欺詐出於本能，使出全副力量用在年輕人身上；只要庇主面露高興的神色，他們就在一旁脅肩諂笑；對於任何亡故的人員，他都要使用僞造的文件成爲遺產的索求者；他們在人類當中只能算是私生子和野種，靠著對富人的唯命是從以維生；造化使得他們生而爲自由人，實際上與奴隸無異。他們寡廉鮮恥，對旁人的笑罵視之無物，僅在費盡心機不能達成目的的才感到羞辱。因而任何一位父親要是關心子女，希望他們有良好的教養，務必要將這些可惡的東西從身邊趕走。還有一件事不容忽視，就是他們的同學表現出墮落的行爲，同樣要避而遠之，因爲這些人爲禍之烈與諂媚者不相上下。

18 所有這些規定有關於個人的榮譽與利益；下面這些與人性有關。身爲父親應該再度有所領悟：我不認爲他們的天性就是那樣的冷酷無情，在很多狀況下，必須承認對於年輕的後輩犯下一些錯誤，應該記得他們自己曾經年輕過。如同醫師要在苦藥裡攪糖漿，最大的好處是可口的味道讓人容易接

受，因此作爲父親，在譴責的粗暴語氣當中，也要混合著溫厚的親情。有時對子女期盼的欲望給予一些放任的自由，可以稍微放鬆管制的繩，然後在適當的時機再度拉緊。最理想的狀況是用平常心忍受所犯的過失，如果無法做到，即使因而怒氣大發，也要很快冷靜下來。一位父親的脾氣暴躁總比性格陰鬱要好得多，帶有敵意和難以和解的人物，對他們的子女常會懷著怨恨之心。最好的辦法是對子女的短處假裝不知道，到了老年對於看不慣的事情還要裝聾作啞，即使經常發生也要視而不見聽而不聞。

　　朋友的缺失我們可以不放在心上，那麼我們忍受子女犯下的過錯，爲何就會讓人覺得驚奇？雖然我們的奴隸也會在早晨感到頭痛欲裂，大可不必非要逼他們承認自己是酒色之徒。「你過去對他一直很吝嗇，好吧，現在不妨大方一點；你過去一直對他生氣，好吧，現在不妨看開一點；他要是在一位奴隸的幫助之下騙過你，還是不要發怒比較好；他要是從田裡牽走兩頭牛拿去賣掉，或是回家的時候帶著昨天夜裡狂歡的滿身酒臭，還是不要理睬比較好；就是聞到他的身上有脂粉味[53]，還是一句都不說比較好。」用這種方式使得倔強的年輕人逐漸變得馴服。

19 有些人無法壓下心中的欲念或是聽不進規勸，就會屈從於婚姻的力量，這是非常有效的辦法。對年輕人而言，給他結一門親事，可以發揮強烈的羈束作用。無論如何，一個人要爲兒子找成親的對象，無論在家世或財富方面都不能高攀，俗語說的「打死不退」[54]眞是金玉良言，否則會在無意之中使得妻子的氣焰高張，夫權旁落成爲嫁妝的奴隸。

20 我會再多說一點，然後做出最後的結論。就父親而言，最關緊要之事在於避免不當的言行，一舉一動都可以成爲兒女的表率；他們看到父親的生活如同照一面鏡子，從而阻止自己做出羞辱門第的行爲，不會說出敗壞家風的話語。有人犯了同樣的過失還要去責罵兒子，等於用晚輩的名字來數落自己。如果他們使得全家的生活變得糟不可言，就連奴隸都難以訓誡，更不要說去管教兒子。除此以外，他們因爲所犯的過失可以當作前車之鑑，因而成爲兒子

53　已經有明顯的證據知道他到花街柳巷與不正經的婦女交遊。

54　據說這句話的起源是兒童玩抽陀螺的遊戲；同樣的表達方式來自「賽馬場的跑道」，出現在亞里斯托法尼斯的喜劇《雲層》25行。

的顧問和老師。只要老年人的言行舉止不夠端莊，年輕人保證會變得厚顏無恥[55]。

我們必須竭盡諸般手段使子女遵守紀律，鼓勵他們效法優里迪絲（Eurydice）的榜樣，這位婦女雖然是土生土長的伊里利亞（Illyria）[56] 蠻族，但後來在她的一生之中教育自己的子女，使他們養成研究學問的興趣，她向繆司奉獻一塊碑銘，可以證明她是如何的摯愛子女：

> 海拉波里斯的優里迪絲，
> 向繆司奉上虔誠的獻辭。
> 年輕母親有健康的兒子，
> 內心浮起欲念想要求知，
> 非常勤奮得以通曉文字，
> 接著埋首苦讀追求學識。

我所給予的建議要能發揮功效，不僅要向神明祈禱還得多方鼓勵，他們之中大多數人有追隨的熱情，需要很好的運道和小心的照應，要想貫徹完全取決於人的執行能力。

55　參閱柏拉圖《法律篇》729C以及蒲魯塔克引用在本書第4章〈如何從友人當中分辨阿諛之徒〉32節、第12章〈對新婚夫婦的勸告〉47節及第21章〈羅馬掌故〉33節。

56　伊里利亞位於巴爾幹半島的西北部，在馬其頓和伊庇魯斯的上方，海岸地區有希臘殖民地，像是伊庇道魯斯（Epidaurus）和阿波羅尼亞（Apollonia）這些城市，當地民風強悍，自古以來供應希臘和羅馬所需的戰鬥人員。

第二章

年輕人何以應該學詩

1 尊貴的馬可斯・塞達都斯(Marcus Sedatus),詩人兼神劇作家斐洛克森努斯(Philoxenus)[1] 經常說起,他最愛的料理是「肉已非肉而魚已非魚」,要是其言不虛,我們把這件事留給加圖(Cato)[2] 解釋,說是像斐洛克森努斯這類人物,他們的口味比起啟發的思想更容易讓人領會。就我們的立場而論,哲學的對話錄何其清晰簡潔,然而發現那些沒有帶著說教意味,還能表現嚴肅一面的作品,像是戲劇和文學,更加受到年輕人的喜愛,在教授這類課程的講堂上面,他們成為全神貫注而且心儀不已的聽眾。年輕人閱讀的著作不僅有伊索(Aesop)[3] 的《寓言集》(*Fables*)和《詩人的傳奇》(*Tales from the Poets*),還有赫拉克萊德(Heraclides)[4] 的《阿貝里斯》(*Abaris*)和亞里斯頓(Ariston)[5] 的《黎坎》(*Lycon*)。這些故事來自神話,其中的人物深受哲學的陶冶,會使讀者獲得樂趣和啟示。

我們不應僅僅要求年輕人,在飲食的場合表現出彬彬有禮的態度,他們對詩的聆聽和朗誦,應該保持從容和寧靜的神情,從細細品味之中獲得內心的愉悅。

---

1 斐洛克森努斯(435-380 B.C.)生於賽舍拉(Cythera),是一位擅長神劇與合唱的詩人,後來在敘拉古服務於戴奧尼休斯一世(Dionysius I)的宮廷;這位僭主對於自己的詩評價很高,世界第一流的詩人都不放在眼裡,斐洛克森努斯看不慣傲慢無禮的態度,就對他的作品說些不入耳的貶語,暴君老羞成怒,派人押他到採石場做苦工;只隔一天就放他回來仍舊重用。戴奧尼休斯又要人將新作送給他過目,希望得到他的唱和與讚譽;這位詩人看過以後,轉過頭去對來人很幽默的說道:「看來你還是把我押回採石場吧!」

2 這一位是老加圖(Cato the Elder),他說他即使貴為執政官,仍與工人飲同樣的葡萄酒,晚餐是市場買來的魚或肉,所需費用少於三十枚銅板。

3 伊索是西元前8世紀中葉來自色雷斯的奴隸,一直住在薩摩斯,他寫的《寓言集》自古以來是兒童最佳讀物,甚至還受到蘇格拉底的訂正和改編。

4 希臘以赫拉克萊德為名的文人學者有很多位,本章所提這位來自潘達斯(Pontus),生卒期間大約390-310 B.C.,他是柏拉圖知名的弟子。

5 亞里斯頓是西元前3世紀生於開俄斯(Chios)島的斯多噶學派哲學家,後來在雅典從事教學和寫作。

同時要讓他們養成習慣，無論字裡行間都能有所收益，可以發揮最大的成效。須知守備森嚴的金城湯池，只要打開其中一座城門，敵人便可以長驅直入，無法保護城市不被占領。年輕人經由耳聞所獲得的歡樂，要是毫不經心縱情其中，這時他對其他感官所獲致的歡樂，將會失去自制的能力。恰恰相反，諸如此類的外感形式，等到與人的生活密切關聯，自然而然衍生某些想法和理念，爾後的影響愈來愈大，如果這方面稍有疏忽，對於接受聲色之娛的人士，造成的損害就會長此墮落下去。

提到及學年齡的兒童，像我的索克拉魯斯（Soclarus）和你的克倫德（Cleander），我們務必特別提高警覺，始終保持審慎的信念，認爲他們的閱讀較之在街頭玩要，更需要監督和指導，然而要想釜底抽薪禁止他們讀詩，既不可能也沒有好處。我靜下心來致力這方面的寫作，把我對詩的一些觀念和心得告訴你，這在我而言是亟需一吐爲快。請你收下送來的文章仔細閱讀，要是你認爲這些內容，不會比紫水晶[6]之類的東西（據說這種礦物可以防止醉酒，很多人參加宴會時會佩帶在身上）產生的功效差的話，那麼就可以授與克倫德，由於他的性格非常急躁而且生氣勃勃，希望我寫出的主題會對他發生影響，從而可以防患於未然。這些話有詩爲證：

> 烏賊頭並非好食材，
> 吃起來味道還不賴。[7]

根據一般人的說法，此類海產的味道鮮美，吃多了會讓人在睡覺的時候做噩夢，出現奇特和擾亂知覺的幻想。

詩藝對年輕人的心靈帶來歡樂和滋補，除非在聆聽的時候給予適當的監督，否則會使他們的情緒不安而且誤入歧途。大可以說詩有如埃及這塊土地，上面生長出多種藥物，有的混合起來可以治療疾病，有的會使耕種的人受到毒害。

---

6 傳聞amethyst可以「預防酒醉」，有人說它是草藥或種子（參閱本書第77章〈會飲篇：清談之樂〉第3篇問題1第3節，以及阿昔尼烏斯[Athenaeus]的《知識的盛宴》[*The Learned Banqueters*]24C）或者堅果（參閱本書第77章〈會飲篇：清談之樂〉第1篇問題6第4節）的名字，都是可以食用的東西，也有人說它是一種寶石（普里尼[Pliny]《自然史》[*Natural History*]第37卷第9節），掛在頸脖作為飾物，喝酒就不會醉。

7 當時流行一種說法，要想藉著解夢的方式進行占卜和算命，就得要禁食豆類和烏賊的頭部；可以參閱本書第77章〈會飲篇：清談之樂〉第8篇問題10第1節。

提起詐術(這是指用言語的欺騙)，荷馬有這樣的詩句：

> 愛慕和欲望的甜言蜜語隱藏戀情，
> 誘惑睿智的天神落入赫拉的掌心。[8]

然而對於毫無慧根的蠢漢發揮不了作用，這是賽門尼德(Simonides)[9]之所以會這樣回答的理由，有人問他：「為什麼你從來不對帖沙利人說假話？」他的回答是：「啊！他們的無知不值得我使出下三濫的手段。」高吉阿斯[10]所稱詐術帶來的悲劇，在於騙人的人比不騙人的人更為誠實；被騙的人比沒有被騙的人更為聰明。我們應該別讓年輕人聽到這些話，據說伊色卡人(Ithacans)的做法很特別，使用不透氣的硬蠟塞入耳中，然後逼著他們登上伊庇鳩魯學派(Epicurean)[11]的船隻，這樣做是為了避開詩的干擾，出海以後一路上還不准有人提及各種韻文。

我們情願他們反對冠冕堂皇的理由，然後盡快與之結合在一起，用來引導以及護衛他們的判斷，不讓歡樂將他們帶離正道，難道這樣他們就不會受到傷害？

> 德萊阿斯的兒子偉大的萊克格斯，
> 挺身與神戰鬥的後果是難逃一死。[12]

這位英雄人物的確見多識廣，有鑑於很多人因為酗酒變得無比粗暴，就到處走動連根拔起葡萄樹，不是為了移到水源附近，而是要讓它枯萎絕滅。如同柏拉圖所言，這種抑制痛飲的積極行動，出於另外一位「清醒的神」[13]，要使「狂暴的

8　愛與美的神阿芙羅黛特(Aphrodite)呈送給天后赫拉(Hera)一個精美的肚兜，穿在身上可以用來誘惑宙斯(Zeus)，不僅重修舊好還會言聽計從，參閱荷馬《伊利亞德》第14卷216行。

9　賽門尼德(556-467 B.C.)是希臘家喻戶曉的抒情詩和輓詩詩人，參加各種文藝競賽獲得五十六次優勝，曾經遊歷各地受到宮廷和達貴貴人的款待，他的作品現在已經散失殆盡，只有零星的詩文留在他人的著作之中。

10　高吉阿斯這種說法已到「神而明之」和「變化莫測」的地步。

11　薩摩斯人伊比鳩魯(Epicurus, 341-270 B.C.)是當代知名的哲學家和教育家，曾經在邁蒂勒尼(Mytilene)、蘭普薩庫斯(Lampsacus)和雅典講學，門生弟子遍布希臘世界，後來成為伊庇鳩魯學派，能與希臘三大主流學派分庭抗禮，主張人生的目的在於追求快樂的生活。

12　這是狄奧米德(Diomedes)與敵手對陣所說的話，參閱荷馬《伊利亞德》第6卷130行。詩中提到色雷斯國王萊克格斯，他雖然是德萊阿斯的兒子，與酒神戴奧尼蘇斯(Dionysus)作對，最後還是難逃殺身之禍。

13　引用柏拉圖《法律篇》773D，提到婚宴當中不要酗酒。

神」通過矯正的歷程。用水將酒沖淡可以除去有害的性質，藥效的作用並沒有因而喪失。

我們不能毀滅或是連根拔除繆司那有如詩歌的植物，其中包含神話和戲劇的部分，全都變得生動有趣而且場面華麗，經由真正的快樂和衷心的欣賞，為了尋找喝采和歡呼的聲音，給予無畏的勇氣和頑強的鬥志。讓我們照料這棵葡萄樹，按時給它修剪枝條和摘除苞芽，能夠長得更為茁壯繁茂。這樣就會趨近一個真實的文明期，人類的歷程為此可以生色不少；它的語言具備甜蜜的誘惑力，不會沒有豐碩的成果，也不會變得空無一物。我們可以將哲學導引進來，要與詩混雜在一起。就拿曼陀羅花來說，要是它生長在葡萄樹的旁邊，有毒的成分進入釀成的酒中，飲用的人體重就會減輕。詩的內涵亦復如是，從哲學獲取題材，與傳說攪和起來，使得年輕人的學習任務變得更為容易，欣然從命於自得其樂。

舉凡那些意圖鑽研哲學的人士，不要將與詩有關的作品扔在一旁，倒是可以用來作為跨進形而上領域的入門課程。訓練他們找到讀書的好處和樂趣，從而使求知欲獲得滿足。要是所讀的詩不能充實自己，反而在心中產生排斥的感覺，這時要盡力將它摒除在外。提及教育的起點和源頭，可以認同索福克利（Sophocles）[14]的說法：

> 要是開始就走對了路，
> 必然獲得圓滿的結局。[15]

2 年輕人的內心要空無一物才能談詩，以達成銘記不忘的效果，或者是先要保持成竹在胸的準備，總是有人在有意或無意中提起，「詩人說了很多謊言」[16]。故意這樣做的目的是要取悅大家，使聽者獲得嘲笑和喜謔的滿足（這是許多人願意蒐集詩歌的緣故），他們感到真理之相較於創作是過分的嚴峻。事實已經明確發生因而不會逸出常軌，雖然結局會帶來不快也是無可奈何之事。創作是杜撰的文辭，情節委婉曲折，使得痛苦發生轉變給人們帶來更多的樂趣。

---

14 古希臘三大悲劇家的索福克利(496-405 B.C.)出身雅典世家，平生創作123部劇本，贏得四十二次戲劇比賽的優勝，現有七部作品存世：《埃傑克斯》(*Ajax*)、《安蒂哥妮》(*Antigone*)、《特拉契斯的婦女》(*Women of Trachis*)、《伊底帕斯王》(*Oedipus Rex*)、《伊里克特拉》(*Electra*)、《斐洛克特底》(*Philoctetes*)和《伊底帕斯在科洛努斯》(*Oedipus at Colonus*)。

15 瑙克《希臘悲劇殘本》之〈索福克利篇〉No.747。

16 亞里斯多德《形上學》(*Metaphysics*)當中使用的諺語。

雖然欠缺和諧的音韻、演說的姿態、崇高的措辭、適切的隱喻和統一的結構，仍舊具備惑誘和魅力，如同精巧編織而成的神話故事。

在一幅圖畫當中，鮮明的色彩使得作品更為生動，創造出一種幻覺，比起素描的線條更能刺激人的感官。詩中的狂言妄語結合巧妙的詞句更能醒目，讓人獲得更大的滿足；那些在韻律和措辭方面享有盛名的作品，由於避開神話和傳奇的題材，面臨誇耀的意境就會感到自嘆不如。這可以解釋蘇格拉底為什麼會受到夢境的引誘著手寫詩，他不是一個巧言令色的人，沒有具備胡說八道的本領，特別是他終其一生都是捍衛真理的鬥士；他還是將伊索的寓言寫出動人的詩篇[17]，認定不加上謊言就難以形成詩的架構[18]。

我們明瞭獻祭無須舞蹈和音樂雖然冷場也能過得去，無法想像任何詩篇沒有杜撰的文辭或欺騙的字句。伊姆皮多克利（Empedocles）和巴門尼德（Parmenides）的詩集[19]、尼康德（Nicander）[20] 的《安蒂多底反對下毒》（*Antidotes against Poisons*）以及狄奧吉尼斯（Theognis）[21] 的格言，僅僅這些作品借用詩藝，嚴謹的音步和崇高的風格成為手段，可以避開散文體裁的單調，免得吃力不討好惹來訕笑。只要詩的內容關係到顯赫的名人，就會出現一些奇特和難以置信的陳述，提到神明的啟示或是說他具備神的屬性，再不然就是作者強加於其身的德行，當事人願意接受出自想像的陳述，迷戀難以自拔的狀況下認為真實無虛，即使他的見解受到扭曲也在所不惜。因而他應該牢記心頭，詩藝所擁有的魔力與說謊浮誇的手法有很大的關係，他只要遇到機會就這樣說：

> 寫詩應有學識和才華，
> 要比山貓靈巧和狡猾。

---

17 這裡不是說他從伊索的寓言寫出詩篇，而是他感到痛苦和快樂同時來到，如同一個腦袋依附兩個身體，伊索可以據此寫出一個寓言；要到後面才說他可用伊索的寓言，因為極其熟悉的關係，能信手改成詩歌。

18 這是蘇格拉底處死之前談話的一個主題，參閱柏拉圖《斐多篇》（*Phaedo*）60A。

19 伊姆皮多克利和巴門尼德雖然分別是西元前5世紀和西元前6世紀知名的哲學家和詩人，除了斷簡殘編，沒有詩集存世。

20 尼康德是西元前2世紀來自科洛奉（Colophon）的詩人，寫出的詩都是六音步的英雄體，帶有規勸和說教的意味，現存兩本完整的詩集，《毒物療法》（*Theriaca*）是說被毒蛇和其他動物咬傷以後治療的狀況，以及《論用毒》（*Alexipharmaca*）談的是各種下毒方式和它的解藥。

21 麥加拉的狄奧吉尼斯是西元前6世紀的輓詩體詩人，他的作品很多是格言警句，不能稱之為詩。

爲什麼在開玩笑的時候皺起眉頭？爲什麼說謊的時候要裝出教訓人的樣子？那是不願面對任何悲慘的後果，還有就是不願產生任何卑劣的信念。

等到奧德修斯對波塞登（Poseidon）²² 感到害怕，從而產生畏懼之心，這時他應該自我抑制，免得神明撕裂地球，悲慘的冥府暴露在眾人面前；當他感到阿波羅（Apollo）爲著亞該亞人（Achaeans）最顯赫的將領大發雷霆，這時阿奇里斯應該知所進退；

> 他已經歌頌讚譽之辭，
> 宴會準備豐盛的飲食；
> 謙卑的話他早就說出，
> 到最後還是自尋死路。²³

奧德修斯不再爲亡故的阿奇里斯和在陰曹的阿格曼儂（Agamemnon）流下眼淚²⁴，他們還想活在陽世就向上蒼伸出無力而虛弱的手臂；偶爾他在開始的時候，會爲他們的苦難感到心神不安，等到最後被魔法的魅力所征服，便毫不遲疑地對自己說：

> 他急忙趕赴陰間之城，
> 已看到所有想見的人；
> 歷歷的往事縈迴於心，
> 歸來告知妻子的來生。²⁵

荷馬對於遊歷地府一事，確實能用優雅的文字表示，特別指出唯有這樣的措辭，由於裡面攙雜虛構的材料，才會使一位婦女聽得進去。

諸如此類的情節都是詩人存心有意的虛構之作，當然還有無以數計的事物沒

---

22 波塞登是希臘神話的海神，泰坦神（Titans）克羅努斯（Cronus）和雷亞（Rhea）的兒子，也是宙斯和冥王哈得斯（Hades）的兄弟。

23 帖蒂斯（Thetis）談起她的兒子阿奇里斯之死，柏拉圖的《國家篇》第2卷中也告訴我們同一件事，只是引用的資料更爲齊全。可以參閱瑙克《希臘悲劇殘本》之〈伊斯啟盧斯篇〉（Aeschylus）No.350。

24 參閱荷馬《奧德賽》第11卷從390行到470行有關的情節。

25 引用荷馬《奧德賽》第11卷223行。

法——杜撰，他們會在自己心中加以盤算，同時也會相信確有其事，只是在告訴我們的時候加上種種僞裝的色彩。荷馬對於宙斯的描述，就是一個最好的例子：

> 祂用悲慘的死亡當砝碼放在天平兩側，
> 分別代表阿奇里斯以及馴馬者赫克托；
> 開始保持平衡接著是赫克托這邊上升，
> 落到哈得斯手中逼得阿波羅服輸稱臣。[26]

伊斯啓盧斯將整個悲劇套入類似的故事，將它取名爲《靈魂的權衡》(*The Weighing of Souls*)，宙斯的天平一邊放帖蒂斯，另外一邊是曙光女神(Dawn)，爲他正在戰鬥中的兒子乞求給予寬恕[27]。雖然對每個人來說都會感到新奇，這種帶有神話性質的杜撰作品，創造出來取悅聽者，使他們爲之震驚不已。所以會有一針見血的詩句：

> 天神宙斯插手人間的鬥爭，
> 憑著好惡決定最後的輸贏。

以及：

> 神明對人類所犯最大過失，
> 祂可以隨心所欲任意處置。

　　安排的情節只有在最後的陳述中，一定要符合他們的意見和信念，特別在有關神明的職掌和權勢方面，試著讓我們分擔他們的妄想和無知。然而還要提到遊歷地府這個令人毛骨悚然的故事，敘述的情節用醜惡的語言創造各種幽靈，描繪炙熱的河流、恐怖的場所和酷烈的懲罰，很多民眾對於事實並不盲目，大量的傳說和謊言攙雜其中，像是滋養的食物中加入毒藥。荷馬、品達(Pindar)[28] 和索福

---

26 本詩摘自荷馬《伊利亞德》第22卷210行；下面兩首分別摘自荷馬《伊利亞德》第4卷84行及伊斯啟盧斯的《尼歐比》(*Niobe*)一劇。表達的意思是地面有兩位主將正在廝殺，天上的神明已經決定他們的命運。

27 是指帖蒂斯的兒子阿奇里斯和曙光女神伊奧斯(Eos)的兒子門儂(Memnon)正在拚鬥。

28 品達是西元前6-5世紀的抒情詩人，生於皮奧夏(Boeotia)的賽諾西法立(Cynoscephalae)，平

克利對他們所寫的事物，並不眞正相信：

> 陰鬱之夜河水流動何其緩慢，
> 間或噴發出無邊無際的黑暗。

以及：

> 越過洶湧洋流抵達琉卡斯岬。

以及：

> 窄狹的咽喉以及逆流的地峽。[29]

　　無論如何，就像有些人的表現，對死亡的哀傷和畏懼讓人覺得可憐，死無葬身之地使人感到恐懼，就像這樣說出傷感的語調：

> 何必立即前行把我拋棄遺忘，
> 毫無哀悼之意不會就地埋葬。[30]

以及：

> 靈魂離開身體展翼飛向冥府，
> 可嘆命運僅能留存英雄風度。

以及：

（續）————————————————————

　　生事蹟不詳，從他的詩文得知他遊歷希臘各地，受到君王和權貴的尊敬和款待，他的《伊庇尼西亞頌歌集》（*Epinician Odes*），用來讚揚奧林匹克運動會和各種競賽的優勝者，現有四卷存世；蒲魯塔克為他寫的傳記早已佚失。

29　本首及以上兩首詩分別出自品達的《詩文殘本》；荷馬《奧德賽》第24卷11行；及瑙克《希臘悲劇殘本》之〈索福克利篇〉No.748。描述地府的河流如同洶湧的海洋，詩中的琉卡斯是坐落在阿卡納尼亞（Acarnania）外海的島嶼。

30　本段的三首詩分別出自荷馬《奧德賽》第11卷72行；《伊利亞德》第19卷856行和第22卷362行；以及優里庇德《伊斐吉妮婭在奧利斯》（*Iphigenia at Aulis*）1218行。

> 遠征異域不要害我英年亡故，
> 難以飛升逼得墜入黑暗地府，
> 何其淒惻告別世間愉悅之路。

這些都是人們受到情緒的感動，或者專注於信念和幻覺所發出的聲音，因而他們的情懷，以及在後續過程中產生的懦弱，使得我們受到感染。

基於可以接受的理由，傷感的節操更為有力據有我們的心靈，使之陷入困惑難安的處境。為了對抗這不利的影響，讓我們加強年輕人的心防，從開始要他多聽各種格言和典範，培養出堅定的意志，須知詩藝的技巧與真相和實情沒有多大關係，對於某些事務的確鑿狀況，即使一個人窮畢生之力去探求，想要了解其中蘊藏的真理，後來發現這種工作極其困難，根本無法掌握複雜的狀況，只有承認這一切還是無濟於事。伊姆皮多克利的話縈紆於心，使得我們可以獲得安慰：

> 人們對此無眼可見無耳能聽，
> 更無可以領悟和理解的心靈。

以及色諾法尼斯(Xenophanes)[31] 的詩句：

> 知悉神的真理和我說的瑣事，
> 如此明智之士尚未來到塵世。

蘇格拉底一定會有雷同的表示；柏拉圖擺出道貌岸然的樣子，否認他熟悉超乎想像和自然的題材，只是在他的作品中仍舊不時出現。年輕人看到相互矛盾的問題，曾經使得哲學家為之驚愕不已，他們從相關事物獲得若干知識，對於詩人的瑕疵就不會刻意的專注。

3 年輕人開始踏入詩和戲劇的領域，要讓他們保持穩重的態度，我們對詩藝有深入的看法，說它非常類似繪畫，完全是模仿的技術和才華。不僅讓他們知道一些老生常談，像是「詩是有聲之畫，畫是無聲之詩」或者「詩中有畫，畫中有詩」。我們要更進一步教導，每當看到畫中的一條蜥蜴、一隻人猿或

31　色諾法尼斯是西元前6世紀的哲學家和詩人，出生於科洛奉，這首詩是引用後人編纂的選集。

者瑟西底(Thersites)[32]那副殘破的面孔，要是感到非常愉快加以讚譽，並非因為這是美麗的東西，而是出於所繪之物的惟妙惟肖。天生本質的醜惡不可能變成美麗；模仿所以受到讚揚，僅僅在於達成神似的效用，雖說與事物本質的是非對錯還是有密不可分的關係。

從另一方面來說，要是不能給予適當又可能的要求，醜惡的軀體豈能繪成美麗的圖畫。某些畫家甚至繪出變態又殘酷的情景，像是泰摩瑪克斯(Timomachus)有一幅畫的主題是米狄亞殺死兩個親生兒子[33]，提昂(Theon)的傑作是歐里斯底(Orestes)弒母的慘事[34]，帕瑞修斯(Parrhasius)畫出奧德修斯的裝瘋賣傻，以及奇里法尼斯(Chaerephanes)描繪無遮大會的淫蕩場面。對於超乎想像的丹青的確產生特別的需要，那就是年輕人應該有適當的訓練，教導他們要了解我們不是贊許脫序的行動，雖然說行動才是模仿的主題；事實上我們只推崇模仿的技術，免得年輕人弄錯對象，做出正常人不該做的事。詩常常會為卑劣的行動和語言、邪惡的經驗和人物提供一個模仿的發表會，年輕人不應該把它當成受到贊許和獲得成功的實情，無條件全部採納，也不應該將它視為外表美麗和內在祥和的事物，殆無疑問給予贊同，他們的做法是對適合和妥當的特性，很簡單的表達認可之意，何況它的來龍去脈都已在掌握之中。

我們聽到豬隻的悲鳴、絞盤的咯咯作響、颼颼的風聲和海上浪濤的澎湃大作，心中難免感到不安和焦慮。如果有人善於口技，像是帕米諾(Parmeno)模仿豬的尖叫，狄奧多魯斯(Theodorus)發出起錨出港的聲音，我們聽到都會覺得不可思議。然而對於現實生活中的悲劇，如同我們避開生了重病、全身長滿潰瘍的人一樣，以免看到以後覺得難受。像是亞里斯托奉(Aristophon)筆下的斐洛克特底和希拉尼昂(Silanion)塑造的約卡斯塔(Jocasta)[35]，表現出舞台上面憔悴的神情或垂死的動作，欣賞的觀眾感到樂不可支。對於年輕人而言，像是觀賞滑稽劇演員瑟西底、誘騙女性的西昔浮斯(Sisyphus)和高張豔幟的鴇母巴特拉克斯

---

32 瑟西底是希臘軍隊一位士兵，相貌醜陋而且說話下流，通常以反派人物或丑角弄臣的身分，出現在各種戲劇之中。

33 米狄亞是科爾契斯(Colchis)國王伊厄特斯(Aeetes)的女兒，背叛父親殺害兄弟，幫助傑生(Jason)偷取金羊毛，逃回科林斯(Corinth)結為夫婦，等到傑生移情別戀，米狄亞憤而殺死親生的兒子；這是希臘悲劇當中最為慘絕人寰的情節。

34 阿格曼儂自特洛伊戰爭返國，王后克利廷尼斯特拉(Clytemnestra)和奸夫伊吉斯都斯(Aegistus)將他謀害，歐里底斯成人以後，殺死兩人為父報仇。

35 亞里斯托奉是西元前5世紀希臘畫家，畫中角色斐洛克特底是特洛伊戰爭的英雄人物；希拉尼昂是西元前4世紀雅典雕塑家，約卡斯塔是伊底帕斯的母親，造化作弄後來成為他的妻子。

（Batrachus），表演出他們的一言一行，是那樣的惟妙惟肖，我們必須教導子女有這種認知，那就是模仿的才能和技巧應該稱許，對於被仿效的行動和處置，要加以駁斥和譴責。

「事物的美」和「美的事物」的模仿完全風馬牛不相及；由於「美麗」這個形容詞意爲「適合和妥當」；醜陋的事物是指「適合和妥當」於醜陋的本質。有人見證到一件事，達蒙尼達斯（Damonidas）爲他的跛足訂作一雙靴子，有次他祈禱如果這雙靴子遺失，希望能適合那個偷去人的腳。其實這雙靴子的確有問題，只適合訂作人的腳型，別人拿去完全派不上用場。從而可以思考下面的詩句：

> 執政須作惡，藉口爲邦家，
> 難逃青史筆，千載猶吁嗟。[36]

或者：

> 仁者揚名聲，強梁多暴行；
> 兩者有所得，善惡甚分明。[37]

或者：

> 嫁妝一泰倫，如何不動心？
> 倘若不苟得，在世難自存。
> 棄之若敝屣，不再入夢魂；
> 金銀吾甚愛，冥府無所尋。[38]

三首詩都是心術不正和推斷錯誤所產生的感懷，分別適合描述伊特奧克利（Eteocles）、埃克賽昂（Ixion）[39] 和一位年老的高利貸者。

36　優里庇德的悲劇《腓尼基人》（*Phoenissae*）524行。
37　這是埃克賽昂在某個失傳的悲劇中念的台詞；可以參閱瑙克《希臘悲劇殘本》之〈Adesp
　　篇〉No. 4。
38　出自一個無名詩人的新喜劇；參閱柯克（Kock）《阿提卡喜劇殘本》第3卷430行。
39　這位埃克賽昂是拉佩茲（Lapiths）國王，生前作惡多端，死後判決要在地獄的輪架上面受盡酷
　　刑。

　　我們一定要告訴自己的兒子，作者之所以寫出這些人物，並不是要讚揚他們或者同意他們的行為，而是基於創作的理念，認為卑劣低賤和不近人情的角色和對象，帶有卑劣低賤和不近人情的觀點及看法，事實上這些人物不可能因為詩人的見解而受到傷害。非但不會如此，從另一個角度來看，我們要是對某人起了猜疑之心，那是因為我們不相信他的行為舉止和所說的話，卑劣的小人受到大家的鄙視也是因為這個緣故。帕里斯（Paris）從戰場臨陣逃脫以後，睡在海倫的懷中尋求安慰，必然獲得類似的評價[40]。縱情私通和淫蕩的人士，整日蹉跎光陰於醇酒婦人，詩人對沉溺感官肉欲之徒絕不寬恕，將他寫進作品給予羞辱和譴責。

4 撰寫這段文字在於提醒大家要特別注意，看看是否詩人有合乎理性的暗示，那就是表達的情懷只要不合口味，可以站起來大聲反對。如同米南德（Menander）[41] 在《泰綺思》（*Thais*）一劇的開場白中所描述：

> 啊，繆司！這樣一位女郎向我歌詠，
> 勇敢又美麗有伶俐的口齒駁倒眾人，
> 孤高的性格難以溝通況且不近人情，
> 虛偽的愛情再無男子獲得她的垂青。[42]

　　荷馬善於運用更好的方法，他打從開始就不相信「中庸之道」，對於詩中所說的善行無非喚起我們的注意而已。詩人喜愛的序文用下面這種形式：

> 他用溫和的語氣說話打動大家的心。[43]

40　參閱荷馬《伊利亞德》第3卷369行及441行後續各行有關的情節；所謂的懦夫行徑不過如此。

41　米南德（342-292/291 B.C.）是雅典戲劇家，也是「新式喜劇」的創始人。他出生良好的家庭，成為哲學家狄奧弗拉斯都斯的入室弟子，與當時的權勢人物德米特流斯（Demetrius）交好。他在321 B.C.完成了第一個劇本《憤怒者》（*Orge*），作品多達一百齣以上，並曾獲得八次戲劇競賽優勝。但僅有於317 B.C.完成，同樣獲得戲劇競賽優勝的《壞脾氣的男子》（*Dyskolos*）留有完整劇本存世，其餘都是零星被引用的殘句。蒲魯塔克對他的評論，可以參閱本書第59章〈亞里斯托法尼斯和米南德的綜合評述〉。

42　柯克《阿提卡喜劇殘本》之〈米南德篇〉No. 217和阿林遜（Allinson）翻譯的《米南德作品集》（洛布古典文庫本）第356頁。

43　除了這句詩摘自荷馬《奧德賽》第6卷148行，使用較為文雅的口吻；下面四首全部摘自荷馬《伊利亞德》第2卷186行、第2卷24行、225行和223行，表現極不友善的態度。

或者：

> 他為阿格曼儂辯白帶著勸阻的口吻。

像是預先表示出不相信的態度，就會引起現場人員的抗議，要是情緒的表達方式過於不當而且卑下，我們不會仿效或者加以注意。譬如阿格曼儂用冷酷的態度對待祭司，這時他描述所依據的觀點，事先已經清楚表明：

> 阿楚斯之子阿格曼儂心中極其不喜，
> 說出刻薄的言詞要把克利塞斯驅離。

野蠻和任性的行為讓人難以接受，與他應該做的事完全是背道而馳，給希臘人帶來災難，接著從阿奇里斯的口中吐出英勇無畏的語句：

> 你這個醉鬼，狗目鹿膽之輩。

他的說話等於在暗示他的判斷：

> 阿奇里斯瞪著大眼怒目而視，
> 對阿楚斯之子說出激烈言辭。

可以說與前面的觀點如出一轍，還是不要說憤怒和苛刻的話，才能使雙方和好。荷馬用同樣的方式來解釋這位英雄人物的行動：

> 阿奇里斯唱完淒惻輓歌以後，
> 就對赫克托的遺體施以侮辱，
> 棄在明尼久斯之子棺架前面，
> 趴伏地上的四肢滿布著塵土。[44]

44　此首及以下三首詩分別引用荷馬《伊利亞德》第23卷24行、《奧德賽》第8卷329行、《伊利亞德》第8卷198行和第4卷104行。對於阿奇里斯、阿瑞斯、赫克托和潘達魯斯(Pandarus)的言行，有極其精確和獨到的描述。

結尾的詩句達成了更崇高的目標，等於心中有把尺，對於所言所行做出最後的裁定。有關阿瑞斯(Ares)的通姦，荷馬用這樣的話描繪出諸神的反應：

> 邪惡行為絕不可能無往不利，
> 腿快的人會被慢者逮個正理。

赫克托表露出傲慢的神態，正在自我誇耀之際，作者的看法是：

> 他的講話完全是在大吹法螺，
> 要引燃仙后赫拉的熊熊怒火。

有關潘達魯斯的弓箭術：

> 睿智的雅典娜會用蜜語甜言，
> 讓無知的莽夫聽到心甘情願。

　　《伊利亞德》本文的字句當中所包含的陳述和意見，每位讀者只要注意就會有所領悟，從他們的行為和表現，詩人可以給予適當的教訓。譬如優里庇德在劇中創造的角色埃克賽昂，受到某個人的咒罵說他是個褻瀆神聖和可憎討厭的傢伙，據稱優里庇德這樣說道：「等到埃克賽昂把命運之輪轉快一點以後，我才讓他從舞台上面下來。」荷馬的作品當中，完全沒有過於戲劇化形式的說教，他留下可供思考的空間，那些情節難以置信的故事，會對事態的發展給予很大的幫助。若干故事受到外力的扭曲，在於使用「寓意深遠」之類的形容詞，現在倒是可以稱之為「暗喻式解釋」；根據有些人的說法，阿芙羅黛特向阿瑞斯投懷送抱[45]，這時「太陽」所表示的意思是通風報信；火星和金星會合之際，預兆男女的私通就會感應受孕，等到太陽重回運行軌道，將一切揭露出來，逼得他們無法保有隱私，可以避開不幸的後果。
　　赫拉打扮得美豔動人是為了取悅宙斯，發揮魅力與那根腰帶有關，神話人物之所以擁有此物，如同氣接近火的元素可以產生淨化作用，這是我的看法，雖然

---

45 阿芙羅黛特是希臘神話的愛與美的女神，相當於羅馬神話的維納斯；阿瑞斯是戰神，相當於羅馬的馬爾斯，祂是宙斯和天后赫拉的兒子。

詩人自己並沒有提出正確的解釋。爲了描述阿芙羅黛特，他教導大家要注意通俗的音樂、刺耳的歌曲、敘述邪惡主題的故事、過著放縱生活的角色、娘娘腔的人物、喜愛奢華和頹廢的生活、與婦女有親密行爲的男子，以及：

> 替換的衣裳、熱水的沐浴，
> 溫暖的床鋪可供享樂縱欲。[46]

荷馬爲什麼描述奧德修斯會如此吩咐豎琴師，也是基於同樣的理由：

> 現在該換個動聽的題目吧？
> 唱出我建造了騙人的木馬。

這些指示值得贊許，特別提到音樂家和詩人的責任，在於作品的主題，來自世間知名之士的平生事蹟，他們的作爲不僅考慮周詳而且通情達理。

在他對赫拉的描述之中，表現出非常離奇的情節，婦女用春藥和魅力贏得寵愛，拿謊言來欺騙自己的丈夫，不僅短暫無常很快讓人感到膩煩而且沒有把握，最後變得怒氣大發充滿敵意，歡樂的激情在刹那間銷聲匿跡。事實上宙斯火冒三丈的威脅之辭，在於向赫拉說出這番明智的道理：

> 妳爲獲勝離開眾神來騙我，
> 肌膚之愛能讓妳得到什麼？

爲了描述和刻畫極其卑鄙的行爲，得到的結果是始作俑者反受其害，這對聽眾而言，不會受到壞的影響，獲得的好處是導向正確的道路。不管怎麼說，哲學家爲了規勸和教導世人，引用的案例都是已知的事實，詩人大可以天馬行空，杜撰的行動完全出於自己的想像，再不然就是改寫神話故事。無論是開玩笑還是擺出一本正經的態度，麥蘭修斯（Melanthius）[47] 提及雅典城邦之所以能夠長治久安，在於那些演說家的爭吵和傾軋，他們使得群眾不會只坐在船隻的同一邊，因爲政客的意見分歧，達成的均勢可以將災禍減到最少的程度。

46　引用荷馬《奧德賽》第7卷249行。
47　麥蘭修斯是西元前5世紀雅典的悲劇家和詩人，沒有作品存世。

　　詩人之間相互矛盾之處，重建我們的信心到達適當的平衡，不會發生強烈的轉變從而造成危害。要是將明顯發生對立和悖理的文句加以評比，我們必須贊同較好的一邊，如同下面所舉的例子：

　　我兒！神祇的作為使人類陷入絕境。[48]

可以比較：

　　你為了貪圖方便就將一切怪罪神明。

再者：

　　你為富貴感到歡欣結局是一無所得。[49]

可以比較：

　　暴發戶何其粗野可以說是胸無點墨。

以及：

　　死神臨頭之際你所要的是那些犧牲？[50]

可以與下面這行比較：

　　崇拜神明在於盡情奉獻所有的祭品。

如果我們想用批評來引導年輕人走向正確的一邊，引用的詩句很明顯提供可以接

48　出自優里庇德《阿奇勞斯》（*Archelaus*）一劇；可以參閱瑞克《希臘悲劇殘本》之〈優里庇德篇〉No. 254。第二行詩蒲魯塔克再度引用在本書的第71章〈論斯多噶學派的自相矛盾〉33、34節。

49　第一行參閱瑞克《希臘悲劇殘本》之〈優里庇德篇〉No. 1969；第二行經過修正。

50　第一行參閱瑞克《希臘悲劇殘本》之〈Adesp篇〉No. 350；第二行經過修正。

受的解答。

　　這些作者所說的話，無論聽起來是多麼荒唐，也不能立即發現所要的答案，我們必須抹去劇中情節所造成的反效果，也不要生氣把一切歸罪於詩人，這些話是為了適合演出的角色，有時還帶有幽默的意圖。有一個明顯的例子，荷馬筆下的神明一再出現我們不願見到的模樣，像是他們受到人類的傷害，彼此之間意見分歧，以及他們顯示無可救藥的壞脾氣。你可以安排這樣的詩句：

　　　　你已胸有成竹講出的道理頗不落俗。[51]

實在說，不管怎樣你都能夠思考更為審慎，說話更為周詳，如同：

　　　　天上的神仙過著悠閒又舒適的歲月。[52]

以及：

　　　　幸福的神明日復一日享樂何其愉悅。

以及：

　　　　凡夫俗子過著坎坷的生活渾無聊賴，
　　　　無法掌握命運全靠造化小兒的安排，
　　　　祂們自己是何等無憂無慮自由自在。

　　提到有關神明極其正確的意見，實在說還有一些記載完全出於捏造，為了滿足人們的好奇心。優里庇德有這樣的說法：

　　　　要說神明的實力比起世人更為強大，
　　　　完全可以不擇手段擊敗我們的計畫。[53]

51　荷馬《伊利亞德》第7卷358行和第12卷232行。
52　這三首詩道盡人類對神明的垂涎和羨慕；分別引用荷馬《伊利亞德》第6卷138行；《奧德賽》第6卷46行；《伊利亞德》第24卷525行。
53　瑞克《希臘悲劇殘本》之〈優里庇德篇〉No. 972。

下面兩句用來補充前面的觀點，倒是很有見地：

> 神明絕不狗屁倒灶，
> 尊貴稱呼全屬胡鬧。[54]

這是優里庇德更為出名的格言。品達的說法更為苦澀，帶有惱怒的神情：

> 神明能夠為所欲為，
> 仇敵全部斷絕生機。[55]

我們可以這樣回答：「然而，你自己曾經說過：

> 人生都在等候度過，
> 最終還是嘗遍苦果；
> 要想獲得甜蜜歡樂，
> 全在棄絕光明磊落。」

索福克利提及：

> 甜美的謊言在於擁有阿堵物。[56]

我們可能這樣說：「沒錯，但是我們從你那裡聽到：

> 騙局最後的證明是毫無所獲。」

要與下面有關財富的敘述形成對比：

---

54 出自優里庇德的《貝勒羅豐》（*Bellerophon*）一劇，斯托貝烏斯（Stobaeus）的《花間飛舞》（*Florilegium*），引用前面的六行詩；參閱瑙克《希臘悲劇殘本》之〈優里庇德篇〉No. 292。
55 這一首與下面一首分別引用自品達《地峽運動會之頌》（*Isthmian Odes*）第4章48行及第7章47行。
56 這兩首分別引用自瑙克《希臘悲劇殘本》之〈索福克利篇〉No. 749及No.750。

　　　生財之道完全靠精明的才華，
　　　始能抵達神聖和世俗的區域；
　　　窮人雖然湊巧可以找到門路，
　　　還是難填滿無以饜足的物欲。
　　　縱然軀體醜陋加上口齒呆拙，
　　　智者說財富之中自有顏如玉。[57]

　索福克利在劇中的台詞，有很多受到他的評定，其中一些列舉在下面：

　　　個人即使沒有財富還是會受到尊敬。[58]

以及：

　　　高貴的心靈絕不自貶身價降格以求。

以及：

　　　財產的增加歸功於漫不經心的照應，
　　　蒙受恩賜的富足又有何等樂趣可言？[59]

　米南德的確對於歡樂的愛好推崇不已，聯想到過於吹噓的言辭，在熱情如火的詩句當中，也提到難以忘懷的戀情：

　　　我們所見日光之下沒有新鮮的事物，
　　　陷身愉悅之中成為無法自主的奴僕。[60]

57　出自索福克利《阿勒迪》（Aleadae）一劇，斯托貝烏斯的《花間飛舞》引用增加的詩行；參
　　閱瑙克《希臘悲劇殘本》之〈索福克利篇〉No. 85。
58　這首和下一首分別引用自瑙克《希臘悲劇殘本》之〈索福克利篇〉No.751及No.752。
59　可能出自索福克利的《特留斯》（Tereus）一劇；參閱瑙克《希臘悲劇殘本》之〈索福克利
　　篇〉No. 534。
60　兩首詩分別來自柯克《阿提卡喜劇殘本》第3卷〈米南德篇〉No. 611及No. 756，以及阿林遜
　　《米南德作品集》506頁。

面對另外的時機，他迫使我們轉回頭去，拖著我們走向至善之路，要把寡廉鮮恥的放縱和淫蕩，全部連根拔除，他的說法是：

> 羞辱的生活縱然歡娛亦是毫無榮譽。

後者的感覺與前者完全背道而馳，只是好處較多而且更能發揮功效。相互對立的情緒反應經過比較和思考，發現結果是兩條路中可以採行其中之一：要不就是引導年輕人走向好的一邊；再不然從壞的一邊使他產生反感。

　　為了免得作者本身對於無法確認正當的說法提供解答，有個辦法就是推到其他知名作者的身上，求得平衡就會使得天平傾向於較好的一邊。譬如阿勒克瑟斯（Alexis）[61] 能夠刺激大家的情緒，他的說法是：

> 明智之士摘取歡樂的果實，
> 生活之中有三種從不出錯，
> 人之大欲存在於飲食男女，
> 提到其餘全部是敬陪末座。[62]

我們要讓大家記得蘇格拉底經常說起的話，表示出難以相容的意見：那就是「小人爲飲食而活，君子爲活而飲食」。他還寫出這樣的語句：

> 對付惡棍在於能以暴制暴。[63]

這種方式等於是叮囑我們要像一個歹徒，可以拿戴奧吉尼斯的說法來對質，糾正所犯的錯誤，因爲有人問他在對抗敵手的時候如何防衛自己，他說道：「要證明本人是重視榮譽的正人君子。」[64]
　　吾人大可以拿戴奧吉尼斯的話反駁索福克利，因爲後者對於神秘祭典寫了幾

61　阿勒克瑟斯(375-275 B.C.)是雅典的喜劇家，身爲米南德的叔父，作品有兩百多齣，壽命之長爲與他競爭的梅特羅多魯斯(Metrodorus)的兩倍，直到羅馬時代仍舊名聲不墜。

62　柯克《阿提卡喜劇殘本》第2卷〈阿勒克瑟斯〉No. 271。

63　來源無法查出，蒲魯塔克在本書第42章〈論羞怯〉13節再度引用。

64　這位戴奧吉尼斯是犬儒學派的哲學家，言行以憤世嫉俗著稱於世，照說不應有過於說教意味的辭語。

句詩，就讓一大群無法參加的人陷入失望之中：

> 凡是參與神秘儀式的人何其有幸，
> 他們通過哈得斯的殿宇享有來生，
> 其餘人士注定要在冥府嗷嗷哀鳴。[65]

戴奧吉尼斯聽到有些人對神秘祭典所持的觀點，毫不遲疑的說道：「什麼，你的意思是說佩提西昂(Pataecion)這個強盜，就因為他是一個入會者，死後比伊巴明諾達斯落得更好的下場？」

泰摩修斯(Timotheus)[66] 在劇院的合唱中，把阿特米斯(Artemis)說成這樣一副德性：

> 神志不清已陷入瘋狂的酒神信徒。[67]

辛尼西阿斯(Cinesias)聽到以後大叫：「你有一個女兒還不是這樣！」

狄奧吉尼斯說了這些話：

> 只要淪入貧窮的處境，不僅告別
> 發言的權利，就連舌頭都會打結。[68]

拜昂[69] 的駁斥極其簡潔，他說道：「怎麼可以這樣，除了你這個窮鬼，誰會如此胡說八道，用不堪入耳的垃圾來煩擾我們？」

5 我們不要忽視這種簡便的方法，可以用來修正敘述的句子，就是使用前後文或鄰近的字眼；正好如同醫師一樣，根本不管「西班牙蠅」已經死翹翹這個事實，硬說它的腳和翅膀會減低所具有的藥效。因而在詩文裡面，要是

65　瑙克《希臘悲劇殘本》之〈索福克利篇〉No. 753。

66　米勒都斯(Miletus)的泰摩修斯是著名的戲劇家和音樂家，生卒時間是446-357 B.C.，他的神劇表現流暢和華麗的風格，在當時受到熱烈的歡迎，對後世的影響深遠。

67　貝爾克《希臘抒情詩集》第3卷620頁；參閱本書第14章〈迷信〉10節。

68　狄奧吉尼斯的《悲歌》(Elegy)177行。

69　拜昂身為哲學家以能言善道著稱於世，聽到狄奧吉尼斯大發謬論，當然會挺身而出。

一個名詞或形容詞或動詞，放在一個字的下面，使得原有的旨意變得含糊不清，就會做出非常糟糕的解釋。

我們必須掌握原來的含義和增加的說明，如同下面這個例子的做法：

> 看來只有可憐的凡夫俗子付出敬意的報酬，
> 他們割下自己的頭髮，淚水沿著面頰淌流。[70]

以及：

> 神明對不幸的世人總是要編織命運的羅網，
> 陷入坎坷的處境到頭來終生憂愁苦惱難忘。

奧德修斯不會說得那麼斬釘截鐵，人之所以要過悲慘的一生，全是冥冥之中由神明決定。對於世間的傻瓜和蠢蛋，由於個人的缺陷才落到這種地步，這時他通常會用「不幸」或「可憐」這些形容詞加諸在他們身上。

6 還有另外一種方法，如果對詩中的文句有所疑惑，這時要做的事能讓單字的運用趨於正常，就會從不良的印象轉變到較佳的感覺。年輕人經過訓練以後，要比從所謂的glosses[71]中找到解答要好得多。閱讀書本知道rhigedanos這個字的意義是「死得悲慘」（因為馬其頓人將「死」稱為danos）。伊奧利亞人（Aeolians）將堅忍不拔和力戰不屈所贏得的「勝利」稱之為「持久」，德萊奧庇亞人（Dryopians）將它稱之為運用神力的popoi「神明」。

我們想要從詩獲得幫助而且不會造成不良的影響，那麼知道詩人如何運用神明的姓名，不僅有其必要而且的確收效甚大，還有就是好的事物和壞的事物如何稱呼，以及他們談起「命運女神」或「命運之神」的時候，所要表示的意義何在，是否這些都屬於文字的分類，用在他的作品中僅僅代表一種字意或多重字意，如同事實的真相就已經關係到很多的單字。可以舉例說明[72]，他們用house這個字，有時的含義是「居住的房舍」，像是：

---

70 本首在荷馬《奧德賽》第4卷197行；下一首在《伊利亞德》第24卷525行。

71 已經廢棄的文字，含義非常奇特。

72 下面引用的八首詩分別摘自荷馬《奧德賽》和《伊利亞德》、優里庇德《安德羅美達》（Andromeda）和索福克利《伊底帕斯王》。

他已進入屋頂高聳的華麗居所。

有時表示「財產」，像是：

我的家產被他們吃得所剩無多。

說起living這個字，有時的含義是「生命」，像是：

黑髮的波塞登擋住刺出的長矛，
不讓他的敵手將寶貴生命丟掉。

有時表示「所有物」，像是：

別人在耗費我所有的萬貫家財。

還有be distraught這個子句，有時用來代替「懊惱」和「不知所措」：

他說完給女神帶來激情的憂愁，
離去時悲苦之感立時襲上心頭。

有的時候，用來代替「傲慢自大」和「高興歡喜」，像是：

你現在竟然如此自大傲慢無禮，
像是飄蕩的艾魯斯敗在你手裡？

他們認為huddle是指「行動」，如同優里庇德所說：

巨怪隨大西洋的怒潮洶湧而來。

或者是指「坐下」或「就座」，如同索福克利的詩句：

背負的樹枝掛著懇求者的花冠，

當地尚有何物讓汝等隨遇而安。

這是非常優雅的成就，可以調整單字的用法，適合已經掌握在手中的事物，如同文法學家教我們的方式，每次選一個單字只賦予一個字義，到下次再賦予另外的字義，譬如：

使用一條小舟真是很好的建言，
只是可將物品裝上較大的商船。[73]

Commend這個字的含義是指「建議」；而現在recommend真正要表達的內容在另一方面，就是「對某人唱反調」，所以才有「勸告」。如同在日常生活的談話當中，我們不需要某件事物或是不接受的時候，通常會說：「你太客氣了。」或者說：「實在不敢當。」在這種方式之中，有些人可以獲得好處，對象必須是「值得讚譽的帕西豐尼（Persephone）」[74]，因為她經常被人唱反調。

讓我們仔細觀察對於重大和嚴肅事件用字的不同和差異，同時還讓我們與神明一起，現在開始教導年輕人，就在詩人用神明的名字之際，有時他們會明瞭祂所擬定的概念；須知神明是才能的授與者和創造者，詩人會根據這些給予適當的稱呼。阿契洛克斯（Archilochus）在祈禱中所說的話，就是一個很明顯的例子[75]：

啊，天神赫菲斯都斯，請聽我傾訴，
祈求你大發慈悲，給予我大力幫助。

這是直接向神明虔誠的呼籲；等到他悲悼妹夫在海中喪生，無法得到正式的葬禮，就說他能用自我節制的態度忍受這件慘事：

死者的身體髮膚保持完美毫無損傷，
浸泡在海水裡面仍然穿成套的衣裳，

73　赫西奧德的《作品與時光》643行。意為小船操縱靈活而大船安全可靠。

74　帕西豐尼是宙斯和德米特（Demeter）的女兒，受到哈得斯的誘騙成為地獄的冥后。

75　阿契洛克斯是西元前7世紀一位著名的詩人；這兩首詩引用自貝爾克《希臘抒情詩集》第2卷703頁和687頁。赫菲斯都斯是火神，也是執掌工藝和鍛冶之神，羅馬人將祂稱為伏爾康（Vulcan）。

盡責的赫菲斯都斯深受眾人的讚揚。

這時阿契洛克斯大叫要天降下火來,用的是自己的名字而不是神的稱號。

優里庇德在誓言中提到:

奉群星之上的宙斯和凶狠戰神之名。

詩人直呼神的名字。然而索福克利卻這樣說[76]:

尊貴的夫人,瞎眼無所見的阿瑞斯,
像豬長著上翹的鼻子真是醜何言之。

這個名字大家都知道表示的意義是戰爭。

正好聯想到文中所描述的青銅武器,荷馬的詩句[77]:

阿瑞斯的利刃讓屍骸滿布原野之上,
黑血遍灑水流清澈的斯坎曼德河岸。

很多單字按照這種方式加以運用,我們不僅知道同時也記得,宙斯這個名字詩人有時稱為天神,有時稱為命運之神。當他們說起[78]:

愛達山登基的宙斯天神,
擁有無上的偉大和光榮,
允許埃傑克斯一戰成名。

---

76 參閱瑙克《希臘悲劇殘本》之〈索福克利篇〉No.754;本書再度引用於第50章〈愛的對話〉13節。

77 荷馬《伊利亞德》第7卷329行,這是阿格曼儂在獻祭以後,尼斯特(Nestor)所說的話;這裡提到的斯坎曼德河流經特洛伊地區。

78 在下面三首詩當中,第一首出現在荷馬《伊利亞德》第3卷276行或第7卷292行或第24卷308行;第二首引自瑙克《希臘悲劇殘本》之〈Adesp篇〉No.351;第三首出自荷馬《伊利亞德》第1卷3行。埃傑克斯是特拉蒙(Telamon)的兒子,也是天神宙斯的後裔,特洛伊戰爭的主要英雄人物之一。

以及：

> 啊！宙斯！偉大的天神，
> 誰敢比你足當睿智之名？

他們的意思指的是天神。有時他們用宙斯這個名字，引起事故的發生，就說：

> 英靈送往哈得斯的地獄，
> 屍體扔給狗和鳥當食物，
> 宙斯的意志已貫徹無誤。

這時候他們指的是命運之神。

詩人並沒有這種想法，說是在神明的策劃之下人類方始遭到各種厄運；然而他卻用名字非常正確的暗示環境所具備的強迫力量；就城邦、軍隊和領導者而言，如果能夠表現自制的能耐，命中注定獲得成功戰勝敵人。如果他們陷入激情和錯誤之中，自己不和產生爭執，如同這些英雄人物的所作所為，他們就會在劫難逃，不是暴露可恥的行動，就是變得混亂不堪，落得難以善終的下場。如同索福克利所說[79]：

> 命定之事有邪惡的圖謀，
> 終歸天網恢恢疏而不漏。

赫西奧德的確用伊庇米修斯(Epimetheus)規勸普羅米修斯(Prometheus)[80]的方式表示：

> 天神宙斯賜與世間珍寶，
> 欠下人情必須湧泉相報。[81]

79　可以參閱瑙克《希臘悲劇殘本》之〈Adesp篇〉No.352。

80　伊庇米修斯的身分是普羅米修斯的兄弟，所以才會提出這樣的諫言。

81　引用自赫西奧德《作品與時光》86行。

使用宙斯的名字如同「命運之神的權力」的同義語。他把天賜的幸福加上「宙斯的禮物」這個名字，像是財富、婚姻、職位以及所有周圍的事物，擁有者要是不好好運用，最後的結果還是一切徒然。

　　他認為伊庇米修斯這個人不值得一提，何況還是個傻子，應該拒絕接受任何一點點好運，經常保持戒慎恐懼之心，以免受到傷害和敗壞。於是赫西奧德再度說起[82]：

> 陷入可厭可悲貧窮之境，
> 這種事不能埋怨任何人，
> 有福的神明賜與的禮物，
> 使得生命能夠萬古常新。

詩人現在提到凡是偶然發生的事件完全是神的意思，可以聯想到任何人的清寒要是歸咎不幸的命運，倒是不會遭到異議的駁斥，說起貧窮之所以被人羞辱和責難，那是由於成因在於懶散怠惰、荒唐放縱和奢侈揮霍。

　　過去有段時間，人們不像現在那樣使用「命運女神」這個名字，知道因果關係所擁有的力量，對於曲折而又未定的人生道路形成阻礙，成效是如此強大，以至於人的良知都無法抗拒和反對，他們試著用神明的名字來表示這種關係。更精確的說，那是我們現在已經習於稱許這些行為和角色帶有「神性」或是「與神一樣」，甚至就是語言和人都加上諸如此類的形容詞。

　　運用這種方式，有關宙斯似乎不太合理的敘述得到修正，因而出現下面的詩句[83]：

> 宙斯的廳堂矗立著兩個大甕，
> 分別在裡面注滿喜氣和愁容。

以及：

82　引用自赫西奧德《作品與時光》717行。

83　下面這三首詩當中，第一首引自柏拉圖《國家篇》379D，而非荷馬《伊利亞德》第24卷528行，原文引用於本書第10章〈致阿波羅紐斯的弔慰信〉10節。第二首引自荷馬《伊利亞德》第7卷69行；第三首引自《奧德賽》第8卷81行。

克羅諾斯之子高據深邃天際，
對我們的誓約通常嗤之以鼻，
祂的企圖說來真是何其險惡，
要讓對陣兩軍殺得血流成河。

以及：

災難降臨在兩個民族的頭上，
完全出於宙斯的企圖和願望。

從稱之為「命運女神」或「命運之神」，就已經做出充分的說明，要是從外表上看，可以指出這種因果關係的狀態，使得我們的邏輯觀念無法發揮作用，換句話說，已經超越我們認知的範圍。

名字的使用不論是出於適切的理由或者是偶然的狀況，讓我們相信這一切獲得神明的贊同，如同下面的詩句[84]：

他對戰士的陣列要反覆衝刺，
僅避開特拉蒙之子埃傑克斯，
宙斯看他接戰武藝高強勇士，
就會大發脾氣說他獨木難支。

以及：

宙斯關懷人類賜與最大恩情，
微不足道瑣事交給別的神明。

詩人根據不同的環境和場合，把文句的意義加以調整和變動，這時應該特別提高警覺。有個例子就是「武德」這個字，它不僅要求人的言行表現出理性、誠實和正直，同時還確保他們擁有的名聲和勢力。詩人追隨類似的概念，使得超凡

84　出自荷馬《伊利亞德》第11卷540、542行；荷馬的手抄本中只有前面兩行；但是在本節和本章14節和亞里斯多德《修辭學》（Rhetoric）中，有第3、4行，它的編號成為第543、544行。

出眾的特質成為武德，用同樣的方式賦予這種名字，如同生產橄欖和栗子的樹木，給予與產品同樣的名字稱之為「橄欖」和「栗子」。因而詩人可以寫出：

> 武德的成就得自神明的果實。[85]

以及：

> 希臘人民始終擁有崇高武德，
> 勇氣百倍可以衝破敵軍陣列。

以及：

> 設若命運注定戰士馬革裹屍，
> 壯烈犧牲是他對權利的認知
> 生命結合武德成為無上榮飾。[86]

讓我們的年輕人立即察知，這些警句與崇高而神聖的地位有關，這也是我們可以達到的目標，如同我們想像的事物是理論的改進、卓越的見識以及隨之而來是心靈傾向獲得完全的贊同。有時他在閱讀之中發現下面的詩句[87]：

> 天神宙斯行事可以隨心所欲，
> 減少凡人的武德或增加少許。

或者這樣：

> 武德和榮譽竟然隨財富而來。

雖說富人有能力不用金錢就可以擁有德行，讓他不要將詫異和驚奇置於他們的身

85　赫西奧德《作品與時光》289行。
86　瑙克《希臘悲劇殘本》之〈優里庇德篇〉No.994。蒲魯塔克再度引用於《希臘羅馬英豪列傳》之〈佩洛披達斯傳〉（Pelopidas）1節。
87　兩首詩分別出自荷馬《伊利亞德》第20卷249行和赫西奧德《作品與時光》313行。

旁；談到自己的智慧是增加還是減少，讓他不必相信這應該歸功於「命運女神」；詩人用「德行」來取代名聲、影響力或好運，以及類似的名詞，讓他考量何以如此。

　　的確如是，詩人有時會用精確的含義，把「邪惡」講成引起反感的壞事和墮落的靈魂，如同赫西奧德敘述的那樣：

　　　　提起人類的惡行是不勝枚舉。

有時指的是憂傷或逆境，如同荷馬的說法[88]：

　　　　凡夫俗子要遭到厄運的打擊，
　　　　要落到衰老不堪的生命邊際。

任何人同樣受到諸如此類令人感到遺憾的欺騙，這時在他的想像當中，認為詩人對「幸福」所賦予的意義與哲學家同出一轍，亦即是善行的全然擁有或達成，或者在飛逝的時光中，生活遵循自然之道是如此的完美。

　　詩人不會對文字經常發生誤解，像是將富豪稱之為「蒙受至福和恩賜」，以及將影響力和名聲稱之為「何其幸運」。荷馬使用這些字句非常正確[89]：

　　　　我擁有鉅額的財富，
　　　　不表示能帶來歡娛。

米南德也是如此表示[90]：

　　　　我的產業占地甚巨，
　　　　大家常稱我為首富，
　　　　但卻不願給予祝福。

88　引用荷馬《奧德賽》第19卷360行。

89　引用荷馬《奧德賽》第4卷93行；要是從前後文的邏輯來說，這個字的意義應該是「幸福」才對。

90　參閱柯克《阿提卡喜劇殘本》第3卷184頁，以及阿林遜《米南德作品集》第506頁。

優里庇德的話引起騷動和困惑[91]：

> 我從沒有經歷痛苦的順境。

以及：

> 為何你要對暴政表示敬意，
> 難道罪惡會讓人感到快慰？

前面已經提過，除非某些字句的運用出於比喻或曲解，被人照本宣科的仿效，否則不會如此。看來我對這方面的心得談得已經夠多了。

7 我們就事論事的作風一定要讓年輕人牢記在心，不僅只說一次還要再三叮嚀，特別指出詩的主要原則是模仿，對於形成基本架構的行動和角色，都會加以修飾和打扮，使之格外突出能夠光彩耀目。然而這種做法不是爲了求得與事實相似，特別是針對顯現的誘惑力，模仿的主要依靠還是看起來合理可行。這也就是揣測之所會對眞相表現出不加理睬的態度，完全在於事實只是連同產生的行動，明確指出善與惡混雜難辨。我們可以舉荷馬爲例，他強調要與斯多噶學派分道揚鑣；因爲這個學派主張好與壞必須涇渭分明，無知的老粗做所有的事都會出錯，反之有教養的人士做任何事都很正確。這是我們在學校聽到的經典教本，然而在實際行動和大多數人的生命當中，要按照優里庇德所說[92]：

> 善惡難分，好壞參半；
> 人生如此，何以爲斷？

詩藝之所以與實情無關，主要在於期望達成多采多姿的效果，情節突然發生變化，給故事加上多愁善感、緊張刺激和曲折動人的因素，伴隨驚奇和詫異就會

91　下面兩首詩出自優里庇德的悲劇《米狄亞》603行；以及另一齣悲劇《腓尼基人》549行。

92　出自優里庇德的《伊奧盧斯》（*Aeolus*）一劇，本書第27章〈埃及的神：艾希斯和奧塞里斯〉45節和第34章〈論寧靜的心靈〉15節再次引用；參閱瑙克《希臘悲劇殘本》之〈優里庇德篇〉No.21。

帶來最大的享受[93]。須知千篇一律讓人感到單調乏味，如同平鋪直敘的散文體；因此詩人不會描述同一民族，在每件事情上面都會經常獲得勝利、興旺和成功。甚至神明都無法辦到，等到祂們投入人類的行動，詩人慣常使用的手法，是說祂們免於強烈的感情或有心的過失，煩惱和激動的因素不再存在於詩文之中，由於缺乏危險和奮鬥變得閒散和無聊。

8 現在就得如此，等到我們決定允許年輕人閱讀詩篇，不要讓他們受到類似見解的吸引，特別是有關善良和偉大的姓名，例如，誠實無欺的智者、登峰造極的國王以及在德行和公正方面成為模範的正人君子。如果他贊成每一件事就會受到很大的傷害，那是他處於超越一切的驚異狀態，對事物毫無憎惡之感，拒絕聽取或接受有關他個人的看法；反之任何人只要有偏頗的行為和談話，就應該受到譴責：

> 啊！宙斯，雅典娜和阿波羅，請聽我傾訴：
> 願特洛伊人全部難逃一死，就連希臘人都
> 無法生還，但是最後只有我和你留得性命，
> 一起把特洛伊神聖的防壁和堡壘夷為通路。[94]

以及：

> 我聽到卡桑卓在哀號，帶來最悽屬的音量，
> 那是克利廷尼斯特拉用盡心機的鬼蜮計算，
> 普里安的女兒被殺以後竟然栽在我的身上。[95]

以及：

---

93 亞里斯多德在《詩學》（*Peri Poietikes*）第17章，特別提到：「詩人即劇作家應盡可能把要描述的情景，如同出現在眼前一樣想像在腦海之中，可以清晰看到形象，從而得知如何達成最佳效果，把產生矛盾的可能性壓縮到最低限度。」

94 引用荷馬《伊利亞德》第16卷97行，阿奇里斯向神明的祈禱。

95 引用荷馬《奧德賽》第11卷421行，奧德修斯在地府聽到亡靈的哭訴。卡桑卓是普里安的女兒，特洛伊城破以後被阿格曼儂擄為禁臠，克利廷尼斯特拉是阿格曼儂的妻子，她有了姦情後，將阿格曼儂和卡桑卓殺害。

為了引誘女郎成為情人讓她痛恨我的父親，
我曲從母親的願望得逞盡力而為水到渠成。[96]

以及：

我們的天父宙斯，舉世沒有任何一位神祇，
提到凶惡、殘酷，以及權謀能夠與你相比。[97]

　　像這樣任意讚揚絕非好事，不要讓年輕人養成信口開河的習慣，也不要讓他用巧言令色去找藉口，或是運用一些似是而非的牽強之辭，用來解釋卑劣的行動。情願讓他心中充滿自信，認爲詩是對人物和實情的模仿，特別是這些對象並非絕對完美，也不是毫無缺失，或是在各方面都毋庸質疑。雖然到處瀰漫強烈的感情、錯誤的見解、混雜的無知，他仍舊可以通過天生的善意，經常改變人生的方向走上正道。如果這位年輕人經過強化的訓練，他的理解力保有擇善固執的堅持，就會感到得意洋洋，一種富於同情心的狂熱勝過高貴的辭章和行爲，同時對卑劣的手段產生反感和厭惡。

　　這種訓練使得他閱讀詩文不會有任何害處。然而有的人對任何事都要讚美，還要盡情的迎合，由於他有先入爲主的見解，獲得的判斷會被英雄的名字迷戀得不堪自拔。好吧，就像有些人要效法柏拉圖的屈尊忍辱，或是亞里斯多德的囁嚅難言，不自覺間變得傾向於過度的順從，這可以說是妄自菲薄到了無以復加的地步。一個人不應懦弱羞怯，或者如同在一個神聖的地點，處於令人敬畏的宗教符咒之下，對任何事物都感到害怕而戰慄不安，最後只有全身趴俯在地上。與其這樣，還不如養成習慣，充滿自信的大叫出「錯」或「不妥」的反對，起碼不少於「對」或「管用」的阿附。

　　譬如阿奇里斯有顯赫的地位，在沙場上獲得最高的聲譽，對於戰爭緩慢的步調，早就感到不耐煩，見到大家爲疾病的流行痛苦不堪，因爲他具備醫藥的知識，發覺現在已經過了第九天，發病的狀況到達最嚴重的程度，帶來的災害超過一般人的想像，也不是眾所周知的原因所引起，於是要求召開全軍大會，等到他站起來表達意見，沒有對著群眾高談闊論，僅用顧問的身分向國王提出建言：

96　引用荷馬《伊利亞德》第9卷452行，這是斐尼克斯懺悔之辭。
97　引用荷馬《伊利亞德》第3卷365行，阿格曼儂對神明的抱怨。

> 已經命中注定誤入歧路，
> 唯有自謀生活打道回府。[98]

這種說話的方式非常合理而且適當，表現出溫和的態度。

等到占卜者說他害怕希臘最有權勢的人，會將怒氣宣泄在他的身上。這時阿奇里斯的說話不再彬彬有禮，他發誓只要還能活在世上，絕不讓任何人痛下毒手對付占卜者：

> 未能指名說是阿格曼儂，
> 欠缺膽識只能唯唯諾諾。

可以很清楚的看出，阿奇里斯對領袖的藐視和羞辱，不過刹那間的事，他的急躁變得更爲劇烈，衝動的個性使他要拔出劍來血濺五步，這種做法眞是鑄下大錯，非但喪失榮譽，也不合權宜之計。過了一會工夫，他的心中再度感到懊惱：

> 不敢違背雅典娜的指導，
> 把沉重的寬劍推入長鞘。

這次他的做法不僅正確而且圓滿，雖然他很難馬上平息怒氣，在做出任何不可彌補的過錯之前，基於對理性的服從使得他能夠懸崖勒馬。

還要交代幾句，阿格曼儂在全軍大會的行動和談吐極其荒謬，然而就他與克里塞伊斯（Chryseis）發生關係這件事來說，因爲具備國王的身分，自覺較之旁人更爲尊貴[99]。等到布里塞伊斯（Briseis）被他帶走，這時的阿奇里斯：

> 任憑眼中淚水潸潸流淌，
> 只能遠離戰友獨坐一旁。

阿格曼儂親自將克里塞伊斯送上船，然後打發這個女子離開，也不過片刻光景之

---

98 本詩及下面三首，分別引用自荷馬《伊利亞德》各卷，敘述阿奇里斯在不同環境和狀況下，面對不同的人物表達自己的心情和態度。

99 阿格曼儂以身爲國王所能享有的特權，凡是失去的東西可以要求補償，所以在他交出阿波羅祭司的女兒以後，能夠得到阿奇里斯心愛的布里塞伊斯。

前的事，他說他關心她勝過自己的髮妻，現在卻毫無情意把她交出來，一點都不感到有失顏面。

　　斐尼克斯就是那個爲了侍妾受到父親詛咒的人，再度開始說起：

> 當時我有了拿出利劍刺殺他的念頭，
> 神明平息我的怒氣當得上永垂不朽；
> 勸我想想眾人竊竊私語和嚴厲譴責，
> 免得我背負一身罪孽成為弒父凶手。[100]

亞里斯塔克斯(Aristarchus)[101] 害怕會產生不良的風氣，將這幾行詩從本文中刪除，有鑑於當時的情勢，他們的做法並沒有錯。斐尼克斯想要教導阿奇里斯只能在某種狀況下可以發怒，如果人們欠缺理性，又不願傾聽安撫他們的美言，完全無法控制自己的脾氣，才會做出很多蠻橫的行爲。

　　詩人提到默利傑(Meleager)[102] 對他的市民同胞極其惱怒，後來雖然平息下來，得知自己爲了發泄情緒造成很大的錯誤。從另一方面來說，他的拒絕讓步，他的激烈反抗，他的掌控情勢，以及他的改變心意，都獲得詩人的贊許，認爲這是恰到好處的權宜之計。

　　提到目前這些狀況，可以明確發現有很大的差異，荷馬的判斷在他的作品當中，表達的方式不是很清楚，爲了指導年輕人要注意下面這些方法，當然會有獨特的看法。從另一方面來說，有經驗的卡利普索(Calypso)[103] 對奧德修斯一往情深，看來倒是不足爲奇，瑙西卡(Nausicaa)是一個任性的少女，雖然已經到了及笄的年紀，僅僅看了奧德修斯這個陌生人一眼，就向她的侍女吐露心事，瘋言瘋語脫口而出[104]：

100　荷馬的手抄本沒有這幾行詩句，然而根據引用的狀況，巴尼斯(Barnes)於1711年編纂本書時，將這幾句詩加入第9卷458-461行。蒲魯塔克在《希臘羅馬英豪列傳》之〈科瑞歐拉努斯傳〉的32節引用其中第二和第三句，本書的第4章〈如何從友人當中分辨阿諛之徒〉33節引用最後一句。

101　薩摩色雷斯(Samothrace)的亞里斯塔克斯是西元前2世紀中葉的文學批評家。

102　默利傑是古代殺死卡利多尼亞(Calydonia)野豬的英雄人物，好像他也有同性戀的癖好。

103　卡利普索是居住在俄奇吉亞島(Ogygia)的仙女，要與奧德修斯結為夫婦，就把他軟禁在該處，最後還是奉宙斯的命令將奧德修斯放走，讓他能夠返國。

104　出自荷馬《奧德賽》第6卷244行。

切盼如此英俊的男子將是我的良人，
讓他樂意停留此地好與我共度此生。

瑙西卡的豪放不羈和口無遮攔應該給予薄責，要是從另外一個角度來看，奧德修斯直言無諱使她了解這個人的性格，經過交談對他的見多識廣更是感到驚異，這時她祈禱能夠匹配這樣的人物，總比嫁給本鄉本土的水手或舞者要好得多，如此說來她的識人之明確實值得稱譽。

還有就是珀妮洛普進入大廳與求婚者談話，並沒有擺出冷淡的態度，這些人為了討她的歡心，紛紛送上長袍和其他服飾作為禮物，奧德修斯很高興：

她拿出花言巧語對求婚者表示垂青，
矛盾的行為完全在騙取禮物和感情。[105]

從某一方面來說，奧德修斯為了獲得財物和收益，就讓自己的妻子墮落到賣身的程度，看來只比喜劇中受到挖苦的波利阿傑（Poliager）略勝一籌：

受到波利阿傑祝福的人將財富出讓，
為的是要保留一隻塞浦路斯的山羊。[106]

另外我們還要說一下，奧德修斯認為憑著自己的權勢可以要得更多，這時斐亞賽人（Phaeacians）之所以滿懷信心，因為他們抱著希望而且對未來一無所知，那麼他的歡樂和自信就有一個合理的口實。類似的狀況，斐亞賽人在啟航離開之前，就將奧德修斯記取的財物和他本人留在岸上，要是從其他方面加以考量，等到他發現自己處於極其曖昧的環境，是如此的孤獨和不可靠，這時會對擁有的財物感到真正的害怕：

免得船上的水手貪財就會順手牽羊，

---

105 出自荷馬《奧德賽》第17卷282行。

106 參閱柯克《阿提卡喜劇殘本》第3卷399行；以及阿爾息弗羅（Alciphro）《書信集》第3卷。可能是指一隻名叫阿瑪莎（Amalthea）的山羊，傳說宙斯在嬰兒的時候由她哺乳，根據潘塔茲德（Pantazides）的說法，牠的奶母名叫烏拉尼姆（Uranium）。詩中提到的波利阿傑是一位名不見經傳的角色。

　　將那些貴重物品帶走離開異國他鄉。[107]

　　無論是憐憫還是厭惡奧德修斯的貪婪，這種想法都很正確。

　　要是懷有不同的看法，如同有些人所說那樣，不管他是否已經身在伊色卡，還是可以抱著不同的心情：他之所以認爲自己的財物能夠安全，完全在於斐亞賽人展現他們的清廉正直（否則他們不會無緣無故不帶他一起走，硬要把他留在陌生國度的海岸上面，同時對他的財物毫不動心），那麼他可以認定對斐亞賽人有利的證據，就是稱讚自己有先見之明也未嘗不可。某些批評家發現將他留置在海岸的行爲，即使他已經眞正在睡覺，有些地方還是說不通；何況在伊楚里亞人（Etruscan）當中仍舊保存一種傳說，奧德修斯的確熟睡不醒，所持的理由是大多數發現他的人，都無法與他交談。然而也可能他並沒有入眠，這時還要斐亞賽人留在身邊，就無法不讓仇敵知道；想起在沒有禮物和款待的狀況下，將他們打發走路感到羞愧；所以他爲了免於當前的困窘，只用披風蒙頭裝睡。斐亞賽人明瞭他的處境，接受他已進入夢鄉這個事實[108]。

　　我們能夠毫不遲疑的譴責一方而又讚譽另一方，要將發生的情節指出來告訴年輕人，這時不要讓他們從卑劣的角色學習到下流的伎倆，而是要他們相互競爭去做合乎正道的事，同時要自己拿定主意。特別需要運用悲劇的手法，架構出花言巧語和狡詐詭辯的台詞，用來伴隨聲名狼藉和惡性重大的行爲。當索福克利說出下面這句話的時候，那麼他的陳述並非全都是顚撲不破的眞理[109]：

　　　　行爲要是不夠光明磊落，
　　　　說話偏頗有如指馬爲鹿。

　　索福克利對於提供卑劣的角色、殘酷的行動、迷人的台詞和仁慈的動機已經習以爲常，這些都是事實。你也可以看到他的票友在戲劇表演中裝扮斐德拉（Phaedra），她指控帖修斯說是遭受他的遺棄，才會對希波萊都斯一見鍾情[110]。

107　出自荷馬《奧德賽》第13卷216行。
108　奧德修斯是胸懷開闊且足智多謀的英雄人物，不必用裝睡的方式來與知心的朋友作別，這種說法實在過於牽強。
109　參閱瑙克《希臘悲劇殘本》之〈索福克利篇〉No. 755。
110　經過推測可能出自優里庇德的《希波萊都斯的隱瞞》（*Hippolytus Veiled*）一劇；參閱瑙克《希臘悲劇殘本》之〈優里庇德篇〉No. 491。

同樣有些過分鯁直的詩句，目標是對著赫庫巴(Hecuba)[111]；在《特洛伊的婦女》一劇中，作者優里庇德要女主角海倫(Helen)有這樣的演出，那就是她認為赫庫巴應該受到懲罰，因為特洛伊的王后讓一位男子呱呱著地來到世間，她的兒子帕里斯使海倫犯下不貞的罪行。年輕人不要養成習慣，認為諸如此類的事情都稱得上機智而巧妙；讓他不要對言辭富於創意的演出，在觀看的時候樂得開懷大笑；讓他厭惡放蕩的台詞甚於卑劣的行為。

9 對於提及的任何事情都要找出理由，這就所有的問題而言非常有用。例如小加圖在幼年很聽師傅的話，任何指示都會遵命而行，只是他會問這樣做的道理何在。即使詩人是我們的監護人或立法者，除非他們的作品之中，主題和內容都很合理，否則我們也不會言聽計從；對於表現善良的一面固然如此，如果離不開邪惡也沒有關係，在我們看來一切都是徒然，不會發生任何影響。

很多人對於瑣碎的事物總想打破砂鍋問到底，他們的意圖是無論在那一方面，都堅持立場要知道得非常清楚[112]：

> 熱鬧的宴會進行之時，
> 大碗上面不要放杓子。

以及：

> 兩輛車接近相當距離，
> 他就應該用長矛殺敵。

在更為重要的事務上面，他們對情勢的發展深具信心，認為無須加以考驗。諸如下面的例子：

> 雙親設若受眾人羞辱，

---

111 赫庫巴是特洛伊國王普里安的妻子，一共生了十九個兒子，包括赫克托和帕里斯在內，後來全部死於非命，她本人在城破後成為俘虜。

112 下面的四個例子分別來自赫西奧德《作品與時光》744行；荷馬《伊利亞德》4卷306行；優里庇德《希波萊都斯》424行，蒲魯塔克已經引用於本書的第1章〈子女的教育〉2節；以及瑙克《希臘悲劇殘本》之〈優里庇德篇〉No.957。

身為勇士已淪落為奴。

以及：

當前已經是諸事順遂，
吾等無須再低聲下氣。

　　然而這種情操影響到吾人的性格，擾亂平靜的生活，之所以發生這種情形，那是我們出現錯誤的判斷和平庸的見解，除非習於對他們的問題給予答覆：「為什麼一個人必須在『不順遂的時候就要低聲下氣』？為什麼他無須站起來對抗命運女神，使自己備受讚揚而且不必妄自菲薄？以及，我身為兒子有一位又壞又笨的父親，即使我自己善良又有見識，還是不能讓我為優越的素質感到驕傲，為什麼我要為父親的極度愚昧落於沮喪和卑賤的處境？」他用挺身而出的方式來應付和對抗，不願自己對存在的理論施以猛烈的攻擊，認為是空穴來風毫無用處，然而卻相信對於格言已經訂正，即「傻瓜才會對每句話言聽計從」[113]，就會推開很多既非真實又無利可圖的東西。那麼就可以從詩文的閱讀將傷害的危險全部除去。

　　10 就像一棵枝葉茂密的葡萄樹，果實通常隱藏在陰暗處難以發覺，如同在故事之中不斷出現詩意的詞藻，年輕人很容易略過帶有象徵意味的細節。無論如何，心不在焉的狀況不應該發生在他的身上，也不允許他將注意力從事實上面轉移，年輕人應該緊緊追隨的人士，不僅領導他趨向德行而且有權力鑄造他的性格。有關此一方面，簡略討論這個題目並沒有什麼壞處，只是概括性接觸到主要的觀點，留下衍生性和結構性的論述，以及登錄例證的長長表格，送給那些為賣弄和誇耀寫出很多作品的人。首先，如同年輕人特別注意好壞趨向極端的角色和人物，所以讓他留神詩人指派給他們的詩句和演技，當作個別的適宜項目。

　　我們可以舉例證明，阿奇里斯對阿格曼儂說的話，雖然言詞之中充滿怒氣[114]：

113　這是赫拉克萊都斯（Heracleitus）所說的一句格言，本書第3章〈論課堂的聽講〉7節再度引用。

114　下面兩首詩分別引自荷馬《伊利亞德》第1卷163行和第2卷226行。可以看出阿奇里斯和瑟西底對同一個人表示不滿之意。

> 你擁有豐碩的戰利品是我們的認可，
> 亞該亞人攻下富庶城鎮搶劫的成果。

瑟西底用惡言辱罵同一個人：

> 你的營地堆滿青銅器具及許多婦女，
> 從我們的擄獲品當中選最好的拿去，
> 亞該亞人打破城池都任你拔去頭籌。

阿奇里斯在另一個場合說道[115]：

> 宙斯讓我們襲擊固如金湯的特洛伊。

瑟西底有這樣的表示：

> 我和亞該亞人將手中戰俘即刻奉上。

還有一次在《伊利亞德》第四卷〈戰事再起〉中，阿格曼儂呵斥戴奧米德，後者沒有回嘴[116]：

> 備受眾人尊敬的君主，
> 厲聲譴責使得他懾服。

被人輕視的第尼盧斯（Sthenelus）[117] 說道：

> 阿楚斯之子無須說謊，
> 一切你知道得很清楚；
> 我們遠比父執更出色，

---

115 下面兩首詩分別引用荷馬《伊利亞德》第1卷128行和第2卷231行。
116 下面兩首詩引用荷馬《伊利亞德》第4卷402行和404行，第尼盧斯雖然人微言輕，還是挺身而出要為戴奧米德講幾句公道話。
117 第尼盧斯是特洛伊戰爭的希臘將領，他是戴奧米德的同伴和好友。

這點你可以公開宣布。

這些人之間所存在的差異，如果沒有忽略的話，可以用來教導年輕人要重視謙虛和節制，這是格調高雅和教養良好的特徵；須知人品低劣的跡象在於吹噓和逞強，他應該力求免除這方面的缺失。

面對當前的狀況，注意一下阿格曼儂的行為會很有用處，他對第尼盧斯的插嘴未發一語，奧德修斯面露不豫之色不容他忽視，立即開口招呼[118]：

> 他看到奧德修斯已經勃然大怒，
> 趕緊要收回自己所說欠當之處。

我們不要讓一個人的舉止和態度，表現出卑躬屈節的味道，可以說是毫無尊嚴和骨氣，有時還帶有藐視之心，這就是傲慢和愚蠢。戴奧米德在戰場還能保持和平的氣量，是極難能可貴的行為，雖然受到國王的責備，等到戰鬥結束以後，他用坦率的語氣這樣說：

> 你在達南人當中對我意有所指，
> 竟然把我的英勇看得一文不值。

不要弄錯一個講理的人和一個討好群眾的占卜者，兩人之間所存在的差異。譬如卡爾查斯（Calchas）[119] 根本不考慮場合，抱著不在乎的態度在大庭廣眾之前，指控國王所犯的過失，宣稱是他讓大家受到瘟疫的侵害；尼斯特雖然急著想插嘴，好調停阿格曼儂與阿奇里斯之間的爭執，他不願見到阿格曼儂與眾人有所誤會，還在那裡大發脾氣，於是說道[120]：

> 要為長者擺出宴席接待務求周詳有禮，
> 各路英雄相聚看誰提出意見最有道理，

118　下面兩首詩引用荷馬《伊利亞德》第4卷357行和第9卷34行；足以證明戴奧米德的胸襟寬闊和顧全大局。

119　卡爾查斯是希臘著名的預言家，隨同大軍出征特洛伊，有關的情節參閱荷馬《伊利亞德》第1卷94-95行。

120　引用荷馬《伊利亞德》第9卷70及74-75行。

大家唯他馬首是瞻可成為命運共同體。

他在宴會完畢以後，立即派出使者。只有用融通的方式才能改正所犯的錯誤，其他的辦法都會受到指責，造成難以善後的局面。

從而可以看出兩個民族之間的差別，他們的行為如同下面所述：特洛伊人的出擊大聲吶喊表現充分的膽識；倒是亞該亞人：

懾於隊長權威之舉，
銜枚急進不發一語。

在與敵人短兵相接的時候，還對指揮官存有敬畏之心，這是英勇殺敵和服從命令的表徵。柏拉圖很想雅典人能養成一種習慣，那就是畏懼指責和羞辱勝於勞累和危險。加圖[121] 經常說起，他愛好的人民因慚愧而面孔發紅，並非因害怕而臉色蒼白。

對於英雄而言，承諾是非常特別的性格。像是多隆（Dolon）的承諾[122]：

他直接從大群敵軍中間潛行疾馳，
非要抵達阿格曼儂王指揮的船隻，
否則就是犧牲性命也絕不會中止。

不過，戴奧米德[123] 沒有做出任何承諾，只是說能有另外一個人陪著他，行動起來就不會那麼緊張。就希臘人或有教養的人士而言，戒慎恐懼是他們具備的特性，僭越無禮不僅野蠻而且遭人藐視；前者加以競爭效法，後者深受眾人嫌惡。就在埃傑克斯出馬挑戰要單打獨鬥的時候，考量特洛伊人和赫克托何以大為震驚，這也並非無益之事。

有次一位拳擊手在地峽運動會被對手打傷面孔，四周發出一片喧囂之聲，伊斯啓盧斯[124] 說道：「這還談得上什麼訓練之道！被打傷的人沒有任何表示，反倒

121　參閱蒲魯塔克《希臘羅馬英豪列傳》之〈小加圖傳〉9節。
122　多隆是特洛伊派往希臘軍營的探子，被戴奧米德發覺以後殺死。引用荷馬《伊利亞德》第10卷325行。
123　引用荷馬《伊利亞德》第10卷222行。
124　希臘的悲劇家以伊斯啓盧斯（525-455 B.C.）成名最早，他生於伊琉西斯（Eleusis），曾經參加

是觀眾在那裡大聲喊叫。」運用同樣的手法,詩人說是埃傑克斯穿著華麗的鎧甲
亮相,希臘人看到以後不禁興高采烈,這時:

> 每個特洛伊人魂飛魄散在劫難逃,
> 就連赫克托的心房都在怦怦亂跳。

有誰不曾贊許這種天淵之別?男子漢只有面對危險他的心才會悸動,實在說他只
是單純的參加角力或是從事賽跑,觀眾雖然效忠和敬畏他們的國王,這時全身都
會戰慄和發抖。

　　一個人要仔細考量勇士和儒夫之間的差異。像是瑟西底:

> 他平生最恨英勇無敵的阿奇里斯,
> 還要加上奧德修斯這位有識之士。[125]

埃傑克斯一向對阿奇里斯都很友善,與赫克托談起他,說是:

> 經過陣前的單打獨鬥你很快知道,
> 在場達南人的首領全是民族英豪;
> 橫掃千軍的阿奇里斯因故未出陣,
> 獅心不在你對我們還是不敢單挑。[126]

這對阿奇里斯是很大的恭維;後續的詩句就整體而言運用這種方式非常有效:

> 我們是準備與你對陣的碌碌武夫,
> 吾輩後生在希臘人當中難以計數。

等於宣稱自己並非唯一或最佳的勇士,而是眾多有防衛能力的人物之一。

(續)───────────────────────

　　馬拉松會戰和薩拉密斯(Salamis)會戰,平生的著作約有八十至九十齣悲劇,現今尚有五部
　　作品存世,如《波斯人》(Persians)、《七士對抗底比斯》(Seven against Thebes)、《哀求
　　者》(Suppliants)和《普羅米修斯的負擔》(Prometheus Bound)等。
125　引用荷馬《伊利亞德》第2卷220行,這是弱者對強者的嫉妒和排斥。
126　引用荷馬《伊利亞德》第7卷226行,只有強者對強者才會惺惺相惜。

有關兩軍的差異性這個主題，說得已經夠多了，或許還想再增加一些，提及特洛伊人很多都想苟全性命，亞該亞人從不抱持這種念頭；還有就是有些特洛伊人跪倒在敵人的腳前，像是亞德拉斯都斯（Adrastus）、安蒂瑪克斯（Antimachus）的兒子們，以及黎卡昂（Lycaon），甚至就是赫克托本人，爲了獲得生命的安全向阿奇里斯苦苦哀求[127]；亞該亞人沒有類似的行爲，在他們看來野蠻民族才會有怯戰的習性，吃了敗仗倒在敵人的腳前求饒；就希臘人而言，不是征服對手就是戰死沙場。

11 看來敘述的史詩就像生物的覓食行爲，蜜蜂要尋找花朵，山羊要尋找嫩芽，野豬要尋找塊莖，其他的動物要尋找種子和果實，有人讀詩在於挑選故事的曲折情節，還有人集中注意力於華麗的詞藻和字句的組合；亞里斯托法尼斯提到優里庇德，表明他心儀於[128]：

> 完美精鍊的台詞，
> 是我仿效的模式。

有人關心這樣的說法會對文字發生作用（可以拿來指導我們目前的談話），如果傳奇的愛好者無法看出故事中的異常之處，豈不是讓人感到奇怪。

語言學者不會讓完美和優雅的表達方式逃開自己的法眼，等到他爲內容的高貴和華麗而感動，這時詩不再作爲消遣之用而成爲教育的工具，聆聽的時候可能出於怠忽漠不關心，然而出現的文辭卻帶有剛毅、嚴肅和正直的意味；如同下面的例子[129]：

> 戴奧米德為何要吾人忘懷敏捷的英武？
> 我的朋友，過來與我們一起加強防禦，
> 赫克托全身披掛盔甲真讓人光彩耀目，
> 搶走我們的船隻會使大家都蒙受羞辱。

---

127 這些人都敗在阿奇里斯的手裡，有的放下武器、有的願付贖金、有的表示降服，有的趕緊逃命；可以參閱荷馬《伊利亞德》第9卷122行、第6卷37行、第21卷64行和第22卷337行。
128 參閱柯克《阿提卡喜劇殘本》第1卷513頁。
129 引用荷馬《伊利亞德》第11卷313行。

這裡提到最明智又審慎的人，當他即將面臨喪失生命的危險之際，並不畏懼死亡而是羞辱和責難，就會盡其所能讓年輕人覺察到倫理學的德行，這時所用的詩句[130]：

> 此人慎審而誠摯使得雅典娜滿心愉悅。

詩人刻畫的女神何其風趣，祂喜歡有智慧又誠實的人士，不是富人或空有一身蠻力的武夫，從這裡荷馬允許我們取得類似的結論。

雅典娜一再說祂不會不照顧奧德修斯，更不會將他遺棄，因為他是

> 如此殷勤有禮、精明能幹且小心謹慎。[131]

祂的話指出我們的屬性當中，只有貞潔的心靈受到神明的器重，如果此言不虛，同樣也會受到祂們的喜愛。

看來控制個人不要亂發脾氣的確相當重要，然而更為重要的事是要預先提高警惕加以防備，不要受到憤怒的拖累，成為無法逃脫的俘虜。我們必須向年輕的讀者指出下面這件事：由於阿奇里斯毫無寬恕之心而且個性極其暴躁，於是說出這番話來叮囑普里安[132]，務必保持安靜不得激怒於他[133]：

> 老丈不要讓我生氣可在我的簷下落腳，
> 獲得安全已用懇求者的身分前來請託；
> 我不會違背諭旨犯下十惡不赦的罪過，
> 遵從天神的交代讓你盡快贖回赫克托。

他要婦人把赫克托的遺體洗淨，用裹屍布予以收殮，免得這位父親看到殘缺不堪的屍體，還要親手將它抱上大車：

130　引用荷馬《奧德賽》第3卷52行。
131　引用荷馬《奧德賽》第13卷332行。
132　普里安是特洛伊國王，赫克托陣亡以後，他親自去見阿奇里斯，商量付贖金得到屍體，運回城中舉行合乎禮儀的安葬儀式。
133　引用荷馬《伊利亞德》第24卷560-561、569-570及584諸行。

> 不讓普里安看到兒子發出悲痛的哀號，
> 無法控制自己憤怒的情緒，從而非要
> 怨恨的阿奇里斯，殺了老人犯下天條。

　　一個人能有不可思議的先見之明真是非常奇特，尤其是面對不確定的情勢要維持原來的性格，更是難上加難。阿奇里斯的行為粗野而且性格衝動，一向就是如此，對本人的弱點也不是盲目無知，所以他盡量小心審慎，先期預防不要出現任何可以發怒的理由，用早已了然於心的理性，避免產生偶發狀況使自己受到情緒的牽連。這種方式適合應付很多類似的缺失，如果他喜歡飲酒就要先期預防不要有喝醉的機會，要是他好色就不要到處談情說愛。亞傑西勞斯（Agesilaus）就是如此，心愛的漂亮男孩前來覲見，他還是不願給予親吻[134]；居魯士（Cyrus）甚至連潘昔婭（Pantheia）的面都不敢一見[135]。

　　那些沒有受過教育的人士，他們的所作所為完全相反，竟然會收集薪柴來點燃激情之火，接著投身到欲念的烈焰之中，那是他們最脆弱和最沒有把握的地方。奧德修斯不僅抑制自己震怒的情緒，還從特勒瑪克斯（Telemachus）[136] 所說的話當中，知道他心中充滿怒氣，將這些邪惡的求婚者恨之入骨，努力平息他的憤慨，事先完成準備的工作，要保持安靜，還要抑制自己的感情，吩咐他：

> 即使求婚者在我的宮殿對我極其無禮，
> 受到百般羞辱你還要保持平靜的面容，
> 他們會拖著我的腳將我丟到門外空地，
> 就是打了我你看到還是一副無動於衷。[137]

如同賽車的御手常用馬勒控制馬匹，等到開賽就不再使用，像是那些脾氣火爆的人，受到危險的威脅很難抑制情緒。我們首先要用理性的思惟獲得控管的能力，在事前有完善的準備，然後才能領導他們走上競爭之路。

134　亞傑西勞斯是斯巴達國王（444-360 B.C.），在位四十一年，南征北討，無役不從；參閱蒲魯塔克《希臘羅馬英豪列傳》之〈亞傑西勞斯傳〉11節。

135　參閱色諾芬《居魯士的教育》第5卷第1章1節。

136　特勒瑪克斯是奧德修斯和珀妮洛普的兒子，要他克制自己的情緒，完成殲滅求婚者的準備工作。

137　引用荷馬《奧德賽》第16卷274行。

這時同樣需要小心謹慎，不得忽略所說的話，然而必須避開克利底斯（Cleanthes）的幼稚，因為他有幾次用嘲笑的口吻，擺出一本正經的態度，假裝要解釋所說的話[138]：

天父宙斯曾在愛達山登基。

以及：

宙斯是擁有多多納的領主。[139]

在後面這句話中，他吩咐我們要將最後兩個字讀成一個單字（「領主」這個字當成介系詞「向上」），如同從地面升起的水蒸氣是在騰空飛舞，因為這是提供向上的作用！克里西帕斯（Chrysippus）[140] 是個小心眼的人，雖然他不會任性對別人開玩笑，卻用非常機智的技巧來曲解字意，這樣做當然無法讓人完全相信；他把克羅諾斯之子「眼界相當寬廣」這句話，經過解說為「談吐非常精明」，真正的本意等於在說他的演講擁有傳播四方的力量。

無論如何，總比將這些問題交給文法學家來處理要好得多，最關緊要之處在於發現上述事物極其有用和很有可能。如同：

等到我已經熟知冒險犯難，
心中排斥暴虎馮河的打算。

以及：

他生前善待所有認識的人。

138　克利底斯（331-231 B.C.）是雅典的哲學家，出生在阿索斯(Assos)，追隨西蒂姆(Citium)的季諾(Zeno)學習，後來成為他的繼承人，成為斯多噶學派的一代宗師，傳世的作品有《宙斯頌》(*The Hymn of Zeus*)。引用荷馬《伊利亞德》第3卷320行、第7卷202行及第24卷308行。

139　多多納(Dodona)是伊庇魯斯境內一個小鎮，據稱杜凱利昂(Deucalion)和派拉(Pyrrha)費盡心力，將此處建成希臘最受重視的聖地，宏偉的宙斯神廟以神讖的靈驗知名於世。

140　克里西帕斯(280-206 B.C.)是知名的哲學家和教育家，出生於西里西亞(Cilicia)的索利(Soli)，很早定居雅典，對於奠定斯多噶學派的理論基礎貢獻良多。

為的是要向大家宣布，英勇的行為可以學而致之；同時表示信任的態度在於與別人進行的談話，不僅友善而且用詞優雅，能夠促進雙方的了解；妥善的言行都靠著理性來保持。

詩人勸我們不要忽略本身的需要，學習事物的優點和長處何在，把注意力集中在老師的身上。同時還暗示我們，庸俗和怯懦在於個人的無知和學習的障礙。有關宙斯和波塞登的事情[141]，只要他提及大家都欣然同意：

> 兩位是同一家族的親手足，
> 年長的宙斯知識更為淵博。

他為了宣稱智力的神聖和高貴，歸功於宙斯具備極其卓越的才華，因而他相信所有的德行相比之下都瞠乎其後。

同時年輕人要養成閱讀的習慣，陶冶廣闊的胸襟，如同下面所說那樣：

> 他的一生始終是謹言慎行，
> 不會用謊言妄語欺騙眾人。[142]

以及：

> 安蒂洛克斯做事謹慎細心，
> 現在怎麼會這樣失神呆癡！
> 使我駕車的技巧落到下風，
> 投身阻擋讓馬匹無法奔馳。[143]

以及：

> 格勞庫斯，像你這樣的勇士
> 怎麼會有讓人藐視的話題？

---

141 引用荷馬《伊利亞德》第13卷354行；宙斯是奧林匹克的主神而波塞登是海神。

142 引用荷馬《奧德賽》第3卷20及328行。

143 引用荷馬《伊利亞德》第23卷570行，詩中提到的安蒂洛克斯是尼斯特的兒子，受到斯巴達國王麥內勞斯(Menelaus)的痛責。

> 我的朋友，其實我總認為
> 你比起其他成員更要優異。[144]

言外之意是說正人君子不會說謊，競賽的場合不會有偏頗的行為，也不會拿毫無根據的指控來對付別人。

　　按照詩人的說法，潘達魯斯不明事理才會被人說服，對於雙方立下誓言的協議，抱著不願履行的態度。因此詩人明確表達他的見解，那就是有見識的人不會犯下那樣大的錯誤。指導年輕人注意通情達理的陳述，很可能在有關自制方面給予類似的暗示：

> 普里都斯出身高貴的妻子安蒂婭，
> 瘋狂愛上貝勒羅豐，私通的欲念
> 使她要用美色引誘，睿智的英雄
> 能憑著高尚的德行拒絕她的要求。[145]

以及：

> 克利廷尼斯特拉是賢又美的淑媛，
> 毫無意願做丟人現眼的風流勾當。[146]

從字裡行間可以了解到詩人把原因歸於自我控制的能力。

　　荷馬針對幾個時機，特別就投身戰場提出他的勸告：

> 可恥！你們這些呂西亞人，除了
> 挺身奮勇戰鬥，還能往那裡去逃？[147]

以及：

144　引用荷馬《伊利亞德》第17卷170行。
145　引用荷馬《伊利亞德》第6卷160行。
146　克利廷尼斯特拉為阿格曼儂之妻。引用荷馬《奧德賽》第3卷265行。
147　引用荷馬《伊利亞德》第19卷422行。

> 要讓你們的心中充滿羞辱和憤恨，
> 雙方激烈而火爆的紛爭已經降臨。[148]

他隨即明確表示，一個自制能力很強的人，如同勇士那樣對於不講榮譽的事感到羞愧，有能力克服聲色的欲念，可以著手出生入死的冒險。

泰摩修斯同樣採納這種觀點，他在《波斯人》一劇中，向希臘人大聲疾呼，認為目前還未落到不幸的處境，在於[149]：

> 士兵臨陣只要有羞恥之心，
> 必定會奮勇殺敵克服艱辛。

伊斯啟盧斯認為這種論點非常有見識，那就是不要吹噓個人的名聲，也不要因為大眾的讚揚，感到興奮以至於欣喜若狂；他對安菲阿勞斯（Amphiaraus）寫出下面的詩句[150]：

> 公正的意念起於靈魂深處，
> 明確的企圖在於全力以赴，
> 智慧和審慎帶來莫大收穫。

為的是使一個人覺得驕傲，特別是內心中有這樣的感受，所作所為一切何其美好，在眾人眼中是極有見地的人。須知所有的事物都可歸於理解，接著是各種形式的德行，出於理性和教導才能加諸在安菲阿勞斯身上。

12 蜜蜂擁有自然律賦予的本能，從最濃密的刺叢當中找到香氣最烈的花朵，釀出最勻稱和最可口的蜂蜜。兒童也是如此，要是他們就詩

---

148 引用荷馬《伊利亞德》第13卷121行。

149 參閱貝爾克《希臘抒情詩集》第3卷622行以及魏拉摩維茲（Wilamowitz）《泰摩修斯戲劇殘本》。

150 伊斯啟盧斯《七士對抗底比斯》599行；本書第6章〈如何從政敵那裡獲得好處〉4節、第15章〈國王和將領的嘉言警語〉以及蒲魯塔克《希臘羅馬英豪列傳》之〈亞里斯泰德傳〉3節，部分或全部引用這首詩。這裡提到的安菲阿勞斯是亞哥斯（Argos）的預言家和英雄人物，曾經參加很多次冒險行動，最後在光復底比斯的起義行動中慷慨捐軀。

的領域來說能夠獲得正確的教育，甚至就是一篇受到眾人懷疑，認為是格調不高和內容欠當的文章，也能從中學到一些健康和有益的論點。例如大家懷疑阿格曼儂收受賄賂，說是某位有錢人送給他一匹名叫伊薩（Aetha）的雌馬，獲得免服兵役的好處：

> 禮物使他不必隨著統帥前往特洛伊，
> 那個狂風咆哮永不停息之地，可以
> 留在家中享福，這些全靠他的財力，
> 興旺的家業全是天神宙斯賜與根基。[151]

亞里斯多德提過，他非常贊成用討好的方式將漂亮的母駒送給某個人，因為一個懦夫或是一個弱者，墮落在財富和放縱生活之中，我可以發誓這種人還不如一條狗或者一頭驢子。

說起帖蒂斯[152] 真是令人不齒，她竟然勸自己的兒子尋歡作樂，提醒他不要忘掉愛情。我們必須拿來與阿奇里斯的自制能力做比較，雖然他愛著回心轉意的布里塞伊斯[153]，同時也知道自己的生命即將走到盡頭，然而他還是不急著去享受愛情的樂趣，也不像大多數人那樣為了哀悼過世的朋友，非僅生活怠惰而且疏忽自己的職責。完全是出於悲憤的心理，才對塵世的歡樂產生抑制的作用，使得他強打起精神要履行軍隊指揮的工作。

還有就是阿契洛克斯的行為不值得讚許，他的姊夫在海戰中喪生，竟然要靠著酒色來排除心中的悲痛。無論對眾人如何狡辯，他宣稱的原因只是一些似是而非的理由：

> 再壞也不過參加慶典追逐歡樂，
> 我的眼淚已經無法讓死者復活。[154]

151　引用荷馬《伊利亞德》第23卷297行。

152　參閱荷馬《伊利亞德》第24卷130行，帖蒂斯是阿奇里斯的母親，伊斯啟盧斯的悲劇《靈魂的權衡》即以她為主角。

153　布里塞伊斯是阿奇里斯的俘虜，後來成為他的侍妾，等到為阿格曼儂奪去，阿奇里斯憤而退出作戰的行列。

154　引用貝爾克《希臘抒情詩集》第2卷687行。

如果他認為即使「壞在追逐歡樂和熱鬧的慶典活動」也不算一回事，要是我們從事哲學的研究或是參與公眾的生活，要是我們前往市民大會或走進學院，要是我們繼續農事的工作，就目前的狀況而言又有什麼壞處？

　　克利底斯和安蒂塞尼斯（Antisthenes）使用經過修正的見解，並不是沒有一點價值。安蒂塞尼斯提到雅典人在劇院聽到下面的詩句，[155]竟然引起一場暴動：

　　　　如果做了還不認帳，
　　　　這種人難道不混蛋？

立即加以竄改：

　　　　無論這人認不認帳，
　　　　做了壞事就是混蛋。

　　還有克利底斯寫出有關財富的詩句[156]：

　　　　當你生病不久人世，
　　　　送給朋友才能保持。

經過改寫：

　　　　當你生病不久人世，
　　　　花在妓院真是白癡。

　　索福克利的詩句[157]：

　　　　他一旦踏進暴君的大門，
　　　　變成奴隸失去自由之身。

155　出自優里庇德的《伊奧盧斯》一劇；參閱瑙克《希臘悲劇殘本》No.17。

156　優里庇德的悲劇《伊里克特拉》（Electra）428行。

157　參閱瑙克《希臘悲劇殘本》之〈索福克利篇〉No. 789；蒲魯塔克於本書第16章及《希臘羅馬英豪列傳》之〈龐培傳〉78節都曾引用此詩。

季諾改寫爲：

> 他即使陷身暴君的門第，
> 能自由思想就不是奴隸。

一個人要是無所畏懼，保持高尚的品格，而且絕不妄自菲薄，這才配得上「自由」兩個字，那也可以阻止我們採用同樣的答辯當作手段，拿來鼓勵年輕人尋求更好的途徑。

有關引用的例證，有的地方如同這樣[158]：

> 對別人的欲望大肆批評，
> 是他命中存著猜忌之心。

我們的反駁會是：「並非如此，而是：

> 對別人的欲望大肆批評，
> 他是完全基於一片好心。」

一個人的願望要是難登大雅之堂，還想盡力達成以滿足欲念，這種行爲不僅可悲而且得不償失。

再者像是優里庇德的詩句[159]：

> 你的國王阿格曼儂對你的一生，
> 不會帶來好處但也談不上厄運，
> 你會發現享樂和傷悲交織而成。

我們應該說：「講老實話，不必如此，要是命中注定你是行事穩健的人，那就只有歡樂而不是悲痛，特別是：

158　參閱瑞克《希臘悲劇殘本》之〈Adesp篇〉No. 354。

159　優里庇德的悲劇《伊斐吉妮婭在奧利斯》29行；本詩再次引用於第10章〈致阿波羅紐斯的弔慰信〉5節。

> 你的國王阿格曼儂對你的一生，
> 不會帶來好處但也談不上厄運。」

以及：

> 要是一個人不知道什麼是正道，
> 哎呀！神明就會要他面臨靈耗。[160]

我們回答說道：「不對，人人都知道有更好的路可走，由於薄弱的意志和荒唐的生活，造成的惡果是誤入歧途，看來真是殘忍、愚蠢而且可憐。」

還可引用某個喜劇詩人的警句[161]：

> 唯有性格具備說服力而非言辭。

「這種說法不對，應該是性格和言辭兩者缺一不可，或者說是用言辭當手段的性格，如同騎士運用的韁繩和舵手控制的舵輪，德行沒有像言辭這樣充滿人情味的工具，而且兩者是如此的類似。」

以及某位悲劇詩人的嘆息[162]：

> 難道他傾心於婦人遠勝於男士？
> 他擁有長處僅僅美女足以服侍。

最好還是這樣說：

> 「難道他傾心於美色遠勝於獎盃？
> 他擁有長處僅僅德行足以匹配；

160　優里庇德《克里西帕斯》一劇；參閱瑙克《希臘悲劇殘本》之〈優里庇德篇〉No. 841；本詩再次引用於第32章〈論倫理的德行〉6節。

161　參閱柯克《阿提卡喜劇殘本》第3卷135頁；本詩再次引用於第55章〈為政之道的原則和教訓〉5節。

162　參閱瑙克《希臘悲劇殘本》之〈Adesp篇〉No. 355；本詩再次引用於第50章〈愛的對話〉21節。

這才眞正有道理，就他的傾向來說並沒有差別，一個人之所以無法勝任或是見異思遷，那是他受到歡樂和女色的影響，在人生的路途上面一直搖擺不定。」

最後還要引用眾所周知的詩句[163]：

　　神明的作爲智者感到無比畏縮。

「怎麼說都不該如此，而是：

　　神明的作爲智者感到信心十足，

由於這種人認爲權力是一切美好事物的成因和起點，可是最後會造成傷害，對它起了猜疑和畏懼之心，他們就會爲做出愚蠢無知和忘恩負義的行爲感到害怕。」
以上所說的一切，就是從學詩獲得的進步之道。

13 克里西帕斯很正確的指出，詩人的敘述何以能夠發揮更大的功效，那就是遇到類似的情況，現成的句子可以用來取代，不需要花更多的腦筋和時間，如同赫西奧德所說：

　　要是連頭牛都沒有丟失，
　　可見你的鄰居真正老實。[164]

他說類似的事物像是一隻狗、一頭驢或是其他能夠「丟失」的東西。
　　優里庇德曾經說過：

　　憂患之際生死置之度外，
　　談起此人難道會是奴才？[165]

我們應該了解他對災難和病痛可以運用同樣的敘述，如同醫生知道一種藥劑對某

163　參閱瑙克《希臘悲劇殘本》之〈Adesp篇〉No. 356。

164　引用赫西奧德《作品與時光》348行。

165　參閱瑙克《希臘悲劇殘本》之〈優里庇德篇〉No. 958；本詩再次引用於第10章〈致阿波羅紐斯的弔慰信〉10節；參閱西塞羅《致阿蒂庫斯書信集》(*Ad Atticum*)第9卷2。

種疾病有醫療效果，就可以使用在相同的病症上面。因而當一個敘述句具備通用和普遍的價值，我們不應該將它固定用於一種事物，而是擴大運用的範圍到所有類似的對象。年輕人要習慣於見到某種東西具備通用價值，很快讓它發揮適切的功能，用很多案例加強訓練和實習，使自己擁有敏銳的鑑賞力。因而米南德就說：

> 幸福的人有財富和見識[166]。

他們認為敘述的功能在有關名譽、領導和演說的才華等方面仍舊適切有效。

阿奇里斯在西魯斯(Scyrus)四周有一群少女圍繞，大家聽到奧德修斯對他的譴責之辭：

> 你身為希臘顯貴的兒子，
> 竟然坐在這裡梳理羊毛；
> 難道你不知道低賤行為，
> 會使家族榮譽毀於一朝？[167]

在他們的想像之中，那些揮霍貪婪之徒，以及漫不經心或教養欠佳的人士，都可以用這種方式加以稱呼，例如：

> 喝吧！希臘顯貴的兒郎！
> 還是留在那裡猛灌黃湯！

或是賭博、或是鬥鵪鶉[168]、或是錙銖必較的買賣、或是放高利貸，你們出身高貴的門第，難道就沒有慷慨的行為和公正的念頭？

> 我厭棄滿口銅臭的神明，

---

166 出自米南德《婚事》(*Bridal Manager*)一劇，參閱柯克《阿提卡喜劇殘本》第3卷〈米南德篇〉No.114，以及阿林遜《米南德作品集》342頁。

167 參閱瑞克《希臘悲劇殘本》之〈Adesp篇〉No. 9；本書以變體讀法引用於第4章〈如何從友人當中分辨阿諛之徒〉33節。

168 當時的希臘鬥鵪鶉如同鬥雞非常風行，有很多文雅之士記述其事。

　　　包庇邪惡之徒安享榮名。[169]

　　因此不要口口聲聲講的是景仰的名譽、或是身材的優美、或是將領的斗篷、或是名貴的冠冕，直到我們所見最有價值的東西，完全是靠著個人的能力所達成。

　　　怯懦之輩面目何其醜惡！

同樣我們也可以對放縱、迷信、猜忌，和其他所有有害的機能失調，斷言確有其事。

　　荷馬的說法最為精采：

　　　帕里斯的表現像可憐蟲，
　　　真是貨真價實繡花枕頭！

以及：

　　　赫克托的儀容何其堂皇，
　　　言行舉止卻是輕率張皇。

（他公開宣稱這個人應該給予譴責，因為除了英俊的面貌沒有其他的長處），像這樣可以用在類似的狀況，要是一個人對毫無價值的事情加以誇耀，就可以用來減少他的驕傲之心。

　　教導年輕人要把「專以財富取勝」、「擅長請客吃飯」、「兒女極其出眾」或者「養牛技術高明」這一類的句子，視為羞辱和指責，事實上甚至拿凡事「優於」這個字眼用來建立連結的關係，全都包括在內。我們的目標是來自高貴性質的卓越才華，努力使自己在重要事物上面獨占鰲頭，建立偉大的功勳成為首屈一指的人物，要把從瑣碎雜事獲得的聲望，看成徒有虛名和微不足道。

　　經過這樣的說明，很快提醒我們要小心考量有關責難和讚揚的例證，特別在

169　出自優里庇德《伊奧盧斯》一劇；參閱瑙克《希臘悲劇殘本》之〈優里庇德篇〉No. 20；以及西塞羅《突斯庫隆討論集》第6卷16節。

荷馬的詩中更是如此。他讓我們很清楚的了解，肉體的特性和偶發的狀況並不值得過分推崇。他們的問候和致敬，雖然會使用一些美好的字眼，卻不會提到對方的英俊、富有和強壯，像是這種表達方式[170]：

神的後裔奧德修斯是當代的精英，
可以將他稱為計謀百出的智多星。

以及：

普里安之子赫克托謀略過於宙斯。

以及：

阿奇里斯使亞該亞人享英武之名。

以及：

明尼久斯之子享譽於世何其高貴，
他讓我們的心中充滿喜樂和恩惠。

其次，他們的責罵完全不會涉及身體的缺陷和特徵，只是直接譴責所犯的錯誤：

醉鬼！你這鹿膽狗目的無能之輩。[171]

以及：

埃傑克斯除了吵架此外一無是處。

---

170 引用荷馬《伊利亞德》第2卷173行、第7卷47行、第19卷216行及第11卷608行；這裡提到的角色都是特洛伊戰爭的英雄人物，其中明尼久斯之子是指佩特羅克盧斯（Patroclus）。
171 引用荷馬《伊利亞德》第1卷225行，阿奇里斯用這種難聽的話去罵阿格曼儂。

以及：

> 艾多麥紐斯何必賣弄自己的技術？
> 要知目前的局面不適合大聲吹噓。[172]

以及：

> 埃傑克斯是個大吹大擂的冒失鬼。

最後瑟西底還是受到奧德修斯的責罵[173]，沒有使用跛足、禿頭或駝背這些字眼，只是怪他說話不夠謹慎。

　　而在另一方面，赫菲斯都斯的母親為了表示慈愛，就用他的殘疾當成綽號來稱呼自己的兒子：

> 我兒，瘸腿的天神趕快準備行動！[174]

荷馬嘲笑那些以跛腳或瞎眼為恥的人，他不認為拿來謾罵別人的事有什麼羞辱可言，還有就是並非出於自己的行為而是來自命運的擺布，完全談不上可恥不可恥。

　　平心而論，一個人要是讓自己養成習慣，願意仔細閱讀詩這一類的著作，就會產生兩個很大的好處：首先有關穩健的性格，我們不會表現可憎和愚蠢的態度，竟然去指責一個人命運的好壞；其次有關開闊的胸懷，當我們自己遭到意外和突變，能夠保持平靜的心情，忍受責怪、辱罵和嘲笑，不會感到羞辱和困擾。特別是我們能把斐勒蒙（Philemon）的話放在前面：

> 要有充分的精力忍受眾人的惡言，
> 會讓我感到愉悅帶來最好的體驗。[175]

172　引用荷馬《伊利亞德》第23卷474及478行；提到的艾多麥紐斯（Idomeneus）是克里特分遣部隊的首領。

173　瑟西底受到譴責不是他的行為有什麼失格的地方，而是表現出裝聾賣傻的模樣；說完以後就重重修理一頓，打得他的脊背鮮血直流。

174　引用荷馬《伊利亞德》第21卷331行。

如果任何人的確需要加以譴責，那麼我們應該把一切歸罪於他的過錯，以及他無法控制自己的情緒。

　　亞德拉斯都斯的悲劇就是自責和失控的模式，阿爾克米昂（Alcmaeon）對他的非難：

> 那個女人殺死丈夫，
> 而你就是她的親屬。[176]

得到的回答是：

> 是她把你生了出來，
> 你下毒手將她謀害。

如同有人鞭打衣服而沒有傷到肉體[177]，還有人對厄運或低賤的出身加以訕笑，像這樣只能痛擊外表的形象，不僅徒勞無益又極其愚蠢，因爲無法觸及到心靈的深處，就是眞正需要矯正和加以針砭的對象，最後都能避開完全不受影響。

14 如同前面所說的那樣，我們得到的感想在於反對沒有價值而且帶來害處的韻文，像是政治家和知名之士的格言和警句，那是因爲這一類的詩篇，會引導我們對信念產生反感和厭惡。因而我們要是能從詩人簡潔的表達當中，發現任何帶著啓發性的情操，就應該給予培養照顧和發揚光大，用的方法是從哲學家那裡獲得考驗和證實，同時要能闡明所見給予充分的信任。這種做法非常正確而且有效，我們的信念獲得新增的實力和尊嚴；看來畢達哥拉斯和柏拉圖的學說，與在舞台上的道白，隨著五弦琴唱出的歌曲，以及在學校習得的經典，可以說具備的精神完全一致。

（續）

175　出自斐勒蒙《伊庇迪卡佐米努斯》（*Epidicazomenus*）一劇；參閱柯克《阿提卡喜劇殘本》第2卷484頁。

176　參閱瑙克《希臘悲劇殘本》之〈Adesp篇〉No.358；本書再次引用於第6章〈如何從政敵那裡獲得好處〉5節。

177　蒲魯塔克在本書的第15章〈國王和將領的嘉言警語〉曾經提過：波斯國王綽號為「通臂猿」的阿塔澤爾西茲〈Artaxerxes I〉，對貴族極其優待，特別規定要是他們犯了過錯，就將衣服剝下掛起來鞭打。

　　契隆（Chilon）[178] 和畢阿斯（Bias）的教誨引出同樣的結論，正是我們的兒女從韻文讀到的東西。下面的詩句已經明確的指示[179]：

> 我兒，征戰沙場不是你分內的事，
> 你只關心在婚姻生活中無往不利。

以及：

> 要是你敢與武藝高強的勇士作戰，
> 宙斯看到以後就會無明火冒三丈。

這與「有自知之明」並無多大差異，卻與下面理念有相同的主旨大意；引用的詩句[180]：

> 這群蠢材！他們也不過一知半解。

以及：

> 這餿主意讓他自食惡果怪不得人。

　　《高吉阿斯篇》和《國家篇》這兩部書是柏拉圖的經典之作，裡面提示的原則：「有心做錯比起無意犯過更加糟糕。」以及「做壞事害人較之受壞事折磨更讓人生氣。」與上面兩句詩有異曲同工之妙[181]。
　　伊斯啟盧斯有這樣的表示[182]：

> 過度辛勞不會持久因而無須害怕。

178　斯巴達人契隆是希臘七賢之一。在西元前6世紀中葉成為斯巴達的民選五長官，是一位卓越的政治家，對後世發生深遠的影響。
179　下面兩首詩引用荷馬《伊利亞德》第5卷428行和第11卷543行；荷馬的手抄本沒有後面這段文字，要到後來才出現。
180　這兩首詩分別引用赫西奧德《作品與時光》40行和265行。
181　這與佛教的主張「有心為善，雖善不賞；無心為惡，雖惡不懲」沒有多大差別。
182　參閱瑙克《希臘悲劇殘本》之〈伊斯啟盧斯篇〉No.352。

吾人應該注意這句話源於伊庇鳩魯，經常反覆引用受到大家的讚譽，亦即「非常
辛苦的工作在短期內要花很大的力氣，如果還要一直延續下去就表示這個工作並
不重要」之意。與這個相關的兩種概念，伊斯啓盧斯已經明確陳述其中之一，另
外一種是推論獲得的必然結果：如果巨大而激烈的辛勞不能持久，那麼所以不能
延續是因爲不夠重要或是難以忍受。從而領會與帖司庇斯（Thespis）有關的詩
句[183]：

> 你知道宙斯是高居於首位的神明，
> 祂不會吹牛說謊或發出吃吃笑聲，
> 我們不必在意說祂只會坐享其成。

柏拉圖的說法是「神明爲了登上寶座而遠離歡樂和痛苦」，這個陳述句與上面的
詩來比較，看看它們之間會有什麼差異？

可以思考一下巴克利德（Bacchylides）[184] 所說的話：

> 我斷言美德擁有最高的聲譽；
> 財富卻與邪惡小人更爲親密。

優里庇德的話有同樣的效果[185]：

> 顯赫的聲譽比起純樸的生計，
> 在我來說只是徒有虛名而已；
> 兩者兼具才能到達至善之地。

以及：

---

183 帖司庇斯沒有作品留傳於世，僅有幾行詩句據稱是他的文字，可以參閱瑙克《希臘悲劇殘
   本》833頁。
184 巴克利德是生於西奧斯島（Ceos）的抒情詩人，時間是在西元前5世紀前後，何況他還是賽門
   尼德的外甥。
185 蒲魯塔克習於將引用的文字予以濃縮或簡化，現在這幾句詩最早出現在薩特魯斯（Satyrus）的
   《優里庇德傳》，只是要冗長囉唆得多。這兩首詩參閱瑙克《希臘悲劇殘本》之〈優里庇德
   篇〉No.959和No. 960。

> 為何要追求無益的身外之物？
> 非要藉著財富了解美德之路？
> 舒適的生活隱藏悲慘與錯誤。

哲學家曾經說過，缺乏德行的財富和徒具外表的優勢，對擁有者而言不僅無用而且不能發揮任何功效，難道這不是很好的證據？

運用的方法是讓個人化的情緒能與哲學家的理論結合起來，可以帶著詩人的作品超越神話和演技的領域，再者要將大有助益的格言和警語，賦予更爲嚴肅的功能。除此以外，形而上的論點可以先期打開以及振奮年輕人的心靈。因爲他到達這樣的程度，就整體而言並不是沒有預測和嘗試，也不是沒有聽人述說和提起，即使他從母親和奶媽那裡稍有所聞，並非不加選擇就那麼填塞進去。我敢說他從他的父親和師傅那裡得知的東西也不過如此。他們全都美化和崇拜富有，對於死亡和痛苦感到不寒而慄；他們認爲德行沒有金錢和名聲，就變得不受歡迎而且一無所有。

等到年輕人聽到哲學家的教誨，與原先的觀念背道而馳，開始感到驚訝和困惑，接著是完全不知所措，他無法接受或是容忍這樣的教導，除非如此，像是他處於全然黑暗之中現在可以看到太陽，就會使自己習慣反射的日光，好像眞理發出耀目的光線，在與傳說結合以後變得更爲柔和，面對這種不會帶來苦惱的事實，就不會想要拔足飛奔拚命逃走。

要是他早就從詩中聽到或讀過下面這些見解：

> 哀悼嬰兒出生就遭到夭折，
> 他的死亡使產婦得以休息，
> 忍受家中傳來歡呼的契機。[186]

以及：

> 德米特的穀物和陶甕的清水，
> 難道人活著只靠這兩樣東西？[187]

---

186 膾炙人口的詩句出自優里庇德《克里斯豐底》（*Cresphontes*）一劇；參閱瑙克《希臘悲劇殘本》之〈優里庇德篇〉No.449；以及西塞羅《突斯庫隆討論集》第1卷48節。

以及：

> 啊！暴政給蠻族帶來欣喜。[188]

以及：

> 臨終之人所能獲得的幸福，
> 是使生者感到最少的哀悼。[189]

他在哲學家的講座聽到下面的談話，就不會那樣的困惑或感到不安。那怕這些題目[190]像是：「死亡對我們而言沒有什麼大不了。」以及：「天賜的財富的確有限得很。」以及：「幸福和運氣並不包含龐大的家產或狂喜的勝利或崇高的職位或驚人的權勢，而是沉潛的風度、寧靜的氣質以及與自然之道吻合的心靈。」

　　完全出於周到的考量和舉出的例證兩種原因，年輕人在讀詩這件事上需要優秀的嚮導，寧可產生偏見也要先行教授，使得友情、善意和精益求精的長處，得以盡量發揮直到最後，他會在詩的護送之下，安然進入哲學的領域。

（續）————————————————

187 瑙克《希臘悲劇殘本》之〈優里庇德篇〉No. 892，本書引用於第71章〈論斯多噶學派的自相矛盾〉20節和21節。德米特是穀物和耕種女神，祂是天神宙斯的姊妹。

188 參閱瑙克《希臘悲劇殘本》之〈Adesp篇〉No. 359。

189 參閱瑙克《希臘悲劇殘本》之〈Adesp篇〉No. 360。

190 下面列舉三條都是伊庇鳩魯的「主要教條」，參閱戴奧吉尼斯·利久斯(Diogenes Laërtius)《知名哲學家略傳》(*Lives of Eminent Philosophers*)第10卷139節。

第三章
論課堂的聽講

1 親愛的尼康德[1]，我曾經對「聽講」這個題目做過一番討論，現在派人將寫好的文章送給你，讓你讀過以後知道如何遵從說服的聲音，由於你已經換上成人的裝束，不再毫無主見去順應權威之言。現在有些年輕人缺乏教育的陶冶，認為長大以後獲得自由不受任何約束，殊不知欲望不加以抑制，會成為統治他們的主人，比起孩童時期的家庭老師和隨從更加嚴厲。

希羅多德(Herodotus)表達的論點[2]，婦女脫掉衣服會連同她們的羞恥之心一併除去；因而在我們當中有些年輕人，除去兒童的裝束以後，好像不再有謙讓和畏懼的感覺，他們受到環境的影響所養成的習慣，幾乎變得倨傲無禮和難以駕馭。你經常聽到追隨神明和服從真理是同一回事，因而我要求你要明白這番道理，有見識的人從孩童邁入成人這個階段，絕不可以把外來的約束置之腦後，一定要將自己交到導師的手中，用來取代雇用的隨從或買來的奴隸；接受神聖的指引可以過理性的生活，成為腳踏實地的人才有資格考量自由的真諦。學習的過程在於獲得信心和理想，從此奉行不渝，任何喪失理性的衝動和缺乏紀律的行為都是來自無知，即使我們稍微放縱自己的意欲，都會造成無數次心靈的墮落和變遷。

2 我們可以用新近歸化的市民當作案例進行比較，這些外國出生的異鄉客，他們對國內的事務感到不滿而且會大肆批評；還有一些來自有居留權的外國人，曾經在我們的法律之下成長，對於一切狀況都很了解，交付給他們

---

1 尼康德是德爾斐(Delphi)的祭司也是蒲魯塔克的知己；還有一位尼康德是優特迪穆斯(Euthydemus)的兒子，高明的獵人，卻是蒲魯塔克的父親的朋友。本章提到的尼康德剛剛成人，應該是他朋友的小孩。

2 參閱希羅多德《歷史》第1卷第8節；書中所謂赤裸相見是委婉的說法，應該是指發生肉體關係而言；本書第12章10節再度引用。

的職責可以毫無困難的接受，同時還會感到滿意。你經過用心的栽培與哲學發生長期的接觸，從開始就習慣於思惟的理性和法則。如果就早期的教導和獲得的資料而言，無論從那個部分看來都是構成人格本質的主要成分。在你向著哲學的道路邁進的時候，應該像是老朋友一樣感到十分熟悉。

我認為你會樂於知道有關聽覺方面非常中肯的評述，狄奧弗拉斯都斯（Theophrastus）[3] 斷言，在所有感官當中，以聽覺最具有情緒化的傾向。刀劍的碰撞聲、城牆的倒塌聲和進攻的吶喊聲傳入耳中，較之於看見、嘗到或接觸，在心靈當中會引起更大的狂亂、興奮和激動；可見這種感覺較之於情緒的表達，可以進入更為理智的境界。身體有很多的部位和器官可以讓罪惡通過，直接影響到靈魂；年輕人能夠堅持德行，完全靠著耳朵聽從教誨和指導；先決條件是還未受到奉承者的污染，從開始都沒有接觸到下流的語言和曲調。

基於理由充分的緣故，色諾克拉底（Xenocrates）[4] 提出勸告，兒童比起拳擊手更要保護好自己的耳朵，後者受到猛烈的打擊會讓它受傷變形，前者會因聽到的語言進而使得個性受到扭曲；他認為不能只要求兒童不予注意或是裝作聽不見，更要他們對下流話提高警覺，就像一個看門人在那裡負責把守，不讓它對他們發生影響，或者說服他們不要去效法；一直要等到他們受到良好的教養，純正的語言如同哲學對他們塑造合乎規範的人格。

埃及國王阿瑪西斯（Amasis）派人前去請教年老的畢阿斯[5]，問他就一個當作犧牲的動物而言，那一種器官或部位同時具備最美好和最邪惡的功能；畢阿斯將舌頭割下來要來人帶回去，理由是語言的表達包含最大限度的傷害和利益。大多數人在親吻嬰兒的時候，都會觸及到他們的耳朵，吩咐他們要照著這個動作去做，等於暗示可以用嬉戲的方式，讓愛撫經由雙耳的傳輸獲得有利的回應。事實非常明確，年輕人受到攔阻不讓他們獲得教誨，也不能體驗到交談的樂趣，不僅是德行無法成長也收不到預定的成果，反倒會誤入歧途走上罪惡的道路，如同一片休耕的田地上面會長滿野草。尋求歡樂的衝動和不願從事困難的工作（好逸惡勞是與生俱來的天性，還要加上無數令人討厭的情緒和違背秩序的行為，這些都

---

3 類似的陳述方式倒是少見。狄奧弗拉斯都斯（372-288/285 B.C.）是出生在伊里蘇斯（Eresus）的哲學家，亞里斯多德的門生，成為黎西姆（Lyceum）學派的領導人物，只有少部分作品存世。

4 色諾克拉底（395-314 B.C.）生於卡爾西頓（Chalcedon），柏拉圖的弟子和接班人，從399 B.C.起成為雅典學院的首腦人物。著作極其豐富，傳世多為斷簡殘編。本書第77章〈會飲篇：清談之樂〉第7篇問題5第3節，談到聽覺的好處是不用花錢。

5 本書第13章〈七位哲人的午宴〉2節提到這件事。

不是外在的根源或教唆的產物），可以經由自然的通道使它難以受到約束；要是沒有接受善言說服的力量加以除去或轉移，在適當的狀況下使天賦的才能產生應有作用，就會發現沒有一種野獸會比人類更容易受到教化[6]。

3 年輕人在課堂的聽講可以獲得很大的益處，而且毫無危險可言，我認為繼續討論下去，無論是針對某一個人，還是把其他人員包括在內，都會有很好的效果。我們觀察到絕大多數人都犯下錯誤，那就是在養成聆聽的習慣之前，已經開始重視說話的技巧。他們始終認為必須學習如何談吐並且要不時的練習，至於聽覺方面不應該有任何困難。如同一個人在玩球的時候，學習拋擲的同時也要學會如何接住；雙方的交談一定是先聽後說，如同受精懷孕要在分娩之前發生。據說家禽所以會生下未受精的蛋，那是孕育的過程不完美，結果形成不能生殖的殘餘廢物[7]；如果年輕人沒有具備傾聽的能力，也不能養成從聽講獲得好處的習慣，提早開口說話只會讓他的需求全部付之東流；

　　沒有發生任何作用就已煙消雲散。[8]

　　一般人要將液體倒進容器之中，這時會先把容器擺好，看著不僅要裝滿還不得溢出來；然而學生在學習的過程當中，沒有像教導他們的授課者，對課目付出那樣多的心血，因而會讓有些重點逃過他們的注意。

　　世間最荒謬的事莫過於下面的狀況：他們偶爾遇到某人敘述與其他有關的事物，像是盛大宴會的場面、遊行行列的安排、託夢顯靈的解釋或者雙方口角的始末，大家聽得津津有味，還要他繼續說下去；要是有人將他們拉到旁邊，想要傳授一些有用的知識、或是規勸他們要善盡自己的職責、或是訓誡他們不要再犯錯誤、或是安慰他們所受的譴責，就會發現他們是一臉不耐煩的樣子。

　　學生要盡可能用熱誠的態度接受教誨期能大有收穫，同時對老師所說的話要能堅持立場必要時加以反駁，對於愚蠢的談話立即迎頭痛擊不能迴避退縮，無益之事充耳不聞，務必經過選擇是他們需要的東西。如同一位技術高明的馴馬師，交給我們的馬匹一定習於彎頭和口嚼，啟迪有方的老師會使兒童願意接受勸告，

6　參閱柏拉圖《法律篇》808D，有的譯本與本書的說法大相逕庭，認為在一切生靈當中，男孩子最難對付，他們是極其狡猾、惹事生非、不服管教的野獸。

7　參閱亞里斯多德《動物史》第6卷2節。

8　作者不詳，可能是伊姆皮多克利。

教導他們要多聽少說。司頻薩魯斯（Spintharus）對於伊巴明諾達斯讚譽有加[9]，說是很難見到這樣一位知道很多而又說得很少的人士。所以才會說自然界何其明智，授與我們是兩個耳朵和一根舌頭，表明聽的功能較之說更加重要。

4 無論面臨何種狀況，只要維持沉默對年輕人而言都是一種安全的保障；特別是在傾聽別人說話的時候，不會打斷對方的發言，引起彼此的爭執和相互的口角，即使對於講話的內容感到不滿，也會忍耐下去等待結束的時刻。甚至就是發言者已經住口，也不要立即提出異議，如同伊司契尼斯的所作所為[10]，要留下一段空隙作為區隔，為的是使他能就所說再增多一些資料，或者做一番修正甚或全盤否定已經說出口的情節。有人用反駁的方式不斷干擾對方的談話，既不願聽他在說什麼，也無法讓對方聽清楚自己表達的意思，同時他所說都是別人的話只是老生常談而已，給人的印象是表現一種極不體面的態度。

為人處世之道在於抑制自己和尊敬別人從而養成傾聽的習慣，與人進行有益的交談要能掌握重點，運用正確的眼光辨別無用或錯誤之處，讓人知道自己是真理的愛好者非僅尋求虛名而已，不會一味強辭奪理與人爭辯不休。有時認為個人的看法非常適當，應該搶在自負的年輕人之前先發表自己的意見，因此這種方式即使不夠謙虛也沒有什麼不對，如果你打算將美德善意注入年輕人的心靈，必須先要祛除他的傲慢和倔強，就像我們要擠掉皮囊裡面的空氣，才能將釀好的新酒灌進去；如果他們過分自我膨脹，就沒有空間可以容納其他東西。

5 嫉妒成性的人伴隨惡意和敵視對於任何事業都沒有好處，成為邁向光明前途的絕大障礙，就一位願意虛心受教者而言，是極其惡劣的同伴和無法稱職的顧問，任何長處和優點從他的口裡說出，只會帶來焦慮、煩惱與難以接受的不快。他感到最快樂的事，莫過於將美好的事物貶得一文不值。然而別人擁有財富、名聲或美貌使他感到莫名的刺痛，或者是其他人的好運使他沮喪不安；一個人要是用壞脾氣對待說好話的人，等於不想過太平日子非要樹敵不可。交談對於聽者而言，只要願意接受善加利用，所產生的好處如同光線之於眼睛。

一個人沒有接受教育或是天生帶來邪惡的習性，就會對其他事物產生猜忌之

---

9 參閱本書第47章〈論蘇格拉底的保護神及其徵兆〉23節，這裡提到的司頻薩魯斯可能是一位悲劇家。

10 這是笛摩昔尼斯在他的演說〈論騙人的使節〉（De falsa legatione）中提到的內容。

心；然而對於課堂的主講或相互對話的人，都會直接引起嫉妒的情緒，這種野心可以說是毫無榮譽可言，其結果是對於名聲產生非理性的欲望。嫉妒成性的人沒有心情注意對方所說的話，全部的念頭都在評估自己的條件，是否會較之對話的人處於劣勢，確定如此就會感到驚惶和困惑。即使別人感到歡樂或表示贊許，也會使他一再變更自己的念頭，不時表現出耿耿在懷的樣子；大家的贊成同樣會引起他一陣驚惶，發現聽者接受演講者的意見就會遷怒於人；交談當中受到忽略和暫時擱置的部分，想起經歷的苦惱他準備放棄，這樣做仍舊會因焦慮而感到戰慄，生怕遭到放棄的部分證明也是較好的部分。

　　講授的過程非常順利引起富於學識的交談，主講受到熱誠的感染會很快完成他的職責；等到這堂課結束以後，對於討論的問題不必鑽牛角尖，如同計算選票一樣，對於當時表現的狀況，加以評論或者說出個人的看法。如果有任何同意的地方，記得不要陷入狂熱之中，必須保持冷靜的頭腦；如果對所說有不同意之處或產生誤解，可以很快加入他們的討論，一同謀求問題的解決；如果不可能出現誤解，要是有人對於這個主旨相同的題目，說得內容更好而且表達的方式更為有力，就可以與它做一比較。務必使得課程當中出現問題的地方都能一一澄清，所有無益和不利之處都能排除，這樣才能使講授發揮最大的功效。

6　一個人必須使他的欲望偏重於聽覺，要與好名之心保持互不侵犯的狀態；他像是參加晚餐或隆重宴席的貴賓，用愉悅和友善的心情傾聽別人的談話；恭維演說家的能力在他而言是最成功的建樹，如果沒有別的問題，可以用感激的心情接受對方的善意，因為演說家提出的見解認為已經說服自己，所以沒有道理不能獲得別人的贊同。我們深入考量他的成功之道並非偶然的機遇，完全是審慎、勤勉和好學的成果，值得我們效法他那種積極進取的精神。即使有些地方出現差錯，我們也應找出缺點形成的理由和原因。

　　色諾芬曾經表示一個審慎的主人[11]，無論是從朋友還是敵人那裡都能獲得好處；如果身為聽者只要提高警覺和加強注意，無論演說家的談話是成功還是失敗，他都會從中得到很大的收益。只要我們保持聽者的立場，即使發現諸多的缺失，像是貧乏的思想、空洞的辭藻、冒犯的態度、對於讚揚抱著奉承的激動和低俗的歡樂，這也只能怪罪到別人身上，如果我們是那位演說家，就要面對嚴苛的批評。我們要把吹毛求疵的心態從演說家轉移到自己身上，詳細檢查是否會犯下

11　參閱色諾芬《對話錄》第1卷15節。

無心的過失。世界上最容易的事情莫過於從鄰居身上找到缺失，除非讓我們將它當成前車之鑑，不要出現同樣的毛病，否則這種行為不僅無用而且愚蠢。任何人要指責別人的錯誤，應該先想一想柏拉圖所說的話：「我跟他們能有什麼不同？」[12]

我們參加討論一定要按照原來的構想，有條不紊發表意見，如同從別人的眼中可以看出我們的優點和缺失，使得我們無須妄自菲薄，當然更不必傲慢自大；我們必須學到不可輕易指責別人，自己開口說話要更加審慎。我們對於學院教授的課程了然於心，經過比較的過程能夠學以致用；有時發覺我們熟悉的題材沒有效果或是不合時宜，說服自己加以增添和修正，相同的事情要用其他的修辭來表達，對待整個題目要用全新的方法。柏拉圖對黎昔阿斯(Lysias)發表的談話就是如此[13]。討論當中表示異議是非常容易的事，要想展現更具說服力的言辭是極其艱苦的工作。如同一個斯巴達人聽到菲利浦(Philip)將奧林蘇斯(Olynthus)夷為平地所說的話：「不錯，他不可能再建立一座像這樣的城市。」[14] 討論一個指定的題目，知道我們的論點不會比準備上台講話的人更有見地。這時我們要減低藐視之心，不要表現出冒昧無禮和自以為是的態度，趕快停止發言，不必非要與對方比個高下。

7 贊許別人的言辭對照於蔑視的表情，很明顯的表示出更為仁慈和溫馴的個性，只是要多加注意才能分辨清楚；那些過於高傲和自信的人，不容易從演講者身上得到好處，一個人的性格熱誠又純真，因為欠缺世故反倒容易受到傷害；沒有人會質疑赫拉克萊都斯所說：「傻瓜才會對每句話言聽計從」[15]。我們對演講者的讚揚可以寬宏大量，至於是否相信他的話就要小心在意，像是接觸告密者的表態和所運用的伎倆，我們的心地要善良而單純又能不為所動。對於

---

12 蒲魯塔克經常提到柏拉圖說的這句話，分別出現在第6章〈如何從政敵那裡獲得好處〉5節、第11章〈養生之道〉15節和第33章〈論控制憤怒〉16節。

13 參閱柏拉圖《菲德魯斯篇》237B及後續各段。只是在這篇對話錄中找不到黎昔阿斯的名字。

14 這位斯巴達人是亞傑西波里斯二世(Agesipolis II)，370-371 B.C.在位，他是克里奧布羅都斯(Cleombrotus)的兒子。奧林蘇斯是一座希臘人的城市，位於卡爾西斯(Chalcidice)半島，348 B.C.被菲利浦奪取後縱火焚毀。參閱本書第17章〈斯巴達人的格言〉3節之1，及第33章〈論控制憤怒〉10節。

15 赫拉克萊都斯(560-500 B.C.)生於小亞細亞的以弗所(Ephesus)，是知名的自然哲學家，後來在雅典從事研究與教學。這是赫拉克萊都斯所說一句格言；參閱本書第2章〈年輕人何以應該學詩〉9節及注釋113。

他們所說的話是否真實有效，應該給予明確和坦誠的批評，不要讓演講者感到恨意，然而他們的話也不應當傷害別人。有時我們對演講者表示好感和信任，反而在無意之中讓我們的心靈接受錯誤和有害的論點。

過去有位斯巴達的民選五長官認為某個議案立意甚佳，由於提案人的品德很差，指定一位德高望重的人士，要他在市民大會向大家提出；這種做法非常正確，為了城邦的長治久安要使人民養成習慣，對於議論國政的諮議和顧問，受到的影響來自他們的行為而非他們的言論[16]。有關哲學方面的討論，我們要把名聲和地位放在一旁，只是對於所說的內容進行檢驗，務使兩者不要混為一談。在課堂上面如同我們參與的戰事，經常會流於夸夸其辭。例如，某一位演講者長著滿頭華髮，儀表端莊有禮，眉頭深鎖，充滿自信，加上擁護的人馬在下面搖旗吶喊，使得他的立場更為堅定。那些驚惶失措的年輕人和沒有經驗的聽眾，馬上陷入滾滾洪流逐波飄蕩。演講者的風格要是旨在取悅於人或過於冗長饒舌，就會帶有譁眾取寵的意味，特別是用的題目看起來極其神聖莊嚴，別有用心的企圖更是不言而喻。通常都會用唱高調的華麗言辭，不讓大家發覺所隱藏的問題和缺失，充滿活力和印象深刻的表達技巧，發出閃耀的光芒使得聽眾眼花撩亂，最後只有隨聲附和。

據說麥蘭修斯被問到他對戴奧吉尼斯的悲劇有何意見[17]，他說過多的敘述妨礙到對戲劇的了解；大多數出名的詭辯家不僅用文字掩蓋他們的思想，還用諧和的變調、柔軟的語氣和韻律的節奏來美化他們的聲音，好使所有的聽眾受到迷惑和感動。他們給予空洞的歡樂所能獲得的是更為虛幻的名聲，提到戴奧尼休斯的處置非常適合他們的狀況[18]。說是他在某個演出的場合，答應要給極負盛名的豎琴家以豐碩的禮物，等到演奏完畢他卻食言，理由是他已經履行他的義務。他說道：「你可以享受報酬的希望給你帶來歡樂，同儕會用美妙的音樂回饋大家，這樣一來我還虧欠你什麼？」有的人講課也只能接受這樣的束脩，聽眾在下面感到飄飄然就會極口讚譽，等到聽入耳中的歡樂消失，獲得的名聲全部付之東流。只能說聽者在浪費目前的時間，演講者卻賠上他一生的光陰。

16　相關的論述仍舊引用到本書第55章〈為政之道的原則和教訓〉4節。

17　麥蘭修斯和戴奧吉尼斯都是阿提卡的悲劇家，他們的劇本在西元前5世紀初期風行一時；彼此之間的批評雖然中肯，有時還是會落入意氣之爭。

18　戴奧尼休斯一世成為僭主統治敘拉古的時間是405-367 B.C.；這段情節亦出現在本書第25章〈論亞歷山大的命運和德行〉第2篇1節。

8 我們要從有益的演講之中除去冗長和無用的廢物，便能獲得很豐碩的成果，不要效法那些只知裝扮自己的婦女，要拿勤奮工作和努力謀生的蜜蜂作爲榜樣。須知婦女採摘美麗的花朵和芳香的葉片，編織起來成爲令人歡娛的東西，只維持很短的時間便變得枯萎無用；蜜蜂不斷飛向草原的紫羅蘭、玫瑰和風信子，還有氣味辛辣的百里香，然後停棲在上面，

> 全心全意要吸出甜美的黃色蜜汁。[19]

等到獲得有用的原料，飛返窩中去完成非常特殊的工作。誠摯又專心的學生亦應如此，對於華麗和優美的語文以及誇耀和壯觀的主題，他們在課堂上面的學習，如同在花叢中孜孜不倦的工蜂；他要潛心研究演講者的心情和所講的話有什麼意義，可以從中獲得用處和利益。

務必記得他不是前往劇院或音樂廳，而是帶著一個目標來到學校和課堂，要把聽到的話用來改正自己的生活。接著要對課程進行檢查和形成判斷，調整聽講的心靈狀態，盡力評估的項目在於他的情緒是否沒有過去那樣的激烈，他的困難是否沒有過去那樣的沉重，他的信心和企圖是否變得更加穩固，以及他對德行和善意是否抱持更大的熱誠。

當你站起來要離開理髮鋪的時候，會很自然的照著鏡子檢查修剪過的容貌，看看整理以後有什麼不同；等到我們從講堂或學院下課以後回到家中，要是沒有反省自己的行爲，或是不能注意個人的精神狀態，看看是否可以拋棄累贅的物品和過多的負擔，讓自己變很更加輕快和愉悅，這時就會認爲沒有將工作做好感到很難爲情；如同亞里斯頓[20]的名言：「除非滌盡不潔之物，否則洗浴或交談都沒有任何用處。」

9 讓年輕人從談話當中找到歡樂也得到收益；如果他在課程完畢還無法保持開朗的心情，等到離開哲學家開的學校，不能口裡哼著小調面露笑容；就像他需要熱敷和塗上藥膏的時候，所能做的只是灑上一點香水。有人用刻薄的談話洗滌他那充滿濃霧和陰沉的心靈，像是蜂窩用煙燻的方式清理得一乾二淨，他一定會對此事極其感激。雖然演講者對於他說話的風格，不能忽略令人感

---

19 這句詩的作者是賽門尼德；參閱貝爾克《希臘抒情詩集》第3卷411頁。

20 這位亞里斯頓可能是西元前3世紀末葉生於開俄斯島的斯多噶學派哲學家。

到愉悅的特質，以及具備說服的能力，這種要求可以說是非常正確，年輕人對於這方面要從開始就表示關切。

　　一個人等到他解決眼前的需要能夠喘一口氣，就會允許他的好奇心去檢查表達的風格和方式，是否在各方面都很精緻能夠超過設定的標準；如同一個人在口渴的痛苦解除以後，就會去讚揚飲水的器具有精美的造形和裝飾。有人對於談話的題材和內容不以為意，重視表達的風格和形式，主要在於掌握希臘文字和語言的特色。如同一個人已經中毒，由於用的杯子不是精美的阿提卡陶器，就不肯飲下裝在裡面的解藥；或者是在寒冷的冬天不願穿著那件保暖的外袍，因為它沒有用阿提卡的羊毛當成布匹的原料；或是一直坐在那裡不採取任何行動，認為黎昔阿斯的辯護如同一件精美的衣物，靠著它將他的全身緊緊包住就感到滿足。實在說處於這種不健康的環境，只能造成心靈的貧乏和知識的空洞，學校都是愚者的胡言和酒鬼的囈語，年輕人不再留意哲學家的一言一行，也不會將他們的生活方式和治學態度奉為圭臬；他們欣賞和贊同的項目在於體裁和措辭，特別是無懈可擊的表達方式，至於它的內容是否具體，意見是否可行，擬案是否實用，他們既不了解也不會查問清楚。

10　現在逐漸轉到有關問題提出和探討的範疇。有個人參加晚宴，只能吃放在面前的食物，不能要求別的東西，更不可以任意批評；如同他受邀參加一個理性的座談會，條件是保持安靜只能傾聽別人的高談闊論，自己不能有任何表示。因為有些人會讓演講者說一些離題太遠的話，或是提出很多問題打斷講述的進行，這樣一來會產生新的困難需要克服，使得聽講的團體普遍不滿，大家無法從課堂得到好處，無論對主講還是他的講話帶來很大的困擾。不過，等到演講者要求聽眾提出問題或是發表意見，這時他的詢問必須掌握重點，以便讓大家都能獲得益處。

　　奧德修斯騙那些求婚者，說是

　　　乞討殘羹剩餚並不奢求鐵劍銅鼎。[21]

他們認為向別人提出要求貴重的物品，如同對方願意給予一樣是慷慨的行為。一位聽課的學生轉移講授者到毫無意義的瑣碎問題，這種狀況極其可笑，那是一些

21　引用荷馬《奧德賽》第17卷222行。

年輕人養成不好的習慣，一方面是因為過於愚蠢的關係，再者是要表示他對邏輯[22]和數學非常精通。諸如有關不定式的整除以及「何以相鄰的邊或對角線可以決定運動的模式？」。我們可用斐洛蒂穆斯(Philotimus)[23]的話對這些人進行反駁，有位仁兄患了不治之症的肺病，卻將當代的名醫請來治療正在發炎紅腫的手指，他診斷患者面孔的氣色和呼吸的狀況，說道：「閣下，你應該關心的問題不是感覺得到的疼痛。」年輕人，你們要是不願花時間去檢查問題的重要性，請問又如何排除自視過高、虛張聲勢、用情不專和信口開河等缺失，能夠安定下來過一種樸素和健康的生活。

11 聽眾特別關心主講的才華和能力，期望盡可能有「最好的表現」[24]，即使學者無法在各方面都很突出，說是精通自然科學和數學，甚至提出物理的問題或邏輯的謬論，全都能夠一一作答。一個人想要用鑰匙劈柴或拿利斧開門，給人的印象不僅在於錯用工具，認為已經喪失最基本的辨別能力，要是用這種方式向主講發問，如同天馬行空毫無章法，當然就會引起大家的反感，甚至視為是出於惡意的不敬，就會受到非難和指責。

12 一個人上課的時候注意不能提出很多的問題，或者只提與自己有關的項目；否則就會顯示出傲慢和自大的心理；聽講和發問保持從容的態度，要有紳士和學者的風範，除非所講的內容帶來嚴重的困擾，造成大家的不安，不必爭著要主講立即答覆，用來安撫情緒和維持秩序。即使赫拉克萊都斯說過「還是藏拙不讓人知要好得多」的話[25]，或許不應該心存這種觀念，可以公開讓人知道，然後下定決心痛改這方面的缺失。如果有人發很大的脾氣，或是過分的迷信，或是與家人發生勃谿，或是陷入瘋狂的戀愛之中，使得

> 心情極其激動那是前所未有的事，[26]

---

22 就會提出與邏輯有關的矛盾和兩難的問題；像是「先有雞抑或先有蛋」。
23 這位名醫的至理名言，再度引用於本書第4章〈如何從友人當中分辨阿諛之徒〉35節。
24 優里庇德的悲劇《安蒂歐普》(Antiope)出名的道白；參閱瑞克《希臘悲劇殘本》之〈優里庇德篇〉No.183。
25 他說的這段話再度引用在第77章〈會飲篇：清談之樂〉第3篇的序言。
26 參閱瑞克《希臘悲劇殘本》之〈Adesp篇〉No. 361；本書後面幾章多次引用。

甚至頭腦都已經混亂不堪。也不必規避這方面的問題，認為以眼不見心不煩為上策。無論是在上課當中或是下課以後，都要針對提出的難題進行坦誠的討論。

可以私下前去向主講請教更多和更深入的問題，讓我們免於背道而馳，能夠追隨大多數人的路線。然而一般人對於哲學家都很禮遇，只要他們與別人交談都會感到愉快。一旦涉及個人的狀況，就會抱著拒人於千里之外的態度，認為是對個人的冒犯表現出惱怒的神色；這就像一種不成文的規則，他們認為大家在課堂才會聽取哲學家發表的意見，如同他們會在劇院聆聽悲劇演員的道白；任何在學校範圍之外的事物，他們認為哲學家的認知還沒有自己來得好。基於同樣的道理，他們對於普通的講課也有這種感覺，等到主講離開座椅，大家也會拋開書籍和講義，認為他處理實際的生活還不如普羅大眾，可以說是低於一般水平之下。因為大家不了解真正的哲學家，雖然嚴肅也有輕鬆的一面，同樣會頷首微笑或皺緊眉頭，只有那些養成良好習慣，願意仔細傾聽的人士，才能從他們的教誨當中獲得最大的收益。

13 課堂的禮儀不能忽略，保持審慎和節制的態度就會受到讚譽，具備自由人身分的市民，所有過猶不及的言行都應力求避免。個性陰鬱令人討厭的學生對於講課的內容不願接觸也不感興趣，充滿痛苦的傲慢神情和難以改變的固執己見，雖然相信他會說些比想像中更要好聽的話，事實上他不動聲色難以證明他會高興聽人講課，仍舊保持沉默裝出泰然自若的樣子，好讓人佩服他的高深莫測。即使贊許有如金錢那樣可貴，他像是被搶劫一空好拿去送給別人；很多人將畢達哥拉斯的箴言當成座右銘，有時還是會曲解其中的含義；他始終認為從哲學獲得優勢和好處是順理成章的事，有些人他們得了便宜還賣乖，認為無須感激任何人也不必表示尊敬的態度，所以心中無法擯除傲慢自大的念頭，認為藉著藐視別人可以抬高自己的身價。

哲學的理念來自知識對於每一種狀況的成因都很熟悉，不會因盲目和無知表現出驚奇的樣子，同時也不會讓我們喪失誠摯、謙恭和通達的人情味。我們要保持真正的善意，最堅定的信心在於信任那些值得信任的對象，最崇高的榮譽在於表揚那些值得表揚的人物，只要儲存大量的名聲超過它的需要就會引起爭論。任何人只要吝於推崇別人，就會表現出他對這方面的熱中和渴望。

還有一種氣質完全相反的人，他的性格顯得浮躁易變而且缺乏正確的判斷，很多話不假思索就會衝口而出，他們之間那些搶著出頭的爭論者，都無法從他那裡得到滿意的答覆，對於聽課的學生而言也是一種痛苦；他的一言一行都與大家

的判斷相左，很多人受到引誘參加他的陣營，使得整個團體陷入驚慌之中，大家感到難爲情的地方，在於無法制止有些人士對他的讚許；因爲他在課堂裡面引起混亂，由於他不斷的讚揚使得大家樂得去討好別人，所以他從聽講當中無法得到任何好處，離開的時候會帶著三個頭銜：僞君子、奉承者以及不知交談爲何物的莽夫。一個人在法庭擔任法官，聆聽兩造的辯論不能帶有先入爲主的觀念，對任何一方都不能抱有敵視或偏袒的態度，保持清明的判斷，行事力求公正無私。學校的課堂上面沒有法律或誓言，禁止我們接受主講所表達的好感和善意。

古代的人士感到雙方的談話需要文雅的風度和朋友的情誼，所以將赫耳墨斯（Hermes）的座位放在美德三女神（Graces）[27] 的旁邊。主講不可能犯下很大的錯誤，以至於失敗到感覺羞辱的程度，無論是最原始的觀念或是別人對他的追憶，所要討論的題材和意圖，以及表達的方式和處理的程序，好像沒有一點可以值得稱道之處，如同下面兩句詩所比擬的狀況：

> 在頑童腳下或粗野的金雀花叢中，
> 溫柔的紫羅蘭正在怒放迎接春風。[28]

有人宣稱他可以爲反胃嘔吐或患了熱病的對象，寫出一篇歌功頌德的賀辭，不僅如此，我敢發誓，讚揚的對象即使是廚房的大鍋也沒有什麼不合理之處。

課堂的主講獲得很大的名聲和哲學家的頭銜，怎麼會爲感激和擁戴的聽眾，盡量找機會給他們休息和加以讚揚？儘管如此，我們對於柏拉圖的說法[29] 還是很清楚，一個人正當青春年華就會引起男士的愛慕，如果的確是一位美少年，就會被所愛者稱爲「神明至愛的寵兒」；如果膚色黝黑會說成「富於勇士的氣概」；如果長著鷹鉤鼻就說他「像帝王一樣威嚴」；獅子鼻則是「魅力十足的容貌」，淡黃色的皮膚像是「發出蜂蜜的光澤」；可以說全部都受到歡迎和擁護。愛情如同常春藤極其精明的依附任何支持的物體。

---

27 赫耳墨斯是文藝和科學的贊助者和保護神，包括演說和寫作在內；美德三女神是指阿格拉伊婭（Aglaia）、優弗羅西妮（Euphrosyne）和塔里婭（Thalia），分別代表「燦爛」、「歡樂」和「花卉」。

28 這首詩的出處不明，本書第35章〈手足之情〉13節和第77章〈會飲篇：清談之樂〉第1篇問題4第3節都引用。

29 參閱柏拉圖《國家篇》474D，柏拉圖的論點在於某人是某樣物品的愛好者，那麼他會愛這樣東西的全部，特別舉出愛慕者作爲例子，帶有「愛屋及烏」的意味。

　　還是可以發現有很多學者和勤奮的聽者，公開對主講給予言過其實或過分推崇的恭維。柏拉圖認為黎昔阿斯的講課有很多捏造的事實[30]，所以並不會當眾給予讚揚，反而指責段落的安排極其雜亂無章，雖然如此，還是對於獨特的風格稱許不已，說是「掌握文字的變化達到明確和圓融的境界」。一個人要是吹毛求疵的找缺失，所有文人雅士的毛病又何其眾多，像是阿契洛克斯在於浮濫的主題，巴門尼德在於不當的體裁，福西利德在於陳腐的內涵，優里庇德在於饒舌好辯，索福克利在於頭重腳輕[31]；同樣的狀況也出現在演說家的身上，其中一位對於扮演的角色無法稱職，另一位對於激起群眾的情緒過於遲鈍，還有一位欠缺文雅和洗練的姿態；事實上他們之中每一位都受到大家的讚揚，當成自然女神賦予他們極其特殊的才能，經過祂的教導可以感動所有的市民，還能領著我們一起前進。接著就是聽眾可以獲得很多機會，對於這些向他們講話的人表示友善和感激。我們不一定非要用語言來證實，甚至就是溫柔的眼光、寧靜的神色、仁慈的態度，沒有絲毫的火氣，都會讓他感受到我們的心意。

　　最後，即使課堂的主講出現錯誤和缺失，在每一個講堂還是有普通的規則要大家遵守：挺身端坐不能有散慢怠惰的態度，要直視授課者保持專心聽講的姿勢，流露出安詳鎮靜的心情，不僅沒有傲慢和憤怒的面貌，還不能陷入出神的幻想之中。每一件藝術品的美感來自許多因素和成分的配合，就整體的規律而言要達成適當的比例與諧和，只要其中某一個手法的誤用，或是某一個部位的增減，或某一種光澤的變化，都會使得所有的外觀為醜陋取代。因此在講堂裡面要特別注意所有的細節，不僅皺著的眉頭、哭喪的面孔、流轉的眼光、扭動的身體、又腿的坐姿都是失禮的舉止，甚至打盹、耳語、大笑、呵欠、垂頭等等諸如此類的動作，都會受到譴責應該力求避免。

　　14 很多人認為主講的功能在於執行講課的工作，這與聽者毫無關係；他要將課程準備妥當，務使各方面都沒有差錯，學生只要衝進來占好座位，除此以外沒有任何其他責任；如同一群人去赴宴，完全是別人的辛勞讓他們可以大吃大喝。甚至就是一位有教養的客人在宴會當中必須發揮表達的功能，不僅僅以身為傾聽者為滿足。因為他是談話的參與者，要與對方成為共同工

30　參閱柏拉圖《菲德魯斯篇》234E；柏拉圖反對黎昔阿斯的文章，在於作者認為愛是一種肉體的欲望，柏拉圖卻表示愛充滿美和善，提升靈魂的衝動走上神聖的真理之道。

31　這幾位是希臘世界名聲最響亮的詩人和劇作家，要是在他們身上還找到這麼多的毛病，那些等而次之的人物又怎麼得了？

作的夥伴；他不應該找到講話者無足輕重的缺失，用來批評整個的言語和行為；至於他自己的行為不檢或是在聽講中犯下錯誤，可以裝作若無此事。從另一方面來看，如同玩球時接的動作要與投擲相配合，因此談話時說者和聽者之間要有默契，雙方都要注意到應盡的義務。

15 無論是客氣話還是恭維語所使用的辭句應該知道分寸。伊庇鳩魯提到朋友寫給他的信件就感到不悅，認為他們的大聲喝采影響到寧靜的生活[32]；現在這些人在課堂當中帶有怪異的表達語言，經常脫口而出「何其神妙」、「聖靈感召」和「無與倫比」這些辭句，對於演講者過分誇大和充滿空想的頌揚，不體面的行為像是帶有中傷和嘲諷的意味，看來不再像過去那樣，柏拉圖、蘇格拉底、海帕瑞德（Hypereides）[33] 和他們的朋友，僅用「聽吧！聽吧！」「好！好！」「對！對！」來表示衷心的稱許。

最令人感到失格之處在於用發誓賭咒的方式，好像法庭的當事人那樣保證他的介紹所言不虛。這些人根本不尊重別人，對於哲學家用大呼小叫的口吻說「真棒！」，或是對長者說「真神！」或「真美！」這種開玩笑的表達方式，像是找機會賣弄自己曾經受過教育，甚至在很莊重的討論當中，用一些浮華虛誇的恭維語調。如同他們給優勝運動員的頭上戴上的冠冕，是用百合和玫瑰編成，而非月桂和橄欖的樹葉！

有一次劇作家優里庇德在排演的時候，聽到合唱隊的成員爆發出一陣笑聲，於是優里庇德訓誡他們：「演出是何等莊嚴和隆重的事情，除非你們真是極其愚蠢和無知，否則怎麼能夠有這樣大不敬的舉動。」我認為對於態度粗野的聽眾不知檢點的行為，無論是哲學家還是政治家都要加以制止，他們應該這樣說：「你們的行為就我看來像是沒有教養的傻瓜，當我就神明的祭祀和城邦的體制進行教導、訓示和討論的時候，你們不能把我所說的話不當一回事。」可以考量一下目前的狀況，看來很多事情還是距離理想甚遠，一位哲學家在課堂裡面講話，在外面的行人聽到表示贊許的聲音，他無法分辨受到喝采的對象，究竟是一位笛手、一位豎琴家還是一位舞者。

32　參閱戴奧吉尼斯·利久斯《知名哲學家略傳》第10章5節。

33　海帕瑞德是雅典的政治家，322 B.C.在弗里尼（Phryne）戰敗，後來被安蒂佩特（Antipater）處死。

16 訓誡和譴責不必聽從於漠不關心的遲鈍，更無須在意有欠體面的情緒。有些人對於哲學家的非難根本沒有任何感覺，像是在笑別人受到指責，或者認為那些受到申斥的人應該給予讚揚；如同門客表現息事寧人的模樣，供應他們生活的庇主即使對他們不留情面，甚至到了膽大妄為的程度，他們還是逆來順受不敢反抗，可以說連一點男子漢的氣概都付之闕如。一個人享受帶來歡樂的嘲笑和諷刺，在於機智的應答和善意的嬉戲，要知道不能冒犯到別人引起老羞成怒，也不能因為無知和教養不足的心靈，使得他的行為產生很大的爭議，大家都要有豁達的性格和斯巴達人的風度。

從另一角度來看，聽到譴責或訓誡的話就能重新鑄造性格，在於表達的言辭如同刺激性很強的藥物，然而在聽到以後還是不會謙虛，也不會陷入汗流滿面或頭昏眼花的處境，也不會讓羞辱在我們的靈魂中燃燒。性格偏執的年輕人最明顯的標記，就是對任何事物都不動感情，還抱著逆來順受和裝模作樣的心態，對於犯錯已經習慣變得相當的熟悉，失去謙和忍讓的美德；像是靈魂配合堅硬和長著老繭的肉體，鞭子抽上去不會留下一絲血痕。

具備完全相反體質的年輕人，只要聽到一句逆耳之言就會頭都不回的逃走，哲學也被他們棄之若敝屣。雖然謙虛的習性是自然女神的賜與，使得他們的救贖獲得深受讚譽的開始，後來所以喪失這種習性，完全是優柔寡斷和軟弱無力的關係，證明他們不夠堅定，缺乏進取的精神不能改正所犯的錯誤，他們開始轉變方向，要與各式各樣拍馬吹牛的傢伙以及說話滔滔不絕的閒聊者，進行愉快和舒適的交談，雖然內容一無是處，倒是可以沒有任何負擔。

如同一個人在手術以後，沒有包紮傷口就從醫生那裡逃走，除了忍受治療帶來的疼痛，沒有獲得任何好處；要是說出來的話讓一個人的愚昧受到傷害，不能藉這個機會加以醫治，徹底根除原來的習性，他馬上離開哲學所及的影響範圍，除了只有忍受以後不斷來襲的痛苦，同樣無法獲得任何好處。如同優里庇德所說的那樣，特勒法斯(Telephus)的傷口不僅可用

　　長矛的槍尖在上面摩擦止住流血，[34]

哲理造成的創傷會深入到年輕人心靈當中最美好的部分，要靠激烈的言語才能將

34　參閱瑙克《希臘悲劇殘本》之〈優里庇德篇〉No.724；以及本書第6章〈如何從政敵那裡獲得好處〉6節；這裡提到的特勒法斯是邁西亞(Mysia)國王，他與阿奇里斯搏鬥受傷。

它治癒。基於這層理由，任何人只要著手類似的工作，就會感受到劇烈的疼痛，只是他不會倒在地上喪失鬥志，如同在神秘祭典入會的莊嚴儀式當中，把他當成祭品奉獻給哲學，他要屈從入門初期的淨化和激動，經歷目前的惶恐和煩悶，期待隨之而來的快樂和舒暢。實在說，即使證據的提出並不公正，能夠忍受一個不停說話的人，不管怎樣都是值得讚許的事。等到最後他會做出明確的解釋，這時就會要求他保留真正的缺失，那就是用在前面案例當中的坦率和誠摯。

17 啓蒙教育學習讀書和寫字，以及接受音樂或醫藥的訓練，開始的課程必然給人帶來混亂、艱辛和惶惑的感覺，經歷一段循序漸進的過程，如同人類當中出現的親屬關係，全部熟悉以後知道每一件事情無論是說還是做，都會變得可行、容易而且充滿吸引力；就拿哲學來說，毫無疑問在開始的時候，提到它的術語和內容，同樣是極其生疏和難以明白。然而一個人不應該在初期就感到恐慌，抱著怯懦和害怕的心理放棄後續的學習；他應該從各方面加以檢驗，堅定繼續前進的毅力，等到熟悉以後可以享受高貴的事物所帶來的歡樂。不必拖延很久的時間，對於研究的主題就會有充分的理解，主要的激勵作用來自對德行的熱愛。任何人都可以忍受沒有激情的心靈，在庸庸碌碌當中度過餘生，由於他缺乏男子漢氣概所以才放棄哲學的研究，將自己視為一個毫無原則的懦夫。哲學方面的題目所包含的內容和範疇，對於年輕沒有經驗的學生而言，要想在學習的初期就能領悟，這可以說是相當困難的工作。同時他們對於大部分難以明確和無法理解的事物，發現應該自行負責解決；因為即使個性南轅北轍的人物也會犯下類似的錯誤。

有些人的個性羞怯也不願給演講者添加麻煩，所以對問題的提出感到猶豫，即使想要爭辯也放在內心不肯透露，有了疑惑還是點頭表示贊同。或許有人基於不合時宜的野心作祟，加上要與自己的同學比個高下，把學習當成輕而易舉的事，用來賣弄他的智慧和能力，承認他們早在掌握之前已經獲得所需的工具，但是不可能一直這樣把持下去。最後的結局是這些謙恭又沉默的人士，離開課堂以後，因為他們的困難沒有解決而感到痛苦。最後基於需要，只有不理會此時可能遭到的更大羞辱，他們提出早就應該提出的問題，向主講請教希望獲得答案。對於擁有抱負和自信心很強的年輕人來說，得到的成果還是堅持原來的決定，情願花很多時間用來掩飾或遮蓋他們的無知。

18 讓我們除去所有的愚昧和虛憍，向著好學求知的道路前進；讓我們對於有益的談話不辭辛勞領悟它的眞諦；讓我們如同克利底斯和色諾克拉底一樣，能夠忍受那些自命高人一等的專家對我們的訕笑；要知道前面所提兩位，他們在學校當中比起同學有所不如，沒有妄自菲薄到失望之餘放棄對學問的追求。他們在開始用長頸瓶和青銅板做比喻來取笑自己；時常提到他們的困難在於只能將聽到的東西記在心中，無法消化以後融會貫通。看來這不僅是一種限制，如同福西利德所說：

> 奢求過高的人經常受希望的欺騙；[35]

很多次受限於別人對他的嘲笑、藐視和無情的打擊，那是因爲他不停的奮鬥，要擺脫無知的痛苦，要制服蒙昧的災禍。

不過，就另一方面來說，我們不要忽略錯誤造成的影響，它會引導我們的認知走向對立的極端，有些人因而陷入怠惰之中，使得自己感到不快和厭煩。他們這些人不會給自己帶來任何困擾，只是會找演講者的麻煩，就同一件事情不斷提出問題，就像一隻羽毛未豐的雛鳥瞪著母鳥的嘴巴，想要接受已經準備妥當和易於消化的食物。這是另一種階層的人物，對於演講者所處的地位有很大的興趣，他們用饒舌多嘴和好管閒事使得他精疲力竭，像是不斷提出很多難以解決的問題，或是要求他展示那些不必如此大費周章的東西；如同索福克利所說：

> 短短一條路竟要花費很大的工夫，[36]

不僅爲他自己也爲團體裡面其他的人。會在每一個可能的場合，都用空洞和毫無必要的問題作爲抵制演講者的工具，用來阻礙課程正常的講授，像是在一個旅行的團體當中，所有的行程都受到耽誤和延遲。

按照海羅尼穆斯（Hieronymus）[37]的說法，這些人如同怯懦又固執的小狗，在家中咬野獸的毛皮，盡量將它撕裂成碎片，卻從來沒有接觸過這些動物。讓我們提醒上面所說生性怠惰的人士，他們的聰明才智能夠理解主要的關鍵問題，就運

35　參閱貝爾克《希臘抒情詩集》第2卷〈福西利德篇〉448頁No. 14。
36　索福克利的悲劇《安蒂哥妮》237行。
37　這位海羅尼穆斯可能是西元前4世紀初期，來自羅得島（Rhodes）的逍遙學派哲學家。

用影響力將其他人集合起來，靠著他們的記憶力進行引導的工作，通過彼此的討論和交談，使得他的成果像種子一樣，萌芽茁壯成長爲一棵參天大樹。

心靈不必像裝滿水的瓶子，如同一塊需要點燃的木頭，創造出獨立思考的衝動和追求眞理的熱情。可以想像一個人需要從他的鄰居得到火種，然後添加柴束可以激烈的燃燒，使得他一直感受它帶來的溫暖；如同一個人能與別人分享交談的好處。如果他認爲無需點燃自己使之發出光和熱，或是不願有個人的思想理念，大可以坐在別人旁邊仔細聆聽，獲取外來的意見灌輸到內心，同樣使他能夠大放光明。不像有種人獲得哲學家的稱呼，仍舊無法獲得哲理的明亮光輝，能夠驅除心靈當中陳腐和黑暗的一面。

最後，有關聽講還需要另一方面的指導，主要在於上課一定要集中注意力，務使所講的內容全部心領神會，靠著我們的學習過程培養獨立自主的思考能力，我們獲得的習性不在於強辭奪理或是一味以得到資料爲滿足；還有就是養成根深柢固和冷靜理智的習性，使得我們相信正確的聆聽別人的說話，可以引導大家開始接受一種正確的生活方式。

第四章
如何從友人當中分辨阿諛之徒

1 尊貴的安蒂阿克斯·斐洛帕普斯(Antiochus Philopappus),柏拉圖曾經提到[1]一個人要是公開承認寬待自己,大家都會諒解視為理所當然之事;同時他還用很嚴肅的態度表示,任何市民要是認為對於本人應該誠實無欺和一視同仁,不僅容易讓別人產生誤解,也是不可能做到的事。須知「愛就被愛者而言經常盲目」[2],除非一個人經由研究學問的過程,獲得尊重別人和追求榮譽的習性,否則他寧可只厚待血胤相同或自己熟悉的人。基於這種事實,因而在「友誼的範疇」之內,就為奉承和阿諛提供極其廣闊的運用空間[3]。人之所以愛己勝過愛人,才會產生種種超凡出眾的行動,出於自愛和利己的特質,每個人對自己都會不遺餘力的奉承,也只有自己才是巴結最重要的對象。當然更加容易讓外來者成為他的證人,用來肯定本人的自負和欲望。一個人不願別人說他喜歡阿諛之徒,認為這是貶損的言辭,等於指責他愛己甚於愛人,雖然這些欲望並沒有違反自然之道。然而任何人過分自負就會帶來危險,應該特別小心加以避免。

眞理是神聖的事物,如同柏拉圖追本溯源強調「對神明有益之事必會有益於人類」[4],逢迎吹拍的傢伙從各方面來說都是神明的敵人,特別對阿波羅更是如此。奉承者的作為反對「人貴自知之明」這句箴言,會使人產生自欺的心理,不僅愚昧無知還要加上是非不分,即使做了善事還是存有缺陷而且不夠完美,要是做出壞事必然產生無法彌補的惡果。

---

1 參閱柏拉圖《法律篇》731D, E;事實上原文與這裡的說法有很大的出入,他的規勸是每個人必須避開極端的自愛,要步步緊隨比自己表現更好的人。

2 參閱柏拉圖《法律篇》731E;本書第6章〈如何從政敵那裡獲得好處〉7、11節再度引用這句名言。

3 友誼涉及的範圍極其遼闊,因為每個人都把自己的欲念和利益視為首要,當然留下模糊的地區,可以讓阿諛之徒大顯身手,這是根本無法避免的狀況。

4 參閱柏拉圖《法律篇》730C。

2 看起來諂媚者就像大多數其他邪惡之徒，專門對無知和卑劣的人士下手，好像他們沒有防護和抵抗的能力。事實上，鑽木蟲所要進入的木材，通常都帶有甜味和香氣，因而只有身爲野心勃勃、坦誠直率以及重視承諾的人物，他們接受而且豢養很多食客，使得阿諛之徒得到長期的照應。如同賽門尼德所說：

> 培育馬匹與當地的名稱無關，
> 札辛蘇斯有豐富的大麥產量。[5]

我們會說阿附權貴的小人不會奉承貧窮、清寒以及沒沒無聞的人士，可惡的傢伙要使自己成爲損害名門世家和軍國大事的一場瘟疫，王國和封邑落入顛覆和敗亡的下場。

因之要想將他們查驗清楚並不是簡單的任務，需要有相當的先見之明，才能將奉承者爲禍極烈的事實公之於世，嚴加防範在於帶來傷害或不可信任的友誼。蝨子從血液當中獲得養分，垂死之人喪失生命的活力，這種寄生蟲就會離開。所以阿諛之徒從來不會接近缺乏水分和沒有溫暖的地方，只要有名聲和權力他們就會趨之若鶩，等到情勢改變他們便偷偷溜走，很快就會消失無蹤。

我們不能坐待時機來臨，因爲類似的狀況有害無益，無法避免危險的產生。在需要朋友的危急之際，發現素來可以依靠的知己竟然毫無情誼，這是何等悲慘的事，這時已經無法將一個不值得信任的騙子，視爲眞誠而且值得信賴。一個人的朋友如同錢幣，需要的時候要能通過檢查並且證明確實可用，所以眞正的朋友要經得起考驗。吾人必須張大眼睛不能任憑傷害形成，爲了避免受到這方面的損失，必須熟悉阿諛之徒使用的伎倆，知道如何將它識破和看穿。如同我們要了解致命毒藥的性質，不要輕易嘗試以免喪失性命。

有些人認爲朋友會做出高貴而有益的事，在他們的想像當中，朋友凡有不入流之舉就會公開承認，我對這些人的看法並不贊同。作爲朋友不會讓人產生反感，就是幫忙也沒有任何回報，友誼的尊嚴不在於非要表現出悲痛和難以通融的神色，而是在友誼的甜蜜和欲望當中，自然具備高貴和莊重的性質。

---

5 札辛蘇斯（Zakynthos）是伯羅奔尼撒半島西部海岸的島嶼，離開大陸約為20公里，控制進出科林斯灣的水道；現在它的名字叫作占特（Zante）島。參閱貝爾克《希臘抒情詩集》第3卷393行。

> 每個人渴望得到友情的應許，
> 慈悲的神為他建造容身之所。[6]

不僅僅是一個人落於不幸的處境，才出現優里庇德所描述的狀況，那就是

> 只能夠盯著那雙仁慈的眼神，
> 流露的愛意感到甜蜜的友情。[7]

等到友誼伴隨我們，在不幸的逆境當中排除悲傷和無助的感覺，不亞於我們在一帆風順的時候所帶來的歡樂和愉悅。

伊維努斯（Evenus）[8]曾經說過，像火一樣的熱情與生命當中的友誼混合起來，成為最可口的調味料，如同神明賜給眾人的恩典，可以使所有的事物變得開心、甜蜜和快活，這時友誼也可以分享一切。實在說，阿諛之徒看到友誼能帶來快樂，所以受到大家的歡迎的時候，為何他要暗示自己可以用歡樂作為工具，這點沒有人能夠解釋清楚。如同偽造的黃金贗品只能假冒耀眼的光澤，奉承者可以模仿朋友的特性，具備歡樂的成分和吸引的力量，讓人一見如沐春風，任何事情百依百順，絕對不會有逆耳之言。那也就是何以某些人士在表示讚譽的時候，還是被人看成是阿諛之徒，有關這方面的認定其實也沒有什麼道理可言。適時給予稱讚所能獲得的友誼可以比得上所遭受的責怪，同時我們還可以做出善意的表示，須知抱怨和挑剔只會傷害彼此的友善關係，使得大家不吝於嘉許高貴的行為。等到後來，我們相信人只有在需要的時候，才會對指責別人覺得高興，大家對這點都會同意。

3 那麼有人會說，帶來歡樂的恭維或給予稱讚的譴責都無法表現相異之處，奉承者和朋友真是很難分辨。其實，我們要是提及效勞的功績和給予的禮遇，那麼友誼經常會被諂媚遠拋在後面。至於對這方面能夠獲得什麼幫助，大家的回答是如果能夠找到真正的奉承者，就可以看出他們處理事務不僅講

---

6 摘錄赫西奧德《神譜》64行。

7 引用優里庇德的悲劇《艾昂》(Ion)732行；本章第28節再度出現。

8 帕羅斯（Paros）有兩位詩人的名字叫作伊維努斯，這裡所指應是年輕的那位，他是與蘇格拉底同時代的人物；再度出現在本書第11章〈養生之道〉8節和第77章〈會飲篇：清談之樂〉第7篇序文。

求技巧而且相當熟練；並不像大多數人那樣，認為阿諛之徒只是非常賣力的戰壕奴隸，或者僅有靈活的舌頭在那裡喋喋不休；有人還提到，祭典的儀式完畢以後，洗手的水還沒有帶上來，這些傢伙已經開始吃肉飲酒，從諸如此類粗野和冒犯的行為，可以得知他們沒有受過良好的教養。

我們無須因為這個案例表示對麥蘭修斯感到不滿，他是菲里（Pherae）的亞歷山大（Alexander）[9] 一位門下食客，有人問他亞歷山大被殺的狀況，他說道：「有一把刀從他的肋骨中間刺穿過去，連我的腹部都被戳傷。」看來他不像圍聚在富豪餐桌四周的人士，

> 無法拿出刀槍武器為他效力，
> 也不能用盾牌給予周密保衛，
> 只是每天按時前來用餐而已。[10]

更不要像是在塞浦路斯風行一時的奉承手法[11]，等到他們渡海到達敘利亞以後，獲得「雲梯兵」的綽號，皇家的婦女要登上馬車，他們趴俯在地上用身體當作踏板。

4 我們面對這些狀況應如何保護自己？須知這些要善加防範和對付的人，外表看來不像是會出現奉承和阿諛的舉動，似乎他們個人也沒有這種意願。他們不會在廚房裡面徘徊逗留，也不會一直看著日晷的陰影好不要忘掉午餐的時間，不會喝得爛醉如泥倒在地板上面；他們保持神志清醒的模樣，一直都在忙碌，不會清閒無聊，對於所有機密的事務非常在意，從扮演一個朋友的角色來說，表現出不苟言笑的神色，像是悲劇中的正派人物，而非一個喜劇演員或是插科打諢的小丑。

如同柏拉圖所說：「一個毫無榮譽觀念的人，會把最不光彩的事，讓人覺得他幹得非常體面（毫無原則的人，能夠讓人覺得他是一個誠信君子）。沒有正義可

9　菲里的僭主亞歷山大是帖沙利的統治者，佩洛披達斯與他接戰陣亡於賽諾西法立，後來他被自己的妻子和三個內弟刺殺於寢室，可以說參蘭修斯根本不在場；參閱蒲魯塔克《希臘羅馬英豪列傳》之〈佩洛披達斯傳〉35節。

10　要是按照蒲魯塔克在本書第52章〈哲學家應與掌權者多多交談〉3節的說法，這首詩引用優波里斯（Eupolis）的喜劇《奉承者》（Flatterers）；參閱柯克《阿提卡喜劇殘本》第1卷303頁。

11　參閱阿昔尼烏斯《知識的盛宴》256D。

言的人，一定會把壞事做得很隱秘，誰也無法發覺，只有那些出錯抓包的人，在他們的眼中是失敗者」[12]。我們認為很難處理諂媚的行為，在於它的深藏不露而不是公開承認，外表看起來非常嚴肅，一點都沒有開玩笑的樣子。這種奉承甚至影響到真正的友誼使人無法相信，除非我們特別注意，因為從很多方面看來與友誼完全相符。

下面可以提到一段史實，戈布里阿斯(Gobryas)[13] 被迫與逃走的祆教祭司(Magian)一起進入黑暗的房間，發現自己陷入絕望的處境，開始叫喚大流士(Darius)的名字，他在他們旁邊停了下來，懷疑兩人有不可告人之事，拔出劍當場將他們殺死[14]。然而吾人絕不同意有這種心態，那就是「即使會失去一個朋友，還是要打倒一個仇敵」[15]；阿諛之徒知道大家對他多方提防，所以盡量裝出知心朋友的模樣，這樣就會落倒是非不分的下場；我們即使受到傷害，因為雙方的情投意合可以獲得寬恕。因此就我個人的看法，野草的種子無論形狀和大小都與麥粒很像，將它們混合起來，加以清除一定會很困難(即使通過很細或較粗的篩子，麥粒還是無法與野草種子分開)。諂媚與這種狀況非常類似，只要與任何情緒攪雜起來，或者包含著動機、需要和習慣的成分，很難與友誼做出嚴格的區分。

5 然而基於真正的需要，友誼是世界上最令人感到愉悅的事物，因為沒有任何事物能夠比它帶來更大的快樂。阿諛之徒藉著歡樂發揮誘惑力，同時他本身也與歡樂有莫大的關係。正如友誼產生的相親相愛以及巨大效益(這也是他們提到一個朋友時，說是他比水與火更不可或缺的道理所在)。奉承者非要自己為大家服務不可，工作的態度是如此的熱誠、勤勉和篤行不懈。因之友誼最特別的凝固劑在起初的時候，可以當成嗜好和個性的一致，由於喜愛或規避某些事物，使得他們開始聚集在一起，通過情感的聯繫變得非常熟悉；曲意逢迎的小人注意到這方面的事實，所以要調整自己的心意和修正自己的姿態，即使有的地方非常遲鈍，還是要努力的適應環境，像是與受奉承的對象從一個模子裡面鑄造出來，這樣才能免於別人的攻擊。因為他的改變是如此的靈活快捷，模仿的手法是如此的真實傳神，所以吾人宣稱：

12　參閱柏拉圖《國家篇》361A；柏拉圖在第2卷中，將正義和不義的行為做出極其明確和嚴格的區分和辨別。

13　戈布里阿斯是一位波斯貴族，要與大流士結盟除去篡位的祆教祭司。

14　可以參閱希羅多德《歷史》第3卷78節；只是這裡的文字與原文的情節有很大的出入。

15　參閱瑙克《希臘悲劇殘本》之〈Adesp篇〉No.362。

他非阿奇里斯嫡子實乃本尊。[16]

他會運用最沒有道德觀念的策略：從普通常識他覺察到友誼的言語必然眞實不虛，從另一方面來說，朋友之間要是無法坦誠以對，不僅沒有友情可言，也表示自己的愚昧無知，因此他不會讓這種特性逃過模仿和利用；就像高明的廚師在味道較甜的菜餚上面，供應苦味的醬汁和帶有收斂性質的香料，可以中和過於肥膩的感覺。阿諛之徒之所以對人坦誠並非性格使然，也不是在於著重對方的利益，會在眨眼的刹那間皺起眉頭，沒有別的意義，完全是一種計謀。

因為這樣的緣故，很難發現這種人的眞正意圖，如同自然女神賦予某些動物可以改變皮膚顏色的本能，無論是外形和色澤都與停棲的物體完全相合。阿諛之徒運用外形類似的手法欺騙世人，同時還能掩飾自己的原來面目。我們的任務是要找出其間的差別，剝去他的外殼使得一切都表露無遺。如同柏拉圖所說：「對於那些深藏不露的人，可以將他打扮得花枝招展，以至於無法遁形。」[17]

6 讓我們從頭開始考量有關的事項。前面已經講過，大多數人建立友誼在於個性和氣質的情投意合，相互欣賞類似的習慣和風格，等到愈來愈接近以後，在相同的娛樂、活動和嗜好之中感到極其愉悅，如同下面這幾句詩所描述的狀況：

花甲老者彼此傾訴知己之言，
婦人孺子各以類聚必能如願，
病患長留床褥經常相濡以沫，
難兄難弟陷入困境情誼深厚。[18]

吹拍之徒知道人們出於天性喜愛一件事情，那就是獲得友伴的陪同會帶來快樂和滿足。所以他的企圖在開始的時候要接近目標，然後要在受害者的附近找到居處。

---

16 參閱瑙克《希臘悲劇殘本》之〈Adesp篇〉No.363；蒲魯塔克引用在《希臘羅馬英豪列傳》之〈亞西拜阿德傳〉(Alcibiades)23節。

17 參閱柏拉圖《菲德魯斯篇》239D；原文說是：「年輕人理想當中的愛人生活在舒適的環境，缺乏天然健康的膚色，要靠化妝品的塗抹取悅他的愛慕者。」與本章的內容有很大的差別。

18 參閱瑙克《希臘悲劇殘本》之〈Adesp篇〉No.364，及柯克《阿提卡喜劇殘本》第3卷606行。

　　他所採取的行動如同有人讓豢養的動物，可以在牧場裡面自由奔跑[19]，使得類似的工作和對象可以發揮影響力，加上相似的嗜好、興趣和生活方式，他逐漸與受害者產生密切的關係。甚至阿諛之徒有些不受人們同意的行為、生活或朋友，覺察到受害者不會高興，他會將自己掩飾起來或打發走路，經由接觸的方式使得受害者因為習慣而順從。這時如果有任何事物經過他的推薦給人帶來愉悅，並非出於適度的作為，而是自認為可以超過所有的對手，使人感到不勝驚異。要是還能保持非常堅定的愛恨之心，完全基於個人的判斷而非雙方的感情。

　　7 如此說來，有什麼方法可以讓奉承者露出原形，或是看出那些相異之處，可以證明他不會產生志同道合的理念，甚至不可能出現這種事例，他不過只模仿這一類的行為而已？需要觀察他的趣味是否保持不變和持久，是否從同樣事物獲得愉悅或給予讚許，是否他的日常生活遵循一種模式，成為自由人和情投意合的友誼和親密關係的愛好者，這些都是成為一個朋友所應有的行為。

　　阿諛之徒沒有一個久居之地可以停留，因為他的生活不是靠著自己的選擇，完全要看別人的狀況。他要塑造出個人的適應性，好去迎合不同的對象。極其複雜之處在於他的對象為數甚多，如同將水接著注入一個又一個的容器，因此他不斷在數地之間遷移，改變自己的形狀以適合接受他的人士。

　　捕獲的猿猴模仿人的動作和舞蹈的姿態，可以到惟妙惟肖的地步：阿諛之徒除了領頭去做，還要慫恿別人全力施為，並非模仿所有的人員，而是加入其中一位的唱歌和跳舞，然後又與另一個人角力弄得全身都是灰塵；等到他得知一個獵人喜愛追捕野獸，就會親身相隨前去狩獵，口裡念著斐德拉的詩句[20]：

> 啊！神明！我在追蹤梅花鹿，
> 處心積慮鼓舞獵犬激昂鬥志。

他根本不在意是否可以獲得獵物，目的是要獵人落入他的網罟之中。如果他要追躡一個好學不倦的年輕人，這時他會讀很多書，鬍鬚長得可以拖到腳背，身穿學者極其樸素的長袍，面露斯多噶學派人士冷漠的神色，不斷談論柏拉圖的數字和直角三角形。

19　敘述的風格讓人想起柏拉圖《國家篇》493A揭櫫的論點。
20　引用優里庇德的悲劇《希波萊都斯》218行；這裡提到的斐德拉是帖修斯的妻子，也是希波萊都斯的後母。

要是機緣湊巧，有一些個性隨和的人落入他的圈套，都是喜愛飲酒的富翁，這時如同

> 見識過人的奧德修斯站出來，
> 將襤褸不堪的衣裳全部扯開。[21]

他會脫去學者的長袍，鬍鬚全部剃除如同作物收割完畢的田地。葡萄酒冷卻器和酒杯都拿在手上，走在大街上面爆發出一陣笑聲，對於致力於哲學的人士開著輕浮的玩笑。

據說柏拉圖剛剛抵達敘拉古[22] 的時候，戴奧尼休斯對於哲學熱中到瘋狂的程度，國王的宮殿滿布灰塵，因為很多人蹲在地上繪製幾何圖形。等到柏拉圖失寵以後，戴奧尼休斯對哲學感到味同嚼蠟，恢復原來醇酒婦人的生活，非但言不及義而且極其奢華淫亂；當地民眾像是在喀耳刻（Circe）[23] 的大廳受到施法，變得粗野狂暴、忘恩負義和愚蠢無知。

更顯明的例子出於偉大的亞西拜阿德（Alcibiades）[24]，從他表現的行動來看，可以說是一個極其出色的逢迎者，也是一個八面玲瓏的政客。當他在雅典的時候，經常開著輕浮又粗俗的玩笑，維持一個豢養賽馬的馬廄，領導時尚過著高雅的享樂生活；等到流落拉斯地蒙（Lacedaemon）就理一個平頭，穿起粗布製作的衣服，還在河裡用冷水洗浴；他到色雷斯成為一個鬥士和嗜酒如命的醉鬼；後來他在小亞細亞與泰薩菲尼斯（Tissaphernes）在一起廝混，變得窮奢極侈墮落於醇酒婦人之中[25]。他盡量讓自己的舉止行為雷同當地人士，這樣做是為了入境隨

---

21 荷馬《奧德賽》第22卷1行；他這樣做的目的是準備大開殺戒。

22 柏拉圖應戴奧尼休斯一世的邀請到西西里是在奧林匹克98會期第一年即388 B.C.，最後不歡而散，傳聞暴君甚至將柏拉圖當成奴隸出售；這裡敘述的情節是柏拉圖第二次前來教導戴奧尼休斯二世，時間是奧林匹克103會期第一年的事，距離首次已有二十年之久。

23 喀耳刻是居住在孤寂海島的女神，奧德修斯的手下喝了攙雜魔法藥草的飲料，結果全部都變成豬，這位英雄受到赫耳墨斯的幫助，逃過可怕的蠱惑，還能贏得女神的芳心，相聚一年才離開，這時喀耳刻為他生下一個兒子。

24 亞西拜阿德（450-404 B.C.）是雅典的將領，才華出眾識過人，成為城邦由盛轉衰的關鍵人物，平生的行事最富爭議，這方面的敘述和說明，可以參閱蒲魯塔克《希臘羅馬英豪列傳》之〈亞西拜阿德傳〉23節。

25 波斯人泰薩菲尼斯於414 B.C.出任小亞細亞的省長，401 B.C.小居魯士逝世後，治理的地區擴及小亞細亞的濱海地區，成為波斯帝國最有權勢的人物。其個性殘酷無情，非常痛恨希臘人；亞西拜阿德靠著機智和談吐展現的魅力，讓這位喜愛權謀和詐術的蠻族，佩服得五體投地。

俗，不僅可以取悅接待他的居停主人，也可以贏得對方的好感和友誼。

然而伊巴明諾達斯和亞傑西勞斯並不採用這種「窮則變，變得通」的做法，雖然他們遇到難以數計的異國人士，到過很多的城邦和地域，經歷各種不同的生活方式，還是保持本鄉本土原有的裝束、舉止、語言和習性。柏拉圖到了敘拉古還是像在學院一樣沒有任何改變，他對戴奧尼休斯給予的禮遇，如同當年在雅典對狄昂那樣，保持「君子之交淡如水」的態度。

8 阿諛之徒的變形雖然如同烏賊，人們稍微用點心機就會很容易將他搜尋出來。像是你假裝自己有很大的改變，不贊同以往的生活方式，會突然出現一些過去會引起反感的言行舉止。你可以看到奉承者無論何處經常保有的特質，就是毫無個性可言，情感方面從來不表現個人的喜怒哀樂，就像一面明亮的鏡子，所捕捉的映像是相反的感覺、生活和行動。

因為奉承者是這種類型的人，只要你偶爾在他面前指責一位朋友，他就會說：「你現在總算知道這個人不可靠，我早就認為他有問題。」等到下次你改變心意對那個朋友加以讚譽，可以保證阿諛之徒會公開聲明，他會分享你獲得知己的快樂，同時代表那個人向你致謝，還說他對那位朋友一直信任有加。你說要接受其他類型的生活方式，例如從公職生涯中退隱田園，那麼他就會說：「很有道理，我們早就應該從騷擾和傾軋的仕途中脫身。」你又表示要委屈自己從事公眾的活動和演說，那麼他就隨口附和：「這種想法才配得上你的身分，輕鬆的日子雖然好過，不僅沒有光彩可言，也會被人藐視。」

我們提起這樣一位書中的主角，倒是無須多費力氣，然而

　　來客的外貌與從前大不相同。[26]

我無法容忍一個像牆頭草的朋友，舉凡我做的事情和點頭同意的東西，他都極力贊許（這樣看來我的影子也可以做得更好）；我所需要的朋友是對我所作所為據實告知真正的狀況，這一切都要取決於他本人的意見和論點，無須外求甚或故意編撰。

9 可以觀察到第二種差異之處在於阿諛之徒的模仿習慣；真正的朋友不必成為一個任意附和的仿效者，更無須事事都要大力讚揚。要知道作為一

26　荷馬《奧德賽》第16卷181行。

個朋友，如同索福克利所敘述的那樣：

　　擁有的習性是共有愛並非恨。[27]

讓人深信不疑之事就是分享正確的言行以及對美德的喜愛，並不是敗德的惡行；
除非經由關係密切的人士或者是極其親近的朋友，如同一種病態的眼睛，可以發
射出傳染的作用，才會違反他的意願，同流合污之下接觸到卑劣或罪惡。據說曾
經出現類似的方式，像是熟悉的朋友經常模仿柏拉圖的佝僂而行，亞里斯多德的
口齒不清，以及亞歷山大大帝的睥睨而視，談話的聲音非常急促[28]。

　　事實上，很多人在不自覺之際，從他人的民族習性或者生活模式獲得若干個
人的特色。專就奉承者的狀況而言，完全與騎牆派的做法極其類似。左右逢源的
政客都是反覆無常的傢伙，除了純潔的乳白之外，使得自己出現各種不同的色
澤；阿諛之徒不像其他人士，毫無能力去做那些值得做的事情，而且也不具備這
方面的素質，對於不齒於人的言行都要處心積慮加以模仿，就像一個非常蹩腳的
畫家，由於無法勝任，不可能達到美的境界，只能靠著臉上的皺紋、身上的黑痣
和傷疤，看起來勉強相似而已；因此阿諛之徒使自己成為淫亂放蕩、迷信無知和
遷怒於人的模仿者，他會對奴僕惡言相向，即使是家人和親戚都抱著猜忌和懷疑
的態度。他的天性是要壞事做絕，在模仿的過程當中，毫無羞恥和是非之心。

　　一個人基於尚高的理想，對於朋友犯錯表示悲痛和苦惱，就會落入受到猜忌
的困境。狄昂因為這種緣故失寵於戴奧尼休斯，薩繆斯（Samius）備受菲利浦的冷
落以及克里奧米尼斯（Cleomenes）遭到托勒密（Ptolemy）的罷黜[29]，莫不如此，最
後卻給自己帶來覆滅的命運。

　　要是一個阿諛之徒遇到悲慘的狀況，就會表示興高采烈的樣子，讓人感到他
的忠誠可靠。即使是最沒有價值的事物，在他而言一樣會無比愉悅，他對任何卑
劣的行為都會甘之如飴，不會引起半點反感，同時認為作為一個朋友就該如此。
看來奉承者絕非生命之中偶然出現的事件，接踵而來的狀況也不是吾人有任何意
願。因此這些傢伙為了討好輾轉床褥的患者，假裝遭到同樣病痛的折磨；要是有

27　索福克利的悲劇《安蒂哥妮》523行，只是文句經過改寫。

28　參閱本書第2章〈年輕人何以應該學詩〉8節。

29　克里奧米尼斯（265-219 B.C.）是斯巴達國王，被安蒂哥努斯擊敗以後逃亡埃及，受到托勒密
　　三世優兒吉底（Euergetes）的禮遇，過世以後斐洛佩特（Philopator）接位，寵臣的挑撥使得克
　　里奧米尼斯受到監禁，最後還是自裁身亡。

人弱視或者耳背，他們同樣會看不清楚或聽不明白。如同戴奧尼休斯身邊那些吹牛拍馬的佞臣，裝出視力都有毛病的樣子，所以會經常相互碰撞，在宴會當中打破碗盤。還有人把握不幸的時機，暗示自己所受的痛苦更爲深刻，帶著他們的同情向對方傾訴，甚至將不爲人知的秘密都包括在內。

可以舉出例子加以說明，如果他們得知某人的婚姻發生不幸，或是懷疑他的兒子或家人有了問題，他們連這一點可以討好之處都不放過，藉口自己的兒女、妻子、親戚或奴僕做了錯事而悲傷不已，要將這些難以開口的事如數告知。類似之處使得同病相憐的感情更爲強烈，自認已經接到對方所給予的信物，在毫無疑懼的狀況之下，會將自己的秘密對阿諛之徒和盤托出，等到這個時候會將他當成自己人，就會害怕失去相互信任的關係。

我私下得知有個人將他的朋友趕走以後，就將自己的妻子休掉；等到他朋友的妻子風聞這對情人仍舊藕斷絲連，他就乘虛而入開始與朋友的妻子幽會，雙方信函不絕，最後還是姦情暴露。

從這首抑揚格的詩體當中，吾人非常熟悉一位阿諛之徒，因爲在詩中把他形容爲一隻螃蟹[30]：

> 身體全是肚皮眼睛四周巡視，
> 沒有一隻魚蝦逃過牠的利齒。

優波里斯對於食客有這樣的描述[31]：

> 都是酒肉朋友毫無情義可言。

10 讓吾人在討論中能使敘述的事情發揮適當的作用，特別要注意阿諛之徒的模仿會有所轉變，這時不可有任何忽略，須知他對要奉承的人物在模仿良好行爲的時候，總是讓他的對象占有上風，表示這是他所不能望其項背。理由在於眞正的朋友之間沒有競爭也沒有嫉妒，提及他們在分享成就的時候是否會處於平等的立場，只能說是他們用謙和的心情加以忍受，同時還不會帶來煩惱。奉承者在心中自認要退而求其次，因爲他的模仿喪失平等的地位，除了

30　參閱貝爾克《希臘抒情詩集》第3卷669行。

31　參閱柯克《阿提卡喜劇殘本》第1卷349頁；優波里斯(446-411 B.C.)是雅典的喜劇家，擅長「老式喜劇」的知名人物，只有十九個劇本的名稱在世上流傳。

盡做一些壞事，無論其他任何項目他都不是別人的對手。

提到那些不入流的伎倆，他從不放棄領先的地位，如果有人據稱出現反叛的行為，他會對自己說這個人過於急躁；如果有人非常迷信，他的看法是這個人已經著魔不能自拔；要是有人正在戀愛，他會告訴自己說是這個人的感情非常豐富。他會說：「你在這個場合面露笑容雖然不適合，就我來說快要笑死了。」阿諛之徒對於正經的事務正好抱著相反的態度。他在說自己是個敏捷的賽跑選手的同時，讚揚其他人還會飛起來。要是稱許自己是訓練有素的騎士，卻又說他「怎敢與馬人（Centaur）較量呢？」他還說：「我是天生的詩人，寫的唱和與聯句不算太差，然而

　　低吟怎敢比擬宙斯雷霆之聲。」[32]

同時他還要表示出來這種想法，就是別人的品味何其卓越，所以他才要加以模仿，在任人超越的狀況之下，可以證明他的英勇真是無人能比。因而阿諛之徒的意圖是要凡事順從別人，出現差異之處在於他要讓自己與當一個朋友有所區別。

11 我在前面已經講過，歡樂的成分一般而言要及於兩者（正人君子從朋友那裡獲得的歡樂，遠較邪惡小人從諂媚者得到的為少）。要是你願意，我可以描述出這方面的不同之處，最大的差異在於推論出歡樂所要達成的目的。可以用這種方式對它加以觀察：一種令人感到愉悅的氣味來自香水，還有一種覺得好聞的香氣來自藥物。不同之處在於前者的製造完成為了給人帶來快感，不可能有其他作用；後者則不然，具備的特性可以使人清理腸胃、振奮精氣或是重建體質，不僅僅是味道好聞而已。

畫家將明亮的色彩和顏料攪和在一起，看起來讓人賞心悅目；還有一些醫生的藥劑外觀明亮，具備的顏色不致引起反感。然而這與它的藥效又有什麼關係？基於同樣的性質，朋友的親切加上善意以及可以擁有的利益，像是處於一種極其美好的環境當中，獲得給予歡樂的權力，當朋友經常在一起享受戲謔、食物以及美酒，甚至於相互的打趣和胡鬧，使得高貴和嚴肅的事情增添若干風味，因而有

32　作者不詳；參閱貝爾克《希臘抒情詩集》第3卷738頁；提到的「馬人」那是埃克賽昂愛上天后赫拉，宙斯用一片烏雲幻化成她的模樣，埃克賽昂擁抱烏雲，生出一些半人半馬的怪物。

下面的詩句：

> 兩位知己能享受談話的歡樂，
> 彼此相互推心置腹何其愉悅。[33]

還有：

> 友誼能帶來無窮無盡的情意，
> 始終保持經久不渝永難分離。[34]

阿諛之徒的整個工作和最後目標，經常提供一些不合時宜或是難登大雅之堂的笑話和故事，不是被歡樂所激起，就是為了激起歡樂[35]。可以用幾句話加以說明，阿諛之徒總認為他必須有所作為，用來表示贊許之意；然而就一個朋友而言，只做他應該做的事情，有時欣然同意，也可能加以拒絕，不會受到個人欲望的擺布，只要有利朋友的事，他對面臨的問題不會規避。

　　朋友就像一位醫生，為了使得患者早日康復，用藥包括番紅花和甘松在內，處方的項目加上鬆弛身心的沐浴和營養豐富的飲食，要是症狀比較嚴重，他非要用幾滴海狸香不可，此外還有

> 味道辛辣的草藥俗名波姆蓮，
> 發散刺鼻惡臭令人感到可厭。[36]

他還調配一些藜蘆根在裡面，讓人可以飲用下去，即使這種藥物是多麼的難喝，無論患者同意與否只有盡量忍受，他的目的是要把病治好，所謂「良藥苦口」就是這個道理。

　　朋友的作用就是如此，有時也會用讚譽的言辭，不斷鼓勵他的鬥志，領著他

33　荷馬《伊利亞德》第2卷643行。

34　荷馬《奧德賽》第4卷178行。

35　敘述的風格讓人想起柏拉圖《高吉阿斯篇》465各段。

36　引用尼康德的六音步英雄體詩集《毒物療法》64行，有關波姆蓮這種草藥可以參閱普里尼《自然史》第21卷7節之44和20節之145。

走向榮譽的道路，只有一位朋友才會說出這番話來[37]：

> 特拉蒙之子鼎鼎大名的圖瑟，
> 士兵的首領統率全軍的將領，
> 作戰驍勇擊敗為數眾多敵人，
> 不計前嫌向著目標奮勇前進。

以及：

> 要是你讓我挑選合適的戰士，
> 怎麼會忘記如神的奧德修斯。[38]

　　當一個人做錯事需要指責的時候，作為一個朋友會講些逆耳之言，讓他聽到以後如坐針氈，這種方式就像書中某位侍衛那樣的坦誠：

> 麥內勞斯，你難道中邪不成！
> 像你這樣受到宙斯寵愛的人，
> 作起戰來竟然要拿老命去拚。[39]

有的時候作為一位朋友要用行動配合自己的語言：如同麥內迪穆斯（Menedemus）的做法，他的朋友阿斯克勒皮阿德（Asclepiades）有一位生性揮霍又不聽話的兒子，他為了代阿斯克勒皮阿德管教起見，就將這個頑劣的子弟關在家中，不讓他出去與外人接觸。

　　巴頓（Baton）撰寫一部喜劇諷刺克利底斯，阿昔西勞斯（Arcesilaus）得知此事，不讓巴頓進入他的講堂[40]，後來等到巴頓與克利底斯和好如初，這時兩人很

37　引用荷馬《伊利亞德》第8卷281行，詩中的圖瑟是薩拉密斯國王特拉蒙的私生子，埃傑克斯同父異母兄弟，希臘軍隊的神射手。

38　荷馬《伊利亞德》第10卷243行或《奧德賽》第1卷65行。

39　荷馬《伊利亞德》第7卷109行；麥內勞斯是斯巴達國王，他的妻子海倫遭帕里斯誘拐，掀起特洛伊十年的戰爭。

40　巴頓是西元前3世紀雅典小有名氣的喜劇家。阿昔西勞斯(315-241 B.C.)是柏拉圖學院的創始人之一，特別重視基礎教育，對這方面有很多著作，闡明他的學說和觀點，均已失傳。

感激阿昔西勞斯居中斡旋。一個人僅僅幫助朋友而又不願接受朋友的援手，就會傷害到他的感情，很可能因而喪失雙方的友誼。

須知運用激勵的言辭如同服藥，可以治療疾病恢復健康。一位朋友要能將事務轉變到高貴和實用方面，如同技藝高超的樂師在調撥琴弦一樣，不僅可以帶來樂趣，更可獲得利益。阿諛之徒習慣於充當伴奏的角色，只有一種音調表示出歡樂和親切，根本不知道抗拒的行動和言語，所以不會造成傷害，完全被對方的意願所引導，在他來說無論任何事情都是百依百順。

色諾芬提到亞傑西勞斯，說他很高興受到一個人的讚譽[41]，因為這個人曾經責備過他，因此吾人必須承認真正的友誼還是會帶來愉悅和歡樂，即使有時它不能滿足吾人的欲望或是會傷害到大家的感情。我們對只限於歡樂的同伴關係，或者一個人的殷勤沒有直言的勇氣，都必須持懷疑的態度，應該就事論事將斯巴達人的格言謹記心頭，每當查瑞拉斯（Charillus）受到讚美的時候，有人說道：「他對流氓惡棍都不會說難聽的話，怎麼不是一個老好人？」[42]

12 大家會說牛虻在靠近牛隻的耳朵找到棲身之所，狗身上的蝨子也是如此，那些野心勃勃的人士，總是有吹牛拍馬的小人在他們的耳邊講些讚譽備至的話，一旦他們找到安身立命的寓所，已經很難讓他們搬走。因而對於這方面的問題需要保持敏銳的判斷力，並且要提高警覺，看看讚譽的目的究竟是對事還是對人。所謂對事是指頌揚之辭不是當著大家的面說出來，同時他們的心中存有另外的念頭和想法，就是所謂的讚譽不會針對特定的對象，而是所有表現類似行為的人員。

就是不會發現他們有反覆無常的言行，最關緊要在於當事者對於受到讚譽的行為，不會感到有任何遺憾和羞愧，或者認為自己的言行要背道而馳才是正理。如果我們的良知經得起考驗，拒絕接受不實的讚譽，這就證明我們有防範的能力，可以對抗阿諛之徒的進犯。還是有些地方讓大家防不勝防，一般人只要面臨不幸就需要獲得安慰，我們要是表達同情或慰問之意，對這些人就可發揮很大的影響力。

還有人對於犯下的錯誤和過失自認有罪，受到叱罵和譴責，因悔恨而心中感

41　參閱色諾芬《亞傑西勞斯傳》第11章5節。

42　本書第17章〈斯巴達人的格言〉18節之1，裡面提到說這個話的人是阿契達邁達斯（Archidamidas）。

到刺痛，就會把說話的人視為敵人或原告；這時任何人要是對他們的做法表示推崇和讚揚，當然會受到歡迎，還認為這種雪中送炭的行為是如此的友善和仁慈。對於任何可見的言行，出於漫不經心的讚揚或者加入別人的稱頌，無論是確有誠意或是語帶譏嘲，對於當時的情況或有關的事務，只會造成傷害並沒有多少好處；真正的吹捧言辭要能深入不為人知的性格，或者接觸到心靈的習慣。有點像奴僕不會從打穀場的成堆穀物中下手，而是偷竊留下作為種子的部分，這與奉承者的做法有異曲同工之妙[43]。因為一個人的氣質和個性等於可以產生行動的種子，有些人因而誤解生活的主要原則和根源，他們將惡行冠上屬於美德的名字。

提到黨派的傾軋和戰爭，修昔底德（Thucydides）說道：「為了適合當前局勢的變遷，常用字句的意義也與從前大不相同：過去認為暴虎馮河的行為現在看成奉獻犧牲的勇氣；等待時機的來臨如同無法辯白的懦夫；保持中庸之道當作軟弱退縮的藉口；深入了解問題之所在表示缺乏行動的能力。」[44] 奉承的語言在這方面也可以通用無礙，我們可以將奢侈揮霍講成「慷慨大方」，怯懦避戰講成「保存實力」，衝動急躁講成「敏捷快速」，慳吝小氣講成「勤儉節約」，性好漁色講成「和藹友善」，暴躁易怒講成「精力充沛」以及老實無用講成「仁慈親切」。

柏拉圖曾經說過，愛人常用討好的口吻向他的愛慕者示意[45]，一個長著獅子鼻的人被認為「深具魅力」，要是長著鷹鉤鼻就是「儀態威嚴」，皮膚黝黑的人「富於男子氣概」，長得眉清目秀「受到神明的寵愛」，一位愛人還創造出「光澤有如蜂蜜」的形容詞，來稱呼皮膚有病黃色的患者，聽入耳中讓人感到容光煥發。然而要是讓一個面貌醜陋的人相信他長得英俊，或是讓矮小的人相信他長得很高，一般而言這不算是欺騙，所造成的傷害可以說是微不足道，何況還有可以補救的餘地。

習慣上對一個人的稱許，會將他的惡行當成美德一樣看待，使得他聽到以後不會感到冒犯，反而覺得愉快，同時會將犯錯帶來的羞辱，全部拋到九霄雲外。雖然會給西西里人民帶來極大的苦難，他們還是把戴奧尼休斯和費拉瑞斯（Phalaris）[46] 的野蠻酷刑，稱之為「痛恨邪惡所採用的手段」。托勒密的優柔個性

---

43 暗中進行不易發覺，造成的損害卻更為嚴重。

44 參閱修昔底德《伯羅奔尼撒戰爭史》第3卷82節，這是戰爭第五年，科孚（Corcyra）發生革命推翻政府以後出現的狀況。

45 參閱柏拉圖《國家篇》474E，這是男性之間一個愛人對他的愛慕者表達情意的用語，可見當時希臘的同性戀已到風靡一時的程度。

46 費拉瑞斯是西元前6世紀西西里的僭主，統治阿格瑞堅屯的暴君，酷虐無道，殘民以逞。

所帶來的宗教狂熱、讚美詩歌和鼓鈸齊鳴，藉著「虔誠」和「敬神」之名，使埃及的富饒之地變成一片荒蕪[47]。為了試著為安東尼（Antony）的奢華習性找到可以諒解的藉口[48]，就把他極其浪費和誇張的表演賽會，稱之為「他的權勢來自命運女神的厚愛，特別表示感激和仁慈之意」，從而在那個期間對於羅馬人的性格特質，帶來毀滅性的打擊和損害。為何要把這些樂器的使用歸之於托勒密的宗教信仰[49]？為何要替尼祿（Nero）準備面具和厚底官鞋，還要為他設置一個悲劇舞台？就他身邊那些佞臣而言，難道這些不是讚譽之辭？設若一個國王能夠口裡哼著歌曲，或是長飲不醉或是下場角力，為什麼就不能將他稱之為阿波羅、戴奧尼蘇斯或是海克力斯（Hercules）？即使奉承帶來各種程度不同的羞辱，為何他沒有表示出不高興的神色？

13 基於這些理由，我們對於阿諛之徒過分讚譽的言詞，特別要小心翼翼採取防範的態度。他對這方面並不是毫無感覺，面臨懷疑的氣氛時便非常熟練的提高警覺。他對於一些紈袴子弟或是一位穿著厚重皮毛外衣的鄉巴佬，就會盡情的大開玩笑，如同斯特羅昔阿斯（Strouthias）的演技，出場的時候已經擊敗畢阿斯[50]；同時對於畢阿斯的愚蠢，用下面這種稱讚的方式，給予諷刺和嘲弄。

> 你擁有千杯不醉的驚人海量，
> 超過尊貴和偉大的亞歷山大。

以及：

> 哈哈！那群壞蛋和痞子當中，
> 看起來你稱得上仁慈又穩重。[51]

47　埃及國王是托勒密四世斐洛佩特（在位期間：221-205B.C.）；可以參閱波利拜阿斯（Polybius）《歷史》（*The Histories*）第5卷34節。

48　參閱蒲魯塔克《希臘羅馬英豪列傳》之〈安東尼傳〉28節。

49　這位埃及國王是托勒密十二世奧勒底（Ptolemy XII Auletes，在位期間：80-51 B.C.），參閱斯特拉波（Strabo）《地理學》（*Geography*）第17卷11節。

50　斯特羅昔阿斯和畢阿斯都是當時的名角，以擅長米南德的戲劇知名於世。

51　以上兩首都出自米南德的喜劇《奉承者》（*Flatterer*）；參閱柯克《阿提卡喜劇殘本》第3卷〈米南德篇〉No.293。

　　奉承者為了對付那些精明的人士，提起他們特別注意這些地方，成為需要防備的重點位置，因之他不會用讚譽之辭進行正面攻擊，改而實施加大縱深的迂迴行動，像是

　　　　成功的狩獵要能躡蹤加潛行。[52]

這樣才能接觸到要奉承的人士再加以掌握。阿諛之徒會報導別人對他的讚譽之辭，像是公開演說中那些政客所說的話就會被引用，講起自己在市場裡面遇到的外鄉人或長者，提到他有很多的建樹加以頌揚，聽到以後感到與有榮焉。

　　阿諛之徒對於要奉承的人士，就微不足道的過失或莫須有的罪名，捏造或杜撰若干指控的情節，假裝是從別人那裡聽到，然後急急忙忙提出詢問，在某個時間是否講過這些話或是做過這些事。如果這位人士矢口否認，阿諛之徒便抓住機會，吹捧的肉麻話有如洪流滾滾而下，使人莫之能禦，他會說道：「我對這件事感到真是不敢相信，像你這樣一位連仇敵的壞話都不說的人，怎麼會對一位感情深厚的朋友大放厥辭；還有像你這樣一位廣行善事的人，不知施捨多少家業，怎麼會謀奪別人的財產。」

14 還有一些竅門，如同畫家為了襯托鮮明亮麗的景象，會在旁邊用上黑暗和陰沉的色調，阿諛之徒要用偷偷摸摸的方式，去推崇和助長邪惡的行為，那就是對與其性質相反的美德，加以譴責、詆毀、辱罵和嘲笑，目的在於使受害者不自覺的沉迷其中。

　　他們要是與揮霍無度的人在一起，就會把省儉講成「鄉巴佬的生活方式」；要是與貪婪成性的壞蛋為伍，這些人的財富來自寡廉鮮恥的行為，這時阿諛之徒對滿足於獨立自主和誠實無欺的人士大肆抨擊，說這些人「缺乏積極進取的勇氣和毅力」；當他們與過著悠閒和平靜生活的人們作伴的時候，這些人不願在城市裡面與大家擠在一起，於是阿諛之徒一點都不感到羞愧，因為他們把公職生涯稱之為「干預別人的事務帶來無窮的煩惱」，而且施展大才的抱負和野心是「一無是處的虛榮」。

　　經常用一種方式巴結公開演說的政客，說他根本瞧不起那些裝模作樣的哲學家；就是那些將忠實又可愛的妻子，貼上「性格冷漠」和「土里土氣」標籤的傢

52　這首詩的出處不詳。

伙，竟然給人盡可夫的淫婦冠上無比顯赫的名聲；阿諛之徒的墮落和腐敗到極點，甚至連自己的奴隸都不放過，非要他們同流合污不可。如同角力手盡量壓低身體的姿態，目的是爲了要制服他的對手；因此他們會用自責的手法，雖然過於虛僞，卻能達到奉承和討好鄰居的要求，於是他會說：「我很怕水是個可憐的懦夫；我一點苦都不能吃；要是有人在背後說我的壞話，我會氣得發瘋；由於這位鄰居在場幫忙，所以我一無畏懼，再大的困難都可以克服，完全是因爲他的緣故；他的脾氣眞好，任何委屈都能忍受，從來都不會抱怨訴苦。」

要是有人認爲自己很有見識，對於任何事物都要保持正直公平的態度，絕不會讓步或妥協，這時他會裝出正人君子的樣子，的確有相當效用，通常會用這兩句詩來做擋箭牌，爲自己辯護：

> 泰迪烏斯的兒子乃明智之士，
> 無論贊許或指摘都不宜過度。[53]

技藝高明的奉承者要接近諂媚的對象，並不完全採用這種方式，還有另外的伎倆可以達成行動。因之阿諛之徒會拿自己的事務去向他請教，認爲他的智慧的確高人一等，還說自己雖然有一些朋友更爲親密，就個人的需要而言只是給他們增添麻煩。那麼不管在何處總是聽到有人在說：「對於需要提供諮詢的人們而言，那裡是我們應該常去的地方？還有誰是我們信任的人士？」最後他斬釘截鐵的表示，僅是接受權威的言論而不是進行商議，使得他只有帶著那番說辭離開。如果他知道有個人精通各種函件，他就將自己寫的信帶給那個人閱讀，並且請他改正其中的錯誤。

據說米塞瑞達底（Mithridates）[54] 身爲國王卻是一位業餘的醫生，很多熟悉的友人都提供自己的身體，給他施行手術或針灸之用，這種奉承的方式出於行爲而非言語，大家對他的信任可以證明他的醫術出眾，

> 很多人裝扮的樣子就像神明。[55]

53　引用荷馬《伊利亞德》第10卷249行；這裡的泰迪烏斯之子是指戴奧米德，希臘陣營僅次於阿奇里斯的英雄人物。

54　米塞瑞達底六世優佩托（Mithridates VI Eupator, 120-63 B.C.）是潘達斯國王，曾與羅馬發生三次米塞瑞達底戰爭，最後敗於龐培（Pompey）之手，曾經獲得「大帝」的稱號。

55　根據常用語法推斷，這句詩可能出現在優里庇德幾齣悲劇之中，像是《阿塞蒂斯》（Alcestis）、

這種帶有掩飾性的讚譽，可以稱之更為奸詐的預防措施，經由深思熟慮以後得到荒謬的規勸和建議，以及毫無意義的矯正程序，從這方面著手可以使之真相大白。

如果他對任何事物都無法反對，只能給予同意和加以接受，提出的建議要說「非常深入」和「極其卓越」，這時可以明顯的表示他

問到口令得知其他人的結果。[56]

其實他真正的意圖是藉著讚譽喪生在他手上的戰士，用來吹噓自己的本領強過對手。

15 有人將畫比喻為無聲之詩[57]，因而有一種讚譽可以稱為沉默的諂諛，好像一個人在狩獵的時候，假裝沒有意願要出手的樣子，看起來只是在路上行走、照顧牲口或是耕種田地，這樣就不會引起獵物的注意而提高警覺。所以阿諛之徒裝出他們並沒有在那裡討好別人，只是在做其他事情，就會使他們的奉承發揮最大的功效。例如一個人將他的座位或餐桌的席次讓給新來的賓客，或者他在市民大會或元老院演講的時候，發現某位有錢的闊佬也想發表意見，就在議論當中遽然住口，要把站在講壇上面講話的權利讓出來，他的沉默比起滔滔不絕的大聲疾呼，更明確的表示這位富豪都要比他更有見識和學問。這些人在接受款待或是劇院當中，所以能夠據有前排的座次，不是他們有權利獲得禮遇，而是出於諂媚的因素，認為他們應該高人一等。

人們在私人社交場合或公眾正式會議當中，總會提出某些題材進行討論，即使發言的狀況相當熱烈而且效果甚佳，如果其中某位權勢人物或有錢財主或知名之士加以反對，他們會立即轉移話題到其他方面。我們經過多方查驗得知退讓和放棄的狀況，絕不是對這人的才智、德行或年齡有所尊敬，完全是錢財和名氣作祟。

米嘉柏蘇斯(Megabyzus)[58]在畫家阿皮勒斯的旁邊找到位子坐下來，抱著非

(續)──────

《安德羅瑪琪》(*Andromache*)、《酒神信徒》(*Bacchae*)、《海倫娜》(*Helena*)。

56 參閱瑙克《希臘悲劇殘本》之〈Adesp篇〉No.365。

57 蒲魯塔克在本書第26章〈雅典人在戰爭抑或在智慧方面更為有名？〉3節，說這句格言出自賽門尼德，並且有非常詳盡的敘述和解釋，使得詩與畫可以到達水乳交融的程度。

58 米嘉柏蘇斯是西元前4世紀中葉一位波斯的省長；本書第34章〈論寧靜的心靈〉12節也提到

常熱誠的態度與他討論起線條和明暗對比法的運用，阿皮勒斯說道：「你難道沒有看到在這裡的學童，為了我的畫法在刻苦用功？只要你保持靜默不發一言，他們對你全神貫注抱著殷切的期望，羨慕你身上穿著的紫袍和黃金的飾物，等到你開口談起從未學過的東西，他們的面上對你流露出嘲笑的神色。」

克里蘇斯(Croesus)[59]問到誰是最幸福的人，梭倫(Solon)所說的特盧斯(Tellus)是雅典一位名聲不彰的人物[60]，還有克里奧比斯(Cleobis)和畢頓(Biton)，他們的運道比克里蘇斯還要好得多。奉承者認為國王、富翁和統治者，受到上蒼的祝福必然功成名就，而且在知識、才能和德行方面都要更勝一籌。

16 雖然有些人從來沒有聽過斯多噶學派的人士，他們會在同個時間將智者稱為廣有錢財的富豪、面貌英俊的學者、家世顯赫的子弟或位高權重的國王；只有阿諛之徒才會認為有錢人同時是演說家和詩人，也是畫家和音樂家，腳程快捷加上身體強壯，讓自己在角力的時候被壓在下面，就是賽跑也甘拜下風，如同希米拉(Himera)的克里森(Crison)[61]在競賽中為亞歷山大擊敗，等到亞歷山大發現這不過是禮讓他的騙局，感到自尊受損因而怒不可遏。

喀尼德(Carneades)經常提到富豪和國王的子弟練習騎術的事，由於他們的教師對於學生讚不絕口，如同那些角力的對手故意放水被他們制服一樣，最後總是學得不夠精到，然而馬匹不像人可以分辨出市民或君王、闊少或窮漢，等到騎上去以後，只要技術不好就會被牠摔個半死。

拜昂說過這樣的話：「如果田地確實有豐碩的收成，才可以對它讚譽備至，否則費再大的勁耕田翻地又有什麼用，豈不是白忙一場？因而對一個人而言，除非稱許他的德行和操守，為善去惡可以獲得積極的進展，至於其他方面的頌揚大可不必。」這樣的論點聽起來令人感到何其愚蠢又糊塗；事實上田地在受到讚美以後並不會變得更好，說起一個人受到不實的頌揚，逾越應有的程度，就會使其產生自我膨脹的誇耀心理，從此伏下滅亡的禍根。

(續)

這件事；它的含義是「隔行有如隔山，無需班門弄斧」。

59　克里蘇斯是利底亞(Lydia)國王，在位期間約為560-546 B.C.，在小亞細亞開疆闢土建立很多城鎮，以龐大的財富知名於世，後被居魯士大帝征服慘遭亡國之痛。

60　參閱希羅多德《歷史》第1卷30-33節；蒲魯塔克《希臘羅馬英豪列傳》之〈梭倫傳〉27-28節，出現同樣情節的故事；中國的五福是壽、富、康寧、攸好德和考終命，尤其以考終命最關緊要，可見中外古今認定的幸福要件是「老有所終」和「死得其所」。

61　希米拉是西西里一個城市，克里森曾在奧林匹克運動的短跑項目獲得優勝。

17 我們對於題目這一部分，討論已經夠多了，可以再進一步，針對坦誠的言辭這個問題發表意見。如同佩特羅克盧斯[62] 穿起阿奇里斯的鎧甲，跨上座騎趕赴戰場的時候，不敢手執佩利安（Pelian）出產的長槍，就將它留了下來，雖然打著他朋友的旗幟和標誌，已經缺少爭勝的實力；奉承者所以不能說出坦誠的言辭，如同他們沒有力氣

> 拿起沉重而又鋒利的青銅槍；[63]

特別是這種武器屬於友誼所特有。阿諛之徒為暴露自己的企圖感到畏縮退避，那是他們在等待著歡笑和美酒、戲謔和愉悅所能帶來的成效，下一步是將所有的事務提升到「更加嚴肅」的水平，對於他們的奉承擺出一副正經的面孔，發著脾氣給予可有可無的責備以及似是而非的勸告，讓我們不要忽略對這方面的檢驗。

我的內心有這樣的想法：如同米南德的喜劇[64] 中那位冒充的海克力斯，帶著一根分量不重也不堅固的狼牙棒，其實是輕巧又中空的贋品，阿諛之徒所謂坦誠的言辭，只要我們加以測試，就知道它像是婦女使用的座墊，是如此柔軟也不夠扎實，卻可以用來支持身體的重量和抗拒腦袋對它的壓力，安心的使用給人帶來舒適的感覺；雖然用騙人的坦誠之辭，帶著過度修飾的語氣和浮誇的口吻，是如此的空洞、虛偽而且一無是處，它的意圖是等到後來不能兌現或是露出真相，讓人在受到拖累之餘只有聽天由命。

因為真正的坦誠之辭就是一個朋友用它表達自己所犯的錯誤，帶來的痛苦能夠產生裨益和仁慈；就像蜂蜜雖然會引起疼痛可以用來洗滌發炎的傷口，在其他的用途來說有益於身體的健康，而且味道非常甜蜜，在後面的章節中還會加以說明[65]。

阿諛之徒首先要表現自己的嚴苛，用尖銳和無情的態度對待其他人士，他對自己的奴僕非常粗暴，即使親戚和家人所犯的過錯，都會很快出來加以指責，外

---

62 佩特羅克盧斯是明尼久斯之子，成為希臘居首的英雄阿奇里斯的知己和膩友，交戰之中喪生在赫克托之手，阿奇里斯出陣殺死赫克托為友報仇。

63 引用荷馬《伊利亞德》第16卷14節。

64 有少數零星的片段出現在柯克《阿提卡喜劇殘本》第3卷148頁，可以參閱阿林遜《米南德作品集》316頁。

65 很多古代的文人學者提到蜂蜜具備醫療的功效；參閱蒲魯塔克《希臘羅馬英豪列傳》之〈福西昂傳〉（Phocion）2節，裡面提到「城邦只有在疼痛和潰爛的部位才會找到甜言蜜語」。要說這裡的甜言蜜語就是蜂蜜也沒有什麼不對。稍後在第26節還會提到。

界所有的作爲他絕不稱許和讚譽，只是表現出藐視和輕蔑的神色。他毫無仁慈的念頭，習慣於運用誹謗的言辭激起憤怒的對立。他的意圖是要獲得憎恨不法行爲的名聲，給大家的印象是他絕不會爲了取悅他人，因而減少坦誠的言辭，更不會有討好和巴結的言行。

其次，他對眞正重大的惡行裝作不知道或是沒有注意的樣子，然而微不足道的細故卻會緊抓不放，像是他看到一件擺設不小心放錯地方，或是看到一個人處理事情不夠圓滑，或是任何人剪的頭髮或穿的衣服不合時宜，或是對豢養的獵犬或馬匹照顧不夠周到，這時就會發表措辭激烈慷慨的冗長演說；至於一個人要是既不孝順父母又不教養子女，任意羞辱妻子和責罵管家，浪費財產和金錢在無益的事項，這時他卻視若無睹，一味的裝聾作啞，如同一個教練放縱運動員飲酒尋歡過糜爛的生活，卻對油膏瓶和按摩器看得比什麼都重要；或者像一位教師只會謾罵學童沒有把寫字板和粉筆保管好，至於他們的文法和辭句有了錯誤，反倒是聽不到一句責備的話。

阿諛之徒就是那一類的角色，他們對於欺騙成性的政客，無論他的發言是多麼的荒謬，對於內容從來不予置喙，只會吹毛求疵說他的聲調難聽，或者嚴厲指責他爲何要飲下涼水以至於嗓子嘶啞。他們對於有人發表的文章，如果是有什麼措辭惡劣的段落和顛倒黑白的例證，就會提出請求不要加以理會，他們發現的差錯在於紙張的粗糙和抄寫員可惡的筆誤。

托勒密喜愛研究學問[66]，身邊那些奉承的廷臣，用一些艱澀的字句、生僻的文章和歷史的論點，大家一直討論到深夜，使他感到極大的滿足；後來他個性突變像是換了一個人，陷入惡意的殘酷和暴虐之中，迷信的行爲使自己敲起震耳欲聾的銅鈸，指導神秘入會儀式的進行，身邊的人士沒有一位膽敢說出規勸的諫言。

很難想像一個人會拿外科醫生的手術刀，給患有腫瘤和潰瘍的病人，作爲修面和剪指甲之用。然而奉承者就會如法炮製，他們慣用的手法是將坦誠的言辭表現在不痛不癢的地方。

18 還有一類人比較起來更爲寡廉鮮恥，他們運用坦誠的言詞和叱責的口吻，爲的是讓聽者感到高興。例如亞歷山大在某個場合當中，將

66　這位埃及國王是指托勒密八世優兒吉底（Ptolemy VIII Euergetes, c. 182-116 B.C.），也可以稱
　　爲菲斯康（Physcon）；參閱阿昔尼烏斯《知識的盛宴》第7卷73節549D。

大筆禮物賜給一位弄臣，亞哥斯人埃傑斯(Agis)[67]看在眼裡，感到嫉妒和懊惱就大聲說道：「神呀，怎麼做這樣愚蠢的事。」國王轉過頭來很生氣的說道：「你這是什麼意思？」埃傑斯回答道：「我看到所有像你這樣，配得上稱之為宙斯之子的偉大人物，對於阿諛之徒和那班荒謬的傢伙竟然如此禮遇，真是難過又氣憤。就像色柯皮斯(Cercopes)這位精靈，將海克力斯侍候得服服貼貼，還有一位名叫希勒尼(Sileni)的隨員，使得戴奧尼蘇斯[68]感到非常滿意，可以看到這兩位與你同樣有響亮的名聲。」

　　某次提比流斯(Tiberius)皇帝前往元老院，有位善於逢迎上意的傢伙站起來發言，意思是作為一個自由人，說話一定要坦誠無私，討論任何問題不要隱瞞真相，總要盡心表達個人的看法，這樣才會有利於國計民生。這樣一來引起大家的注意，隨即全場安靜下來，像是提比流斯正在傾耳聆聽，於是他說道：「皇上，我們認為你有的做法非常不對，只是沒有人敢講而已。那就是你對自己太不會照顧，過分節儉已經損害到身體的健康，為了公眾的福祉你日夜操勞，長此以往會累出病來，這會為國家帶來最大的災難。」就在他用討好的詞句重彈老調的時候，他們提到演說家卡休斯·西維魯斯(Cassius Severus)竟然表示：「說這種話的目的能算是坦誠，我看這個傢伙是在找死！」[69]

19 所有這些只能算是次要的事項。現在我們要考量那些重大的問題，如果愚蠢到無法加以辨別，就會帶來很大的損害，凡是阿諛之徒對某人直接指控的事物，如果有關多愁善感或者個性軟弱，一般說來都與實情完全相反。例如善於奉承的希米流斯(Himerius)經常誹謗某位人士，說他是雅典的富人當中，氣度狹隘又貪婪無比的傢伙，有如粗心大意的浪子，命中注定要與他的子女一起遭到悲慘的餓死。

　　從另一方面來說，阿諛之徒用卑劣和污穢的手段指責放蕩和浪費的揮霍者（如同提圖斯·佩特羅紐斯[Titus Petronius][70]對尼祿使用的伎倆）；他們教唆統

---

67 亞哥斯的埃傑斯是一位詩人，追隨亞歷山大在亞洲的遠征行動，這個傢伙善於逢迎和吹拍之道。

68 戴奧尼蘇斯是酒神和歡樂之神，祂是宙斯和塞梅勒(Semele)的兒子。

69 提比流斯的性格陰沉狠毒工於心計，擺出偽善的態度在那裡裝模作樣，諂媚之辭稍有不慎拍在馬腿上，就會惹來殺身之禍，塔西佗(Tacitus)的《編年史》(Annals)對於奉承和恭維的行為有獨到的看法。

70 這個人可能是該猶斯·佩特羅紐斯(Gaius Petronius)，羅馬的政治家和將領，西元61年出任執政官，卸任後指派不列顛行省的總督，63年接任監察官，等到尼祿亡故以後，伽爾巴

治者用野蠻和狠毒的辦法虐待臣民，要把婦人之仁和無利可圖又不合時宜的憐憫放在一邊。他們會裝出一副不願人家像是頭腦簡單的傻瓜那種無可奈何的樣子，事實上他們卻怕對方會是精明的惡棍；如果一個生性惡毒的角色，平素最喜歡說壞話和找麻煩，一旦被人說服要頌揚那些知名之士，於是同屬此一類型的奉承者就會抓住機會，對他加以抨擊，說他的讚譽之辭不僅毫無價值，同時也表示他的個性極其怯懦，還不斷的說：「看看這個自以爲是的傢伙，他的一言一行眞能給自己帶來一點光彩？」

特別對於一個人有了豔遇出現風流韻事，這幫傢伙會圍住可憐的犧牲者，火上澆油爲他出很多餿主意。還有一些類似的狀況，像是他們要是知道某人與他的兄弟意見不合，雙方因而常起勃谿；或是有人埋怨他們的父母；或是有人受到妻子的輕侮以致發生口角；他們不會加以規勸或從中調解，反而在那裡挑撥離間，使得狀況更難收拾。他們會這樣說：「你眞是太委屈了。」或是「你不必自責過深，實在說這不是你的錯。」

一個人要是發生緋聞，奉承者出於憤怒或嫉妒，會對這個人的情婦或妻子產生一種同病相憐的感情，各種諂媚的舉動更加忠誠可靠，他會搧風點火說些正氣凜然的話，指控這個不負責任的傢伙，曾經做出無數見異思遷和備受譴責的行爲，

> 啊，看你這個薄情的負心漢，
> 竟然把往日的熱戀棄若舊歡。[71]

安東尼心中對於那位埃及女人充滿愛意，這時他的朋友讓他相信對方在熱戀著他，還譴責他的冷淡和傲慢，他們說道：「尊貴的女士放棄地大物博的王國和享福安逸的生活，情願陪著你一起吃苦，跟隨你行軍的時候，還要裝扮成侍妾的樣子[72]，

> 然而你卻能夠硬起鐵石心腸，

（續）————————————————

（Galba）受到元老院推舉成爲皇帝，從西班牙到羅馬途中，認爲他忠於尼祿會帶來不利的影響，派人將他殺害。

71　出自伊斯啟盧斯的劇本《墨米敦》（*Myrmidons*）；參閱瑙克《希臘悲劇殘本》之〈伊斯啟盧斯篇〉No.135。

72　參閱蒲魯塔克《希臘羅馬英豪列傳》之〈安東尼傳〉53節。

讓癡迷的人兒空空望月惆悵；[73]

可見你對她的悲傷絲毫不放在心上。」他非常高興自己犯錯受到指責，甚至比大家的歌功頌德更感到心滿意足，因為他們的規勸正是他處心積慮要做的工作。所以像這樣的坦誠如同水性楊花的婦人，拿愛情當成吸引心上人所用的釣餌，假裝她遭到痛苦的折磨，是激起歡樂的情緒經常使用的詭計。

芹葉鉤吻或毒胡蘿蔔提煉出來的毒藥吃入肚中，飲未攙水的純酒可以中和它的毒性，但若將這種毒素與酒混合起來，不僅不會產生中和作用反而增加毒性的擴散速度，從而產生熱能將它很快帶入心臟。諸如此類的手段可以說是最為卑鄙無恥，由於知道討好奉承對於坦誠極其忌憚，所以用直言作為阿諛的工具。

有人問畢阿斯：「你認為那種動物最凶狠？」他的回答：「野生的猛獸是無惡不作的暴君，豢養的家畜是吹捧奉承的佞臣。」要是根據上面的理由，這不算是很好的答案。只能說這種論點很接近事實，因而能夠伸展他的干預、中傷和惡意，如同觸鬚一樣進入寢宮和婦女的閨房，殘暴的角色不僅毫無教養，而且很難對他加以掌控。

20 一個人為了自我保護起見，通常會理解到吾人的靈魂會有兩種面貌：一面是誠實正直，熱愛榮譽，所作所為都受到理性的掌控；另外一面是不受理性的制約，愛好虛假的事物，完全為情緒所左右；朋友通常呈現好的一面，提供意見和給予擁護，如同醫生所運用的方法，可以助長人格堅實的部分，持久不渝的保留；阿諛之徒站在非理性的情緒主宰的一面，運用的手法是煽動、計謀和誘騙，試著要與基於理智的權力分手，拿出陰謀的伎倆轉變為縱情聲色的低級趣味。例如，有些食物對於人體的循環或呼吸都沒有密切的關係，也不會增加神經或骨骼的活力，僅能刺激食色的欲念，就像已經腐敗的肉類將疾病帶進口中。

因為阿諛之徒的談吐對思考和理智的能力絲毫沒有助益，只能與肉欲的歡樂產生親暱的聯繫，迫使某些傻瓜要發一頓脾氣，或是讓人油然滋生嫉妒的念頭，感到討厭和空虛的自負，對於不幸的災禍有時還是會有惻隱之心；經歷接踵而至的誹謗和凶兆之後，所引起的惡意、偏執和懷疑，逐漸成長茁壯變為辛勞、怯懦

---

73 引用荷馬《奧德賽》第10卷329行；這是喀耳刻與奧德修斯告別所說的話，用在克麗奧佩特拉（Cleopatra）的身上有點不倫不類。

和猜忌，所有這一切都逃不過有心人提高警覺的注意。

他們通常鬼鬼祟祟窺伺在上位者的情緒，然後助紂為虐加以姑息。他的在場就像是發生一場騷動，立即隨之而來是他主導之下，心靈之中出現恐怖和激昂的狀況。「你生氣了嗎？那麼就給予懲處。」「你真想要那件東西？那麼就買下來。」「你害怕了嗎？可以馬上逃走。」「你還有懷疑之處？不妨相信一次。」

要是奉承者為主要的感情所控制，很難將他的本性辨識出來，有時表現的喜怒哀樂是這樣的猛烈和巨大，讓人認為他已陷入瘋狂的狀態。然而他們要是與位階較低的人士在一起，由於表現出同樣的行為，使得他們占有更大的優勢。例如一個人害怕過量的飲酒或進食，會給他帶來頭痛欲裂或消化不良的後果，就用沐浴延後用餐的時間，身為朋友不僅同意他的做法，還勸他要注意保健的問題；阿諛之徒會把他從浴場拖出來，為他點一些新奇的菜餚，勸說不必用強制的禁食虐待自己的身體。

如果他看到要奉承的對象沒有多大意願要去旅行，或者航海到外國去遊歷，或是從事某些工作，這時他就會說無須強迫自己非要如此不可，就是稍微拖延一段時間，或是派其他人員代行，最後還不是同樣的結果。

一個人要是答應借錢或者是當成禮物送給知心的朋友，事後心中反悔，卻又認為這樣做會感到慚愧；這時奉承者給予大力支持，讓他知道看緊錢包是一件不容易的事，要把心中不自在的感覺驅走，任何事情還是現實最為重要，何況他的花費很大，還有很多人靠他為生，自己的負擔非常沉重。

因此，接下來我還要強調，吾人要是對於貪婪、無恥、怯懦還能保有自己的感覺，那就不能表示對阿諛之徒一無所知。因為他通常採取的行動，只是對那種情緒表示贊同，討論中所謂的坦誠不過是人云亦云而已。這方面說得已經夠多，可以就此打住。

21 讓我們對於服務和照顧此一主題無須著墨過多，因為就這部分而言，阿諛之徒一直非常熱心，從來不會拿出任何藉口加以拒絕，所以與一個朋友有很大的差異，會讓人產生困惑還充滿不確定的感覺。朋友具備的性質如同優里庇德的詩句「簡而言之就是實話實說」[74]，這種形容的方式真是坦率而且毫不矯飾。我敢肯定的表示，阿諛之徒無論從那方面來說，都是相當罕見的類型。

74　優里庇德的悲劇《腓尼基人》469和472行。

就拿人與人的相見作為例子：朋友之間有時無須寒暄，僅僅是一瞥之下或一個微笑，經由眼睛作為媒介使得心靈相通，表達彼此的親密和善意。阿諛之徒在一段距離之外，就會跑上前去展開雙臂相迎，只要抓住機會必然滔滔說個不停，如同在證人面前為自己辯護一樣，不讓對方有開口的可能。

談到兩者的行動有很大的差別：朋友之間通常不拘小節，雙方不會受到禮法的約束，無須表示服侍、照應和殷勤的態度；然而阿諛之徒對於很多事情非常堅持，表現出恭敬知禮的模樣，所有的工作都是孜孜不倦的苦幹，看來他都是一個勤奮守法的官員，對所有的儀式和規範都極其關注，如果在這方面得不到反應就會感到惱怒，不僅會無精打采，還表露出如喪考妣的神情。

22 大家可以明顯的得知，沒有所謂純潔無私或忠貞不二的友誼，而且友情的產生出於雙方的意願，絕不以強求。

我們首先要考量一件事，就是兩者之間提供的服務有所差異，往昔的作者說得很正確，作為一個朋友經常會用這種方式向對方表示：

> 不錯，在於我有可靠的本領，
> 這件事情必定可以如期完成。[75]

如果是一位奉承者就有另外的說法：

> 不妨把你心中的想法告訴我。[76]

事實上喜劇作家用這種方式介紹舞台上的人物：

> 要是我不能用鞭子抽他一頓，
> 或是把他按在地上揍個半死，
> 奈科瑪克斯，等到那個時候，
> 我們再聯手對付這個臭小子。[77]

---

75 荷馬《伊利亞德》第14卷196行和第18卷427行；《奧德賽》第5卷90行。

76 荷馬《伊利亞德》第14卷195行和第18卷426行；《奧德賽》第5卷89行；奉承者與朋友不同，他說這句話就是要先知道你的要求再去做，不像朋友根本不管你的想法就會盡力去做。

77 參閱柯克《阿提卡喜劇殘本》第3卷〈Adesp篇〉No.125。

其次我們該知道，一個朋友應有的態度是慎重其事，除非他一開始就參與商議，把所有執行的細節檢查一遍，認為非常適切並非暫時應付的權宜之計，否則他不可能採取聯合的行動。如果任何人讓阿諛之徒得到機會參與檢查的工作，或者說明他掌握在手中的事務，這時他不僅表示退讓且要面露感激的神色，同時還害怕別人對他起了猜疑之心，盡力避免所授與的任務，放棄以後還把他認為緊急的狀況轉移到其他方面。

家財萬貫的人士或者位高權重的國王，不會出現這種表達的方式：

> 請將一個乞丐送來，只要他
> 願意或許勝過這樣無用的人，
> 想起他對我的厚愛，只能將
> 畏懼留下快說出心中的輕信。[78]

這種人物就像悲劇中的角色，需要充滿友情的合唱團唱出同一個曲調，或許有一群熱情的觀眾對他們大聲喝采。

基於這種理由，所以麥羅普(Merope)會在悲劇中給他衷心的勸告：

> 知己之交不會屈從騙人言論；
> 閂上房門要阻止惡徒的混進，
> 他們想取悅你才能贏得信任。[79]

民眾通常會採取反對的立場；他們憎惡那些「藐視輿論」的人士，等到「訟棍試圖贏得信任」的時候，這些人士總認為自己擁有更好的德行，不僅讓卑躬屈節的騙子，進入「已經上閂的房間」，還把心中秘密的想法和企圖全盤托出。

諸如此類的阿諛之徒頭腦何其簡單，把自己看成服侍的僕人，並不認為對這一類的事務提供意見，是否適合或者有什麼需要，由於沒有見識無法進行深思熟慮的商議，只是皺著眉頭表示贊同的神色，緊閉嘴唇不發一語。不過，要是有人

78　出自優里庇德的悲劇《英諾》(Ino)；參閱瑙克《希臘悲劇殘本》之〈優里庇德篇〉No.412。
79　麥羅普是科林斯僭主伯瑞安德(Periander)的姊妹，因為愛子之死陷入瘋狂之中。這部分的殘本來自優里庇德的悲劇《伊里克蘇斯》(Erechtheus)；參閱瑙克《希臘悲劇殘本》之〈優里庇德篇〉No.362。沒有明顯的證據認定麥羅普是這個劇本的角色，很可能是伊里克蘇斯的妻子普拉克西瑟(Praxithea)念出這段道白。

問起他的觀點，這時他會說道：「哎呀！你已經走在我的前面熟悉狀況，不像我只不過剛剛才提到這件事情。」

數學家告訴我們說面和線的本身不會彎曲、延伸或移動，只是一種虛構的觀念而非有形的物質，提到體有容積和範圍，因而面與線隨著體的運動，可以伸展和改變原來的位置。因之，你可以從而察知阿諛之徒的做法，通常都會同意被害者的言行和表達的方式；不錯，無論出於歡樂的欲望和憤怒的情緒，全都如此，因而在這些事物當中至少其間的差異還是很容易辨識。就他處理事務的方式而言這是非常明顯的證據。

一個朋友基於善意所表現的行為如同富於生命的有機體，強而有力的素質涵藏在內部，無須在表面有所展現或表示。如同醫生對於病患並不認識還是給予治療，一個朋友經常會出面調停說項或是幫助解決問題，雖然這種行動對當事人有所裨益，事實上講情的對象在他而言，並非有很深的了解。

阿昔西勞斯是一位交遊很廣的朋友，他發現開俄斯的阿皮勒斯處於貧窮的困境，當時還有病在身，於是帶著二十先令[80]再去拜訪，坐在阿皮勒斯的床邊說道：「這裡沒有別的，只有伊姆皮多克利提到的元素，

　　火、水、土與很深邃的以太。[81]

所以你想要好好躺著都不容易。」他重新安置他的枕頭，在沒有被發覺的狀況下，偷偷將錢塞在它的下面。等到年紀很大的打掃婦人發現，露出非常驚奇的神色前去告訴阿皮勒斯，於是他帶著笑容說道：「阿昔西勞斯為善不欲人知，看來還是徒然！」俗語說得好：「龍生龍，鳳生鳳，老鼠的兒子會打洞」[82]，就人情世故來說還是有幾分道理。

還有一件事，拉西德（Lacydes）是阿昔西勞斯交往密切的知己，有次西菲索克拉底（Cephisocrates）受到檢舉[83]，拉西德一如對待其他的朋友一樣，站在西菲索克拉底的旁邊表示支持，這時檢察官要他交出指環，西菲索克拉底偷偷取下信

80　先令是1971年以前的英國貨幣單位，20先令是1鎊，1先令是12便士；在這裡用它表示希臘貨幣的價值，用銀的重量來計算，20先令相當於1邁納或100德拉克馬。

81　宇宙的四大元素是火、水、土和氣，還有一些哲學家加上以太變成五個元素；好像伊姆皮多克利是用以太取代氣。

82　赫西奧德《作品和時光》235行。

83　這件事的來龍去脈好像沒有人說得清楚，完全缺乏應有的資料和記載。

物掉在他的身旁，拉西德發覺這種狀況，就用腳踩在上面不讓人看見，因爲洩漏機密的證物就是那枚指環。等到宣判無罪以後，西菲索克拉底與陪審員握手致意，其中有一位將整個事情很清楚地看在眼裡，就要他去謝謝拉西德，同時還將這件義舉源源本本說出來，拉西德卻沒有告訴任何人。

我認爲神明賜與人類的福祉，絕大部分沒有讓我們知曉，因爲行善好施就祂們的特質而言，是唯一可以獲得樂趣的行爲。奉承者的行動表現不出誠信、眞實、率直和氣度，僅僅是汗流滿面、大聲叫嚷、來回奔走，一副做作和賣弄的樣子，讓人看到就感到心煩氣躁。就像一幅工筆繪製的圖畫，靠著庸俗的色彩、長袍上面不規則的衣褶、臉上的皺紋、鮮明的線條，竭盡力量想要營造出栩栩如生的印象。

阿諛之徒做事非常積極，會提到爲了解決問題他是如何的四處奔走，如何的憂心忡忡，然後他會談起到處遭到敵意的眼光，帶來無窮盡的困難和阻礙，最後的結果是他吃力並不討好，即使如此他認爲一切都值得。他並不計較引起的譴責是對他個人的冒犯，即使不高興還得忍受，認爲自己對於抨擊和羞辱從來不會放在心上，他說從開始就遭遇這種狀況，並非事後才出現。一位朋友只是告訴你他所做的事，會用謙虛的態度提及經過的狀況，不會添油加醋吹噓自己的功勞。

拉斯地蒙人送給西麥那（Smyrna）[84] 人民所急需的穀物就能表現高尚的情操，等到對方讚譽他們的義舉，拉斯地蒙人說道：「我們只是投票通過，全體人員和飼養的牲口少吃一頓午餐，就能省下所需的數量，實在說這樣做沒有什麼值得大驚小怪」。親切的口吻可以表現慷慨的氣度，領受者不會加重心理負擔感到更大的愉悅，因爲他們得知給予的援助並沒有使本身受到很大的損害。

23 阿諛之徒處理事情的積極進取，以及提供服務的方式是如此輕易，讓大家說不出責難的話，最好是要明瞭他的本性，還有一種區別的方法是找出服務的性質，是否著重榮譽的觀念以及它的目的究竟在於獲得歡樂或給予幫助。作爲一個朋友則不然，高吉阿斯經常提到，要求他的朋友只在正直和眞誠方面對他加以支持，否則做得再多也不是光彩的事，因爲在他來說，

84　西麥那是小亞細亞的重要城市，位於利底亞地區，瀕臨赫木斯（Hermus）河的河口，現在的城名叫作伊士麥（Izmir）。

凡事盡力為善絕不三心二意。[85]

從而得知，更過分的事是要求朋友做不得體的事，他如果無法讓對方打消這種念頭，就可以用得上福西昂（Phocion）反駁安蒂佩特（Antipater）的話：「你不能把我當成朋友的同時又視我為一個諂媚的小人。」[86] 那是說你沒有尊重朋友等於在作踐自己。一個人要幫助朋友走上正道而不是讓他誤入歧途，給予忠告而不是讓他有邪惡的想法，支持他的決定而不是帶有欺騙的妄想，分享遭遇的災難而不是他的過錯和罪行。不僅如此，我們要是知道朋友有欺騙的行為都不表贊同，怎麼可能參與和分享他那不體面的舉動？

拉斯地蒙人在會戰中被安蒂佩特擊敗，雙方擬定和平協議的時候，同意安蒂佩特要求的懲罰條件，只是不能讓他們喪失榮譽。因此一個朋友如果在他的服務當中，需要面臨其他狀況，像是費用、危險和辛勞，一旦願意受到召喚，從開始就會堅持他會負擔他那一份責任，絕不會有任何藉口和遲疑不決的舉動；要是從事的工作會帶來羞辱，他在事先提出要求，讓他留下來免於參加。

阿諛之徒有完全相反的做法，開始就對你不必從事費力和危險的任務，極力奉承一番，如果你要他表態就會顧左右而言他，用一種下流的聲調說出難以置信的推託之辭。只要你願意倒是可以利用奉承者，去做一些可恥、卑鄙和低賤的工作，對待他的方式如同他是你腳下的糞土，這時他不會感到難堪和羞辱。

你要是注意到猿猴這種動物，就知道牠不像狗可以看家，不像馬可以負重，也不像牛可以耕田；牠卻能忍受暴虐和粗野的待遇，對於戲弄和譏嘲都不以為意，因而喪失本性成為人類玩樂的工具。奉承者就是這副德性：他對人在言語和金錢方面不會給予援手，有了爭執也不會加以支持，需要全力以赴或關係重大的事務他都無法勝任。

然而只要帶有秘密性質的卑劣行徑，他從來不會推辭；遇到別人的風流韻事非常賣力幫忙，願意從旁多方打點，熟知妓院的狀況和應付的價格，對於供應葡萄酒的商家會百般刁難，要他安排宴飲絕不會有任何耽誤和疏失，盡力去討好主人豢養的情婦。他會聽從囑咐用小人的面孔去應付不滿的親戚，有時要將主人的妻子推出門外，他還會助一臂之力，冷酷的神情帶著毫不在乎的樣子。結果是一個人不難在這方面發現他的真面目；只要你願意，他會將所有下流無恥的事情，

---

85 優里庇德的悲劇《伊斐吉妮婭在奧利斯》407行。

86 參閱本書第12章〈對新婚夫婦的勸告〉29節、第15章〈國王和將領的嘉言警語〉49節之16；以及蒲魯塔克《希臘羅馬英豪列傳》之〈福西昂傳〉30節和〈埃傑斯傳〉2節。

毫無遺漏的和盤托出；他還大言不慚說自己所以要成爲一個浪子，好讓那個說他會這樣做的人感到滿意。

24 朋友和奉承者最大的差別可以明確的得知，就是對於其他朋友所持的態度。一個朋友跟其他很多人一樣，感到最快樂的事莫過於愛人與被愛，他經常不斷要讓他的朋友，如同很多成爲朋友的人一樣，備受他的照料和關切[87]。相信「朋友可以同甘苦共患難」[88] 這句古老的諺語，認爲一個人能擁有的東西沒有比朋友更多。

奉承者是一個虛假又卑污的傢伙，他完全了解需要面對情勢，必須拿出犯罪的手法來對付友誼，要將它變成一種僞造的貨幣，好像它一直就是贗品。這時他產生嫉妒的心結也是很自然的事，對於與他同一類型的人更是猜忌，處心積慮要使自己在下流齷齪的言行，以及八卦新聞的閒談，較之他們能更勝一籌。然而他在其他方面始終抱著畏懼之心，不敢強行出頭，無需使自己

> 陪伴一輛利底亞的雙駕戰車，
> 向荒漠開始進行長途的跋涉。[89]

一切如同賽門尼德敘述的那樣，他

> 就像那些廉價和烏黑的鉛錠，
> 不能看成精錬而明亮的黃金。[90]

阿諛之徒要是和眞正堅實的友誼相比，如同一個很輕的劣質陶盤，經不起檢驗，很快就會原形畢露。他所做的事情如同有一個人繪出有幾隻公雞的拙劣圖畫。那是因爲這位畫家吩咐僕人，將畫布前面幾隻活蹦亂跳的公雞，趕到他看不到的地方。因之奉承者對於要諂媚的人而言，會將所有眞正的朋友全都嚇走，不讓他們可以接近他的身邊。如果所用的辦法不能奏效，就會對這些人在公開的場

87　蒲魯塔克用這方面的題材寫出另外一篇隨筆，就是後面的第7章〈論知交滿天下〉。
88　引用優里庇德的悲劇《歐里斯底》(Orestes)735行。
89　蒲魯塔克在《希臘羅馬英豪列傳》之〈尼西阿斯傳〉1節引用這首詩，還說作者是品達，只是詩的內容和表達方式，還是有很大的出入；參閱貝爾克《希臘抒情詩集》第1卷469行。
90　參閱貝爾克《希臘抒情詩集》第3卷417行，只是它的韻律和音步都經過修正。

合非常尊敬，把他們看成是自己的上司，背後卻無所不用其極的散布誹謗的言辭，縱然在開始沒有獲得預想的成效，這種暗中害人的謠傳已經造成令人煩惱的傷疤，不禁讓大家記起米狄斯（Medius）的鬼蜮手段。

要是我講得沒錯的話，米狄斯是詼諧之聲合唱團的團長，也是功力高強的指揮，他們共同殷勤侍候亞歷山大，團結起來對抗所有的正人君子。米狄斯特別告誡他的狐群狗黨，不要害怕中傷的讒言會引起反擊，特別指出誹謗造成的傷口，即使癒合結疤以後，只要碰到還是會流血。

事實上形成的傷痕等於就是壞疽和腫瘤，使得亞歷山大充滿憤怒，所以才會處決凱利昔尼斯（Callisthenes）、帕米尼奧（Parmenio）和斐洛塔斯（Philotas）[91]，將自己毫無保留地交到像黑格儂（Hagno）、巴哥阿斯（Bagoas）、亞傑西阿斯（Agesias）和德米特流斯（Demetrius）一群小人的手中[92]；在他們的崇拜、裝點和怪異變幻的詭計誘導之下，成為一個野蠻民族的偶像，使得人格愈來愈為卑下。他們為大權在握而心滿意足，何況還能成為當朝的顯貴人物；因為亞歷山大異常自傲於高貴的氣質，聯想到他們也會不負所託，使得阿諛之徒充滿信心，所作所為更是毫無忌憚[93]。

一個人要是家世顯赫擁有莫大的權勢，非常不容易接近，要想加以籠絡更是困難，這些都是實情；任何人只要地位崇高或過於自命不凡，在命運女神或自然女神的安排之下，不是缺乏自知之明就是毫無見識可言，最後只有任由出身卑下和微不足道的人士所擺布。

25 我在這篇文章的開始就已講過，現在還要強調，吾人必須除去「愛己」和「自負」的念頭，這兩者完全出於深藏其中的私心，奉承和諂媚對我們占有先入為主的優勢，更難抗拒阿諛之徒的魅力，因為大家已經接納他們，並且將他們視為心腹。人們還是要服從神明的指示，從而曉得「人貴自知之明」這句格言，對於每個人都是極其珍貴。同時大家還要仔細檢討自己的性格

---

91 亞歷山大在巴克特拉（Bactra）破獲「侍衛叛案」，這是337 B.C.發生的事件，很多人牽涉在內，哲學家凱利昔尼斯受到告發，因而被絞死，也有人說病故在監獄；接著是330 B.C.因為斐洛塔斯的言行不慎引起猜疑，處死以後，連帶他的父親帕米尼奧，雖然過去立過很大的功勳，還是一併遭到根除。

92 除了這幾位伴隨亞歷山大身邊的佞臣之外，還有一位米狄斯沒有提到，亞歷山大就是赴他的晚宴，通宵達旦痛飲才得到熱病的侵襲，最後送了性命。

93 要說阿諛者都是囂張妄為之徒，有的地方也是過分的抬舉，只有膽小如鼠的人，才會低聲下氣滿口奉承話說個不休。

以及接受教育，就知道阿諛之徒在人生無數的道路當中，他們不夠資格稱爲眞正的優秀，世上有很多因爲語言、行爲和感情所犯下的悲慘和魯莽的錯誤，都與他們脫離不了關係，所以我們不應該讓這些人騎在我們的頭上作威作福。

有人將亞歷山大尊爲神明，他說基於兩件事所以他不相信也不接受，那就是睡覺和交媾使人得知終究難逃一死[94]，如果還抱妄自稱大的想法，只是洩漏自己的粗俗和無知而已。因而就我們的狀況來說，只要詳細的檢討那些數不盡的缺失，無論出於疏忽還是有意如此，都會讓我們感到羞愧甚至無地自容，我們深知不斷存在的需要，並非朋友的稱讚和嘉許，而是朋友用坦誠的態度對我們提出的勸告和諫諍，特別是言行舉止出現差錯所給予的責備。

只有少數人具備勇氣表現出坦誠的態度，而不是像大多數人的做法，只會一味的討好他們的朋友。即使在這少數人當中，你要想找出知道如何去做的人還是很不容易，甚至你發現有些人抱著這種想法，那就是他們拿出坦誠的態度對待朋友的時候，很可能會濫用這種權利，以至於造成不可收拾的後果。須知坦誠如同某些藥物，要是不能使用在適合的時間，只會造成不必要的痛苦和困擾；因而有人會說：坦誠引起煩惱而奉承帶來快樂。

人們所以受到傷害，不僅僅在於不合時宜的稱讚，還有就是不合時宜的責備，特別是後面這種狀況，等於將弱點暴露給阿諛之徒，很容易成爲他們的獵物；順勢而爲如同水流下懸崖注入深谷，帶來萬鈞之力眞是莫之能禦。因之坦誠必須配合得體的方式，不可操之過急或是言過其實，更不可將朋友所有的缺失，如同暴露在陽光下面那樣使之無所遁形，從而所帶來的悲傷和煩惱，使得他們會在阿諛之徒造成的陰影下面尋找庇護，轉移他們的路途到不會引起痛苦的地方。

尊貴的斐洛帕普斯，唯有美德可以使我們避免犯下各種形式的惡行，反過來說，即使惡行有時會發生某些期盼的作用[95]。可以舉例說明，有人認爲厚顏無恥才會袪除羞怯的心理，下流卑鄙才會抹去鄉土的氣息，如果能使自己的行爲近乎鹵莽到膽大包天的程度，那麼就不會遭到怯懦和軟弱的指責。還有其他的例子，像是爲了證明自己不受迷信的影響，所以接納無神論的觀點；或是爲了表示自己不是一個傻瓜，所以要擺出一副惡棍的嘴臉。這種扭曲人格的做法，並不像一塊天生畸形的木頭，只是有些樹木不知道如何將自己長得正直。

94　參閱蒲魯塔克《希臘羅馬英豪列傳》之〈亞歷山大傳〉22節，須知後面還接著一句話：「疲勞和快感是人類的弱點和愚行的必然後果。」

95　參閱亞里斯多德《倫理學》(*Ethics*)第2卷7節和賀拉斯(Horace)《諷刺雜詠》(*Satires*)第1卷2節24行。

否認阿諛之徒的名聲，最可恥的方式是說他會引起痛苦而且毫無利益可言；這種做法極其無禮而且不夠圓滑，完全訴諸不友善的行爲和嚴苛的態度，漠視朋友之間的善意，它的目的是爲了避免友誼會出現侷促不安和卑躬屈節。這一類的人物如同喜劇當中獲得解放的奴隸，他們認爲言論自由在於可以隨心所欲的謾罵一通。

因此，爲了個人獲得快樂落入奉承的陷阱之中，這是令人感到羞辱的事；然而爲了躲開奉承，用非常失禮的言辭，冒犯別人對你的友善和體貼，同樣讓人感到羞辱。所以我們要避免極端，用坦誠的態度保持中庸之道。這篇隨筆需要不斷的推敲它的內涵和文辭，要到最後才能定稿完成所望的作品。

26 因此，可以看到某些致命的缺失伴隨著坦誠，讓我們在開始就提高警覺，要袪除一廂情願的念頭，免得譴責的言詞出於私下的理由，像是個人的錯誤或是受到委屈。人們慣常出現的想法，一個人基於本身的原因要大聲疾呼，它的動機是憤怒而非善意，它的目的是挑剔而非勸告。坦誠表現友善和高貴，挑剔出於自私和卑鄙。基於這樣的理由，所以一個人說話坦誠會受到尊敬和讚譽，反之，那些到處揭短的傢伙就會爲人所不齒。

例如阿奇里斯的說話非常率直，所以阿格曼儂與他幾不相容，等到奧德修斯用尖銳的語氣，向阿格曼儂毫不留情的說道：

> 你毫無希望得到幫手的效忠，
> 即使能夠率領另外一支軍隊，
> 看來是畏畏縮縮的烏合之眾。[96]

這番話很有見識而且充滿友愛的感情，所以阿格曼儂只有虛心接受，沒有引起衝突。奧德修斯的憤怒不是出於個人的理由，他說話是如此不留顏面，完全是爲了有利希臘人的緣故，不像阿奇里斯的大發雷霆，帶有私人的恩怨在內。

事實上阿奇里斯就是如此，雖然他這個人的「心中沒有一絲甜蜜和一縷溫情」[97]，何況他還是一個

96　荷馬《伊利亞德》第14卷84行。
97　荷馬《伊利亞德》第20卷467行，這時的阿奇里斯正在接二連三殺死特洛伊出戰的將領。

令人感到畏懼和厭惡的悍將，
經常謾罵讓無辜者極其難堪。[98]

他在佩特羅克盧斯的面前倒是能夠心平氣和，雖然佩特羅克盧斯倒是對他不假辭色：

你並不是英勇的佩琉斯之子，
更沒有帖蒂斯這樣一位母親，
灰藍色的大海從小養育著你，
還有那些懸崖絕壁高聳入雲，
狠心的傢伙毫無憐憫的胸懷，
到何時才不會如此冷酷無情。[99]

　　演說家海帕瑞德經常向雅典人說起[100]，他們應該仔細考量的事，不在於他是否說一些挖苦的話，要看他為了說這些話是否付出代價。一位朋友的規勸也是出於這種方式，完全基於個人的感情，話要說得清楚明白，保持尊重的態度待之以禮，不應該過分的堅持。

　　如果想要弄清楚一件事實，那就是所謂坦誠的語言，主要不在於考慮朋友對自己有什麼問題，必須加以澄清或說明，而是責備他在其他方面所犯的過失，完全是為了著重第三者的利益，不涉及到雙方之間的利害關係，因此在見面的時候，譴責的言辭是如此的嚴厲，可見坦誠發揮的力量的確真難抗拒，說話者溫和的態度可以加強諷刺的意味，還能增進勸告和諫言的效果。

　　因此也可以這樣說，我們對朋友如果感到憤怒或者雙方意見不合，最重要的問題在於我們的做法或未來的計劃，都要以他們的利益為優先，這就是友誼不折不扣所應具備的性質。我們感到自己在這方面有所疏忽或是做得不夠，就會發現對方也有同樣的狀況，須知這是雙方都要重視的事項，務必提醒你的朋友加以注意。

　　例如柏拉圖知道自己受到戴奧尼休斯的猜疑和厭惡，要求安排兩人見面一談，獲得戴奧尼休斯的同意，並且認為柏拉圖要為個人推卸責任，說出很多挑剔

98　這是綜合而成的一句詩，來自《伊利亞德》第11卷653行和第13卷775行。

99　荷馬《伊利亞德》第16卷33-36行。

100　海帕瑞德說的這段話可以參閱蒲魯塔克《希臘羅馬英豪列傳》之〈福西昂傳〉10節。

的話。柏拉圖之後無論在何處都用直截了當的方式與他交談，他說道：「戴奧尼休斯，要是你知道有些惡性重大的人，駕著船隻來到西西里，想要對你造成傷害，只是找不到機會無法得逞，你能讓他們揚帆安然離去嗎？」戴奧尼休斯說道：「柏拉圖，絕無可能，不僅是敵對的行為，就是有這種意圖，同樣要受到制裁和懲處。」

柏拉圖說道：「如果現在有一位人士前來向你表示善意，或者想給你帶來一些好處，你不給他機會就打發他離開，沒有說出感激的話也不表現關懷之意，這種方式難道適當嗎？」戴奧尼休斯問起這個人是誰；他說道：「伊司契尼斯是蘇格拉底的知己之交，無論學識人品都是一時之選，他的口才極佳，任何人與他作伴可以說受益良多。他航行通過廣闊的海域，為的是要與你討論有關哲學的問題，然而他卻受到極其冷淡的接待。」這番話讓戴奧尼休斯相當感動，非常熱情地緊握柏拉圖的手，心折於他的仁慈和親切，後來他對伊司契尼斯極其禮遇，在各方面給予關照。

27 其次，讓我們從坦率的表達方式當中，除去傲慢、輕蔑、嘲笑和下流，這些都會給直言無諱的講話帶來不潔的成分。如同一個外科醫生進行手術的時候，所有的工作必須保持有條不紊而且全都乾乾淨淨，他的手應該避免不安全或危險的動作，也不必做出雜亂毫無意義的手勢；因此坦率要為機智和文雅留下可以施展的空間，要是這樣的表現不會損害到坦率的最大功能，只要等到羞恥、無禮和傲慢也都混雜在一起，所有的優點全部敗壞無遺。

這裡可以提到一個故事，菲利浦想要與豎琴手爭論有關撫弦技巧的問題，樂師用優雅的反駁使得菲利浦啞口無言[101]。他說道：「神明在上，陛下有高貴的地位，就這方面的知識而言，不應該比我懂得還多，否則的話豈不是自貶身分。」

伊庇查穆斯（Epicharmus）對於海羅（Hiero）的駁斥並不合理[102]；海羅處死一些親密的朋友，過幾天以後他邀請伊庇查穆斯晚餐，這時伊庇查穆斯說道：「不久以前，你向神明奉獻犧牲，卻沒有邀請朋友參加那次的祭典。」

戴奧尼休斯提出「那一種青銅器的質地最好」這個問題與大家討論，安蒂奉（Antiphon）的回答非常不得體，他說道：「他們在雅典為哈摩狄斯（Harmodius）和

---

101 有關菲利浦和豎琴手的故事，一再在後面幾章中引用，這也是希臘民主精神最具體的表現。

102 海羅是西西里的敘拉古和傑拉（Gela）這兩個城市的僭主（在位期間：478-467 B.C.）；伊庇查穆斯是西元前6-5世紀的喜劇家，出生於西西里的敘拉古，供職於海羅一世的宮廷，據說他寫出很多哲學和科學方面的著作，只有書名和殘句傳世。

亞里斯托杰頓(Aristogeiton)製作的雕像，所用的材料非常講究。」[103] 冒犯的抨擊和挖苦的頂撞不會獲得任何好處，下流的言詞和輕浮的影射難以讓人感到有趣，自暴其短的反駁方式預示狂妄的心態，夾雜著傲慢和惡意以逞口齒之快，所以才會到處樹敵，這些人明顯的下場是自取滅亡，俗語說得好「夜路走得多，總要遇到鬼」。

最後戴奧尼休斯一聲令下，安蒂奉命赴黃泉；泰瑪吉尼斯(Timagenes)失去職位在於他與皇帝之間的友誼[104]，雖然他大節不踰而且頗有見地，只是在社交聚會和討論問題的時候，表現出來的態度不夠莊重，

> 總想法讓亞哥斯人開懷大笑。[105]

他不論在任何可能的場合，老是把他與皇帝的友誼抬出來，當成率性而行最有用的藉口。

喜劇家讓劇中角色對觀眾說出嚴厲的譴責[106]，等於在教育市民應該具備可貴的價值；其中攙雜滑稽和下流的用語，像是加在食物上面令人討厭的醬料，使得坦誠的言辭不能發揮應有的功效，這些作家的文字對聽眾沒有任何價值，他們除了留下粗俗和惡意的名聲，其餘的可以說一無所有。任何場合都可以將嬉笑怒罵用在朋友身上，唯獨坦誠的言辭應該出於莊重和高尚的態度。考慮到涉及事務的重要性，感情的表達要很明確，面孔的神色要很嚴肅，說話的聲音要很誠懇，所用的語句讓人相信，最重要是能影響對方的心靈。

沒有掌握適當的時機，無論對於任何情況都會帶來重大的災難，特別是坦誠的言辭會因而失去所能獲得的效果。因此在飲酒過量的狀況下，切記不要有進諫和規勸的舉動。喜謔歡笑的時刻開始討論嚴肅的問題，使得大家皺起眉頭板著面孔，就像豔陽高照的夏日突然出現帶著暴風雨的烏雲。雖然品達對於休閒之神有這樣的描述：「解開聯繫憂慮的束帶」[107]，這個主題的意義卻與神明的要求背道

103　這兩位志士是雅典的「暴君絕滅者」，用他們作為比喻，對於敘拉古的僭主戴奧尼休斯一世而言，當然是一種侮辱和冒犯。

104　泰瑪吉尼斯是西元1世紀的歷史學家和修辭學家，生於亞歷山卓，後來住在羅馬；此處所指的皇帝是奧古斯都(Augustus)。

105　荷馬《伊利亞德》第2卷215行，這個說話瘋瘋顛顛的傢伙，就是相貌長得最醜的瑟西底。

106　這位喜劇家是亞里斯托法尼斯，對觀眾的不敬言辭出於《青蛙》(Frogs)686及後續各行。

107　參閱貝爾克《希臘抒情詩集》第1卷480行；酒神巴克斯(Bacchus)有一個綽號叫作利烏斯(Lyaeus)，它的字源來自鬆弛和釋放。

而馳。

對於時機的忽略同時也會帶來很大的危險；人們的心情因為喝酒導致憤怒的感覺，特別是濫飲過度經常會抑制坦誠的態度製造不少的敵意；一般而言，這種狀況無法表現出高貴或堅毅的心靈，完全缺乏男子漢的氣概。任何人參加宴會，要是在清醒的狀況下非常英勇，非要把自己灌到爛醉如泥不可，那麼他絕對不會有大無畏的精神，講起話來只是顛三倒四，這是怯懦的下流痞子不斷運用的伎倆。對於這方面的問題不需要再增加篇幅。

28 吾人觀察到一種現象，人們對於一帆風順的朋友，既不願承諾也沒有勇氣向他們說教；反之，如果一個人感到好運臨頭，不僅聽不進規勸的言辭，還產生抗拒的心理。因此，有一個朋友家道中落或是陷入憂傷的困境，身分降低到卑微的地位，大家就會瞧不起他還對他加以奚落，就像溪流經過堤防的阻擋以後，坦誠的言辭如同決壤的洪水一樣向他湧去，他們現在對於地位的改變感到極其快樂，那就是朋友過去曾經對他們的軟弱投以藐視的眼光。因此在討論這個問題的時候，可以拿優里庇德的詩句作為答覆[108]：

> 上天已答應賞賜有利的順境，
> 我何必要求給予援手的友情。

這個答覆就是運道很好的人最需要朋友給予坦誠的言辭，使得他不致養成過分傲慢的態度。

少數人雖然無往不利仍舊保持清醒的頭腦，大多數人還是需要所欠缺的審慎和理性，特別是他們為運道的厚愛而自我膨脹，就會得意忘形到藐視一切的地步，要靠這方面的修養加以抑制，等到神明的力量使他們受到罷黜，將崇高的地位和重要的職務剝奪一空，處於帶來痛苦的災難之中，僅有規勸可以讓他們感到悔恨。在這個時候，無論是坦誠的言辭或是擺出莊重的神色口吐尖銳的譴責，完全失去應有的作用，一個朋友所給的安慰和鼓舞，真正的反映自內心的感情是

> 君子眼中流露出甜美的神色。[109]

---

108 優里庇德的悲劇《歐里斯底》667行。
109 優里庇德的悲劇《英諾》732行。

根據色諾芬的記載[110]，只有處於「兵凶戰危」之際，才能認識真正的刻里克斯（Clearchus），他的臉孔洋溢著仁慈和友善的光輝，使得大家充滿信心面對險惡的局面。如果他對於災難臨頭和陷入困境的部下，僅僅講些坦誠的言辭和刺耳的譴責，如同拿出對視力產生刺激的藥物，用於紅腫發炎的眼睛，不僅無法達到治療的效果，減輕不適的感覺，反而增加痛苦使得病情加劇。

可以舉例來說明，任何人只要是身心健康，朋友即使責備他縱情酒色以致債台高築，或是過於怠惰不去練習武藝，或是流連浴場耽誤正事，或是貪吃過甚引人側目，這時他也不會感到過分刺耳或者老羞成怒。

一個人生病已經惡化到難以忍受的程度，這時有人對他說道：「看看你生活放縱，暴飲暴食，就會落得這種結果。」「老天爺，可是什麼時候了，你又何必再說這個。我已經寫好遺囑，醫生開出的藥方不過聊盡人事而已，你還要來教訓我！」面對大難臨頭的狀況，不幸的處境使得坦誠的言辭無用武之地，即使是理由充分的論點也發揮不了作用，他們需要寬言的安慰和實際的協助。幼兒不小心跌倒在地，奶媽不會趕過去加以責打，而是將他抱起來，抹去身上的塵土撫平所穿的衣裳，把這些都做好以後，再對他頑皮的行徑施以薄懲。

據說費勒隆（Phalerum）的德米特流斯（Demetrius）[111]被城邦施以放逐的處分，住在底比斯（Thebes）附近一個窮鄉僻壤的地方，有次看到克拉底（Crates）[112]前來探望，心想這個人的個性極其憤世嫉俗，難免要遭到冷嘲熱諷，所以沒有流露出高興的神色。然而克拉底與他見面的時候，表現溫和有禮的態度，談起遭到放逐有關的事項，雖然處境沒有比這個更為惡劣，能從危險而又毫無安全的職位脫身，可以不再感到苦惱也是一種福分，同時克拉底還勸他不要懷憂喪志，應該鼓起勇氣面對當前的狀況。

德米特流斯聽到以後感到非常高興，心中的鬱結一掃而空，於是對他的朋友說道：「即使我落入困境，還能夠真正認識一個人的本性，老天爺對我太厚愛了！」

　　疏忽做出傻事需要給予規勸；

110　參閱色諾芬《遠征記》（*Anabosis*）第2卷第6章11節。

111　費勒隆的德米特流斯（350-283 B.C.）是雅典哲學家、政治家、兵法家、戰略家和演說家，傾向馬其頓，被控叛國，後來在卡桑德（Cassander）的支持下，掌握軍政大權達十年之久，等到德米特流斯一世解救雅典，他逃到皮奧夏，後被放逐埃及直到逝世。

112　克拉底（365-285 B.C.）為底比斯的犬儒學派哲學家和詩人。

> 等到陷入無比悲傷哀痛之中，
> 唯有朋友溫言細語帶來慰勉。[113]

這是高貴的朋友可以採用的方法；那些卑鄙又墮落的阿諛之徒，在受到命運的擺布之後，如同笛摩昔尼斯所說：「不幸的身體受到打擊會使舊傷復發」[114]；有些人因為信任趨炎附勢的奉承者遭到失敗，雖然他們過去給他帶來歡樂和愉悅。

一個人真的需要旁邊有人提醒他，現在之所以陷入悲傷的困境，完全是不聽諫言一意孤行所致，下面這兩句詩的意思很有道理：

> 我從不願你採取激烈的手段，
> 曾經竭盡全力勸阻還是失算。[115]

29 一個朋友運用坦誠的言辭，究竟是出於嚴厲或是有力，端視當時的環境而定。等到時機需要他應該檢查所採取的方針，無論是出於歡樂、憤怒、傲慢，還是為了減少貪婪或是抑制未經考慮的鹵莽。梭倫用坦誠的言辭對待克里蘇斯，雖然克里蘇斯為善變的幸福顯得自大和誇耀，梭倫卻要他一切都得等待「蓋棺論定」。[116]

蘇格拉底用同樣的方式想要亞西拜阿德去掉惡行[117]，為了指出他的缺失甚至流下誠摯的眼淚，從而使得亞西拜阿德能夠袪除原有的習氣。居魯士對於賽阿克薩里斯(Cyaxares)有類似的行為[118]。正當狄昂處於一生之中最為顯赫的時期，主持的工程是如此的美麗和雄偉，能夠吸引世人的眼光給予無上的讚譽；柏拉圖勸他革除「專橫霸道和自以為是」的心態，必須對此產生畏懼之感，如果不能痛改前非，久而久之會使他「陷入孤獨而無法自處」[119]。史樸西帕斯寫信給狄昂[120]，

113　參閱瑞克《希臘悲劇殘本》之〈優里庇德篇〉No.962；再度引用於本書第10章〈致阿波羅紐斯的弔慰信〉2節。

114　出自笛摩昔尼斯的演說〈論王權〉(De Corona)198節。

115　荷馬《伊利亞德》第9卷108行。

116　參閱希羅多德《歷史》第1卷30-32行和蒲魯塔克《希臘羅馬英豪列傳》之〈梭倫傳〉20節。

117　參閱柏拉圖《會飲篇》(*Symposium*)215E。

118　參閱色諾芬《居魯士的教育》第5卷第5章5節。

119　參閱柏拉圖《書信集》第4封321A；蒲魯塔克引用到《希臘羅馬英豪列傳》之〈狄昂傳〉和〈科瑞歐拉努斯傳〉各章之中。

120　參閱戴奧吉尼斯·利久斯《知名哲學家略傳》第4卷5節；史樸西帕斯寫給狄昂的書信，也有這方面的記載。

要他不可有驕縱之心，須知鎮日與婦孺之輩談話，必然會出現這種後果；他應該致力於改革的工作，要用神聖、公正和最好的法律來裝點西西里，爲他自己和雅典的學院留下「不朽的名聲」[121]。

然而從另一方面來說，優克都斯（Euctus）和優里烏斯（Eulaeus）都是帕修斯（Perseus）的友伴；帕修斯處於無往不利的順境，他們就會事事取悅於他，屈從於他的習性絲毫不敢違背，就像所有其他人員一樣追隨他的領導；等到馬其頓人在皮德納（Pydna）與羅馬人接戰吃了敗仗[122]，帕修斯棄守倉皇逃走，這兩個人圍著他用挖苦的話加以指責，不斷提醒他做了多少倒行逆施的事，將所有的不幸都怪罪到他的頭上，帕修斯受到悲痛和憤怒的刺激，拔出佩劍殺死優克都斯和優里烏斯。

30 讓我多說一些，用來解釋一般所謂適當的時機。一個人對於有關朋友的事情，不應該讓大好機會白白溜走，他要把它當成與自己的利益有關，好好加以運用。只要說起一個故事，經常會讓人產生疑問，那就是同樣的事件，因人而異出現指責或讚揚不同的說法，或許可以用來對於何謂坦誠的言辭，作爲提供解釋的最好機會。可以舉例說明，據說笛瑪拉都斯（Demaratus）到達馬其頓之際[123]，正好碰到菲利浦家室不和發生爭執。菲利浦在歡迎來客，寒暄之中問到他如何才能使希臘人和睦相處，笛瑪拉都斯對於菲利浦非常了解，也希望他的家庭幸福，就說道：「菲利浦，看來你眞是名不虛傳，自己家中烏煙瘴氣已經弄得焦頭爛額，還有精力來管雅典人和伯羅奔尼撒人是否和諧這一類的閒事。」

還有就是戴奧吉尼斯的反駁，使得他享有很高的名氣[124]；就在菲利浦進軍要與希臘人開戰的時候，戴奧吉尼斯闖進馬其頓的軍營，押到菲利浦的面前。因爲不知道戴奧吉尼斯是何許人，菲利浦問他是不是前來打探的奸細。他說道：「菲利浦，這話沒錯，我到這裡已經查出你做了有欠考慮的蠢事，因爲你沒有迫不得已的理由，就將整個王國和自己的生命帶到極其危險的處境，是勝是敗只要一個時辰就可以獲得結果。」或許這種說法過於嚴厲一點。

121　優里庇德的悲劇《腓尼基人》1742行。

122　羅馬將領是盧契烏斯‧伊米留斯‧包拉斯（Lucius Aemilius Paullus），時為168 B.C.。

123　笛瑪拉都斯等於是給亞歷山大做說客，帶來極其圓滿的結局；本書第15章〈國王和將領的嘉言警語〉25節之30，引用這個故事。

124　這個故事重複出現在本書第48章〈論放逐〉16節。

31 一個人犯下錯誤受到揭發，就會變得順從和沮喪，這是另外一個提出勸告和諫言的大好機會。心術深沉的人拿出熟練的技巧好好加以利用，要與揭發的人劃清界線且拒絕來往，私下對他的朋友進言還要提醒他特別注意，經過仔細的思考如果沒有其他問題，要採取必要的防範措施，起碼不要讓他的政敵毫無顧忌可以為所欲為。

「你挺身而出只會使那些傢伙有機會開口大肆抨擊，除了可以反對你又能發揮多少功效，如果你放棄這種不當的做法，難道還會給你帶來不好的名聲？」用這種方法使得揭發的人因為傷害他人而受到指控，提出勸告的人因為大有助益而受到信任。有些人的處理方式更為精明，把錯誤推到外人身上，使得相識的人士免於受到牽累，雖然明知這是自己人所為，他們還是會去指控別人。

我的導師阿蒙紐斯（Ammonius）在午間的課堂當中，發現學生所吃的午餐過於寒酸，於是吩咐他的管家要去懲罰負責的奴僕，特別要說明「為什麼這些小孩沒有酒就不算是午餐」。就在這個時候他看了我們一眼，像是對有罪的人已經給予譴責。

32 在此可以提到另外一個觀點：我們在一個人員眾多的團體前面，要想像一個朋友那樣運用坦誠的言辭，必須非常小心，記住有件事連柏拉圖都涉入其中。蘇格拉底在一次談話當中，等到討論的問題與錢莊老闆有關的時候，他就擺出嚴厲的態度對待一位相識的人士；於是柏拉圖說道：「這個問題私下談論合適嗎？」蘇格拉底反駁道：「你過去私下與我談過的事情，難道都很有道理？」再者，畢達哥拉斯有次當著眾人的面，用相當粗魯的言辭責罵一位很用功的學生，據說那位年輕人因此自縊而死；從此以後畢達哥拉斯再也不會在人前教訓他的門人子弟。須知對待一個人的錯誤如同他得了難以啟口的疾病，所有的教誨和情節都要保持秘密，不能將它洩漏出去，以免吸引一大群的證人和觀眾的指指點點，讓他從此無法做人。

因為這不像重視友誼的人所應有的作為，只有詭辯家才會專心注意他人的缺失，要在觀眾面前將一切展現出來，好為自己增添光彩，就像醫生要在劇院裡面執行手術，目的是為了招徠病人。這種醫療方式是對患者的公然冒犯，不能允許有不當的行為發生，還有人認為這是惡性競爭和任意而為，應該算是違反職業道德的罪愆。這不能像優里庇德所說那樣：

　　愛情總要步步為營，

戀人何須一見傾心。[125]

一個人要是不考慮場合和機會，公開對人提出難以接受的諫言，只能認定這種病態的情緒會使自己陷入羞辱的處境。

正如柏拉圖一直強調[126]，說是長者想要年輕人能夠養成敬老尊賢的習慣，那麼他們必須首先尊重子姪輩的人格。朋友當中只有適度的坦誠可以產生謙遜的態度，對於所犯的錯誤要非常審慎的看待，絕不可以掉以輕心，從而可以找出惡行的源頭，最後才能連根予以清除，唯有事事體諒朋友的處境，始能讓對方收到深思熟慮的效果。最好的辦法如同下面的詩句：

貼近雅典娜的耳邊，
低聲不讓別人聽見。[127]

尤其不可擺出一本正經的態度揭人短處，像是對一位丈夫說聽到他的妻子有一些閒言閒語，或是對一位父親講看見他的子女有什麼欠當言行，或是當著一位愛人的面談他所愛的人移情別戀，或是在一位老師的面前提他的學生有不良風評。當事人始終感到不會有任何問題，一旦面臨突如其來的指責，悲痛和憤怒的心情會逼得他們發狂。

我認為絕不是因為飲酒過量，而讓亞歷山大被克利都斯(Cleitus)激怒[128]，印象當中是克利都斯在眾人的面前，使得國王感到羞辱以致無法下台。托勒密在使臣覲見的時候打起瞌睡，亞里斯托米尼斯(Aristomenes)[129]為了讓他清醒過來，就打了他一巴掌；於是給阿諛之徒一個機會，認為家庭教師對國王的行為讓他極其氣憤，因而說道：「如果你感到非常疲倦或是缺少睡眠因而打盹，大家只能私下加以規勸，不能當著這麼多人對你動起手來。」於是托勒密派人送一杯毒藥，

---

125 出自優里庇德的悲劇《第妮碧婭》(*Stheneboea*)；參閱瑞克《希臘悲劇殘本》之〈優里庇德篇〉No.665。

126 參閱柏拉圖《法律篇》729C；同樣引用於本書第1章〈子女的教育〉20節和第12章〈對新婚夫婦的勸告〉47節。

127 荷馬《奧德賽》第1卷157行。

128 參閱蒲魯塔克《希臘羅馬英豪列傳》之〈亞歷山大傳〉50-51節，對它的來龍去脈有詳盡的敘述。

129 這位埃及國王是托勒密五世伊庇法尼斯(Ptolemy V Epiphanes)，在位期間204-181 B.C.；參閱波利拜阿斯《歷史》第15卷31節。

命令亞里斯托米尼斯喝下去。

亞里斯托法尼斯有類似的遭遇，談起克利昂(Cleon)對他提出控訴，因為他

　　當著外人咒罵城邦，[130]

這樣做是為了激怒雅典人群起反對。因此，這方面的錯誤連同其他的表達方式，都要注意防範，以免落入別人的圈套，更不必為了要贏得聲望公開作秀，須知運用坦誠的言辭在於提出忠告和有所裨益。

人們運用坦誠的言辭，要能像修昔底德對科林斯人那樣[131]，說他們「有充分的權利去譴責別人」，事實上等於是在指責雅典人有這樣的習慣，類似的表達方式並不是沒有道理。大家聽過賴山德(Lysander)的軼事[132]，麥加拉有位人士參加盟邦的會議，用直率的態度談起希臘的事務，賴山德的意見是「他的話需要國家的力量給予支持」；這種原則放之四海皆準，每個人運用坦誠的言辭必須有身分和地位作為後盾，特別是在奉獻一己之力的狀況當中更加正確無誤，就是一個人之所以要規勸別人，在於想把自己清醒的頭腦帶給對方。

柏拉圖經常說起他在生活方面曾經給了史樸西帕斯一些忠告，然而色諾克拉底只是在教室裡面看了波勒蒙(Polemon)一眼，便使他洗心革面發生徹底的改變。如果一個人的說話表現出輕浮和卑劣的模樣，還自認他的言辭非常坦誠，產生的結果只是引起對方的駁斥，俗語說得好：

　　你能治療病患痛苦，
　　卻讓自己沉疴難癒。[133]

33 不過，迫於當時的環境，由於團體裡面的成員素質很差，即使有人提出勸告和美意，對於當事人也沒有多大的用處。最合理的方法就是把對於說話者的指控全都包括在內。這就是譴責的原則，像是

130　亞里斯托法尼斯的喜劇《阿查尼人》503行；另外參閱378及以後各行和378行的註釋。

131　參閱修昔底德《伯羅奔尼撒戰爭史》第1卷70節。

132　參閱蒲魯塔克《希臘羅馬英豪列傳》之〈賴山德傳〉22節；這樣的敘述再度出現在本書第15章〈國王和將領的嘉言警語〉59節之5和第17章〈斯巴達人的格言〉54節之8。

133　這句俗語出自優里庇德的劇本；可以參閱瑙克《希臘悲劇殘本》之〈優里庇德篇〉No.1086；本書有幾章加以引用。

戴奧米德何以忘記，
戰鬥猛烈激起勇氣？[134]

以及：

我們全部人馬出戰，
無法打贏對方主將。[135]

　　蘇格拉底用這種方式，可以立即對年輕人加以喝斥，由於他本人絕非無知之輩，所以他覺得他們應實踐德行和追求真理。因此在這方面所給人的印象是能夠贏得善意和信任；等到陷入同樣的錯誤之中，他們如同對自己那樣，可以很正確的改正朋友的缺失。一個人即使自己清白無瑕，公開宣布說是他試著要去抑制其他人員的欲念，除非他年高齒尊，品德和聲譽都擁有崇高的地位，否則自己徒增煩惱，沒有任何好處可言。

　　斐尼克斯突然插嘴提到他的不幸也是別有企圖，他說他一時怒氣大發想要殺死自己的父親，最後總算改變心意無法下手，

免得在希臘人當中，
我成為弒父的元凶。[136]

他所以對憤怒不會產生反應，那是因為他並沒有那方面的缺失，似乎那個時候他也沒有向阿奇里斯提出規勸。像這類的事件給人非常深刻的寓言印象，通常大家會屈從產生這種情緒的人士，不會感到任何羞辱。

　　拿起光亮的火把不要靠近發炎紅腫的眼睛，就像飽受折磨的心靈無法接受坦誠的談吐和直率的譴責，最有用的援助來自混合其中的頌揚，如同下面敘述的狀況：

作為全軍強悍選鋒，
不該喪失進擊勇氣，

134　引用荷馬《伊利亞德》第11卷313行；這裡的戴奧米德是亞哥斯國王泰迪烏斯的兒子。
135　荷馬《伊利亞德》第8卷234行；提到的主將是特洛伊的赫克托。
136　荷馬《伊利亞德》第9卷461行，參閱本書第2章〈年輕人何以應該學詩〉8節及注釋99。

> 他人畏戰我不指責，
> 唯對汝等再三激勵。[137]

以及：

> 潘達魯斯善用強弓，
> 掙得名聲何去何從？
> 穿楊射術舉世無匹，
> 放眼敵手誰敢爭鋒？[138]

當人們面臨全盤皆輸之際，像下面的詩句那樣，用清晰的呼聲將他召喚回去：

> 伊底帕斯不見蹤跡，
> 何處尋覓難解之謎？[139]

以及：

> 海克力斯說東道西，
> 誰願忍受如此無禮？[140]

　　他們不僅對於譴責要降低它那刺耳和強大的音調，同時還要激起一個人的欲望，來與自己較好的一面進行競爭，只要他記起過去光榮的行為，對於帶來恥辱的舉止就會感到慚愧，因而激勵自己要為別人做出好的榜樣。只要我們描述他與其他人士的比較，例如與他同年齡的人，或者是市民同胞或親戚，這種相互競爭的精神只要走上歧途，就會呈現陰鬱的氣氛和野蠻的行徑，就會經常聯想到某種心情：「既然你已經將我的優點置之不理，為何還要再來打擾我？」一個人必須

137　荷馬《伊利亞德》第13卷116行；海神波塞登用這番話鼓舞亞該亞人的士氣。

138　荷馬《伊利亞德》第5卷171行；潘達魯斯是特洛伊友軍利底亞人的領袖，後被戴奧米德所殺。

139　優里庇德的悲劇《腓尼基人》1688行；因為主角是伊底帕斯，很容易與索福克利的悲劇《伊底帕斯王》混淆不清。

140　優里庇德《海克力斯讚歌》1250行。

用坦誠的言辭對待人群當中某一派人物，因為他對另一派的人物用盡力氣，不讓他們獲得讚譽，講句老實話，僅有的例外是不能將父母包括在內。諸如，阿格曼儂可以這樣說：

戴奧米德不像其父；[141]

而在《西羅斯人》（Scyrians）一劇中，他對奧德修斯有這樣的描述：

梳羊毛的奧德修斯，
行為玷辱他的族人，
竟會有高貴的父親，
希臘人中鶴立雞群？[142]

34 尤其不可出現這種狀況，那就是用規勸來回答規勸，認為坦誠的言辭僅不過是坦誠的言辭而已。因為這樣所激發的怒火很快變得炙熱，使得雙方的關係產生疏離，通常在溝通不良的狀況下出現的爭吵，都會洩漏出去變得眾人皆知，這個人不僅沒有用坦誠回報坦誠，同時他還難以忍受坦誠帶來的無禮。

最好是對朋友喜愛提供勸告要盡量忍受，等到有一天他犯了錯同樣需要給予規勸，事實上這種方式就是給我們一個表達坦誠之辭的機會。我們無須表現出憤慨的樣子，只要提醒他記得自己不會把朋友的過失置之不理，而且以往曾經責備他的朋友，同時還不時的給予指點；這樣一來，他會勉強自己屈從和接受提出的改正辦法，將它視同一種互動的方式，可以回報仁慈和友愛的感情，而不是吹毛求疵的挑剔，甚至於怒氣大發。

35 再者，如同修昔底德所說：「無論何人為了表現卓越的判斷，要把喪失人望當成最重要的事情來處理。」[143] 身為朋友的責任是要為他的知己接受大家的非難和反感，當情勢的發展變得極其重要，而且已經面臨危險的關頭，應當盡速趕來對他的知己提供諫言和勸告。如果他一直為所有的事物爭

141　荷馬《伊利亞德》第5卷800行；這話應該是雅典娜所說才對。
142　此劇本的作者不詳；參閱瑞克《希臘悲劇殘本》之〈Adesp篇〉No.9。
143　參閱修昔底德《伯羅奔尼撒戰爭史》第2卷64節。

吵不休，等到他要接近知己的時候，具備的身分不像是一位朋友而是一位老師，對於極其重要的事項所提出的意見，就會喪失應有的力量和效果。如同一位醫生，應該善於分配手中的藥物給需要的病人，而不是對很多只是身體稍有不適的人，開出用藥極其昂貴的處方，所以一個朋友不應耗盡他的坦誠，最後變得毫無成效可言。

他必須花費很大的力氣保護自己，要能夠應付不斷的攻訐，任何人想要就很多事項進行嚴密的審查，同時對於微不足道的指控發表議論，他拿出的辦法是對重大事項所犯的錯誤，願意公開接受大家的抨擊。斐洛蒂穆斯是位醫生，有次他遇到一個患有肝潰瘍的病人，伸出一根手指說指頭上長著膿包正在發炎，他說道：「閣下，你要關心的地方不是這根疼痛的手指。」

因而一位朋友在這段期間正好找到一個機會，告訴這個人說他的指控基本上只是一樁小事，根本無關緊要，「為何要詳述開玩笑的戲謔、歡樂的宴會和一些胡說八道的話？我的朋友，讓這個人擺脫擁有的女人，或是停止賭博的行為，那麼我們就會有一位備受讚揚的人士。」

即使一個人在無關緊要的瑣事方面受到寬容，然而對於較為重要的事項，應該同意他的朋友有權用坦誠的口吻表達意見。嘮叨成習的人無論身在何處都會讓大家不快，對於每件事務都很注意，喜歡越俎代庖表示極其關切，因而他的子女、兄弟和奴僕都感到無法忍受。

36 可以引用優里庇德「不能說與老年相關的事物都一無是處」[144] 這句話。對於朋友出現愚昧的行為，有件事同樣的真實不虛，那就是吾人不能僅注意他的缺點，對於他的長處不加理會，實在說重點在於要用愉悅的口吻，讚譽他所有做得正確的事情。如同鋼鐵在加熱軟化變形以後，經由淬火冷卻產生緊密的質地，最後的結果是擁有彈性和硬度。極口稱讚可使朋友獲得安慰和溫暖，運用坦誠的語言如同可以改變體質的沐浴。

我們會有適當的機會可以說：「只有行為舉止可以彼此相互比較，從而能夠獲得更加美好的成果。吾人有這樣的想法，身為一個朋友提出的需求，在於從事的行為要適合你的個性，所以你有這方面的打算也是很自然的事。」因而無須運用其他的激勵言辭，像是：

---

144 優里庇德的悲劇《腓尼基人》528行。

> 我被一陣風暴颳到峻嶺深山，
> 　或許沉沒在巨浪翻騰的海洋。[145]

　　如同一位心地仁慈的醫生，他為使身體稍有不適的病患得到妥善的照顧，要用睡眠和飲食加以調養，不必開出海狸香和藥旋花之類的重劑。作為一個友善的朋友、慈愛的父親或是盡責的老師，要樂於運用獎勵而非責備，更能改進好友或子女或門人在個性方面的缺失。沒有任何事物比得上坦誠君子運用他們的語言，給予他人最少的苦惱和最多的善意，克制自己的個性不要亂發脾氣，用愉快的心情探討犯錯的成因，凡事要出於仁慈的念頭。

　　因為這樣的緣故，對於任何事物只要他們拒絕，就不會用尖銳的言辭加以反駁，也不會因為要保護自己加以阻止。吾人可以運用別的方式對他們施以援手，從而可以引伸出言之成理的藉口，否認有存心不良的動機，使人能產生更為高尚的寬容之心。這些可在赫克托對他兄弟所說的話中看出來：

> 瞧瞧你這個亂發脾氣的傢伙！
> 　現在還使性子真是不知死活。[146]

意思是帕里斯離開戰場並非臨陣脫逃，更不是怯懦畏戰，只是為了火冒三丈憤而出走。還有就是尼斯特對阿格曼儂的描述：

> 我曾經再三向你解釋和勸說，
> 　誰知你的姿態高傲不置可否。[147]

　　我認為就層級較高的寓意口吻而言，與其說「你做錯了」還不如說「你的做法並不適當」；與其說「你太無知了」還不如說「你太不經心了」；與其說「不要嫉妒你的兄弟」還不如說「不要與你的兄弟發生爭執」；與其說「不要因婦女而墮落」還不如說「遠離女色免得自己因而墮落」。等到犯錯者已經明確得知，運用這種口氣可以免於過分的率直，激勵人們的行動可以嘗試相反的敘述方式。

145　荷馬《伊利亞德》第6卷347行；這是海倫向赫克托訴說童年的遭遇。
146　荷馬《伊利亞德》第6卷326行。
147　荷馬《伊利亞德》第9卷109行。

可以舉例加以說明，我們需要盡力去改變那些走上歧路的人，不讓他們犯下更大的錯誤；有些人試著盡力從開始就要克服不良欲念，還有一些人沒有任何精力和意願去做高貴的事，我們要將熱誠的信念灌輸給這兩種人，同時我們還會轉變看法，將他們的行爲歸之於極其反常或有失體面的動機。

就像是索福克利描述的狀況，奧德修斯要激起阿奇里斯的鬥志，就說阿奇里斯並非爲了晚餐生氣，而是

> 你一旦看到雄偉的特洛伊城，
> 殺氣騰騰使你頓生畏懼之心。[148]

阿奇里斯聽了以後更加火冒三丈，就說他要啓航離開，這時奧德修斯就說：

> 我知道你名聲掃地非要逃走，
> 怕與赫克托接戰才不願停留。[149]

給強悍剛毅的勇士安上怯懦畏戰的罪名，給守身如玉的君子安上淫佚放蕩的罪名，給慷慨豪邁的君王安上瑣碎吝嗇的罪名，都是令人感到吃驚的事；用來刺激他們產生履行高貴行爲的衝動，或者使他們免於出現帶來羞辱的後果，證明自己在處理事務方面有謙讓之心無須加以補救匡正，對於坦誠的諫言不會譴責而是虛心求教，盡力防止錯誤和過失的發生，要與嚴苛、冷酷、報復的情緒不斷的競爭。從而確定這是最正確的時機，可以達成堅定的善意和眞實的坦誠。

指責過去的行爲可以當成一種武器，我們看到仇敵用它纏鬥不休。可以拿來肯定戴奧吉尼斯的警句：人爲了自保起見，需要盡心的朋友或者積極的敵人，前者使他獲得規勸，後者使他受到指責。爲了避免發生錯誤，最好的辦法是接受提供的勸告，而不是受到人們的譴責以後，再產生悔恨之心。這也是爲什麼要將坦誠的交往，看成精美藝術品的理由之所在，也是友誼能夠發揮療傷止痛最富潛力的醫藥效果。不過，還是需要非常小心使之能碰上正確的時機，還得相互之間彼此節制忍讓，使得雙方達到情投意合的要求。

---

148 可能出自索福克利的悲劇《晚宴的貴賓》（*The Diners*）；參閱瑙克《希臘悲劇殘本》之〈索福克利篇〉No.141。

149 這兩句詩也可能出於《晚宴的貴賓》。

37 前面已經提到過，坦誠的言辭基於它的性質，運用的時候經常會使人們聽到難以忍受。因而需要拿高明的醫生作爲榜樣，進行外科手術的時候，爲了減輕患者的痛苦，在開刀的部位用藥水沖洗或者給予熱敷；這時不能用警告的言詞和嚴厲的語氣讓患者感到刺激，要是無法忍耐就會逼得他只有逃走，應該面露溫和的神色與他做進一步的討論，讓他鎮定下來能夠安心靜養。甚至要像石匠整修雕像的表面那樣，將過去鐵鎚和鑿子留下的痕跡，全部打磨得光亮無比。

人們很難因爲坦誠的言辭，在受到打擊以後記恨在心，如果他表現出粗暴、誇張或憤憤不平的態度，完全歸於怒氣過盛的緣故，下次再遇到類似狀況也不會提出懇求，或是有安撫對方的打算。因此，一個人對這方面的保護要特別注意所給的訓誡，不要太快就放棄不管，也不要在這次會面當中，因爲最後這個談話題材，給熟悉的朋友帶來痛苦和煩惱。

第五章
人之如何自覺於德行的精進

1 尊貴的索休斯・塞尼西歐(Sossius Senceio)[1]，何種形式的爭論讓人保持活力充沛的自覺，認爲他對於德行的實踐，隨著年齡的增長變得更加完美。經由事實可以得知，如果說一個人沒有智慧，即使在各個階段都有提升，只要這種缺失無法改善，還是讓人感到遺憾；要是換個角度來看，他的惡行不斷阻擾所有的進步，附加的重量會將他拖進深淵，如同俗語所說，豈不是

就像魚網沉入水中完全靠鉛塊？[2]

基於同樣的理由，一個人想要學習音樂或文法，如果他的智力水平很低，而且對這方面的課程毫無收益，當然不會感到有什麼進步，由於他並不擅長所需的技巧，雖然花很多時間，始終停留在較低的級別。再者像是病人遭遇的狀況，他將自己交到醫生的手中，完全聽從所有的擺布，治療的過程無法達成減輕或緩和病痛的效果，也沒有感到有任何好轉；一直要等對立的條件不發生任何差錯，他的身體才會完全恢復精力。換個方式來說，人們要不是明顯得知進步可以減輕所受的壓力，否則他們就不會要求繼續鞭策自己；像是天平的轉移就會向上提升到相對的方向。他們也會注意到發生的變化；靈魂一旦不能除去帶來遲鈍的愚蠢，使它的本質能夠煥然一新；要是它在此刻不能到達絕對和完美的善，那麼傾向於惡也是無法避免的事；即使費很大力氣研習哲學，可以斷言不會有多少進展，同時也感覺不到這種變化。如果確實如此，那就是智者何以會在刹那之間或另外的

---

1 索休斯・塞尼西歐是西元1世紀末葉至2世紀初期羅馬的政治人物，曾經出任99 A.D.和107 A.D.執政官，受到圖拉真(Trajan)皇帝的重用，指揮第二次達西亞(Dacia)戰爭。他是當代知名的地理學家和歷史學家，也是小普里尼的好友，蒲魯塔克將本章和另一部《希臘羅馬英豪列傳》三篇傳記呈獻給他。索休斯的著述甚豐，都已佚失沒有存世。

2 出自索福克利一齣不知名的悲劇；參閱瑙克《希臘悲劇殘本》之〈索福克利篇〉No.756。

時刻發生轉換，能從墮落的深淵到達德行無可超越的高處。他現在突然可以將所
有的惡行都拋棄在腦後，須知以往經過很多年的努力還是不能除去分毫。

另一方面，毫無疑問你會知道，採取這種說法的始作俑者，比起那些無心之
失的人，會給自己帶來更多的麻煩和造成更大的困擾[3]；因爲後者變得非常明智，
對於事實不會產生憂慮和不安，或許不知道他會有這樣的發展，也可能是對相信
抱著遲疑的態度；特別是發展所受的影響來自逐漸和長期繼續的過程，要使自己
除去一些帶來累贅的因素，然後再加上其他必要的成分；如同他正在那裡安閒的
散步一樣，擺出莊嚴而安靜的姿態將他帶進德行的團體之中。設若變遷是如此迅
速而且差異是如此巨大，這個人在早晨是最壞的歹徒，到了晚上成爲正人君子，
或者說他在入睡之際還是一文不值的傻瓜，等到醒來變成聰明的學者，將昨天還
在他靈魂當中的重大愚行和錯誤觀念，全部清除得乾乾淨淨，可以大聲叫道：

> 再見吧！那些只會騙人的解夢，
> 遇到我的智慧不會起一點作用。[4]

有人等到這種事出現在自己身上，就不認爲有什麼差異之處，或者懷疑他爲
何突然會發出智慧之光？神明爲了答覆西尼烏斯（Caeneus）[5]的祈禱，就把他從
女子變爲男人，我的看法是任何人都有這種可能。既然如此，爲何不承認任何人
都可以從放縱、愚蠢和怯懦變得節制、聰明和勇敢；或者從獸性轉變爲神性的生
活。要知道自己即使遭遇這種狀況，等到已經感覺也無須多花一秒的時間。

2 雖然有上面種種解釋，一定要這樣講才能讓人清楚：

> 調整垂球的位置合於所繫墨線，
> 才能確實掌握所要測出的定點。[6]

---

3 蒲魯塔克運用隨筆的風格，在本章當中對於「斯多噶學派無法自圓其說」這個論點著墨甚
　　多；可以參閱本書第71章〈論斯多噶學派的自相矛盾〉19節。
4 優里庇德的悲劇《伊斐吉妮婭在陶瑞斯》（Iphigenia in Tauris）569行。
5 參閱奧維德（Ovid）《變形記》（Metamorphoses）第12章189節；拉佩茲（Lapithae）的西尼烏斯
　　原來的名字叫作西妮絲（Caenis），海神波塞登施展祂的大能，將她由女子變成男士。
6 這是一條具備專業性質的諺語。

有人並不願意修改教條去結合事實，而是逼著要用當前的狀況採取不自然的方式，迎合他所設定的假說[7]，使得哲學充滿各式各樣的困難和障礙，其中最嚴重的問題，是將所有的人都放在「惡」的範疇之內，只有絕對完美的人才是唯一的例外。從而得到的結果是要讓我們知道何謂進步；特別是大家還未到達絕對愚蠢的程度，對這方面還是有相當的認知，只要人類無法拋棄激情和柔弱，就會與那些十惡不赦的罪犯，處於同樣不幸的困境。

有些人即使在課堂也會駁斥以下的偏見，那就是說：亞里斯泰德（Aristides）[8]犯下費拉瑞斯類似的錯誤；布拉西達斯（Brasidas）[9]與多隆同樣的怯懦；柏拉圖的冷酷與梅勒都斯（Meletus）的指控沒有什麼不同[10]；因而有識之士在他們的生活和實踐當中，明顯看出對後面三位的憎惡，避免爾後會像這些傢伙一樣泯滅人性；他們認為前面三位的一生非常有價值，受到他們的激勵對於做大事深具信心。

3 我們提到每種形式的惡都具備不同的等級，特別是無法確知和難以肯定的種類，所作所為與靈魂有關，更是不容易分辨（與上面所說非常類似，就是盡量減少卑劣的行為，好像已經是逐漸黯淡下來的陰影；如同理智使得靈魂逐漸變得更加光明和純潔，就會產生不同程度的進步）。如果有人要從深谷裡面向上爬出去，路途的長短可以算出來，一旦面對熟知未來的狀況，我們不能說意識的改變是不合情理的事。我請求大家打開始就要考慮清楚。像是人們在大海張帆前進，航程的推定在於實耗時間連同風的強度，等到得知花費的天數以及外力帶來的加速，可以計算出航行的距離，這些都可以比照過去的模式去完成。

一個人研習哲學可以舉出同樣的證據，只要保持恆常不變的進度就會獲得好處，避免經常出現停頓不前的狀況，接著就會突飛猛進克服難關，平順而規律的迎頭趕上，最後會平安無事通過哲學理論的課程。還可以引用下面的詩句：

　　須知聚沙為塔再加上集腋成裘，

7　攻擊的對象是斯多噶學派，事實上他們並沒有訂出很高的標準。

8　亞里斯泰德是雅典政治家和將領，以服膺民主政體為職志。

9　布拉西達斯是西方世界忠勇愛國的典型人物。他是斯巴達負責阿契達穆斯戰爭（即伯羅奔尼撒戰爭最初十年的戰事，得名於斯巴達國王阿契達穆斯）的將領，奧林匹克89會期第三年即422 B.C.在安斐波里斯（Amphipolis）會戰陣亡。

10　梅勒都斯是出面控訴蘇格拉底的告發者；柏拉圖是當代最偉大的哲學家，他的學說來自蘇格拉底的一脈相傳。

全靠事在人為可說是功不唐捐。[11]

這不僅僅是指金錢的增多，可以用在所有的事情上面，特別是德行的精進更是如此，道理在於恆常和有效的習性可以給予最大的幫助。研習哲學的門生經常見異思遷，或是出現稟賦不足的狀況，即使已經走上知識的道路，他們的進展受到遲延和停頓，甚至產生退步和落後的現象；一個人只要屈從於遊蕩使得光陰虛擲，惡行就會趁機發起攻擊，使他轉身走向墮落的途徑。

數學家告訴我們，行星由於片刻的靜止就會停住向前的運動；哲學的研究不會因進步的停頓而產生中斷，更不可能處於繼續靜止的現象。天體習慣於向上或向下的位移，絕不會喪失應有的動能，或許爲了求取平衡懸浮在天空，仍然會產生搖擺的作用，或者受到相對運動的影響，即使出現最惡劣的狀況，也不過是向另一方向快速的變換位置。如果你必須遵從神讖的指示，要與「色拉人（Cirrhaeans）[12] 展開日夜不停的戰鬥」，從而你就會產生自覺，要對惡行發起無日無夜拼出死活的肉搏，或者至少你不會放鬆警覺，也不會沉溺於聲色犬馬的歡娛之中；須知這些賞心樂事都是惡派來的使者，要與你訂立一紙休戰協定；或許你還存有勇氣和信心，能夠繼續堅持下去。

4 即使一個人在研習哲學的過程有中斷的現象，以後只要比早期更能保持恆常而連續的研究，就能獲得穩定的進步；從而可以明顯得知，經由勤勉和練習會讓冷漠的心情消散得無影無蹤。相反的狀況帶來很大的害處，過不多久產生很多的挫折，還會一直不斷出現，炙熱的毅力馬上喪失無遺。我們可以拿蘆葦作爲比喻，這種植物在發芽抽條的初期充滿活力，使得成長的高度保持平均和一致，開始的莖節都會拉伸，等到以後長得更高，就會遇到阻力和打擊，缺乏能量會使生長變得有氣無力，由於經常受到風的衝擊和搖晃，很多連續的結節聚集在一起。同樣狀況出現在哲學上面，開始可以在廣大的區域任意漫遊，接著會遇到一系列的障礙和困難，不能自覺有任何的改變和進步，最後感到身心俱疲只有放棄。還有人屬於「如虎添翼」那種類型[13]，獲得的幫助可以帶著他前進，擁有的力量和熱誠獲得極其成功的建樹，根本不理會什麼藉口，像是說產生阻礙的

11　赫西奧德《作品和時光》361行，譯者將簡單的字句變得較爲複雜。

12　色拉是福西斯（Phocis）地區一個城市，位於德爾斐南方的肥沃平原，也是聖城對外的港口；這份神讖的旨意是「同室操戈」。

13　荷馬《伊利亞德》第19卷386行；這是形容阿奇里斯出戰的裝束和披掛。

群眾出現在他的路途上面。

　　類似的跡象可以出現在愛情的初期，相戀的對象會面不一定感到愉悅，分離卻帶來刻骨銘心的痛苦。正如很多人受到哲學的誘惑，抱著很高的願望從事學術研究的工作，如果其他的事業和職位迫得非要放棄不可，原來的激情都會消退，他們對於這個學門再也不會關心。只要在心中灌輸這種想法：

充滿青春氣息的愛情使他苦惱；[14]

這時你參加有關哲學的討論，就會顯得溫和而有節制。當他要與這個團體分離，可以看出他滿懷熱情而且極其煩悶，所有的事業和職位都無法讓他感到滿足，往日的回憶始終縈迴在心頭。他對於哲學抱著渴望之心，遭到驅逐就像是沒有理性的動物。我們對於參加討論，就如同現在聞到花香一樣，不應該認為是一種享受，那麼等到我們離開這樣的場合，就不會一直去尋找，甚至感到要想獲得並非易事。我們應該在分離期間經驗一種類似的感受，多少有點像饑餓和口渴，這樣就會產生引導作用，對於真正的進步帶有鍥而不捨的執著。是否出於某種機緣湊巧的狀況，像是一場婚姻或是獲得財富，或是克盡友誼的責任，或是要在軍中服役，就會出現暫時的分離。只要從哲學獲得愈多，與它斷絕關係就會愈加煩惱。

　　5 與這些沒有什麼差別，幾乎極其雷同之處，那是在赫西奧德的作品裡面，發現古代對於精進的作為有非常獨到的見解：只要啓程就不會走費力的上坡路，途中更沒有陡峭的懸崖絕壁，一路上非常順利而容易完成[15]。其實走得穩當要靠平時的練習，還得有燈火在前面引導。修習哲學的過程同樣發現類似的方式；經過啓蒙以後隨即就是極其難堪的窘困、逸出常軌的想法、思考不周的猶豫，所有的門生在開始都會遭遇類似的狀況。像是一個人將自己知道的陸地留在後面，要航向的地方還沒有在眼前出現。有人在獲得知識和擁有更高的水準之前，就將普通和熟悉的東西加以拋棄，他們置身其間會被帶到四處亂轉，經常出現的狀況是走上錯誤的方向。

　　可以舉出羅馬人色克久斯（Sextius）[16]的故事作為例證，大意是說為了哲學公

14　參閱瑞克《希臘悲劇殘本》之〈索福克利篇〉No.757，以及本書第77章〈會飲篇：清談之樂〉第1篇問題2第6節。

15　赫西奧德《作品和時光》289行。

16　奎因都斯・色克久斯（Quintus Sextius）是奧古斯都在位期間，一位斯多噶學派的哲學家，學

開放棄城邦的官位和職務，然而從學習開始就得知自己缺乏耐心，所有的問題是
這樣的困難，恨不得從樓上跳下去了此殘生。夕諾庇的戴奧吉尼斯在致力於哲學
的初期，也發生類似的狀況[17]；雅典人在節慶期間要大開宴席，劇院演出各種節
目，大家無拘無束聚集在一起，縱情歡樂整夜都不休息。這時的戴奧吉尼斯縮在
角落，想要湊合的睡一會覺，陷入令人不安和氣餒沮喪的沉思之中，想起他如何
在沒有遭到強迫的狀況下，進入一種辛苦又陌生的生活環境；這些行動所產生的
結果，是他現在只能坐在這裡，四周都是美好的事物，而他自己卻一無可取。沒
多久出現一隻老鼠在身邊偷偷移動，忙著撿食地上的麵包屑，他發覺這隻小動物
無所畏懼的勇氣，不禁指責自己的膽小怯懦，就自言自語的說道：「戴奧吉尼
斯，看你怎麼說？留下殘餘物就給老鼠帶來一頓大餐，然而像你這樣出身和有教
養的人，難道不能躺在柔軟的臥榻上面痛飲美酒，還要去感嘆和哀悼時運的不
濟？」健全的理性所能表示的異議和堅定的主張，很快讓我們獲得幫助，用來對
抗那一陣子突如其來的失意和沮喪。如同暫時潰退以後又重新集結起來，很容易
驅散我們的消沉和驚慌；吾人相信所有的精進在於具備堅實的基礎。

6 須知哲學的門徒並非只有他們自己才是懷憂喪志的源頭，所有的影響之
所以發揮反作用，全都是軟弱造成的結果，無論是友人給予穩健的勸
告，還是惡意又嚴苛的批評，表現的形式都是嘲笑和戲謔，目的是要人感到彆扭
和喪失鬥志，甚至使得有些人全然放棄哲學的研習；然而能用溫和的態度面對這
樣的批評，或者有人指名道姓提到那些認識的人轉變以後的狀況，如何在法庭贏
取無往不利的成就，如何從婚姻獲得寡婦的大宗財富，如何在前往廣場的時候身
邊伴隨著大批民眾，如何繼續擁有高階的官職，以及如何對於重大的訟案進行辯
護；即使如此還是不會引起困擾或惱怒，這就明顯表示他有很大的進步。

可以很坦誠的說，一個人只要對哲學有正確的認識，即使處於惡劣的環境，
還是不會感到困惑或是受到影響。要對絕大多數人所讚譽的事項停止競爭是不可
能的事，除非那些人擁有難以具備的才華，就是樂意讚譽別人的美德。有些人受
到憤怒或精神錯亂的影響，會勇敢面對整個世界，無論如何這還是很可能的事。
至於要去譴責全世界都讚譽的行為，如果沒有真正的絕大智慧，那根本無法讓人
想像。這也是他們在與別的城邦加以比較以後，要對自己大肆誇耀的道理所在，

（續）

習的初期遭遇很大的挫折。

17　這段記載出現在伊利安（Aelian）《歷史文集》（*Varia Historia*）第13章26節。

如同梭倫所說那樣[18]：

> 看那些奸邪小人總是貪圖富貴，
> 吾等是忠義君子務期知恥守貧；
> 美德懿行可獲得終生莫大福分，
> 錢財珠寶到末了終歸過眼煙雲。

戴奧吉尼斯經常拿他從科林斯搬到雅典，再從雅典遷回科林斯，去跟波斯國王的居所春天在蘇薩（Susa）、冬天在巴比倫以及炎熱的夏季在米地亞（Media）做一比較；亞傑西勞斯在提到萬王之王的時候就說：「除非他的行事比我更公正，否則憑什麼夠資格用這種頭銜，看起來好像比我更偉大？」還有亞里斯多德在寫給安蒂佩特的信裡提到亞歷山大，說是他不能因為統治很多的人就有驕傲的權利，任何人只要對神明有正確的觀念，都可以在眾人的面前炫耀一番[19]。季諾看到狄奧弗拉斯都斯因為眾多的門生弟子，在那裡自吹自擂，就說道：「他的合唱團編制的確龐大，要說歌聲和諧動聽就不如我訓練的隊伍。」

7 德行的優勢不論它的位置為何，僅能相對於外部的利益，你可以繼續除去所有的嫉妒和猜忌，還有那些讓很多哲學的入門者感到苦惱和沮喪的事情，就可以非常明白的得知，你已經走上一條前途光明的大道，與你未來的進步有很大的關係。這使得一個人的談吐和論述會發生很大的改變，這點可以說是相當重要；實際上所有哲學的入門者，都傾向於追求這一類的表達形式，因為可從而獲得很大的名聲。初學的人如同鳥類，由於牠們的飛行能力和翱翔志向，可以停棲在自然科學所稱的高處；這時還有其他人等，如同柏拉圖所說，「就像小狗很高興去又撕又咬」[20]，全力從事於正反不斷的爭論、難以措手的題材和模稜兩可的遁辭。等到大多數人進入邏輯和辯論的課程，他們就會直接將全副精力用

18　參閱貝爾克《希臘抒情詩集》第2卷427行No.15；引用於本書第6章〈如何從政敵那裡獲得好處〉11節、第34章〈論寧靜的心靈〉13節，以及蒲魯塔克《希臘羅馬英豪列傳》之〈梭倫傳〉3節。

19　參閱朱理安（Julian）《書信集》一封致提米斯久斯（Themistius）的信，其中有這方面的敘述；朱理安是西羅馬皇帝，在位期間是360-363 A.D.，提米斯久斯是演說家和元老院議員，對他的支持不遺餘力。

20　參閱柏拉圖《國家篇》539B；他的用意是不要年輕人過早學習辨證法，免得養成爭論的習慣。

在詭辯術，不斷的練習儲備這方面的能力；有少數人曾經蒐集名人的箴言和軼事，像是安納查西斯（Anacharsis）口裡提到的雅典人，說他從來沒有看到他們把錢拿出來用，這樣就能免於計算它的數目；然而這些人卻如此愚蠢，竟然要將儲存的文藝加以考量和清點一番。只是他們從不保留那些對他們無利可圖的東西。

據稱安蒂法尼斯（Antiphanes）是柏拉圖非常親近的朋友，提到他的故事也很適合我要談論的主題[21]。安蒂法尼斯用風趣的言辭談起一個城市，當地非常寒冷，大家說出的話都凍結在那裡，後來等到融解以後，他們會在夏季聽到冬天所說的話。他斷言這些與下面的比喻非常類似，就是柏拉圖在他們年輕的時候向他們所說的話，雖然沒過多久就會明瞭其中的意義，只是這時他們已經都是老年人。哲學的一般經驗，總而言之，非要等到判斷能獲得非常健全的穩定性不可；而且從開始就發現它與原則完全一致，就是別具一格的特性和寬宏大量的器度。要是從伊索的寓言得知[22]，設若尋找一種談話所留下的足跡，可以看出是向我們走來，而不是離我們而去。正如同索福克利所說那樣：伊斯啓盧斯華而不實的詩句，如同在手裡拿著一支點燃的火炬；其次是他的作品嚴屬苛刻而且堆砌做作；第三是他改變語言的特性；然而大多數人在運用的時候，會帶著倫理的教訓和美德的陶冶。這與前面非常類似，研習哲學的門生弟子，能夠通過誇耀和虛浮的門檻，進入論述和談話的堂奧，涉及有關的性質和感情，他們才開始踏上正確和坦率的精進之途。

8 當你仔細閱讀哲學家的著作或是傾聽他們討論的時候，應該注意哲理的主題而不是所使用的語言；不能只是找出隨筆或辭句當中的錯誤或古怪的地方，而是看它所傳達有用、適當和有利之處。當你讓自己忙於詩歌和歷史之際，必須認清是否有什麼觀念能夠逃過你的注意，須知這種觀念在於穩定的表示和傾向於風格的改進或情緒的緩和。如同賽門尼德所說，蜜蜂在花朵當中掠過，是為了

能夠釀出淺黃而又美味的蜂蜜，[23]

---

21 安蒂法尼斯是色雷斯人，後來定居在雅典，完成很多神話和傳奇的作品。

22 這段話出自他的《寓言集》第137篇〈獅子和狐狸〉。

23 參閱貝爾克《希臘抒情詩集》第3卷〈賽門尼德篇〉No.47；本書第3章〈論課堂的聽講〉8節及第36章〈論子女之愛〉2節。

世界其餘的物種只是滿足本身的彩色和氣味，從他們那裡無法獲得令人垂涎的產品。所以會把世界其餘的物種寫進詩文，目的是爲了獲得歡樂或用以消遣；如果一個人願意主動去發現和搜尋一些有價值的東西，習慣和愛好使他鍥而不捨追求美感和適切的配合，最後可以培養出欣賞的能力，這應該是很合理的期望。

　　談到有人運用柏拉圖和色諾芬的語文，除了阿提卡風格的簡潔純正，像是晶瑩的露珠和盛開的花朵，沒有得到其他的收穫，免得他們當成那一類的人，無意於它們具備鎮靜或通便的功效，也沒有分辨它們的能力，難道僅對藥物香甜的氣味感到滿足？還是有人在不斷的繼續精進，通常都能獲得很大的好處，不僅來自所提到的事物，更多來自所見和所做的項目，這些東西只要合適而且有用，不論來自何處都願費力去收集。類似的例子可在伊斯啓盧斯和其他人士記載的故事當中發現；伊斯啓盧斯在地峽運動會參觀一場拳擊比賽，等到一位選手被擊倒以後，劇院的群眾爆發出一陣吼叫；詩人用手肘輕觸坐在身旁的開俄斯人艾昂(Ion)[24]，說道：「這樣的社會還有什麼紀律可言，被打倒的人沒有任何表示，反倒是觀眾在那裡瞎起鬨。」布拉西達斯在一堆乾無花果裡面抓到一隻老鼠，雖然被牠咬了一口，還是將牠放走，同時對自己說道：「老天爺！即使是再弱小的動物，爲了保護自己的生命，還是有反抗的勇氣。」戴奧吉尼斯首次看到一個人在痛飲不休，就從他的行李袋中將酒杯找出來，然後將它丟在地上[25]。

　　像這樣的全神貫注加上廣泛的用途，使得人們洞察和領受所形成的概念，亦即任何事物都能有助於德行的精進，姑且不論它的來源出自何處。形成的狀況特別偏重於理論和實踐的綜合，不僅如修昔底德所說：「危難的艱苦訓練中獲得軍事經驗。」[26] 還有就是面對歡樂或爭執，或是忙於訟事和法庭的上訴以及擔任公職的舉措，從而給予他們一個展示說服力的機會，或者用實地的測試證明的確有效。因之有人還在繼續學習之中，忙著從哲學裡面找到謀生之道，像是直接在廣場展現本領去拉生意，或是將一些年輕人聚集起來，或是參加法院工作人員的夜間宴會，雖然如此，還是不應該把我們想要實踐哲學，比起庸醫想要開方用藥大有不如。或者說一個精通種種花樣的江湖郎中，與荷馬所敘述的鳥兒在各方面看

24　開俄斯的艾昂(490-422 B.C.)是戲劇家、詩人和歷史學家，大部分時間都留在雅典，寫出很多劇本都已佚失，只有散文作品存世。

25　參閱塞尼加(Seneca)《書信集》第90封信和戴奧吉尼斯‧利久斯《知名哲學家略傳》第6卷37節。

26　參閱修昔底德《伯羅奔尼撒戰爭史》第1卷18節；這是指斯巴達和雅典而言，一個在陸地稱雄，一個是海洋霸主。

來沒有什麼不同，不管怎麼說就像母鳥用嘴去餵食「羽毛未豐」的幼雛，

　　本能讓牠克盡含辛茹苦的責任，[27]

如果他無法貢獻自己所擁有的優點和長處，那麼對於接受的東西同樣難以消化和吸收。

9 我們要仔細考量極關重要的事項，那就是我們是否運用論述和寫作當成改進的工具，由於會影響到其他的人，是否我們精進表達能力不是為了短暫的虛名，或者出於野心的動機，而是想要傾聽和告知一些事情。此外我們更要考量是否基於競爭的精神，要把引起口角無法解決的問題記錄下來；是否我們不要拿爭辯當成拳擊手套或是銅指環來武裝自己，相互爭執的時候為擊倒對手而興高采烈，不是在於能夠學習和傳授某些知識。在這些事物上面我們必須講理公道以及寬容和善；加入討論不需要爭得面紅耳赤，結束以後更不要老羞成怒，辯論中獲勝無須揚揚得意，遭到擊敗也不必憤憤不平，凡此都是一個人獲得穩定進步的標誌。亞里斯蒂帕斯對這方面有很明確的表示，有次他在一次辯論當中，曾經被一位非常有信心的人士擊敗，雖然其他人愚蠢而且毫無主見，等到他看到這個人趾高氣揚表現出極其自負的模樣，於是亞里斯蒂帕斯說道：「你讓我在言辭的辯論上落到下風，等我回家以後卻能給我帶來更為甜美的睡眠。」

　　發表演說會使我們具備信心的認知，像是一大群毫無預期的聽眾集結起來，即使講話沒有準備也不會怯場；或是在少數人的面前進行辯論，我們也不會有氣餒要打退堂鼓的感覺；等到有需要在人民或官員的前面講出一番大道理，不要因為缺少時間使得我們的談話用正規的方式來表達，就讓這個大好機會白白溜走；如同他們提到笛摩昔尼斯和亞西拜阿德的狀況。就後者來說，雖然他對談論的主題有深入的思考而且論點非常精闢，然而他表達的方式欠缺自信，對於訴求的主題產生難以為繼的現象，造成中斷是為了找一個難以記住的單字或片語，實際上經常用在講演上面，這會使他犯下很難堪的錯誤。雖然荷馬對於他的著作第一行沒有運用韻文的體裁，並不感到有什麼遺憾之處，在別的章節當中，他對於自己的能力充滿信心。這一切都在於他們要努力邁向德行和榮譽的道路，盡量運用機會和掌握主題；不要讓他們只想到歡呼和稱讚，這完全靠著善用講演的技術才能

27　荷馬《伊利亞德》第9卷323行；同樣出現在本書第36章〈論子女之愛〉2節。

贏得。

10 他應該對自己的一言一行都要小心翼翼特別注意，這對任何人都不例外；看看在這方面所有可以發揮作用的因素，是否都能超越虛誕和誇耀的範疇，整體的目標是否真實明確不會僅是賣弄而已。就像年輕人或婦女的山盟海誓並不需要找到一位證人，只要讓他們的欲望保持秘密，一旦兩情相悅總可以享受歡樂的果實。

甚至對於榮譽和智慧的愛好者可以保有更大的期望，經由他們的行動會與德行產生密切的交往，只是對個人所產生自負的心理，卻能保持沉默不讓別人知曉，認為不需要吹捧的人和在一旁歡呼的聽眾。

有一個人在家中把女僕叫來對她說道：「戴奧尼西婭(Dionysia)，請看我是多麼謙虛，再也不會自命不凡和目中無人。」這種做法非常類似一個人的行為，只是表現出文雅和有禮的舉止而已，然後到處宣傳讓大家知道他與眾不同之處，這一切都是為了沽名釣譽；實在說他對於德行尚未達到略知皮毛的程度。不僅如此，他還是在睡夢之中沒有真正的清醒，像是在德行的陰影和幻覺之中漫遊，提到他的所作所為如同陳列的一幅畫，無法發揮任何實際的效用。因此一個人正在精進的明顯信號，不僅在於他能給予朋友的好處或是仁慈對待熟悉的人，還要避免告訴不相干的外人，除此以外，還要使他在不講榮譽占大多數的民眾當中提供誠實的判斷；或者他能夠斷然拒絕與富豪或官員進行無信用可言的協商；或者是他非常瞧不起賄賂，甚至他即使渴望能在夜間飲酒也能夠不去參加；或者像亞傑西勞斯在打完一場仗以後，拒絕可愛的女郎或年輕人的親吻，要讓自己保持平靜的心靈和沉默的態度[28]。事實上，像這樣一個人會堅持自己所做的評估，而且絲毫沒有藐視之意，想到他同時還是一個合格的證人，以及是光榮行為的旁觀者，表現出他所具有的理性，已經扎根在身體裡面，就會感到愉悅和滿足。

德謨克瑞都斯曾經這樣表示，說他「發現自己處身於歡樂的源頭，變得習慣於這種狀況」。農夫看到麥穗低垂彎向地面感到極其欣喜，如果植株高聳表示穀粒很輕，這時出現不結實的空殼，農夫不會受到欣欣向榮的外表所欺騙；因此年輕人研習哲學應該知所警惕：須知有些人的心胸空洞而且沒有一點分量，無論是表現在外的姿態、步伐和神情，充滿著傲慢和自大，像是把任何人都不放在眼

28　參閱色諾芬《亞傑西勞斯傳》第5章4節、蒲魯塔克《希臘羅馬英豪列傳》之〈亞傑西勞斯傳〉11節和本書第2章〈年輕人何以應該學詩〉11節。

裡；等到他們的頭腦開始從課堂和閱讀獲得成果，就會放棄神氣活現的舉動和膚淺幼稚的談吐。如同空容器注入液體形成的壓力會將空氣排出去，等到一個人充滿真正美好的東西，倨傲和驕矜的毛病就會革除，自視過高的心態不會像從前那樣固執。只要能像哲學家留起鬍鬚和穿著長袍，自命不凡的神情就會逐漸消失，這時訓練的重點已經轉移到心靈，他們會毫不留情的自我批判，在與別人交談時非常溫和體貼。

　　哲學的薰陶以及學習所帶來的名聲，甚至讓他們獲得哲學家的頭銜，會讓他們不再像以往那樣輕狂。事實上，一個年輕人表現最好的部分，在於其他人用這種頭銜稱呼他，就會帶著羞愧的神色很快的分辯：

> 我對你說沒有接受祭祀的身分，
> 為何還要把我看成不朽的神明？[29]

如同伊斯啓盧斯寫出的詩句：

> 年輕少女一旦嘗試性愛的激情，
> 炙熱的眼睛會洩漏心中的戀人。[30]

等到年輕人在哲學面前品嘗真正精進的滋味，可以聯想到莎孚（Sappho）的戀曲：

> 甜蜜的愛情難以用言語來形容，
> 神秘的火焰已在我的全身流動。[31]

儘管如此，你會用寧靜和誠摯的眼光去看對方，渴望聽到他的聲音。

　　如同一個人正要參加神秘的祭典，看到聚集起來的群眾，最初陷入狂亂和嘈雜之中，彼此都在那裡推來擠去；等到神聖的儀式按部就班的舉行，大家馬上轉為敬畏的神情和肅穆的態度；哲學的入門也會出現類似的狀況；開始的時候你會

29　引用荷馬《奧德賽》第16卷187行，參閱本書第44章〈論不會得罪人的自誇〉12節。
30　出自伊斯啟盧斯的悲劇《托克索泰德》（Toxotides）；參閱瑞克《希臘悲劇殘本》之〈伊斯啟盧斯篇〉No.243；本書第50章〈愛的對話〉21節。
31　參閱貝爾克《希臘抒情詩集》第3卷〈莎孚〉No.2；莎孚的詩再度引用於本書第50章〈愛的對話〉18節。

看到一陣混亂，高聲喧囂表現膽大妄爲的氣概，如同粗魯的村夫在那裡推擠，朝著可以獲得名聲的道路邁進。他還要繼續獲得內在的充實，如同神廟打開使他看到明亮的光，無論身心都能採取適當的模式，雖然極其驚訝還是保持安靜，「擺出謙卑和聽命的姿態」[32]，像是追隨神明一樣遵從理性的指導。麥內迪穆斯以風趣的口吻談起這方面的事情，運用的方式眞是非常得體；他說很多人來到雅典，進入學校的目的開始是爲了變得更加聰明，後來他們成爲智慧的愛好者，接著是演說家，等到時間繼續下去，就如同普通人那樣平凡，他們愈是堅持理智重於一切的原則，愈容易放棄自視過高的主見。

11　人們需要醫生提供的服務，如果牙痛或是手指受傷，直接找他們給予治療；有人得了熱病就會召喚他們前來家中看症，希望能夠藥到病除。那些出現憂鬱症徵候的患者，或者基於宗教的狂熱分子到達精神錯亂的程度，他們有時甚至無法忍受醫生的探視；不是將來人趕走就是自己逃離，因爲他們不了解自己是病人，所以會產生這樣的行爲，完全是疾病所帶來的暴力作用。我們經常可以看到的錯誤：就是有些人遇到外來的指責和規勸，立刻擺出怒目而視的態度，甚至還會大發脾氣，這種狀況可以說是無可藥救；還有一些人能夠容忍別人的訓誡，表現出非常歡迎的樣子，即使會遇到挫折都不會產生嚴重的後果。一個人犯了錯誤願意虛心接受外來的指責，告訴別人他是怎麼一回事，甚至揭露自己的腐敗和墮落；他不會爲隱匿自己的缺失深表慶幸，或是爲沒有讓別人知道感到滿足，而是自己能夠公開承認，感到需要有人出面來照料他，特別是對他加以規勸和幫助，要從這方面來說個人的表現有相當的進步。

戴奧吉尼斯不管在任何場合，都會說出他的自保之道[33]，一個人最關重要的地方，在於即使沒有忠心耿耿的朋友，也應該有窮追猛打的仇敵，這樣一來，無論是嚴厲的譴責還是善意的規勸，總能讓他免於陷入邪惡和罪行之中。如同一個人只要他的衣服上面有污點和骯髒的地方，所穿鞋子出現裂縫，還能趾高氣揚出現在公眾場合，生怕由於不關心這些事情被人視爲傻子；或者被人當作侏儒或駝子來開玩笑而不以爲意；可以想像還有一種人，要表現出年輕人虛張聲勢的勇氣，然而就在這個時候，對於靈魂的內在醜惡、生活的卑劣行爲、瑣碎的外在表

32　參閱柏拉圖《法律篇》716A；原文是要人類成爲神明的追隨者，沿著正確的道路前進，這裡卻將理性與神明相提並論。

33　本書第4章〈如何從友人當中分辨阿諛之徒〉36節有同樣的論點，然而在第6章〈如何從政敵那裡獲得好處〉6節當中，卻把這段話歸之於安帝塞尼斯。

現，以及喜愛尋歡作樂，還有就是他的惡意和嫉妒，雖然這些已經成爲紅腫的潰瘍，他還要加以掩蓋和隱藏，不讓任何人觸及甚至看到，因爲他害怕因而受到譴責，像這樣的人不要說進步很小，可以認定他毫無希望。有人在盡力解決他所犯的錯誤，認爲他的過失是不幸給他帶來痛苦；其次是願意聽從別人的勸告而且毫無畏縮之感，所有的譴責使他振奮更爲純潔的精神；這樣一位人士眞會從各方面擺脫卑劣的言行，還會厭惡有諸如此類事情的發生。

毫無疑問，每個人應該有足夠的自尊，避免給別人一種會做壞事的印象。一個人覺得卑鄙的言行確實存在，要是與獲得惡劣的名聲相比，使他受到更大的困擾；他不僅會用無禮的話責備自己，更不會規避別人對他的非難，那麼這時可以看出他有改進的決心。有一個年輕人遇到酒館馬上逃開不願進去，戴奧吉尼斯看到這種情形，講出很有道理的話[34]，他說道：「你愈想避之大吉，就愈會流連忘返。」人們對於格調不高的事情，通常會矢口否認，凡是涉及惡行只要陷入愈深，那麼他的後路愈容易遭到切斷，喪失可以全身而退的機會。有些清寒的家庭由於虛榮心作祟硬要打腫臉充胖子，結果變得更加窮困。

一個人要拿希波克拉底（Hippocrates）做榜樣[35]，才會使得自己有更大的進步；希波克拉底對於頭蓋骨的縫隙造成的病痛做出錯誤的診斷，一般人不願別人知道，他卻將所有的記錄和資料公諸於世，希望大家吸取他的教訓不要重蹈覆轍；他並不是沒有勇氣接受別人的指責，須知一個能夠拯救靈魂使之不致墮落的人，就能公開承認自己的愚昧和無知。

其實大可以把拜昂和皮朗（Pyrrhon）[36] 宣稱的事項解釋爲某種指示，不僅在這方面會有很大的進步，還可以讓我們的心靈到達更高的層次，接近更爲理想的境界。拜昂經常對親近的朋友提到，要他們盡力追求精進，把它當成最重要的事，即使那些咒罵他們的人說出下面的話：

朋友，看來你不是蠢才或壞蛋，[37]

---

34 根據本書第58章〈十位演說家的傳記〉之8「笛摩昔尼斯」以及戴奧吉尼斯・利久斯《知名哲學家略傳》第6卷34節，都說這位年輕人就是笛摩昔尼斯。

35 生於考斯（Cos）島的希波克拉底是西元前5世紀的名醫。他是古代名聲最響亮的醫生，直到現代所有醫事人員全部服膺他制訂的誓辭。可以參閱卻特（Chartier）所編《希波克拉底全集》第9卷340F、塞蘇斯（Celsus）《論醫學》（*On Medicine*）第8卷4節、昆蒂良《演說家的教育》（*The Orator's Education*）第3卷第6卷64節以及朱理安《書信集》58。

36 皮朗是西元前4世紀出生於伊利斯的哲學家，後來倡導無神論或懷疑學說。

37 荷馬《奧德賽》第6卷187行；參閱第20卷227行。

我祈求神明賜給你好運和健康；[38]

大家還是不可掉以輕心，一定要戰戰兢兢把事情做得更爲圓滿。據說有一次皮朗在旅途中陷身暴風雨的危險，發現一隻小豬覓食掉落在甲板上的穀粒，他顯出非常興奮的樣子，就指出來讓同伴看，同時還說一個人面對任何降臨到身上的事，認爲都不會帶來困擾，那麼從理性和哲學所能獲得的幫助，對他而言都是同樣的無關緊要。

12 我們要重視季諾的陳述所表示的意義。他說每個人都能從夢中獲得某種意識，如果他認爲即使陷入深沉的睡眠，對於任何令人覺得丟臉的事，都不應該感到眞正的樂趣，並且不會產生寬容的心理，可以避免清醒之際從事可怕或不幸的行動，就「愼獨」的作爲來看證明他已經有所精進；然而在絕對的寧靜當中可以獲得極其明確的想法，那就是靈魂裡面幻想和激情的成分，會被理性清除得乾乾淨淨。柏拉圖很早就對這方面有所認知[39]，睡眠期間自然浮現專橫暴虐的靈魂，他對其中過於幻想和喪失理性的因素，就它的操作方法賦予表達的模式和程序；像是夢中有「亂倫的企圖」，雖然出現各種不同的食物，還是會引起突然的饑餓，欲望如同無繮之馬，不像在白晝憑藉法律的羞恥和畏懼，可以加以抑制和阻止。那些經過訓練的馱獸，即使趕牲口的人放任不管，牠們也不會離開道路到處亂走，按照既定的路線平安無事抵達所要到的地點。

就人們面對的狀況而論，本能的衝動由於理智的作用已經趨向降服和溫順，全面得到抑制變得更爲樸實。因爲要滿足欲望，才會出現自大傲慢的言行或無法無天的舉動，已經沒有意願再加以縱容，這些並非睡眠的關係，也不是生病造成的結果。會讓我們的警覺獲得更大的力量和強度，只要在我們的心中加以遵守和忍受，習慣就因而建立起來。德行的訓練對身體而言，可以讓它和所有的器官都能遵從命令，要對很多事務表現出冷漠的態度，像是眼睛看到令人同情的場面不會流下淚水，面臨恐怖的情景心臟也不會怦怦亂跳，即使與年輕貌美的佳人在一起，純潔的感情不會因欲念而產生激動。要緊緊掌握靈魂裡面的情緒成分，就會排除幻想和刺激所產生不端和狂妄的行爲；甚至將這些抑制的過程帶進我們的睡眠之中，就這樣看來難道我們不需要訓練？

38　荷馬《奧德賽》第24卷402行。
39　參閱柏拉圖《國家篇》571D，可與整章的內容做一比較。

　　一個與哲學家司蒂坡有關的故事可以說明這點：他說他在夢中見到海神波塞登，對於他們沒有按照傳統的方式，用一隻牛當犧牲向祂獻祭，滿臉不高興的樣子像是在發著脾氣；他自己因為在夢中所以毫不膽怯，很不客氣的回答道：「波塞登，你是怎麼搞的？我不願全城因為燔祭充滿燒焦的氣味，所以才在自己家中奉上高雅的祭品，誰知你竟像一個黃口小兒在那裡怨聲載道？」波塞登聽到這番話露出笑容，趕緊握住他的手，說是因為司蒂坡得體的行為，祂要讓麥加拉人在這一季獲得大量鯷魚。

　　就人們極其熟悉的狀況而論，該死的夢竟會如此的歡樂、鮮明和安詳，每個人在睡眠的時間都會獲得類似的經驗，不會再度出現令人恐懼和引起反感的情景，或是施展怨恨和邪惡的行為。季諾之類的人士曾經斷言，所以會如此明確的表示，舉凡這一切都可以反映出他們在不斷的進步之中。那些折磨人的回憶、引起煩惱的成因、下流無恥的遺棄，以及對歡樂和悲傷做出幼稚的反應；類似的經驗來自驚慌不安或脫序失常的夢境，如同巨浪帶來的衝擊和毀滅，靈魂已經喪失保持常態和條理的力量，外部的見解和規範仍舊使它的成形受到影響，等到離開睡眠的期間更遠的時候，再度受到情緒的左右，不僅完全開放而且毫無拘束[40]。我請你務必多加考量，是否相關的事項對德行的精進大有關係，或許在心態上基於理性的力量，可以擁有堅定不移的意志。

13 鑑於完全保持中庸之道和持平之論是神聖的大事，因而他們認為追求進步非常類同於情緒的緩和與節制。我們的責任是要比較現在的我與過去的我，在情緒方面有無變化，除此以外，彼此之間也應該做一比較，因而下達的決心必須冷漠以待。他們應該與過去的我做比較，用以得知我們現在所經驗的欲望和畏懼和憤怒的情緒；等到與過去經常出現的狀況相比以後，得知是否在強度方面已經降低；何況我們還可以藉著理性的力量，很快消除可以引發烈焰帶來毀滅的成因。因而我們必須讓他們彼此之間進行比較，用以得知是否我們現在的感覺是傾向於羞恥而不是畏懼，情願引起相互的競爭而不是出於猜忌之心，是為了追求良好的名聲而非金錢使得我們充滿熱情。

　　一般而論，我們為了避免犯下趨向極端的錯誤，是否應該採用音樂家的辦法，像是偏向多里斯調（Dorian）的高昂，而非利底亞調（Lydian）的輕柔；因而在生活方式上面，表現出嚴謹規律而非鬆弛散漫。我們的行動要求從容不迫而非草

40　參閱柏拉圖《國家篇》571C以及本書第9章〈善與惡〉2節。

率倉促。即使給予過度的讚譽，也不要對理論和人員表示藐視之意。如同疾病轉移到身體較不重要的部位，出現這種症候就會使人感到安心；可以非常合理的假定，一個人在性格方面有所精進，主要的轉變在於情緒更加節制，從而知道他的惡行逐漸遭到清除。

　　弗里尼斯（Phrynis）[41] 在七弦琴上面多加兩根弦，民選五長官提出質問，看看他是否願意切斷上面或下面兩根，就我們的想法來說，最好是上面和下面各除去一根，使得最高和最低的音調之間，不會出現過大的差距。進步可以獲得最初的成果，就是消除我們情緒當中最尖銳和趨向極端的部分，如同索福克利所要表示的觀念：

　　　　處於狂熱的環境難免瘋顛之舉。[42]

14 前面已經提過，要將我們的判斷轉變成行為，任何事情不能僅是說說而已，應該要有行動的表現，特別明顯之處在於獲得進步。這方面所能體驗的認知，首要之處在於我們的讚譽可以引發競爭的欲望，推崇可以激起效法的熱誠；其次是我們的指責和非難，即使讓人們沒有模仿的意願，還是會產生寬容的心理。諸如所有的雅典人毫無例外，都會頌揚密提阿德（Miltiades）[43]的英勇和大無畏的精神，然而提米斯托克利特別說起[44]，密提阿德的戰勝紀念碑卻讓他夜不成寐，在入睡的時刻坐起沉思，使得他不只是景仰和欽佩，更能激起一比高下的決心。我們對成功的人產生的感覺何其遲鈍，無法鼓勵大家的效法和模仿，即使對他們讚譽有加，相信同樣只能促成有限的進步。從事實得知，一個人的愛情除非出於嫉妒之心，否則不會有積極的行動，何況對德行的推崇並不是那樣的熱誠和有效，所以不會產生驕傲的感覺，刺激我們採取積極的作為，除了嫉妒還有競爭帶來的創造力，超越於光榮的事物之上，為了滿足所要達成的欲望，必須竭盡全力奮鬥到底。

　　亞西拜阿德經常提到，哲學家的談話和論點，不僅使他心中感到苦惱以至於

41　邁蒂勒尼的弗里尼斯是西元前5世紀中葉的神劇劇作家，對於音樂的樂理有很大的貢獻。

42　參閱瑞克《希臘悲劇殘本》之〈索福克利篇〉No.758。

43　密提阿德（550-489 B.C.）是雅典的將領，奧林匹克72會期第三年即490 B.C.，領導希臘軍隊在馬拉松會戰，對波斯人取得決定性勝利。

44　參閱蒲魯塔克《希臘羅馬英豪列傳》之〈提米斯托克利傳〉3節及本書第6章〈如何從政敵那裡獲得好處〉10節。

眼淚都流了出來[45]；最重要之處在於眞正讓人有所精進，使得自己的行爲和舉止能與仁人志士做一比較。基於自覺於個人的缺失和短處會帶來良心的呵責，然而希望和渴求同時會使他欣喜萬分；只要心中充滿驅策的力量，絕不會保持安靜和停滯。賽門尼德寫出下面的詩句：

> 斷奶的幼駒跳躍在母馬的身旁；[46]

他所渴望的目標是如此的崇高，要使自己的一切與正人君子合爲一體。眞正精進是有一種特別的徵候，就是發現有某些人的處理方式，會給人帶來歡喜和愛慕的感覺，對於這種行爲讓我們產生競爭和模仿的心理，事實上我們的努力使彼此非常相似，通常相互之間會伴隨著善意，經由緊密的配合會對榮譽的滿足，產生極其美好的需要。反過來說，任何人由於灌輸競爭的精神和嫉妒的心理，使得他朝向更好的方向前進，這時必須讓他了解，僅僅因爲別人的名聲或權勢，使他感到己不如人，受到激怒才會奮發圖強，他不能歸功於德行的力量使然，還要裝模作樣對它歌頌一番。

15 我們不管怎麼講都要從現在開始，對於正人君子存有一種景仰之心，不僅要把一個人的自制當成天賜的禮物，如同柏拉圖所說：「能從這個人的嘴中聽到充滿美德的言語，該是多麼的幸福。」[47] 我們讚譽和喜愛他的習慣、姿態、外貌和笑容，還抱著熱誠的盼望要與他有緊密的交往，從而相信我們是眞正在謀求進步。還有就是在日起有功的狀況之下，我們對善行的讚譽不要局限在往昔那些無憂無慮的命運，如同陷入情網的戀人，即使對象口齒不清或者面容蒼白，還是受到衷心的愛慕[48]。當年潘昔婭處於悲慘和惡劣的環境，她的眼淚和頹喪使得阿拉斯庇斯（Araspes）爲之傷感痛心[49]；因之我們想到亞里斯泰德

---

45 參閱柏拉圖《會飲篇》215F，只是亞西拜阿德的談話和他以後的行爲，看起來完全是兩回事；要想理解中間的變化，實在是很不容易的事。

46 參閱貝爾克《希臘抒情詩集》第2卷〈賽門尼德〉No.5；本書有很多章引用這句詩；斯托貝烏斯的《花間飛舞》第115章18節引用殘留的文字。

47 參閱柏拉圖《法律》711E；所指這個人是皮洛斯（Pylos）國王尼斯特，他是特洛伊戰爭的老將，行事公正，智謀過人，受到希臘全軍的敬重。

48 這是來自柏拉圖《國家篇》474E的回響，要把柏拉圖的論點做更進一步的認定；本書第3章〈論課堂的聽講〉13節，對全文有更詳盡的敘述。

49 參閱色諾芬《居魯士的教育》第5卷第1章2節和第6卷第1章31節。

的放逐[50]、安納克薩哥拉斯（Anaxagoras）的囚禁[51]、蘇格拉底的貧窮、福西昂的判決[52]，並不會感到懷憂喪志，那是我們相信美德的存在，即使接踵而來是巨大的痛苦，還是值得我們大書特書的表揚，願意義不容辭的追隨前進。基於這些方面的經驗使得優里庇德要訴說心中的塊壘：

　　萬事萬物全都具備高貴的性質。[53]

一個人只要擁有狂熱，就會將他帶到不會感到憂慮難安的地方，即使那些看起來令人畏懼的東西，只會讓他讚許的同時引起競爭之心，絕不會放棄可以獲得的地位和榮譽。

　　進取類型的人已經準備著手不斷的實踐，要從事正當的職業，或是擁有官員的位置，或是獲得命運女神的垂青。他們的眼睛凝視現在或過往的仁人君子，心中在那裡沉思：「柏拉圖在這種狀況下會怎麼做？伊巴明諾達斯會怎麼說？萊克格斯或亞傑西勞斯會採取什麼行動？」[54] 象徵的說法是站在這些鏡子的前面，他們可以修飾自己或是整治所穿的衣物，可以抑制更為羞辱的表達方式，或是在開始就阻止這方面的情緒。真有那種人會將愛達山的達克特爾（Dactyls）[55] 這個名字記在心頭，把它當作符咒來對抗恐怖的事物，口中念念有詞就是獲得安寧的保證；善良之士的思索和回憶不斷進入心中，就會對德行的精進給予莫大的支持，在每種感情開始出現或是陷入困難之中，就要讓他們保持向上的決心，免得遭遇墮落的命運。總之要讓這些就你而言已經成為一種表徵，你所提到的人正朝向德行奮勇前進。

16 一個人要是突然獲得響亮的名聲以及表現高尚的情操，這時對他進行詳盡的描述，不會讓人陷入混亂之中，同時也不會感到慚愧，或

50　參閱蒲魯塔克《希臘羅馬英豪列傳》之〈亞里斯泰德傳〉7節。

51　安納克薩哥拉斯（500-428 B.C.）是生於愛奧尼亞（Ionia）的哲學家，後來在雅典定居，成為伯里克利及德謨克斯的老師。

52　參閱蒲魯塔克《希臘羅馬英豪列傳》之〈福西昂傳〉35節。

53　參閱瑞克《希臘悲劇殘本》之〈優里庇德篇〉No.961。

54　塞尼加認為這些論點是來自伊庇鳩魯的學說，可以參閱他的《倫理學隨筆》（Moral Essays）第1卷第11章8節。

55　無論是克里特島或弗里基亞（Phrygia）的愛達山，都與神話中的精靈脫離不了關係，達克特爾的大名真是如雷貫耳。據說愛達是宙斯的奶媽，所以這兩座神山都用她的名字。

者需要加以隱匿或是重新給予安排；他能夠毫不羞怯的走向前去與大家見面，這樣一來等於他知道他擁有的地位並且能夠提出保證。亞歷山大看到一位信差興高采烈急忙向他走過來，於是抓住來人的手說道：「朋友，你要報告我什麼好消息？難道是荷馬已經復活不成？」他認爲他的功勳可以獲得後世的紀念和慶祝，其他的已經沒有什麼了不得[56]。這位年輕人仍舊在改進自己的性格，只是他的內心並不喜歡下面的事項：像是在仁德之士的面前感到眞正的喜悅，或者是提供機會讓他們見到他的起居、他的飲食、他的妻室、他的子女、他的愛好和他的談吐，無論是向他人訴說還是寫進書本之中；就是到後來亞歷山大想到自己的父親，還有那位賦予知識的導師都已過世，無法看到他目前的狀況，難免讓他感到一陣痛苦，他還是不會對神明熱誠的祈禱，希望他們再回到世間，成爲他的生活和行動的旁觀者。從另一方面來說，要是與這些偉大的人物進行直接的對比，人們會因忽略面臨毀滅的命運，因爲即使在睡夢之中，還是無法讓自己的親人免於恐懼和戰慄。

17 對於精進而言，另外還有一個相當重要的指示，如果你願意，可以把下述這段話加在前面：一個人要是審愼考量而且用心注意所有的罪惡，就不再堅持自己的主張，認爲他只不過犯下微不足道的過錯；如同一個人要是放棄發財的妄想，就會把微小的支出不當一回事，所持的觀念是無論如何節省，增加這樣少量的金錢根本無濟於事[57]。

然而希望女神爲了將目標拉得更近，要將金錢交到他的手中，來增加他對財富的欲望；只是這些活動還是與德行有關。這個人並不贊同有太多像是「這樣做又有什麼不同？」或「現在是這樣，下次會更好」的情緒化想法，會對每一個單獨的事項都給予注意。如果發現惡行利用機會進入他那微不足道的過錯之中，還想找出種種藉口加以寬恕，這對他而言不僅無法忍受而且感到極其苦惱；因爲這個人已經坦誠的表示，他爲自己贏得清白又乾淨的寶藏，對於任何可以玷辱他的手段，都抱著極其藐視的態度。

從另一方面來說，知道世事不會爲他帶來很大的羞辱，即使認爲非常重要的項目亦復如是，這樣會使人們可以隨遇而安，對於無足輕重的事務不必過分費心。可以設想人們興建一座粗製濫造的牆，還要爲它加上頂蓋，無論他們湊巧找

---

56 參閱西塞羅《爲詩人阿基亞辯護》（*Pro Archias*）第10章。

57 參閱赫西奧德《作品和時光》361行。

到木材拿來作爲基礎，或許是從地面撿些石頭，再不然是用從墳墓倒下來的碑石，當成牆面最低位置的橫層；如同將那些品行端正又不修邊幅的人，不加選擇的聚集起來，出現一大堆各式各樣的行爲舉止；要是比較這兩者之間的差異，實在說，從雙方的作爲來看並沒有什麼不同。

那些精進不息的人，如同神聖的廟宇或皇室的宮殿，他的人生有了充分的準備，已經

　　　建立永垂千秋萬世的黃金基礎，[58]

不要將它視爲單一行動就隨隨便便的接受，我們一定要用理性當作嚮導，讓每個人都到達適合他的地點，這樣才能找到最後的歸屬。我們要把波利克萊都斯（Polycleitus）[59] 說的話切記在心，他說當他們非要用指甲在地上爬行才能抵達舞台，那麼可以肯定這是很艱巨的工作。

58　參閱克里斯特(Christ)《品達的吉光片羽》206行。
59　波利克萊都斯(452-412 B.C.)是亞哥斯人，希臘當代最偉大的雕塑家。

第六章
如何從政敵那裡獲得好處

1 尊貴的高乃留斯・普爾澤（Cornelius Pulcher）[1]，我曾經很高興提到，你的施政採用溫和的方針，盡量幫助大家獲得城邦給予的福祉，對於任何謁見你的人都非常親切。就當前的環境來說，有可能找到一個沒有野獸的地區，根據記載克里特島[2]就是如此，然而一個政府不會發生因嫉妒和疑懼所形成的對立和爭執，這種狀況根本不可能存在，須知在人類的情緒當中，絕大部分的敵意來自相互的猜忌。其實並不是別的東西，完全是友誼才讓我們陷入仇敵窺伺的處境。這也是哲人契隆始終縈懷心頭的觀感，他問一個吹噓自己沒有仇敵的人是否也沒有朋友[3]。

就我個人的看法來說，政治家僅有的職責不過是對政敵的作為，進行全般的調查和檢驗罷了；我們要是讀過色諾芬的著作[4]，那麼應該特別注意他所說的一句話，就是見識高明的人士，具備的特質在於「能從他的政敵那裡獲得好處」。基於這個題材所涵蓋的某些觀念，我現在有機會表示自己的意見，同時還將一些資料蒐集起來，一併送給你。至於有些省略或遺漏的部分，已經盡可能包含在我那篇隨筆即〈對政治家的諫言〉（Advice to Statesmen）[5]之中，你的手邊就有一份，可以參閱。

1　高乃留斯・普爾澤在蒲魯塔克晚年的時候，出任亞該亞行省以法務官頭銜的總督，也可能是其他的職位。

2　這種有關克里特的傳聞，出現在幾個古代作家的著作之中，表示這個島嶼經過高度開發，所有的野生動物已滅絕殆盡；參閱普里尼《自然史》第8卷83節所舉的實例。

3　同樣的文字引用於本書第7章〈論知交滿天下〉7節；參閱奧盧斯・傑留斯（Aulus Gellius）《阿提卡之夜》（*Attic Nights*）第1卷3節。

4　參閱色諾芬《對話錄》第1卷15節。

5　這篇作品能夠留存於世，就是本書第55章〈為政之道的原則和教訓〉，只是名稱稍有不同。

2 原始的人類要是逃過異族或猛獸的傷害就會感到心安，整個一生奮鬥的目標在於與野生動物對抗。他們的後裔經由學習的過程，知道如何利用動物，主要的利益在於用牠們的肉當成糧食，牠們的毛當成衣著，膽汁和初乳當作藥物，皮革當作甲冑，因而有很好的理由害怕動物的供應出現匱乏，人類的生活就會陷入無依無靠的處境，得不到這方面的支助也不可能有文明產生[6]。

然而對大部分人而言，目前的狀況在於他們要能避免遭到仇敵的虐待。特別是色諾芬曾經斬釘截鐵的表示，有識之士會從相異的觀念和行為當中獲得利益[7]。我們可以相信他說的話，從而發現有些人在政治體制和藝術創作方面，擁有受到眾人推崇和羨慕的優點，他們的生命當中不可能沒有敵人的存在。

農夫不可能栽培每一種樹木，獵人無法馴服每一種野獸，他們為了滿足其他的需要，還要尋找其他的途徑來獲得好處。農夫對於無法結實的樹木也能容忍，獵人對於野獸何嘗不是如此。海水的味道令人討厭不適合飲用，然而眾多的魚類在其中繁殖，當成航行和運輸的媒介可以將旅客和貨物送到各地。

薩特(Satyr)第一次見到火，就想去親吻它和擁抱它，普羅米修斯說道：

> 你這隻心浮氣躁又無知的山羊，
> 會為失去鬍鬚感到丟人和悲傷。[8]

他接觸到火就會被它燒得面目焦黑，然而它卻供應光和熱，是每一種手藝不可或缺的工具，大家都要學著如何加以運用。所以我們要用這種方式來看待你的政敵，對於他在各方面造成的傷害或是難以駕馭可以不予理會，主要在於對你有好處而言，是否成為唯一可用的工具而且沒有其他人可以取代。

人生不如意十之八九，我們通常遭到的景況並不那樣和善，有的充滿恨意而且引起反感。然而你曾經說過，要將攻擊身體機能所產生的疾病，看成一種能夠使人平靜休息的機會，也可以說是命中注定的考驗，經過這番磨難更能加強我們的體魄。還有人遭到放逐或是喪失財產，當成獲得閒暇的手段可以從事哲學的研

---

6 原始人茹毛飲血與動物沒有多大差別，等到農業出現，人類的生活方式才有巨大的改變；參閱本書第65章〈陸生或海生動物是否能更為靈巧〉6節。

7 參閱色諾芬《對話錄》第1卷15節或《居魯士的教育》第1卷第6章11節。

8 薩特是半人半羊的精靈；這兩句詩出自伊斯啟盧斯的悲劇《盜火者普羅米修斯》(*Prometheus the Fire-bearer*)；參閱瑙克《希臘悲劇殘本》之〈伊斯啟盧斯篇〉No.207。

究，如同戴奧吉尼斯[9]和克拉底[10]之所以成為學者。季諾[11]得知船隻從事遠洋貿易因而遇難沉沒，他大聲叫道：「啊，命運女神，你是這樣的仁慈，逼得我非要穿上哲學家的斗篷不可！」

像是有些野獸天生強壯，有堅韌的胃，可以吃下蛇和蠍子並且將它們消化，有些甚至從石頭和貝殼中獲得養分（因為它們的體質具備的活力和熱可以將這些東西予以轉變）；同時有些挑剔成性或是腸胃發炎的人，就是吃麵包和酒都會引起嘔吐。因此只有愚人才會不愛惜友誼，手段高明的人物卻拿政敵做最適當的運用。

3 對我而言，首先需要注意的地方，敵視的主要目標在於造成對手最大的傷害，其中可以轉變為最有利之處在於讓我們提高警覺。這話怎麼說呢？你的政敵密切跟蹤你的行動，準備在這方面能占到上風，一直想要掌握你的狀況，對於你的生活始終感到興趣，不斷在你的四周徘徊查驗。須知政敵所具備的視力如同林西烏斯（Lynceus）[12]那樣可以穿透橡樹、石頭和磚瓦；不僅如此，他還買通你的朋友、奴僕和熟人，盡可能在一旁窺伺你的行動，用各種方法刺探你的計劃和企圖，一直繼續下去不會中止。

通常由於漠不關心或是個人的疏忽，等到知道朋友生病或死亡，這時感到懊惱已經太遲了，無濟於事；然而我們對於政敵非常好奇，受到催促要進入他們的夢境加以搜尋，我們對於某些有影響力的人士，不一定知道他們患病、負債或婚姻不和的狀況，要是提到政敵的信息一定相當靈通，絕非如此不相聞問。特別是他想要明瞭他們的缺失，用盡一切手段要偵查出來。如同兀鷹聞到腐爛屍體的氣味從天空俯衝而下，對於正常和健康的動物卻沒有發覺的能力；因此只有虛弱的身體、卑劣的行為和不幸的處境，激起政敵的鬥志使得他們生氣勃勃，就像兀鷹一樣猛撲下來，抓住腐壞的屍體將它撕得七零八落。

那麼這就是所謂的好處？的確如此，要點在於對自己要多方防範，過著審慎

9　參閱戴奧吉尼斯‧利久斯《知名哲學家略傳》第6卷20節及後續各節。

10　參閱戴奧吉尼斯‧利久斯《知名哲學家略傳》第6卷85節。

11　季諾經歷的轉變再度被引用在本書第34章〈論寧靜的心靈〉第6節及第48章〈論放逐〉11節；參閱戴奧吉尼斯‧利久斯《知名哲學家略傳》第7卷5節，以及塞尼加《論寧靜的心靈》（*De animi tranquillitate*）第13章。

12　林西烏斯的視覺天生具備超自然的能力；參閱本書第73章〈對斯多噶學派一般概念的駁斥〉44節；品達《尼米亞頌》（*Nemean Odes*）第10章60行；賀拉斯《書信集》第1卷第1封28節；以及鮑薩尼阿斯（Pausanias）《希臘風土誌》（*Description of Greece*）第4章2節。

周密的生活，不容行為或說話有任何逾越或過當的地方，如同遵守嚴格的攝生之道，經常保持一個人的健康處於百毒不侵的狀況。因為只有謹言慎行才能壓制我們的情緒，使得合乎理性的權力在實施的時候，能夠保持在尺度之內，人生的目標更加完美可以免於外來的譴責。

正如城邦受到邊界戰事和不斷衝突的磨練，人民變得更為遵守秩序，也會出現一個健全的政府；因此一個人要是與政敵競爭，必然過著端莊和清醒的生活，不容自己怠惰或是侮慢，促使每一個行動都有高尚的企圖，不知不覺當中避免習慣所產生的過錯，使得他的行為保持井然有序，即使出於與人合作受到牽連，縱有缺失在道理上講得通，還是讓它的影響力減到最低限度。每當人們在心中保持某種想法的時候，像是

> 這件事讓普里安和他幾個兒子，
> 好運來到真是無比興奮和歡喜。[13]

他們對事物的處理無論是面對還是規避還是放棄，都會讓他們的仇敵有機會感到高興和引起嘲笑。

我們聊起戴奧尼休斯派（Dionysiac）的藝人[14]，他們在劇院裡面對著自己人演出的時候，一副無精打采的樣子，無論是做工或道白都不要求正確，就是音樂都會讓人聽得昏昏欲睡。等到與別劇團競爭或是打對台，不僅每個角色全都兢兢業業，就是音樂也更加動聽，尤其是豎琴和笛子配合得絲絲入扣。一個人只要知道他的仇敵在他的生命和名聲方面成為競爭者，這時他會更加注意自己，務使所有的行動都要小心翼翼，也使得他的生活變得更為和諧。倒是有個特別顯著的弱點，我們犯下錯誤在仇敵面前比在朋友面前感到更為慚愧。

這也是納西卡（Nasica）[15] 所以有這番說法的理由，有人表示他們相信羅馬人的權勢可以高枕無憂，因為世仇大敵迦太基人已遭到徹底的滅絕，而且亞該亞人已經完全臣服。他說道：「並非如此，事實上我們現在的處境更為危險，因為我

13　荷馬《伊利亞德》第1卷255行；這是尼斯特對希臘的領袖人物所說的話，因為阿格曼儂與阿奇里斯發生爭執。

14　包括伶人、樂師和合唱團人員。

15　巴布留斯‧高乃留斯‧西庇阿‧納西卡（Publius Cornelius Scipio Nasica），西元前2世紀中葉的羅馬將領和政治家，是一位見識過人高瞻遠矚的人物，兩次出任執政官，反對老加圖對迦太基的政策。

們不再有畏懼之感和警惕之心。」

4 我們可以用戴奧吉尼斯[16]的宣示來加強前面提出的理由，可以說是充滿哲學家的內涵和政治家的風範：有人問他：「我如何防範政敵對我的攻訐？」他說道：「要證明你比對手更加優秀而且更為重視榮譽。」人們感到苦惱莫過於得知政敵的馬贏到優勝的令名，養的狗獲得大家的贊許。看到政敵有耕種良好的田地和濃蔭處處的花園，更使他們怨恨不已。

你要是能獲得大家的肯定，不僅是一位誠實又有見識的人士，也是一位功績卓越的市民，輿論的反映名聲遠播，施政的作為廉潔無私，生活的方式極其規律，如同伊斯啟盧斯的詩句描述的狀況：

> 公正的意念淵源於靈魂的深處，
> 明確的企圖在於吾人全力以赴，
> 智慧和審慎可帶來莫大的收穫。[17]

那麼不妨想一想，政敵的心中會是何種滋味。

品達的說法則是

> 征服限於桎梏在深沉靜寂之中，[18]

並非絕對如此，也不是能夠放之四海皆準，然而他們可以理解到一件事，就是政敵的勤勉、善行、慷慨、仁慈和功勞，一旦受到超越就會因而方寸大亂。這方面正如笛摩昔尼斯的箴言：「閉緊嘴巴，管好舌頭，一個字都不溜出口。」[19]亦即

> 你能做的事就是不要說三道四；[20]

16　這位是指來自夕諾庇的哲學家戴奧吉尼斯，參閱本書第2章〈年輕人何以應該學詩〉4節。

17　伊斯啟盧斯的悲劇《七士對抗底比斯》593行；參閱本書第15章〈國王和將領的嘉言警語〉40節之5，以及蒲魯塔克《希臘羅馬英豪列傳》之〈亞里斯泰德傳〉3節。

18　參閱克里斯特《品達的吉光片羽》229行。

19　參閱笛摩昔尼斯《演說集》第19卷〈論騙人的使節〉208節。

20　優里庇德的悲劇《歐里斯底》251行。

如果你想要讓恨你的人感到苦惱，不必咒罵他是如此的猥褻、優柔、放蕩、庸俗或慳吝，而是你要擺出男子漢大丈夫的氣概，表現出自制和誠信的習性，對於任何與你打交道的人，都能仁慈和公正以待。

如果是你開頭用咒罵表示不滿，那麼切記自己不可做出責備對方的行爲。你要進入心靈的門檻，檢視其中是否有任何腐敗的成分，免得有某種邪惡潛伏在裡面，這時喜劇家就會在你的耳邊喃喃細語：

> 治癒別人，卻讓自己痛苦萬分？[21]

如果你指責政敵沒有受過教育，那麼你自己就要加倍努力的勤學苦讀；如果你說他是一個懦夫，那麼你自己要表現出大無畏的精神和勇氣；如果你說他個性淫亂喜愛女色，那麼要從自己的靈魂當中擦掉縱情歡樂的痕跡，絕不能幻想它隱藏當中不被發覺。

最不光彩和讓人痛苦的事，莫若中傷別人的壞話竟然報應到自己的頭上。反射的光線對於視力衰弱的人引起更大的困擾，事實上很多非難的言辭也是如此，等到眞相大白才知道他本人要對這件事負責。如同東北風必然帶來漫天的烏雲[22]一樣，道德蕩然的生活就會引起無盡的指摘。

5 柏拉圖發現自己與一群行爲不得體的人員作伴，就經常這樣的勉勵自己：「我跟他們有什麼不同？」如果某位老兄要辱罵別人的生活方式，那麼他必須立即對自己詳加檢討，總要調整到對立的方面，避開提到的缺失，這是辱罵僅有的功效，除此以外，可以說一無是處，從很多事例來看的確如此。

一個人如果自己禿頭或是駝背，卻去辱罵和嘲諷有類似狀況的其他人士，必然受到大眾的訕笑；毫無道理盡量宣泄自己的情緒，就會提供對手用刻薄的口吻實施反駁的機會。例如拜占庭的李奧（Leo）[23]因爲視力很弱受到一個駝子的咒罵，他說道：「你譴責我的病痛是每個人都可能出現的狀況，然而你自己的背上

21　出自優里庇德不知名的悲劇；參閱瑞克《希臘悲劇殘本》之〈優里庇德篇〉No.1086；本書引用於第4章〈如何從友人當中分辨阿諛之徒〉32節，及第35章〈手足之情〉6節。

22　這是一條諺語；參閱亞里斯多德《問題》第26章1節，以及普里尼《自然史》第2卷48節；以及瑞克《希臘悲劇殘本》之〈Adesp篇〉No.75。

23　這裡的拜占庭就是後來的君士坦丁堡以及現在的伊斯坦堡；李奧是拜占庭的統治者，身材雖然矮小，志向極其遠大，他能堅守城池，不讓菲利蒲的圍攻得逞，最後只有撤軍返國。本書第77章〈會飲篇：清談之樂〉第2篇問題1第9節，記載同樣的故事，只是內容稍有差異。

卻負擔著神明對你的震怒。」因而你自己要是有不正常的色情行為，那就不要去指責別人是一位姦夫，要是自己是吝嗇的小氣鬼，就不要說別人是一個揮霍無度的浪子。

阿爾克米昂對亞德拉斯都斯說出下面的話：

> 那位手段毒辣謀害親夫的淫婦，
> 難道不就是你來往密切的親屬？[24]

那麼你知道亞德拉斯都斯如何回答？他譴責這個罵人的傢伙犯下十惡不赦的罪行，完全是自己的過失跟其他人毫無關係：

> 你竟然下得了手殺死親生之母，
> 是禽獸不如和十惡不赦的獨夫。

杜米久斯(Domitius)嘲笑克拉蘇(Crassus)：「那條八目鰻一直讓你流連在魚池，牠死了你竟然沒有痛哭流涕？」[25] 對方反脣相稽道：「你埋葬三個妻子，難道真正流過一滴眼淚？」一個人想盡情的辱罵對方，並不需要尖銳的言詞、雷霆的聲音和抨擊的姿態，而是自己要站穩立場，讓人無可非議和加以反駁。

舉凡一個人在責備對方的時候，總是把「人貴自知之明」這句格言置之度外，須知他不像神明具備超然的力量，可以不加理會；因而他給大家的印象是想說就說，只揀願意聽的才去聽。對於這種類型的人士，索福克利是如此描述[26]：

> 習慣於毫無意義的誇耀和賣弄，
> 張口滔滔不絕全都是違心之論。

24　本句與下面一句詩都出自優里庇德的悲劇《阿爾克米昂》(*Alcmaeon*)；參閱瑙克《希臘悲劇殘本》之〈Adesp篇〉No.358；本書引用於第2章〈年輕人何以應該學詩〉13節。

25　克拉蘇喜愛八目鰻是眾所周知的事，只是這位克拉蘇不是羅馬的富豪和前三雄的成員；蒲魯塔克在本書兩次提到此事，分別在第55章〈為政之道的原則和教訓〉14節和第65章〈陸生或海生動物是否能更為靈巧〉23節；伊利安《論動物的習性》(*On the Characteristics of Animals*)第8章4節，敘述更為有趣的情節。

26　這兩句詩出自索福克利不知名的劇本；參閱瑙克《希臘悲劇殘本》之〈索福克利篇〉No.843。

6 責罵一個政敵所能獲得的好處，遠不如遭到政敵的羞辱或是被他說一些難聽的話。安蒂塞尼斯的論點真有幾分道理[27]，他說人的自保之道在於需要真正的朋友或是毫不放鬆的仇敵，前者使他獲得規勸，後者使他遭到譴責，這樣一來可以免於犯錯以至於不可收拾。坦誠的言辭使友誼的聲音在當前變得衰弱無力，奉承的吹捧可以滔滔不絕，逆耳的規勸只有偃旗息鼓，我們只有靠著政敵才能聽到真話。

像是特勒法斯[28]無法找到一位適合的醫生，就將他的傷口暴露在敵人的長矛之下；一個人要是從接受仁慈的諫言獲得優勢，那麼他在張揚和指責政敵的缺失之際，對手使出惡意的反擊要有耐心傾聽。這時僅僅考量政敵提出的事實，至於誹謗者的無事生非不要放在心裡。可以提到一個非常類似的例子，有個人想要殺死帖沙利人普羅米修斯[29]，拔出佩劍一擊之下，竟然將他身上一個腫瘤給砍下來，不僅救了普羅米修斯的性命，還減輕他身上的負擔。

通常出於憤怒或憎恨的促使才會去辱罵別人，可以讓藏在心靈深處的惡意得到滿足，然而他卻不肯承認或者說與他無關。大多數人在受到謾罵的時候，不會平心靜氣的想一想，是否這種譴責等於是在罵他自己，而是想用另外一種譴責的方式，施用在謾罵者的身上。如同兩位角力手不會擦掉身上所沾的灰塵一樣，他們不去澄清事實讓自己清清白白，只是肆意而為再去污衊對方，就像兩位角力手抱在一起，非要弄得滿身污穢不堪才算數。

更至關緊要之事在於一個人遇到政敵說他的壞話，他應該避免引起大家對他的懷疑，如同有人告訴他衣服上面沾著污垢，就要趕快清除乾淨一樣。如果任何人提到的事情確實跟我們無關，還是會去找出他之所以會造謠生事的原因，同時還會提高警覺，免得在無意之中犯下他所談起的過錯，即使是類似或接近的缺失也要力求避免。例如亞哥斯國王拉西德，由於他的髮型和走路的姿勢，大家認為缺乏男子漢的氣概，出於一種毫無理性的懷疑心理，在群起反對之下遭到罷黜的命運。

---

27 本書第4章〈如何從友人當中分辨阿諛之徒〉25節和第5章〈人之如何自覺於德行的精進〉11節，都曾引用同樣的論點，只是說話的人變成戴奧吉尼斯。

28 特勒法斯是邁西亞國王，被阿奇里斯用長矛戳傷；很多著作都出現這個故事，像是本書第3章〈論課堂的聽講〉16節、普羅帕久斯（Propertius）《悲歌》（Elegies）第2卷第1章63行；以及奧維德《遣悲懷》（Trixtia）第5卷第1章15行。

29 菲里的傑生可能有「普羅米修斯」這個綽號，像是西塞羅《修辭學論文集》第3卷28節、普里尼《自然史》第7卷51節、華勒流斯·麥克西穆斯《言行錄》（Memorable Doings and Sayings）第1卷8節都有記載；可以參閱色諾芬《希臘史》（Hellenica）第2卷第3章36節。

龐培習慣用一根手指去搔頭[30]，雖然他的個性不會優柔寡斷，或者會有放蕩淫亂的行為，還是引起反感和不利的批評。克拉蘇(M. L. Crassus)想要從一位灶神女祭司的手裡，買下她一片很好的田產，於是與她私下進行多次接觸，還要取得她的信任，因而遭到與灶神女祭司過於親密的指控[31]。還有波絲都美婭(Postumia)[32]在男士的聚會中談笑風生，被人懷疑有失檢點的行為，受到不貞的指控，經過審判宣告無罪，祭司長斯普流斯‧米努修斯(Spurius Minucius)在退庭的時候，特別提醒她要注意自己的談吐，因為這比生活方式的不當更容易引起別人的厭惡。再者提米斯托克利(Themistocles)沒有做錯事，由於鮑薩尼阿斯的牽連受到懲處，雖然鮑薩尼阿斯涉嫌叛國，他還以朋友之義待之，不斷與鮑薩尼阿斯互通信息[33]。

7　須知任何不實的說辭，為了避免受到誤導，可以不加理會也不必放在心上，然而與你有關的言論或行動，務須再三的斟酌考量，免得成為中傷的藉口，應該格外留心並且盡力規避。如果一旦涉入難以脫身的局面，也要知道如何運用前人的經驗，如同麥羅普所說那樣：

> 老天哪！反覆無常的命運女神，
> 何其殘酷拿走我的寶貝和心肝，
> 當成施與恩典支付給祂的代價，
> 從此我獨自支撐再也不會上當。[34]

暗示一個人可以拿他的仇敵當作無須付出學費的老師，從可以忍受的程度而言，主要的好處在於他可以得知無法覺察的事物。因為在很多需要考量的方面，一位仇敵比起一位朋友更快了解狀況(特別是柏拉圖說過「愛會使人盲目」[35])，

30　本書第55章〈為政之道的原則和教訓〉4節，以及蒲魯塔克《希臘羅馬英豪列傳》之〈龐培傳〉48節，都記載龐培這個不雅的習慣。
31　蒲魯塔克《希臘羅馬英豪列傳》之〈克拉蘇傳〉1節，對於這個故事的來龍去脈有詳盡的記載。
32　波絲都美婭身為灶神女祭司，當然會引起物議；參閱李維《羅馬史》第4卷44節。
33　修昔底德《伯羅奔尼撒戰爭史》第1卷135節有深入的描述；可以參閱蒲魯塔克《希臘羅馬英豪列傳》之〈提米斯托克利傳〉23節。這裡提到的斯巴達攝政鮑薩尼阿斯，於479 B.C.率領希臘聯軍在普拉提亞(Plataea)會戰擊潰波斯大軍，但於478 B.C.及471 B.C.兩度被指控叛國。
34　出自優里庇德的悲劇《克里斯豐底》；參閱瑙克《希臘悲劇殘本》之〈優里庇德篇〉No.458。
35　柏拉圖《法律篇》731F；本書有幾章引用這句話，只是表達的意思有的地方會南轅北轍。

一個人由於原有的恨意，加上後來的好奇，就很難管好自己的舌頭。

海羅受到一位政敵的責罵說他身上發出惡臭[36]，等他回家就問他的妻子：「妳說這是怎麼一回事？為何連妳都沒有告訴過我。」她裝出無辜又委屈的表情說道：「我想所有的人都聞到那種氣味。」因為世上很多事情有明顯的證據，讓全世界都可以覺察出來，只是從政敵那裡知道比從朋友和親密的同伴那裡要快得多。

8 不讓自己說三道四也是一種美德，只是很難不遵從本能的衝動，除非經過適當的訓練，加上徹底的實踐履行，最後確能掌控那些最有害的情緒，諸如憤怒就是其中之一。因為「無意之言」以及

> 不加思索從嘴裡脫口而出的話，

以及

> 輕飄飄的語句掠過他們的面前。[37]

人們具備這種經常可以見到的個性，可以說是沒有接受說話的訓練，不夠穩重而且輕浮易變，表現在外的特質是意志軟弱加上剛愎自用，生命之中經常會出現孤注一擲的狀況。

總而言之一句話，根據哲人柏拉圖的看法[38]，世上最微不足道的事情，命中注定在神明和人類這兩方面，都要遭到最嚴厲的懲處。很不可能在任何局面之下都能保持沉默，事實上這只是一種理論（根據希波克拉底的說法，這比預防口渴還要困難得多），在挨罵當中還能表現這樣的度量，不僅充滿尊嚴而且帶有蘇格拉底的風格，或許是海克力斯留給後人的規範，如果這位英雄人物的確如詩中所說那樣：

（續）────────────

　　特別在後面本章第10節，提到憎恨的對象絕不會視而不見，可見恨比愛能夠發揮更大的效果。

36 本書第15章〈國王和將領的嘉言警語〉19節之3，以及其他作者都提到此事，其中有一位說海羅患有口臭。

37 荷馬在很多地方用這句諺語表示說話不慎，至於下面兩句詩的出處已不可考。

38 柏拉圖《法律篇》717C和935A；同樣引用在本書第33章〈論控制憤怒〉6節和第39章〈言多必失〉7節。

　　對那些充滿恨意和惡感的話語，
　　清楚明白如同見到水面的游魚。[39]

實在說，面對政敵的責罵保持平靜的態度，沒有任何舉止比它更為端莊而高貴，

　　把躲在一邊的嘲笑當成耳邊風，
　　善泅者始能平安無恙度過洪峰；

最關重要之處仍舊在於落實履行的工夫。

　　如果你一旦養成任憑政敵詆毀和保持沉默以對的習性，每當妻子在數落你的時候，就會心平氣和的忍受，即使聽到朋友或兄弟尖酸刻薄的用語，也會老神在在安之若飴；甚至受到父母的箠楚，不會顯出激動或憤怒的面色。例如蘇格拉底對於詹第普（Xanthippe）[40]暴躁的脾氣和怨恨的口吻只有盡量容忍；他認為只要習慣她的無理取鬧，那麼與任何人相處都不會感到困難。

　　其實最好的辦法是能保有來自這些方面的訓練，那就是政敵和局外人的下流言詞、怒氣沖天、冷嘲熱諷和惡意攻訐；等到逐漸習以為常，處於謾罵之中而能養成冷靜和寬厚的個性。

9　運用柔性以對的方式，不僅可以減低我們的敵意，還能夠展現出溫和與忍讓的特質，較之於我們的友誼，更能突出於率真、慷慨和善意。幫助朋友並不值得在人前誇耀，在朋友需要的時候不給予援手卻會帶來羞辱。即使政敵提供非常好的機會，而且做起來相當順心，還是要戒絕報復的行為。萬一出現這種狀況，政敵陷入痛苦的處境，還是要表示同情，當他有需要的時候，還是應該伸出援手。對於他的子女和家庭事務，如果他缺少這方面的安慰，也要展現相當程度的關懷和熱誠。

　　我有一種看法，無論是誰，要是對別人的仁慈毫無感激之心，對別人的善意毫無讚許之詞，那麼這個人

　　唯有天生妄自尊大和鐵石心腸，

39　這首詩的出處不明；鮑薩尼阿斯《希臘風土誌》第5卷14節提到這個故事，只是出於不同的論點。

40　詹第普是蘇格拉底的妻子，也是最出名的潑婦；參閱色諾芬《會飲篇》第2卷10節。

才會如此不近人情和冷酷猖狂。[41]

凱撒（Caesar）下令將已經推倒的龐培雕像要在原地重建，西塞羅對著他說道：
「你恢復龐培的名譽是爲了保障自己的安全。」[42] 因而我們要知道，政敵能夠獲
得良好的聲望，我們不要吝於稱許和推崇。任何人只要採取這種態度就會贏得極
口的讚許，而且是實至名歸，也可以建立對他的信心，至於後來有人不諒解他的
做法，甚至於運用極端的手段，那也是對事不對人的關係。

就最好和最有利的方面來說，一定要聽從事實的安排，對於朋友的好運或親
戚的發達不要存有嫉妒之心，如果他養成讚譽政敵的習慣，一旦對手功成名就不
會感到痛苦或是心懷怨恨。難道還有其他的練習程序，能使吾人袪除猜忌的意
念，有利於我們的心靈和性格？如同戰事發生以後急需很多的事物，與其他狀況
之下相比有很大的伸縮餘地，即使帶來後遺症也只有盡量忍受。等到他們在這方
面獲得習俗和法律的許可，一旦身受其害也不容易將它廢止。

須知敵意產生的憎恨隨著羨慕而來，最後只留下嫉妒，看到對方遭遇不幸和
面臨命運無常的打擊，就會感到心滿意足。還有就是運用奸詐、欺騙和密謀的手
段對付政敵，看來並不是一件壞事，也談不上公正不公正的問題，如果不這樣
做，一旦讓他們獲得立足點，等到擁有永久居留權，這時就很難加以驅逐。從而
我們要知道，人們會運用這些手段來對付朋友，這些都出於個人的習慣，除非他
可以轉用在仇敵的身上，這樣才會使朋友得到保護。

畢達哥拉斯的作爲非常正確，他想要人們養成習慣，對於所有的動物禁絕暴
虐和貪婪，因此他經常要捕鳥人手下留情，買下捉到的魚然後放生，不讓人們宰
殺家中豢養的牲口[43]。每當人類之間出現意見不合和相互爭執的時候，產生仁民
愛物的觀念眞是極其偉大的成就，因爲一個人要是作爲高貴、誠實和率眞的政
敵，就會壓制和放棄卑劣、無知和下流的傾向，即使與朋友的交往也會堅定不
渝，同時會讓自己不要出現錯誤。

---

41 這首詩的作者是品達，參閱克里斯特《品達的吉光片羽》123行；本書第45章〈論天網恢恢
  之遲延〉13節再度引用。

42 蒲魯塔克在本書第16章〈羅馬人的格言〉18節之20、蒲魯塔克《希臘羅馬英豪列傳》之〈凱
  撒傳〉57節和〈西塞羅傳〉40節，都記載這件軼事；另可參閱蘇脫紐斯（Suetonius）《十二凱
  撒傳》（Caesars）第1卷75節。

43 畢達哥拉斯的不殺生和提倡素食，對後世影響甚大，早期的羅馬人飲食非常簡單，特別是軍
  隊只供應麥粉、青菜、醋和橄欖油。

斯考魯斯(Scaurus)是杜米久斯的政敵也是對他依據法律的起訴人[44]，審判開庭之前，杜米久斯一位奴僕向他提供信息，說是有些不利的資料現在斯考魯斯還不知道，誰知身為法官的他不容對方開口，當場逮捕以後遣送給原主人。

加圖對穆里納(Murena)當選弊案提出控訴[45]，被告為了蒐集證據的公正，甚至派人尾隨加圖的行動，所有程序都要按照時效的規定完成，因而大家都在拭目以待。時常有人問到他，是否已經完成控案的準備工作，如果他說：「還沒有。」大家相信他就會離開，不再問東問西的打擾。就這個事實可以看出加圖的名聲可以經得起任何考驗。

如果我們養成對政敵都很誠實的習性，那麼我們對待親密的同伴和朋友，絕不會出現欺騙和虛偽的行為，這才是重要的事情和高貴的舉動。

10 賽門尼德說過這樣的話：

　　鳴聲婉囀的雲雀都會長出冠毛。[46]

因為人類的天性能夠忍受競爭、羨慕和嫉妒帶來的結局，品達因而寫出下面的詩句：

　　即使面對一群沒有頭腦的蠢漢；[47]

或許某個人的做法一點都不講究溫和與穩健，還是可以獲得若干好處，因為他在政敵的身上發洩情緒，盡可能讓他的同伴和親人免除這方面的責任[48]。

像是一位名叫狄穆斯(Demus)[49]的政治家所擔心的事項：等到他知道在開俄

44　有關這件訟案可以參閱西塞羅《為戴奧塔魯斯王的辯護》(*Pro Rege Deiotaro ad C. Caesarem Oratio*)11節。

45　蒲魯塔克《希臘羅馬英豪列傳》之〈小加圖傳〉21節，對於提及的狀況，有非常詳盡的記載。

46　這句詩的意思是「天性溫和的人也會變得黷武好鬥」；蒲魯塔克還用在本書第55章〈為政之道的原則和教訓〉14節，以及《希臘羅馬英豪列傳》之〈泰摩利昂傳〉37節，只是在用詞方面稍有更改；參閱貝爾克《希臘抒情詩集》第3卷418頁〈賽門尼德〉No.68。

47　克里斯特《品達的吉光片羽》212行。

48　參閱色諾芬《回憶錄》第1卷第4章6節。

49　本書第55章〈為政之道的原則和教訓〉16節提到這個故事，只是那位政治家的名字叫作歐諾瑪迪穆斯(Onomademus)，口口相傳難免出現錯誤。

斯的內戰中居於勝利的一方，他對自己的同志提出諫言，要留下一部分的對手，不能將他們全部放逐。他說：「等到政敵全部根絕以後，我們的友人之間就會發生爭執和口角。」要是就我們的狀況來說，如果能夠將幾不相容的情緒全部耗用在政敵上面，他們勢必反擊不予罷休，對於我們的朋友就會減少很多困擾。

說是「一個陶匠」不能將他視為「一個嫉妒的陶匠」，也不能說「一個吟遊詩人就是一個吟遊詩人」，這些都是赫西奧德的論點[50]。特別提到一個鄰人或一個親戚或一個兄弟「已經致富」和家業興旺，我們不必存著要一比高下的念頭。如果你沒有別的方法可以除去競爭、嫉妒和羨慕，當政敵享受健康和幸福的時候，不妨讓自己認命那種怨恨如同針刺的感覺，唯有忍耐將你的抱負磨成帶有鋸齒狀的利刃。如同技藝高超的園丁為了改良玫瑰和紫羅蘭，就將它們栽種在大蒜和洋蔥的旁邊（因為所有辛辣和惡臭的味道全部被這些植物吸收）。

你的政敵同樣也會接受你的怨恨和嫉妒，同時轉移到自己的身上，用更仁慈的方式回報，即使你的朋友目前處於順境，不會像以前那樣引起不滿。基於完全對等的理由，我們要與政敵從事競爭的項目在於名聲、職位以及清廉，如果他們獲得優勢，那麼我們不僅感到錐心之痛，還得仔細觀察他們用什麼方法占了上風，同時要試著在積極進取、辛勞勤奮、清廉律己和自我批評等方面能夠超越對手。如同提米斯托克利做出的榜樣，他說密提阿德在馬拉松的勝利讓他無法入睡。

有人認為政敵僅因運氣奇佳，所以才會在公職選舉、法律訴訟、城邦事務以及人際關係等方面居於超越的地位，要是談起行動和競爭，他喪失勇氣落入只能猜忌的狀況，同時要讓他知道嫉妒起不了作用也無濟於事。其實一個人對於自己所憎恨的對象絕不會盲目到視而不見[51]，只是對於其他人的生活、個性、言語和舉止，可以作為一個誠實的觀察者，這時他會發現大多數的成功都會引起旁人的嫉妒，這時他們希望在勤奮、預知和言行等項目勝過對方。他就會去實踐自己的抱負和追求更高的目標，從而根絕冷漠的心態和怠惰的習性。

11 如果政敵運用奉承、欺騙、賄賂或收買等等喪失榮譽的方式，獲得所望的報酬，以及在法庭或政府發揮污穢不堪的影響力，要是與我們重視個人的自由權利、簡樸的生活方式，以及免於受到卑劣攻擊相比較，不僅

---

50 赫西奧德《作品和時光》25-27行；至於他的論點意義何在，實在說很難交代清楚。

51 參照本章注釋35，對這方面會有更深的體認。

無須煩惱反而感到高興。柏拉圖說過「德行遠勝世間所有黃金」這句話[52]，我們應該常保持梭倫的觀念：

世人不能讓榮華富貴取代德行，[53]

也不能爲了博取觀眾的喝采非得花錢請他們吃飯，即使坐在宦官、侍妾和皇室官員的前面，也沒有什麼光彩可言。恥辱的行爲即使大獲成功，還是難以令人羨慕，更談不上高貴。

就像柏拉圖所說「愛使人盲目」那樣，政敵的不當行爲正好提供一個檢查自己的機會；不要對他們的失敗感到高興，也不要爲他們的成功而心情沮喪，而是要探討他們之所以失敗或成功的原因，對於後者我們要更上層樓，有關前者我們要免蹈覆轍。

52　柏拉圖《法律篇》728A，再度引用在本書第75章〈答覆科洛底：爲其他哲學家提出辯護〉30節。

53　梭倫的個性和藹可親而且慷慨大方，他的詩篇表現出平易近人的歡樂，用來闡明他的觀念和想法，並不僅僅是說教而已；這裡是綜合原詩四句當中最後二句。

第七章
論知交滿天下

1 帖沙利人門諾（Meno）[1] 認為自己在辯論方面受到非常嚴謹的訓練，引用伊姆皮多克利為人所熟悉的辭句：

智慧崇高無比始終縈懷心頭。[2]

蘇格拉底問他何謂放之四海皆準的德行，他毫不考慮很快的回答，這樣的德行對於兒童以及長者、成人以及婦女、公眾人物以及普通市民、主人以及奴隸全都適用，蘇格拉底驚呼道：「這種答覆真是妙不可言，問你是那一種德行，竟然拉扯出一大堆」；其實這種說法也沒有什麼不對，由於他不知道是那種德行，所以不論性質如何全部列舉。

要是我們連唯一的友情都難以確保，還怕在無意之中受到眾多友誼的牽累，豈不是要遭到別人的訕笑？就像一個殘廢或者瞎眼的人，竟然擔心他會變成一個有百隻手臂的布萊阿里斯（Briareus），或是長著一百隻眼睛，擁有通視天地功能的阿古斯（Argus），事實上我想大家都不會有這方面的顧慮。然而我們極其贊許米南德的戲劇中一位年輕人所說的話[3]，

如果能有一位朋友讓他沾光，

1　柏拉圖《門諾篇》71E；門諾是帖沙利人，後來在小居魯士的軍隊出任將領，受到懷疑死於波斯省長泰薩菲尼斯之手；成為柏拉圖主要的對話人物。
2　來自一個很長的殘卷之中，唯作者仍不可考。
3　出自米南德的喜劇《仲裁者》（*The Epitrepontes*），參閱柯克《阿提卡喜劇殘本》第3卷〈米南德篇〉No.554；以及阿林遜《米南德作品集》493頁。本書第35章〈論手足之情〉3節，四行詩全部引用。

這對任何人而言都是難以企求的好事。

2 很多世間的事物當中有一項相當突出，那就是一個人渴望爲數眾多的朋友，事實上卻對我們需要友誼抱著藐視的態度，這樣做豈不就像一個水性楊花的婦人[4]，何況我們經常與很多不同的人士，建立非常親密的關係，早年相識的同伴就會逐漸疏遠而分手。海普西庇爾（Hypsipyle）的撫養可以拿來作爲比較，她坐在草地上面，

> 帶著歡樂情緒採摘成把花卉，
> 滿足童稚渴望不會心生煩膩。[5]

　　通常都會出現這種狀況：任何新近吸引我們的事物，很快會讓人感到厭倦。剛剛結識的朋友有一種誘惑的力量，可以使我們改變心意，滋生的友誼在開始的時候如果爲數甚多，一旦產生親密的關係，就會使吾人忙碌不堪，只是爾後的進展不會很快，因爲對於追求的人員抱著渴望的心理，到手以後就會棄之若敝屣。常言說得好，讓我首先從家庭以及個人的傳記開始談起，歷史的事蹟自會肯定患難不渝的朋友[6]，可以在大家的討論當中作爲證人和顧問，從古到今不斷提到堅如金石的友誼，諸如帖修斯和派瑞索斯（Peirithous）[7]、阿奇里斯和佩特羅克盧斯、歐里斯底和皮拉德（Pylades）、芬特阿斯（Phintias）和達蒙（Damon）、伊巴明諾達斯和佩洛披達斯。友誼就是一個人要尋覓一個同伴；這不像放牧的牛群或聚集的烏鴉，應該把一位朋友看成另一個自我，稱他爲「兄弟」；雖然會聯想到「外人」這個字，還是可以用二元性來衡量友誼的性質。

　　要想花很少的錢就能獲得很多奴隸或者很多朋友，都是不可能的事。然而友誼的價值又是什麼？那是善意和恩惠綜合而成的德行，倒也不是什麼罕見之物。明白這一點，就知道要與很多人保持相互之間強烈的友誼是不可能的事，如同一

4　參閱盧西安（Lucian）《友誼》（*Toxaris*）37節。

5　海普西庇爾是蘇阿斯（Thoas）王的女兒和林諾斯（Lemnos）的王后，後來成爲奴隸，給斯巴達國王萊克格斯的兒子當奶媽。這兩句詩經過推測可能出自優里庇德的悲劇《海普西庇爾》（*Hypsipyle*）；參閱瑞克《希臘悲劇殘本》之〈優里庇德篇〉No.754，以及本書第77章〈會飲篇：清談之樂〉第4篇問題1第2節。

6　蒲魯塔克關心的對象是希臘的歷史和傳記，所以他在下面提到八位知名之士，全部都是希臘人，除了芬特阿斯和達蒙，大家對他們都耳熟能詳。

7　派瑞索斯是一個英勇無比的拉佩茲人，他與帖修斯有深厚的友誼。

條河流要是分出很多支流和水渠，它的流速就會減低水量變小。心靈之中強烈的情意要是分給很多人，變得衰弱也是自然之理。我可以拿動物做例子，牠們對於一次只生一隻的幼獸，天性上面就會表現出更為強烈的愛意。荷馬將所寵愛的兒子稱之為「老來的獨生子」[8]，這是父母唯一可以繼承家產的根苗。

3 不必只維持「一個僅有的朋友」，問題是要讓他與其他朋友都能成為「老來的兒子」或「很晚得到的繼承人」那樣的珍貴。他與我們在一起消磨的時間，如同諺語所說足足可以吃掉一整擔的鹽[9]，並不像現在這種方式，所謂的朋友是從一個杯子裡喝酒，在一起玩球或是賭博，或者整夜浪費在一個屋頂之下，或者從客棧、體育館或市場中撿拾友誼。富豪或統治者的府邸中，可以看到成群嘈雜的來賓，表示出不勝感激的樣子，在那裡打躬作揖，有些還是全身披掛的門客，大家為主人能有很多朋友感到高興。然而所能看到的只是廚房中一大群的蒼蠅；等到食物拿走這些昆蟲不會留下，所以庇主喪失權勢和財富，門客就會星散是同樣的道理。

真正的友誼要具備三種特性：良好的德行標準、愉悅的親密關係、滿足的需求作用；人們在接受一個朋友之前，必須運用自己的判斷和經驗，才能與他在一起的時候感到快樂，需要的時候會用得著，所有一切都不是有很多朋友的人可以辦得到，關鍵所在是要經過衡量以後獲得認可。因此我們可以先想一想，是否能在很短的期間內，就可以測試出一群舞者的配合無間，或是成列的槳手的划槳動做一致，或是奴僕的保管財產或照顧子女善盡責任；更不要提到想去考驗一大批朋友，等於把與未來命運的競爭不加理會，結果是

　　對他們的成就說話帶著調侃，
　　即使厄運臨頭毫無悲戚之感。[10]

船隻即使在大海航行也不會遇到很多暴風雨；在經過正確的鑑定以後，吾人的友誼要答應給予庇護和保衛，如同在堡壘的周圍修建用來防守的高牆，或者為

8　荷馬《伊利亞德》第9卷482行或《奧德賽》第16卷19行。

9　這條諺語的意思是朋友生活在一起有很長的時間；參閱本書第35章〈手足之情〉8節、西塞羅《論友誼》（*De Amicitia*）第16章67節，以及亞里斯多德《奈科瑪克斯倫理學》（*Nicomachean Ethics*）第8章3節。

10　作者不詳；參閱瑙克《希臘悲劇殘本》之〈Adesp篇〉No.366。

港口增加護欄和突堤，預期的危險也不會如此眾多和如此巨大。有些人沒有經過測試就對他們的友誼深信不疑，一旦面臨考驗如同不再流通的錢幣，根本派不上用場，以至於

> 有人擔心害怕以致愁容滿面，
> 或者祈禱神明能夠不受牽連。[11]

處處存在著不易克服的困難，對於無法令人感到適意的友誼，難以逃避或是將它擱在一邊不予理會，如同有害和腐敗的食物，不可能在吃下以後不引起腹痛或者帶來疾病，或者當成討厭的污穢，保持吃下的形狀就這樣的噴吐出來。因而處於一位無恥之尤的朋友繼續作伴的狀況，就會引起痛苦和極度不舒服的感覺，好像與帶有敵意或作對的人在一起，如同吞下苦味的膽汁引起噁心的乾嘔。

4 我們不要碰運氣去結交朋友，或是勉強自己去將就他們，更不能讓巴結奉承的碌碌之輩成為知己，情願去尋找那個值得付出友情的正人君子。須知任何容易到手的東西就不值得爭取。事實上我們要跨過或推開會糾纏人的荊棘和刺叢，能夠走向栽植橄欖樹和葡萄藤的田地[12]。這是一件最值得嘉許的事，不要將準備與你建立親密關係的人當成好友，而是基於個人的主見和眼光，要去接納值得大家注意和真正有用的人。

5 很可以拿朱克西斯（Zeuxis）[13]作為榜樣，市民指責他作畫的進度太慢，畫家用駁斥的口氣說道：「不錯，我為這件作品花了很大的工夫，所以還要延續一段時間。」為了保存友誼和親密的關係，雙方需要花很長的歲月，才能通過判斷和時效的考驗。要想同個時間讓很多朋友通過預定的標準是件不容易的事，難道對這點還有什麼可以懷疑之處？事實上享受友誼的樂趣在於雙方的情投意合，最重要是每天都能廝守在一起，如同

---

11 出自索福克利某個劇本，參閱本書第50章〈愛的對話〉23節，以及瑙克《希臘悲劇殘本》之〈索福克利篇〉No.779。

12 參閱本書第77章〈會飲篇：清談之樂〉第7篇問題6第3節；特別提到我們要避開如同荊棘和刺叢之類的邪惡之徒，否則這些傢伙只要找到一點機會就緊纏住我們不放。

13 朱克西斯是西元前5世紀希臘名氣最響亮的畫家；參閱蒲魯塔克《希臘羅馬英豪列傳》之〈伯里克利傳〉13節。

> 我們再也不能像遺棄的前世，
> 離開同伴促膝磋商機密大事。[14]

提到他與奧德修斯親密的關係，麥內勞斯說道：

> 除非死亡的烏雲在頭頂籠罩，
> 友情的愛慕和歡樂不會跳票。[15]

普通所稱有一大群朋友，產生完全相反的效果是當然之事。

友誼之所以能使人們緊密的結合起來，在於雙方之間長期的融洽相處和親善行為；

> 如同無花果的樹液產生效能，
> 它的白色奶汁很快凝結成形。[16]

這是伊姆皮多克利的詩句(真正的友誼所望的效益在於精誠團結與合作無間)。

從另一方面來說，有一大群朋友會引起離心離德和意見分歧；由於到處都是朋友，在一個人身上的注意力會轉變到另外一位，親密的關係在無所適從的狀況下不容易建立，連帶無法獲得應有的善意相待，友誼獲得持久的形式要靠這方面的力量。立即可以聯想到一定存在著不平等的狀況，相互提供的服務就會因而困窘不安，要知道這是維持友誼非常重要的因素，對有很多朋友的人而言很難發揮作用。

> 個性相異的人即使義結金蘭，
> 擔心雙方的行為會背道而行。[17]

14　荷馬《伊利亞德》第23卷77行；這是佩特羅克盧斯的鬼魂對阿奇里斯所講的話。

15　荷馬《奧德賽》第4卷178行；這位麥內勞斯是斯巴達國王也是海倫的丈夫，他在地府對奧德修斯說這幾句話。

16　這兩句詩出自荷馬《伊利亞德》第5卷902行，可能經過伊姆皮多克利的改寫；因為原意是稱讚醫生治病的手法極其奇妙而迅速。

17　參閱貝爾克《希臘抒情詩集》第3卷721頁〈Adesp篇〉No.99。

我們的性格不會像生理的衝動那樣始終傾向於一個方向，何況也不可能日復一日遭遇到完全類似的處境，時機會促成吾等出現形形色色的行動，像是突然颳起的陣風，有些朋友能夠得到很大的助益，對於其他人而言可能產生不利的效果。

6 要是所有的朋友在同個時間，請求我們在類似的事項給予幫助，諸如問題的協商、公職的生活、抱負的施展和賓客的接待，很難讓他們全部獲得滿足。特別是他們或者有機會從事各種不同的活動和經歷，也可能在相同的時機，有個人叫我們參加他到外國去的航行，另外一個人要我們在法庭為他的案件辯護，還有人要我們擔任陪審員與他坐在一起，還有人要我們幫助他從事經商買賣的工作，還有人要我們助他準備婚禮的事項，還有人要我們在喪事中給予安慰[18]；

> 城市瀰漫著香薰燭燎的味道，
> 充滿歡樂歌聲以及絕望哀叫。[19]

就是表示擁有成群的朋友所出現的狀況。

不可能全部都去辦理，要說一件不做也不對，然而只給一個人服務，就會得罪其他人，這也是引起煩惱的根源。

> 心愛之人最難忍受忽視冷落。[20]

人們對於朋友表現出疏忽和怠惰的行為，通常有相當程度的容忍，他們會接受諸如「我忘記了」或「我不知道」之類的藉口而無慍色。

然而一個人要說：「你的案子在法庭中審判的時候，我無法前來陪伴，因為另外一個朋友在打官司，需要我前往幫助」。或者說「你生病的時候我不能來看你，因為正忙著照顧一些身體不適的朋友」。這種把注意力放在別人身上，作為對朋友沒有理會的藉口，不僅無法免於責備，反而激起嫉妒帶來節外生枝的問題。

---

18 這種語氣像是補充亞里斯多德《奈科瑪克斯倫理學》第9卷10節文字敘述之不足。

19 引用索福克利《伊底帕斯王》第4-5行；本書第14章〈迷信〉9節、第32章〈論倫理的德行〉6節以及第77章〈會飲篇：清談之樂〉第1篇問題5第2節；都引用這兩句詩。

20 這句詩出自米南德的劇作，本書第35章〈手足之情〉20節再度引用；參閱柯克《阿提卡喜劇殘本》第3卷213頁。

　　大多數人認爲擁有一大群朋友，僅僅基於一種觀念就是可以得到友情的支助，然而卻忽略回饋的行動，他在需要的時候接受很多人的援手，那麼他不應該忘記，同樣要付出很多的服務來滿足別人的需要。布萊阿里斯空有五十個肚皮和一百隻手，比起我們只有一個胃和兩隻供應的手，並沒有什麼優勢可言；即使我們可以運用很多朋友，同樣會加重自己的責任，還要分擔他們的焦慮、煩惱和困難。令人無法相信優里庇德有這樣的表示[21]：

> 凡夫俗子的友誼只存在形式，
> 主要的原則在於溫和與節制，
> 從未能到達心靈的奧秘深處，
> 取捨標準如同符咒發生作用。

　　按照每個人迫切的需要，可以擺脫一個人的友誼將它置之不理，也能夠拉近使得更爲緊密，如同船上使用的帆依據狀況自由的操作。尊貴的優里庇德，讓我們將這種規勸運用於對人的敵意而非友誼，等到雙方意見不合就拿出「溫和節制」的辦法，「不要達到心靈深處的奧秘所在」，這樣一來憎恨、憤怒、抱怨和猜疑會「很容易的排除」。看來我還是推許畢達哥拉斯學派的教條：「不要向每個人都伸手」[22]。那就是說不必結交很多朋友，也不要輕易建立可有可無的友誼。特別是因爲友誼在他的生命中爲他帶來很多痛苦，從此他就拒絕分擔別人的焦慮、負荷、勞累和危險，等於他對有自由人身分的慷慨之士，毫無惻隱和寬容之心；那麼這種人根本不需要任何友誼。

7 智者契隆的話很有道理[23]，有人以沒有仇敵在那裡大事誇耀，他說道：「這也表示你沒有朋友。」因爲敵意緊隨友誼而來，相互會糾纏在一起，作爲一個朋友不可能不分享友人的過錯、醜聞和失利，友人的政敵看待他立即會用猜疑和憎恨的眼光，通常還會引起其他朋友的嫉妒，有時與他的友人因而

21　優里庇德的悲劇《希波萊都斯》253-256行；要想符咒靈驗是沒有指望的事，看來友誼又能有多大效用，即使不是緣木求魚，還是難免奢望太高之譏。

22　畢達哥拉斯學派有很多非常實用的教條，可以參閱本書第1章〈子女的教育〉17節。

23　本書第6章〈如何從政敵那裡獲得好處〉1節引用契隆的話；參閱奧盧斯・傑留斯《阿提卡之夜》第1卷3節。

分手。如同泰米西阿斯(Timesias)[24] 從神讖預知殖民地將要出現的情勢：

> 他養育成群用來釀蜜的昆蟲，
> 很快就會變成螫人的虎頭蜂。

世人希望獲得成群的朋友，結果有些成為仇敵，就像是無意之中戳到馬蜂窩一樣。

除此以外，一個敵人的仇恨和一個朋友的感激不可等量而觀。可以看看亞歷山大是如何處置斐洛塔斯和帕米尼奧的朋友和家人，像是戴奧尼休斯之於狄昂、尼祿之於普勞都斯(Plautus)[25] 和提比流斯之於謝雅努斯(Sejanus)[26]，受盡酷刑以後再將他們殺死。克里昂(Creon)的女兒雖然頭戴金冠身穿紫袍，對於克里昂沒有絲毫的幫助[27]，就在他突然向著女兒跑去，用手臂抱著她的時候，身上已經被火焰籠罩，連帶他的女兒一起被活活燒死。有些人沒有能從朋友無往不利的順境當中沾光，卻在朋友厄運臨頭之際身受其害。

這是有教養而且心靈高尚的人士所特有的體驗。例如帖修斯接受派瑞索斯應得的懲罰和囚禁，

> 友情的枷鎖來自雙方的需要，
> 絕非單方面用人力勉強打造。[28]

修昔底德的著作中提到雅典發生瘟疫[29]，最崇高的德行是當朋友生病的時候，出於

24　泰米西阿斯是小亞細亞的克拉卓美尼人(Clazomenae)，他率眾向色雷斯殖民，建立阿布德拉這個知名城市。

25　受害者是盧比留斯·普勞都斯(Rubellius Plautus)，等到他的首級送到尼祿面前，這位暴君看了一下說道：「啊，尼祿，你怎麼會害怕長著這樣一個鼻子的人呢？」參閱塔西佗《編年史》第14卷57節及後續各節；以及笛歐·卡休斯《羅馬史》第62卷14節。

26　謝雅努斯擔任多年的禁衛軍統領，原本是一個工於心計和殘暴凶狠的角色；參閱塔西佗《編年史》第5卷7節和後續各節，以及笛歐·卡休斯《羅馬史》第58章11-12節。

27　金羊毛英雄傑生棄妻別娶，他的元配米狄亞用一件容易著火的婚紗謀害新娘；參閱優里庇德的悲劇《米狄亞》1136行及後續各行。

28　這兩句詩可能出自優里庇德的悲劇《派瑞索斯》(Peirithous)，本書一再引用於第35章〈手足之情〉8節、第42章〈論羞怯〉10節及第50章〈愛的對話〉18節；參閱瑙克《希臘悲劇殘本》之〈優里庇德篇〉No.595。

29　參閱修昔底德《伯羅奔尼撒戰爭史》第2卷51節。

友情的緣故還要去探視他們，即使犧牲自己的性命亦在所不惜。

8 基於前面提到的緣故，沒有一件妥當的事物無關於德行，所以我們不要朝三暮四與不同的人員來往，甚至與很多人糾纏不清，而是要找一個與你分擔一切的人，特別是他有愛心和參與感。因而我們可以很明確的表示，最大障礙在於有很多的朋友，連帶是他們所產生的友誼，都來自身分和地位的類似。的確如此，甚至就是野獸只有迫於本能的衝動，才會與外貌和自己不相似的異性交尾，事後會蹲伏在一旁，表示出憤怒的神色，接著雙方就會分手。同個族群的野獸結為配偶才會相互滿足，很高興分享彼此的善意。這樣看來，友誼怎麼會在迥異的個性、不同的感情和南轅北轍的生活方式中產生？

豎琴這一類的樂器所以會發出諧和的聲音，是通過不諧和的調性，在高音程和低音程之間取得旋律的配合。談到友誼的融洽與和諧，必須將不同、不等和不配的成分全部清除乾淨，要在語言、觀念、思想和感情方面產生共鳴，像是兩個身體共同擁有一個靈塊。

9 什麼樣的人才會如此的不知厭倦，如此的輕浮善變，如此的易於適應，還可以接納許多人士且能打成一片？ 狄奧吉尼斯念出下面的詩句[30]：

> 仿效烏賊能改變顏色的特質，
> 看在眼中像牠所依附的岩石。

我們不能嘲笑他有這樣的勸告。須知烏賊的改變只是表面，沒有任何深度的寓意可言，歸功於牠的組織極其封閉或過分鬆散，吸收接近物質所發射出來的光澤。因而友誼要想達成效果，要在性格、情感、語言、職業和嗜好等方面保持一致。

一位像普羅提烏斯(Proteus)[31]之類的人物，方始具備如此多變的適應性，擁有的魔法可以任性改變自己的意念，前一刻還在與老學究閱讀書籍，接著就與角力手在灰塵中翻滾，隨後跟獵人到山林狩獵野獸，再趕赴酒徒的飲宴喝得爛醉如泥，參加政客的選舉幫助拉票，始終使自己不要為定型的性格束縛。如同自然哲

30　參閱《希臘輓詩體和抑揚格詩集》之〈狄奧吉尼斯篇〉215-216行。再度引用於第61章〈自然現象的成因〉19節及第65章〈陸生或海生動物是否能更為靈巧〉27節。

31　他是埃及長生不老的精靈，經常遊戲人間；參閱荷馬《奧德賽》第4卷383行及後續各行，以及魏吉爾(Virgil)《田園詩》(*Georgics*)第4卷387行及後續各行。

學家所說那樣，沒有形狀或色澤的質量和材料，是構成萬事萬物的基礎，本身可以轉變成形形色色的事物，可以處於燃燒狀態之下成爲液體，進而揮發成爲氣體，然後再度凝結成爲固體。擁有很多朋友的人需要一種心態，基本上綜合感受性強、多才多藝、柔順屈從和輕浮易變等因素。然而友誼尋求一種扎實和穩固的特質，絕不能漂泊無依，必須繼續留在一個地方和建立一種親密關係。因爲這樣的緣故，一位心智堅定不移的朋友不僅罕見而且很難得到。

第八章
機遇

1 須知人生的道路並不完全靠著公理正義、聰明才智、平等無私、克己自制或者端莊有禮的指引，可以說整個出於機遇造成的結局。亞里斯泰德視錢財如糞土，為了安貧樂道，情願放棄富可敵國的大好機會[1]；西庇阿(Scipio)在攻陷迦太基(Carthage)縱軍大掠，對於戰利品正眼都不願瞧一下，更不要說是打算據為己有。至於斐洛克拉底(Philocrates)[2]從菲利浦的手裡接受財物，想要「花費在女色和美食上面」，以及拉昔尼斯(Lasthenes)和優特克拉底(Euthycrates)失去奧林蘇斯，「他們的幸福在於餵飽肚皮以及其他最可恥的行為」[3]，難道這些人有不同的見識也是出於機遇的原因？

菲利浦之子亞歷山大自己不接觸被俘的婦女，甚至對於侵犯她們的人都施以懲處[4]；然而另外一位亞歷山大[5]，他是普里安的兒子，屈服於邪惡精靈的指示，或是因為機緣湊巧，竟然與居停主人的妻子發生關係，對於他的誘拐在我們的三大洲當中，造成亞歐兩洲血流成河的刀兵之災。如果這些事件的成因完全出於機遇，豈不是暗示我們，無論是貓、山羊或猴子，牠們之所以沉溺於貪食、好色或是為禍不淺的詭計，就能這麼一句話帶過？

2 如果自制、公正和勇敢存在，沒有道理說智慧不存在；同樣如果智慧存在，那麼才能也不會不存在？根據他們的說法，自制就是一種智慧，公

---

1 亞里斯泰德身後蕭條，留下的財產連支付葬禮都不夠，兩個女兒有了市民大會供給的嫁妝，才有人願意娶她們為妻，就是兒子的生活費都靠當局贈與的年金；參閱蒲魯塔克《希臘羅馬英豪列傳》之〈亞里斯泰德傳〉27節。

2 笛摩昔尼斯《演說集》第19篇〈論騙人的使節〉229節；按照笛摩昔尼斯的說法，接受金錢的賄賂就是叛國的證據。

3 笛摩昔尼斯《演說集》第18篇〈論王權〉296節。這些人都為笛摩昔尼斯列入叛徒的名單。

4 參閱蒲魯塔克《希臘羅馬英豪列傳》之〈亞歷山大傳〉21節。

5 這位亞歷山大是拐騙海倫的帕里斯，引起血流成河的特洛伊戰爭。

正需要智慧從旁照應。可以進一步的說明，特定的才能和智慧讓人擁有某種美德，面臨歡樂和酒色的誘惑可以稱之爲禁欲和自律，陷於危險和辛勞的處境可以稱之爲堅忍和剛毅，公眾生活中私人的態度稱之爲平等和公正。

因之我們將才能的成果歸之於機遇，就會讓公正和自律的工作推諉突發的因果關係或上天的旨意，讓偷竊、貪污和荒唐的生活歸罪意外，讓我們放棄理性的作用，將自己的行爲一切藉口機遇；如同塵土和碎屑被狂風吹走，散落得到處都是。如果才能不存在，僅有的推論在於讓人無法進行深思熟慮或搜尋追查，就不能獲致最高的利益。索福克利在閒聊中提到：

> 戮力終歸有成，
> 疏忽難免失誤。[6]

同時還在其他的場合，將行動區別成不同的種類：

> 爲學在於力行，
> 解惑在於思辨，
> 明道在於虔誠。[7]

如果萬事萬物都由機遇來決定，那麼人類還有什麼地方可以力行和思辨？

如果所有的事務都包容在巧合的範疇之內，城邦用來集思廣益的會議可以廢止，國王身旁提供意見的參贊可以取消，一旦失足難道可以逃過無知和任性的譴責[8]？才能如同我們的眼睛，要是連根剜去就會變成一位盲目的領導者，這時對我們還有什麼幫助？

3 然而，我們之中有人認爲看的動作就是機遇，這與視力和柏拉圖把眼睛稱爲「接受光線的球體」[9]沒有什麼關係，聽的動作也是出於偶然，並不是感覺的功能，由於空氣的振動傳入我們的耳朵和頭腦[10]。如果這些論點都正

6　引用索福克利的悲劇《伊底帕斯王》110行。

7　出自索福克利不知其名的劇本；參閱瑙克《希臘悲劇殘本》之〈索福克利篇〉No.759。

8　參閱柯克《阿提卡喜劇殘本》第3卷〈米南德篇〉121頁No.417。

9　參閱柏拉圖《泰密烏斯篇》45B；說是眼睛的中心部分經過壓縮，可以阻擋一切雜質，只讓光這種純潔的元素通過。

10　參閱柏拉圖《泰密烏斯篇》67B；特別提到尖銳的聲音振動快速，低沉的聲音振動緩慢；平

確無誤，那我們又怎能相信自己的知覺！事實可以辨識清楚，自然女神授與人類
以視覺、聽覺、味覺、嗅覺以及四肢和其他的功能，用來操控才能和智慧，須知

> 世間的事物既聾又瞎，
> 燭照的心靈應接無暇。[11]

有的例子出於嚴謹的方式，像是太陽如果不存在，還有星星在連續的黑夜中
通過我們的生命，如同赫拉克萊都斯非常肯定的明示，一個人處於伸手不見五指
的狀況，即使擁有全部的感覺，已經沒有心靈和理性可言，他的生活與動物沒有
什麼差別[12]。然而吾人之所以能夠超越獸類，進而可以對牠們具備掌控的權勢，
並非出於機遇或偶發的事故，根據普羅米修斯敘述的成因，在於思想和理性的力
量。就像伊斯啟盧斯所說的那樣：

> 牲口的幼仔只要長成，
> 須侍奉人類勞役終生。[13]

的確如此，要是考慮到剛剛出生的狀況，無論是後天的機會還是天生的稟
賦，野獸要比人類占有更大的優勢，牠們會用銳角、尖牙和利爪武裝自己，如同
伊姆皮多克利的描述：

> 豪豬森然豎立的剛毛，
> 有如成列尖銳的槍矛。

還有一些野獸用甲殼或毛髮，或是銳利的爪或堅硬的蹄當作衣物和鞋襪，如同柏
拉圖所說那樣，僅僅人類「全身赤裸解除武裝，足無鞋襪臥缺窠穴」，像是被自
然女神棄之不理的生物[14]。然而

（續）——————————————

　　穩柔和的聲音來自有規律的振動，反之則嘈雜刺耳。

11　確定來自伊姆皮多克利的作品，其他都已無法考證；再度引用於本書第25章〈論亞歷山大的
　　命運和德行〉第2篇3節，以及第65章〈陸生或海生動物是否能更為靈巧〉3節。

12　本章的論點與在第64章〈火或水是否能發揮更大效用？〉7節的說法，好像有相當的出入。

13　這兩句詩出自伊斯啟盧斯《未負巨岩的普羅米修斯》（*Prometheus Unbound*）；參閱瑙克《希
　　臘悲劇殘本》之〈伊斯啟盧斯篇〉No.194。

14　參閱柏拉圖《普羅塔哥拉斯篇》321C；所以普羅米修斯才會從神明那裡偷火送給人類。

　　　　只要智力方面占優勢，
　　　　可以彌補體能的不足。[15]

祂的賜與是理性、勤奮和預知：

　　　　人類的力量何其弱小，
　　　　靠著足智多謀的頭腦，
　　　　降服深淵的可怕怪物，
　　　　成為地面和空域之主。[16]

　　馬的腳程是如此輕快而迅捷，然而牠們卻為人類驅馳鞭策，好鬥成性的犬是如此的精神抖擻，竟然要為人類看門守戶。魚的滋味最為鮮美，豬的軀體何其肥碩，對人類而言這些都是營養可口的食物。有誰看過比象更大且又凶狠的野獸？甚至這種動物都會用來娛樂人類，在公眾舉行盛會的時候表演節目，學會舞蹈和屈膝的各種姿勢[17]。這樣的演出有很大的用途，讓大家知道靠著人的智慧撫養和訓練這些動物，了解到他何以成為所有事物的主人，在各方面都更勝一籌。須知

　　　　我們的賽跑並不快捷，
　　　　拳擊角力亦連續敗北。[18]

事實上就體能而言，人類沒有像野獸具備更佳的天賦，然而卻可以運用經驗、記憶和技巧，誠如安納克薩哥拉斯所說那樣，只有我們能夠採取牠們所釀的蜜，擠出奶汁來餵養牠們，按照我們的意願來驅使和引導牠們，對牠們有絕對的控制能力。因之這一切無關於機遇的因素，整個來說完全是才能和預知。

　　4 只要世間出現「人生的道路」這種說法，毫無疑問，大家看到木工、銅匠、建築師和雕塑家的作為，最後能夠有所成就與偶然或機遇沒有多大關係。機遇或許對他們的成功稍有幫助[19]，主要在於技術要到達完美的境地，可

15　作者不詳，很可能是優里庇德；可以參閱瑙克《希臘悲劇殘本》之〈Adesp篇〉No.367。
16　出自優里庇德的悲劇《伊奧盧斯》；參閱瑙克《希臘悲劇殘本》之〈優里庇德篇〉No.27。
17　蒲魯塔克對於大象情有獨鍾，經常用牠舉出很多的例子。
18　引用荷馬《奧德賽》第8卷246行，這是奧德修斯提到亞該亞人與斐亞賽人比賽的狀況。

以引用下面幾句詩：

> 工匠都想要事業順遂，
> 用祭品奉獻勞動之神，
> 祂是天神宙斯的兒子，
> 長著極其銳利的眼睛。[20]

赫菲斯都斯執掌工藝所需的助手是雅典娜而非機遇之神。

　　然而有一位畫家[21]提到他在畫馬的時候，想要繪出疾馳當中呼吸急促，口沫從銜鐵中噴出的樣子，一次又一次試著用線條和顏色從各個角度打上底稿，總是達不到所望的效果，只有擦掉再繪，最後他怒氣大發，把一塊帶有顏料的海綿扔向畫布，結果出乎意料表現出極其神似的構圖和氣氛；技藝的成就出於偶然這是唯一有記錄的例證。

　　度量衡和數字無論在何處都可以運用得到；其實藝術只能算是智慧當中範圍狹隘的形式，或許是智力的分支架構。如同他們在寓言中所說從上天得到的火，普羅米修斯將它分為很多部分，然後散布開來變得到處都是。因此智慧用美好的方式分裂開來，成為很多較小的部分和碎片，各自擁有成長茁壯的根據地。

5　設若藝術無須獲得機運來達成最終目標，除了人能夠獲得名聲，達到登峰造極的地步，那些最偉大或最完美的作品豈不是毫無價值可言。弦的鬆緊和調撥可以視為一種才能，人們把它叫作音樂；我們將食物的準備給予廚藝的稱呼，就是布匹的清潔都可以取名為漿洗。我們會教導自己的小孩如何穿著衣物，要用右手取肉同時將麵包拿在左手，甚至於做這些事情都可以假定並非來自機遇，只是需要監督和注意。談起可以獲致幸福最重要和最基本的事務，有哪些能與智慧無關，或是沒有加入理性和預知的成分？

　　沒有人把泥土用水攪和濕透以後留在那裡，說靠著機遇或偶然的因素可以成

（續）

19　這是伊庇鳩魯所說的話，戴奧吉尼斯‧利久斯引用在《知名哲學家略傳》第10卷144節。

20　或許出自索福克利的劇本，參閱瑞克《希臘悲劇殘本》之〈索福克利篇〉No.760。

21　要是根據普里尼《自然史》第35卷36節的記載，這位畫家應該是尼阿克利(Neacles)；笛歐‧克里索托姆(Dio Chrysostom)《演說集》(*Discourses*)第63卷4節，認為是阿皮勒斯；華勒流斯‧麥克西穆斯(Valerius Maximus)《言行錄》(*Memorable Doings and Sayings*)第8卷11之7，只說是一位「出名的畫家」。

爲磚塊；也不可能只供應羊毛和皮革，然後坐下來向機遇之神祈禱，這些材料就
會變成衣服和鞋子。一個人有大量的金銀和眾多的奴隸，住所是寬廣的府邸，安
置精美的家具，如果他沒有足夠的智慧和才能，就能免於悲傷的打擊和時運的變
遷，始終過著幸福美滿的生活？

身爲將領的伊斐克拉底（Iphicrates）[22] 明確表示，他「不是重裝步兵，也不是
弓箭手或者圓盾手」，於是有人問他到底是什麼，他回答道：「我是一位指揮官，
所以兵員和人馬都爲我所用。」

6 智慧不是金銀財寶，也不是名譽地位，更不是健康的身體或美麗的容
貌。這樣說來它到底是什麼東西？它所具備的特質能使所有的事物做出
最有效的運用，透過它的媒介使得世人所垂涎的東西，帶來歡樂或者顯得突出或
者更加有利。缺乏智慧會使萬事萬物一無是處，沒有成效可言反而帶來災害，成
爲擁有者的負擔並且爲他帶來羞辱。赫西奧德的作品當中，描述普羅米修斯向伊
庇米修斯提出最明智的建議：

> 不要接受宙斯的效勞，
> 滴水之恩須湧泉相報。[23]

要一個人不接受天上掉下來的機會和過分的好處，等於勸他不懂音樂就不要
吹奏笛子，大字不識就不要任意翻書，沒有經過訓練就不要去騎馬是同樣道理，
如果一個人很愚蠢就不要從政，一個人很吝嗇就不要發財，一個人會受婦女支配
就不要結婚，更可以從這裡獲得類似的經驗。笛摩昔尼斯曾經說道：「不應到手
的成功會給愚蠢的人帶來錯誤的觀念」[24]，這句話很有道理，從而引伸出「不應
到手的運道會給沒有頭腦的人帶來不幸的災難」，更是至理名言。

---

22 伊斐克拉底（390-355 B.C.）是雅典將領，改進輕裝步兵的作戰效能，392 B.C.在科林斯會戰擊
　敗斯巴達重裝步兵組成的方陣，贏得整個希臘世界的讚譽，一直到348 B.C.，始終是雅典軍
　隊當中舉足輕重的人物。

23 赫西奧德《作品與時光》86行；普羅米修斯和伊庇米修斯是兄弟。

24 參閱笛摩昔尼斯的〈哀悼奧林蘇斯人〉第1篇23節。笛摩昔尼斯爲了反對馬其頓的擴張野
　心，一共發表三篇〈哀悼奧林蘇斯人〉、四篇〈論腓力〉、〈論和平〉和〈論克森尼斯〉等相
　關的演說。

第九章

善與惡

1 穿著可以讓人感到舒適，並不是衣物本身給人帶來溫暖，特別是它的質地透著涼意，一般人在發燒或身體很熱的時候，就會很頻繁的成套更換被服。須知溫暖的熱力從體內發射出來，穿衣戴帽的目的是要將它包裹在身體的表面，不讓它很快的散失。大千世界存在無數類似的狀況，使得大多數的人受到誤導或是產生錯覺，他們認為一個人居住高樓大廈，四周有童僕環繞，金銀財寶用之不竭，這樣才算是不虛此生[1]。

事實上人的幸福美滿絕不是來自外部的事物，反之，倒是每個人的天性才是奔流不息的泉源[2]，要把歡樂和滿足的成分增加到四周的事物上面，

> 室內燃起熊熊的爐火，
> 洋溢家庭的親切和睦。[3]

財富給人帶來各種享受，名聲和權勢讓生涯更加華麗絢爛，真正的喜悅還是從內心發出。同樣出於天性的寧靜和豁達，可以用樂觀和寬容的心情，忍受貧窮、放逐和老年的時光。

2 香水可以使襤褸的粗布衣裳聞起來芬芳撲鼻，然而安契西斯（Anchises）[4] 的軀體滲出惡臭的分泌物，

---

1 參閱本書第8章〈機遇〉5節；所有這一切都要靠智慧和才能。

2 這是季諾的信條；參閱本書第34章〈論寧靜的心靈〉19節。

3 這兩句詩的作者應該是荷馬；參閱《荷馬與赫西奧德的較量》（*The Contest of Homer and Hesiod*）No.274；還引用在本書第50章〈愛的對話〉18節。

4 安契西斯是受到阿芙羅黛特寵愛的特洛伊人，因而他能成為伊涅阿斯（Aeneas）的父親。

> 濕透全身的亞麻衣裳。[5]

不論是那種行業職位和生活方式，只要重視美德和善行的實踐，就可以避免煩惱，享受人生的樂趣。世間很多混雜惡習的事物，或許有些人視爲富麗堂皇、珍貴罕見或威風凜凜，要是就擁有者而言，只能帶來厭惡、煩悶和敵意。

> 有的人在外談笑風生，
> 回到家中變成可憐蟲，
> 皆因妻子實在太蠻橫。[6]

只要他是眞正的男子而不是奴隸，想擺脫一位凶惡成性的妻子並非很難辦到的事；對付自己的罪孽可不像寫一紙休書，能夠立即除去煩惱可以過平靜的日子，這得要靠本人的毅力有妥善的安排。

不僅如此，他的惡行如同一個安居下來的房客，無論是白天還是黑夜，都要與他同生共死誓不分離，

> 燒炙的身體不留烙印，
> 陪伴你到人生的墓塋。[7]

旅行途中的撒野因爲傲慢自大的緣故成爲到處惹麻煩的伴侶；宴會中的放縱因爲貪食暴飲的緣故是費用驚人的伴侶，這位損友由於憂慮、牽掛和猜忌的緣故，要是與你同室而住，就會讓你夜間無法成眠。即使睡覺可以使得身體獲得休息，心靈由於迷信的作祟，會帶來恐怖、夢魘和驚懼。

> 閉上眼就被悲痛攫住，
> 夢境中我被凌遲處死。[8]

---

5 這句詩出自索福克利的悲劇《勞侃》（*Laocoon*）；參閱瑙克《希臘悲劇殘本》之〈索福克利篇〉No.344。

6 可能出自米南德的劇作，參閱柯克《阿提卡喜劇殘本》第3卷86行，本書第34章〈論寧靜的心靈〉11節再度引用。

7 引用赫西奧德《作品與時光》705行。

8 或許來自新喜劇的詩篇；參閱柯克《阿提卡喜劇殘本》第3卷〈Adesp篇〉第444頁No.185。

在那種狀況下使一個人做出嫉妒、畏懼、暴躁和放縱的行為。白天出現的惡行難以隱藏，因為要考慮到別人的態度，感到窘困之餘要掩飾個人的情緒，不能完全率性而行，有時還要抗拒引起的衝動，盡力加以克制。至於那些在睡眠的時刻出現的惡習，免於輿論的指責和法律的懲處，同時不會產生害怕或羞怯的感覺，可以讓各種欲望都在那裡騷動不安，喚醒人們去從事墮落和荒唐的行為。如同柏拉圖所說「轉著亂倫的念頭」[9]，分享不能吃進肚內的食物，完全隨心所欲不會想要戒絕，盡力舉行各種無法無天的飲宴，即使全部歸之想像和幻覺，他們基於情緒和病態的癖好，僅僅有能力激發起凶狠的活動，終究還是得不到歡樂，也無法讓欲望獲得滿足。

3 須知惡行帶來的歡樂無法免於憂愁和悲傷，也不能獲致心靈的滿足和安寧。人類的身體處於均衡和健康的狀況，才有足夠的條件產生肉體的樂趣，心靈要建立在愉悅、無畏和勇氣的根基上面，保持安寧平靜不受外物的干擾，否則不可能滋長延續不斷的快樂和享受；除此以外，雖然還有某些希望或娛樂誘惑我們面露笑容，焦慮如同一塊暗礁在晴朗天氣中突然出現，心靈在撞擊之下像是一艘沉船陷入混亂和沮喪的困境。

4 累積成堆的金條和銀塊，興建壯觀的步道和柱廊，府邸有成群的奴僕侍候，城裡到處都是欠下債務的市民，要是處於無往不利和興旺發達的局面，除非你能將情緒保持在心靈的水平，讓貪得無厭的欲望受到控制，從而解脫畏懼和焦慮的壓迫，否則你面臨的處境，如同倒出美酒讓高燒的人飲用，供應蜂蜜給患有膽汁症的人進食，為受到疝氣或赤痢折磨的人準備美味佳餚，須知這些東西自己無福消受，不能使身體強壯，反而帶來性命之憂。

你倒是可以觀察病人的狀況，發現他們討厭而且拒絕精美和價昂的食物，雖然伴隨在旁的人員不斷提供，還試著強制他們進食；等到他們放棄過去的飲食習慣，不僅喜愛而且滿足於普通的麵包，加上乳酪和芹菜[10]，過了不多久以後，他們的身體產生改變，無論是呼吸、體溫或血液的循環，都恢復到以往健康的狀況。出現進步的主要原因在於心靈的力量。

9　參閱柏拉圖《國家篇》571D。

10　參閱本書第34章〈論寧靜的心靈〉3節；原來的意思是有病無論吃什麼山珍海味都沒有胃口，等到身體恢復健康再簡單的飲食都可以大快朵頤，與本章的說法有點出入。

如果你知道何謂體面的生活和高貴的善行，那麼你對你的命運會感到悠然自得。即使你處於貧窮的困境，仍舊可以生活如同國王，精神上的奢華已經超越物質的限制；普通市民的閒雲野鶴和無憂無慮，遠勝過文武官員的酒食徵逐和酬酢周旋。如果你是一個哲學家，因為你知道什麼是隨遇而安，過的生活就不會感到有任何不愜意的地方，財富帶來的快樂在於可以樂善好施濟世救人，貧窮可以讓你擺脫眾多的煩惱和苦悶，榮譽所能擁有的名聲值得追求和享用，清寒和卑微的家世可以免於遭人忌恨。

第十章
致阿波羅紐斯的弔慰信

1 阿波羅紐斯（Apollonius），我聽說你的兒子英年早逝，就能感到你的悲傷和痛苦，令郎是一位謙恭有禮的年輕人，深受大家的喜愛和讚譽，特別是他對於神明和他的雙親以及朋友，全都遵守宗教的規定和正義的要求。在接近他亡故這段期間，你對於突如其來的災難，受到的打擊使得身心俱疲，我要是前去拜訪和弔慰，勸你要像一位終歸難免一死的凡人，能夠接受命運的安排，怎麼說來總是不太適宜。除此以外，即使我能分擔你的悲痛，對你而言也沒有多大幫助。甚至就是極其高明的醫生，對於化膿的體液還是束手無策，拿不出有效的療程達成治癒的目標，只能讓發炎產生的疼痛延續下去，無法用外敷的藥物減輕嚴重的病情[1]。

2 人們面臨災禍的打擊，只有自求多福靜觀其變，時間可以緩和苦難和折磨，使得所有的事物逐漸恢復正常。就你目前的狀況來看，需要朋友對你伸出援手，我認為比較適切的方法，就是寫信給你，好讓文字給你帶來安慰，悲憤的心情得到宣洩，哀悼的喪期可以終結，須知椎心泣血的哀號已經無濟於事。看來

> 適時的信函真是最好的醫生，
> 撫慰和治療極其悽惻的心靈。[2]

根據優里庇德明智的詩句[3]：

---

1 參閱西塞羅《突斯庫隆討論集》第1卷29節以及普里尼《書信集》第5卷16節。
2 伊斯啟盧斯的悲劇《普羅米修斯的負擔》379行。
3 瑙克《希臘悲劇殘本》之〈優里庇德篇〉No.962；後面兩行引用在本書第4章〈如何從友人當中分辨阿諛之徒〉28節。

　　　　各種病痛有不同的治療方式，
　　　　悲愴要靠朋友給予關懷言辭，
　　　　傻瓜的角色才需要話中帶刺。

很多情緒會影響到心靈，其中以陰鬱最爲令人喪失神志，所以他們會說：

　　　　憂憤的成因說起來難以估計，
　　　　帶來的精神錯亂已無法醫治，
　　　　須知愁苦奪人性命何必如此。[4]

3 愛兒之死哀痛逾恆是人的天性，很難控制情緒也是意料中事。要是對這方面的遭遇抱著漠然視之的態度，可以說是相當的冷酷無情，雖然受到很多人的頌揚，我個人並不表贊同，這樣做毫無必要也不見得有多大的好處[5]。像是打算要剝奪最可貴的感情，來自相互之間親情的交流，比起任何東西都值得我們繼續保有。誠然如此，毫無止境的想盡辦法去誇大我們的悲痛，也是不合常情的事，這是陳腐的觀念所造成的結果。

　　對於心智正常的人而言，倒是贊同適度的沉溺於悲痛之中，必須先除去過分哀悼所帶來的傷害、敗壞和極其不得體的行爲。雅典學院的的克朗托（Crantor）[6]說過：「我們祈禱不要遭遇不幸，萬一發生無法避免的事故，那怕是有一隻手臂被砍掉或是折斷，還抱著希望不要感到劇烈的痛苦。」一個人想要達到對於痛楚毫無所感必須付出很大的代價[7]。我們認爲後者所產生的現象，是肉體受到殘酷的虐待，使得感覺的器官喪失功能，前者的麻木不仁完全是靈魂出了問題。

4 人們基於理性要有所了解，對於天人兩隔的災難不應冷淡以待，也無須強調它會帶來巨大的影響；一種方式是缺乏情感而且對人嚴苛，另一種方式是無法自律而且稟賦柔弱。所謂的明智是要讓自己的感情保持在適當的範圍

4　出自斐勒蒙的劇本；參閱柯克《阿提卡喜劇殘本》第2卷〈斐勒蒙篇〉512頁No.106。

5　參閱西塞羅《突斯庫隆討論集》第3卷6節。

6　克朗托是西元前3世紀的學院學派哲學家；參閱穆拉克（Mullach）《希臘哲學殘篇》（*Fragmenta Philosophorum Graecorum*）第3卷146頁；西塞羅《突斯庫隆討論集》第3卷6節。

7　斯多噶學派的理論強調堅忍的德行，這要靠極其嚴厲的學校教育，蒲魯塔克認爲雅典學院的哲學家沒有這種能力。

之內，同時又能出於理性的態度欣然同意他應該流露的悲傷。一個人必須要先有心理準備，接受那些天命注定的事情，不能處處抱怨只得垂首服從。如同民主體制下的官額分配，有人中籤獲得職位，那些得不到的人只有歸之於運道使然，不能因而勃然大怒；任何人要是做不到這點，即使好運降臨還是無法持盈保泰，有始有終。

下面這首詩是針對這方面所提出的適切勸告：

> 人生之路不如意常十之七八，
> 無法看破這點要付慘痛代價，
> 面對橫逆和病痛的輪番刁難，
> 保持本性如同真金不怕火煉。[8]

就受過良好教育和嚴格訓練的人士而言，他們的特色是對外表的功成名遂保持平常心，面臨時乖運蹇仍舊表現逆來順受的態度。對於即將到來的惡劣局面，運用合乎理性的審慎加以抵抗和拒止，如果事態已經發生，仍然能夠加以矯正和減弱它的打擊力量，或者出於剛毅和高貴的姿態只有盡情容忍。

說起與善行有關的智慧用四種方式表示：一是需要大量的儲備；二者給予妥善的保存；三是應該適切的增加；四是強調公正的運用。無論是智慧還是德行所制定的法律，對於運道的好壞沒有置喙的餘地，因為

> 人活在世上不可能事事順遂；[9]

下面的話一樣真實不虛，

> 須知萬般天注定半點不由人。[10]

5 植物有開花結果的季節，其他的季節則否，動物有多產繁殖的期間，其他的期間不會生育，海洋有風和日麗的天氣，也會帶來驚人的暴風雨，

8　出自優里庇德不知名的劇本；參閱瑙克《希臘悲劇殘本》之〈優里庇德篇〉No.963。
9　出自優里庇德的悲劇《第妮碧婭》；參閱瑙克《希臘悲劇殘本》之〈優里庇德篇〉No.661。
10　作者不詳；參閱瑙克《希臘悲劇殘本》之〈Adesp篇〉No.368。

人生出現各式各樣的環境，運道也會帶來天翻地覆的變動。預期發生人事的蒼桑，荷馬有這種說法還是相當吻合實情：

> 阿格曼儂的一生是成敗參半，
> 陷身享樂和悲傷編成的羅網，
> 須知國王是必死的凡夫俗子，
> 一切難逃神明的算計和控制。[11]

還有米南德的詩篇[12]：

> 年輕的主人，只有你從出生，
> 就獲得神明的寵愛給予特權，
> 在這一生當中可以無往不利，
> 稍有不如人意感到悲憤莫名。
> 有時祂會欺負你或對你漠視，
> 須知我們的處境並沒有差異，
> 大千世界讓你開始呼吸空氣，
> 任何場合都要面臨悲劇模式。
> 身為男子漢要體會我的吩咐，
> 迅速高升馬上墜落最低深淵，
> 世事的變化是何等出人意外，
> 唯有執兩用中方能維持長遠。
> 處理城邦事務擁有莫大權勢，
> 不要被虛弱的名聲衝昏腦殼，
> 看來基根穩固的地位和財富，
> 片刻之間受到摧毀化為烏有。
> 年輕的主人，即使厄運連連，

---

11 優里庇德的悲劇《伊斐吉妮婭在奧利斯》29行及後續各行；參閱本書第2章〈年輕人何以應該學詩〉12節，只引用全詩前兩行。

12 參閱柯克《阿提卡喜劇殘本》第3卷〈米南德篇〉第155頁No.531，以及阿林遜《米南德作品集》478頁；這首詩為誰而寫還是一無所知。

　　不要喪失那凌駕一切的善行，

　　命運女神的安排要逆來順受，

　　無怨無尤長遠保持豁達心靈。

　　有些人是如此的糊塗和自大，對於世事的無常和境遇的變幻不以爲意，愚蠢到爲虛有其表的收穫而欣喜若狂，無論是財源廣進還是加冠進爵，無論是政壇得意還是名聲遠播，他們會對階層較低的人士擺出傲慢的嘴臉，內心之中對於氣數的浮沉毫無一點警覺，事實上身居高位很容易遭到貶黜，清寒之士也能平步青雲，命運的造化何其迅速而快捷。販夫走卒對於人生的際遇不可能有合理的解釋，因之想要在變動不居的情勢當中，找出持之以恆的原則，在於一切的機會

　　像是命運之輪在不停的滾翻，

　　邊緣任何一點不會長留頂端。[13]

6　理性是最好的藥方可以用來醫療悲戚的心靈，基於開闊的胸懷做出妥當的準備，可以應付人生的千變萬化。有一點大家必須確知，那就是凡人終歸難免一死，就是分配給他的人生不僅極其短促，談好的條件是隨時準備面對苦楚，肉體只不過延續一段時日，總要與草木同朽，換句話說，人生的遭遇和經驗還是會化爲塵土，只要活著就

　　逃不開躲不過死亡最後一擊；[14]

或者如同品達所說那樣：

　　瞎眼的達達魯斯有絕對必要，

　　在地獄的深淵很快將你攫咬。[15]

　　費勒隆的德米特流斯引用優里庇德的詩句，看起來非常有道理：

13　作者不詳；參閱貝爾克《希臘抒情詩集》第3卷740頁。

14　荷馬《伊利亞德》第12卷326行；這是呂西亞國王薩佩敦(Sarpedon)，在特洛伊的赫克托發起攻擊以後，對格勞庫斯所說的話。

15　引用克里斯特《品達的吉光片羽》207行；詩中提到的達達魯斯是藏身在冥府的魔鬼。

> 萬貫家財總離不開得失有無，
> 任何人把持也不過剎那工夫。[16]

還有就是：

> 摧枝折幹的巨風起之於萍末，
> 有朝一日拔擢寒士抑制強者。[17]

他的表達方式受到大眾的讚揚，如果能把「有朝一日」改爲「片刻之間」，更能合於題意。

> 地球上可以開花結果的植物，
> 如同人類要面對生死的循環，
> 有些並駕齊驅在快速的成長，
> 餘者聚集居地轉瞬之間滅亡。[18]

品達在另外的詩篇中說道：

> 無論存在或不存在何者為何？
> 人生不過夢幻泡影鏡花水月。[19]

詩人運用極其鮮明和富於技巧的表達方式，讓大家明瞭人類的生命是何等的變遷流轉。還有什麼比起亡靈更爲虛弱無力？世間的際遇讓它像在夢中出現使人難以形容。

　　希波克利（Hippocles）的兒女夭折，克朗托用類似的筆調盡力給予安慰[20]，他說道：「所有古代的哲學家都對我們敘述這方面的狀況，雖然我們無法接受生離死別，鑑於人生是如此的辛勞困苦，有時看來反而是一種解脫，即使目前不會如

---

16 優里庇德的悲劇《腓尼基人》558行。
17 此首詩出自優里庇德的悲劇《英誥》；參閱瑙克《希臘悲劇殘本》之〈優里庇德篇〉No.420。
18 此首詩出自優里庇德的悲劇《英誥》；參閱瑙克《希臘悲劇殘本》之〈優里庇德篇〉No.415。
19 引用品達《皮同賽會頌》（*Pythian Odes*）8節135行。
20 參閱穆拉克《希臘哲學殘篇》第3卷147頁；對於克朗托的論點有很詳盡的記載。

此，我們都知道日後還是要丟掉這副臭皮囊。要從遙遠的時光算起，可以說淵源
人類的肇始，這種伴隨我們極其確定的命運，使大家了解不可能獲得善終；甚至
從我們離開娘胎以來，對於任何事物的邪惡部分，總要我們加入其中，不能減免
也難以逃避。須知後世的子孫終究是旋起旋滅，為了要分享這種因果關係，從而
使得殘缺的心靈、病痛的肉體、亡故的朋友以及人類無法避免的造化，在不知不
覺中向我們突然來襲。」

　　基於何種緣故使得我們的想法轉到這一方向？那是知曉坎坷崎嶇的生命歷程
對人類而言，已經不是新奇之事，大家都有這方面的經驗。狄奧弗拉斯都斯曾經
說道：「命運女神是如此的粗心大意，況且具備難以言喻的權力，可以攫走辛勞
艱苦工作的成果，摧毀表面若無其事的寧靜，不必舉出令人信服的理由。」[21]

　　無論是上面的觀點還是其他類似的事實，每個人可以用來很容易說服自己，
除此以外能夠從古代的智者得知這些道理，其中第一位就是神聖的荷馬，他說
道：

> 大地撫育萬物人類最為悲憤，
> 上天賜與精力只要行動機敏，
> 自認永遠可以免於不幸命運，
> 庇護的神明將各種災難降臨，
> 必須堅定心志盡量勉強容忍。[22]

以及：

> 世間的人類保留停滯的心緒，
> 神人之父等待時機給予啟示。[23]

他在另外一部作品當中提到：

> 泰迪烏斯那位抱負遠大之子，

21　溫默(Wimmer)《狄奧弗拉斯都斯的吉光片羽》No.73。
22　荷馬《奧德賽》第18卷130-134行。
23　荷馬《奧德賽》第18卷136行。

> 為何在此詳加詢問我的家世？
> 所有的凡人如同秋葉的散聚，
> 不是隨風飄零就在林間留住，
> 春日來臨苞芽萌發抽出新綠，
> 人同此理老成凋謝後代接續。[24]

荷馬的想像力是如此豐富，對人生的描述極其清晰明確，寫出下面的詩句：

> 世間的人類如同林木的新葉，
> 大地供應養分使它圓潤鮮綠，
> 一旦生機絕滅便會枯萎凋落；
> 值得為這些可憐蟲拚個死活？[25]

　　拉斯地蒙的攝政鮑薩尼阿斯不斷吹噓自己的功勳，嘲笑抒情詩人賽門尼德，只是在轉述他那些明智的警語，詩人對他的自大了然於心，勸他要記得自己不過是塵世一匹夫而已[26]。

　　馬其頓國王菲利浦有次連著得到三件好消息，第一是他派出四匹馬拖曳的戰車在奧林匹克運動會贏得勝利，第二是他的將領帕米尼奧在會戰中擊敗達達尼亞人(Dardanians)，第三是他的妻子奧琳庇阿斯(Olympias)為他生下一個男嬰。他向上天伸出雙手說道：「啊！天神！請用稍微輕微的橫逆來抵銷我所享有的幸運。」因為他知道萬事順遂就會遭到天忌[27]。

　　雅典成為三十僭主之一的瑟拉米尼斯(Theramenes)，有次與朋友用餐，房屋倒塌只有他一人幸免於難，大家祝賀他逢凶化吉，這時他大聲說道：「啊！命運女神！為何祢獨獨要保住我的性命？」過後不久，他落在接位的僭主手中，受盡酷刑而死[28]。

24　荷馬《伊利亞德》第6卷145-149行，詩中泰迪烏斯(Tydeus)之子是指戴奧米德(Diomedes)，是希臘陣營僅次於阿奇里斯的英雄人物。

25　荷馬《伊利亞德》第21卷463-466行，這是阿波羅對人類的看法，神明不必為凡夫俗子起爭執，讓他們自生自滅也就算了。

26　參閱伊利安《歷史文集》第9卷21節。

27　參閱本書第15章〈國王和將領的嘉言警語〉25節之3，以及蒲魯塔克《希臘羅馬英豪列傳》之〈亞歷山大傳〉3節。

28　根據傳聞說他被判死刑要飲下毒胡蘿蔔汁；參閱色諾芬《希臘史》第2卷第3章54-56節，以

7 詩人特別擅長表達慰藉之辭，像是普里安前來贖回赫克托的屍體，阿奇里斯所說的一番話[29]：

> 來吧，老丈，請坐下來休息，
> 儘管哀傷要把悲痛埋在心裡，
> 悽慘的哭泣也不會帶來好處。
> 天神為不幸的凡人編織運氣，
> 世間的時日安排得坎坷費力，
> 對照天國的歲月是無憂無慮。
> 宙斯的寶座前面有兩個大甕，
> 已將善與惡的美酒裝在其中；[30]
> 祂把福分或災難按命運安排，
> 注滿凡夫俗子所持人生之杯。
> 絕大部分好壞參半悲喜混合，
> 受到詛咒的人必然吞下苦果；
> 即使幸運和名聲能陪伴一生，
> 也不過是白駒過隙轉眼成空。

赫西奧德宣稱自己是繆司的門生弟子，就那個時代所獲得的名聲而言，是僅次於荷馬的第二號人物，同樣提到災難是裝在巨大的容器裡面，潘多拉（Pandora）[31]將它打開才散布到整個陸地和海洋。他據以寫出下面的詩篇[32]：

> 婦女用手舉起大甕沉重的蓋，

(續)────────────
　　及伊利安《歷史文集》第9卷21節。

29　這位詩人是指荷馬，引用的詩句出自《伊利亞德》第24卷522-534節；參閱本書第2章〈年輕
　　人何以應該學詩〉4節。

30　雖然說這首詩是引自荷馬的《伊利亞德》，這裡提到兩個大甕裝著善與惡，卻出自柏拉圖
　　《國家篇》379D；因為荷馬的原作裝的是福分和苦難，用字遣詞還是有點出入；蒲魯塔克
　　這樣做當然不是要借重柏拉圖的名氣。

31　希臘神話的潘多拉是經過神明修飾和打扮的美女，她的名字意為「擁有一切天賦的女人」，
　　為了懲罰人類將她送給伊庇米修斯，來到他面前打開緊閉的盒子，所有的禍害和災難飛了出
　　來，還好很快關閉，只有「希望」留在裡面。

32　赫西奧德《作品與時光》94-105行；參閱本書第11章〈養生之道〉11節。

禍害一擁而出讓人受盡折磨；
只有希望的居處未受到破壞，
仍舊留在甕中還是遲疑不決，
就在它振動雙翼欲飛的時刻，
甕蓋已經落下使它無法逃脫。
人類遭遇無窮的煩惱和悲痛，
無論是陸地或海洋充滿邪惡，
疾病白日襲擊和夜間的欲念，
它們到處遊動使人無法入睡。
我們要感激天神宙斯的智慧，
剝奪禍害的聲音要保持沉默。

 一位喜劇家寫出類似的詩篇，描述的對象是過分悲傷的受害者[33]：

如果眼淚可以治療不幸處境，
哭泣的人們就能夠終止悲痛。
我們可以付出黃金購買淚水，
須知萬事一過就了何必如此。
主人，不要讓雜念留在心頭，
更無須急躁做出鹵莽的行動，
無論應否不勝悽慘哭腫眼睛，
還要沿著人生道路繼續前進。
那麼我們的哀號能算得什麼？
眼淚之於悲悼猶如樹能結果。

迪克特斯(Dictys)見到達妮(Danae)無比悽惻直到椎心泣血，用下面的詩句
對她加以安慰[34]：

哀悼會讓妳得回亡故的愛子？

---

33 這位是生於西元前4世紀的斐勒蒙，在雅典提倡新喜劇，引用的詩篇出自他的《薩迪烏斯》
  (Sardius)；參閱柯克《阿提卡喜劇殘本》第2卷〈斐勒蒙篇〉第497頁No.73。
34 出自優里庇德的悲劇《迪克特斯》；參閱瑙克《希臘悲劇殘本》之〈優里庇德篇〉No.332。

> 冥王哈得斯會在意妳的呻吟？
> 鄰居的不幸會使妳斷絕念頭，
> 只要沉思往事就能鎮靜心神。
> 多少凡人辛勞於親情的束縛，
> 又有多少白髮人在送黑髮人，
> 還有人從高位摔下一無所有，
> 妳都注意可說已經了然於心。

他要她想一想那些與她命運相同的人，甚至有些人比她受到更多的折磨和煎熬，那麼她的悲痛就可以減輕。

9 有關這方面可以參考蘇格拉底的論點[35]，他的意見是要我們將所有的不幸全部存放在一個位置，每個人接受平均分配給他的部分，大多數人得到以後會很高興的離開。

詩人安蒂瑪克斯（Antimachus）[36]運用類似的方式。他所摯愛的妻子麗蒂（Lyde）逝世以後，爲了撫慰自己的悲悼，寫出名爲《麗蒂》的哀歌，列舉英雄人物遭遇的厄運和災禍，藉著他們的苦難減輕自己的悲傷。可以很明顯的看出，爲了安慰一個人的痛不欲生，應該讓他知道他所遭遇的災難，與旁人相比可以說是微不足道，用來改變他的情緒反應，讓他獲得難忘的信念，認爲自己面對的處境是不幸中的大幸。

10 伊斯啓盧斯譴責將死亡視爲罪大惡極的人，因而受到大家的讚譽。他的論點有詩爲證：

> 人類沒有權利憎恨死亡之神，
> 是祂將我們救出痛苦的深淵。[37]

35　不能認為它是蘇格拉底的說法；可以參閱希羅多德《歷史》第7卷152節；華勒流斯·麥克西穆斯在《言行錄》第7卷2節中提到，這種論點應該是出自梭倫之口。

36　安蒂瑪克斯是一位抒情詩人，蘇格拉底和柏拉圖時代享有盛名，他有一本詩集名叫《底比斯人》（*Thebaid*），根據昆蒂良（Quintilian）的評論，風格高雅氣勢雄偉，當時的文法學家認為他是僅次於荷馬的大詩人，其實這是過譽之辭。

37　出自伊斯啟盧斯不知其名的悲劇；參閱瑙克《希臘悲劇殘本》之〈伊斯啟盧斯篇〉No.353。

有人模仿伊斯啓盧斯的風格：

> 啊！死神請進，高明的醫生。[38]

還有一種說法也很合乎事實：

> 冥王的居所是苦惱的避風港。[39]

勇敢的理念敘述崇高的事物：

> 奴隸才不能把生死置之度外。[40]

以及：

> 身處哈得斯的陰影得到庇護，
> 算是毫無所懼的傲世偉丈夫。[41]

　　爲何處於死亡的場面是如此的殘酷和苦惱？須知常見的現象對我們而言不僅非常熟悉而且再自然不過，所以會發生環境的變化帶來痛苦，我也不知道它的理由何在。舉凡具備分離性的物質就會離開，如果說具備可溶性的物質就會溶解，會燃的就會焚毀，會腐的就會爛掉，那又有什麼好奇怪的呢？

　　赫拉克萊都斯曾經這樣說：「生與死很可能就是同一回事，像是清醒之與睡眠，青春之與老朽；後者可以恢復到前者，前者也能轉變成後者。」如同一個人可以用泥土塑成活物的體態，接著摧毀成一堆碎片，再度造形和分解，可以永不停息的重複類似的動作，自然女神運用同樣的材料，在很久之前孕育出我們的祖父，接踵而來是創造出我們的父親，然後是我們自己，加上後代的子孫，這是一

38　極其雷同的詩句出自伊斯啟盧斯的悲劇《斐洛克特底》（*Philoctetes*）；參閱瑙克《希臘悲劇殘本》之〈伊斯啟盧斯篇〉No.255。

39　作者不詳；參閱瑙克《希臘悲劇殘本》之〈Adesp篇〉No.369。

40　出自優里庇德不知其名的悲劇；參閱瑙克《希臘悲劇殘本》之〈優里庇德篇〉No.958，以及本書第2章〈年輕人何以應該學詩〉13節。

41　作者不詳；參閱瑙克《希臘悲劇殘本》之〈Adesp篇〉No.370。

個永無終止的循環。

　　繁殖綿延的巨川永不停息的向前流動，同時還有一條配對的大河，亦即摧殘毀滅的地下伏流，朝著相反的方向奔騰而下，也就是詩人所稱的阿奇朗（Acheron）河[42]或科賽都斯（Cocytus）河，那是貫穿地府的陰森水道。同樣的作用將陽光首次帶進哈得斯黑暗的地獄，不就像是圍繞在我們四周的空氣，可以當成白日和黑夜相互交替的象徵，給我們帶來生命和死亡、睡眠和清醒？因此可以說生存是對宿命的透支，問題在於我們的祖先簽下合約，現在交由我們負責處理。無論何時只等債主向我們要求償還欠款，應該很高興的支付毫無憂戚之感，從這方面來看可以證明大家都是最守信用的人。

11　在我的想像之中，自然女神看到生命的不定和短暫，讓我們在死亡之前保有給予的時間；如果我們能預先知道此事，當然是較好的方式，還是有人認為這在最後的光景來到之前，就會因哀悼自己的命運變得虛弱不堪，甚至不等死亡臨頭早就告別這個世界。同時也會提到人生的痛苦，以及因為紛至沓來的憂慮變得極其疲憊，如果我們將可能的狀況全部列舉出來，除了對生命大加指責，還會認同某種相異的見解，何況已經在有些人的心目中占了上風，那就是死亡比起活在世上更為美好。

　　賽門尼德終歸這樣說過：

> 人類的能力真是少得很可憐，
> 所有的努力和奮鬥還是徒然，
> 辛勞和困苦的生涯沒有止境，
> 死神展開雙翅在頭頂上盤旋。
> 不管富貴和貧賤同樣要分享，
> 命中注定的滅亡已無可避免。[43]

以及品達所寫的詩句：

> 每種善行都有苦難與它配對，

42　但丁《神曲：地獄》第3篇，描述亡魂爭先恐後渡過阿奇朗河的景象，白髮老人卡戎（Charon）就是擺渡的船夫。

43　參閱貝爾克《希臘抒情詩集》第3卷〈賽門尼德篇〉No.39。

> 永生的神明給予必死的人類，
> 愚者不堪忍受只有訴之無奈。[44]

以及索福克利的表示：

> 他逝世時嘆息你是必死之人，
> 卻不知來世他竟然再度重生？[45]

以及優里庇德的說法：

> 你知道塵世的特性究竟為何？
> 我不知卻能告訴你來自何處。
> 所有的人類對死亡欠有債務，
> 從無俗子凡夫可以獲得背書；
> 他能在後續的時日倖存世間，
> 命運女神動如脫兔難以忖度。[46]

要是人類的一生確如詩人所說那樣，我們應該慶幸能從死亡獲得解脫，不必可憐或哀傷所要過的奴隸生活，然而大多數人對此卻一無所知。

12 根據蘇格拉底著書立說的觀點[47]，他認為死亡如同陷入熟睡之中或是從事長途跋涉的旅行，最後才是肉體和靈魂的消失和隕滅，只是這幾種可能方式都不是一件壞事。提到的三種概念他要深入做一番探討，按照先來後到的順序次第進行。如果死亡是睡眠，由於一個人處於睡眠狀況十分正常，並沒有什麼不對，可以明確得知人要是陷入死亡的狀況，也沒有可以非議之處。

---

44 參閱品達《皮同賽會頌》第3節82行及後續各行；荷馬《伊利亞德》第24卷597行表達同樣的論點。

45 出自索福克利不知其名的悲劇；參閱瑙克《希臘悲劇殘本》之〈索福克利篇〉No.761。

46 優里庇德的悲劇《阿塞蒂斯》780行及後續各行。

47 參閱柏拉圖《答辯篇》（Apology）40C；原書提到死亡不外兩種狀況：是一種毫無知覺的湮滅；或者是一種真正的轉變，靈魂從此處遷移到他處。因而與本章敘述的方式還是有很大的差異。

不僅如此，有人需要熟睡，甚至將它視為最美妙的事。事實上每個人都要獲得休息，有關這方面荷馬是適合的證人，他用詩句來表示：

像死一樣深沉而甜美的睡眠。[48]

在另外一部作品中，他有這樣的說法：

我湊巧遇到死神的兄弟睡神。[49]

以及：

睡神和死神竟是一對孿生子。[50]

這就指出他們在外貌上的相似，因為只有孿生子才會看起來如同一人。

荷馬還在其他的章節中描述死亡是「沉睡的青銅」[51]，暗示我們喪失知覺會到何種程度。即使尼西瑪克斯（Mnesimachus）在某些狀況下，說出「睡眠沒有死亡那樣神秘」的話，諸如此類的表達方式也沒有什麼不文雅的地方；因為睡眠是死亡之前預先舉行的儀式[52]。犬儒學派的戴奧吉尼斯的論點非常明智，在他陷入長眠要與生命告別之際，醫生喚醒他，問他是否感到苦惱和氣憤，他說道：「一點都沒有，只不過是一位兄弟比起其他人先走一步而已。」[53]

13 如果死亡的確很像旅行，即使這樣也不覺得有什麼蹩腳的地方。反過來說還是值得稱許的佳話。一個人的肉體和激情在不受束縛的狀

48　荷馬《奧德賽》第13卷80行。

49　荷馬《伊利亞德》第14卷231行。

50　荷馬《伊利亞德》第16卷672及689行。

51　荷馬《伊利亞德》第11卷241行；荷馬描述伊斐達瑪斯（Iphidamas）出戰，被阿格曼儂迎頭痛擊，立即倒斃在地，有如長眠不醒的青銅兵器。

52　尼西瑪克斯是西元前4世紀中葉的喜劇家；參閱柯克《阿提卡喜劇殘本》第2卷〈尼西瑪克斯篇〉422頁No.11。每年3月在雅典附近的阿格里（Agrae）舉行神秘祭典，要想參加此神秘祭典的入會儀式，必須要在前一年9月的伊琉西斯賽會中提出申請。所以在此處使用這個比喻，將伊琉西斯賽會看成睡眠，神秘祭典則是死亡。

53　伊利安《歷史文集》第2卷35節有類似情節的記載，卻認為說話的人是李昂蒂尼的高吉阿斯。

況下，能夠度過在世的時光，即使心靈騷動不安受到人類愚行的玷污，看來還不失爲受到上天賜福的好運。柏拉圖說道：「身體需要照顧和餵養，千方百計不讓我們留下空閒的時刻。同樣還有疾病的侵襲，阻礙到我們對眞理的追尋。加上我們的身體充滿性愛、欲念、恐懼以及各式各樣的幻想和囈語，使得我們根本沒有機會，對於比較嚴肅的問題進行思考。戰爭和內訌的成因只能歸結於身體以及從而引起的欲望；發生激烈的鬥爭都是爲了獲得財富，用來滿足肉體無度的需索，我們變成侍奉臭皮囊的奴隸。從這些事例看來，我們沒有多餘的時間從事學問的研究。最惡劣的狀況莫過於我們從滿足身體的需要之後，盡其可能獲得一點閒暇，可以用來對某些項目進行考量，這時欲望又開始介入其中，干擾整個過程產生混亂和騷動，引導我們走上錯誤的道路，無法了解到所有的眞相。」[54]

「不僅如此，從而讓我們很明顯的得知，如果想要得到純粹的知識，就必須擺脫身體的阻礙，用靈魂觀察存在的事實。基於合乎理性的論點，我們只有在死後而非生前，方能獲得長久以來所想擁有的智慧。身體的依存就不會得到純粹的知識，甚至在死亡以後也不過達到一半的程度。僅在靈魂與身體分離的狀況下，才能單獨完成，否則絕無可能。我們活在世上的時候，還是要盡量接近知識，避免與身體發生關係或建立聯繫，除非這種接觸有絕對的必要，還是不能允許身體的特性使自己受到污染，保持純潔的心靈直到神明前來拯救我們。拒絕身體造成的不合理行爲，用這種方式獲得志同道合的伴侶，才能用清白無瑕的眼睛去注視眞理的目標。污穢的事物接觸到純潔的領域，等於違背最神聖的戒律。」

死亡甚至會將我們轉移到其他地方，這也不是一件壞事，要是像柏拉圖所說那樣，反倒是大有助益。蘇格拉底在審判當中出現的言論，眞會讓人感到非常奇怪，他的話大意是說：「在座諸位先生，畏懼死亡如同愚蠢自以爲聰明或者不知自以爲知，可以說是毫無意義可言；沒有人了解死亡對人而言是否眞是天大的福分，由於他們害怕死亡，從而認定它是最壞的禍害。」[55]基於豁達而明智的觀點，所以詩人並不表示異議：

我們無須畏懼死亡迎面而來，

---

54 這段話摘錄柏拉圖《斐多篇》66B；斐多是蘇格拉底極其器重的門生，服毒以後臨終之前一直陪伴在身邊，從最後的對話中將蘇格拉底對生與死的看法，轉述給他的弟子和朋友。

55 柏拉圖《答辯篇》29A；蘇格拉底用這幾句話讓我們受到啟示，可以看破生死的關頭，獲得最終的解脫。

辛勞和煩擾的塵世得到紓解。[56]

啊！丟掉這副臭皮囊何嘗不是使我們免於帶來災難的邪惡。

14 據說天神對這方面所提出的證人都特別給予支持。從古老的傳說我們得知很多人由於他們的正直，能夠獲得上天的賜福，大部分的情節我都略過不談，有些甚至在我的作品中占有相當的分量；現在我要提到幾個最著名的故事，已經在大家的口中不斷流傳。

首先我要敘述克里奧比斯和畢頓[57]兩位亞哥斯年輕人的事跡。據稱兩兄弟的母親是赫拉的女祭司，有次她正要到神廟去，拉車的騾子還沒有來到，時間已經非常緊湊，於是這兩個年輕人自己拖著車輛，將他們的母親送到那裡，她對兒子的虔誠極其愉悅，向女神祈禱賜與凡人所能接受最好的恩典，他們入睡以後再也沒有醒來，女神對他們的信仰給予的報酬是死亡。

有關阿格米德（Agamedes）和特羅弗紐斯（Trophonius）的傳聞，根據品達敘述的情節[58]，據說德爾斐的神廟建造完成以後，他們向阿波羅要求獎賞，神明答應在第七天支付，同時吩咐他們在這段期間，可以吃喝以及將財富施捨給窮人。兩人遵照指示去做，第七天的夜晚在睡夢之中，就此溘然長逝。

據說品達曾經加入皮奧夏人的代表團，前往德爾斐向神明請示指點迷津，提出的問題是：「何種事物對人類最為美好？」具備預言能力的女祭司給予答覆：「品達曾經寫出特羅弗紐斯和阿格米德的故事，他對這個問題應該了然於心，任何事非要靠著經驗才能得知，那麼他將不久於人世。」這番查問的結果，讓品達知道死亡對他而言是意料中事，果不其然，沒過多久，終於步入人生的盡頭。

他們還說起有關義大利人優特諾斯（Euthynous）的插曲[59]。他的父親伊利休斯（Elysius）定居特瑞納（Terina），不僅家財萬貫而且德高望重，是當地知名之士；優特諾斯出於人所未知的原因，突然之間命喪黃泉。這種事情發生在伊利休斯身上，當然其他人也會有類似的遭遇，因為他的兒子是被人毒死，何況優特諾斯是

---

56 作者不詳；參閱瑙克《希臘悲劇殘本》之〈Adesp篇〉No.371。

57 利底亞國王克里蘇斯問梭倫誰是世界上最幸福的人，梭倫就舉出這兩兄弟的名字相應，財富甲於天下的國王聽入耳中大為不滿；參閱蒲魯塔克《希臘羅馬英豪列傳》之〈梭倫傳〉27節。

58 阿格米德和特羅弗紐斯是興建阿波羅神廟的親兄弟；參閱克里斯特《品達的吉光片羽》2行。

59 根據西塞羅的說法，這個故事出自克朗托的著作。

龐大家產和財富的唯一繼承人。有關他如何能將疑心的事加以驗證，從而解除的心結不再感到困窘。於是他前往一個可以用符咒召喚亡魂的場所，遵照習慣供奉最初規定的犧牲，入睡以後幽靈就會在夢中出現。

看來像是自己父親的鬼魂前來相見，於是伊利休斯述說發生在他兒子身上的狀況，提出懇求幫助他找出誰應該為優特諾斯的死負責。這時他的父親說道：「我來就是為了此事。特別將這個人帶給你，從他那裡你可以知道你現在之所以哀悼的緣故。」這裡所指的人是隨著前來的一位青年，容貌很像他的兒子優特諾斯，就是年歲和身裁都很相當。於是伊利休斯就問他是誰；這位年輕人說道：「我是你兒子的鬼魂。」接著將一張紙遞給他。伊利休斯打開以後看見上面寫著三行詩：

> 人類的心靈竟然如此的無知，
> 優特諾斯的長眠乃命中注定，
> 活著對自己和雙親都無好處。[60]

你可以看到，這是古代作者對這個故事記載的主旨要義。

15 無論如何，死亡如果真是肉體和靈魂的殞滅和消失（這是蘇格拉底第三項主要的臆測），即使這樣也不算是壞事。要是按照他的說法，隨之而來是所有的痛苦和煩惱，全都處於無意識和解脫的狀態。這種狀態對我們而言不會依附好與善，當然也無所謂壞與惡。正如好與善具備的性質，使得它只能存在於本體的範疇之中；壞與惡亦復如此。一旦不是這種範疇，就會從穩定的狀態之中產生位移，已經不能算是真實的存在。一個人現在的死亡等於回歸到出生以前同樣的狀態，因為對我們而言在生前已無所謂好或壞，那麼死後也應如此。正如我們有生之年以前發生的事件，不會涉及到我們；那麼在我們有生之年以後發生的事件，同樣會與我們無關。須知

> 世間的遭遇對死者已無影響；[61]

---

60 穆拉克《希臘哲學殘篇》第3卷148頁；參閱西塞羅《突斯庫隆討論集》第1卷48節。

61 出自伊斯啟盧斯的悲劇《斐洛克特底》；參閱瑙克《希臘悲劇殘本》之〈伊斯啟盧斯篇〉No.255。

因為，

　　　生前如同死後一概不予計較。[62]

　　終結生命以後的條件與生前的條件相同，你能想像還沒有出生與出生以後，在世上走過這段時光又有何相異之處？說真的一點都沒有，除非你能假定我們的房屋和衣物在毀滅以後，與它還未製造出來那個時間做一比較，說兩者之間完全不同。如果在這種狀況之下沒有任何差異，那麼就死亡的狀態來與生前的條件做一比較，可以看出兩者不會產生明顯的區別。阿昔西勞斯用很巧妙的方式說明這件事：「我們將死亡稱為一樁壞事，僅僅基於某種假定，當目前的狀況已經對任何人帶來痛苦的時候，所以引起痛苦不是現在而是出於一種期待。」

　　事實如此，很多的民族由於對死亡抱著愚昧自滿的心理，加上錯誤的見解和論點，在他們不懈的努力之下，所謂亡故已經從瀕死狀態算起。伊庇查穆斯的說法極其卓越：

　　　存在和不存在就是他的命運；

再者：

　　　他重回來處使塵土歸於塵土，
　　　靈魂離開肉體能在高處飛舞，
　　　試問這有何壞處？絕對沒有。

克里斯豐底這個角色在優里庇德的戲劇當中[63]，說起海克力斯：

　　　他住在地府是無生命的陰影，
　　　勇氣全部消失變得一無所有；

或許你可以重新寫成：

62　優里庇德的悲劇《特洛伊的婦女》636行。
63　出自優里庇德的悲劇《克里斯豐底》；參閱瑙克《希臘悲劇殘本》之〈優里庇德篇〉No.450。

他住在地府是無生命的陰影，
憂傷全部消失變得一無所有。

斯巴達人的歌曲是何等的高貴：

祖先已興建舉世無匹的城邦，
吾人雖萬死不辭祈國脈綿長。[64]

以及：

大丈夫生有何歡且死有何懼，
唯壯烈犧牲可獲取無上榮譽。[65]

優里庇德說到一個能夠忍受長期病痛的患者，描述入微非常深刻：

我憎恨某人苟全性命於塵世，
只知吃喝享樂於雜耍和魔術，
曲解自然之道不願安然就死。
他不該過分依戀無情的大地，
告別生命讓路給年輕的後輩。[66]

麥羅普在劇院念出這段道白以後，激起聽眾悲憤的情懷：

天道無親非僅我的子女殞命，
喪失夫君也不只我這個女人，
我與眾人已嘗盡世間的酸辛。[67]

---

64 參閱貝爾克《希臘抒情詩集》第3卷662頁。
65 參閱貝爾克《希臘抒情詩集》第3卷516頁；以及蒲魯塔克《希臘羅馬英豪列傳》之〈佩洛披達斯傳〉1節。
66 優里庇德的悲劇《哀求者》（Suppliants）1109-1113行。
67 出自優里庇德的悲劇《克里斯豐底》；參閱瑙克《希臘悲劇殘本》之〈優里庇德篇〉No.454。

下面的詩句可以將全部的意義連接起來：

> 利底亞的克里蘇斯真是明君？
> 當年澤爾西斯親率百萬大軍，
> 遏制住海倫斯坡窄狹的咽喉？
> 俱往矣！淪為遭遺忘的亡魂。[68]

就連龐大的財富也隨著他們的肉體一起化為烏有。

16 有人或許會說：「英年早逝真會感動很多人，為之哀傷和悲痛。」即使如此，大家知道那些平庸的詩人，已經為他們準備弔唁的文辭，能夠發揮安慰的作用。有一個人為早逝的死者哀慟不已，喜劇作家寫出下面的詩句：

> 你要是知道他曾經活在世間，
> 即使喪失性命不能壽終正寢，
> 還要感謝命運女神賜與恩典；
> 如果他染上無法治療的疾病，
> 那麼死神對他比你還要仁慈。[69]

他可以從勞累的工作中停下來休息，身患重症還能拋棄生命得到解脫，就這樣來說對他是否有利，倒是很難得到確定的答案。即使我們認為將來會從他那裡獲得很多好處，現在看來已經毫無希望，也不必如此的悲傷欲絕。

阿奇摩魯斯(Archemorus)在幼年的時候，還沒有開始他的人生就已經命喪黃泉，他的母親感到痛苦萬分，安菲阿勞斯寫一首詩安慰她，可以很明顯的看出，他並不認為阿奇摩魯斯的夭折，能算是不幸或一椿慘事。因為他是這麼說：

> 世間的人都遭到病痛的折磨，

68　作者不詳；參閱瑞克《希臘悲劇殘本》之〈Adesp篇〉No.372，以及貝爾克《希臘抒情詩集》
　　第3卷739頁。

69　這位喜劇家的姓名不詳；參閱柯克《阿提卡喜劇殘本》第3卷〈Adesp篇〉429頁No.116。

即使埋葬子女還會生出更多；
直到最後沒有一人可以幸免，
噍類的痛苦是塵土歸於塵土。
生命就像是儲藏收割的穀物，
有的被吃掉還有被留下做種，
對命運的撥弄無須感到哀悼。
主宰一切的自然女神曾說過，
所有生命是繼續不斷的循環？
人類對必然的死亡無須畏懼。[70]

17 一般而論，所有的人都要堅定不變的信念，如果他正視事實，無論是他自己還是周邊的同伴，就知道長壽除非發揮很大的功效，絕對不是一件真正的好事。要想把豎琴演奏到第一流的水準，或是發表極其卓越的演講，或者對駕駛船隻有非常高超的技術，能夠在這些方面得到眾人的讚譽，一定要有夠長的時間來訓練和操作。任何高明的水準和卓越的表現，並不能完全歸之於時間的因素，在於價值的認定和時機的配合；可以將這方面的名聲，當成良好的運道和神明的厚愛。

不管怎麼說，詩人基於類同的理由，用傳統的表示方式，將英雄驚人的事功和神明的身世，歸之於在進入老年之前就告別生命，就像安菲阿勞斯討到

宙斯的歡心和阿波羅的寵幸，
還是跨不進老邁之年的大門。[71]

我們無論在何處，可以看到有些人善於運用機會去獲得幸福，遠超過年逾耆艾所擁有的福分，特別是前者可以贏取最高的地位和名聲[72]。

我們知道所謂最好的樹木和穀類，就是在很短的期間生產大量的收成；那些最有價值的動物也是經過不很長的一段時間以後，能夠對我們的生計做出最大的貢獻。要是我們著眼於不朽的永恆，那麼時間的「長」或「短」就會喪失所代表

---

70 出自優里庇德的悲劇《海普西庇爾》；參閱瑙克《希臘悲劇殘本》之〈優里庇德篇〉No.757。

71 荷馬《奧德賽》第15卷245行。

72 參閱馬可斯・安東尼努斯(Marcus Antoninus)《沉思錄》(*Meditations*)第24章1節以及塞尼加《書信集》第93封2節。

的差異，這也是很明顯的現象。按照賽門尼德的論點，一千年或一萬年也不過轉瞬之間的時段，或者只占一刹那的極小部分。

可以拿這個案例來做比較，有人提到黑海的海濱生存一種生物[73]，它們的壽命只有一天，出生在清晨之際，正午處於生命的盛年，到達黃昏已變得衰老，接著很快亡故。不可能說服我們去相信這些生物有同樣的感覺，或是像人類一樣具備靈魂和理性的力量，也不可能明顯看出牠們獲得同樣相關的條件。那些在中途與生命告別的人，就會引起哀悼和流淚，那麼那些走完全程的人，難道就會自認無比的幸福？衡量生命的價值不在歲月的綿長而是表現的卓越。

18 有人用驚嘆的口吻說道：「他這樣年輕就被死神擄走！」我們認為這樣的表示不僅無濟於事，反而讓人感到何其愚蠢。對於很多其他的事情，有人會說：「他們不應這樣去做。」然而不僅要這樣去做而且都是如此，以後還會不停重複這樣的做法。因為我們來到這個世界，不是為它的統治者制定法條，而是遵守管轄宇宙的神明所頒布的戒律，服從命運女神或天界所下達的命令。

19 有人哀悼未盡天年的死亡，那麼悲傷的對象到底是本人還是死者？如果僅是為自己打算，因為他們在老年無法獲得感激、利益或舒適，這些都是他們對死者的期望，失去應有的服務可以當成哀悼的藉口。如果他們的哀悼是為了死者，這時應該注意到一件事實，那就是死者並沒有處於壞或惡的狀態。他們要遵從明智而古老的訓誡，擴大善行的效果以及減少惡行的影響，讓自己去掉悲傷和痛苦。這樣說來要是哀悼是一件好事，就得運用各種方式加大它的成效。我們認為它是一件壞事，看來事實也是如此，那麼我們要減低或縮小它的影響，盡可能將它從我們的心中抹去。

從下面這種安慰的方式可以很容易看出。他們提到古代有位哲學家[74]，拜訪正遭喪子之痛的王后阿西妮，就向她說起一個故事：天神宙斯將職掌分配給所有神明，哀悼女神當時沒有在場，等到祂抵達已經分配完畢。祂說任何交給祂的工作都不會有意見，此刻宙斯感到非常困窘，因為所有的職掌全都用完，最後逼不

---

73 亞里斯多德《動物史》（*Historia Animalium*）第5卷第19章3節（普里尼《自然史》第11卷36節引用）；參閱伊利安《論動物的習性》第5卷43節，以及西塞羅《突斯庫隆討論集》第1卷30節。

74 參閱本書第49章〈安慰拙荊〉6節；說這個人是伊索。

得已將與死者有關的眼淚和悲傷，當成深受尊敬的事務交由祂負責。正如同其他的神明一樣，哀悼女神非常喜愛給祂帶來榮譽的職掌。這位哲學家說道：「陛下，要是妳對這位女神表現出不予尊敬的態度，祂就不會接近妳；一旦祂從妳這裡獲得最高的禮遇，就是使祂擁有尊榮的悲傷和慟哭，祂會對妳產生關切和摯愛之情，期盼從妳這裡不斷得到所望的好處。」他的明智真是讓人感到欽佩，竟然用動人的故事說服王后，緩和她的哀悼和悲傷。

20 一般而言，對於正在哀悼的人，或許可以這樣的說：「你應該在某個時間平靜下來不要再傷心，或者你必須在一生當中每天都要如此的哀悼？如果你想始終保持極度痛苦的狀態，那是你的靈魂表現出無知和怯懦，給你帶來最大的災難和最苦的不幸。如果你的打算是過一段時候會改變目前的態度，為何你不能立即去做，好將自己從這種厄運當中脫身出來？現在要注意這番議論並且加以運用，等到時間繼續下去，你就可以不再停留在憂愁的處境，須知身體面臨劇烈痛苦的狀態能夠愈快的解除愈好。因此，你要讓時間可以沖淡痛苦一樣，現在要屈從你的理智和教育，讓所有的煩惱全部化為烏有。」

21 他說道：「我總不能要自己永遠不期待或嚮往喪子之痛的經驗。」你應該心裡有數，對於與人類有關的事務，根據它們不可靠和易變的性質，以及表現出愚昧自滿的態度，在事先就有明確的判斷，那麼現在就不會像是撤除身旁的護衛一樣，可以讓敵人長驅直入。

優里庇德的戲劇裡面，帖修斯的做法讓人感到欽佩，因為他面臨危機已經有所準備，下面是他的道白[75]：

> 我從哲人那裡學會處理辦法：
> 內心對此極其關切感到煩惱，
> 必要時自己接受國外的放逐、
> 過早的死亡或者不同的苦楚。
> 想像當中我早見過這些遭遇，
> 身臨其境再也不會受到傷害。

75　出於優里庇德不知其名的悲劇；參閱瑙克《希臘悲劇殘本》之〈優里庇德篇〉No.964；西塞羅《突斯庫隆討論集》第3卷14節用拉丁文譯出此詩。

那些毫無知識和沒有受過教育的人，對於任何事務都不會做妥當和有利的考量，只會偏離正道陷入極其悲慘的處境，如同亞契烏斯(Achaeus)[76]所說那樣，懲罰未犯過錯的身體，逼迫無須受苦的人要一起去哀悼。

22 明智的柏拉圖勸告我們：「遭遇不幸要保持冷靜從容的態度，因為結局是好是壞無法得知，即使一個人非常計較還是無濟於事。悲傷只能礙手礙腳，妨害到神志清醒的商議，對於塵世的事務很難妥當的安排；須知有些狀況的出現，如同賭徒擲下骰子，已經沒有反悔的餘地，這時我們要按理性的指示去做才是最好的方式。不能像兒童摔倒受傷只會坐在那裡啼哭，我們一定要靈魂養成習慣，盡快療傷止痛從跌倒的地方站起來。運用矯正的辦法就可以消除我們過分的悲戚。」[77]

他們提到呂西亞的立法者[78]，規定市民在哀慟的時候要穿上婦女的裝束，顯然是要大家知道，受過教育又出身自由的人士，理應表現出端莊知禮的態度，痛哭流涕有傷體面是婦人孺子才有的行為。不錯，帶孝服喪就會產生陰森的感覺，給人的印象是軟弱和無知，這種方式適合婦女而不是男士，蠻族較之希臘人更為重視，層級愈低的人受到的影響愈大。塞爾特人(Celts)和蓋拉夏人(Galatians)[79]在蠻族當中，雖然算不上最高貴的種族，他們的天性充滿男子漢的氣概，提到埃及人、敘利亞人和利底亞人以及其他的部落，在這方面大相逕庭。根據記載說是有些蠻族為了服喪，要在地底的深坑之中停留數日之久，甚至不讓自己見到陽光，因死者已失去光明墮入黑暗之中。

不管怎麼說，悲劇家艾昂對那些民族的愚行，可以說是非常清楚，所以他借用一位婦人的口說出下面的道白：

> 為了要奶媽照顧健壯的幼童，
> 我離開服喪的深坑返回家門。[80]

76　亞契烏斯是西元前5世紀的希臘悲劇家，生於皮奧夏的伊里特里亞(Eretria)；參閱瑙克《希臘悲劇殘本》之〈亞契烏斯篇〉No.45。

77　參閱柏拉圖《國家篇》604B，原書沒有最後這句話，應該是本書作者加上去的。

78　參閱華勒流斯‧麥克西穆斯《言行錄》第2卷第6章13節。

79　塞爾特人是當時居住在西歐的民族；蓋拉夏人則是在小亞細亞內陸的民族。

80　參閱瑙克《希臘悲劇殘本》之〈艾昂篇〉No.54。

還有一些蠻族做出傷殘自己身體的動作，像是割下鼻子和耳朵，認爲這種表現極其激烈的情緒，即使違反自然女神賦予的天性，還是會讓死者感到高興。

23 爲了回答這方面的問題，我敢說有些人明確的表示，他們不會對所有的喪事全都悲悼不已，只有過早夭折的人算是例外，因爲人生在世應有的好處，死者都無福享用，諸如婚姻、教育、成人、市民身分、公眾職位。他們的說法是曾經深入的考量，這些不幸的死者所以引起哀悼，在於時機不對的狀況之下剝奪所有的希望。只是他們無法理解到這一點，要是考量到人所遭遇的命運，夭折並沒有過分懸殊的地方。正如一群人決定遷移到新的國土，強制的行程沒有人可以逃避，有些人會走在前面，其餘的人在後面追隨，全部都要抵達同一個地點；所以當我們都要走向命中注定的死亡之途，即使加以延宕比起提早到達，也不會占到多大的便宜。

如果人的過早逝世眞是一椿壞事，尤有甚者是嬰兒和幼童的亡故以及剛出生就夭折，然而我們對這樣的死亡比較容易忍受；要是死者在世上已經活了一段時間，因爲幻覺的概念產生作用，感到人的出生只是空歡喜一場，根本沒有帶來任何希望，所以才會苦惱和悲傷。我們總認爲那些逝世的人會活得很久，可以滯留世間繼續與大家生活在一起。

設若人類的壽命只能活二十年，那麼一個人在十五歲的時候亡故，我們認爲他並沒有死得很早，不能算是英年早逝或幼時夭折，而是已經有了足夠的年紀；有些人達到二十年指定的期限，或者非常接近這個時間，我們認爲這些人經歷完美的生命，確定他們獲得最大的幸福，可以說是死而無憾。如果說人類的壽命長達兩百歲，那麼不到一百歲就亡故的人，會讓大家認爲是短命，就必得爲他悲傷和嘆息。

24 因而基於以上所述和前面提到的理由，我們對於過早亡故的死者，還是應該對他們的親人表示弔慰之意。事實上特羅伊盧斯（Troilus）比起他的父親普里安，流出的眼淚要少得多[81]。如果普里安能夠早日離開人世，正值他的王國繁榮興旺處於顛峰時期，就不必聽到就會悲痛的話，來與自己的兒子赫克托交談。因爲他要赫克托從戰場退卻，不能與阿奇里斯交手爭鋒。普里

81　這是出自凱利瑪克斯（Callimachus）的一句諺語；參閱西塞羅《突斯庫隆討論集》第1卷93節以及本書第17章〈斯巴達人的格言〉2節之37。

安說道：

> 我兒，回到金湯永固的都城，
> 拯救特洛伊的民眾逃脫滅亡，
> 不讓佩琉斯之子舉行凱旋式，
> 免得自己逞能隨著命喪黃泉。
> 我已邁入暮年還要遭受災禍，
> 盼望乖戾的命運能帶來同情，
> 誰知身為泰坦神後裔的宙斯，
> 非要我目睹國破家亡的天譴。
> 我的兒子全部喪生敵人劍下，
> 女兒當成俘虜被無情的拖曳，
> 兒媳也成為亞該亞人的玩物，
> 幼童摔死石階以致肝腦塗地。
> 等到我的金庫遭到洗劫一空，
> 敵人的利刃使我倒斃在埃塵，
> 嗜血的狗群將我的肉體撕碎，
> 斑白的頭顱在血污中間滾動。
> 花甲之年的長者得不到善終，
> 這可是人間的悲劇最為悽慘。
> 老人苦苦哀求用手揪下白髮，
> 還是說不動赫克托鐵石心腸。[82]

　　有關這方面的悔恨和遺憾，你可以舉出很多例證，要在心中衡量理所當然的事實，那就是死亡可以讓不少的人，從巨大和悲慘的病痛中獲得解脫，如果他們繼續活在世上，必定會經歷更多的苦難。我所提出的觀點是否吻合現況可以姑且不論，個人感到滿意的地方在於它已經接觸到問題的核心，那就是不讓徒然的哀悼和無知的悲痛超越自然和節制的限度。

82　荷馬《伊利亞德》第22卷56-78行。這是荷馬的史詩當中最為慘痛悲憤，熱淚滿眶的詩篇，
　　戰爭帶來的苦難真是令人不寒而慄。

25 克朗托的說法是對家有喪事的人不要多加責備，可以讓他減輕不幸的感覺[83]，我認爲這比起其他辦法，更能有效的治癒椎心泣血的悲痛。我們對死者的摯愛之情不應將憂愁包括在內，爲了表示最高的敬意，適當而有利的方式，是將他保持在大家的心中永念勿忘。任何一位正人君子的亡故，我們無須悲傷惋惜，應該爲他唱出歡樂的頌歌；無須哀慟逾恆，應該爲他保持尊敬的回憶；無須痛哭流涕，應該爲他向神明獻祭；如果物化之人在生前參與任何神聖的活動，現在不再是身體的奴隸，那些數不盡的煩惱和災禍，成爲世俗生活當中必須強制忍耐的部分，自然女神並沒有將永恆賜給我們，要在有限的生存期間完成應盡的責任。祂分配給我們的幸福或苦難，完全依據命運的法則所制定的條款。

26 我們認爲死者仍舊有良好的感覺，對於超過適當限度的哀悼，不會帶走那些悲痛，就怕影響到靈魂的飛升，淪入一無是處和蠻族常見的慟哭之中。我們無須等待所要產生的結局，過去不知出現多少同樣的狀況，他們停止哀悼之前已經在悽慘的處境中斷送自己的生命，除了穿上悲傷的外衣舉行一場孤獨的喪禮，其他可以說是一無所有，帶著與生俱來那過度的煩惱和不幸，一起前往將他埋葬的墳場。因此他們之中有人要大聲念出荷馬的詩句：

> 東方透露出玫瑰色彩的晨曦，
> 還在哭泣黑暗遠離他們而逝。[84]

我們應該經常用這種方式與自己交談：「什麼？我們總有一天要終止哀悼，卻不能同時終止讓我們走上生命盡頭的不幸？」只有那些極其愚蠢的傻瓜，才會認爲我們的悲悼會沒完沒了，須知最深沉的哀痛和最大聲的嚎哭，受到時間的影響會變得最爲興高采烈；就在死者的墓碑前面，他們用哭天喊地和捶胸頓足來表示無比的悲痛，接著還要安排精心準備的宴會，加上樂師的演奏和其他各式各樣的娛樂。要是按照這樣的模式，只有瘋子才會讓他自己保持永久的哀悼。人類靠著理性可以結束死亡帶來的悲痛，即使是非常特別的事件亦如此；完全是時間產生的影響，並非神明的力量使然。

83　參閱穆拉克《希臘哲學殘篇》第3卷149頁。
84　荷馬《伊利亞德》第23卷109行和《奧德賽》第1卷423行，將這兩行詩結合在一起。

因此在目前提出的案例當中，就它的情節來說，與我們的期望和構想背道而馳，事實上卻發生在很多人的身上。何以如此？基於這些詩句所提出的理由：

> 地球上滿布各式各樣的罪惡，
> 如同表面有無邊的天涯海角；[85]

還有就是

> 塵世的人類陷入悲慘和苦惱，
> 像是命運女神有群眾在環繞，
> 擠得水泄不通沒有一點空隙；[86]

難道我們還是無法得知事實的眞相，以及從而推斷正確的結論？

27 不僅這樣，久遠之前的克朗托說過[87]，很多明智的哲者在爲人類的命運深深嘆息，他們感到人生是一種懲罰，從根本上來說，人只要出生到世上就是最大的災難。亞里斯多德也提到這回事[88]，說是西列努斯（Silenus）被俘以後，曾經將這個論點向邁達斯（Midas）[89]陳述。

最好的方式還是引用克朗托這位哲學家所說的話，他在《論靈魂》（*Of the Soul*）這部作品中，表示出下述的觀點：「『啊！最爲美好和最受祝賀的事，莫過於讓我們深信不疑，人所以終結生命是何等幸福，這是神明給予最大的恩賜；同時我們還要知道，在這方面要是講些虛偽或造謠的話來加以反對，可以說是最不敬的舉動。對於想要變得比我們更好的人或是居上位者，來自我們的直覺會加以反對。這是一種非常古老的想法，沒有人知道開始的時間，也不知道第一個宣布者的名字，只是繼續下去經歷時間流程，成爲一個堅定不移的概念[90]。除了這些以外，我還要提到一點，從所有人的嘴裡講出來的格言和諺語，多少年來都是口

85　赫西奧德《作品與時光》101行；參閱本章第7節最後一首詩。
86　作者是一位不知其名的抒情詩人；參閱貝爾克《希臘抒情詩集》第3卷689頁。
87　參閱穆拉克《希臘哲學殘篇》第3卷149頁。
88　參閱西塞羅《突斯庫隆討論集》第1卷48節以及羅斯（Rose）《亞里斯多德殘篇》No.44。
89　邁達斯是弗里基亞國王，富甲天下，還要酒神讓他有點石成金的本領，等到要吃的食物和飲料全都變成黃金，這才知道大事不妙。
90　索福克利的悲劇《安蒂哥妮》466行。

口相傳一直到今天。』他說道：『爲何會這樣？』另外一個人再度打斷對方的談話，說道：『人降臨到世間並不是最值得慶幸的事，要知道死比生更爲美好；神明曾經將證據交給很多人，因而能讓他們奉爲圭臬。』」

「諸如他們說起古時的西列努斯在出獵的時候，遭到邁達斯的追捕成爲俘虜；邁達斯就人類最好的事爲何，以及所有事物當中以何者最合人意，這兩個問題向他追問不休，開始的時候他不願多話，就像一個非常倔強的人保持沉默。然而邁達斯爲了要他表示意見，不惜運用各種手段，最後只有逼得他開口說道：『短暫的才華和無情的命運就會產生朝生暮死的後裔，什麼是最好的事從來沒有人知道，爲什麼你非要我將不知道的事告訴你？人不可能擁有最好的東西，也不能認爲享用乃是自然之理（對於所有的男士和婦女而言，最好的事物還沒有來到世上），只要不自尋煩惱就能免於悲傷。誠然如此，我們可以退而求其次，等到出生來到世間，最好的事莫過於盡快死亡。』[91] 從而可以明顯看出，他用這番言辭說服邁達斯接受他的觀點，存在的事實是死去比活著更爲美好。」對於同樣的題目可以舉出成千上萬個例子，只是無須這樣的囉嗦個不停。

28 早逝的年輕人失去冗長的生命，有很多應該享受的事物遭到剝奪，至於被剝奪的事物究竟是美好還是邪惡，很難加以明確的斷定，世間的事物屬於邪惡者較多，因而基於認同的理由，我們不應哀悼早逝的年輕人。特別是我們獲得美好的事物不僅困難，還需要花費很多心思，邪惡的事物要想到手何其容易。他們的看法是後者簡單方便而且相互之間關係非常密切，很多有影響力的人士會將它們聚集在一起；然而美好的事物都是互不理睬，即使到生命的晚期也很難用操縱的方式，將它們結合起來發揮更大的力量。

我們如同記性不好的人士，就像優里庇德所說的那樣：

> 凡人不能成為財富的擁有者，[92]

即使那些屬於人類的所有物，他們連一件都無法緊抓在手。我們對於所有的事物，必須有這樣的認識：

91　狄奧吉尼斯《悲歌》425行及巴克利德《抒情詩集》（*Lyric*）第5卷160行；索福克利《伊底帕斯在科洛努斯》1225行以及西塞羅《突斯庫隆討論集》第1卷48節。

92　此句及下兩句詩引用優里庇德的悲劇《腓尼基人》555-556行。

> 我們在世保管和關心的東西，
> 全屬神明所有可以隨時收回。

　　神明的要求是對任何出借的東西，我們只能擁有很短的時間，即使令人心不甘情不願也只有勉強忍受。大家經常提到的錢莊老闆，在要我們歸還貸款的時候，只要是一個講究誠信的人，就會很爽快的支付不至於惱怒不已。對於那些不願欣然解囊的人，大可以提出質問：「你難道忘記講好的條件是如數付清不得有所拖欠？」世人的命運與此非常類似。我們的生命來自神明的借貸，迫使我們接受的條件，就是歸還沒有指出固定的時間。如同錢莊老闆與他們收下的現金，很難確定存款者何時需要支付。要是一個人因為本人或者子女的逝世，感到額外的氣憤不已，難道他忘記自己是一個凡人，即使身為子女的父親也難逃一死？談到人的感官就其具備的特性而言，並不是不知道事實的真相，重點在於人類不能永生，從呱呱落地開始就要面對死亡。

　　不管怎麼說，如果尼歐比（Niobe）的傳說所揭櫫的觀念能夠接受，甚至那位婦女擁有

> 甜蜜的生活以及成長的子女，
> 使得她願意背負幸福的重擔，
> 舉目所見是令人愉悅的陽光。[93]

最後所以會勇敢赴死，並不是她抱著憎恨的心理，為了誇大面臨的不幸非要放棄自己的生命，或是乞求神明讓她趕著走向可怕的地獄。

　　德爾斐有兩塊名聞遐邇的碑文[94]，對於活在世上的人類而言，是不可或缺的座右銘；就是「自知之明」及「中庸之道」，這兩條聖誡與其餘的碑銘都樹立在該地。兩者之間可以相輔相成而且互通有無；因為自知之明已經將避免極端包括在內，同時後者也強調自知之明的重要。艾昂對於前者有這樣的表示：

93　作者是不知其名的詩人；參閱瑙克《希臘悲劇殘本》之〈Adesp篇〉No.373以及貝爾克《希臘抒情詩集》第3卷720頁。尼歐比逢人就誇耀她有十二個優秀的兒女，嘲笑勒托（Leto）只有一兒一女，阿波羅和狩獵女神阿特米斯將他們全部射死，尼歐比悲憤之下變成一座石像。

94　參閱柏拉圖《普羅塔哥拉斯篇》343B及《查米德斯》（Charmides）165A；裡面提到希臘七賢聚集在德爾斐的神廟，把他們的智慧獲得的成果奉獻給阿波羅。還有亞里斯多德《修辭學》第2卷第12章14節和鮑薩尼阿斯《希臘風土誌》第10卷24節都提到此事。

> 人貴自知之明不在說而是做，
> 神明之中只有宙斯完全清楚。[95]

還有品達的說法：

> 智者大聲讚譽避免趨向極端。[96]

29 一個人要是將這兩條戒律保持在心中，視爲神明所下達的諭旨，他就能很輕易適應生活當中所有的處境，注意自己所具備的天性，拿出理智的態度忍受所要遭遇的困難，無論有什麼問題落到他的身上，特別留心不要逾越所規範的限度，無論是得意洋洋非要大肆吹噓不可，或是謙卑和沮喪到不停的哭泣和哀怨；須知生命必須遵守因果律的敕令，何況死亡是命中注定之事，由於我們對這方面的無知，才會使得精神虛弱和畏懼死亡深植我們的心靈。

畢達哥拉斯教派給予的勸告極其卓越：

> 天意難測給人帶來苦難災禍，
> 忍受造化小兒還要心平氣和；

還有悲劇家伊斯啓盧斯的名言：

> 公正的有識之士具備的特徵，
> 心中苦惱萬分不敢遷怒神明；[97]

以及優里庇德的詩句：

> 凡人聽從命運的安排和囑咐，
> 可走上善體神佑的明智道路；[98]

---

95 參閱瑙克《希臘悲劇殘本》之〈艾昂篇〉No.55。
96 克里斯特《品達的吉光片羽》216行。
97 斯托貝烏斯《花間飛舞》第108卷43節，提到這首詩，認爲它的作者是優里庇德；參閱瑙克《希臘悲劇殘本》之〈優里庇德篇〉No.1078。
98 出自不知其名的悲劇；參閱瑙克《希臘悲劇殘本》之〈優里庇德篇〉No.965。

還有在另外一齣戲中，他所寫出的道白：

> 人類接受命運撥弄務求正確，
> 我認為是高貴和穩妥的感覺。[99]

30 大多數人都在不停的抱怨，他們認為每一樁事情的發生，都與切盼的期望背道而行，因為他們心中產生的念頭，根本不理會命運女神和天意所擁有的力量，對所有的事物都抱著悲觀的心理，總是在那裡咳聲嘆氣，咒罵受到上天寵愛的幸運兒。有人用這句話對他們加以反駁：

> 你的災禍出於本人而非神明，[100]

由於你的教育有缺陷才會產生愚蠢和扭曲的觀念，人們之所以大聲喊叫反對任何類型的死亡，就是這種謬誤和蠱惑的意識在作祟。

如果一個人在旅行途中亡故，人們為他葬身異地的遭遇感到悲悼，就會寫出下面的詩句：

> 可憐的死者竟有乖戾的霉運，
> 沒有雙親在旁為他合上眼睛。[101]

要是這個人在故鄉逝世，他的父母站在棺架的旁邊，會為死神將子女從懷中攫走傷心不已，讓他們永遠記得彌留之際痛苦的結局。如果他在沉默中長眠，沒有留下一言半語，大家為他流著眼淚，發出下面的嘆息：

> 未留一言半語可在心中縈迴，
> 使得他的音容令人難以忘懷。[102]

99　出自優里庇德的悲劇《麥蘭尼庇》（Melanippe）；參閱瑙克《希臘悲劇殘本》之〈優里庇德篇〉No.505。

100　索福克利的悲劇《伊底帕斯王》379行。

101　荷馬《伊利亞德》第11卷452行；這是奧德修斯殺死索科斯（Sokos）所說的話。

102　荷馬《伊利亞德》第24卷744行；安德羅瑪琪（Andromache）抱著她的丈夫赫克托的頭顱，在那裡悲聲哀訴。

要是他在逝世的時候有了遺言，大家會把他的話保留在心頭，有事沒事就會重新引起哀悼的情懷。如果他出乎意料的溘逝，大家痛惜他的謝世，就說：「他暴斃在死神手中。」如果他在床榻上面苟延殘喘很長一段期間，亡故之際他們會抱怨死者的消瘦孱弱和飽受病痛的折磨。任何託辭和藉口都足以引起傷感和悼念。

這種情節的變化是詩人開其先河，特別是其中聲名最爲響亮的荷馬，他有這樣的描述：

> 阿奇里斯傷心知己戰死沙場，
> 就在葬禮中親手將火堆點燃；
> 有如新婚的兒郎向生命告別，
> 給雙親帶來椎心泣血的思念。[103]

還是無法明顯看出，父親自認有充分的理由可以爲此事悲傷不已；應該注意下面的詩句：

> 心愛獨子是繼承家業的根苗。[104]

31 神明就像天上的父對人類抱著關切之情，何況祂能預知世事的發生，誰知祂還是讓一些人過早的夭折？因此我們深信祂對無法避免的死亡，不會採取任何補救的措施（特別是祂認爲：

> 人類對必然的死亡無須畏懼；[105]

任何事故的發生與先決條件毫無關係，也不遵從理性的邏輯推論）。

這種說法主要出於兩個因素：一是大多數的死亡還是搶在其他人的前面，所以會產生更大的煩惱；二是無論生命是多麼的短暫，總比沒有生到這個世界要好，須知每個人的命運不同，有的剛離娘胎就已經夭折，有的只活了很短一段期

---

103 荷馬《伊利亞德》第23卷222行和第17卷37行；佩特羅克盧斯被殺以後，他的膩友傷心痛哭有逾常情。
104 荷馬《伊利亞德》第9卷482行。
105 出自優里庇德的悲劇《海普西庇爾》；這是前第16節引用長詩的最後一句。

間，還有的活到老年仍舊精力旺盛。由於我們知道無法逃避命運的安排，面對所有的死亡總要維持愉悅的心情。

受過教育的人應具備開闊的胸襟，認定那些無法壽終正寢的死者不過比我們早走幾步而已。最長的壽命要是與永恆比較有如白駒過隙那樣的短暫。我們知道有很多人聽從傷心的朋友提出的要求，答應延長服喪的期限，過沒多久發現對他們而言，只是在遭到不幸以後還得忍受無用的苦刑，他們從哀悼當中不能獲得任何好處；停留在生命之中的時間是如此的急促，我們不應讓邋遢不潔的悲傷和令人討厭的慟哭，使自己陷入極其尷尬的處境，更無須作踐自己，使得精神的焦慮和肉體的折磨破壞正常的生活，盡量去與那些不會引起傷感和憂愁的人交談，運用高貴和尊嚴的慰藉來消除我們的悲痛，我還要說一句奉承話，唯有這樣才能轉向前途光明的人生旅程。

我們要傾聽荷馬的詩句使它留在內心的深處，這是輪到赫克托為了安慰安德羅瑪琪所說的話：

> 我的愛妻，不要激動和傷心，
> 若非氣數已盡我不會見死神。
> 須知任何人逃不過命中注定，
> 無論聖賢豪傑終必物解凋零。[106]

詩人在另外一章中談到一個人的造化：

> 從他出了娘胎呱呱落地起算，
> 陷入命運女神的天羅和地網。[107]

32 須知我們的生命當中留下的時間已經相當短促，應當免於徒然無益的過度悲痛。因此我們必須審慎從事，活在世上要保持愉悅的心靈，除去外表所顯示的憂傷，才不會受到哀慟情緒的干擾，可以照顧好自己的身體，對於那些與我們同住的親人，始能談得上關懷他們的福祉。最關緊要之處是要將這些論點記在心頭，等到親戚和朋友出現類似的不幸，也可以把睿智的話用

106　荷馬《伊利亞德》第6卷486-489行。
107　荷馬《伊利亞德》第20卷128行。

在他們身上[108]。這時我們可以試著去安慰他們或是說服他們，忍受生命當中無可奈何的遺憾，要像一個男子漢那樣接受命運的安排。

同樣還有一件事值得注意，那就是不要讓自己處於進退兩難的位置，只能幫助別人脫離憂愁的處境，輪到自己卻一籌莫展；我們能用「理性療法」[109]治癒靈魂的創痛，雖然我們可以延緩所有的事務，對於悲痛卻不可以置之一旁等以後再說。有位詩人說起一個人不論辦理何種事務，都要「挪到明天去做」，等於是在與「災難帶來的毀滅糾纏不清」[110]，所以諺語說得好：「不能當機立斷，會受反噬之害」，這句至理名言到現在還被很多人引用。更有甚者，我認為一個人真要是將親身體驗的事物，拖延到未來的時日，就會發現給他的靈魂帶來很大的困擾，更難面對現實帶來的壓力。

33 有些古時或當代的人物，像是克拉卓美尼的安納克薩哥拉斯、雅典的伯里克利和笛摩昔尼斯、敘拉古的狄昂以及馬其頓國王安蒂哥努斯，當死亡降臨到他們兒子的頭上，表現出高貴、從容和沉著的態度，給人帶來深刻的印象。

根據流傳的故事，說是安納克薩哥拉斯正在與他的朋友討論自然哲學的時候，信差帶來他的兒子死亡的消息，他停頓片刻接著向在場的人說道：「我現在知道養了一個在劫難逃的兒子。」[111]

由於伯里克利的理性和知識都是世人難以企及，所以他被大家稱為「奧林匹克的天神」[112]，他的兩個兒子帕拉盧斯（Paralus）和詹第帕斯（Xanthippus）逝世以後，普羅塔哥拉斯（Protagoras）用下面這段話，記述他的言行舉止：「伯里克利的兒子是容貌非常英俊的年輕人，竟然在七天之內兩兄弟相繼亡故，他忍受這樣的打擊絲毫不會怨天尤人。他日復一日還能保持寧靜的心態，更加相信這是命運女神賜與的福分，不會受到憂傷所帶來的煩惱，在人群當中獲得很高的名聲；任何人只要看到伯里克利忍受痛苦是如此的堅強，就會感到他有高尚的人品、剛毅的

108　參閱西塞羅《突斯庫隆討論集》第3卷29-30節。

109　伊斯啟盧斯的悲劇《阿格曼儂》848行。

110　赫西奧德《作品與時光》414行。

111　這個故事可以參閱伊利安《歷史文集》第3卷2節、格林（Galen）《論自然的機能》第5卷418頁、西塞羅《突斯庫隆討論集》第3卷14節以及華勒流斯‧麥克西穆斯《言行錄》第5卷19節。

112　伯里克利獲得偉大的頭銜，可以參閱蒲魯塔克《希臘羅馬英豪列傳》之〈伯里克利傳〉36節、伊利安《歷史文集》第9卷6節和華勒流斯‧麥克西穆斯《言行錄》第5卷10節。

性格和優秀的素質，同時也覺察到他所處的地位，沒有任何人可以對他施以援手。身為父親在得知兩個兒子的殞耗以後，儘管按照雅典當時的習俗，頭上戴著花冠，身穿白色喪服，還是對人民發表長篇大論的談話，『善盡參贊和顧問的職責』，激勵雅典人走上戰爭的道路。」

蘇格拉底的門人色諾芬正在向神明獻祭的時候，一位來自戰場的信差，通知他說他的兒子格里盧斯(Gryllus)在戰鬥中陣亡。他取下頭上的花冠問來人其子逝世的狀況，信差的報告提到格里盧斯的表現是如此的高貴而英勇，殺死很多敵人以後力戰以殉。色諾芬保持片刻工夫的肅靜，拿出理性的力量來控制自己的情緒，然後再把花冠戴回頭上，完成中斷的獻祭儀式，就向信差說道：「我過去向神明祈禱，無須讓我的兒子享有不朽的名聲，也不必壽至耆艾(是否有什麼好處很難說得清楚)，只是他一定要勇敢而且愛國，現在他總算達成這個要求。」[113]

敘拉古的狄昂正與他的朋友舉行會議，突然家中一陣騷動聽到尖叫的聲音，查問原因是發生不幸的事故，他的兒子從屋頂摔落地面當場斃命。狄昂一點都不感到驚惶失措，只是交代屍體由婦女收殮，按照一般方式準備喪事，對於自己主持的討論沒有離開一步[114]。

他們提到演說家笛摩昔尼斯失去唯一也是他最愛的女兒，表現的態度可以當成值得效法的例子[115]。伊司契尼斯認為這是一個機會，藉此可以對笛摩昔尼斯大肆譴責，因而有下面這段言辭：「笛摩昔尼斯於他的女兒去世以後第七天，竟然在公開的場合向神明獻祭，違背城邦的習俗和規定。我們知道這個可憐的傢伙，唯一的女兒不幸逝世，這也是他能成為人父的第一個子女，應該還在喪期之內要舉行傳統的儀式，頭上戴著花冠身著白色的服裝。」[116] 伊司契尼斯想拿政客常用的方式對他進行指責，才會詳細敘述有關的事實，殊不知等於讚譽笛摩昔尼斯的做法，他展現愛國主義的作風重於對至親的感情，所以將哀悼和悲傷置之一旁不予理會。

馬其頓國王安蒂哥努斯[117] 得知他的兒子阿西奧紐斯(Alcyoneus)，會戰當中

113　色諾芬的軼事可以參閱伊利安《歷史文集》第3卷3節、戴奧吉尼斯·利久斯《知名哲學家略傳》第2卷54節和華勒流斯·麥克西穆斯《言行錄》第5卷10節。

114　蒲魯塔克《希臘羅馬英豪列傳》之〈狄昂傳〉55節，說他的獨子將近成人的年紀，因為細微事故鬱鬱寡歡，尋短見從屋頂跳下折頸身亡；伊利安《歷史文集》第3卷4節也提到這件慘劇。

115　參閱蒲魯塔克《希臘羅馬英豪列傳》之〈笛摩昔尼斯傳〉22節；以及西塞羅《突斯庫隆討論集》第3卷26節。

116　參閱伊司契尼斯《演說集》第3卷〈控訴帖西奉〉(Against Ctesiphon)77節。

117　這位馬其頓國王是安蒂哥努斯二世哥納塔斯(Gonatas)，在位時期277-239 B.C.；參閱伊利安

位於第一線壯烈成仁，他用驕傲的眼光注視送來不幸消息的信差，等了一會以後，垂下頭來說道：「阿西奧紐斯，你離開人世真是太早了一點，像你這樣經常鹵莽衝進敵陣，不僅沒有為自己的安全著想，就是把我的叮囑也置之腦後。」

整個世界對這些人的作為感而驚異不已，讚美他們有高貴的心靈；至於其他人士的個性軟弱缺乏積極進取的精神，沒有能力效法他們樹立的榜樣，完全是所受教育不夠充足的緣故。雖然我們可以從希臘和羅馬的歷史，找到無以數計諸如此類的案例，那些人對於親人的死亡表現出高貴和尊嚴的行為，可以誘導你要將悲戚放在一旁。人類最悽慘的狀況莫過於無後之痛，雖然用在此處功效不大，還是包括在喪亡的哀悼之中。

34 德行卓越的人士在年輕的時候，受到命運的撥弄很早告別人世，可以說受到神明的寵愛所致；我要你注意這封信的前面那一部分，曾經表達過這番意思，在這裡還想很簡短的提一下，我說的話可以用米南德的詩句作為證據：

> 神明喜愛英年夭折的小夥子。[118]

尊貴的阿波羅紐斯，或許你會用下面的話來反駁，那就是你那位年輕的愛子，曾經受到阿波羅和命運女神特別的關照，在他剛剛成人使你能從他那裡得到最後一次的幫助，才與生命作別離開塵世，會說這一切都符合自然之道。這話不錯，不僅與你的自然之道完全吻合，毫無疑問對我而言也是如此。一般而論，人類與冥冥之中的天道並非一致，因為天道在執掌著宇宙萬物的運行，也是放之四海皆準的神意。現在這位受到祝福的小孩，逝世過早並不符合自然之道，他應該活著滯留世間，擁有的生命超越所應許的時間，完成所負的義務到了預定的期限，聽從命運的安排接受大限已來（這是引用他所說的話）[119] 的召喚。

(續)———————————————————

《歷史文集》第3卷5節。

118　出自米南德的喜劇《大騙子》（*Double Deceiver*）；參閱柯克《阿提卡喜劇殘本》第3卷〈米南德〉36頁No.125，以及阿林遜《米南德作品集》。古代文士對這個問題都有很深的感觸，提出很多不同的論點，我國一直強調「天妒英才」就是這個道理。

119　據稱阿波羅紐斯的兒子臨終向家人說道：「命運女神在叫我！」阿塞蒂斯（Alcestis）去世之前有一句道白：「死神在叫我！」出自優里庇德的悲劇《阿塞蒂斯》254行；以及柏拉圖《斐多篇》115A，蘇格拉底受到處死的宣判以後表示：「現在是我該去沐浴的時刻了！我寧可在服毒前洗淨身體，也不願死後給妻子增添麻煩。」

　　你說：「他離開人世實在太早了。」的確如此，然而就這個道理來看，他的命運還算相當幸福，起碼可以避開世上眾多的惡行。優里庇德有這樣的說法：

　　　生命除了辛勞只是虛有其名。[120]

這樣一位各方面都完美無缺的小夥子，被認識他的人所贊許和羨慕，正值黃金的青春年華，竟然讓死神將他攫走。他受到父母和親友的溺愛，可以拿一句話來說，他是大家心目中的寵兒。他對年紀較長的朋友當成父執一樣尊敬，愛護他的同伴和熟悉的友人，對於老師執禮甚恭，即使是外鄉人和市民他都很友善，由於他的容貌非常可愛，加上他的態度和藹可親，無論在那裡都受到大家的歡迎。

　　他在世的時候，由於你的正直和他自己的天賦，能夠獲得美好和令人心儀的名聲，雖然他過早離開塵世走向永恆，如同在粗野的舉動出現之前告別夜間的宴會，這種狀況伴隨著老年人幾乎無法避免。設若古代的詩人和哲學家的記載真實不虛，那些因堅持正義獲得某種榮譽和擢升的死者，據說會給他們留下一個地方，讓他們的靈魂能在那裡度過寧靜的生活，那麼你會懷有很大的希望，告別塵世的愛子會受到召喚，要與正直之士一起相聚。

35 抒情詩人品達描述其他世界的正人君子，寫出下面的詩篇：

　　　神祇將明亮的陽光向下照耀，
　　　要把陰鬱的黑暗從大地驅散；
　　　玫瑰在郊區的草原鮮紅欲滴，
　　　四周的景觀點綴色彩和模樣。
　　　樹木結著黃金果實何其美好，
　　　濃蔭之中到處瀰漫醉人芬芳，
　　　可以騎馬出獵以及各種消遣，
　　　欣賞音樂或下棋使心花怒放。
　　　像是馨香飄浮在可愛的地方，
　　　幸福的時光隨歲月不斷增長，
　　　神明的祭壇受到眾人的膜拜，

120　出自優里庇德不知其名的悲劇；參閱瑙克《希臘悲劇殘本》之〈優里庇德篇〉No.966。

發出猛烈的火焰向空中騰翻。[121]

在前面一段當中，還有對死者另外的哀悼，談到靈魂的問題，他說道：

> 人類的命運何其幸福與美滿，
> 終生苦役藉著亡故得以脫離，
> 肉體的腐蝕屈從死神的旨意，
> 唯有靈魂不滅永保活潑生機；
> 我們想像神明的特權是存在，
> 陷入長眠之中四肢不停抽搐，
> 世人的入睡就會有夢境出現，
> 在快樂和困頓之間做出抉擇。[122]

36 崇高的柏拉圖對於過分哀悼的敗壞人心，在他的《論靈魂》一文中著墨甚多，就是在他的《國家篇》、《門諾篇》（Meno）、《高吉阿斯篇》以及其他的對話錄中，也寫得不少。有關他在《論靈魂》這篇對話錄的主要論點和注釋，我已經抄寫下來，如果你有需要，可以單獨送給你。雅典人凱利克利（Callicles）是演說家高吉阿斯的朋友和門人，當前狀況之下對他所說的話，不僅切合時機而且發生很大的效用。

根據柏拉圖的記錄[123]，蘇格拉底有這樣一番議論：「聽到這個非常美麗的故事，大家認為是杜撰的神話，在我而言完全是實情實報；特別要向大家說明這是不容置疑的真理。荷馬述說相關的情節[124]，宙斯、波塞登和普祿托（Pluto）將他

---

121 克里斯特《品達的吉光片羽》129-140行；雖然本書第2章〈年輕人何以應該學詩〉2節，曾經引用整首詩的頭兩行，但英譯的文字有很大的出入和變化。

122 克里斯特《品達的吉光片羽》131-128行；蒲魯塔克《希臘羅馬英豪列傳》之〈羅慕拉斯傳〉28節引用全詩其中兩行。

123 柏拉圖《高吉阿斯篇》523A；對於很多宗教來說，人在死後接受神的審判，最初的起源就是出於蘇格拉底的概念。

124 荷馬《伊利亞德》第15卷187行；蒲魯塔克《希臘羅馬英豪列傳》之〈龐培傳〉53節還引用這首詩：
　　神明分三界，
　　各自逍遙遊；
　　可嘆世間人，
　　何事不罷休。

們從父王那裡繼承的王國，加以分割以後每位統治一塊領域。從克羅努斯時代制定一條有關人類的習慣法，在神明的堅持之下一直保留到今日：一生之中過著正義和虔誠生活的人，死後要送到萬福之島（Islands of the Blest），過著無憂無慮的幸福日子，沒有災難和病痛的煩惱；有些人過著背離正義以及不信神明的生活，就會打進接受制裁和懲罰的監獄，他們將這個地方稱之爲塔塔魯斯（Tartarus）。」

「無論是克羅努斯時代還是宙斯統治的初期，那時的法官或者接受審判的人還都活在世上，也可以說開庭的對象是死期將近的人。等到時間不斷的過去，基於各種理由有些判決並不適當。普祿托和萬福之島的監督去見宙斯，提到這兩個地方都發現沒有經過核定的人員。宙斯說道：『我們應該停止沿用已久的法律程序，看來目前的做法出現漏洞，因爲接受審判的人都還活著，進入法庭會穿上衣服。』祂接著說道：『有許多人的靈魂何其卑下，包裹在漂亮的身體裡面，出身於高貴的家世以及擁有驚人的財富，等到開庭以後，那些前來作證的人說他們的生活合乎正義的要求。這樣一來不僅法官被這些狀況弄得心神不定，特別是他們在審判的時候穿起華麗的裝束，使得他們的眼睛、耳朵和身體如同一面幕布，把他們的靈魂掩蓋得一絲光線都無法進入。看來無論法官或被審判者的衣物，都成爲公正審判的障礙。』」

「『我的辦法有兩點，首先，人類必須停止預測死亡的時間，因爲他們現在擁有這方面的能力；特別要告訴普羅米修斯，希望他能夠以身作則。其次，那些受到審判的人必須剝去穿著的衣物，所有的法律程序要在死後進行。法官也是逝世的人同樣要赤身裸體，能用自己的靈魂去檢視那些剛剛過世的人，明確了解他們的靈魂所處的狀態，根本不必考量他們有什麼親屬可以爲他們關說，對於他們留在世間的裝束也可以置之不理，這樣的審判才能達成公正平等的要求。』」

「宙斯繼續說道：『我可以說比你們還要明瞭當前的狀況，所以要任命我的兒子爲法官，其中兩位是邁諾斯（Minos）和拉達瑪蘇斯（Rhadamanthys）來自亞洲，還有一位是伊阿庫斯（Aeacus）來自歐洲。等到他們死後就會來到廣大草原，在那裡設置法庭，那裡是兩條道路的交會點，一條通往萬福之島，另一條通往塔塔魯斯。亞洲的人民交由拉達瑪蘇斯審判，伊阿庫斯負責歐洲，我把上訴的特權交給邁諾斯，如果另外兩位法官發現疑問對於案件難以決斷，由他做出最後的裁定。這樣一來判決世人應該走向那一條道路，可以說一定非常公正。』凱利克

（續）───────────
　　意思是羅馬帝國的版圖再大，還是容不下龐培和凱撒這兩個針鋒相對的人，非要拚個你死我活不可。

利，這是我聽到的故事，還相信它是真的；從敘述的情節我獲得下面的結論：對我而言，死亡不過是靈魂與肉體的分離而已。」

37 尊貴的朋友阿波羅紐斯，我花了一番心思，蒐集有關的文章經過節錄以後，寫出這封安慰你的信；抱著最大的希望是讓你能擺脫目前的悲傷，終止服喪期以後的哀悼，須知憂能傷人也是所有事物的煩惱之源。阿波羅紐斯，這封信的對象也將你的兒子包括在內，這位受到神明喜愛的年輕人，本身就是最適合的貢品，在獻祭的過程中受到各方的垂涎，名貴之處在於他留下美好的回憶和卓越的名聲，經得起時間的考驗能夠永垂不朽。你會爲理性的言辭說服，如同你會接受過世愛子的一番情意，從毫無裨益的苦惱和孤獨當中脫身而出，不再讓自己的身體和靈魂受到影響，回歸到習以爲常和崇尙自然的生活。至於你的兒子當他活在世上的時候，只要看到你或者他的母親有什麼不稱心的地方，就會感到非常抱歉，認爲自己沒有盡到孝道；現在他已經跟神明在一起接受人間的香火，一定不會滿意你目前的生活方式。務必請再多想一想，一個像你這樣擁有勇敢和高尙的靈魂，就會愛護自己的後代子孫，會讓你本人和這位年輕人的母親，以及你的親朋好友，拋棄目前所遭遇的惡劣處境，特別是你應該在平靜中過日子，就會讓你的兒子和那些關心你的人感到滿意；這才是我們應該做的事。

第十一章
養生之道

1 摩斯契昂(Moschion)：我說朱克西帕斯(Zeuxippus)，格勞庫斯(Glaucus)醫生昨天想要參加你的哲學討論會，怎麼會將他趕走？

朱克西帕斯：尊貴的摩斯契昂，我怎麼能這樣做，要知道他並沒有意願要參加哲學討論會，我所以拒絕是盡可能避鬼神而遠之，害怕會給那些喜愛爭辯的人大開方便之門。這位老兄在醫術方面的造詣，正如荷馬所說的那樣：

高明的大夫抵得上一隊士兵；[1]

然而他對哲學不懷好感，說起話來總是非常刺耳，天生乖張剛愎的性格。

剛剛他盡全力趕了過來，人還未到就聽到他在大聲嚷嚷；要知道我們不自量力去討論健康的生活方式，涉及的範圍並不算小，題材對大家來說是很適合，然而他的來到使全場陷入混亂之中。他斬釘截鐵的表示，哲學與醫學的題目雖然不相為侔，說起來就如同「邁西亞人和弗里基亞人的邊界」[2]，雖然一在西一在東，兩者還是會接壤。他說出的話雖然不是有系統的陳述，也不能認為沒有多大用處，只是有時會斷章取義而已。

摩斯契昂：朱克西帕斯，無論你處於兩個陣營的那一邊，我都很高興作為你的忠實聽眾。

朱克西帕斯：摩斯契昂，那是因為你對於哲學具備天賦的才華，要是得知一位哲學家對於醫學不感興趣，你就會大發雷霆；在大家的眼中認為這樣一位人物，醫學會更適合於他，如果他宣稱自己有幾何、邏輯和音樂方面的知識，而不

---

1 荷馬《伊利亞德》第11卷514行，身為軍醫的馬卡昂(Machaon)是醫藥之神阿斯克勒庇斯(Asclepius)的兒子。

2 這是一條常用的諺語，提到的兩個地區位於小亞細亞內陸的西部；參閱瑙克《希臘悲劇殘本》之〈Adesp篇〉No.560。

是想要去探討和了解我們的身體，所有的

> 好與壞都有機會發生在居處；[3]

只要出現這種狀況，你一定會更加氣憤。

　　雅典的劇院可以看到大批觀眾，要付錢才獲得入場，把座位分配給聚集起來的人群；屬於人文學門的醫學由於無法讓人感受到文雅、聲譽和滿足，因而處於等級較低的地位，殊不知醫學可以讓學生獲得最重要的知識，那就是如何保護他們的生命和健康。哲學家要是討論與健康有關的事情，就不能對他們加以非法入侵的指控；倒是可以說他們沒有考慮到他們的責任，在於廢除醫學與其他學門的分界線，否則對於值得推崇的學習和研究，形成一個單一而分離的環境，這時他們應該受到責備；他們應該將醫學方面的素養視為很普通的知識，討論的目的在於使大家感到愉悅以及成為不可或缺的題材。

　　摩斯契昂：朱克西帕斯，格勞庫斯這個人自視太高，總認為他的話就是法律，實在說這對哲學一點幫助都沒有，我們把他的壞脾氣放在一邊暫且不管；現在倒是可以把討論的詳情告訴我。你在前面提到格勞庫斯所能掌握的知識，還是無法綜合起來形成有系統的陳述，如果你願意的話，可以再進一步的解釋。

2　朱克西帕斯：好吧，我們的朋友[4]會有這樣的表示，他聽到有人說起要讓手保持溫暖，絕對不要讓它受寒，這樣做對於健康倒是大有裨益；反過來說，要是四肢遭到風寒，熱能集中到身體的內部，就會養成適應熱的習慣或形成一種熱的體質。一個人將身體的養分連帶溫暖，從內部向著外部傳輸和分配，一直遍及所有的器官，這些都認為是健康的狀況[5]。我們要用雙手來做一些事情，運動就會將溫暖帶到有關的部分，並且將熱能保持在那裡。我們只要沒有從事應有的活動，就會讓寒冷滯留在我們的四肢。

3　荷馬《奧德賽》第4卷392行。

4　或許這裡所指我們的朋友就是蒲魯塔克本人。

5　參閱本書第77章〈會飲篇：清談之樂〉第2篇問題2；提到身體的活動需要消耗養分，要是不能適時補充，造成身體虛弱使得熱能因而消散，這在炎熱的夏天影響不大，到了秋天由於身體的冷卻和凝固作用，需要將養分聚集和儲存起來，所以這個時候的食欲大增，變得更為饑餓。

3 如果這是一件很可笑的事。那麼我認為其次的問題，是有關給病人供應的食物。他勸我們三不五時要享用並且嘗一嘗味道，趁著身體處於健康的狀況能夠習慣，不要對這種攝生法感到憎惡和討厭，就像一個幼兒那樣，逐漸熟悉以後可以養成我們的口味，萬一我們在生病的時候，才不會將這種伙食看成藥物，對於簡單、清淡和不講究味道的菜餚感到很難接受[6]。

基於同樣的道理，偶爾在吃一頓晚餐之前不要先去洗浴，也是沒有什麼大不了的事；要是手邊有酒就不必僅僅飲水，夏天的時候桌上有冰過的飲料，又何必非要喝微溫的東西不可；一旦我們對這些食物不再抱著誇耀的心理，認為加以戒除也沒有什麼關係，那麼就會保持心安理得的情緒，使得食欲習慣於各種方便的權宜措施；同時我們的內心要預做準備，即使患有微恙也不要大驚小怪；人之所以感到悲傷和痛惜，在於何以會從美好和快樂的生活，驅向無知和屈辱的環境。

吾人大可以這樣說：「選擇最好的生活方式，保持不變的習慣使之充滿歡樂。」[7] 要能讓人大有裨益，可以驗證在人生的每一個階段，特別是所作所為都能影響到身體，趁著健康處於最佳的狀況養成固定的習慣，因而使得這些事項與他的性格相投，等到熟悉以後就會欣然接受[8]。要把有些人在生病的狀況之下，產生的感覺和行為牢記心頭，像是送來熱水和麥片粥甚至粗麵包，就會讓他們生悶氣而且心情為之煩躁不堪，說是看到這些東西就討厭，真是毫無樂趣可言，認為逼他們進食的人長著一副鐵石心腸。沐浴經過證實已經害死很多人，在開始停止的時候不要把它當成一回事，然而有些人非常堅持，除非先沐浴否則不願用餐，像是提圖斯(Titus)皇帝[9]就是其中之一，根據隨扈的說法，證實那時他已經有病在身。

4 提到食物的功效，愈是便宜的東西愈有益於身體的健康，特別是我們不得過量的暴飲暴食，無論我們是參加宴會、拜訪朋友，或者為了款待國王或權貴不得不從事社交應酬，更不能放縱胃口無所節制。如同我們要趁著天氣良好的時刻，將身體料理得非常整潔，保持開朗的心情，好對抗即將來臨的狂風

6　參閱本書第77章〈會飲篇：清談之樂〉第4篇問題1第2節；特別談起動物通常堅持單一的食物，毫無變化的進食習性使得牠們比起人類更為健康。

7　根據蒲魯塔克的說法，這是畢達哥拉斯學派的教條之一，他再度引用在本書第34章〈論寧靜的心靈〉4節。

8　參閱柏拉圖《法律篇》797E；會對這方面的問題有更深入的了解。

9　提圖斯的死因種種說法不一而足，毒死或溺斃都有提到。

和巨浪。在一群興高采烈的夥伴當中，要保持節制的個性以及尊重別人的習慣，同時還得不要產生極端不愉快的感覺，才不至於冒犯和煩擾整個團體，實在說這是很困難的工作；除此以外，應該避免與人針鋒相對，說話不要火上加油[10]，或者像是嫌不夠一樣吃了又吃，或者強迫人家飲酒非到爛醉如泥不可，我們應該用莊重的神色去效法菲利浦[11]極其高雅的玩笑。

有關的情節有如下述：某人邀請菲利浦到鄉下參加為他舉辦的宴會，一開始認為只有少數人跟隨，主人後來看到菲利浦帶來大隊人馬，知道準備的食物不敷所需，這時感到極其窘困。菲利浦發覺出現這種情況，私下傳話給隨著前來的每位朋友：「留點胃口給最後的甜點。」大家聽從他的勸告，認為後面還有美食佳餚，對於擺在前面的食物淺嘗即止，因此晚宴的供應使大家都感到非常豐盛。我們在赴宴之前應該心理有所準備，知道期望的的歡樂可以滿足我們的要求，因而對於精心調製的菜餚和美點，要讓身體預留足夠的胃納，我敢說即使想要大灌黃湯，在開始的時候仍舊要有很好的食欲。

5 突如其來的盛宴場合使得我們感到困惑，那是由於負擔過重無法回請或者沒有可以參加的條件，像是受到一個高官的邀請，甚至於在場的貴賓都讓我們自慚形穢，因為只有他們才夠資格與主人開懷痛飲；說來還是「太好面子使人受害匪淺」[12]（或者我可以稱之為羞怯感到不好意思）這句格言作祟，我們要防備克里昂在一齣悲劇中所說的話[13]：

> 你最好現在就去恨這位朋友，
> 也不要將來為他傷心和哀悼。

害怕被人認為沒有教養，如同一個人患有腹膜炎或是腦膜炎，那就可以證明他的

---

10 參閱柏拉圖《法律篇》666A，裡面並沒有提到這方面的諺語，只是要禁止十八歲以下的年輕人飲酒；古代有很多作者對於這個題目大作文章。

11 這個故事說明菲利浦不僅通曉人情世故，而且對人有一種體諒和寬闊的胸懷，他的成功看來真是名副其實；參閱本書第15章〈國王和將領的嘉言警語〉25節之20，以及本書第77章〈會飲篇：清談之樂〉第7篇問題6第1節。

12 這句話可以參閱荷馬《伊利亞德》第24章45行，以及赫西奧德《作品與時光》318行。

13 克里昂是科林斯國王，要把女兒許配給得到金羊毛的英雄傑生，結果父女兩人都被傑生的前妻米狄亞害死；這句詩引用優里庇德的悲劇《米狄亞》290行；參閱本書第42章〈論羞怯〉4節。

言行確實非常粗野，只要是沒有酒食徵逐，就會喪失感情和理性，不知道如何與別人作伴。

如果一個人用同樣的心態供應燒焦的食物，那是禁止入口的東西，有的人等到酒酣好擺滿整桌的菜餚，才私下說他現在禁食，同時還有人帶著開玩笑的態度暗示自己也有這種狀況，總比毫無節制在團體中大吃大喝，可以讓人獲得更好的印象。不久之前有個人[14] 提到亞歷山大，說他在延長到很晚的酒色追逐以後，對於米狄斯的邀請不好意思拒絕，參加新一輪的痛飲，結果賠上自己的性命[15]；還有人說起當代的鬥拳手雷高拉斯(Regulus)，提圖斯·凱撒在白天叫他前往浴場相見，他來到在一起沐浴的時候，由於已經先喝了一些酒，突然中風不治身亡。

格勞庫斯像一個老學究，帶著不夠友善的神色，拿下面的案例當作教訓來嘲笑我們。至於其他的情況他根本不願意聽，我也不會告訴他。我要請你對他陳述的狀況，進行一番檢驗的工作。

6 首先要提到蘇格拉底，他叮囑我們沒有感到餓就不要進食，沒有感到渴就不要飲酒，並沒有要我們完全禁絕飲食[16]；他的教訓是飲食之道在於它所獲得的樂趣，用來供應我們生存的需要；如同城邦的政治家將娛樂的經費全部轉用到軍事[17]。只有那些帶來歡樂的東西，如同產生營養的成分，才與我們的天性完全情投意合。無論基於需要或帶來歡樂的食物，我們在享受以後仍舊會感到饑餓；要是從家常的菜餚獲得滿足，無須再使自己激起居於次等的食慾，何況它與其他的感官總是處於分離的狀態。另一個要考量的問題，如同蘇格拉底發現跳舞是一種帶來愉悅的運動[18]，於是男士從他那裡知道用糕餅和甜點當成正餐，須知普通的零食對身體的傷害較少。

14　這個人就是蒲魯塔克自己。

15　有關亞歷山大逝世的情節，可以參閱蒲魯塔克《希臘羅馬英豪列傳》之〈亞歷山大傳〉75 節；戴奧多魯斯·西庫盧斯(Diodorus Siculus)《希臘史綱》(*Library of History*)第17卷117 節；阿昔尼烏斯《知識的盛宴》434C；阿里安(Arrian)《亞歷山大遠征記》(*Anabasis*)第7卷 25-27 節；以及奎因都斯·克爾久斯(Quintus Curtius)《亞歷山大戰史》(*History of Alexander*)第10卷4節。

16　引用色諾芬《回憶錄》(*Memorabilia*)第1卷3節之6；參閱本書第39章〈言多必失〉22節及第 77章〈會飲篇：清談之樂〉第4篇問題1第2節。

17　或許出自《笛摩昔尼斯全集》第59章〈在尼厄朗〉(In Neaeram)4節，特別提到戰時所有多 餘的經費都要用於軍事。

18　色諾芬《會飲篇》(*Symposium*)第2卷17-20節；再度引用到本書第77章〈會飲篇：清談之 樂〉第7篇問題8第3節。

當一個人的天性在於滿足極其節制的需要，等到填飽肚皮以後，應該對幫助他的物質提高最大的戒心。談到相互發生關聯的狀況，這時我們對於貪吃就像提防戀愛帶來的歡樂，即使沒有這方面的缺失，庸俗粗野和聲名狼藉的情欲同樣要加以規範；因為前者讓人聯想到污穢和卑鄙的誇耀心理，總要準備一些罕見又價昂的東西，像是母豬的乳房[19]、義大利的蘑菇、薩摩斯的點心或埃及運來的冰塊；有助於引誘人們還沒有饑餓就要大吃一頓，沒有口渴的感覺就要開懷痛飲。這一類的食材只要出名和稀罕就會吸引人們多加使用，它們虛有其表，只是有誘人的風味，當然外形的美好也是主要的條件。雖然吃的人感到沒有需要，卻可以當成故事說給別人聽。他們在享受這些東西的時候，由於很難獲得而且不常見到，就會引起別人的羨慕和嫉妒。

有關美食非常類似他們對人盡可夫的婦女所表現的行為。人們雖然能夠隨時與可愛而又愛他的妻子享受魚水之歡，還是願意付錢給弗里妮（Phryne）或拉伊斯（Lais）之流的娼妓，即使她們已經是殘花敗柳，成群的入幕之賓還是趨之若鶩，認為這樣的狎暱是最大的享受，說穿了也不過在於滿足虛榮而已。弗里妮在人老珠黃以後，要說來客願意付很高的纏頭之資，完全是她豔幟高張盛名在外的緣故。

7 我們要是容許身體如同自然女神，就祂的需要去找一個位置存放那樣多的歡樂，更要進一步去與祂展開激烈的鬥爭，好去阻撓從而產生的食欲，將它保持在胃口全無的狀況，最後同意雙方的協商也不會引起祂的否定，要是經過這樣的折騰身體還能毫無損傷，那真是令人感到不可思議。如同柏拉圖所說：「身體要是受騙和緊張就會屈服。」[20] 等到出現的狀況完全相反，欲望從心靈下降到肉體，迫使它要順從內在的激情，加入它所引起的興奮狀態；甚至不會阻止欲望留下它的殘餘物，那是來自最暴力和最嚴重的傷害，也是微弱和短暫的歡樂所能獲得的結局。

身體尤其不該用心靈的欲望激起歡樂的情緒，因為這種起源不合於自然之道；就像在胳肢窩搔癢對內心的影響從而產生笑聲，類似的方式非常不自然可以說是出於勉強。即使我們談到溫暖和幸福的人生，也不過是劇烈的抽搐和苦澀的

---

19 當時羅馬人把它當成最美味的佳餚，只是準備的過程極其殘忍，可以參閱本書第67章〈論肉食者鄙〉第2篇1節。

20 柏拉圖的作品中找不到這樣的說法，或許是下面這段話，能從對立面考量的問題使他得到這個結論，如同柏拉圖《菲德魯斯篇》254及後續各段提到的例子，就是「馭手」和「馬匹」所出現的狀況。

滋味，無論何種爲身體所形成的歡樂，只要是出於心靈的刺激和錯亂，雖然與自然女神無關，卻會給祂帶來騷擾甚或使祂抓狂。無論任何時刻還是有人向我們提供，一些極其少見又名聲狼藉的享樂方式，須知禁絕比接受會讓我們感到更爲驕傲，要記得賽門尼德經常說的話[21]，就是他從來不會爲保持沉默感到遺憾，然而大多數時間都爲輕率開口表示抱歉；同樣我們的做法也不會讓人有所異議，即使在一邊擺上山珍海味，還是用飲水取代法勒瑞(Falerii)的美酒；反之亦然。

自然女神即使認爲大家對飲食方面確有需要，祂也會提供非常精美的東西，卻絕不會強迫你接受。須知食欲可以拿習慣和訓練當作手段，從而轉變到清淡和普通的食物。

設若一個人必須做某些壞事，[22]

這是底比斯人所說的話，他並沒有修正爲這樣的表達方式：

最好是為著有利於王國起見。

我們稍微改變一下，就可以毫不費力用在食物和酒的上面，有利於身體的健康起見，「最好是」運用自制的手段。儘管如此，慳吝和貪婪對某些人士發揮抑制的作用，留在自己家中會約束和減低個人的欲望，等到他們在外面作客，如同在敵國境內用粗暴的方式徵集糧草，要主人供應昂貴的宴席讓他們大快朵頤。那麼他們在離開的時候感到不適，到了次日消化器官受到攻擊，要爲貪食無厭的欲望付出代價。

克拉底認爲奢侈和揮霍助長內部的爭執，風氣的養成利於僭主對城邦的統治，比起任何事項都要受到更多的責備，所以提出極其幽默的勸告[23]：

我們的伙食不必比扁豆豐盛，
吃得好就會帶來不滿和爭鬥；

21　賽門尼德提出的論點是如此鞭辟入裡，蒲魯塔克曾經多次引用，只是形式稍有變化；可以參閱本書第1章〈子女的教育〉14節和第39章〈言多必失〉23節。

22　這個底比斯人是伊底帕斯的兒子伊特奧克利，他的道白來自優里庇德的悲劇《腓尼基人》524行；參閱本書第2章〈年輕人何以應該學詩〉3節。

23　參閱貝爾克《希臘抒情詩集》第2卷〈克拉底篇〉670頁No.10。

這兩句詩可以讓每個人用來勉勵自己：「一定要粗茶淡飯清心寡欲」，這種說法所表示的意思，就是不能讓吃的東西超越芹菜和橄欖油到達炸肉丸和魚的層次，暴飲暴食的結果如詩人所說那樣，會使「他的身體陷入不滿和爭鬥」，就是引起腸炎和腹瀉。價廉物美的東西保持食欲在節制的自然限度之內，主廚和受過訓練的助手所能表現的手藝，喜劇家有這樣的說法[24]：

> 可惡的皇家御食是如此繁雜，

從而可以不斷擴充和加大享受的範疇，改變我們的觀念認為這樣做才會對自己有益。

我不知道何以會如此，對於拿春藥和魅力來利用丈夫的婦女，我們不僅厭惡而且極其憎恨，卻對供應給傭工和奴隸的食物，即使非常粗糲難以入口，相信只要多吃就會養成習慣。阿昔西勞斯用挖苦的口氣談起通姦和淫蕩，大意是「一個人的猥褻行為，無論是在前面的客廳還是後面的穿堂，事實上沒有多大差別」[25]。用在我們討論的主題，看來也沒有什麼不適合的地方。某些人為尋歡作樂用壯陽劑滿足荒淫的情欲，或是用香料和醬汁來刺激味覺的感受，老實說其間並沒有什麼不同，就像身上發癢經常要加以搔抓一樣，難道都能算成本能的需要？

8 那麼在其他時候，我們會說一些反對歡樂的話，表示任何一種固有的美感和尊嚴都源於禁欲和自律，目前的談話會提到很多的歡樂和偉大的人物。疾病還沒有歡樂那樣的厲害，可以從我們身上拿走那樣多的事業、希望、遊歷或消遣。一個人的人生觀以享樂為目的，如果他對身體的健康一點都不重視，這樣做對他絕沒有任何好處。很多人由於身體孱弱的緣故成為哲學家，甚至將領和國王也都如此；生命當中很多狀況無法獲得身體的歡樂和享受，特別是在有病的時候，有人在世的時間非常短暫，即使如此還談不上純潔的一生，更多是受到異國的污染，明顯的記號是身體留下巨浪和暴風雨的痕跡。

下面這句話並不見得對，亦即

> 飽暖思淫欲是乃人類的本性，[26]

24　作者不詳；參閱柯克《阿提卡喜劇殘本》第3卷435頁。

25　參閱本書第77章〈會飲篇：清談之樂〉第7篇問題5第3節，只是敘述的方式稍有不同。

26　詩的靈感可能源於優里庇德的悲劇；參閱瑙克《希臘悲劇殘本》之〈優里庇德篇〉No.895。

肉體的沉潛和寧靜使得愛情在歡樂之中找到最後的歸宿，說到吃喝玩樂亦復如
是；健康才有歡樂的人生，如同翠鳥靠著風平浪靜的天氣，才會願意築巢好孵出
幼雛[27]。普羅迪庫斯（Prodicus）對飲食之道有非常精闢的看法，認爲火是最好的
醬汁[28]，意爲可以免於茹毛飲血的生食。有人會說健康才是最神聖和最可口的調
味料。對於受到病痛折磨或者反胃作嘔的人而言，凡是烘烤或油炸的食物都不適
合，吃下肚中會更加難過；一種胃口清新和未曾敗壞的食欲，使得每一種食物都
給健康的身體帶來快樂的感覺，如同荷馬所說「可以滿足熱烈的渴望」[29]，我想
大家都會同意。

9 迪瑪德斯（Demades）[30] 經常向大家表示，雅典人發動戰爭從來不考慮時
令是否配合，除了傷亡慘重要穿上喪服，否則不會投票同意和平條約；
同樣我們除了用得著灌腸或熱敷，否則也不會產生過於消極的想法，那就是願意
過簡樸和自律的生活。每當我們發現自己處於難以脫身的困境，這時非常熱心想
要除去錯誤的觀念，對於別人留在記憶中的事物加以反對，如同大多數民眾採用
的辦法，重點是說有些地方的天候或水土對健康有礙，因此很多人害怕到外面遊
歷。加上酗酒和放縱會引起各種病痛，才讓大家有戒除的念頭。

不僅如此，我們最好想一想黎西瑪克斯（Lysimachus）的下場[31]，他被傑提人
（Getae）包圍得水泄不通，口渴難忍，只有率領大軍向敵人投降，全部成爲俘
虜；最後他在飲水的時候大叫道：「老天爺，我爲了獲得短暫的痛快，竟然拋棄
偌大的產業。」這時我們得要記往，疾病的侵襲來自喝下生水、沐浴過久以及參
加社交宴會，我們的歡樂很多都因而受到損毀，就是光榮的事業和可愛的消遣全
都絕滅殆盡；深思熟慮所引起的譏諷維護記憶中的痛楚，就像健康的身體還留下
過去的傷疤，使得我們更要考量當前的生活方式。因爲強健的體魄就任何極端的

27　參閱亞里斯多德《動物史》第5卷8節，以及本書第65章〈陸生或海生動物是否能更爲靈巧〉
　　35節。

28　在本書第4章〈如何從友人當中分辨阿諛之徒〉2節和第77章〈會飲篇：清談之樂〉第7篇序
　　文中，認爲說這番話的人是伊維努斯。

29　荷馬《奧德賽》第8卷164行。

30　迪瑪德斯是雅典演說家和政治家，親馬其頓黨派的領導人物，成爲笛摩昔尼斯纏鬥不休的政
　　敵，318 B.C.被安蒂佩特處死。

31　黎西瑪克斯（360-281 B.C.）是亞歷山大大帝的衛士及友伴，後來成爲繼承者之一，他統治色
　　雷斯和小亞細亞地區，288-281 B.C.統治馬其頓王國，這次作戰發生在292年；參閱本書第15
　　章〈國王和將領的嘉言警語〉31節之1以及第45章〈論天網恢恢之遲延〉11節。

程度而言，不會養成激烈、倔強、罕見和難以奪走的欲望。

我們會極其勇敢和信心十足的反對食欲，知道它會欣然超越所有的限制，還對我們的享受加以攻擊，即使發出的哀泣和抽噎，只是無足輕重和相當幼稚的表示，過不一會等到餐桌移走，他們就會停止埋怨，也不會訴苦或是感到委屈；然而從另一方面來看，沒有受到心靈的污染或是過分的興高采烈，不會產生全然放縱的遲鈍麻木和極度厭惡，可以用來等待爾後更為悠久的歲月。泰摩修斯(Timotheus)的陳述[32] 也指出這點，他與柏拉圖在學院用過簡樸的伙食，翌日他說道：「任何人只要與柏拉圖共餐，獲得的愉悅可以延續到第二天。」據稱亞歷山大辭退阿達(Ada)推薦的主廚，同時還說他經常有更好的廚子在旁伺候，那就是整夜的行軍使早餐更為可口，再則清淡的早餐使晚宴更加豐盛[33]。

10 我非常清楚人們之所以感染熱病在於疲勞或者過度的寒冷或炎熱；如同花的香氣會慢慢變淡，等到它們與油混合起來，濃度就會增強；因而大量的食物開始供應質量給軀體，對於來自外部的疾病而言，這些也是它的成因和根源。沒有這些物質就不會帶來有關方面的麻煩，只要能夠保持潔淨的血液和充沛的元氣，可以用來對抗引起騷亂的因素，已經上身的疾病開始離去和消失。只是一大堆過多的食品，成為引起身體喪失均衡的沉積物，具備腐臭的性質和味道，不僅難以處理，更不容易清除乾淨。我們不要像一個深受讚譽的船主，基於貪婪的心理要建造一艘巨大的貨船，最後會出現太多的細微裂隙，只有不斷從事汲出海水的工作。因此我們不能吃到肚子脹得難過，後來非要用瀉藥或者灌腸不可，應該無論在任何時候都要保持節制，盡量減低分量到令人感到沮喪的程度，這要歸功於性格上的樂天知命，經歷病痛的折磨以後又能重新振作起來。

11 我們對於身體狀況應該特別注意預先的症狀和個人的感覺，赫西奧德說起疾病到處攻擊人類，然而

---

32 泰摩修斯是康儂(Conon)之子，雅典的政治家，378-350 B.C.這段期間多次當選將領，負責雅典與盟邦之間的社會戰爭。關於柏拉圖這段記載，出現在很多資料上面，像是伊利安《歷史文集》第2卷18節、阿昔尼烏斯《知識的盛宴》419D以及西塞羅《突斯庫隆討論集》第5卷35節。

33 參閱本書第15章〈國王和將領的嘉言警語〉26節之9，以及蒲魯塔克《希臘羅馬英豪列傳》之〈亞歷山大傳〉22節。

　　我們要感激天神宙斯的大能，

　　禍害的沉默在於被剝奪聲音；[34]

諸如此類的詩句並不完全符合實情，因為這方面的災難不會悄悄來襲，總會派出先鋒、信差或特使，騷擾我們的消化器官或是讓我們的心神困頓。希波克拉底說過：「所有的症狀無非外感所引起，一旦覺得頭腦沉重而且疲憊不堪，這就表示患病的徵兆。」[35] 或許會有這種可能，神經的功能所以會屈從於緊張和壓力，完全是身體吃得過飽所致。有些人從身體的狀況來看最好是上床去休息，還是受到口腹和聲色之欲的誘惑，趕往浴場或者參加酒宴，急切的心情如同要為準備接受圍攻而囤積糧食一樣，免得在吃完這頓午餐之前就被熱病攫走。

　　另外有一些人，說起來他們的數量還真不少，雖然沒有做出過於荒唐的行徑，所有的表現還是非常愚蠢，他們以為要是承認自己患有頭痛或消化不良，或者怕冷整天穿起厚重的衣物，讓人知道會感到難為情；有人邀他們前往體育館，立即起床也不注意保持身體的溫暖，要與那些健康狀況良好的人士一樣從事各種體能活動。然而對於大多數人而言，如同希望女神可以獲得一句諺語的支持，那就是「飲酒用來排除灌飽黃湯引起的宿醉，以毒攻毒可以減輕酗酒產生的頭痛」，完全符合失禁和虛弱的意圖，說服和誘導他們馬上起床，可以不顧一切前往經常出入的場合。

　　加圖把他的注意力放在反對毫無效果的希望上面，這位傑出的老人如此表示：「要把大事化小，再從小處著手戒除身受的惡習。」他的看法是盡量忍耐還要加上禁食和休息，雖然不見得有多大的益處，總比找到機會就匆匆忙忙前往浴場或參加酒宴要好得多。無論有多少事情與我們有關，只要未能採取預防措施或是檢查本身的狀況，就會為我們帶來病痛和災禍；即使那些無關的事物，只要順從若干限制條件或是除去累贅和負擔，不會對我們的身體造成傷害。有些人的行為非常幼稚，生怕他的朋友和僕從發覺他因暴飲暴食出現身體違和的狀況；那也只有讓他去吧，如果他今天為消化不良感到不好意思找醫生，明天會因腹瀉或熱病或腹部絞痛而後悔不已。

　　人有需求要厚著臉皮說出來，

34　赫西奧德《作品與時光》104行；參閱本書第10章〈致阿波羅紐斯的弔慰信〉7節。

35　希波克拉底《格言和警句》（*Aphorisms*）第2卷3節。

> 如果怕難為情就會身受其害，[36]

更離譜的就是身體處在腸胃不佳、體力不支或過度飽食的狀況之下，被硬拉到浴場，卻感到無法開口拒絕，這時就像一條腐爛漏水的船隻在海洋航行。

有些人確實如此，他們在出航之際發覺暴風雨即將開始肆虐，感到停留在岸邊是很丟人的事，還是要在海上升起船帆繼續前進，接下來就會遭到更加羞辱的狀況，大聲尖叫說是已經暈船；還有人認為這種情形有失面子，懷疑他們的身體事先已有徵候，於是花一天的時間躺在床上，也無法坐起來進餐，等到數天過去感到更加無趣，經過通便和熱敷以後，只有露出卑屈的神色去懇求醫生，由於他們的苦惱和畏懼，讓自己表露出過分羞辱的言行。還是有人陷入歡樂之中無法自拔，對於欲望也不能克制，心甘情願受它的擺布；這時他應該記取教訓，須知他所能獲得滿足的感覺，幾乎都被歡樂從身體當中趕走。

12 斯巴達人只給廚子醋和鹽，吩咐他從宰殺的牲口割下需要的食材[37]，把兩種作料當成最好的醬汁用來調味，要求供應的肉類必須來自健康的軀體而且要清洗乾淨。不論這些食物是「甜美」或「昂貴」，對於使用者和它的本身並沒有差別，自然女神的旨意是要它能夠「令人感到快樂」，這就會與人產生聯繫，彼此之間建立和諧的關係。有些人喜歡多方挑剔，或者從墮落的行為中蒙受痛苦，或者過著荒唐的生活，就會使得所有的東西，喪失固有的風味和新鮮的感覺。因此不要指望能夠看到魚是剛打來的樣子、入口的麵包很白、浴池的水很溫暖，就連服侍的女孩都有姿色；一個人要使自己不會反胃嘔吐，在於身上不要沾著糞便，更不必表露不舒服的神色，看起來像是非常沮喪的樣子。

至於其他方面，如同酗酒作樂的人被迫要進入服喪的家庭，在那裡找不到歡樂，更無法讓他們快活起來，只能引起他們哭泣和哀號；身體只要出現不健康的狀況，或者無法與自然女神融洽相處，還要受到愛情的歡樂、精製的食物、沐浴和酒所帶來的刺激，會在身體裡面混合那些不利的因素，使得所有的器官失去穩定的功能，受到污染帶來腐敗的氣息，黏液和膽汁給人不舒服的感覺，情緒會產生不正常的激動，這時不僅談不上有任何歡樂可言，也得不到我們期望的享受。

---

36 出自米南德不知其名的劇本；參閱柯克《希臘悲劇殘本》第3卷〈米南德篇〉220頁。

37 本書第67章〈論肉食者鄙〉第1篇5節，用很風趣的筆調對於這種習慣，敘述一件令人愉悅的軼事。

13 最爲嚴謹的生活方式要是用通俗的語言來表達，就是對於任何事情都得「一絲不苟」，要讓身體處於「如臨深淵，如履薄冰」極其審愼的狀態，靈魂本身要摒除妄自尊大的信念，這時就會對所有的活動抱著懷疑的神情，願意在上面花一些時間，無論是歡樂的享受或勞累的工作，都願意參與其事，即使沒有充分的準備和十足的信心，還是要立即著手進行。一個人應該能夠控制自己的身體如同船上的帆，要是海面沒有看到雲層出現，就不必降低它的位置或者將它收起，如果懷疑有什麼地方不能得心應手，對它的操縱要特別的留神不容稍有疏忽，更要提高警覺不能昏昏欲睡。

如同前面所說那樣，他應該除掉或減少負擔讓身體感到輕鬆，不要等到消化不良、腹瀉、體溫增高或感到暈眩，才採取相應的措施。有些人直到致命的熱病來到家門口還在等待，如同召喚他到法庭的信差已經抵達，對於產生的激動只要自己加以控制，這才是正確的處理方式；雖然很多事情的發生遙不可期，他們還是應該提高警覺，避免出現下面的狀況：

> 北風怒吼已掀起滔天的波濤，
> 仍舊沿岸行駛不怕撞上暗礁。[38]

14 有人特別注意烏鴉嘶啞的啼叫和母雞覓食的咯咯聲，以及「豬在草堆上面野性的激動」[39]，認爲可以預知颶風和下雨，這眞是很荒謬的事；同時德謨克瑞都斯也不會這樣做，那就是對於身體極其忙碌的活躍以及提出警告的徵候，應該靜止下來或採取防備措施，也不會將它視爲一種發生暴風雨的預兆，因爲要向自己來襲而盡力阻擋。我們不僅要在食物和運動這兩方面，加強注意使能有利於身體，還要看看是否可以維持良好的習慣，實施的時候不會感到勉強，甚至於毫無熱情可言；另外就是我們的口渴和饑餓完全出於反常和不自然的方式，有關睡眠方面，必須注意它的斷斷續續和得不到安寧，這就表示它的不正常以及遭到急遽的干擾。

還得提防在夢境中出現異常的狀況，只要我們看到不適當或未習慣的幻象，等於在告知體液的過多或過濃，或許是我們的精神受到干擾和刺激。心靈的感覺

38　作者不詳；參閱貝爾克《希臘抒情詩集》第3卷721頁，以及本書第33章〈論控制憤怒〉4節和第39章〈言多必失〉2節。

39　狄奧弗拉斯都斯《預兆》(*Designis*) No.49，列舉這種現象是暴風雨來臨的徵候。

在身體接近疾病產生危險的時候會給予警告，舉例來說，像是人們經常出於不明顯的原因，產生無理性的沮喪和恐懼，以及突然之間陷入絕望之中；他們的脾氣變得暴躁易怒極難相處，會爲不足稱道的小事痛苦不堪；無論何時出現悒鬱的氣體和苦澀的蒸發，他們就會感到膽怯而沮喪，因爲很可能遭遇和連結到柏拉圖所說「靈魂的循環」[40]。因而在發生這些情況以後，我們需要加以考量，同時再回想一下，如果成因與精神和心靈無關，完全是身體方面的問題，那麼必須減緩生活的步調，使之更爲安寧清靜。

15 有一件大家都用得著的事，就是去拜訪臥病在床的朋友，向他請教何以致病的原因，談話的時候不要賣弄學問講些陳腐的老生常談，或者說引起工作的中斷或受到干擾等官式問候，或者找到機會就表示自己對醫學的術語和文獻都很熟悉；對於暴飲暴食那種平庸和普通的細節，並沒有聽到有人用敷衍草率的手法加以敘述，暴露在陽光之下使之眾所周知的是勞頓和無眠，特別是一個人患了熱病就會遵從的生活方式。像是柏拉圖在回到家中以後，經常談起別人的缺點和錯誤，就會說：「我跟他們能有什麼不同？」[41]一個人看到鄰居的作爲可以用來改進自己的過失，必須注意和牢記在心，不要再陷入同樣的困境之中；強迫自己躺到床上休息，等於說明他對於寶貴的健康非常在意，其他人也有類似的經驗，他更會表示要把健康看成極其重要的東西，會用省儉的方式來保留這方面的習性，就是特別注意自己的身體。

還有就是關懷個人的生活方式不能算是一件壞事；如果我們參加一場大吃大喝的飲宴，或是處於某些艱辛的狀況，或是著手一些反常的不端行爲，即使身體不會讓我們感到懷疑，也沒有出現警告的徵候；這時我們對自己還是要非常關心，防止有任何問題發生，特別是肉體沉溺於愛情的燕好，或是經歷極度的疲累，必須藉著休息和寧靜來恢復透支的體力。社交場合興高采烈可以盡情飲酒之際，最好用喝水來代替；特別是舉行宴會供應極其豐盛，可以大魚大肉吃個痛快，這時最好要飲食清淡，不讓身體有過多的殘餘物質留存。就是這些東西會讓他們患上多種疾病，同時可以把藥物的材料和功效加在其他的成因上面。因此有人提出非常正確的說法：「飲食不求過飽，工作無須過累，保持純樸節儉的習

---

40 柏拉圖《泰密烏斯篇》47D；原文所指不僅是靈魂的循環，而是運用音樂的和諧來矯正靈魂內在運動的無序和混亂。

41 蒲魯塔克在很多章節提到柏拉圖這句話，意思是人與人之間的差異極微，要想不犯錯幾乎是不可能的事。

性，這才是最合乎健康的生活方式。」[42] 要是無法自制就會讓腸胃的負擔過大，產生塞滿和腹脹的感覺，特別是食物的吸收發生問題，不知不覺就會損害到一個人的精力。

16 讓我們重新開始討論每一個主題，首先提出的項目是適合學者的練習；我請求大家就這樣的案例給予評論，有人說他無法讓居住在海邊的人民，就船舶這個題目加以文字的敘述，只是明確的表示他們光會使用而已；因而有人加以比照，說他無法為學者就練習這個主題著墨過多。令人感到驚異之處，在於有一種練習是我們每天要用的聲音，說話的時候要盡力喊叫，這樣做不僅有助於健康，還能加強語言表達的能量；當然這與一個角力家的體力還是有所不同，因為運動員的力道來自肌肉，要使身體的外部堅實有如建築物的牆；因而這裡提到的能量是指可以產生瀰漫全身的元氣，從最重要和具支配性的部分源源不絕的湧出。

有關呼吸可以產生動能這個問題，得知教練明確告訴運動員，身體受到外力的作用應該暫停呼吸，因而接受按摩和推拿就會使部分身體保持緊張的狀態。現在提到聲音是呼吸的運動，活力的來源不是喉嚨而是肺部，可以給身體帶來溫暖，和緩血液的流動，每一根靜脈可以獲得清理，每一根動脈可以完全開放，不允許過多的液體產生凝結或固化的現象，使得包容的器官出現沉積物，須知這些器官的主要作用在於運送和消化食物。

因為這個緣故我們特別要用不斷的說話，來加強和習慣口腔和肺部的練習；如果讓人產生懷疑，認為我們的身體無法勝任說話的工作，或是很容易就會疲倦，那麼不妨採用大聲朗誦或極力辯解的方式。在某些與討論有關的場合要是站著誦讀資料，如同乘坐在馬車裡面進行非常積極的練習，可以聽到其他人在車上說出的話，會因運動的平穩帶著柔和的聲音向四周播散。討論必然增加雙方的爭執和激烈的態度，有如心靈連同身體一起參加這次的晤面。我們對於熱情和急遽的吼叫要小心從事，要是出現痙攣的吸氣和呼氣的動作，就會引起疝氣和脫腸。

大聲朗誦或熱烈討論以後，出去散步之前要在溫暖的房間開始塗油和推拿，直到全身的肌肉變得柔軟，擴展按摩的手法盡量到達身體的內部組織，和緩的均衡充滿活力的元氣，能夠散布到四肢。我們要對按摩的強度局限於可以接受的範圍，不會引起難以忍受的感覺。因為一個人用這種方式來鎮定內部的不安和緊

42　可能是希波克拉底的主張；參閱希波克拉底《流行病》（*Epidemics*）第6卷4節。

張，他那充滿活力的元氣在身體裡面處理多餘的廢物，況且不會引起任何不適之處。如果天氣不適當或者有其他的事務使他無法外出步行，這方面沒有任何關係，自然女神接受適當的酬勞會有其他的安排。因而沒有外出旅行或是不願停留在客棧裡面，應該都可以拿來作爲要保持安靜的藉口，也不會有任何人會對此加以嘲笑。一個人無論在何處進食或從事運動，都沒有什麼不好意思的地方。不僅如此，在水手、騾夫和客棧老闆面前感到膽怯和困窘，就會使人變得更加沒有面子，他們不會譏諷那些玩球或單獨練拳的人，至於一個人要是利用教導、詢問、學習或付錢來練習說話，那麼他們就不會輕易放過，非要講些調侃的話不可。

蘇格拉底說一個人的跳舞所使用的空間，可以容納七個人在裡面用餐，拿來鍛鍊身體也足足有餘，要是想練習歌唱或演講，無論在何處都能提供適合的房舍，那怕是站立和躺下都沒有關係[43]。談到這方面的時候必須非常審愼，當我們有腹脹的感覺或是在性交以後或是身體非常疲累，不要過度拉高所發出的聲音。許多當眾演說的政客和詭辯家都有這方面的經驗，有些基於名聲和野心的驅使，其他則與職務有關或是政治上的對手，他們競相大聲疾呼的發言和談話，希望能比別人有更好的表現。

我們城邦的奈傑（Niger）在蓋拉夏[44]發表公開演講的時候，偶然不小心吞進一根魚刺，另外一位來自外地的詭辯家到場，要在那裡與他同台較量。奈傑爲了不讓人產生會輸給對手的印象，雖然那根刺還卡在喉頭，還是滔滔不絕的講個不停；後來無法忍受發炎引起的痛苦，只有從外面用刀開一個很深的切口，再從打開的位置將魚刺取出來，最後這個部位還是感染化膿使他不幸喪生。對於這件慘劇的評論要延到以後再說。

17 運動以後洗冷水浴不僅有違健康之道而且是極其幼稚的蠢事，因爲抗拒的作用來自外部的力量，困難之處在於對身體的內部產生很不利的影響，因爲毛孔會產生阻塞的現象，引起體液聚集在一起，一直在排放和發散的滲出物就會受到壓縮；除此以外，一個人非要堅持洗冷水浴，會讓他嚴格遵守起居作息的生活方式發生變化，須知他應該盡力避免出現這種狀況；不僅如此，他們要經常提警覺不得有所違背，從而發生的每一種缺失，會被人要求他們解釋何以會有這種行爲。

---

43 出自色諾芬《會飲篇》第2卷18節。

44 蓋拉夏位於小亞細亞的內陸腹地，與蒲魯塔克的家鄉距離遙遠而且來往不便，爲何他的友人會到那裡去與人較量演講，真是令人百思不解。

從另一方面來說，溫水浴的提供在很多時候表示不得不爾的遺憾，因為他們不會自詡身強力壯加以拒絕或減少，如同他們所用的食物質地非常柔軟易於消化，這樣對於健康會有幫助，那些無法進行消化作用的部分，提供沒有痛苦的消散方式，至少不會保留原來生硬的狀態或者開始變質，可以撫慰任何看不見的疲憊感覺。自然女神讓我們擁有均衡而適度的感覺，我們的身體也處於舒服和健康的狀態，對於沐浴可以帶來的好處可以不予理會。靠近爐火旁邊好在皮膚表面塗油再按摩，這種休息的方式再好沒有，如果身體還感到寒冷，採取類似的手法就會逐漸暖和起來；可以運用陽光來溫暖我們的身體，無論過高或過低都沒有關係，完全視當時的氣溫而定。有關身體的練習這方面的問題談得已經夠多了。

18 要是我早先的建議能有任何助益，像是如何誘導和恢復我們的食欲，那麼現在又要談到食物這個題目的時候，對於接踵而來的問題，我們必須給予更進一步的勸告。困難的地方在於掌控我們的肚皮，特別是它已經從束縛的狀況獲得解放，即使有所爭辯也是對牛彈琴，沒有什麼用處。如同加圖經常說的那樣：我們必須盡量運用食物的特性，所需的數量不得大於帶來的負擔[45]。那些固體又非常營養的食物，例如肉類和乳酪、乾無花果和煮熟的蛋，一旦享用就要讓自己特別小心（要想婉拒是很難做到的事）；我們必須忍受那些味道清淡的東西，像是大部分的蔬菜、家禽和不會太油膩的魚，只要享用這些食材，可以滿足食欲又不會對身體帶來很大的壓力。

特別是有人害怕肉類不容易消化[46]，因為他們在開始就感到不安，有害的剩餘物還留在身體裡面無法完全排出。最好的習慣是身體除了其他的食物以外不需要肉類。世上出產的物品何其豐富，有的可以用來補充營養，更多是為了讓人獲得舒適和享受歡樂。有些讓我們運用對身體不會帶來任何問題，還有一些可以製成各種混合物和調製品變得更為美味可口；即使習慣並不合乎自然，卻成為我們的第二天性，這時運用肉類並不完全為了滿足食欲，如同狼和獅子之類食肉獸的做法，那已經是基於生存的本能需要。現在我們雖然把它當成日常飲食的支撐和依靠，還是可以運用其他食物和美味，更能符合身體的性質，理性的機能也不會變得遲鈍，發生的作用來自味道平淡和容易消化的材料。

45　本書第16章〈羅馬人的格言〉9節之1及第67章〈論肉食者鄙〉第2篇1節都有類似的記載；可以參閱蒲魯塔克《希臘羅馬英豪列傳》之〈馬可斯‧加圖傳〉8節。

46　本段文章可以與本書第67章〈論肉食者鄙〉那篇隨筆做一比較。

19 牛奶不應視爲飲料，而是帶有固體和營養成分的食物，我們在談到酒的時候，要如優里庇德所說的那樣，把它當成愛神：

> 我始終祈禱你永遠歸屬於余，
> 要知所節制就不會離我而去。[47]

因爲酒是最有裨益的飲料，帶來歡樂的藥物，可以刺激我們的食欲不會產生厭膩的感覺，只要與水攪在一起就是令人醺然欲醉的混合物。水不僅可以與酒混雜起來，就是在飲兩輪之間喝上一杯水，可以使接著入口的酒更爲香醇。一個人每天喝二到三大杯水，可以使酒產生的作用更爲溫和，同時使我們的身體習慣於飲水，因而無論到那裡都會需要水來解渴，即使沒有酒，也不會對此感到奇怪而加以拒絕。

要是暴露在陽光之下，有時是天氣寒冷；還有就是講話相當賣力，或許看來比平日要緊張；或者工作極其努力甚至於到達奮鬥不懈的程度，大家在經歷這樣的狀況以後，這時認爲應該飲酒，也就是自然女神要安撫我們勞累的身體，改變我們困倦的心情。如果所謂安撫不過是自我放縱的代名詞，改變只是讓身體處於歡樂和痛苦之間的不穩定狀況，那麼自然女神就不會需要安撫和改變。因而面對這種場合，除了食物要酌量減少，就是酒也可以完全免除，再不然盡量稀釋或者乾脆以水代酒。因爲酒的性質刺激而凜冽，對於身體產生衝動和騷擾的作用，使得受到傷害的部位變得加劇和惡化，在需要安適和緩和的狀況下，水成爲最好的供應品；如果我們不理會並不口渴的事實，那麼在勞累和緊張以及炎熱的天氣喝熱水，可以對身體發揮鬆弛和緩和的效果，因爲水這種液體的性質非常溫和，不會加快脈搏的跳動，然而酒含有非常猛烈的成分，所具備的藥效對於現存的病痛無法發揮應有的功能。還有人提到禁食會使身體出現酸和苦的味覺，出於對這方面的顧忌，抱著幼稚的看法，認爲患有熱病就不進食會產生可怕的後果，因爲他們懷疑會因此而得病，但是不管怎麼說，飲水還是減輕病情所應遵行的中庸之道。

其實我們奉獻給戴奧尼蘇斯的祭品，經常沒有將酒包括在裡面；這種做法非常有道理，可以不讓我們看到猛灌黃湯的場面。邁諾斯也是如此，因爲他極其悲

---

47 作者不詳；參閱瑙克《希臘悲劇殘本》之〈優里庇德篇〉No.967。這種感情的流露深受優里庇德的喜愛；例如他的悲劇《伊斐吉妮婭在奧利斯》543-557行、《米狄亞》627-634行以及《海倫娜》1105行。

痛，在祭祀的過程中，吹奏的笛子和戴在頭上的花冠都可以免除[48]。然而我們非常清楚，哀悼的靈魂不會受到笛子和花冠的影響。沒有一個人的身體強壯到能夠免於酒的傷害，要是有人對於酒感到不安還要狂熱的飲用，我們就會將種種惡名強加在它的身上。

20 據說利底亞人[49]遭到饑荒的時候，認為是一個大好機會，一天用來盡情大吃大喝，另一天用來歡樂和遊戲，就這樣交互的做下去，直到罄其所有為止。就一個受過教育和有見識的人而言，遇到出現饑饉的狀況，有必要較平時推遲用餐的時間，手裡拿著數學難題、論文小冊子或演奏的樂器，不讓自己為解決肚皮問題感到困擾。從另一方面來說，他的態度堅定即使狀況嚴重還是不予理睬，或者將他的心思從餐桌轉移到其他事務上面，或許像哈庇斯（Harpies）藉著繆司的幫助，好將他的食欲嚇得逃之夭夭。說起來錫西厄人[50]在飲酒的時候，通常會用手彈起弓弦，用來喚回他的感覺，不要因為佳釀陷入錯亂；希臘人很怕有人發表書面的文章加以嘲笑，因而對於冷酷無情的欲望，難道不是很努力用輕鬆和從容的方式暗中加以打發？

米南德曾經描述一些年輕人，他們正在飲酒的時候，老鴇在一旁不斷出言誘惑，要為他們介紹容貌美麗而且收費很高的侍妾，他們每一個人都（這是米南德的說法）

> 低頭大嚼美味的菜餚和甜點，[51]

抱著戒心不敢看這位淫媒一眼。說起文人學者有美好和正當的嗜好和消遣，他們在用餐的時候，食欲不會被野蠻的獸性所控制。

48　參閱阿波羅多魯斯（Apollodorus）《全集》（*Bibliotheca*）第3卷15節7。

49　參閱希羅多德《歷史》第1卷94節；利底亞位於小亞細亞西部的內陸，很早即建立勢力強大的王國，首都是文風鼎盛的薩迪斯（Sardis），後來成為波斯統治整個小亞細亞的政治和軍事中樞。

50　古代希臘所謂的錫西厄泛指喀爾巴阡（Carpathians）山脈到塔內斯（Tanais）河（現在的頓河[Don]）之間廣大的區域，甚至可以延伸到裡海一帶；通稱的錫西厄人是指中亞的遊牧民族，當時與黑海北岸地區的希臘殖民地有貿易來往。本章敘述的狀況可以參閱蒲魯塔克《希臘羅馬英豪列傳》之〈德米特流斯傳〉19節。

51　出自米南德不知其名的劇本；參閱柯克《阿提卡喜劇殘本》第3卷〈米南德篇〉183頁No.607，以及本書第77章〈會飲篇：清談之樂〉第7篇問題5第3節。

　　只要是運動場或體育館的教練，無論在任何場合都會有類似的表示，學者在餐桌上的談話聽到以後食之無味，還讓他們感到頭昏眼花；特別令人感到害怕的地方，是我們打算拿晚餐的時間，用來解決印度的哲學問題，或是討論數學的各種算式。棗椰樹頂端的葉苞嘗起來味道甜得膩人，據說吃進肚中會引起劇烈的頭痛[52]；邏輯學的習題絕不是一道「美味的點心」[53]，給晚餐帶來圓滿的結束，反而讓人感到頭昏腦脹，最後還會使他們疲憊不堪。要是這些教練在開始的時候，就不允許我們從事問題的探究和學術的討論，就是用餐也不能讀一些書籍，不僅文字優美而且具備實用價值，裡面包含令人愉悅的誘惑力和極其親切的因素。現在只有要求他們不要打擾我們，讓他們離開前往訓練的場地，可以與那些運動員一起談笑風生，特別是他們只要看到書本就感到苦惱，何況已經習於花整天的時間，用來相互開玩笑或講些不登大雅之堂的粗話；精明的亞里斯頓[54]說得好，他們這些運動員和教練，如同體育館那些華而不實卻又極其呆板的柱子。

　　醫生經常向我們推薦合乎養生之道的習性，我們要聽從這方面的勸告，那就是在晚餐和睡眠之間要有一段空隙的時間；等到混雜起來的菜餚和飲料進入我們的身體，這時我們的元氣就會受到壓迫，對於還未吸收和正在發酵的食物，為了不要妨礙到消化作用，可以提供短暫的休息和鬆弛。正如有人認為在晚餐以後要讓身體運動是正確的事，並不是跑步、激烈的拳擊或角力，而是行動和緩的散步和舉止有禮的舞蹈；我們應該注意在晚餐以後不要讓心靈發生錯亂，無論是使人操心和焦慮的公務和私事，還有那些假借學習為名的爭論，它的目的除了炫耀，就是激起敵手的反擊。

　　自然科學有很多題材，談論起來不僅讓人輕鬆愉快而且具備迷人的魅力；反倒是很多故事的情節如同荷馬提出的說法，包含著倫理道德的考量和描述「靈魂的滿足」，毫無排斥或引起反感之意。還有人願意花時間去研究與歷史和韻文有關的問題，對於滿腹經綸的人而言，很樂意將它稱為滋養心靈的第二餐。那些沒有惡意不會讓人討厭的軼事和傳說，如同傾聽笛子和七弦琴的演奏，不像要對它們交換個人的意見，會給人帶來繁重的工作。時間的長短在於消化作用需要堅持它的效果，好對食物擁有更大的優勢而能逐漸加以吸收，這時就會同意我們的主張。

52　參閱色諾芬《遠征記》第2卷3節15。

53　克里斯特《品達的吉光片羽》124行。

54　希臘有很多知名之士都叫亞里斯頓，這一位是來自開俄斯島的斯多噶學派哲學家，活躍時期是在西元前3世紀。

21 亞里斯多德的看法是有些人在用餐以後散步可以恢復體溫，如果他們立即去睡覺會悶得透不過氣來；有人認為身體安靜下來可以增進消化的機能，這時運動會干擾到營養的吸收；因而有人受到說服在晚餐以後立即開始步行，也有人情願處於休息的姿勢。鑑於出現不同的意見，一個人顯然可以達成所望的兩種結果，就是讓身體保持溫暖和安寧，不必讓他的心靈立刻陷入沉睡和怠惰的狀態。正如先前提出的建議，無論是自己開口或是傾聽別人的高見，有無數的題目可以令人感到歡樂，只要用辭無須尖酸刻薄或是出口咄咄逼人，就會成為輕鬆的消遣，使我們的心靈充滿愉悅。

22 催吐劑和輕瀉劑的使用，絕不是對於「讓負擔過重的腸胃感到舒適」[55] 的說法有什麼反感，藥劑除了緊急狀況確有必要，不可以任意的濫用；然而有些人另有創見，他們將食物塞滿體內的目的，是為了好用這些藥劑將它們清除一空，等到排放乾淨以後又可以再度大快朵頤，這種做法完全違背自然之道，無論是塞滿或排空同樣帶來難以容忍的苦惱，或許還有更好的看法，他們對於過度的腹脹感到沮喪，因為這會阻礙到他們對美食的享受，等到清除乾淨就可以留下空間，再度使飲食的歡樂得到滿足。所有這些情形都會帶來傷害是極其顯明的事，兩種過程會在身體裡面提升脫序和劇烈的變動，特別惡劣的狀況是服用催吐劑，可以增進和促成永不饜足的貪婪。因而饑餓的感覺變得狂暴而激烈，就像河川在流動的行程之中受到阻礙，他們用餐的狼吞虎嚥就是擺上山珍海味還是引不起食欲，倒是很像那個部位已經發炎，需要服用藥劑或者加以熱敷。

基於這種理由，有些人所擁有的歡樂因為採取的行動而迅速變換，而且也不夠完美；這時獲得的經驗是伴隨出現心臟的狂跳和情緒的激動，接著是腸胃產生難忍的膨脹和劇烈的絞痛，受到阻塞的氣體不能再等待器官自然的蠕動，留滯在身體的上部有如吸飽水分的船隻，需要拋棄的東西不僅是多餘的物件，就連裝運的貨品都得賠上。藥物的作用使急遽的失常症狀向下進入內臟，那是現存於體內的物質發生腐爛分解和固體液化所致，不僅無法解除過度壅塞的狀況，反而使得這種現象更加惡化。

每一個人都有這種想法，只要一大群希臘人生活在雅典，就會感到他們所遭遇的困難，何況城裡還充滿來自阿拉伯和錫西厄的移民。然而根本的錯誤與一些

---

55 柏拉圖《克里蒂阿斯篇》115B；書中提到一個名叫亞特蘭大（Atlantic）的島嶼，島上盛產一種像香櫞之類的果子，飯後吃可以解除飲食過量帶來的不適。

人的做法有關，他們對於習慣和熟悉的食物，要將它的剩餘予以排除；因此他們服用來自尼杜斯(Cnidus)[56]的漿果、藥旋花以及其他性質衝突而又猛烈的藥劑，需要效力比起身體自然的腹瀉產生更爲強烈的通便作用。最好的辦法還是保持克制和規律的生活，使得身體能對胃腸充實和排放，不斷進行自動而適當的調節。

如果絕對的需要發生在我們身上，即使不服用藥物也會引起嘔吐，等到咽喉和口腔使出全力以後，會讓多餘的食物很安全的噴出來，僅僅停止消化作用不會引起身心的混亂。如同亞麻布用鹼液和洗濯粉末，比在大量清水中可以更快除去污穢，因此才用藥物引起嘔吐，至於會給身體帶來損害也就在所不計。要是腸的蠕動變得較爲遲鈍，那麼沒有任何一種藥劑如同食物，可以給予輕微的刺激，偏向於溫和解決引發病痛的成因。任何人只要熟悉這方面的經驗，運用的時候就不會產生不舒服的感覺；如果放棄這樣的做法，像是這幾天只喝水或者禁食或者採取灌腸的療法，下一步就會採用問題更多而且極其有害的服藥方式，大多數都急著要這樣去做。有如淫蕩的婦女運用藥物和工具來墮胎，目的是爲了再度懷孕以後還能享受性交的歡樂。

23 我們無須對這類人物談得太多，只是對那些作風非常嚴謹的人士，還是有幾句話要說。他們在討論中插嘴，要按照一個固定的日期決定禁食的期限，明顯的錯誤在於教導人類的天性去感受抑制的需要，特別是這種需要根本不存在；而且在習慣性的需求確有必要的時候，還要加以毫無必要的刪除。要是我們的身體不存在警告或可疑的徵候，如同在前面所說那樣，即使可以保有某些自由，最好還是加強訓練和紀律的要求。我們一般的生活方式對於發生在身上的狀況，相應之下會出現一些改變，生命並不是只有一種模式，讓我們受到奴役或被它所局限；因而訓練身體受到某種理由、數目或日期的引導。類似的方式對於一位市民或一個人而言，談不上安全也不容易做到，最重要是完全不適合，就像把人看成一粒牡蠣的生命或一棵樹的主幹，有關於食物和禁絕、運動和休息，帶來不變和被迫的埋怨和不滿；這樣做只適合一種人，他們已經淪落到難堪的地步，逼得自己要過退休、怠惰、孤獨、沒有朋友和喪失榮譽的生活，市民的責任和義務全部受到剝奪。這時他們會說：「不對，這種觀點與我的意見完全不同。」[57]

---

56 尼杜斯是卡里亞(Caria)的城市，位於小亞細亞的海岸地區，形勢極其險要。

57 這是對荷馬的意譯；參閱《伊利亞德》第9卷108行，因為原文的意思是「我曾極力勸阻」。

24 懶散怠惰和光說不練絕不可能使身體得到健康，最大的壞處是引起疾病的侵犯，一個人想拿不聞不問和安於現況來維持健康，這與用不看來保護眼睛與不聽來保護耳朵，又有什麼不同？任何人有健康的身體所要達成的目標，就是奉獻自己給無數富於人道精神的活動。色諾克拉底的健康不如福西昂維護得好，就是狄奧弗拉斯都斯的身體狀況也比德米特流斯要差；至於伊庇鳩魯和他的門徒，對於如何達成完美的健康狀況，運用的方法是說得太多而做得太少，每種活動都從身邊偷偷溜走，即使有再大的抱負也毫無助益。我們注意到其他細節，應該保留身體方面天生的特質和結構，承認每一種生活方式都有容納疾病和健康的空間。

我們的朋友特別提到，要對那些從事公職生涯的人給予勸告，希望他們不要理會柏拉圖對年輕人所說的話[58]。這位哲學家在講授完畢作別返家的時候，通常就會這樣說：「小夥子，切記要利用閒暇的時刻複習這些課目，就會有很好的成果。」我們要勸那些參與公眾事務的人士，針對重大和需要的目標，採取積極的作為全力以赴；不要讓他們的身體憂慮雞毛蒜皮的小事，因為大多數人都會為偶發事件感到痛苦難安，由於失去睡眠變得疲困不堪，毫無目的到處走動甚或跑來跑去，所有這一切都發生不了作用，只是為了反對別人起見，出自於一種傲慢、猜忌和敵對的心理，或是為了追逐無利可圖和空虛徒然的名聲。

我認為這與那些特定的對象有關，德謨克瑞都斯曾經說過[59]，要是身體控訴靈魂對它犯下殘酷和虐待的行為，靈魂就會受到有罪的宣告；或許狄奧弗拉斯都斯的說法也能取信於人，他在運用隱喻式的陳述當中，說是靈魂要付很高的房租給身體。無論如何，靈魂與身體彼此之間所能收穫的成果，相較之下後者遠比前者更為邪惡，如同靈魂可以毫無理性的利用身體，而且身體也得不到應有的關切和照顧。靈魂不管在何處都為自己的感情、競爭和利害忙碌不堪，就這方面而言對於身體還算非常慷慨。

我不知道傑生是否鬼迷心竅，竟然會這樣說：「我們小處做錯的目的是為了大處做對。」[60] 我們有很好的理由規勸從事公職的人員，不必過分關心瑣碎的事

58　柏拉圖的作品當中找不到這樣的話。只是在《法律篇》643B，提到應該把遊戲當作教育兒童的工具，引導他們的興趣和愛好，能夠在成年以後實現自己的理想；稍微帶有這種意味。

59　參閱穆拉克《希臘哲學殘篇》第1卷342頁。

60　這位傑生是菲里的僭主，統治帖沙利的時間是380-370 B.C.，有關大家對他的觀感，可以參閱本書第55章〈為政之道的原則和教訓〉24節；亞里斯多德《修辭學》第1卷12節以及《聖經新約：羅馬書》第3章8節及第6章1節。

務，當他從事高貴而重要的活動，要讓自己保持舒適的心情和獲得充分的休息；希望他的身體不要被辛苦的工作損毀，不要讓他的知覺變得遲鈍麻木，更不要讓他的心靈陷入沮喪的深淵，這些都要靠平靜安寧的環境恢復精力和神志，就像船隻停泊在船塢裡面；因此當靈魂再度指出所需的活動應遵循的方式，

　　　像斷奶的幼駒跑在母馬身邊。[61]

25 只要環境許可就應該讓我們有休養生息的機會，為了達到這個目的，我們要盡其所能去睡眠、用餐或是讓自己輕鬆舒適，這是位於放縱自己和引起不適之間的中庸之道[62]；不必提到限制的條件和範圍，大多數人在讓自己筋疲力盡以後，才會出現這種說法；就像鐵在高溫之下產生變化，經過淬火才具備鋼應有的性質。身體無論在任何時候都為艱苦工作感到緊張和壓迫，只要處於歡樂的環境立即變得更加優柔和鬆弛，如果要說下一步就是酒色的影響，讓人軟弱甚至到全身沒有力氣；所以要強迫一個人經常前去廣場或法院，或者去處理公私業務，這樣他就非得勤奮和專注不可。

赫拉克萊都斯為水腫所苦，吩咐他的醫生「將一場乾旱帶到潮濕的季節」[63]。多數人都犯下很大的錯誤，當他們陷入辛勞、困苦和貧窮的處境，最大的意願是身體要向歡樂俯首降服，表現出精神不振和鬆弛無力的樣子。歡樂以後要把他帶到一個地方，讓他像弓一樣彎下來，再度將那根弦拉得很緊。自然女神在有關身體的問題不需要任何形式的補償。

在另一方面，靈魂當中那些淫蕩任性和粗野無禮的因素，忍受艱辛困苦以後立即出現，就會被放縱無度的歡樂和享受衝得無影無蹤，如同水手在岸上尋歡作樂以後，再度被迫投身到工作和任務上面；所產生的結果是不容許自然女神得到祂所需要的泰然自若和寧靜無為，這種不合常規的做法對祂產生騷擾，甚至要到抓狂的地步。具有理性的人民在身體忙於工作的時候，對於應該供給的歡樂會盡量減少。因為他們對於有些項目沒有絕對的需要，甚至不復留存在記憶之中，他們要保持善意的觀念並且付諸行動。他們的靈魂之中所產生的滿足和熱忱，要用來抑制或矮化其他的欲望。

61　貝爾克《希臘抒情詩集》第2卷〈賽門尼德篇〉738頁No.5；除了出現在本書其餘各章，斯托貝烏斯《花間飛舞》第115卷18節引用殘句。

62　這是亞里斯多德用輕描淡寫的方式，說明德行的中庸之道。

63　這種比喻的說法，是要他的醫生用金石之藥排除身體多餘的水分。

底比斯有位人緣很好的傢伙，在快要發起琉克特拉（Leuctra）會戰[64]之際，突然得病亡故，伊巴明諾達斯用詼諧的語調說道：「老天爺！他怎麼會找到這樣一個把死亡不當一回事的良辰吉日？」有關某人正在著手一些公眾的活動或者哲學的沉思，大家可以據實一再追問：「這個人現在還有什麼時間可以消化不良或是爛醉如泥或是滿足肉體的欲望？」當這些人在進行活動以後接著會有空閒的時間，就會鎮定下來好使身體得到休息，反對而且避免沒有用處的勞累，特別是毫無需要的歡樂，如果覺得非要不可，那是他們想要與自然女神作到底。

26 我曾經聽過提比流斯皇帝有這樣的說法，任何人年過六十還要向醫生伸手求援，這樣做實在有夠荒謬[65]。對我而言算是相當強烈的表達方式，看起來似乎是實話實說，然而每個人不應該不清楚自己的脈搏，以及跳動所具備的特色（這可以說是因人而異），或是對他的身體有關的體溫以及體液的乾燥出現的異狀，竟然說是毫無所知[66]。這些情況所獲得的實際經驗，可以證明對人的確有利，能夠發揮決定性的效果。因為一個人要是根本不了解自己的狀況，那麼他對身體而言只是既瞎又聾的租戶，他可以從別人那裡獲得這方面的知識，應該向醫生詢問他的身體究竟是在夏季抑或冬季較為健康，究竟是液體食物抑或固體食物較易接受，他的脈搏究竟是較快抑或較慢。我們知道這方面的事情不僅有用而且容易，因為我們有每天的經驗，何況與我們的關係非常密切。

食物和酒的種類繁多，我們特別要注意的地方，在於是否帶來健康而不是歡樂，最好知道它有益腸胃而不是嘴巴，最重要是不會干擾到消化作用而不是滿足味覺。請教醫生有關的飲食到底是容易還是很難消化，到底是會引起便秘還是可以讓身心得到鬆弛，並不會比起詢問味道的甜酸苦辣更有失體面。時至今日大家會糾正主廚的料理手法，找出菜餚較之應有的滋味是更甜、更鹹或更酸，已經具備專家的水準。

他們並不知道為何如此，只是吃進去的東西，要求的原則是清淡、無害和有

64　琉克特拉會戰發生在西元前371年7月5日，底比斯人在伊巴明諾達斯率領之下獲得大勝，斯巴達的損失除盟邦外，有一千餘人喪生，包括國王克里奧布羅都斯，以及在他四周最英勇的戰士。從此希臘世界的局勢發生徹底的改變。

65　參閱塔西佗《編年史》第6卷46節；原文當中提比流斯說道：「我一向蔑視醫術，還瞧不起有種人，年過三十，仍舊需要別人告訴他，哪些事對身體有好處，哪些事對身體有壞處。」事實上古代的人活到六十歲是很難的事，這把年紀對任何人的勸告已經沒有什麼作用。

66　參閱本書第77章〈會飲篇：清談之樂〉第8篇問題10第3節；裡面提到體液的乾燥帶來衰老和死亡。

益。他們在家裡對一道湯的調味經常會犯下錯誤，每天使用可厭而有害的材料，會給醫生帶來極其鼎盛的業務。這些人並不認爲最好的菜餚是味道很甜的湯，他們反而要加上苦澀又辛辣撲鼻的香料；在另一方面，他們將無數令人膩煩的歡樂注入身體，部分原因來自無知，部分原因是他們不記得有任何健康和有利的性質，加上歡樂以後不會引起痛苦或者悔恨。這兩點非常適合身體的狀況，我們一定要牢記在心，何況隨著季節的改變，會有不同的情形出現，我們必須了解事實的眞相，可以適切調整生活的模式。

27 目前的狀況會出現種種困難，那是因爲要遵守微不足道的細節，而且缺少應有的自由，所以很多人有下面的遭遇：像是要從事收割和照應作物之類極其勞累的工作；要在無眠的夜間到處跑動，暴露身體上面難以發覺的殘缺；學者以及從事公職的人都有相當的經驗，這裡並沒有具體的理由可以害怕。關於這方面我們的討論已經採用目前的形式。心靈必須提防其他的形式，特別是文字和學識之類更爲精細的瑣碎之物，所產生的影響力可以迫使它對身體採取嚴苛的態度，同時還表現出粗心大意的樣子。須知身體即使準備屈服，心靈絕不會放棄，迫使必死的人類要與不朽的神祇，亦即世間生的人要與天上的神，彼此相互作伴從事激烈的競爭和偉大的成就。

最後我們可以引用一個寓言，駱駝是牛的僕人，卻毫無意願減輕身上的負荷，這位主人說道：「好吧，不要等多久的時間，你會把我當成貨物一樣背在背上。」（後續的情節是牛眞的死去。）[67]這些是心靈所遭遇的狀況：如果沒有意願讓身體的苦惱和需要能夠紓解一部分或者完全戒除，過了不多久就會患上熱病或是暈眩，到時候無論是讀書、討論或者研究，都會被迫放棄，身體會因長久的病痛而虛弱不堪。柏拉圖提出的勸告非常正確[68]，無論是身體沒有心靈還是心靈沒有身體，都不可能產生任何運動，我們要讓這個配合完美的組合，始終保持良好的均衡狀態。等到身體擔負心靈大部分的工作和勞累，必須回報最大的關懷和照顧。我們要認清健康之神所能給予最好的禮物，就是讓我們在言行方面擁有不受阻礙的機會，去獲得和運用濟世救人的德行。

67　參閱伊索《寓言集》No.125。
68　參閱柏拉圖《泰密烏斯篇》88B，原文提到不能僅使用靈魂而不使用身體，或是只使用身體而不使用靈魂，應該兩者均衡使用才能保持健康。

第十二章
對新婚夫婦的勸告

　　蒲魯塔克致波利阿努斯(Pollianus)和優里迪絲，祝你們身體健康，萬事如意。

　　就在你們回到新房休息之際，德米特的女祭司[1] 接著舉行由來已久的儀式，大家開始談論這門親事，合巹之歌的聲音逐漸升高，我認爲這一切都符合傳統的規範。

　　他們將這段由笛子吹奏的音樂稱之爲〈馬的騰躍〉(*Horse Rampant*)[2]，昂揚的旋律可以激起熱烈的欲念，像是模仿牠們匹配和交尾的過程。很多深受讚譽的話題包含在哲學的範疇之內，與婚姻有關的項目同樣值得嚴肅看待，可以藉著哲理編成一個咒語，施用在這對終生相依爲命的伴侶身上，使他們從開始就能相親相愛。

　　因此，波利阿努斯，我特地爲你寫出一份摘要，採用簡短的評論方式，俾使容易記憶，特別是你即將在學院的氣氛中接受陶冶，經常會聽到這方面的知識；現在我把這份手稿當成禮物送給你們兩位。同時我祈求九繆司和阿芙羅黛特都能蒞臨，在祂們的祝福之下，使得你們的婚姻如同琴瑟的合奏，能夠產生和諧的共鳴；組成的家庭經由理性、融洽和哲學的修養，永遠沐浴於幸福的光輝之中。

　　的確如此，古代的有識之士將赫耳墨斯的位置放在阿芙羅黛特旁邊，證明婚姻的歡娛要靠著理性才能持恆有效；他們也將說服女神(Persuasion)和美德三女神的位置與前面兩位排在一起，因之結婚的男女要用講理來達成相互的願望，彼此之間不會產生爭執和口角。

---

1 德米特是耕作和穀物女神(羅馬神話將祂稱爲西瑞斯[Ceres])，奧林匹克的神明當中祂與宙斯、波塞登和赫拉同爲泰坦神克羅努斯和雷亞所生，特別在雅典和伊琉西斯受到人們的膜拜，建立的神廟香火極其鼎盛。

2 參閱本書第77章〈會飲篇：清談之樂〉第7篇問題5第2節，稱之爲〈種馬的騰躍〉(Hippothoros)。

1 梭倫有這樣的規定[3]，新娘在進入洞房前先要細嚼一個榲桲，很可能暗示
從開始廝守在一起，她說話的口氣就要甜言蜜語，這樣才會兩情相悅。

2 皮奧夏（Boeotia）地區的新娘披上面紗後，就將以天門冬編成的花冠戴
在頭上，這種植物有尖利的銳刺，即能長出最受喜愛的果實，像是新娘
會帶來溫順而甜美的生活，而不是首次見面就出現乖張和惱怒的神色，使得他感
到氣憤，恨不得立刻逃走。要是他沒有耐心忍受及笄少女的針鋒相對，如同他吃
到未成熟的綠色葡萄酸澀的味道，就要放棄完全成熟以後的香甜可口。很多剛結
婚的婦女從丈夫那裡首次獲得煩惱和苦悶的經驗，她們的困境如同一個人禁不住
蜜蜂的螫刺，逼得只有無福享用蜂蜜的美味。

3 結婚的男女在開始的時候，特別注意不要引起雙方的意見衝突與勃谿，
他們要把家庭看成一條由兩個部分結合而成的船隻，最初階段很容易因
為偶發的因素逼得分手；等到過了相當時日，他們的結合變得更加穩固堅實，可
以同生共死經得起戰火的考驗。

4 火要是用乾草、纖維或野兔的毛點著以後，燃燒的過程極其快速，要想
維持下去一定要添加其他燃料；新近結婚的男女基於肉體的吸引力，炙
熱的愛情如同騰空的烈焰，除非雙方在性格方面的配合，以及發揮理智的機能，
才能使得兩性之間的活力達到持恆的狀態，否則就會產生厭煩而難以為繼。

5 使用下毒的方式捕魚不僅迅速而且非常有效，卻使捕獲的魚無法食用，
很快的腐爛；婦女要是像這樣富於心機，將愛情的靈藥和神奇的符咒用
在丈夫的身上，把他們當成愚蠢和墮落的傻子，經由性欲的歡娛獲得操控和支配
的權力，最後還是一切落空。喀耳刻蠱惑男士不是為了要得到他們的服侍，在將
他們變成豬和驢子以後也派不上什麼用場；奧德修斯非常有見識，才會要他的同
伴務必謹慎小心，反而成為她難以祈求的愛人。

---

3 本書第21章〈羅馬掌故〉65節有同樣的記載；參閱蒲魯塔克《希臘羅馬英豪列傳》之〈梭倫
傳〉4節。

6 婦女寧可獲得超過凡夫俗子的權力，也不願傾聽見多識廣的人在那裡放言高論，如同人們願意在路上引導一位瞎子，卻對追隨在飽學之士後面感到無限的委屈。

7 婦女都不相信帕西菲（Pasiphae）身為國王的配偶，卻愛上一頭發情的公牛，儘管事實如此，何況她們自己的性生活，對於生性頑固和品德高尚的人士感到興趣缺缺，要是與這些畜生的交配可以帶來更大的歡娛，當然也會將狗和公羊包括在內，須知這是縱容放縱和色情的官能病態在那裡作祟。

8 有的人身體虛弱或者性格怯懦不敢跳上馬背，更沒有辦法教牠們跪下或蹲趴；像是有些人所娶的妻子在家世或財富方面占有優勢，這時做丈夫的心中不能存著這種觀念，就是把妻子壓制到卑恭的狀態，來提升自己擁有權威的實力；或者是說要使妻子處處居於下風，才能讓自己成為一家之主。正確的做法就像一個人乘馬的時候，要看胯下座騎的體型運用韁繩加以操控，同樣一個人特別要注意妻子的地位，再運用手段使她聽從丈夫的指揮。

9 月球要是與太陽之間保持較遠的距離，在我們的眼中是如此的明亮而皎潔，等到它的運行靠近太陽的時候，不僅暗淡無光甚至還消失不見。因此一位嫻淑的婦人，出現在丈夫的團體當中，不應奪去良人的光彩，等到丈夫過世以後，要留在家中不再參加社交的場合。

10 希羅多德不應有這樣的說法[4]，婦人脫下內衣連同她的恥辱之心一併除去；貞節的婦人要保有羞怯的習性，在夫妻的親密關係當中，真愛的表徵在於始終維持謙恭的德行。

11 任何旋律的和聲在協調的狀態之下要靠著低音向外傳送；如同一個重視品德的家庭每一種活動都要獲得兩個人的同意，在無形中透露出丈夫的領導地位和優先取向。

4　希羅多德《歷史》第1卷8節提到捷吉斯（Gyges）和王妃的故事；參閱本書第3章〈論課堂的聽講〉1節。

12 太陽與北風比賽誰能獲得勝利：風想要使出力量將一個人所穿的斗篷颳走，吹得極其凜冽，只是讓人把它抱得更緊；等到太陽的溫暖超過北風帶來的寒冷，這個人開始感到舒適最後變得熱不可耐，不僅將斗篷取下就連內衣都脫去[5]。對於大部分的婦女都可以採用這種方式；做丈夫的人迫使他們的妻子停止浪費和奢侈的行為，不僅惹她們生氣，還會引起沒完沒了的爭吵，如果他們相信可以獲得理性的幫助，就能夠和平的處理雙方的衝突，做到皆大歡喜的地步。

13 有一個人當著女兒的面親吻他的妻子，加圖知道以後將他從元老院除名[6]；這種做法可能有點過分嚴厲。如果一個人和他的妻子在其他人的面前，有愛撫、親吻和擁抱的動作，如果說是不雅的行為，至於當眾毫不在意他們的反唇相稽和意見不合，難道就能看成合乎禮儀的舉止？我們同意夫妻的親暱和調笑應該行之於私室，即使行為偶有差錯，難道就應該在公眾之間直言其事，任意給予訓誡並且多方加以挑剔？

14 如同一面裝飾著黃金和寶石的鏡子，除了可以照出一個人的容貌，並沒有多大的好處；一個嫁妝極其豐富的婦女，設若她真能過丈夫所要的生活，而且能遷就對方的性情，否則的話並不能據有多大的優勢。如果一面鏡子對於快樂的人照出一副悲傷的映象，或者對於一個面容憂愁而苦惱的人，反射出興高采烈的模樣，這種情形可以說是極其荒謬，也不能達成鏡子應有的作用。

所以一位婦女被人看成一無是處或者說她毫無感情可言，就是在丈夫得意洋洋雀躍三丈的時候，她卻擺出一副神聖不可侵犯的面孔；或者在他神色沉重陷入煩惱之中，作為妻子卻表現出快樂和歡欣的樣子；像這種互動的方式會使人帶有不快的意味，也讓人感覺到彼此的漠不關心。

我們可以拿數學的用語做例子，像是線和面除非屬於體以後產生關聯，否則線和面不具備運動的條件[7]。因此妻子不應有自己的感情和想法，無論是嚴肅還

---

5 《寓言集》No.306和No.307，這本書的作者使用伊索的名字；參閱阿昔尼烏斯《知識的盛宴》604及後續各段。

6 這個故事在蒲魯塔克《希臘羅馬英豪列傳》之〈馬可斯·加圖傳〉17節，詳情方面有更為詼諧的描述。

7 參閱本書第4章〈如何從友人當中分辨阿諛之徒〉22節，這是希臘幾何學家對物理最大的貢獻。

是嬉戲、端莊還是歡笑，她都要參入丈夫這一邊，並且以他為主導。

15 人們不喜歡看到妻子與他們的同伴一起用餐，因而女士受到教導自己能夠單獨進食；同時還有些人不高興自己的妻子參加他們所屬團體的活動，更不能在一起娛樂和歡笑，因而教會她們要離開丈夫去找些事做，好讓自己很快樂的過日子。

16 身為波斯國王合法的妻室，可以坐在他的身邊一起進膳，等到國王想要花天酒地的時候，就會打發她們離開，召來歌伎和侍妾在一旁相陪。國王的所作所為毫無一點差錯，即使是結婚的妻子也沒資格分享放縱和荒淫的生活。因此，要是一個人為了追求歡樂，不惜讓他的私生活陷入淫亂和放蕩的狀態，無論是與情婦還是女奴犯下微行的過失，他的髮妻不應該因而生氣動怒；基於明媒正娶的理由她應該受到尊敬，因為是別的婦女引誘她的丈夫，要去分享他的狂歡、輕佻和猥褻。

17 談起位居九五之尊的國王，設若他們喜愛各種藝術佳作就會使人立志成為藝術家，如果他們私淑文學當然能造就很多文人學者，要是他們愛好運動必然培養很多體育選手。因而一個人要是注意儀態和外表，就會使得他的妻子重視化妝和美容；一個人要是喜愛歡樂的生活，那麼他的妻子就會趨向浮華和放縱，然而丈夫要是一位崇尚榮譽的君子，會使他的妻子謙恭審慎而且端莊有禮。

18 一位年輕的斯巴達婦女被問到是否要討好她的丈夫，說道：「不對，我的良人事事要遷就我。」[8] 我對此極表認同，這種態度所具備的特色，說明她才是家庭當中真正的主婦；這種說法有兩個好處，一方面是對於丈夫的作為可以免於煩惱；另一方面是她處於被動，自己不要先行出手。因為前面那種無須表露虛飾和剛愎的性格，後面那種不必展現傲慢和刻薄的心態。

8　參閱本書第19章〈斯巴達婦女的嘉言懿行〉24節，因為斯巴達的男子全力投入訓練和作戰，
　　家中的生產和經濟大權操縱在婦女手中，久而久之逐漸成為母系社會。

19 一位妻子無須結交友人，應該很高興與她的丈夫共有他的朋友。就主婦的身分而論，神明不僅居於首位也是最重要的良朋益友；不過她膜拜和知道的神明以丈夫的信仰爲準，對於可疑的宗教儀式和異國情調的迷信，應該關緊大門不予接受；因爲舉行不能公開的秘密祭祀，任何一位婦女都無法獲得神明的保佑。

20 柏拉圖斬釘截鐵的表示，一個繁榮又幸福的城邦，那裡的人民很少聽到「這是我的」和「這不是我的」的說法[9]，理由是所有的市民都會盡其所能，把國家的大事看成自己的財產那樣的重要，絕不會掉以輕心。結婚所獲得的成效也會將區分彼此的表達方式消除得一乾二淨。

醫生告訴我們，身體的左邊受到打擊，頭腦中記錄的知覺器官是在右邊，兩者處於相對的位置。夫妻之間的關係亦與此相似，妻子基於愛意，對於丈夫關切的事物要引起感同身受的共鳴，丈夫對妻子亦復如是。就像兩股纖維纏繞起來的繩索，相互之間共同的作用可以加強它的力量。夫妻之間任一方基於相對的善意做出應有的貢獻，經由兩者的聯合作用使配偶的關係得以維持。

自然女神通過身體的水乳交融使男女能夠結合在一起，從兩人當中各取一部分混合起來，因而妻子所生下的後裔是雙方的產物，完全無法加以區分或限定來自何人。這種合夥關係對於財產的所有權而言，特別適於結婚的配偶，他們兩人將所有的財源注入一個基金之中，然後混合在一起，誰也不能說這部分屬於男方或那一部分爲女方所有，而是男方擁有全部而女方變得兩手空空。我們將一種混合物稱之爲「酒」，事實上它的主要成分還是水；因之無論是財產還是田地，即使妻子的貢獻據有大部分，說起來還是屬於丈夫所有。

21 海倫和帕里斯分別喜愛財富和歡樂，奧德修斯是才智兼備，而珀妮洛普是懿德無雙；因之後面這對的婚姻不僅美滿而且受到大家的羨慕，提到前面兩人卻給希臘人和蠻族帶來「伊利亞德(Iliad)的災難」這句成語。

9　參閱柏拉圖《國家篇》462C，原文是說一個城邦極大多數市民對同一事物，能用同樣方式說出「是我的」或「不是我的」，那麼它就是治理得最好的國家；看來與本章引用的文字，還是有相當的出入。

22 有位顯赫的羅馬人[10] 受到朋友的責備，因爲他休掉賢慧、富有而又可愛的髮妻，這時他伸出腳上所穿的鞋子說道：「你們看這雙漂亮的新鞋，可是誰知道它會夾我的腳。」身爲妻子不能憑藉她的嫁妝、家世或美貌去過平素家居的日子，而是那些使她能緊緊抓住丈夫的東西，諸如談吐、氣質和感情；她絕不能日復一日的任性而爲，因而令對方感到苦惱不堪，她應該親切和藹、善良仁慈以及讓人感到愉快。

須知醫生一直對熱病束手無策，這種症狀的起源來自難以查知的成因，逐漸增長它的致命效應，比起那些來勢洶洶的瘟疫更加危險。因之夫妻之間那些微不足道和日積月累的摩擦和衝突，大多數人都不會注意，卻會在暗中腐蝕和摧毀婚姻生活。

23 馬其頓國王菲利浦迷戀一位帖沙利婦女，後來這位婦女受到指控運用魔法進行蠱惑。奧琳庇阿斯很快將被告置於她的掌握之中，他們將她押解到王后的面前，發現這位婦女的面貌姣美，她與王后的談話顯示有良好的教養和伶俐的頭腦，奧琳庇阿斯下令：「處死這個誹謗者！要知道這是你那神奇魅力害了你自己。」[11] 一個有合法婚姻的妻子擁有無可抗拒的力量，她可運用各種手段諸如嫁妝、家世、魅力甚至魔法的腰帶[12]，這些都是原來所擁有的東西，還可以用高尚的品格和賢慧的名聲贏得丈夫的愛情。

24 在另外某個場合之中，得知宮廷有位年輕的官員，娶了一位美麗但是名聲狼藉的婦女爲妻[13]，奧琳庇阿斯說道：「這個傢伙眞是沒有頭腦，他應該明瞭結婚的對象不能全靠外表。」婚姻不能相信眼睛看到的美色，也不能靠著手指數出的金銀；因而有些人娶妻在於她所能帶來的財富，根本不計較他的伴侶是何等德性。

---

10 這位羅馬人是指盧契烏斯·伊米留斯·包拉斯(Lucius Aenilius Paullus, 229-160 B.C.)，當代的名將，於168 B.C.以寡擊眾贏得皮德納會戰的勝利，成爲馬其頓的征服者，羅馬從此躍升爲世界性的強權和帝國。

11 薩特魯斯在《優里庇德傳》中提到相同的故事，只是主角變成波斯國王海斯塔斯庇斯(Hystaspes)的妻子。

12 這是阿芙羅黛特送給天后赫拉的禮物，擁有誘惑的魔力能使宙斯回心轉意；參閱荷馬《伊利亞德》第14卷214行。

13 按照菲拉克斯(Phylarchus)的記載，這位美女應該是塞浦路斯的潘蒂卡(Pantica)，參閱阿昔尼烏斯《知識的盛宴》609C。

25 蘇格拉底經常提到[14]，在照鏡子的年輕人當中，那些面貌醜陋的人知道自己的缺陷，就會用德行來彌補不足之處；長得英俊的人不會因面貌感到自慚形穢，很容易表現出各種惡行。一個家庭的主婦能夠手裡拿著鏡子，口裡自言自語，不管怎麼說都是值得贊許的事；因為貌似無鹽的婦人會對自己說道：「如果我不靠著純潔的懿德還能有什麼？」這時美豔如花的少女會這樣說：「如果我有高貴的德行，僅此而已又能如何？」面貌醜陋的婦女因德行受到丈夫的寵愛，遠比美麗的侍妾獲得主人的專房更令人感到驕傲。

26 西西里的僭主[15]將價值昂貴的衣物和珠寶送給賴山德的女兒，賴山德拒絕接受，說道：「這些美麗的飾物會襯托我女兒愈發醜陋。」索福克利早在賴山德之前就寫出下面的詩句：

> 談起裝飾品，在妳大可不必！
> 不論如何打扮總是毫無裨益。[16]

因此，如同克拉底經常說起「婦女的裝飾也不過如此，沒有什麼可以大驚小怪」，所謂的修飾或打扮不過使得婦女顯得更加端莊得體。這些飾物不是耀目的黃金、貴重的寶石或鮮豔的衣物，無論在何處可以授與她的東西，就是尊嚴的身分、雍容的舉止和謙恭的態度。

27 任何人要向職掌婚姻的女神赫拉奉獻犧牲，必須除去苦膽和不潔的部分，將它拋棄在祭壇的旁邊，暗示要人們遵守古老的習慣，不讓怨恨和憤怒在兩性的婚姻生活中出現。主婦持家的酸澀帶有酒的性質，有益身體可以帶來歡樂，不像蘆薈那樣苦得不堪入口，也不會聯想到藥劑的味道。

---

14 無論是在斯托貝烏斯《花間飛舞》第3卷79節，還是德米特流斯・費勒里烏斯（Demetrius Phallereus）《希臘七賢的格言》（*Sayings of the Seven Wise Men*），都說這段話是畢阿斯的論點；其他學者包括戴奧吉尼斯・利久斯在內，認為應該是蘇格拉底。

15 根據蒲魯塔克《希臘羅馬英豪列傳》之〈賴山德傳〉2節以及本書第15章〈國王和將領的嘉言警語〉59節1，都說這位僭主是戴奧尼休斯一世；然而斯巴達國王阿契達穆斯在本書第17章〈斯巴達人的格言〉19節7，也說了一個同樣的故事。

16 出自索福克利一個不知其名的劇本；參閱瑙克《希臘悲劇殘本》之〈索福克利篇〉310頁 No.762。

28 柏拉圖說色諾克拉底的脾氣彆扭但不失爲一個正人君子[17]，於是勸他向美德三女神獻祭。我的意見是品格高尚的婦女，在與丈夫的關係方面更需要光輝、喜悅和容貌，如同梅特羅多魯斯(Metrodorus)[18]所說：「身爲妻子所具備的德行，能與她的良人過著快樂的生活，任何時候都不會表現出乖戾的性格。」節儉自奉的婦女不要遺忘保持潔淨的習慣，含情脈脈的妻子不要忽略樂天開朗的性格。一個言語粗魯的妻子即使沒有出格的行爲，還是令人感到討厭；如同懶散怠惰對於簡樸的生活造成同樣的效果。

29 婦人不敢與丈夫打情罵俏或者開開玩笑，免得遭到僭越或失禮之譏，這與她不敢用髮油免得被人說她用香水又有什麼差別，這與她不敢洗臉免得被人說她抹胭脂又有什麼不同。我們提到詩人和演說家，對於他們的措辭用字特別避免粗俗、偏頗和矯飾，拿出全部的技巧，著眼於主題的內容、掌握的重點以及個人的風格，用來感動和說服所有的聽眾。一個家庭的女主人也應該如此，無論在任何方面她都要避免和反對浪費、浮華和招搖的習氣(她只要願意做就會做得很出色)，她應該善盡自己的職責打點好每日的生活，特別是要運用全部的精力來服侍丈夫，習慣他的個性和嗜好，讓他無時無刻都感到快活。

要是一個婦人天生的性格就是頑固、專橫和陰鬱，身爲丈夫做任何事情必須三思而行，他可以拿福西昂作爲榜樣：安蒂佩特要福西昂做有失公正的行爲，福西昂說道：「你不能在把我當成朋友的同時又把我視爲一個諂媚奉承的傢伙。」因此丈夫對於品格高尚又固執己見的妻子必須以理說服：「我不能與同一個婦女交往的時候，把她看成妻子又是沒有地位的情婦。」

30 埃及的婦女有一個古老習俗就是不准穿鞋[19]，所以她們只有整日留在家中；對大部分的婦女而言，要是那些有金飾的鞋子、踝圈、手鐲、紫色的衣物和珍珠都被做丈夫的拿走，那麼她們也會足不出戶。

---

17 同樣的規勸出現在本書第50章〈愛的對話〉23節以及蒲魯塔克《希臘羅馬英豪列傳》之〈該猶斯・馬留傳〉(Gaius Marius)2節。

18 梅特羅多魯斯是來自蘭普薩庫斯的哲學家，成為伊庇鳩魯的門生和朋友，死於277 B.C.。

19 這種做法違背希臘古老的傳統和習慣，須知埃及人在很多方面總是與別的民族格格不入，可以參閱希羅多德《歷史》第2卷35節。

31 第安諾（Theano）[20] 在脫下披風的時候露出手臂，有人說道：「這雙手臂多麼可愛。」她說道：「還好不是在大庭廣眾之前。」對於一個知禮守分的婦人而言，不僅是手臂就是個人的談吐，都不能暴露在公眾的面前；她應該保持謙恭的態度，無論說到任何事情都不能讓外人聽到，因為這樣一來等於是讓自己拋頭露面，須知從她的說話就可以明瞭她的感情、性格和氣質。

32 菲迪阿斯（Pheidias）為伊利斯人製作阿芙羅黛特的雕像，女神的一隻腳踏在海龜上面[21]，暗示身為女性要留在家中，並且要保持沉默不要多開口。因為一個婦女說話的對象就是丈夫，還得經由丈夫來表達自己的意見，這樣她就不會遭到別人的厭惡，就像笛手即使發出再大的聲音，也無須運用自己的舌頭。

33 富豪和權貴將榮譽授與哲學家，在推崇哲學家的同時也在抬高自己的地位；要是換個立場來說，哲學家向豪門獻殷勤並不能增加權貴的聲望，反倒是貶低自己的身分。提到婦女亦復如是，她們順從自己的良人就會受到讚譽，如果她們想要擁有控制的大權，最後比起她們要控制的對象，自己反而露出馬腳落得不是；男子應該擁有控制婦女的權力，運用的方式不像地主對他的田產，非常雷同靈魂之統轄肉體，通過善意與她結合以後，從而能夠覺察到她的感情。因此，很可能要小心翼翼的抑制肉體，不會墮落到成為歡樂和欲望的奴隸；同樣可能在管制一個婦人之際，能夠給她帶來歡娛和滿足。

34 哲學家[22] 提到物體的結構：有些如同一支艦隊或軍隊，是分離的成分所形成的臨時聚集；還有一些如同一座房屋或一條船隻，是不同的成分加入所組成；至於活在世上群居的生物，可以說是密切結合的形式。雖然有這幾種不同的組合，婚姻是相愛的兩人彼此形成親暱的結體之緣；有些人為了嫁妝或子女而結婚，只能說兩人加入以後聚在一起；還有人僅僅是睡在一張床

---

20 第安諾為特洛伊的女祭司，她的丈夫是安蒂諾（Antenor），為畢達哥拉斯學派的哲學家；亞歷山卓的克里門（Clement）《富人的救贖》（*The Rich Man's Salvation*）第4卷522C記載這個故事。

21 鮑薩尼阿斯《希臘風土誌》第6卷25節之1以及本書第27章〈埃及的神：艾希斯和奧里塞斯〉75節，提到有兩座阿芙羅黛特踩著海龜的青銅雕像，分別出自希臘人和伊楚里亞人之手。

22 毫無疑問這是一個斯多噶哲學家的論點；可以參閱本書第30章〈神讖的式微〉29節。

上，還是相互分離的兩個人，這種情形我們將它稱之爲姘居，因爲他們並沒有眞正共同生活[23]。

按照具備科學知識的人所主張的說法，液體的混合會完全蔓延到整個容量，因而結婚的男女要將他們的身體、財產、朋友、親戚相互融合在一起。事實上，基於這種觀念，羅馬的立法者禁止夫妻之間餽贈或接受禮物[24]，認爲丈夫的財產已經在妻子手中，反之亦然，任何人處於合體的狀況，無論是餽贈或接受都沒有區別，又何必多此一舉。

35 理普提斯(Leptis)是北非的城市，當地有一個傳統的習俗[25]，新娘在結婚的次日可以向新郎的母親，提出給她一個陶甕的要求。新郎的母親不會答應並且宣稱她沒有這樣的物品，目的是從開始就讓新娘知道，當面的對手不是婆婆而是後母，設若以後發生不愉快的狀況，也是理所當然之事，犯不著因此感到生氣或憤怒。一個妻子要認同所面對的敵意，還得了解它的原因何在，那是母親嫉妒新娘成爲兒子最心愛的人。只有一個辦法可以解決這方面的問題，就是她在愛自己丈夫的同時，不要讓做丈夫的人轉移或減弱對母親的愛。

36 身爲母親最疼兒子是非常顯然的事，因爲她們感到只有兒子是老來最大的依靠；同樣做父親的人寵愛女兒，感到只有女兒最需要他們的幫助。新婚的夫婦都能體會親情的深厚，或許公開向對方表示應該尊重和敬愛他們的雙親；或許這其中也有分歧之處，身爲妻子最重要的事是對丈夫的父母，較之對於自己的父母更爲順從，如果她受到任何委屈，也不應該讓自己的雙親知道。如果她做到這點，所有的困難可以迎刃而解，看來信生信以及愛生愛是顚撲不破的眞理。

37 將領對居魯士所屬軍隊中的希臘人下達命令[26]，如果敵軍在出擊的過程中齊聲吶喊，那麼他們在接戰之際要銜枚急追，反之，如果敵

23　要想更清楚了解這段文章的內涵，可以參閱斯托貝烏斯《花間飛舞》第69卷23節。

24　可以參閱本書第21章〈羅馬掌故〉7節；關鍵在於夫妻的「財產共有制」，認爲沒有這個必要。

25　從這裡可以印證一句古老的格言，出自特倫斯(Terence)的喜劇《婆媳之間》(*The Mother-in-law*)第2幕第2場：所有的婆婆都恨媳婦。

26　或許蒲魯塔克對色諾芬《遠征記》第1卷第7章4節的記載，發生回憶的混淆，才會出現這種論點。

軍保持靜肅的陣容，他們要不斷叫囂向前猛衝。因而當丈夫怒氣大發高聲謾罵之際，身爲婦女要有見識應該保持沉默，如果她的良人遭遇挫折一語不發，就應該與他交談，同時盡力給予安慰。

38 優里庇德對於人們在飲酒之際用演奏七弦琴助興，義正辭嚴大加抨擊[27]。因爲音樂應該用在激起憤怒和悲傷的場合，不是拿來增加歡樂的吸引力，使得大家沉迷其中難以自拔。你們兩位應該知道即使是詩人還是會犯錯，夫婦用同一張床的目的是爲了歡樂，等到他們因意見不合而生氣，這時就會分開來休息。適當的做法是向阿芙羅黛特提出祈求，女神對於夫婦的勃谿是最好的醫生。毫無疑問詩人也會教導我們，且看他描述阿芙羅黛特對赫拉的幫助：

> 她排解兩位神明不斷的爭端，
> 能夠重回床榻享受魚水之歡。[28]

39 身爲妻子無論在任何時間和地點，都應該避免與丈夫發生直接的衝突，一個丈夫也要用這種態度對待自己的妻子；特別是兩人私下處於閨房之中更不能如此。婦女在分娩的時候，有人要她在床上躺著，這時她會說道：「這張過去吸引我的床榻，怎麼會給我帶來這樣大的痛苦？」夫妻在床第之間產生的意見不合、反唇相稽和憤怒情緒，很不可能在其他地方和別的時間獲得解決。

40 赫邁歐妮(Hermione)好像講了眞話，因爲她說：

> 壞女人的來訪使我深受其害。[29]

其實出現這種狀況並不像她所說那樣簡單，只有夫妻之間的不和與嫉妒，才會讓妻子打開大門歡迎三姑六婆進入，同時還願意聽她們的話。家庭一旦發生問題，

---

27 表達的方式運用他的悲劇，《米狄亞》190行就是譴責的道白；可以參閱本書第77章〈會飲篇：清談之樂〉第7篇問題7。

28 荷馬《伊利亞德》第14卷205和209行。因為宙斯的好色和淫亂，祂與天后赫拉一直處在「冷戰」的狀況。

29 優里庇德的悲劇《安德羅瑪琪》930行；參閱海羅尼穆斯《書信集》No.48。

有見識的主婦就會對外面的話不相聽聞，特別要防範挑撥和暗示的耳語，可以避免火上加油釀成難以收拾的悲劇；她應該把菲利浦所說的話記在心頭[30]。

據說菲利浦的朋友想要激怒他對希臘人動武，理由是菲利浦一直對他們很友善，然而希臘人卻在那裡罵他；這時菲利浦說道：「對他們好還這樣？要是對他們壞的話，那怎麼得了？」在背後挑撥離間的人在說：「看妳的丈夫怎麼會虐待這樣賢慧又可愛的妻子。」最適當的回答：「對他好還這樣？要是我現在開始恨他嫌他的話，那怎麼得了？」

41 一個人的奴隸逃走，經過訪查得知他的蹤跡，是在最勞累的踏車房找到棲身之地，主人說道：「我總以為會在更好的地方找到你，誰知會落到這樣的下場？」有個婦女有同樣的遭遇，她因為嫉妒與丈夫離婚，事後極其憤怒的自言自語：「我氣憤丈夫的行為就與他發生爭執，竟然會放棄我的家庭和地位，我這樣做豈不是讓對手不勞而獲？」

42 雅典人提到三個神聖的犁田儀式[31]：錫隆（Scirum）舉行的儀式就隆重性居於首位，希臘地區的農耕以此地最為古老，特別加以慶祝；第二是在拉里亞（Raria）；第三是靠近衛城（Acropolis）的低窪平原，這個地點他們稱之為布齊古斯（Buzygius）（意為架犁之牛）。婚姻的播種和犁田儀式以生育子女為目的，具有最為神聖的地位。

索福克利將最美麗的綽號用在阿芙羅黛特身上，將祂稱之為「結實纍纍的賽舍拉」[32]。因之男子和他的妻子縱情於神聖儀式的期間要特別審慎，不能出任何差錯；他們要保持純潔不能與其他人有褻瀆神聖和不合法的性交，在沒有意願獲得子女的狀況之下[33]，不得射精灑出種子，否則即使意外受孕，他們也應該感到羞辱和慚愧，一定要隱瞞不讓別人知道他們的心意。

30　參閱本書第15章〈國王和將領的嘉言警語〉25節26，以及第33章〈論控制憤怒〉9節；第17章〈斯巴達人的格言〉58節2，斯巴達國王鮑薩尼阿斯也有類似的說法。

31　前兩個地點都與聖地伊琉西斯有關；因為錫隆是在雅典前往伊琉西斯的大道旁邊，拉里亞平原靠近伊琉西斯。

32　參閱瑙克《希臘悲劇殘本》之〈索福克利篇〉No.763。

33　這段文字出於柏拉圖《法律篇》839A，原文特別提到避免對同性產生戀情，這樣做等於對種族進行謀殺，把生命的種子撒在砂石地只有白白浪費。

43 政治家高吉阿斯在奧林匹克運動會，就以「城邦之間停止爭執」這個主題對所有的希臘人發表演說，麥蘭修斯說道：「這個傢伙勸我們要和睦相處，他自己的家中只有三個人，就是他本人、他的妻子和一位侍女，竟然都無法融洽的過日子。」事實非常明顯，就是高吉阿斯對那個女孩帶有愛意，然而他的妻子卻滿懷嫉妒之心。一個人應該讓他的家庭保持和諧，最好的辦法是前往風氣優良的城邦和社區，並且要結交一些婚姻生活美滿的朋友。就大多數人而言，這很可能是婦女帶來的罪過，並不是因為違反妻子的意願，所以要在不引人注意之下悄悄離開。

44 大家都說貓聞到香水的氣味以後會抓狂，女人何嘗不是如此，如果做丈夫的人不能禁絕香水，就會給自己帶來很多煩惱，然而他為了短暫的歡樂只能同意妻子滿足這方面的要求。丈夫使用香水不對妻子造成影響，完全是因為與其他婦女有染的關係，為了片刻的歡娛要忍受這樣重大的痛苦和擾動是不公平的事，不會將追隨在後的婦女視為即將接近的蜜蜂（只要男子與婦女在一起，蜜蜂會對身上沾染的異味產生敏感，就會刺激牠的鬥性更為強烈）[34]，然而在他們趨向妻子的時候，會使自己洗得乾乾淨淨不帶任何香味。

45 不要穿上發亮的衣裳接近大象，更不能一身紅色的服裝走向公牛[35]，因為這些顏色會刺激牠們發泄暴怒的脾氣；據說老虎為敲鑼打鼓的噪音包圍，變得瘋狂出現傷害自己的行為[36]。談到男人也有這方面的毛病，有的人無法忍受看見猩紅和紫色的服裝，也有人聽到鑼鼓的聲音就會心煩意亂[37]；為何婦女能夠摒除外在可怕的苦難，不會騷擾或激怒她們的丈夫，從而能夠感受到他們持久不變的溫柔，一起過著幸福的生活？

46 菲利浦想要逼一位婦女違反自己的意願屈從於他，這位婦女說道：「請讓我離開，你要知道等燈熄掉以後，所有的婦女還不都是一樣，為什麼非要我不可。」這種說法對放縱而通姦的男子是非常合適的回答，只

---

34 古代這種說法非常盛行，幾乎已經成為一種迷信。

35 參閱本書第25章〈論亞歷山大的命運和德行〉第1篇8節；這方面並沒有科學的依據，好像牛對紅色有色盲；所謂不要穿著紅色衣服走向公牛，看來對牠的刺激不是紅色而是走動。

36 參閱本書第14章〈迷信〉5節，同樣有這方面的敘述，只是道理何在，沒有進一步的說明。

37 原因是婦女喜歡接受外來的宗教，特別是信仰和膜拜自然女神西比莉（Cybele）。

是已經結婚的妻子在黑暗之中，還是與普通婦女有所不同，她的身體無法看見，然而她的懿德、她對丈夫獨有的獻身、她的堅貞不渝，以及她的愛情，都可以拿來當成最有力的證據。

47 柏拉圖經常勸老年人在年輕人的前面，特別要流露出謙和的神色，這樣才能使後生小子對長者更加尊敬，要是老年人擺出氣勢凌人的姿態，他認爲年輕人就不會產生仰慕之心[38]。身爲丈夫要將柏拉圖的規勸切記心中，他對妻子的尊重應該超越所有人士，要把他們的寢室看成一所學校，在裡面規範她學習端莊有禮的舉止，避免出現逾越和不當的行爲。男人感到最高興的事，莫過於他吩咐妻子對於仇敵要戰鬥到死，最後自己卻願意投降，這時他必須勸阻妻子不要決裂；從而得知妻子對他言聽計從，已經到不惜犧牲性命的地步。

48 有關喜愛華麗的飾物這件事，優里迪絲，我勸妳不妨回想一下所讀過的泰摩克森娜（Timoxena）寫給亞里斯特拉（Aristylla）的書信[39]；至於說到你，波利阿努斯，如果你想要你的妻子對於過度的炫耀和奢華表示禁絕的態度，然而她看到你對其他人所擁有類似的物品，並沒有現出藐視的神色，反倒是你喜愛那些鍍金的酒器、繪著壁畫的牆面、騾子身上貴重的鞍具以及馬匹所戴華麗的項圈；試問這種做法談得上公平合理和持之以恆？所以要在這座房屋裡面，將妻子那部分的奢侈和浪費全部清除乾淨，卻讓男主人這部分可以隨心所欲任性而爲，這是絕對辦不到的事。

除此以外，波利阿努斯，你的年齡已經足夠去研習哲學，我請你參加那些講求邏輯觀點和深思熟慮的討論，期望能夠美化和充實你的人格，尋覓成員優秀的團體和誨人不倦的教師，俾能對你的生涯有很大的幫助。你要像勤奮的蜜蜂，爲妻子蒐集各種可用的學習資料，親自灌輸給她並且與她討論，讓她對於重要的經典和學說，都能喜愛和熟悉它的內容和綱目。因爲對她而言，

　　你不僅已成為摯愛她的雙親，
　　還能算是她情同手足的昆仲。[40]

38　柏拉圖《法律篇》729C，同樣引用在本書第1章〈子女的教育〉20節和第21章〈羅馬掌故〉33節。

39　這裡提到的泰摩克森娜應該是他的妻子，至於亞里斯特拉是何人不得而知。

40　荷馬《伊利亞德》第6卷429行，是指安德羅瑪琪和她的丈夫赫克托。

身爲男子感到最高貴的事莫過於聽到他的妻子對他這樣說：「我親愛的夫君，你是我生命的嚮導、理性的哲人和智慧的教師，使我所擁有的一切都籠罩在神聖的愛情之中。」所有學習的首要目標，在使婦女產生變化，不再有任何引起不幸的舉止。

一個婦人研究幾何就會對成爲舞蹈家感到羞愧，當她能夠欣賞柏拉圖或色諾芬的作品，就不會對魔法和魅力表現出輕信的態度；要是有人自稱有能力可以將月亮從天空拉下來，她會對相信此事的婦女，嘲笑她們的無知和愚蠢；因爲她接受的教育包括天文學，也讀過帖沙利人赫吉托（Hegetor）之女阿格勞妮絲（Aglaonice）的名著[41]。這位女天文學家對於滿月的周期非常熟悉，知道月球何時會進入地球的陰影之中，所以可以預先宣布月蝕發生和終止的時間，使得輕信的婦女認爲她有使月亮消失的能力。

可以斷言沒有男子的合作，任何婦人都不可能生下嬰兒；仍舊還有殘缺畸形以及像肉塊一樣的東西在子宮中成長，這些都肇始於惡性的傳染，它們獲得穩定而堅實的發展，通常會將它們稱爲「鼴鼠」[42]。這一類的事情並沒有存在於婦女的心中，所以述說的時候要特別留神。如果她們不能接受卓越的教條像種子一樣在心中萌芽，或者無法與丈夫分享知性的進步，那麼她們就會留在後面，懷著很多不正確的觀念，使得她們的意圖和感情變得更爲卑微。

優里迪絲，我請妳務必熟悉智慧而又美好的格言和警語，不要再像與我們在一起的少女時期，有些多愁善感的話語就會衝口而出，只要除去幼稚和任性的舉動，可以給妳的丈夫帶來快樂，也能受到其他婦女的讚譽；如同妳想用罕見而貴重的寶石來裝飾自己，希望這些都是無價之寶；因爲妳不可能像豪門的貴婦那樣獲得華麗的飾物或是戴上珍珠，也無法如同外國的女士購買價昂的絲綢，然而說起第安諾、克里奧布里娜（Cleobulina）[43]、李奧尼達斯（Leonidas）之妻戈爾果（Gorgo）[44]、瑟吉尼斯（Theagenes）的姊妹泰摩克萊婭（Timocleia）[45]、古代的克勞

---

41 參閱本書第30章〈神讖的式微〉13節，古代的人士相信帖沙利的婦女，有能力將月亮從天空拉下來；亞里斯托法尼斯的喜劇《雲層》749行，對這方面提出他的看法；而且從前面的描述中，得知蒲魯塔克對阿格勞妮絲有很高的評價。

42 參閱亞里斯多德《論動物的生殖作用》（*De generatione animalium*）第4卷7節。

43 克里奧布里娜又名優米蒂斯（Eumetis），她是希臘七賢之一克里奧布盧斯（Cleobulus）的女兒；參閱本書第13章〈七位哲人的午宴〉3節。

44 李奧尼達斯之妻戈爾果是斯巴達國王克里奧米尼斯的女兒；參閱希羅多德《歷史》第7卷239節。

45 蒲魯塔克在本書第20章〈勇敢的婦女〉24節，敘述泰摩克萊婭在奇羅尼亞（Chaeroneia）會戰

狄婭(Claudia)[46]、西庇阿(Scipio)之女高乃莉婭(Cornelia)[47]，以及其他的婦女，她們的飾物就是舉世的欽佩和不朽的名聲；妳可以戴上這些無價之寶來打扮自己，從此就會過著體面又幸福的生活。

如果大家認為莎孚的詩篇是光彩奪目的創作，從她為某位富有的婦女寫出的聯句可以獲得證實：

> 妳香消玉殞在墓中一無所有，
> 連派里亞的玫瑰都沒福消受。[48]

繆司將深受讚譽的教育和哲學授與那些祂所厚愛的人，如果你們能分享的東西不僅是美麗的玫瑰還有香甜的果實，為何不能讓你們的心中存有更高貴和更光耀的思想？

(續)
　　　極其大膽的行為，可以參閱蒲魯塔克《希臘羅馬英豪列傳》之〈亞歷山大傳〉12節。

46　就在自然女神西比莉傳入羅馬城的時候，克勞狄婭見證她的德行；參閱李維《羅馬史》第29
　　卷14節。

47　高乃莉婭是格拉齊(Gracchus)兩兄弟的母親乃眾所周知的事；她曾說：「他們兩人是我的心
　　肝寶貝。」

48　貝爾克《希臘抒情詩集》第3卷111頁〈莎孚篇〉No.68；以及艾德蒙(Edmonds)《希臘抒情
　　詩》(洛布古典文庫本)69頁。詩中的派里亞(Pieria)是色雷斯一個城鎮，九繆司的家園就在
　　該地。

第十三章
七位哲人的午宴

1 尼卡克斯(Nicarchus)，眼前發生的事件即使情節明朗充滿新鮮感，相較之下，不實的記載出自捏造還是能夠獲得人們的相信。經歷飛逝的時光會使確鑿的事物變得晦澀不清，甚至完全無法界定是非對錯，等到想要辨識清楚已是時不我與，看來這種現象似乎相當普通。首先，我要說的是這次午餐參加的人數不止七位[1]，包括我本人在內幾乎有兩倍之多；因為我的職業[2]具有崇高的地位，能與伯瑞安德[3]建立親密的關係，何況我還是薩里斯的居停主人，出自伯瑞安德的安排，他暫住在我的家中。其次，談到那個向你提供資料的傢伙，不管這位老兄是誰，談話的記錄並不完全正確，可見他沒有出席宴會。不管怎麼說，現在我已經步入老年無所顧忌，再要延後就會忘懷對於往事的敘述。所以我在開始寫作之初就要告訴你，不會出現略而不談和迴避閃縮之處，看來你會用極其熱烈的情緒聆聽這個娓娓道來的故事。

2 伯瑞安德安排款待的地點不在城裡，那是李契姆(Lechaeum)郊區一間餐室，靠近阿芙羅黛特的神殿，當天曾經獻上犧牲當作祭品。伯瑞安德自從他的母親發生風流韻事憤而自殺[4]以後，再也不祭祀阿芙羅黛特，現在由於

---

1 蒲魯塔克認為七位哲人的大名是薩里斯(Thales)、畢阿斯(Bias)、彼塔庫斯(Pittacus)、梭倫(Solon)、契隆(Chilon)、克里奧布盧斯(Cleobulus)和安納查西斯(Anacharsis)。柏拉圖用邁森(Myson)取代安納查西斯的位置，有的名單又換成伯瑞安德(Periander)、菲里賽德(Pherecydes)、伊庇米尼德(Epimenides)和彼昔斯特拉都斯(Peisistratus)這幾位候選人。

2 很明顯可以看出他是一個預言家或占卜者，精通各種齋戒和淨化的儀式，可以參閱本章第3節敘述的狀況。

3 伯瑞安德是塞普西盧斯的兒子，統治科林斯達四十二年之久(627-585 B.C.)，名列希臘七賢之一。

4 參閱帕昔紐斯(Parthenius)《風流韻事》(*Love-affairs*)第十七個故事。好像敘拉古僭主戴奧尼休斯一世的母親也出現類似的問題。

梅利莎(Melissa)在夢中出現徵兆，這是他首次向女神表示崇拜之意，使得過去的齟齬能夠化解。

每位受邀的貴賓都有一輛雙駕馬車，各種配備非常華麗，已經停在門口。目前是炎熱的夏天，整條街道滿布灰塵，壅塞的車輛和人群使之混亂不堪。等到薩里斯看到門口的交通工具，笑著將他們打發回去。接著我們步行出發，離開道路用悠閒的姿態穿過原野，瑙克拉蒂斯(Naucratis)的奈洛克森努斯(Neiloxenus)與我們在一起，這個人的能力很強，他與梭倫和薩里斯以及他們在埃及的團體，都有很密切的交往。這是他第二次受到派遣負著使命去見畢阿斯，除了他懷疑要將密封在小皮包中第二道難題，當面交給畢阿斯以外，根本不知道這次的差遣還有什麼別的理由。他受到的指示是：畢阿斯如果毫無解答的意圖，應該將袋裡的東西交給希臘人當中最有智慧的人士。

奈洛克森努斯說道：「我的運氣真好，現在知道希臘的智者都會到這裡來，你可以看到我會帶著這個小皮包去參加午宴。」同時將它拿出來向我們現寶。

薩里斯面露微笑說道：「在這裡如果有什麼地方出了狀況，你可以再去普里恩(Priene)[5]，畢阿斯就像解決第一道難題那樣，會對送來的問題提出正確的答案。」

我說道：「請問第一道難題是什麼？」

他回答道：「國王賜給畢阿斯一頭動物作為獻祭的犧牲，然後要他從胙肉中挑出最好和最壞的部分，再派人當成禮物送回去。我的朋友解決這個問題非常利落又高明，畢阿斯割下舌頭呈獻國王，現在可以明顯看出，獲得很高的名聲和大家的尊敬。」

奈洛克森努斯對薩里斯說道：「非但如此，畢阿斯不像其他的智者，要與國王建立友誼不會扭扭捏捏，相互之間使用親密的稱呼。要是拿閣下的情況而言更為難得，國王對你真是讚譽有加，特別是你用來測量金字塔的方法，使得他感到高興而且心儀不已。因為你並沒有大費周章，也沒有向他要求任何工具，僅在金字塔投下陰影的邊緣，將你的手杖直豎起來，太陽光線可以構成為兩個相似三角形，投影的長度形成的比例，經由手杖的高度可以推算出金字塔的高度[6]。正如我所說那樣，某位充滿敵意的君主對你的指控極其不公，特別是你有一些攻擊暴君的聲明已經向他報告。像是國王曾經提起，說是愛奧尼亞人摩帕哥拉斯

5　普里恩位於小亞細亞海岸，這個希臘城邦是畢阿斯的家鄉。

6　參閱普里尼《自然史》第36卷17節。

（Molpagoras）[7] 問你，就你所見什麼才是最違背情理的事物，你的答覆：『一個專制暴君活到老年又能壽終正寢。』[8] 他還談到在某一個宴會的場合，大家對動物進行討論，說是你[9]一直強調最凶惡的野獸是獨裁暴君，善於奉承的馬屁精是受到豢養的家畜，不過已經馴服而已。目前在位的國王雖然想要證實自己與僭主迥然相異，他們還是不高興聽到這種評論。」

薩里斯說道：「事實上要怪罪彼塔庫斯，有次他用這種論述來與邁西盧斯（Myrsilus）[10] 開玩笑。就我而言最感到驚異之處，在於看到一位舵手比起暴君活在世上更加長久。無論如何，我所關心的事就是轉換話題到其他方面，產生的感覺好像一個年輕人對他的狗扔塊石頭，結果砸中自己的後母，因而他叫道：『好歹說起來不算太壞。』」

「為什麼我認為梭倫是個明智之士，主要理由就是他拒絕接受僭主的職位[11]。如同你的朋友彼塔庫斯，要是他從來沒有認真單獨負起統治的責任，那他又何必要說『想把事做好的確很難』這種話[12]。伯瑞安德要保持一個至少像現在那樣健全的團體，帶著問題去與明智之士進行商量，還拒絕我的同鄉色拉西布盧斯（Thrasybulus）提出要整肅高層的建議[13]，很顯然他要對城邦恢復古代的制度[14]做出很大的讓步，就把專制政體當成遺傳的疾病，即使帶來痛苦還是抱著不予理睬的態度。實在說一位獨裁的暴君，寧願統治奴隸而不是那些很像農夫的人士，特別是這種人要收割有毒的草藥，不是小麥和大麥之類的作物。要是統治者能比統治下的正人君子做得更好，認為只有自己能勝過臣民建樹偉大的成就，行使主權時即使擁有唯一的優勢，還能夠對抗很多不利之處，這才是光榮的事業和值得

7　摩帕哥拉斯是開俄斯獲得民意支持的領袖人物，在愛奧尼亞地區擁有很大的勢力。

8　蒲魯塔克在本書第47章〈論蘇格拉底的保護神及其徵兆〉6節中，特別提到薩里斯說出這段話；可以參閱後面第7節。任何一位掌握實權的君主，聽到這種誹謗的話，當然感到不是味道。

9　蒲魯塔克在本書第4章〈如何從友人當中分辨阿諛之徒〉19節，認為畢阿斯有這樣的說法。

10　邁西盧斯是西元前7世紀統治米蒂勒尼（Mitylene）的僭主。

11　參閱蒲魯塔克《希臘羅馬英豪列傳》之〈梭倫傳〉14-15節，他雖然不願接受僭主的位子，還是決意進行各種改革，採用強權和正義的兩手策略。

12　參閱柏拉圖《普羅塔哥拉斯篇》339A；貝爾克《希臘抒情詩集》第3卷〈賽門尼德篇〉384頁No.5。

13　根據一般的傳聞和有關的記載（例如希羅多德《歷史》第5卷92節），認為伯瑞安德後來愈變愈壞。這裡提到的色拉西布盧斯是米勒都斯的僭主，當然不會給他出好主意。

14　類似的情節出現在其他的作品之中，根據羅馬的傳說，塔昆紐斯‧蘇帕巴斯（Tarquinius Superbus）用這種方式向自己的兒子提出勸告（李維《羅馬史》第1卷54節）。

驕傲的地方。如果統治者僅對安全而不是榮譽感到滿足，那麼他們統治的對象應該是成群的牛、羊和馬之類的牲口，而不是人類。」

薩里斯繼續說道：「有關這方面說得已經夠多了。現在就讓我們這些訪客陷入談話的漩渦當中，是非常不得體的舉動。特別是伯瑞安德對前來參加午餐的人士，如果沒有經過仔細的思考，就不會提出適當的題目和問題。難道你相信無論是主人還是貴賓，就他個人來說都已經完成必要的準備？西巴瑞斯(Sybaris)[15]的民眾對於婦女的邀請要在一年以前提出，讓她們有充分的時間準備服飾和珠寶，俾能盛裝打扮參加宴會[16]。我的意見是這些人士要想在午宴當中成為盡責的來賓，需要更長的時間就他個人的部分完成真正的準備，比起肉體多餘而無用的打扮，對於人格除非加以適度的修飾，否則會更難發現其間的差異。事實上參加午宴的人員都是知名之士，不會將自己看成一個裝滿各種材料的大缸；如果他們認為這次聚會讓大家感到愉悅，就會將個人擁有的東西拿出一部分，運用嚴肅或詼諧的表達方式，同時還聆聽和討論有關的題目，看成是偶然狀況下為這個團體所提即興的談話。」

「一道難吃的菜餚可以敬謝不敏，如果酒變得無法入口，也可以說是水中精靈的作祟。任何一位赴宴的賓客，都不會讓別人感到頭痛，這樣做不僅無禮而且沒有教養，讓備有美酒和佳餚以及女樂的盛會受到干擾和破壞；主人當然要做好接待的準備工作，不能讓人說食物不合口味，吃進去以後還要吐了出來；還有一些人彼此不和已經延續一輩子，這時就會藉著飲酒過量相互用陳年舊事來辱罵，隨後還要發一頓脾氣。契隆昨天接到邀請，立即做出非常正確的判斷，除非知道所有賓客的名字，否則他不會答應出席。他的說法是一個人出於需要被迫非得旅行不可，或者一定要到軍營中服役，這時在船上或同個帳棚之中，只得忍受不知體諒別人的同伴；他還相信人們享有的好運，其中之一是同席的人員都是有識之士。」[17]

「埃及有一個習慣是將死者的遺骸帶著前往參加大家的聚會，依據的理由非常充分，要讓所有的賓客記住這個人現在的模樣，大家以後也會很快如此，須知這是每個人都無法避開的下場；雖然在這個尋歡作樂的場合，介紹一位冒失又時

15　西巴瑞斯是建立在義大利的希臘殖民地，古老的時代位於塔倫屯灣，擁有非常優越的地理位置，人民過著奢華的生活；後來稱為休里姆(Thurium)或休里埃(Thurii)。

16　參閱阿昔尼烏斯《知識的盛宴》521C，對於宴客的過程有更詳盡的描述。

17　蒲魯塔克在本書第77章〈會飲篇：清談之樂〉第4篇的序文，將這種想法擴展開來成為一種大家都能接受的思潮。

機不對的同伴，讓人有時光停頓的感覺，如果沒有一定要這些賓客飲酒作樂，可以喚醒相互的友愛和情誼，最後還要向大家強調，生命的歷程何其短促，不必爲錯誤的引導延長在世的時刻。」

3 我們邊走邊談，最後到達舉行宴會的府邸，等到都已梳洗好要去按摩，薩里斯還沒有開始沐浴，他去視察運動場的跑道，以及選手使用的訓練營地，接著參觀位於海岸維護良好的花園。沿途所見所聞並沒有讓他產生深刻的印象，然而他對伯瑞安德充滿野心的企圖，倒也沒有表示蔑視或羞辱之意。其他的貴賓享受沐浴和按摩以後，在僕人的引導之下，經由戶外的杜廊接著進入餐室。

安納查西斯坐在杜廊裡面，他的前面站著一位女郎，正用手將頭髮從兩邊分開。女郎用最親切的態度向著薩里斯跑去，等到哲人親吻她以後，就笑著說道：「讓我們的訪客青春永駐容顏如花；安納查西斯只要眞正受到文明的薰陶，大家就很難看到他表露出可怖的猙獰面孔。」

我打聽這個女郎問到她是誰的時候，薩里斯回答道：「難道你沒有聽過英明睿智而又聞名遐邇的優米蒂斯？實在說，雖然她的名字來自她父親，那是因爲大多數民眾要用她父親的名字稱她爲克里奧布里娜的緣故。」

奈洛克森努斯說道：「我確信你會讚賞這位少女，從她製作的謎語，你就知道她是如何的精明和老練。事實上從她提出的一些機智問答中，可以找到前往埃及的通路。」

薩里斯說道：「並非完全如此，這些事情就像擲骰子偶爾可以拿來消遣，還要冒著與所有來客交手的危險。她擁有不可思議的判斷和辨識的能力，具備政治家敏銳的心靈以及友善的性格，她對她的父親有很大的影響力，他的政府受到市民的擁戴，施政方針非常溫和從而深獲好評。」

奈洛克森努斯說道：「沒錯，每個人都可以明顯看出，她的爲人非常簡樸，絕不矯揉造作，只是她用愛慕的眼光關注安納查西斯，請問其中的道理何在？」

「因爲他這個人有健全的心智和高深的學問。」薩里斯回答道：「同時他有寬闊和慷慨的胸懷，現在要將一系列的食物療法和瀉藥的調配傳授給她，通常錫西厄人用來治癒他們的病患。我之所以敢在當前這個時刻還能抱持這種想法，那是因爲優米蒂斯對這位男士表達出深厚的情意，她要是能與他做進一步的談話，可以從他那裡獲得更多的知識。」

我們在餐室旁邊遇到米勒都斯[18]的阿勒克西迪穆斯（Alexidemus），他是專制暴君色拉西布盧斯的非婚生子。他初次參加這種場合，表現出極其興奮的神色，在談到自己的時候口氣非常憤怒，以至於我們不懂他在說些什麼。等到他看見薩里斯，情緒稍微平息下來，停了一下又大聲叫道：「真是欺人太甚！看看伯瑞安德是如何對待我們！當我決心要走的時候他不願聽到我要離開，求我要參加這次宴會，現在我來了，竟然給我一個毫無顏面的座位，緊靠著伊奧利亞人[19]和那些從海島來的人士，須知他們的地位都在色拉西布盧斯之下。我奉派而來，伯瑞安德這樣做，完全是為了要羞辱色拉西布盧斯，貶低九五之尊的身分，認為他是無足掛齒的人物。」

薩里斯說道：「你有這樣的表示，就如同埃及人在談論天上的星球，它們在軌道上面運行的時候，高度的獲得或失去，代表與過去相比是好還是壞；難道你害怕餐桌的座次會像星球的軌道，影響到你變得失去光彩或者墜入不幸的處境嗎？你這樣做要是與古人相比就會受到鄙視，有位斯巴達人[20]參加合唱團被指揮排在最後面，這時他高聲驚叫：『太好了，你再也找不到一個更榮譽的位置。』」

薩里斯繼續說道：「我們在就座之際，不應該一直想要知道誰的位置在我們的前面，而是對我們所有的座次都欣然同意，這時立即想要了解的狀況，就是對新進人員的服務和保持大家的友誼；更好的表現是就目前所排的座次，對於能坐在這樣人物的下方，心中沒有懷著憤憤不平而是公開表示滿意。不管怎麼說，一個人對餐桌的座次有了異議，而且他對鄰座的反感更甚於主人，也使自己受到這兩人的痛恨。」

阿勒克西迪穆斯說道：「我只是發發牢騷別無他意。事實上你們這些所謂的智者，窮一生的目標也不過是沽名釣譽而已。」接著他從我們的身邊走過就此離開。

薩里斯看到我們對這個人的怪異行為感到驚奇就說道：「一個瘋狂的傢伙，天生彆扭的性格，可以舉個例子來說一說，當他還是小孩的時候，有人送很名貴

18　米勒都斯是小亞細亞地區一個重要的城市，位於米安德（Meander）河的河口，形勢非常險要，居民都是希臘人後裔，歷史上出了很多著名的人物。

19　伊奧利亞人是居住在帖沙利地區的一個民族，當地的民風非常強悍，生活的方式比較落後，經常給統治者帶來很大的困擾。

20　本書第17章〈斯巴達人的格言〉2節6，提到這個斯巴達人說是亞傑西勞斯；同章第24節則說是達蒙尼達斯；戴奧吉尼斯‧利久斯《知名哲學家略傳》第2卷73節，將這種觀念的倡導歸功於亞里斯蒂帕斯。

的香水給色拉西布盧斯，他竟然將它全部注入一個大酒壺中，再把烈酒倒進去，然後喝得乾乾淨淨一滴不留，從此色拉西布盧斯對他再也不疼愛。」

這時一個僕人前來謁見並且說道：「伯瑞安德向各位和薩里斯致意，請大家去察看剛剛送給他的一樣東西，研究一下它的來到人世是否產生重大的影響，或者表示什麼象徵和預兆，不管怎麼說，伯瑞安德感到極其憂慮，害怕這次莊嚴的盛宴受到玷辱，盛大的場面為之失色不少。」講完這番話以後，就帶領我們到花園外面一間房屋。裡面有一位看來像牧人的年輕小夥子，容貌倒也不難看而且沒有長出鬍鬚，打開蓋著的皮革，向我們展示剛剛呱呱落地的生物，體型像是母馬的後裔，頸子以上的部分和手，與人的外狀非常相似，哭叫的聲音與新生嬰兒沒有不同，至於身體其他部分完全是一匹馬。

奈洛克森努斯僅僅喊了一聲：「大發慈悲的神明！」接著就轉過頭去。薩里斯的眼光注視年輕人一段時間，帶著笑容（他用戲謔的態度對待我的職業已經成了習慣）說道：「戴奧克利（Diocles），因為你感到恐怖而重大的事情已經降臨世間，害怕神明會給我們帶來厄運，毫無疑問，看來你心中想著要舉行贖罪的淨化儀式，難道果真如此？」

我說道：「為什麼不呢？出現這種狀況就是紛爭和內訌的徵兆，我非常擔心甚至對婚姻和子孫都有影響，我們先前為了第一次的過錯，舉行盛大的贖罪祭典，總算讓女神不要動怒降災到我們頭上，現在你看倒是祂第二次對我們提出警告。」

薩里斯對此沒有任何答覆，離開之際一直笑個不停。伯瑞安德在花園的門口與我們相遇，探問我們所看到的情形，薩里斯留下我前去握住他的手說道：「戴奧克利要你知道，可以做任何使自己安心的事。我的勸告是你不要再雇用年輕人管理馬匹，要不然你就得先為他們找老婆。」[21]

在我看來伯瑞安德聽到他的話感到非常高興，爆發一陣宏亮的笑聲，極其熱情的擁抱薩里斯。這時薩里斯說道：「戴奧克利，剛才見過的東西帶來的徵兆相當靈驗，你看最壞的事已經發生了，那就是阿勒克西迪穆斯不願與我們一同用膳！」

4 我們進入餐室後，薩里斯用比平常更加宏亮的聲音說道：「對於安排的座位大家有什麼意見？」接著走向指定給他的位置，等到大家就座完

21　參閱斐德魯斯（Phaedrus）《寓言集》（*Fabulae*）第3卷3節。

畢，這時他有所表示，說道：「為了能與阿達盧斯（Ardalus）同桌，就是要我付錢都行，這究竟是什麼緣故？你們知不知道。」提到的阿達盧斯是來自特里真（Troezene）的簫笛演奏名家，擔任阿達盧斯繆司的祭司，祭祀的儀式是他的祖先特里真的阿達盧斯創設[22]。

　　不久之前，伊索奉克里蘇斯的派遣，負有面見伯瑞安德致意和到德爾斐參拜神明的任務，正好獲得邀請出席午宴，坐在一張較低的椅子上面，座次在梭倫的下首；梭倫的地位很高所以坐在前面。伊索說道：「一隻利底亞的騾子從河面的反映看到自己的形狀，對於體型的健壯和碩大甚為吃驚，心中感到讚賞不已，抖動鬃毛像駿馬那樣飛馳起來，等到想起牠的父親不過是一匹驢子，頓時停止奔跑，驕縱的氣焰完全熄滅，變得有氣無力的模樣。」[23]

　　契隆一口拉柯尼亞（Laconia）的方言，說道：「不過你跑得很慢，所以更像一匹騾子。」

　　這時梅利莎進來，她的座次在伯瑞安德下方的臥榻，優米蒂斯始終坐著進餐。然後薩里斯非常熱心對著我（我的座次正好在畢阿斯的上首）說道：「戴奧克利，為什麼你不告訴畢阿斯，那位從瑙克拉蒂斯來的貴賓，再度帶來國王給他的難題，趁著畢阿斯清醒可以深入思考，現在讀出來讓他聽聽豈不是更好？」

　　畢阿斯說道：「要讓我聽什麼！這位老兄長久以來，一直用這類的要求來嚇唬我。我知道戴奧尼蘇斯不僅其他各方面都很精明，特別是智慧過人，獲得『解謎者』的稱呼。我對這方面並不感到害怕，只要能夠充滿他所具備的精神，即使缺乏勇氣也要參加腦力的競爭。」

　　與會人員在用餐的時候，表現出應對之間的敏捷機智，能夠不受拘束縱情於交談之中，這時我注意到午宴比起平常的飲食要較為清淡，主人有一種想法就是款待和宴請重視德操的知名之士，非但不要鋪張，還得大力節約經費，像是把過於精緻的食物、進口的香水、甜點和昂貴的葡萄酒，全部取消；要知道伯瑞安德以皇室的地位、財富和排場，每天例行供應最珍貴的榮餚，可以盡情的享用。面對目前的場合，他希望能給大家一種印象，就是日常的開支極其簡單而且受到經費的約束。不僅是其他相關事情都有所限制，他還要求他的妻子把華麗的服裝擺在一邊，出席宴會的衣著和服飾，樣式普通，看來所費無幾的樣子。

22　參閱鮑薩尼阿斯《希臘風土誌》第2卷31節3。
23　參閱伊索《寓言集》No.140。

5 等到餐桌收拾乾淨，梅利莎將花冠分給大家，接著向神明醻酒，舉行儀式的時候，吹笛少女有簡短的伴奏，完畢以後退了下去，阿達盧斯向安納查西斯請教，詢問在錫西厄人當中是否也有吹笛少女。

安納查西斯不加思索立即回答：「沒有，就是連葡萄樹都付之闕如。」

阿達盧斯再問道：「錫西厄人一定會有神明。」安納查西斯回答道：「這倒沒錯。他們的神明懂得人類的語言。雖然希臘人自認比錫西厄人更善於與神明交談，同時相信神明更喜歡聽到音樂的旋律，使用的樂器都是骨頭和木頭製作，所以這方面兩個民族大相逕庭。」

聽到這番話，伊索說道：「我的朋友，我要讓你知道，現代這些製造笛子的匠人，使用的材料不是幼鹿的骨頭而是驢子的骨頭，認為後者可以發出更美好的聲音。這件事實就可以製成一條謎語[24]，有關於弗里基亞人的笛子，克里奧布里娜的謎面是：

> 死驢的脛骨像美妙的號角，
> 縈迴耳中的聲音使我迷惑。

所以我們對驢子這種動物感到驚異，雖然牠發出的叫聲極其刺耳，倒是可以供應骨頭用來製造聲音非常優美動人的樂器。」

奈洛克森努斯說道：「毫無問題，這是表面不滿的理由，布西瑞斯（Busiris）的民眾反對瑙克拉蒂斯的當局，看來我們得用驢子的骨頭來製造笛子才算數。然而對他們來說，甚至聽到號角的長鳴都是一種罪過，因為他們認為這種聲音與驢子的叫聲沒什麼不同。當然，你非常清楚，由於泰封（Typhon）[25] 的緣故，埃及人對驢子絕不手軟，非要盡情折磨不可。」

6 談話中斷一會工夫，伯瑞安德注意到奈洛克森努斯想要開口，只是還在猶豫不決，於是說道：「我相當推崇有些城邦和君主，願意先處理外鄉人的事務，隨後才輪到自己的市民。現在要留出幾分鐘時間，免得一直談論與我們相關的話題，須知對於本鄉本土的狀況總要清楚得多。如同進行法案的審查一

24　貝爾克《希臘抒情詩集》第2卷〈克里奧布里娜篇〉440頁No. 3。

25　很可能是指埃及一個名叫塞特（Set），極其邪惡的神明，有時祂會化身為驢子的模樣；祂還出現在本書第27章〈埃及的神：艾希斯和奧塞里斯〉30節，敘述的情節要稍微誇張一點。

樣，讓大家願意聽取來自埃及的皇家信函，我們尊貴的朋友奈洛克森努斯帶來要交給畢阿斯，智者希望大家一起出出主意。」

畢阿斯說道：「事情的確如此。特別是國王的指示要從我開始，接著再交給在座其餘人士輪流來處理。如果一個人必須答覆專程送來的問題，無論他在任何地方或是團體，難道比起現在的狀況要冒更多解答不出的風險？」

就在說這番話的時候，奈洛克森努斯拿出帶來的小皮包，畢阿斯吩咐他自行打開然後大聲宣讀。信函的內容有如下的大意：

> 埃及國王阿瑪西斯（Amasis）致希臘智者畢阿斯：
> 埃塞俄比亞（Ethiopia）[26] 的國王要與我從事智力的競賽。再三從各方面對我施以打壓以後，他為了能夠圓滿達成所望的企圖，特別提出一個出乎意料又極其可怕的要求，囑咐我「喝乾海洋」。如果能夠找到解決的方法，我的報酬是從他那裡獲得很多鄉村和城市；如果我無法做到，就得從埃里芳廷（Elephantine）[27] 島周邊的城鎮撤離。因此我請求你深入研究這個問題，能讓奈洛克森努斯毫不耽擱趕回來。你的朋友或市民從收到的信息當中，只要認為我們有道理，希望能對我這方面提供最大的幫助。

讀完以後畢阿斯沒有等多久，只是有幾分鐘陷入出神的狀態，還有就是與他座次相近的克里奧布盧斯講了幾句話，然後他說道：「這位從瑙克拉蒂斯來的朋友，怎麼會有這種事發生？你的意思是說阿瑪西斯這個國王，擁有廣大的國土和眾多的人民，竟然會為了一些微不足道的貧困村莊，願意去喝乾海洋？」

奈洛克森努斯帶著笑容回答道：「假定他有這個意思，可以認為他會這樣做。」

畢阿斯說道：「好吧！那麼讓他告訴埃塞俄比亞人，只要他們能夠將注入大洋的河流全部堵住，他現在就可以開始喝乾整個海洋，因為他們的工作與對他的要求有很大的關係，要是對方無法做到，那麼他束手無策也是很正常的事。」

等到畢阿斯剛剛講完這段話，奈洛克森努斯感到心花怒放，趕緊前去擁抱他，接著親吻他的面頰。與會的其餘人士全都讚譽他的回答，並且表示十分滿意

---

26 埃塞俄比亞又稱衣索比亞，或者稱為阿比西尼亞（Abyssinia），位於埃及的南方，是一個高原地區。

27 埃里芳廷是位於尼羅河中一個島嶼，埃及人視為聖地，等到亞斯文（Aswan）水庫建成，這個島已經全部淹沒。

的神色，於是契隆笑著說道：「我的朋友，海洋在繼續不斷飲用變得完全乾涸之前，我勸你趕快啓航回到你的家鄉瑙克拉蒂斯，同時要你帶幾句話給阿瑪西斯，希望他不要想辦法讓大家如何去喝又苦又鹹的海水，而是要他的政府爲臣民提供甜美又適於飲用的水源。就這方面來說，畢阿斯是最老練又最能幹的導師。如果阿瑪西斯能從畢阿斯那裡學到一些東西，就無須向埃及人展現他用黃金製作的洗腳盆[28]，如果他是一位仁君，即使他要把家世比現在更爲低賤地說上一萬次，大家對他還是表示尊敬和愛戴。」

伯瑞安德說道：「不錯，的確如此，這種說法非常正確也很適切，大家都要向國王奉獻這一類的貢品；如同荷馬所說：『每個人都會輪到。』[29] 就奈洛克森努斯而言，這些額外的項目較之任務的負擔更有價值；然而對我們的好處那倒是很平常的事。」

7 契隆說起唯一做得很對的事，算是在梭倫的領導下談論這方面的題目，不僅僅是他的年齒最尊或者官階最高，而是他擁有最偉大和最崇高的地位，如同一個統治者能讓雅典人接受他的法律。因而奈洛克森努斯用平靜的態度，對我做了一番評論，說道：「戴奧克利，此言不虛，相信美好的事物通常會與實情背道而馳，大多數民眾感到極其高興在於本著內心的看法，爲智者捏造無法給予保證的故事，況且這些杜撰之辭都能爲他人所接受。我可以舉例說明，有人在埃及向我們提出報告，大意是說契隆與梭倫鬧翻以後，雙方關係破裂不再來往，起因是梭倫公開宣示法律的修正是當務之急。」[30]

於是我說道：「這個故事實在很荒謬，針對這樣的狀況，契隆首先應該拋棄萊克格斯和所有他制定的法律，因爲萊克格斯對於斯巴達的制度，已經徹底進行改革和訂正。」

梭倫經過片刻的遲延以後，他說道：「就我的意見而言，無論是國王還是暴君，要想獲得響亮的名聲，就應該廢除君主制度，爲人民建立民主體制的政府。」

---

28 希羅多德《歷史》第2卷172節，敘述阿瑪西斯出身寒微，以及崛起以後大權在握的事蹟。

29 荷馬《奧德賽》第13卷14行。

30 梭倫對早期的雅典法律加以變更和修訂，與萊克格斯對斯巴達法律的做法如出一轍。很難想像梭倫這樣有高深智慧的哲人，竟然不知道他制定的法律也會有需要修正的一天。後人所以會將梭倫的法律條文拿出來訂正，就是他們記得梭倫當時曾經表示，他的願望是雅典人能試用他的法律一段時期。

接著畢阿斯說道：「要是他能從一開始就遵循城邦的法律，那該多好。」

隨後薩里斯特別提到，他認為一個統治者最幸運的事，莫過於能夠活到知命之年，最後還能壽終正寢。

第四位是安納查西斯，他說道：「關鍵在於統治者有健全的心智。」

第五位是克里奧布盧斯，他說道：「看來居高位者不應該相信他的友伴。」

彼塔庫斯是第六位，他說道：「要是一個統治者，不讓臣民畏懼他，而能為他起了畏懼之心，那真是天大的福氣。」[31]

契隆接著說起，一個統治者經常懷抱名垂千古的理念，不是人生苦短的想法。

每個人都把心中的情懷很明白的表達以後，我們堅持伯瑞安德也應該說出他的感想。這時他沒有顯出高興的神色，而是擺出一副僵硬的面孔，說道：「好吧，為了表達意見，我還要擴大眼界俾能形成整體的概念，在這裡我特別要提出一點，那就是作為一個統治者，從而所能獲得的意念和判斷，在於使自己成為與外界斷絕關係的孤家寡人。」

伊索看起來像是要責備我們的樣子，因而他說道：「你有的是顧問和僚屬，大可以依據自己的看法完成相關的討論，你不應該讓自己成為原告來對付這些統治者。」

梭倫將他的手放在伊索的頭頂，像是給他祝福的樣子，笑了起來說道：「只要你能說服他們接受無為而治是最好的方式，對於任何人都可以成為更加謙虛的統治者，或是更有理性的暴君，你怎麼能夠不願認同我提出的論點？」

他回答道：「對於這件事有誰會相信你竟然勝過神明的指示，照說神讖已經把話告訴了你：難道要祝福只聽從一位傳令官指揮的城市不成？」

梭倫說道：「實情就是如此，甚至現在雅典人還是只傾聽一位傳令官和統治者的宣布，還有一件事很重要，就是法律位於民主制度之下。你很精明甚至聽得懂渡鳥和穴鳥的鳴叫，然而你對平等的聲音充耳不聞。請再想想看，按照神明的交代，城市只傾聽一個人的話會有更好的處境，然而在一個社交聚會的場合，你認為讓大家盡情談論各種話題就是一種德行。」

伊索說道：「此話不差，因為你到現在還沒有制定一款法條，規定奴隸[32]不可以飲酒，然而還是有類似的法律適合這種案件，那就是你在雅典制定的法規，

---

31 蒲魯塔克在《希臘羅馬英豪列傳》之〈阿拉都斯傳〉（Aratus）25節，引述一個非常具體的案例。

32 伊索早年曾經是個奴隸，現在已為上流社會所接受，能與高階人士平起平坐，遇到機會就將以往不幸的情況，拿出來自嘲一番。

奴隸不得涉及任何風流韻事，也不能像運動員一樣可以在浴場接受按摩。」[33]

梭倫聽到這番話笑了起來，身為醫生的克里奧多魯斯(Cleodorus)說道：「儘管洗浴以後的推拿一番，如同與知心好友交談可以解除身心的勞累，比較起來灌飽黃湯還真是一大樂事。」

契隆插嘴打斷他們的談話，說道：「這樣一來，抑制讓肉體快活的行為就有更充分的理由。」

伊索再度發表意見，說道：「我可以發誓，薩里斯好像在叮囑一個人，要盡可能老得愈快愈好，才不至於讓欲念纏身。」[34]

8 伯瑞安德發出一陣大笑，然後說道：「伊索，我們真該受罰，沒有把阿瑪西斯交代的事優先處理，反而涉及節外生枝的題材。奈洛克森努斯，我希望你必須重視信件其餘的部分，掌握我們這些人聚在一起的良好機會。」

奈洛克森努斯說道：「好吧，講老實話，要求埃塞俄比亞人的事項，很難給予適當的稱呼，可以從阿契洛克斯借用他的名詞，說它是『令人喪膽的機密文書』[35]。你們的朋友阿瑪西斯，憑著他的教養和智慧，提出此類問題可以說是遊刃有餘。因而他要求對方要說出最古老、最美麗、最睿智、最普遍這些東西的名字，除此以外，經過我的證實，還有最有助益、最具傷害力、最強大和最容易等等東西的名字。」

伯瑞安德問道：「難道埃塞俄比亞國王對每個問題都能給予答案和解釋？」

奈洛克森努斯說道：「不錯，完全憑著自己的見解，等到你們聽到這些答案，應該就是否周延給予個人的判斷。我的主上雖然將它看成極其重要的事務，對於不正確的答案毫無責備之意，如果各位提出的解答偶有失誤，他也不會沒有意見就讓它通過。我現在把提出的問題和埃塞俄比亞人給的答案宣讀一遍：

　　『何者最為古老？』『時間。』
　　『何者最為巨大？』『宇宙。』

33　蒲魯塔克在《希臘羅馬英豪列傳》之〈梭倫傳〉1節提到此事，只是禁止奴隸之間出現「分桃斷袖」的同性戀。

34　這裡所表示的意思是獲得幸福；只是伊索對薩里斯在前面不久所說的話，根據自己的看法加以曲解。

35　參閱貝爾克《希臘抒情詩集》第2卷〈阿契洛克斯篇〉708頁No. 89。這是斯巴達人用暗語通信的一種方式。可以參閱蒲魯塔克《希臘羅馬英豪列傳》之〈賴山德傳〉19節有詳盡的說明。

> 『何者最為睿智？』『真理。』
> 『何者最為美麗？』『光。』
> 『何者最為普遍？』『死亡。』
> 『何者最有助益？』『神祇。』
> 『何者最具傷害力？』『邪惡的靈魂。』
> 『何者最為強大？』『命運。』
> 『何者最為容易？』『歡樂。』」

9 等到第二次讀完，有段時間安靜無聲，然後薩里斯詢問奈洛克森努斯是否阿瑪西斯同意這些答案。奈洛克森努斯的答覆是阿瑪西斯接受幾條，另外一些他感到並不滿意。薩里斯說道：「事實上沒有一條能夠免於非難，提出的答案都有很大的錯誤，可以證明他的無知。就拿第一條來說，時間的一部分是過去，一部分是現在，而且一部分是未來，怎麼能說它是最古老的東西[36]？因為即將來到的時間，可以明顯看出它的事物和人員要比現在更為年輕。要想維持真理即智慧的論點，對我來說如同宣稱光是眼睛沒有什麼差別；要是他認為光非常美麗，設若所言不虛，那他怎麼能夠忽略太陽這個本尊？至於其他的答案諸如神明和邪惡的靈魂，只能證明他的性格是如此的鹵莽和大膽；有關命運這一條，只能說是不合邏輯，如果命運是存在於世最具實力和最強大的東西，那就不應該如此的變動無常，必須長期滯留在一個人的身上。就事實而論，死亡並非最普遍的東西，因為它對一切無生命之物不發生影響[37]。要避免讓人產生這種印象，說我們僅僅通過基於其他人的陳述所獲得的裁決，所以一定要讓我們的答案和原來的答案進行比較。現在我先提出我的看法，如果奈洛克森努斯有意願，可以質疑每一個主題。我現在按照問題的順序[38]和我的答案[39]，再向大家念一遍：

36　本書第73章〈對斯多噶學派一般概念的駁斥〉41和42節，用很長的篇幅討論那個時代的斯多噶概念。

37　或許這是經過改寫的伊庇魯斯「主要教條」，就活著的人來說。「死亡對我們而言沒有什麼大不了。」參閱戴奧吉尼斯·利久斯《知名哲學家略傳》第10卷130節，以及本書第2章〈年輕人何以應該學詩〉14節。

38　無論是薩里斯或者抄寫者，都調換了第3條和第4條的位置，也就是將「最美麗」放在「最睿智」的前面。

39　大部分的解答說是出自薩里斯之口，卻散見在很多作者的著作之中，例如戴奧吉尼斯·利久斯的《知名哲學家略傳》第2卷35節，就是本書也有多處出現。特別是第6和第7這兩條，完全是斯多噶學派的哲學觀點。

『何者最為古老？』『神祇；因為神祇沒有肇始之期。』

『何者最為巨大？』『空間；雖然宇宙無所不包，空間卻將宇宙包容在
內。』

『何者最為美麗？』『宇宙；萬事萬物都遵守既定的秩序而且是組成的分
子。』

『何者最為睿智？』『時間；因為它發現已經存在的事物，將要發現所有
其餘的事物。』

『何者最為普遍？』『希望；因為即使一無所有的人都能擁有它。』

『何者最有助益？』『美德；使得任何事物獲得幫助發揮正面的功能。』

『何者最具傷害力？』『惡行；由於它的存在，最大數量的事物受到傷
害。』

『何者最為強大？』『需要；只有它難以克服。』

『何者最為容易？』『應乎自然之道；因為人們經常為歡樂而勞累不
堪。』」

10 每個人對於薩里斯的意見都表示滿意，克里奧多魯斯說道：「這些問題的提出和答覆，對國王來說都已圓滿完成。蠻族要阿瑪西斯喝乾海洋才給他好處，需要給予簡潔的駁斥，如同彼塔庫斯用來對付阿利阿底（Alyattes）那樣；後者寫了一封信並且派一位作威作福的指揮官到列士波斯（Lesbos），僅有的回答是他告訴阿利阿底去吃洋蔥和熱麵包。」[40]

現在伯瑞安德加入談話，他說道：「儘管事實的確如此，克里奧多魯斯，古老的希臘也有類似的習慣，彼此之間提出令人感到困窘的問題。我們知道一個故事，那個時代的智者當中最著名的詩人，都前往卡爾西斯（Chalcis）參加安菲達瑪斯（Amphidamas）[41] 的葬禮。現在我們說安菲達瑪斯是一位勇士，曾經給伊里特里亞人帶來很多煩惱，為了占領勒蘭廷（Lelantine）平原，在一次會戰中喪生。詩人創作的韻文很難定出高下，因為他們在文壇上面已經是勢均力敵，特別是荷馬和赫西奧德這兩位競爭對手的名聲是如此響亮，使得裁判困惑到不知所措；詩人訴求用對話的方式來評定，如同列士契斯（Lesches）[42] 力稱，荷馬提出他的看法：

---

40 古老的解釋洋蔥是「哭泣」麵包是「走開」；意思是要他流著眼淚滾回去。

41 安菲達瑪斯是傳說當中卡爾西斯的國王和英雄人物；這個城市位於皮奧夏地區。

42 有些手抄本說是列士契斯提出這些問題，根據傳說赫西奧德是發問者，荷馬給予回答。可以看下面的注釋。

啊！繆司！務必讓我認清，
類似的競爭往昔從未發生，
就是著眼將來也不會降臨。

赫西奧德用漫不經心的態度給予答覆：

駿馬繞著宙斯的陵寢急奔，
速度飛快發出急促的蹄聲，
車輛的撞擊為了爭奪冠軍。

據說赫西奧德因而獲得無上的聲譽，還贏到三腳鼎的獎品。」[43]

克里奧多魯斯說道：「這件事與優米蒂斯的謎語又有什麼不同？看來與她用來消遣自娛，倒是非常適合，就像其他的女孩編織腰帶和髮網，然後拿出來展示給婦人觀看，我認為任何有識之士要是把她的謎語真當一回事，那可說是無比的荒謬。」

優米蒂斯的出席如同給了他們一個答案，竟然受到很難堪的批評，她盡量克制自己的情緒，表現謙恭和委婉的態度，仍舊感到羞愧而面紅耳赤。站在她這一邊的伊索說道：「那些解答不出的人而又事事逞能豈不是更加荒謬？就像這一個謎題，是她在宴會開始前幾分鐘才想出來，你拿去看看：

縱火吞噬對手的青銅兵器。[44]

你能告訴我們那指的是什麼？」

克里奧多魯斯說道：「不知道，可是我也不想亂猜。」

伊索說道：「大家都非常清楚，在這方面沒有人比你懂得更多，也沒有人比你說得更為準確，如果你不願找出答案，我要用放血杯來檢查你的身體是否有問題。」

克里奧多魯斯聽到這番話就笑了起來，在他那個時代的醫生經常使用放血

43　《荷馬與赫西奧德的較量》是西元2世紀的作品，通常會列入《赫西奧德全集》的後面，就是荷馬的《牛津古典全集》也放在第5卷。拿來與本章的情節做一比較，可以發現很多有趣的地方。

44　貝爾克《希臘抒情詩集》第2卷〈克里奧布里娜篇〉440頁No. 1。

杯，特別是他最喜歡用這種療法給人治病，爲他贏得很大的名聲。

11 雅典人尼西菲盧斯(Mnesiphilus)[45]是梭倫親密的朋友和擁戴者，說道：「伯瑞安德，我認爲到現在爲止也不過如此。談話如同飲酒，分配的基礎不在於財富或地位，大家要一律平等，就像已經普遍運用的民主制度。要是現在所說的正好與主權和王國有關，由於我們生活在一個民選政府之下，所以怎麼能說與我們毫無牽連。因而我認爲在這個時候，每個人要對共和政體這個題目發表高見。還是從梭倫開始。」

提出的建議得到眾人的同意，於是梭倫首先發言：「尼西菲盧斯，你和其他的雅典人一樣，都曾經聽過我對政府的體制所秉持的觀念，如果你現在想聽的話，我可以再說一遍。民主制度使得城邦的施政獲得非凡的成就，能夠發揮長治久安的效果，重點在於人人都不會受到罪行的傷害，更不要說受到傷害的人可以告發罪犯，從而處以應得的懲罰。」

第二位是畢阿斯，他說最卓越的民主體制是人民對法律的畏懼更甚於暴君。

接著是薩里斯，他說實行民主體制的市民，既不會太富也不會太窮。

隨後是安納查西斯，提到民主制度是人人獲得同等的尊敬，好壞取決於個人的德操和品行。

第五位是克里奧布盧斯，說起一個堅持正義的民族，它的公眾人物畏懼輿論的譴責甚於法律的制裁。

第六位是彼塔庫斯，他說民主制度就是不讓邪惡小人得到職位，還得讓正人君子無法拒絕。

契隆轉換題目到其他方面[46]，宣稱最好的政體會對法律給予最大的關注，對於恣意談論它的人根本不予理會。

最後，伯瑞安德用帶有裁決性的觀點對於討論的事項做出結論，雖然所有人都贊同民主政治，對他而言這種政體完全類似貴族政治。

---

45 根據蒲魯塔克《希臘羅馬英豪列傳》之〈提米斯托克利傳〉2節的記載，提到尼西菲盧斯將梭倫的政治智慧傳授給提米斯托克利，無論如何，希羅多德在《歷史》第8卷57節敘述，尼西菲盧斯向提米斯托克利提出忠告，阻止希臘艦隊撤離薩拉密斯島。可以參閱本書第60章〈論希羅多德的《歷史》是充滿惡意的著述〉37節。

46 契隆是一位自律甚嚴的斯巴達人(可以參閱前面的敘述)，根本不願聽取某些人提出的見解，說是人民的態度較之法律更為重要。

12 等到討論告一段落，我認爲自己覺得最重要的部分，是讓他們告訴我如何把家庭管理好，於是我說道：「只有少數人抱持治國平天下的理想，就我們這些一家之主來說，齊家之道更爲重要。」

伊索笑著說道：「並非全部如此，你不能把安納查西斯算在裡面，他不僅沒有建立家庭，還以無家室之累感到無上的驕傲，他把一輛大車當作住所，根據他的說法，如同太陽乘坐戰車沿著軌道運行，在天空並沒占領固定的位置，而是從一處趕往另一處。」

安納查西斯說道：「我要讓你知道在所有神祇當中，阿波羅之所以能夠如此卓越而且獨一無二的理由何在，特別是祂享有自由和獨立，統治世人而不爲其他神明所統治，就像一個國王保有無上的權力。看來只有你對祂的戰車毫無認知，外表的華麗和龐大的車身凌駕所有的事物，即使開玩笑，你也不可以用幽默的言辭拿來與我們相比。伊索，就我所知你對家庭的觀念，僅僅用泥灰、木材和磚瓦製成的避難所，可以爲個人的安全提供保護，你只把它看成蝸牛殼，而不是有生命的蝸牛。梭倫參觀克里蘇斯的宮殿以及價值昂貴的擺設，他沒有立即宣稱這些東西可以讓擁有者獲得幸福，也沒有向他祝賀可以永久的享受，認爲自己有很好的理由，希望能看到克里蘇斯內在的優點，而不是他周圍那些金碧輝煌的物品[47]，這樣一來等於給了你嘲笑他的機會，這也是理所當然之事。」

「看來你已經忘記你在寓言裡面提到的狐狸[48]，雖然想與花豹就身體的靈巧一比高下，特別要求裁判注意牠所擁有的內涵，這才是獲勝的關鍵。現在你卻四處走動，檢查宮殿裡面木匠和泥水匠的工作，當然會承認這是一個家庭，雖然這裡面的成員包括國王的子女、配偶、朋友和奴僕，須知這些財產並非爲大家所共有；即使棲身在蟻丘和鳥巢的生物，具備類似的本能和行爲，身爲一家之主擁有世上的東西，都要與所有的成員分享，這樣才能構成一個幸福美滿的家庭。」

安納查西斯繼續說道：「伊索，這是我對你冷嘲熱諷的答覆，同樣也是給戴奧克利的金玉良言。現在最好是每個人都能發表自己的高見。」

隨之梭倫提到個人的看法，他認爲最好的家庭，在於財富的獲得沒有違背公理正義，能夠保有不會引起別人的懷疑，即使花光用盡也不會讓自己感到悔恨。

畢阿斯說道：「家長的責任要能維持家庭的門風於不墮，就像根據法律的規

---

47 希羅多德《歷史》第1卷30節以及蒲魯塔克《希臘羅馬英豪列傳》之〈梭倫傳〉28節，提到伊索曾經出現在這個場合。

48 伊索《寓言集》中，這個故事列為No.159；本書再度引用在第38章〈靈性之愛是否較肉體之愛更有價值〉2節。

定，維護住家外觀的整齊清潔。」

　　薩里斯說道：「一家之主盡可能擺脫俗務的牽累，擁有很多空閒的時間。」

　　克里奧布盧斯說道：「身爲丈夫和父親的家長，是要家庭的成員愛他甚於怕他。」

　　彼塔庫斯說到最好的家庭，無用之物絕不強求，需要之物不致匱乏。

　　契隆所說的家庭，應該像被一個君王統治的城邦；同時還加以補充，說是有個人向萊克格斯建議，力陳在城邦建立民主體制的必要，於是萊克格斯說道：「你不妨先在自己的家中實行民主制度。」[49]

13 等到這方面的討論接近尾聲，優米蒂斯在梅利莎的陪伴下離席。然後伯瑞安德用一只大杯與契隆共飲，契隆用同樣的酒具向畢阿斯致敬。阿達盧斯看到獨享的狀況就站了起來，對著伊索說道：「這幾位智者將貝特克利（Bathycles）[50]的大杯彼此傳來傳去，你爲什麼不將它傳給我們，好讓每個人都有用它的機會？」

　　伊索說道：「提起這件事可不能講民主，只要杯子傳到梭倫手裡就會留了下來。」

　　彼塔庫斯轉過頭去問尼西菲盧斯，爲什麼梭倫手拿大杯不用來飲酒，從這個證據使得他懷疑梭倫曾經寫出下面的詩句[51]：

　　　攜佳人兮披重幃，
　　　酌桂酒兮揚清曲。

　　在其他人員回答之前，安納查西斯搶著說道：「彼塔庫斯，他是怕你，特別是你頒布嚴苛的法律：『要是任何人因酒醉而犯罪，比起清醒狀況下規定的懲

---

49 事實上希臘世界也只有幾個文化水準較高的城邦，可以推行民主制度；參閱蒲魯塔克《希臘羅馬英豪列傳》之〈萊克格斯傳〉19節。

50 貝特克利在遺囑當中交代，要把貴重的酒杯送給對世人幫助最大的智者，首先送到薩里斯那裡，接著他把這個杯子傳給另一位智者，等到轉過一圈以後，又回到薩里斯的手裡，最後他將這件酒具當成祭品奉獻給阿波羅。參閱戴奧吉尼斯‧利久斯《知名哲學家略傳》第1卷28節以及蒲魯塔克《希臘羅馬英豪列傳》之〈梭倫傳〉4節。

51 蒲魯塔克引用這兩行詩在本書第50章〈愛的對話〉5節，以及《希臘羅馬英豪列傳》之〈梭倫傳〉31節；可以參閱貝爾克《希臘抒情詩集》第2卷430頁〈梭倫篇〉No.26。

罰，要施以加倍的處分。』」[52]

彼塔庫斯說道：「不管怎樣，你對法律的規定根本不放在眼裡，去年在阿爾西烏斯（Alcaeus）他兄弟的家中，你首先喝得神志不清，還要大家把勝利的花冠當獎品贈送給你。」[53]

安納查西斯說道：「這有什麼不對？獎品應該發給酒量最大的人，我就是第一個醉倒在地，爲什麼我不能要求勝利的報酬？喝下很多烈酒除了很快酩酊不醒，難道還有別的目的不成，你倒是告訴我們看看。」

彼塔庫斯聽到以後笑了起來，伊索說出下面的故事：「一隻狼看到幾個牧羊人在茅棚裡吃一頭羊，走近他們說道：『要是我做出這樣的事，那你們不吵翻天才怪。』」

契隆說道：「伊索在幾分鐘之前，爲了不讓我們使得他啞口無言，就提出一些充分的理由來爲自己辯護。現在他看到其他人拿話來堵尼西菲盧斯的嘴，尼西菲盧斯所以會有這樣的說法，那是在問到以後用答辯來維護梭倫的主張，所以伊索才會仗義執言。」

尼西菲盧斯說道：「我要就我所知全盤托出毫不保留，談起梭倫的見解，他認爲任何技術和才能的工作，無論出自人力或神意，事物的產生在於運用這些工具，事物的終結亦復如此，總之脫離不了這種因果關係。在我的想像當中，作爲一個織工，所要掌握的工作在於最後做出披風或斗篷，而不是安排梭桿或搬動織機；同樣一個鐵工用鼓風使火焰溫度提升或是準備熔接劑，要專注於鐵器的熔接和斧頭的淬火；甚至就是一個建築師都會責備我們，要是我們宣稱他的工作並非建造廟宇或府邸，只是給木板鑽孔或者拌和泥灰。繆司必然感到悲傷，如果我們認爲祂們的工作，不過是賣弄七弦琴和笛子之類的樂器，而不是讓某些人發展才華或獲得靈感，爲我們創作動聽的歌曲和美好的旋律。」

「再者阿芙羅黛特的工作不是肉欲的交合，戴奧尼蘇斯也不是僅僅爲了痛飲葡萄美酒，而是通過祂們製造的媒介，使得人與人之間充滿友誼的感情，是這樣的如饑似渴，是這樣的熱望思慕，是這樣的親密無間。這就是梭倫所稱『神明的工作』，使得他產生深切的情意和熱烈的擁戴，要知道現在他已是垂老之年，還能擁有年輕人的心情。阿芙羅黛特是一位藝術家，祂在男士和婦女之間創造出和諧與情誼，經由肉體的纏綿在歡娛的影響之下，同時使得他們的靈魂能夠結合在

---

52 彼塔庫斯的法律經常被人提到，例如亞里斯多德《政治學》（Politics）第2卷第12章13節和《奈科瑪克斯倫理學》第3卷第5章8節。

53 參閱阿昔尼烏斯《知識的盛宴》437F。

一起[54]。就大多數人民來說，他們之間並沒有親密的關係，彼此也沒有很深的認識，戴奧尼蘇斯用酒來軟化和紓解他們的性格，像是圍著火堆一起取暖，等於供應同樣的工具，使得彼此之間開始聯合起來，從而產生誠摯的友情。」

「無論如何，像是你們這樣的一群人受到伯瑞安德的邀請前來聚會，我認為要完成任務無須借重酒杯和大杓，繆司將議論和對話放在大家的前面，這個不會令人醉倒的大碗當中，裝滿大量混合著詼諧和端莊的歡樂；還有他們所能領悟、培育和擴展的友誼，讓『大杓』放在那裡，不必一直接觸『碗的頂端』。在一個男士的團體當中，赫西奧德始終很在意一件事，那就是成員飲酒的能力要能勝過談話[55]。」尼西菲盧斯繼續說道：「事實上，我幾乎可以理解，以往的男子漢並不流行為健康而乾杯，從荷馬的敘述可以知道[56]，每位男士喝下一個『高腳杯』已經是適當的量，等到後來獲得的額度更少，像是埃傑克斯(Ajax)[57] 還要與隔鄰的戰友分享。」

等到尼西菲盧斯說完這段話，詩人契西阿斯(Chersias)[58]（他決定不再譴責尼西菲盧斯，同時在契隆的懇求下，最近已經與伯瑞安德和好如初）說道：「神明參加宙斯舉行的宴會，大家相互敬酒，是不是也意味著宙斯比照阿格曼儂對他的貴族那樣，要所有的神明大灌黃湯？」

克里奧多魯斯說道：「契西阿斯，如同你的詩描述的狀況，要是宙斯的美食是由鴿子帶來[59]，幾經艱辛和險阻才飛越『撞擊的山巖』，可見要想獲得『神酒』是極其困難而又稀少，你想祂要分給眾神，難道會很大方得不知儉省嗎？」

14 契西阿斯說道：「或許我們還要再談談齊家之道，誰能告訴我們有那些疏漏之處？我認為這個題目沒討論到的地方，在於如何獲得適當的財產，不僅使之夠用，還能過舒適的生活。」

54　參閱本書第50章〈愛的對話〉23節。

55　赫西奧德《作品與時光》744行。

56　荷馬《伊利亞德》第4卷262行。雖然前面說亞該亞的首領喝完自己的配額，國王卻讓來客的酒杯總是滿斟如初，可以想喝就喝盡情享用。

57　蒲魯塔克對埃傑克斯的描述出現一些瑕疵，事實上，荷馬從奧德修斯的口中，將埃傑克斯說成一個貪吃鬼（《奧德賽》第8卷475行），何況在《伊利亞德》第7卷321行有充分的證據，阿格曼儂用最嫩的牛腰肉來款待他。還可以參閱阿昔尼烏斯《知識的盛宴》14A。

58　這位詩人來自皮奧夏的奧考麥努斯(Orchomenus)，他的名字僅僅出現在本章以及鮑薩尼阿斯《希臘風土誌》第9卷第38章9-10節，裡面曾經引用他的兩行詩。

59　荷馬《奧德賽》第12卷62行。

克里奧布盧斯說道：「就智者的論點而言，法律可以規定每個人能夠擁有的數量；然而凡夫俗子有不同的看法，可以把我女兒講給她兄弟聽的故事告訴各位。月亮想要它的媽媽給它做一件合身的長袍，媽媽說道：『我有什麼辦法可以做得適合你的身裁？現在我看你一副圓滾滾的模樣，很快會變成月芽的形狀，比起最豐滿的時候小了一半都不止。』我親愛的契西阿斯，你看到的狀況就是如此，規定出適度的財產對於一個愚蠢又一無是處的人並不管用，有時他是一個人，有時會有另外一個人在他的需求之中，完全按照他的欲望和運道而定；這種人就像伊索在寓言中所說的狗，冬天怕冷全身盡可能蜷縮在一起，心中想要為自己蓋一間犬舍；等到夏天來了，牠在睡覺的時候可以伸展四肢，發現要建造大得可以容納得下牠身體的屋子，可不是一件簡單的工作，而且也沒有這個需要。」

他繼續說道：「契西阿斯，那些令人厭惡的民族，曾經在某個時期嚴格限定自己保持很少的欲望，好像他們要過斯巴達人極其簡樸的生活；然而在另外一個時期，無論是平民和國王都有共同的想法，要將所有的東西據為己有，為了滿足需要不惜一死；難道這些狀況你都沒有注意到？」

契西阿斯陷入出神的狀況不再開口，這時克里奧多魯斯接著談話，他說道：「如果你們比較人與人之間不同的情況，甚至就是智者對於財產的分配也無法做到公平合理的要求。」

這時克里奧布盧斯說道：「閣下，這話確實很對，法律就像一個裁縫，可以為每個人量身訂做。你經常使用的理由，說是你的法律如同治病開出的藥方，規定的食物和養生的方式，每個人服用的劑量並不相等，完全是視病情給予適當的分量。」

阿達盧斯加入談話開始說道：「不錯，某些法律對於你所有的夥伴有管制的權力；當然食物也包括在內；梭倫的外國朋友伊庇米尼德禁絕所有其他種類的食物，只是將一小撮極其有效的『辟穀』[60]放進嘴裡，完全是他自己所調配，這樣一來可以整日行走，無須準備午餐和晚餐。如果確實能夠這樣，豈不是一切問題都可以迎刃而解？」

提出的論點吸引全體成員的注意，薩里斯開玩笑說伊庇米尼德很有見識，因為他不願找麻煩去把自己的穀物磨成粉，更不願像彼塔庫斯那樣費事去烹調。他說道：「我停留在伊里蘇斯那段期間，待在家中就會聽到磨房裡面婦女歌唱的聲音：

60　赫西奧德《作品與時光》41行有特茲特斯（Tzetzes）的批注，這道料理的秘方就在其中。

磨吧！石磨，磨吧！石磨；

我們要為邁蒂勒尼的國君，

彼塔庫斯磨出他要的麵粉。」[61]

　　梭倫提到引起議論的人物，特別是他們的生活方式要予以管制，對於阿達盧斯沒有讀過這方面的規定覺得非常驚奇，何況還有一些寫進赫西奧德的詩歌和劇本當中，因爲把攝生之道植入伊庇米尼德的心田，赫西奧德正是其中之一，還教導他必須深入探求：

錦葵和百合的好處何其多。[62]

　　伯瑞安德說道：「你眞正相信赫西奧德的心中會有這一類的概念？自從他經常大聲讚揚節儉的美德以來，難道你不認爲他向我們宣示最簡單的飲食才會帶來最大的樂趣？因爲錦葵是一種很好的食材，百合的根莖非常可口；只是這些『辟穀』和『止渴』的藥物（可以說它是補品而不是食物），據我了解，它的成分包括一種帶甜味的樹膠、來自野蠻民族的乳酪，以及大量植物的種子，所需的穀物在市場很難買到。我們怎麼能夠對赫西奧德諸如此類的說法讓步，他說他的

指導隱藏在煙霧瀰漫之中，

因而懸浮不著邊際：同時不讓

牛群和騾子有勞累的工作。[63]

設若這些都需要完成應有的準備？」

　　「梭倫，我對你從國外來的朋友感到驚奇，要是他爲提洛（Delos）[64] 的人民

61　貝爾克《希臘抒情詩集》第3卷673頁。

62　赫西奧德《作品與時光》41行。

63　赫西奧德《作品與時光》45及46行；本書第41章〈論愛財〉8節引用；可以參閱赫西奧德《作品與時光》629行。

64　提洛島的祓淨和齋戒是出於彼昔斯特拉都斯的主張（參閱希羅多德《歷史》第1卷64節；修昔底德《伯羅奔尼撒戰爭史》第3卷104節），是否蒲魯塔克提及伊庇米尼德也與這件事有關？

帶來盛大的齋戒儀式被除不祥，竟然沒有注意帶進廟宇的食物，最早式樣的相關
記錄和食譜，其中包括最便宜以及可以自行種植的蔬菜，像是錦葵和百合，非常
平民化而且簡單，與赫西奧德向我們推薦的項目完全類似。」

安納查西斯說道：「不僅如此，只是雙方都把它當成草藥推薦，認爲對於維
護身體的健康有很大的貢獻。」

克里奧多魯斯說道：「你說得很對，赫西奧德對醫學的造詣非常高明這是不
爭的事實，在他的一生之中，從他自己所說每天的行程[65] 可以得知，並不欠缺臨
床的經驗，特別是他注意到混合的酒類[66]、價值最高的水、沐浴、婦女、性交最
適當的時間，以及照顧嬰兒的方式；然而就我的看法，伊索做得比伊庇米尼德更
爲突出，雖然後者宣稱自己是赫西奧德的門生；因爲從寓言中的老鷹與夜鶯的談
話，首次聯想到伊索擁有這種觀念，何其美妙而雋永的智慧，很多人曾經用不同
的方式表達。我很高興傾聽梭倫的談話，他的確與伊庇米尼德在雅典交往很長一
段時期[67]，知道他所擁有的經驗，以及詭辯的論點何以誘導他要訴諸這種生活的
方式。」

15 梭倫說道：「有關口腹之欲還需要問他什麼？從而可以很清楚表
示，對於最崇高和最偉大的美德而言，僅次於它的善行是要求最少
量的食物；如果說一點食物都不要，豈不是在大家的眼中已臻至德之境？」[68]

克里奧多魯斯說道：「無論如何，不能把我算在裡面；我必須講出縈迴在心
頭的話，特別得趁餐桌還留在這裡要一吐爲快；須知這件家具如同神明的祭壇，
代表深厚的友情和周到的款待，等到榮餚全都撤下，所有一切消失不見。薩里斯
說過，要是地球遭到滅絕，宇宙陷入混亂之中，家庭跟著全部解體。因爲餐桌清
理一空的同時，有很多東西也隨之喪失：像是祭壇上面來自爐灶的火、爐灶的本
身、裝酒的大碗，以及所有的款待和友誼：這是男子漢之間最富人情味的交往和
聯繫；如果說生計是人要花費時間把從事一序列的活動[69] 包括在內，大部分出於
食物的需求以及它的獲得。還不如將這些眞正的生計視爲身外之物完全予以棄

---

65 赫西奧德《作品與時光》405-821行。

66 本項以及下面各項全部出自《作品與時光》各行之中。

67 參閱蒲魯塔克《希臘羅馬英豪列傳》之〈梭倫傳〉12節。伊庇米尼德是克里特人，受到梭倫
的邀請前去雅典，有的學者用他取代伯瑞安德成爲希臘七賢之一。

68 參閱色諾芬《回憶錄》第1卷第6章10節。

69 這是斯多噶學派對「生計」所下的定義，斯托貝烏斯的著作引用波菲利(Porphyry)的說法。

絕。」

　　「我的朋友，農業生產有關的嚴峻情勢隨之發生，由於人類的怠惰成性，讓耕種的環境面臨毀滅的前景，留下的地球是到處污穢不堪入目，遍布沒有作物的森林，河流不受控制氾濫成災。由於生計的基礎受到摧毀，發軔於它的技術和工藝，以及它所供應的材料和物質，全都遭到無情的打擊；如果農業在地球上面消失，所有的物品都不能存在。其他受到祛除的項目包括對神明的尊敬在內，人類僅僅為了光明和溫暖才會有限度的感激太陽，對於月亮就更不必說了。」

　　「宙斯給了我們雨水，德米特傳授我們耕作，波塞登照顧嬌嫩的作物，我們會在何處給祂們設置祭壇或者奉獻犧牲？要是我們無法從戴奧尼蘇斯那裡獲得禮物，祂又如何能夠成為愉悅的給予者？我們為何要供奉祭品或者舉行酹酒的儀式，或是獻上最早成熟的果實？所有這些行為都在顛覆和擾亂我們最為關心的事物。追逐每一種型態的歡樂可以說毫無理性；然而避免每一種型態的歡樂卻視為冷酷無情。大家都同意存在著更高層次的歡樂可以讓靈魂享用，然而對肉體而言，卻很不可能發現另一種方式，比起吃喝更能達到的歡樂的目標，具備更為充分的理由和正當性，事實上每個人都很清楚這種狀況；人類會把這種歡樂公開在大家的面前，可以一起分享宴會和用餐；然而肉欲的愉悅要靠著夜幕的低垂和深沉的黑暗加以遮蓋，要是公開受用就會感到羞辱，認為是獸性的表現，特別是男女之間的性愛不能與別人分享。」[70]

　　克里奧多魯斯留下未盡之言，我接著發表個人的看法，說道：「還有另外一點你沒有提到，我們將睡眠和食物一同摒棄，須知沒有睡眠就沒有夢，那麼我們最古老和最受尊敬的占卜術就會消失無蹤。人生真是單調無聊到極點，我們可以大聲疾呼，說起隱藏在身體裡面的靈魂，不僅失去所有的目標，也無法發揮應有的功效。身體最重要的器官像是舌頭、牙齒、胃和肝臟，它們的功能是製造養分的工具，非但不會停止活動，而且不會建構成其他形式的用途。因之一個人不需要食物就是不需要肉體，所表示的意義等於是不需要他自己！我們之中每個人之所以存在，就是因為有了這副臭皮囊。」最後我說道：「那麼，我們還是要貢獻東西來餵飽肚皮，如果梭倫或任何人對這方面有所指責，我們願意聽聽他的高見。」

70　參閱本書第77章〈會飲篇：清談之樂〉第3篇問題6第3節，以及第74章〈伊庇鳩魯不可能過快樂的生活〉4節。

16 梭倫說道：「我們不要讓自己比起埃及人更受到世人的歧視，的確如此，他們將死者屍體剖開然後暴露在陽光之下，然後將某些器官丟進河中，對於遺骸的剩餘部分舉行宗教的儀式，最後認爲這一切都合乎潔淨的要求。老實說，這樣做就會污染到我們的肉體和地獄的深處；像是那裡充滿令人毛骨悚然的溪流和疾風，混雜著燃燒的火焰和屍首[71]。其實並沒有像在世的人那樣拿活著的動物來餵飽自己，非但如此，不會像我們還將活生生的動物殺死，毀滅在土地上面生長的東西，須知這些都是生命的參與者，就將它們當成食物來吸收營養，使得體型能夠增加，從而我們鑄下大錯。」

「自然之道會使萬有發生改變，經由毀滅的過程成爲另外的東西，全然的敗壞竟然會成爲其他物種的食品[72]。提到要完全禁止食用肉類，如同他們記載奧菲烏斯（Orpheus）[73]在老年的事蹟，爲了防止在食物的選擇產生錯誤，較之成爲可行的方式只能當成適用的遁辭。有一種規避的方法可以使人保持純情，那是基於正義的觀點，讓自己感到一切都已足夠，無須從其他來源獲得任何東西。談到神明對待人類或野獸的態度，由於祂的存在可以確保安全無虞，不可能不會對其他的物種造成傷害；要說神明對人類最大的打擊，在於帶來禍害的根源，這也是很自然的事。」

「我的朋友，爲了除去違背正義的舉措，不讓腸、胃和肝臟發揮應有的功能，這些器官如同屠刀和茱鍋之類的烹調器具，在另一方面來說，像是麵包師傅的工具、爐灶、發麵容器或者揉麵大碗，無法讓我們感受和渴望高貴的事物，這樣做又能談得上正確無誤和完美無缺？只要提到大部分的民眾，可以看到他們的靈魂絕對囚禁在肉體的黑暗之中，考量到對食物的需要，使得他們像是在磨房當中兜著無窮無盡的圈子。正如我們在幾分鐘前做著習以爲常的事，彼此之間不理不睬，大家低下頭去用餐，成爲需求食物的奴隸。現在這些餐桌都已搬走，正如你所看到的那樣，我們頭上戴著花冠，自由自在將時間用在談話上面，可以享受彼此交往的樂趣，我們現在有閒暇來做這些事，總算有段時間可以不要爲食物操心。假定我們發現目前這種狀況，就是不害怕貧窮以及不知道什麼是財富，當然會在這一生當中毫不間斷的堅持下去，難道我們就不應該經常有閒暇享受相互的

---

71 像這樣對於地獄的描述實在是太過分，可能受到荷馬的影響，《奧德賽》第10卷513行、第11卷157行和《伊利亞德》第1卷52行、第8卷13行都有這方面的文字。

72 參閱盧克里久斯（Lucretius）《論萬物的本質》（*De rerum natura*）第3卷701行及後續各行。

73 據說奧菲烏斯禁絕食用肉類，優里庇德的悲劇《希波萊都斯》992行以及柏拉圖《法律篇》782A都曾經提到此事。

社交關係？爲了渴望大量多餘之物，通常會緊跟需要的運用而來，很快變成一種固定的習慣。」

「克里奧多魯斯認爲多餘之物應該是食物，這些桌上的荣餚、甕中的美酒和成爲犧牲的家畜，都當作奉獻給德米特和祂女兒的祭品。這樣一來，隨後發言的人可以加以駁斥，主張食物最正當和最適宜的用途是在戰爭之中。因此我們才有城堡工事、船塢碼頭和軍火工廠，每殺死一百個敵人就要提供犧牲大肆慶祝一番[74]。如同他們所說這是梅西尼人（Messenians）的成例。我認爲仍舊有人對於身體的保健，抱持極端痛恨的態度，如果沒有人生病這可是非常糟糕的事，不再有人使用軟床或臥榻，我們不會向阿斯克勒庇斯和保佑民眾的神明奉獻犧牲，醫療這行職業以及無以數計的器具和療法，都遭到羞辱的廢棄和輕視。這種理由與其他的託辭又有什麼不同？」

「食物的獲得是爲了治療饑餓，所有的人運用它都安排預定的模式，說起來都是爲了滿足本身的欲念，完全在於遵循自然界無法抗拒的需求，並不是像大家所想那樣，說他們在做帶來愉悅和充滿感激的事。的確如此，極其可能列舉更多的痛苦而非歡樂起源於食物；或許應該這樣表達，歡樂影響所及的範圍只是身體非常有限的部分，而且延續的時間並不長久；大家累積挫折和痛苦的經驗，那就是等到消化完畢以後，所有的煩惱和不適全都一擁而上，難道還需要告訴他們有關的知識？我一直認爲荷馬的心中有把尺，談到神祇這方面的問題，他發現一個論點，祂們無論是死亡還是生存，事實證明完全與食物沒有關係[75]：

> 神明不攝五穀也不嘗美酒，
> 過著壺中歲月的無慮無憂；
> 祂們的軀體沒有血液湧流，
> 金剛不壞之身能永垂不朽。

荷馬從而得知食物不僅是維持生命的重要因素，就是對於死亡也帶來同樣的影響。食物固然可以使得身體成長茁壯，同樣是所有疾病的根源[76]，我們發現饜足比起禁食帶來更大的害處。有時更爲困難的工作，是食物耗用完畢以後的再行分

74　鮑薩尼阿斯《希臘風土誌》第4卷19節可以找到這樣的解釋；參閱蒲魯塔克《希臘羅馬英豪列傳》之〈羅慕拉斯傳〉25節，以及本書第77章〈會飲篇：清談之樂〉第4篇問題1第1節。

75　荷馬《伊利亞德》第5卷341行。

76　參閱本書第77章〈會飲篇：清談之樂〉第8篇問題9第2節，同樣的觀念運用不同的表達方式。

配，看來當務之急在於滿足身體的需要，不是購買以後全部屯積起來。」

「很像達瑙斯（Danaus）的女兒，她們受罰去做無盡的勞役，汲水裝滿底部有洞的大甕，如果一旦獲得赦免，就會感到茫然無所適從，不知應該過那種生活或從事那種工作。我們同樣會不知所措，如果在偶然狀況下，我們有機會去停止爲自己累積食用的肉類，這些都是來自陸地和海洋數量極其龐大的產物。我們之所以會這樣做，在於對高貴事物的缺乏認識，我們現在對基於需要條件下的生命已經感到滿足。如同人曾經使喚過的奴隸，等到這些奴隸遭到釋放獲得自由，過去那些拿來侍候主人的事，都會用在自己身上[77]；說到靈魂也是如此，現在支持身體何其勞累和煩惱，無法用任何事物加以替代或轉移，如果能從這種苦役獲得解脫，那麼要維持新到手的自由和生命，所考慮的對象是本身和眞理，這也是很自然的事。」

尼卡克斯，這就是大家討論食物這個主題的發言狀況。

17 就在梭倫繼續說話的時候，伯瑞安德的兄弟戈爾古斯（Gorgus）走了進來，狀況的發生在於出現某些神讖的緣故，他受到派遣前往提納朗（Taenarum），負起神聖的職責要向海神波塞登奉獻犧牲。我們站起來歡迎，伯瑞安德與他擁抱吻頰，戈爾古斯就躺在他兄長下方的臥榻上面，開始向伯瑞安德提出報告，他的打算是想僅讓兄長一人得知。伯瑞安德在聽的時候，好像對所說的故事非常感動，面孔流露出擔憂和氣憤的神色，有時還表現難以置信的樣子，事情的結局讓他一直嘖嘖稱奇。

最後他帶著笑容向我們說道：「在目前這種情況之下，我應該很高興將剛才聽到的消息告訴大家，因爲我一直把薩里斯所說的話奉爲圭臬，特別是他說過有可能發生的事必須對大家交代明白，根本不可能發生的事就要保持沉默，所以我才會猶豫不決。」

畢阿斯插嘴說道：「薩里斯基於這種原因，所以才說出如此睿智的話：敵人值得相信不相信，朋友不應相信要相信。至於兩者的認定標準，就我的看法認爲他所說的『敵人』是指邪惡和愚蠢的小人，『朋友』則是善良和有見識的君子。」他繼續說道：「戈爾古斯，在你到達以後，看到你講起那個故事所表現的強烈語氣，大家都能感受得到，從而知道全部的情節，可以媲美最新創作的神劇。」[78]

77　參閱波菲利《論禁絕》（De abstinentia）第3卷27節。

78　把阿里昂（Arion）說成酒神合唱曲的創始者，是來自一份不爲人知的資料，可以參閱希羅多德《歷史》第1卷23節。

18 戈爾古斯告訴我們所有的情節，他主持的祭祀要花費三天時間，最後一天有舞蹈表演和狂歡作樂，延續整個夜晚，地點就在海濱附近。月光照得海面一片明亮，沒有起風的天氣使得萬籟無聲。這時看到遠方出現一陣漣漪，沿著海岬的岸邊向著陸地而來，伴隨白色的泡沫和低沉的雜音，移動極爲快速。大家感到驚奇，全都跑到海邊最接近的地點，正在猜測是什麼東西的時候，看到一大群海豚，組成密集的圓圈，有些在前面領路，游向海岸最平整的部位，還有一些留在後面形成後衛。在這些動物的當中，有一樣物品被舉出海面，形狀有點像是人的軀體，只是不明確無法辨別清楚，直到整群海豚靠近以後，把一個人放置在陸地上面，這個人不僅能夠呼吸還有蠕動的力氣；這群動物把這件事辦完以後，向著海岬的方向游去，一邊不停的跳躍，非常愉悅的玩耍和嬉戲。

戈爾古斯繼續說道：「在場的人都感到毛骨悚然，轉身逃離海岸，只有少數幾個包括我在內，大著膽子走過去。這時他們認出這個人是琴師阿里昂（Arion），他報出自己的名字，就是從衣著也很容易辨識出來，因爲一身華麗的長袍，是他登台演奏和歌唱的行頭。」

「我們將他帶進一座帳幕，除了胯下的座騎用很高的速度向前猛衝，使得他驚惶不已和感到勞累以外，看起來好像一點事情都沒有發生。我們聽到他說出的故事，若非已經親眼目睹所產生的結局，否則沒有人會相信眞有其事。阿里昂說他不久之前想要離開義大利，等到接到伯瑞安德給他的信，更加激勵他要有一番作爲的勇氣。當他知道有一艘科林斯的商船可以乘坐，立即搭船從該地啓碇。有三天的時間受到一陣微風的吹拂，航行極其順利。阿里昂突然感到船上的水手醞釀陰謀活動，準備下手將他殺死。後來他從領航員那裡獲得信息，說他們決定在夜間採取行動。」

「他面臨無人給予援手和不知所措的處境，像是神明給他靈感，憑著一時的衝動將自己裝扮起來，他參與競賽方始穿上的華麗行頭，竟然在活著的時候當成收殮的壽衣，要爲生命的告終唱出最後的輓歌，可以證明他就這方面來說，較之受人稱頌的天鵝更能表現悲壯的豪情。在使自己完成所有的準備以後，認爲目前最想唱的歌曲，應該是〈太陽神阿波羅之頌〉，用來爲他本人、這艘船以及搭乘的人員懇求賜與平安。他在船尾靠著舷板站立，先用序曲讚譽海上的神祇，接著唱出〈太陽神阿波羅之頌〉的主旋律，就在他連一半都沒有唱完的時候，太陽開始在西方沉沒，伯羅奔尼撒半島的陸地隱約在望。夜晚的時刻來到，使得水手不必再等，開始展開謀殺的行動，阿里昂看到出鞘的刀劍，以及領航員蒙著面孔的

形狀，立刻跑向後面投身海中，要盡可能遠離這艘船。」

「等到他的身體全部沉沒在水中，在下方游著的海豚將他向上推送，剛開始心中一片混亂，充滿疑慮和難以確定的感覺。當他發現自己非常輕鬆的漂浮起來，看到很多海豚聚集在他的周圍，表現出非常友善的樣子，相互之間輪流將他負載在身上，像是在盡一種義務，這時所看到的船隻已經遠遠留在後面，等於給他設定基點，可以用來測量他們在水中前進的速度。這時他的腦海當中不再感到面對死亡的畏懼，或者是要活下去的欲望，拯救的過程在他來說是一種驕傲，從而獲得非常確定的見解，證明他這個凡夫俗子受到神衹的厚愛，就在這個時候，他看到天空點點繁星，剛升起的月亮極爲皎潔，海面平靜不起半絲漣漪，像是一條大道打開在他的前面，可以讓他通行無阻。這時他記起正義女神的法力是無遠弗屆[79]，不管是在海洋還是陸地所有的行爲都在祂的監視之下，等到他的心中浮現這樣的念頭，身體的疲勞和沉重的負擔全部一掃而空；等到最後的關頭，突出的海岬是如此的崎嶇和高聳，出現在前進的路途當中，牠們非常小心從陸地的邊緣繞了過去，像是帶領一條船平安進入港口。使得他能充分理解到這一次的救援完全出於神明的引導。」

戈爾古斯繼續說道：「就在阿里昂講完這些難以置信的情節，我問他船隻會進入那個港口，他的答覆是肯定會來科林斯，只是到達的時間會遲很多。他是在傍晚從船上投身海中，海豚帶著他泅游的距離不會少於五十哩或更多一些，而且當時的天候立即變得平靜無波。」

戈爾古斯接著提到他查出船長和領航員的名字，以及商船的外觀標誌，派人通知靠岸地點的小艇和士兵，要他們注意觀察提高警覺。再者，他把阿里昂帶在身邊，小心將他隱藏起來，不讓有罪的人及早得到他保住性命的消息，好能夠趕快逃走。事實上，整個案件像是獲得神明的指使，等到他剛剛抵達，就得知船隻已經遭到攔截，船主和水手全部加以逮捕。

19 完全明瞭狀況以後，伯瑞安德吩咐戈爾古斯立即離開，要把這些犯人關進監獄，不要讓任何人接近他們，也不讓他們知道阿里昂已經得救。

伊索說道：「好吧！好吧！我在寓言裡面提到穴鳥和烏鴉，要是說起牠們相

---

79 引用的詩文可能來自不知其名的悲劇，參閱本書第75章〈答覆科洛底：為其他哲學家提出辯護〉30節。

互交談，這時你們就會高聲嘲訕，然而現在海豚卻可以任性而爲，在那裡大開玩笑。」

我向他說道：「伊索，我們可以改變一下話題，在轉瞬而逝的一千年時光當中，類似的海豚故事總是讓人深信不疑，只有在希臘這片土地才會將相關的情節寫進書本，甚至早在英諾(Ino)和阿薩瑪斯(Athamas)的時代[80]，就已經如此。」

這時梭倫加入談話，他說道：「好吧，戴奧克利，讓我們同意不可思議的事蹟近乎神明的安排，遠超過我們認知的尺度。發生在赫西奧德身上的慘劇，離不開人情世故，是在我們的理解範圍之內。很有可能你已經聽過這件事。」[81]

我說道：「我沒有聽過。」

梭倫說道：「赫西奧德與一個來自米勒都斯的男士，在洛克瑞斯(Locris)共同接受住宿和膳食的款待，結果這位男子與主人的女兒暗中有了私情。等到主人查出竟然出現這樣的醜聞，認爲赫西奧德無法脫離關係，從開始就知道敗壞名節的穢行，同時還加以幫助掩蓋此事。事實上赫西奧德沒有犯任何過失，不幸成爲憤怒和偏見的無辜犧牲者。洛克瑞斯的郊外有一座尼米亞(Nemea)的宙斯神廟，女郎的兄弟爲了要殺死他，就埋伏在那裡等待，同時與他受害的還有一位名叫特羅伊盧斯(Troilus)的僕人。他們把死者的遺體投入海中，特羅伊盧斯的屍首隨著達芬努斯(Daphnus)河流入海中激流的漂送，附近有座突出海面受到浪濤沖刷的岩石，就將這個屍首擋住，直到今天這座礁岩還被稱爲特羅伊盧斯。」

「赫西奧德的遺骸離開海岸很快就被一群海豚擁住，運到靠近摩利克瑞亞(Molycreia)的萊姆(Rhium)岬[82]，因爲這個緣故，洛克瑞斯人定期辦理萊姆祭典和假日市集，直到今天還在這個地點用獨特的方式舉行盛大的活動。就在遺骸被人看到正向著他們而來，大家在驚惶之餘全都跑向海岸，屍首的身分很快辨識出來，一點都沒有腐爛的現象，由於赫西奧德崇高的聲望，當務之急是他們難以忍受重大的損失，相較於調查謀殺的凶手，對希臘人而言已屬次要之事。他們很快把犯下十惡不赦的罪人找出來，受到的懲處是活活淹斃在海中，所有的房舍和莊園全都夷爲平地。赫西奧德埋葬的地點靠近尼米亞的宙斯神廟。大多數外鄉人都不知道他的墓園何在，他們之所以要保密，那是因爲奧考麥努斯人按照神讖的指

80　英諾發現瘋狂的阿薩瑪斯要殺她，就投身到大海，經過變形進入海中女神琉柯色(Leucothea)的宮殿。

81　這個故事最早記載在修昔底德《伯羅奔尼撒戰爭史》第3卷96節，到後來有些文字經過修飾，或許最有趣味的部分竟然出現在《荷馬與赫西奧德的較量》215-254行。

82　參閱本書第65章〈陸生或海生動物是否能更爲靈巧〉36節。

示，找到以後好把赫西奧德的遺骸挖出來，改葬在自己的國土裡面。」

「海豚對死者都能有很大的興趣，表現出人道和溫柔的一面，那麼對活著的人更不要說了，一定會給予最大的幫助；特別是牠們對笛子、某些歌曲或者樂器的聲音極其愛好。我們全都明瞭的事實，奇妙的海洋動物樂於聽到美妙的音樂，不是尾隨就是在四周盤旋不去，每當人們在歌曲和簫笛的伴奏之下划槳前進的時候，牠們保持安靜在旁邊跟著游動，而且牠們特別歡喜這種旅行的方式[83]。海豚同樣愛好與兒童一起游泳，潛入水中進行各種競賽。基於認知的理由，海豚得到的好處是經由不成文法的規定，對牠們不得有傷害的行為。因而沒有人會去獵殺牠們，就是誤入漁夫的漁網，即使捕獲也會造成很大的破壞，這時就像對待頑皮的小孩，可以施以鞭笞的處分。我記得曾經聽到某些列士波斯島的來人提過，有一位少女被海豚從海上救了回來，詳細的情節我不清楚，只有彼塔庫斯知道這件事，他可以向大家說說這個故事。」

20 彼塔庫斯就說這個奇聞非常出名[84]，很多人都提到過它的結局。據稱有些人要前往列士波斯島建立一殖民區，他們獲得一道神讖，說是當他們在航行的途中，會被帶往一座稱為「中點」的礁石，這時他們要將一頭公牛投入海中，當作犧牲奉獻給波塞登，至於給安菲特瑞特(Amphitrite)和海中精靈寧弗斯(Nymphs)的祭品，則是活生生的處女。他們之中有七位指揮官全是國王，第八位名叫愛契勞斯(Echelaus)，是一位尚未結婚的年輕人，遵奉德爾斐神讖的指派要成為殖民區的首領。這七位都有及笄的女兒，經過抽籤選中司明修斯(Smintheus)的閨女。等到他們抵達所說地點的對面，就用美麗的衣服和黃金的飾物將她打扮起來，很快向神明祈禱以後，準備把她丟進海裡。

甲板上面的人群當中，有位家世良好的年輕人正愛慕著她，根據仍舊保留的傳說，知道他的名字叫作伊納盧斯(Enalus)。他懷著絕望的激情想要幫助陷入不幸處境的少女，就在緊要關頭用手臂抱著她，一齊投身到大海之中。謠言立刻傳播開來，有關他們的安全與獲救，即使沒有確切的證據，整個社區有很多人還是相信。他們提到伊納盧斯後來在列士波斯島現身，說起海豚如何將他負在背上游過大海，毫無損傷的放在大陸的海岸。他還提到其他的奇蹟更加怪誕，群眾聽

---

83 在古老的年代這是大家都相信的事，很多作者加以證實，所以蒲魯塔克經常提及。

84 蒲魯塔克在本書第65章〈陸生或海生動物是否能更為靈巧〉36節，很簡略的提到這個故事，後來阿昔尼烏斯在《知識的盛宴》466C，增加很多情節，雅典人安蒂克萊德(Anticleides)是究研阿昔尼烏斯著作的權威人士，曾經加以引用。

到不僅驚愕還受到蠱惑，他爲自己的行爲提供很好的理由，讓所有人都信以爲
眞。說是一個高聳的巨浪沖進海島的海岸地區，民眾陷入恐慌的狀況，只有他迎
向海洋，在一群烏賊的追隨之下到達波塞登的神殿，最大一條烏賊爲他攜帶一塊
寶石[85]，交到伊納盧斯手中讓他奉獻給神明，以後大家將這塊寶石稱爲「伊納盧
斯」。

彼塔庫斯繼續說道：「通常而論，要是一個人能夠確實理解，不可能的事物
和不熟悉的事物之間的差異，以及虛假的理論和錯誤的見解之間的不同，契隆，
像這樣的人對於湊巧遇上的奇聞怪事，他的態度是不會相信卻也不會懷疑；如同
你所吩咐的一樣，遵守『中庸之道』的告誡。」

21 安納查西斯接著發言，說是薩里斯已經宣布極其卓越的假說，靈魂
存在於宇宙之中最具備支配力和最重要的部分，因而最優秀的事物
基於神明的意志，可以通過各種考驗，這也沒有什麼值得奇怪之處。

他繼續說道：「因而身體是靈魂的工具，靈魂又是神明的工具，如同身體有
很多自發的動作，源自靈魂可說最爲卓越，因而靈魂執行某些行爲來自本能，其
他方面靈魂會讓自身爲神明所用，因爲靈魂在神明的各種工具當中適應性強，不
論安排什麼樣的道路，都會遵照祂的意願，向前邁進或者轉到其他方向。至於在
這一方面，假定火是神明的工具可以說是一個可怕的錯誤，還有風和水以及雲和
雨，祂用來保存和培育很多東西，當然會有很多遭到毀滅和破壞；在另一方面，
祂不會讓任何世上的物種用來作爲工具完成祂的意圖，不僅如此，更有可能是這
些活著的物種，會依靠神明掌握的權柄，用來服侍祂並且對祂的行動做出反應，
如同錫西厄人對於弓和箭以及希臘人對於琴和笛子，表露出極其愛好的神情。」

詩人契西阿斯舉出那些在毫無希望的狀況下，還能獲得拯救的案例，特別是
伯瑞安德的父親賽普西盧斯（Cypselus）[86]，當他還是剛出生的嬰兒，對於奉派前
來殺害他的人，露出可愛的笑容，這群刺客天良發現，下不了手就離開。等到他
們改變心意再來找他，發覺已經不見，因爲他的母親把他藏在一個衣櫃裡面。基
於這種原因，後來賽普西盧斯在德爾斐建造一座建築物，相信是神明的力量阻止
他在緊要關頭發出哭聲，使得搜尋他的人無法將他找出來。

這時彼塔庫斯向著伯瑞安德說道：「契西阿斯確實很詳盡的描述提到的建築

85　阿昔尼烏斯《知識的盛宴》466C，提到伊納盧斯從海中帶出來一只金杯。
86　希羅多德《歷史》第5卷92節記載這個故事。

物，伯瑞安德，我很想當面問你，青銅棕櫚樹的基座上面，雕刻很多隻青蛙[87]，這些代表何種意義，它們與神明或奉獻者又有什麼關係？」

伯瑞安德吩咐他去問契西阿斯；契西阿斯說賽普西盧斯向神明奉獻建築物，他不僅知道而且還是在場的人員，然而卻帶著笑容說道：「目前不可能講得很清楚，等我從朋友那裡打聽詳情再告訴你；他們認為要用這種方式表示意義還不如給予明確的訓誡[88]，像是『中庸之道』以及『自知之明』；特別是一個人不要從婚姻和信託獲得太多的財富，即使從政要想致富也有限度，俗語說得好：『立下誓言，災禍相隨。』」

彼塔庫斯說道：「你需要我們告訴你那些事呢？長久以來你對伊索創作的寓言，一直讚不絕口，說他的作品感動所有的人，事實也的確如此。」

伊索說道：「契西阿斯對我只不過嘲笑而已，他很嚴肅的指出荷馬才是文藝的創作者，提到赫克托就說這個人有『自知之明』，因為特洛伊的英雄會攻打所有的人，然而：

> 僅有特拉蒙之子埃傑克斯，
> 應避開以免發生任何閃失。[89]

契西阿斯提到奧德修斯，就讚譽他能夠『持兩用中』，特別是他叮囑戴奧米德：

> 泰迪烏斯的兒子領袖群倫，
> 對我的毀譽要有持平之論。[90]

談起發誓這個問題，有人認為荷馬加以詆毀是徒勞無用之事，有詩為證：

> 平素的言行不值信賴之人，
> 再多的誓辭還是空口無憑。[91]

87　本書第29章〈德爾斐的神讖不再使用韻文的格式〉12節，也提到青蛙和棕櫚樹。

88　這幾則著名的格言，出現在很多作品之中，像是柏拉圖《普羅塔哥拉斯篇》343B和《查米德篇》165A；亞里斯多德《修辭學》第2卷第12章14節；鮑薩尼阿斯《希臘風土誌》第10卷第24章1節。

89　荷馬《伊利亞德》第11卷542行；本書第2章〈年輕人何以應該學詩〉6節。

90　荷馬《伊利亞德》第10卷249行；本書第4章〈如何從友人當中分辨阿諛之徒〉14節。

91　荷馬《奧德賽》第8卷351行。

契西阿斯特別提及，宙斯爲海克力斯出生之事受到愚弄[92]，發出的誓言使得『禍害之神』從天庭向世間猛撲。」

　　梭倫打斷他的話說道：「那麼，我們對於荷馬的聰明才智眞是深信不疑，他曾經說過[93]：

> 夜幕快速降臨不宜再抗爭，
> 要保存實力吾人格外留神。

如果各位朋友都很高興今天的聚會，那麼讓我們向繆司、波塞登和安菲特瑞特酹酒致敬，然後大家作別離開。」

　　尼卡克斯，整個事件總算能夠圓滿結束。

92　荷馬《伊利亞德》第19卷91-131行。

93　荷馬《伊利亞德》第7卷282和293行。

第十四章
迷信

1 神鬼之事從最早開始就因爲無知和盲從區分爲兩種不同的流向：一種是性質極其僵硬而倔強的無神論，成長於乾燥貧瘠的環境；另一種是性質較爲溫和的迷信，從潮濕的土壤中生長茁壯[1]。每一次錯誤的判斷，特別是關係到這方面的事務，都會給大眾帶來禍害，只要參與人類的感情，產生的災難更加嚴重。任何一種激情同樣會出現錯覺和謬見，令人感到心痛如絞。如同關節的脫臼還連帶著肌肉的撕裂，症狀的複雜非常難以處理；靈魂的錯亂加上情緒的激動讓人產生的印象正是如此。

某位學者確信宇宙的起源來自原子和無限的空間[2]，他的臆說何其荒謬，好在這種成因不會引起靈魂的創傷、心臟的悸動和各種刺激帶來的痛苦。有些人要是認定財富是最爲美好之事，同樣的錯誤包含致人於死的毒液，可以用來飼養他的靈魂，讓他心煩意亂無法成眠，充滿令人刺痛的欲念，像是要將他從懸崖上面推下去，讓他感到無法呼吸直到窒息，進而剝奪他自由發言的權利。

還有人認爲善與惡都是有形的實體[3]，眞是無知到令人感覺難爲情，並不值得爲他們表示哀悼或慟哭，只要考量到判斷和假定無非如此：

> 可憐的德行僅僅不過虛有其名而已，
> 我把它當成確有其事還要薄盡綿力。[4]

---

1 參閱蒲魯塔克《希臘羅馬英豪列傳》之〈亞歷山大傳〉75節，以及〈卡米拉斯傳〉（Camillus）6
　節；前面談起亞歷山大對於超自然的力量極其畏懼，出現任何不正常的地方，他都將它看成
　徵候和預兆，宮廷充滿各種占卜官和祭司；提到後者對神明崇拜的虔誠以及出現很多異狀。
　從而得知即使偉大的人物，還是逃不脫迷信的掌握。

2 他將攻擊的目標指向伊庇鳩魯的學說，就連德謨克瑞斯都受到波及。

3 這時又將箭頭對準斯多噶學派的人士，他們不斷打探與肉體有關的各種性質；參閱本書第73
　章〈對斯多噶學派一般概念的駁斥〉45節。

4 作者不詳；參閱瑞克《希臘悲劇殘本》之〈Adesp篇〉No.374。

因之我不會犯下財富所衍生的罪行和過錯，還知道每一種歡樂都會養成放縱和任性的習氣。我們的同情倒是很正常也很適宜，有時還會產生厭惡的感覺，會從中間引起極其混亂和緊張的情緒，如同一堆蛆蟲在人類的靈魂裡面不斷的蠕動。

2 現在回到我們要討論的主題：無神論雖然不會受到祝福也難以被人收買，這種判斷還是會產生難過和惋惜的感覺，一開始是不相信神，逐漸導向對世事的冷漠和排斥，最後還是達成他們的目的，就是拒絕認同神的存在，從而不會對神產生畏懼之心。從另一方面來看，迷信就得名（敬畏神明）可以清楚它的本質，是一種情緒化的觀念和產生恐懼的臆說，給人帶來卑微和受到摧毀的感受，由於他認為神明是一切痛苦和損害的成因。其實很明顯無神論者對於上帝不會產生感動；迷信的人照說也應如此，他們之所以意志動搖，完全是心靈受到扭曲和敗壞所致。因為一個人的無知才會不信「唯一的主宰」能對他有所幫助；另外還會授與外加的觀念就是「祂」會帶來傷害。從而得知無神論證明所舉理由實為虛妄，迷信則是從錯誤的理由所產生的外感形式。

3 可以很明確的看出，靈魂無論出現不安的異狀或反常的因應，都會給世人帶來羞辱，有些人歸功於提升的權勢，感到驕傲和崇高甚至喜氣洋洋。我們可以這樣說，他們之中並不欠缺促使他們展開行動的刺激。這種一般性的指控適用於所有的情緒反應，出現強烈的衝動要對理論的力量施加壓力和給予限制。只有恐懼缺乏大無畏的精神以及強有力的動機，要保持沒有能力、沒有助益和沒有希望的無理性狀態。基於類同的理由使得恐懼的力量可以束縛靈魂，使它動彈不得，同時還要讓它保持清醒，能用驚惶和敬畏來為無法免除的狀況命名。

在各式各樣的恐懼之中，迷信產生的驚悚最為嚴重，特別是它對人類毫無一點幫助。沒有人因為恐懼海洋就不敢在上面揚帆遠航，更不會因為害怕戰爭就不願在軍中服務，或是說他畏怯攔路打劫的強盜就得留在家中，或是說他厭惡被人說成勒索者就發不了財，或是生怕遭到嫉妒所以要遠離公職生涯，或者說某人聽到地震就心驚膽寒因而要住在高盧[5]，或者說某人不願遭到雷殛就得留在埃塞俄比亞；只是說他畏懼神明等於說他對所有的東西都感到害怕，無論陸地和海洋、

---

5 參閱亞里斯多德《奈科瑪克斯倫理學》第3卷7節以及普里尼《自然史》第2卷80節；可見當時對地震有詳盡的記錄，否則怎麼能得出這樣的結論。

大氣和天空、黑暗和光明、聲音和靜寂，以及腦海出現的夢境。奴隸在睡眠的時候會忘懷他的主人，陷入沉睡的犯人感到身上的桎梏變得很輕。傷口四周已經發炎，引起的潰瘍使人受盡折磨，一個人只要入睡就可免於刻骨椎心的苦惱：

> 睡眠的香膏撫慰我的病痛令人依戀，
> 它的甜美在我需要的時刻立即出現。[6]

　　迷信無法讓人用理性的態度說出這番話；唯獨它與睡眠不會簽署停戰協定，也不會讓靈魂有機會恢復活力和勇氣，那就是將與神明有關極其嚴苛和絕望的概念，放在一旁置之不理。靈魂的喪失虔誠就會陷入痛苦的處境，如同迷信的人即使已經入睡，敗壞的心靈喚來可怕的影像，恐怖的鬼怪以及各式各樣的懲罰，不幸的靈魂束縛在拷問架上，睡夢之中一直受到不停的追捕；被迫要順從可怕和額外的命令。後來當這些人從床鋪上面坐了起來，他們不會指責或嘲笑面臨的情景，無法理解騷擾他心靈的東西，沒有一項會真正的實現，想要逃避謬妄和錯覺形成的陰影，從基本上來看並沒有什麼壞處。

　　他們在清醒的時刻就會對自己施以欺騙、軟化和刺激，把自己放在召魂使者和騙子的手裡，誠如那些壞蛋所說：

> 如果夢中出現的幻影讓你感到害怕，
> 恐怖的赫克托親率大軍很快的施壓。[7]

接著喚來乾癟的老太婆為你舉行神奇的滌罪儀式，先將自己浸在海水裡面，然後坐在陸地上面打抖，整個過程要花一天的時間。

> 希臘人從蠻族那裡學會邪惡的習俗！[8]

因為迷信的關係，會出現這樣的行為：像是全身塗滿爛泥；在污垢的穢物當中打滾；將面孔投向地面、用很不體面的方式將神明的雕像圍住自己、做出非常難堪的趴俯動作。

6　優里庇德的悲劇《歐里斯底》211-212行。
7　作者不詳；參閱瑙克《希臘悲劇殘本》之〈Adesp篇〉No.375。
8　優里庇德的悲劇《特洛伊的婦女》764行。

「要用嘴巴很正確的唱出來」是給豎琴演奏家下達的禁制令，因為這些音樂家想要保存音樂極其美好的古老形式。我們一般都堅持用嘴直接而且正確的向神明祈禱，對於當成祭品的犧牲不會去檢查它的舌頭，看看是否乾淨同時還保持直挺的模樣。就在這個時候，會用奇異的名稱和蠻族的措辭，扭曲和玷辱自己的母語，對於神賜與我們那古老而神聖的宗教，不僅是可恥的羞辱也是惡意的違背。

有人用金銀蓋滿他的床鋪，喜劇作家對這方面的描述可以說非常詼諧：

神明將睡眠當成免費禮物賜給世人，
為何你定出它的價錢無法放上天平？[9]

對於迷信的人很可能這樣說：「神明將睡眠當成禮物賜給你，這段時間你可以忘懷病痛獲得片刻的休息；因為你那不幸的靈魂不可能逃到其他夢中，為何你要將難得的恩典當成帶來持續不斷痛苦的酷刑室？」赫拉克萊都斯的說法是人們清醒以後享用大家所共有的世界；等到睡眠之際就在每個人的天地中漫遊。迷信的人不會與其他人享用共有的世界，因為他無法在清醒的時候運用所擁有的智慧，就是落入熟睡也免不了激動和憂慮；理性的力量在夢境中沉陷，恐懼始終保持醒後的警覺，因此他沒有方法可以逃避或將它移走。

4 薩摩斯讓人感到畏懼的暴君是波利克拉底[10]，科林斯則是伯瑞安德；等到居民搬遷到一個自由的城邦受到自己同胞的統治，對於原來的僭主不會產生驚怖的感覺。一個人畏懼神明的管轄和規定，將它看成陰鬱沉悶和冷酷無情的極權暴政，要知道那一個國家或那一處海洋沒有神明，試問你如何搬遷或是逃到那裡？可憐的人呀！你究竟可以偷偷溜到宇宙的那個部分然後躲藏起來，相信自己已經避開神明？奴隸雖然放棄獲得自由的希望，還是有一條法規能夠得到一次出售，改變現況可以找到較為溫和的主人。迷信不會同意這樣的交換方式，他不可能找到一位他不畏懼的神明，因為從他的祖先和他的親戚開始，就對神明敬畏有加。他們一直抱著戰戰兢兢的態度事奉塵世的救主，即使是那些性格溫和的神明，因為要向祂們求得財富、福利、和平、融洽以及在言行方面獲得前所未有的成功，對於祂們的大能當然感到無上的畏懼。

9　提到的喜劇家都屬於新式喜劇的類型，這兩句詩的作者不詳；參閱柯克《阿提卡喜劇殘本》第3卷438頁。

10　波利克拉底是伊阿西斯（Aeaces）的兒子，統治薩摩斯是在西元前7世紀末葉。

還有就是這些人將處於奴役的生活視爲最大的不幸，說是

> 無論男女突然成爲奴隸是可怕災難，
> 何況還要落在殘酷無情的主人手上。[11]

你可以想一想，要是命中注定無法避免、無法逃走和無法反抗，難道不更爲可怕？因爲奴隸還可以逃往一處祭壇，甚至就是強盜也能在很多聖殿當中找到庇護之地；那些能從敵人手中逃脫性命的人，一旦他們能夠擁有一尊神像或是獲得一所廟宇，就會再度激發奮鬥的勇氣。同樣的狀況就迷信的人而言，只能產生引起戰慄的畏懼和緊張；對於有些人來說，最可怕的事莫過於命運的乖戾使他們喪失希望。不要將一個迷信的人從他的神廟中拖走，只有在那裡他會遭到懲罰和報應。

爲何需要敘述得這樣詳細？有人曾經說道：「死亡對於所有的人而言就是生命的終了。」[12] 然而迷信卻沒有完結之日；它會超越生命的限度到極其遙遠之處，忍受恐懼要比人的一生更加漫長，死亡與永生的「惡」有緊密的關聯，要在免於煩惱的時刻，很快建立某些概念，須知現在才是開始而且永無止息。冥府位於深淵的大門在前後擺動之中敞開，斯特克斯(Styx)河與燃燒的支流全部聚集在一起，黑暗當中成群的怪物有著詭譎多變的形影，用嚴厲的表情和悽慘的音聲包圍落在他們手裡的受害者，此外還有判官、行刑手、張著大口的裂罅和深奧的凹室，裡面充滿數不清的苦惱和悲痛。這些令人無法感到快樂的迷信，一直提高警覺不讓任何事情能夠聯想到恐懼，就在不經意之間使它成爲種類繁多的化身。

5 無神論沒有這方面的問題，然而它的無知讓人感到何其遺憾，只看到所出現的差錯還是無視於所表達的重要，完全在於給靈魂帶來極大不幸；因爲就靈魂而言，神的概念等於無數的眼睛，現在這些最明亮和最具支配力量的感官，卻遭到完全滅絕的下場。迷信伴隨本能的情感，如同前面所說那樣，從最開始就有難以忍受的苦惱和騷動，以及加諸心智的束縛。柏拉圖提及音樂是融洽和秩序的創造者，神明將它賜與人類，不是因爲寵愛他們或是讓他們聽在耳裡如

11　其名不詳的悲劇家；參閱瑙克《希臘悲劇殘本》之〈Adesp篇〉No.376。

12　出自笛摩昔尼斯《演說集》第18篇〈論王權〉97節；再度引用於本書第25章〈論亞歷山大的命運和德行〉12節。

聞天籟[13]；那是等到人的身體引起騷亂和過失，影響到靈魂的循環與諧和；由於缺乏文化和教養，放縱和錯誤的行為逐漸使他們變得無可理喻，就能讓音樂用它的方法，解除人類所受的困擾，恢復原有的生機，再度回歸到適當的地位。如同品達所說：

> 宙斯對世事的漠不關心和放任不管，
> 才會出現當前極其擔憂的混亂狀況；
> 他們聽到睿智的繆司明示玉旨綸音，
> 原來激起恐嚇的驚懼現已高飛遠引。[14]

事實上他們變得激動又憤怒，像他們所說那樣，老虎被鼓聲包圍就會發狂，受到刺激甚至會自相殘殺。類似的狀況對這些人的傷害較少，如同那些喪失聽覺的聾子，對於音樂無法感受所以才會漠不關心。提里西阿斯（Teiresias）面臨乖戾的命運帶來的痛苦，眼睛瞎了無法看到自己的兒女和親密的朋友；阿薩瑪斯和阿加維（Agave）更加不幸，他們看到的親友都變成獅子和鹿；就是海克力斯發瘋的時候，最好還是不要看到他的兒子，或是感覺到他們就在身邊，這時他對這些最親近的人當作仇敵，使出最殘忍和最決裂的手段[15]。

6 人類為何會如此？難道你就無法感受到無神論者和迷信的人會有這樣大的差異？前者根本不把神明看在眼裡；後者認為神必然存在而且為惡不淺。更可以說前者對神明沒有仰慕之心；後者感受到祂們的仁慈帶著威脅，祂們如同父執一樣的擔憂竟然專橫無比，摯愛的照顧會帶來傷害，就是發作緩慢的憤怒都是那樣的野蠻和殘酷。迷信的人相信造形的工匠，能拿金屬、石頭和蠟晶做材料，比照凡人俗子[16]將神明的雕像製作得栩栩如生，他們將這些神像穿戴打扮起來，然後對著它頂禮膜拜。迷信使人對於哲學家和政治家抱著鄙夷的態度，他們想要證明神的偉大，在於給人類帶來善意、博愛、仁慈和關懷。無神論者除了要置身事外，更不相信神明對他們有任何幫助。

---

13 出自柏拉圖《泰密烏斯篇》47D，能夠掌握柏拉圖的概念，只是文字的敘述可以自由發揮。

14 品達《皮同賽會頌》第1卷13行；本書第77章〈會飲篇：清談之樂〉第9篇問題14第6節再度引用。

15 這些人都成了神明附體的瘋狂狀況下可憐的犧牲品。

16 在另外一份手稿上面，它的文字是「神的形體與人沒有兩樣」。

　　總而言之，無神論對於崇高的神表現出不予理睬的模樣，因爲所抱持的觀點完全不能理解「何者爲善」；迷信帶有大量各式各樣的感情，基本的概念在於「善即是惡」。因而迷信的人對神抱著畏懼之心，想起神所給予的幫助就會趕緊逃走。他們在奉承祂的同時還要盡情攻訐，即使對祂祈禱還要給予責備。須知人類的共同命運就是無法在各方面都能一帆風順心想事成。品達對於神明有他的看法：

　　　　祂根本無法體會辛勞和疲憊的工作，
　　　　更不會感受老邁年高和病痛的折磨，
　　　　還能避開陰曹地府以及喧囂的冥河。[17]

凡夫俗子的經歷和行動全都關係機遇的環境，紛紛在不同的人生道路上面奔走。

　　7　現在要提到無神論者處於他未曾期望的環境，應該注意他所秉持的態度。如果他一般而言表現謙恭的模樣，你就會注意到他對面臨的運道，不會有一句話的褒貶，試著一切都要靠自己，才能獲得幫助和安慰。如果他表現出難以忍受或極其強烈的感情，你可以注意到他抱怨的對象是命運女神和機會女神，宣稱沒有任何一件事情正確無誤，或者是出於天意，所有與人類有關的事務都陷入混亂和脫序，就是他們的作爲都變得顛三倒四。

　　然而這不是一個迷信的人所運用的方法，即使有最輕微的病痛落在他身上，就會坐了下來，根據他要面對的煩惱，一種來自嚴厲、重大和無可避免的經驗，必須著手繼續進行所要構成的概念，他還要背負起恐懼和驚嚇，疑惑和煩悶，以及對各種哀悼和悲慘發動的攻擊。他將命運指定他應盡的義務，沒有放在任何人或他本人的身上，也沒有歸咎於命運女神或機遇，僅是要神負起全部的責任，說是天國有一條裝滿錯誤的溪流，使出所有力量要傾注到他的身上。他認定這不是因爲他命運不好，而是他對神充滿恨意，因而會受到神的懲處，同時認爲由於自己的行爲，值得付出刑責的代價。

　　一旦無神論者生病倒在床上，這時他認爲是吃得太多或是飲酒過量，再不然是日常生活出現不當的行爲，或許是極其辛勞的場合，以及不習慣於氣候或居住的改變。再者當他冒犯到行政官員，就像與群眾那樣受到醜化，或是像與一個統

17　克里斯特《品達的吉光片羽》143行；引用在本書第50章〈愛的對話〉18節。

治者那樣受到誹謗，看來他要爲自己和周圍的人找出辯護的理由：

> 我在何處犯錯？自己到底做了什麼？
> 細數應盡的責任還有那些受到忽略？[18]

迷信的人對事情的估量，只要身體的病痛、財產的損失、子女的夭折、公職生涯的事故和失利，都可以歸類於「神明降下的苦難」或者「遭到惡魔的打擊」[19]，充分的理由使他無意從這種情勢中脫身，或者想要減輕所發生的影響，或者找出可以解救的辦法，或者採取堅定的立場，所以如此在於免得被認爲他要與神明反目成仇，以及對施加於他的懲罰產生厭惡之心。他患病的時候會將醫生從家中趕走；當他陷入愁雲慘霧之中，卻關緊大門不讓哲學家給予規勸和安慰。他說道：「啊！閣下；我痛恨神明和所有上天的聖靈，就此犯下十惡不赦的罪行，讓我接受應得的懲罰。」[20]

一個人很可能是出於不相信神明存在的關係，當他因爲其他原因陷入悲傷和痛苦之中，就會流著眼淚，剃光頭髮以及脫下斗篷；然而你對迷信的人還有什麼話可說？又能用什麼方式對他加以幫助？他穿上襤褸不堪的粗麻布衣服坐在屋子外面，經常赤身裸體在泥土地上打滾，承認自己犯下各種罪孽和過錯，像是吃了這個或是喝了那個，以及違背自己的良心走上一條禁止通行的路徑。如果他眞的命很好，那麼迷信對他只加上輕微的負擔，會讓他坐在家中，對自己使用煙燻消毒法，把泥土塗滿全身，如同拜昂所說那樣，一個乾癟的老太婆「會很快將難得的機緣傳授與他，過程非常輕鬆，像是把衣服掛在木釘上面」。

8 他們提到位高權重的泰瑞巴蘇斯(Tiribazus)，當波斯人打算逮捕他的時候，像一個力大無窮的人，拔出劍負嵎頑抗。等到來人高聲宣布他們前來是遵奉國王的命令，他立刻扔掉武器束手就擒[21]；難道說實情並非如此？有很多人要與不幸的災禍奮戰到底，使出全力克服當前的困難，想盡辦法要避免和防

---

18 引用畢達哥拉斯《詩的光輝》(Carmina aurea)42行；再度引用於本書第40章〈論做一個多管閒事的人〉1節。

19 參閱西塞羅《突斯庫隆討論集》第3卷29節。

20 或許這種談話的口氣，讓人聯想到索福克利的悲劇《伊底帕斯王》1340行。

21 蒲魯塔克《希臘羅馬英豪列傳》之〈阿塔澤爾西茲傳〉29節，提到泰瑞巴蘇斯拚戰到死為止，這可能是另一種說法。

止從未意料的變故。迷信的人聽不進別人的勸告，只能這樣自言自語：「可憐的
傢伙，你對上天的旨意和神明的交代，除了接受已經沒有半點還手之力。」因而
他放棄所有的希望，不再有任何打算，就是逃走都拒絕別人的幫助。

　　人的迷信心理只不過片刻工夫就做出很多錯誤的決定，最後的結果是置自己
於死無葬身之地。年登花甲的邁達斯出現心神錯亂的徵兆，夢境的異象使他無法
忍受，飲下牛血以求自我了斷[22]。梅西尼國王亞里斯托迪穆斯（Aristodemus）與斯
巴達人發生戰事，這時聽到狗的吠叫如同狼的嚎聲，以及在他那古老的灶房四周
長出匍匐冰草，有預言能力的占卜官就這些現象提出警告，國王得知凶兆喪失鬥
志和希望，最後只有引劍自刎[23]。雅典的將領尼西阿斯（Nicias）或許認爲活在世
上最慶幸的事，能夠比照邁達斯和亞里斯托迪穆斯，可以擺脫迷信對他的影響；
須知他害怕月蝕的陰影不敢採取任何行動，等著敵軍建好高牆將他包圍得水泄不
通，最後是四萬將士落到敘拉古人手中，不是被殺就是成爲戰俘，他自己也遭到
羞辱的結局[24]。

　　光線的阻斷起因於地球來到太陽和月亮的中間位置，根本沒有什麼好恐慌的
地方，月亮的轉動過程只要時候適合就會遇到地球投下的陰影，這也沒有什麼可
怪之處；黑暗的迷信落在人類的頭上就會引起驚駭，在這種環境會使理性的力量
變得混亂和盲從，需要大聲疾呼恢復神志的清醒：

> 啊！看哪！格勞庫斯，蒼茫的海景，
> 驚濤駭浪圍繞捷里安的顛峰和絕頂，
> 黑壓壓烏雲沿峭立的山嶺向上攀升，
> 逐漸醞釀強烈的狂風暴雨即將來臨。[25]

　　舵手看到天候的變化，開始對著上蒼祈禱，保佑他能夠免於大自然暴虐的襲

22　蒲魯塔克空有醫療仁者之心想要治療迷信這種頑疾，只是抱殘守缺不願改進可行的辦法；因
　　爲飲牛血並不會送命，類似的敘述已到無知的程度。

23　鮑薩尼阿斯《希臘風土誌》第4卷13節，提到亞里斯托迪穆斯所以懷憂喪志是出於其他的徵
　　兆。

24　有關尼西阿斯敗亡的詳情細節，可以參閱修昔底德《伯羅奔尼撒戰爭史》第7卷35-83節，以
　　及蒲魯塔克《希臘羅馬英豪列傳》之〈尼西阿斯傳〉23節及後續各節。

25　阿契洛克斯是這首殘缺不全詩篇的作者；參閱貝爾克《希臘抒情詩集》第2卷〈阿契洛克斯
　　篇〉696頁No.54。詩中的格勞庫斯是作者的朋友，皮奧夏有一座山的名字叫作捷里安
　　（Gyrian）。

擊，就在他向保護神²⁶呼叫的時候，把舵柄扳到上方好降低支撐的桁柱，

> 命令水手很快捲起那面巨大的主帆，
> 轉瞬間能避開吞噬船隻的驚濤巨浪。²⁷

赫西奧德勸農夫在犁田和播種之前，雖然要

> 祈求天神宙斯以及耕作女神德米特，²⁸

這時他的手應該緊握犁柄不放。

　　還有就是荷馬在詩中提到埃傑克斯²⁹，說他在與赫克托進行單打獨鬥之前，要求希臘人要為他向神明祈禱，就在大家一起向上天舉起雙手的時候，他開始全身披掛起來，於是阿格曼儂吩咐決鬥的兩方，

> 磨利長槍槍尖還要準備堅固的盾牌，³⁰

這時他答覆那些向宙斯祈禱的人，說祂

> 已同意我將普里安的宮殿夷為平地。³¹

因為神明給予勇敢的希望而不是怯懦的藉口。猶太人因為安息日的關係，文風不動坐在會堂舉行儀式，這時敵人正在城牆的下方架起雲梯，防守的人員成為俘虜，他們還是不願起來仍舊留在那裡，像是陷身在迷信的網中只能坐以待斃³²。

26　海員祈求的神明是卡斯特（Castor）和波拉克斯（Pollux）。

27　參閱貝爾克《希臘抒情詩集》第3卷730頁；本書第34章〈論寧靜的心靈〉17節以及瑙克《希臘悲劇殘本》之〈Adesp篇〉No.377。

28　赫西奧德《作品與時光》465-468行。

29　荷馬《伊利亞德》第7卷193行及後續各行。

30　荷馬《伊利亞德》第2卷382行。

31　荷馬《伊利亞德》第2卷413-414行。

32　蒲魯塔克或許採用63 B.C.龐培攻取耶路撒冷的狀況作為樣本（參閱笛歐·卡休斯《羅馬史》第37卷16節）；也可能是安東尼在38 B.C.對該城的占領（參閱笛歐·卡休斯《羅馬史》第49卷22節）；還有約西法斯（Josephus）《猶太古代史》（*Antiquities of the Jews*）第7卷6節2。

9 迷信在未曾期待的情勢和極其重要的場合具備諸如此類的特色，要比無神論處於歡樂的狀況更無法感受到絲毫的好處。人類所能享受最愉悅的事物，莫過於節慶的日子以及在寺廟舉行的盛宴、入會的典禮和神秘的儀式，以及對神明的祈禱和崇拜。可以注意到無神論者在舉行祭典的場合，會發出任性和挖苦的嘲笑，向著身旁的密友說起，人民必須珍視一種虛榮而愚蠢的自負，認為舉行這些儀式是為了推崇神明；對他而言即使免除也沒有壞處。從另一方面來說，迷信的人正如他所期望的那樣，不會感到任何欣喜和高興之處：

> 城市裡面瀰漫香薰燭燎的異國情調，
> 到處充滿歡樂的歌聲和絕望的哀叫；[33]

這些對於迷信的人而言，他的靈魂有極其傳神的描述。就在他的頭上戴著花冠的時候，臉色已經變得蒼白，雖然奉獻祭品還是感到害怕，他用震顫的聲音向上蒼祈禱，發抖的手點燃祭壇的香火，這一切都可以證明畢達哥拉斯的話是多麼愚蠢，因為他說過「人類接近神明會展現最好的善行」。迷信的情況在目前到達最悲慘和最惡劣的程度，他們趨向神明的殿堂或廟宇，如同接近獸穴蛇窟或者深淵當中那些怪物的老巢。

10 這時有件事讓我感到很奇怪，就是人們會說無神論對信仰沒有虔誠之心，至於迷信倒是不會遭到這樣的指責。安納克薩哥拉斯因不敬的言行被告上法庭，指控的理由是他說太陽是一塊大石頭；然而辛米里亞人（Cimmerians）根本不相信有太陽的存在，也沒有人說他們有邪惡的思想[34]。你看這話又怎麼說呢？為何一個人不相信神的存在就是褻瀆神聖？他不相信這樣的神卻如同迷信的人那樣相信一個同伴的意見，這種做法豈不是更加邪惡？就我個人的看法，為什麼我情願人家認為我還未來到這個世界，就是根本沒有蒲魯塔克這個人，也不要他們這樣說：「蒲魯塔克是一個輕浮多變的傢伙，性情急躁易怒，心胸狹隘而且睚眥必報，任何小事都會暴跳如雷。你邀約其他人晚宴要是獨獨漏請了他，要是你沒有經常去拜訪他，或是你在看他的時候說了不適當的話，這時

33　索福克利的悲劇《伊底帕斯王》4行，本書第7章〈論知交滿天下〉6節以及第32章〈論倫理的德行〉6節再度引用。

34　荷馬《奧德賽》第11卷13-19行；說是辛米里亞人居住的地方，一直是烏雲籠罩，太陽的光線無法穿透，終年處於陰暗之中，看來對他們的描述大有我國所謂「蜀犬吠日」的意味。

他會恨得你牙癢癢的要把你的肉咬下來，或者找個藉口把你最小的兒子打個半
死，或者把家中的牲口趕到你的田地去踐躪將要收成的穀物。」[35]

泰摩修斯在雅典高歌一曲的時候，裡面提到阿特米斯說祂如同

神志不清完全陷入瘋狂的酒神信徒；[36]

歌曲作者辛尼西阿斯站的位置在聽眾的中間，大聲叫道：「你有一個女兒就是那
副德性！」事實上，就阿特米斯來說，迷信會使臆測之辭表現出那種模樣，甚至
更為惡劣，這種說法有詩為證：

到處懸掛的屍首讓人感到無比恐懼，
接近初生的產婦難免會有喪子痛苦，
離開死者的住宅體會到哀悼的聲音；
這時你進入神廟會使聖地受到玷污。
如果有幸能夠在前面遇到三岔路口，
可以用來舉行潔淨心靈的禳祓儀式，
罪人得知也能隨著你前來頂禮膜拜。[37]

他們認為阿特米斯在這方面，與阿波羅、赫拉和阿芙羅黛特一樣都沒有什麼理
性，對於祂們的一切都感到戰慄和敬畏。

據說尼歐比對勒托有不敬之處，完全是她相信心中對迷信有先入為主的念
頭，所以才會輕率看待女神的報復。然而阿特米斯因為祂被人嘲笑，就非要讓那
個

不幸婦女所生六個兒子和六個千金，
全部遭到射殺正當風華茂盛的年齡。[38]

---

35 或許是在暗中借題發揮，指責阿特米斯縱容卡利多尼亞的野豬踐踏農人的莊稼；詩句引用荷
　馬《伊利亞德》第9卷533行及後續各行。

36 參閱貝爾克《希臘抒情詩集》第3卷〈泰摩修斯篇〉620頁No.1，以及本書第2章〈年輕人何
　以應該學詩〉4節。

37 參閱貝爾克《希臘抒情詩集》第3卷680頁。

38 荷馬《伊利亞德》第24卷604行；這是阿奇里斯勸普里安進食之言，說是尼歐比死去所有的

祂對別人的傷害竟然無厭到不知滿足，一樁微不足道的小事竟然引起血海深仇。看來女神心中懷著惱怒的情緒倒是眞實不虛，祂痛恨人類的罪孽，不惜傷害那些說祂壞話的人，祂不會嘲笑人類的無知和盲從，只是感到憤慨不已。那些喪生在祂手中的人，很不實的歸咎於祂的凶暴和冷酷，才會傳播和撰寫情節相當荒謬的神話。

無論如何，我們提到赫庫巴遭受的痛苦，當她說出這番話來，還是同樣的野蠻和殘酷：

> 我非要生嚼你的心肝才能消仇解恨。[39]

迷信讓人相信敘利亞的女神所說的話，要是有人敢吃鯡魚或鯷魚，祂會齧啃他的脛骨，讓他全身潰爛紅腫，還要摘下他的肝臟[40]。

11 談起褻瀆神聖的事物意味對神有所不敬，或者僅是對祂有卑劣的看法才是褻瀆神聖？或者對祂的看法用惡意的口吻說出才是極其不當的行爲？事實上，我們一直將惡意的言辭視爲仇恨的信號，也會把說壞話的傢伙當成敵人，感到這些人會對我們帶來不利和災害。你知道迷信的人對於神的看法：他們認爲神都是輕率妄動、不守信用、毫無原則、報復心重、殘酷無情而且容易受到冒犯；造成的結局是迷信的人受制於對神的痛恨和畏懼。如果他認爲所遭到最惡劣的不幸都來自神明，而且還關係到他的未來，試問他爲何不保持這樣的看法？因爲他痛恨和畏懼神，所以他成爲祂們的仇敵；雖然他對祂們極其害怕，還會去頂禮膜拜，奉獻犧牲以及湧往祂們的廟宇，這種事其實也沒有什麼可怪之處。

實在說大家所以會歡迎暴君，還要對他們大事奉承，爲了推崇和敬仰幫他們樹立黃金的雕像，然而在大家的內心還是憎恨他們，有機會就「搖頭」表示反對[41]。赫摩勞斯(Hermolaus)[42] 陪伴在亞歷山大的身邊，鮑薩尼阿斯[43] 擔任菲利

(續)————

兒女，她還是沒有忘記用餐；你不過死去一個兒子，相比之下狀況還是好很多。

39　荷馬《伊利亞德》第24卷212行，阿奇里斯殺死她的兒子赫克托，所以才會咬牙切齒講出狠話，這也是人之常情。

40　阿昔尼烏斯《知識的盛宴》346D，以及柯克《阿提卡喜劇殘本》第3卷〈米南德篇〉167頁No.544，都有這方面的記載。

41　索福克利的悲劇《安蒂哥妮》291行。

浦的護衛，以及奇里亞(Chaerea)[44]對該猶斯·喀利古拉(Gaius Caligula)的支持，然而他們每個人都會說出自己的心聲：

> 我有意念為你成就事業定然全力以赴，
> 即使天命難違報仇雪恥不惜血濺五步。[45]

無神論者心中否認神的存在；迷信的人希望沒有神，卻違背自己的意願相信他們的存在，因為他對不信抱著畏懼之心。要是移去懸在坦塔盧斯(Tantalus)頭頂的巨岩，實在說他一定會很高興；因之迷信的人要是避開感到重壓的畏懼，歡喜的程度不下於坦塔盧斯的岩石，可以視為無神論者擁有幸福的條件，因為他處於獲得自由的興奮狀況。所以會如此，無神論者不管局部或整體都與迷信無關；反之就迷信的人而言，他情願做一個無神論者，之所以做不到，在於自己的性格過分軟弱，無法堅持與神有關的反對意見，雖然他很想做到這點。

12 無神論者與引起迷信沒有任何關係，只是迷信的種子使無神論可以發芽成長，等到它生根以後還供應防衛的力量，雖然在很多方面不夠真實和美好，卻從不缺少似是而非的論點。這些人在上天並沒有發現有什麼差錯的地方，像是星辰和季節的變換，月球的運行和太陽繞著地球的轉動，所形成「日和夜的工匠」[46]，以及活在世間的生物所需的攝食和成長，以及作物的種植和收穫，是如此和諧沒有任何失序之處，所以他們不應該做出這樣的決定，要在宇宙的範圍之內反對神的概念。迷信形成荒謬的行為和情緒，獨特的語言和姿態，神秘的護符和咒文，四處響起猛烈的鼓聲，邪惡的贖罪典禮和污穢的褉禳儀

（續）

42 「侍衛叛案」在327 B.C.遭到破獲，涉嫌謀刺亞歷山大的人員，都是伴隨在身邊的年輕貴族，主謀是赫摩勞斯，經過逮捕和審訊以後，判決投石擊斃之刑；參閱蒲魯塔克《希臘羅馬英豪列傳》之〈亞歷山大傳〉55節。

43 鮑薩尼阿斯後來刺殺菲利浦，甚至連亞歷山大都受到懷疑；參閱亞里斯多德《政治學》第5卷10節；戴奧多魯斯·西庫盧斯《希臘史綱》第15卷94-95節；伊利安《歷史文集》第3卷45節；以及華勒流斯·麥克西穆斯《言行錄》第1卷8節。

44 卡休斯·奇里亞(Cassius Chaerea)在暗中醞釀的叛亂，得到的結果是置暴君喀利古拉於死地；參閱塔西佗《編年史》第1卷32節和蘇脫紐斯《十二凱撒傳：喀利古拉》56-58節。

45 荷馬《伊利亞德》第22卷20行。這是阿奇里斯對阿波羅所說的話，看來他竟然不把神明放在眼裡，為後來的在劫難逃已經埋下伏筆。

46 這是柏拉圖所說的話，參閱《泰密烏斯篇》40C；還引用在其他章節之中。

式，神廟中舉行野蠻和異國的苦行和禁慾。所有這一切讓人有機會表達他們的看法，怎麼說都是沒有神比較好，特別是神帶著愉悅的心情接受崇拜的形式，是如此的氣勢凌人，是如此的瑣碎繁雜，是如此的易於冒犯。

13 我們知道古代的高盧人[47]和錫西厄人[48]對於神完全沒有概念、預見和傳統，然而他們卻相信神的存在，認爲神會很高興接受血腥的活人獻祭，當作完美的祭品和神聖的儀式。迦太基人很早獲得克瑞蒂阿斯（Critias）或戴哥拉斯（Diagoras）的協助制定法典[49]，廢止神權觀念，也不相信神的存在，這時他們還是像原來那樣向克羅努斯奉獻犧牲[50]。因爲有這種狀況發生，伊姆皮多克利才會攻擊用活人或動物當成祭品：

> 何其愚蠢！父親將愛子殺死在祭壇，
> 認為形式的變換是極其虔誠的行為。

不僅如此，我們知道很早開始迦太基人將親生子女獻給神明，如果沒有後裔就從貧窮的家庭買一位幼兒，放在祭壇上面然後割斷他的咽喉，如同他們是當作奉獻的羔羊和鵪鶉。這個時候母親站在旁邊，不會流下一滴眼淚或發出一聲哀鳴；如果她喪失錢財會很悲傷，至於子女的犧牲像是若無其事。神像前面廣大的地區充滿鼓和笛的嘈雜聲音，即使有悲慘的哭號也無法傳到人們的耳中。

設若泰封或巨人趕走神明統治世界，到那時候會是那些犧牲可以取悅他們？或者他們需要何種類型的神聖儀式？澤爾西斯的妻子阿美斯特瑞斯（Amestris）爲了獲得哈得斯的恩寵，活埋十二個人當成祭品[51]。柏拉圖提到哈得斯，因爲祂的

47　凱撒征服高盧之前，所謂的高盧地區是指義大利盧比孔河以北，庇里牛斯山以東，萊茵河以西，直到大西洋和北海的廣大原野。這個地區以阿爾卑斯山爲界，分為山內高盧和山外高盧（簡稱內高盧和外高盧）；內高盧又以波河爲界分爲河南高盧與河北高盧。參閱凱撒《高盧戰紀》（*Gallic War*）第6卷16節和斯特拉波《地理學》第4卷4-5節。

48　有關錫西厄人的狀況，可以參閱希羅多德《歷史》第4卷70-72節。

49　克瑞蒂阿斯和戴哥拉斯是古代名聲響亮的無神論者；參閱色克久斯・伊姆庇瑞庫斯（Sextius Empiricus）《指控數學家》（*Adversus Mathematicos*）第9卷54節以及本書第73章〈對斯多噶學派一般概念的駁斥〉31節。

50　蒲魯塔克特別在本書第15章〈國王和將領的嘉言警語〉18節之1，提到敘拉古的僭主傑朗，480 B.C.戰勝迦太基人以後，要求對方在協議中明訂條款，不得有以活人獻祭的行爲；參閱戴奧多魯斯・西庫盧斯《希臘史綱》第20卷14節，說是這種陋習後來又死灰復燃。

51　參閱希羅多德《歷史》第7卷114節，要是與第3卷35節的說法做一比較，可以知道古代的埃

仁慈、智慧和富有，運用說服和理性控制死者的靈魂，只要用這個名字呼喚，祂就會前來相見[52]。自然哲學家色諾法尼斯看到埃及人在舉行祭典的時候，竟然搥打自己的胸膛，發出悲慘的哭聲，讓他產生適切的聯想；他說道：「如果他們崇拜的對象是神，那就無須對祂們感到悲傷；如果是人又何必奉獻犧牲。」[53]

14 迷信讓我們了解到很多的缺失和情緒方面的問題，明瞭這點就不會再有難以捨棄的遺憾；同時我們知道迷信涉及很多的意見，不僅相互牴觸而且彼此敵對。逃避迷信所採用的方法必須安全而方便，不要像有些人為了擺脫強盜或猛獸的攻擊，如同無頭蒼蠅那樣到處亂竄，或是為了逃離戰火，進入沒有人跡的地方，到處都是陷阱和懸崖。因為有些人想要避開迷信，非常輕率的撞進粗鄙又僵硬的無神論範疇，卻躍過橫亙其間真正的宗教信仰[54]。

（續）————————

及人和波斯人，都用活埋的方式向神明獻祭。

52 參閱柏拉圖《克拉提魯斯篇》403A，柏拉圖用語意學的方式，說明財神普祿托的名字來自土地(有土斯有財)，冥神哈得斯的名字來自「無所不知」。

53 這種說法引用在本書第27章〈埃及的神：艾希斯和奧塞里斯〉70節，可以參閱亞里斯多德《修辭學》第2卷第23章27節。

54 亞里斯多德的哲理要能避免趨向極端(這就是惡)，德行在於保持中庸之道，看來古今中外談到倫理學的範疇和論點，很多方面都是大同小異。

第十五章
國王和將領的嘉言警語

　　蒲魯塔克致至高無上的皇帝圖拉眞，敬祝國運昌隆，勝利成功。

　　啊！圖拉眞，至高無上又尊貴無比的皇帝；我們知道波斯國王阿塔澤爾西茲，舉凡送禮給他的人都爲他接受時的誠懇態度覺得非常開心，任何人從他那裡接受禮物同時還感受到他的親切和友善；有次他騎馬外出，很多人爭先恐後向他呈獻物品，一位貧苦的工人實在沒有東西，就跑到河邊用手捧一掬水送給國王，他面露笑容極其高興的接受。他衡量的標準是送禮者的心意而非禮物的價值[1]。

　　萊克格斯在斯巴達規定祭品應該是一些不值錢的東西[2]，大家能夠很容易拿手邊的物品膜拜神明。所以我這個不成敬意的禮物，除了用來當成友誼的表徵，把它視爲出自哲理的頭批收成[3]，奉獻到你的面前。我懇求你收下在於能與作者有心靈的溝通，同時希望你能因而獲得裨益，根據我個人的看法，要想眞正了解居上位者的性格和愛好，聽其言較之觀其行可以收到更佳的成效。

　　這種說法的確眞實無虛，像是我現在完成的作品是傳記，包括羅馬和希臘最爲知名的統治者，立法者和偉大的君主，得知他們絕大部分的行動，混合無法捉摸的機遇，然而從他們正式的聲明和無意中透露的談話，對於他們過去的作爲，經驗的事物以及產生的結局，提供一個可以觀察的機會，這部作品對每個人來說，它的寓意像是很多面的鏡子。如同某位波斯人塞朗尼斯（Seiramnes），有人問他爲何他的談吐很有見識，行事則毫無章法可言，他說他的話可以自己作主，行動受制於機運甚或帝王，自己是一籌莫展[4]。

1　參閱蒲魯塔克《希臘羅馬英豪列傳》之〈阿塔澤爾西茲傳〉5節；以及伊利安《歷史文集》第1卷38節。

2　蒲魯塔克重申他在本書第17章〈斯巴達人的格言〉53節22的觀念，參閱《希臘羅馬英豪列傳》之〈萊克格斯傳〉19節，以及赫西奧德《作品與時光》336行。

3　參閱柏拉圖《普羅塔哥拉斯篇》343B，提到希臘七賢將智慧的頭一批果實，亦即「自知之明」和「中庸之道」呈獻給阿波羅。

4　戴奧多魯斯・西庫盧斯《希臘史綱》第15卷41節，記載波斯省長法那巴蘇斯（Pharnabazus）

《希臘羅馬英豪列傳》對於明君賢相、謀臣勇將的豐功偉業，充滿長篇大論的敘述和介紹，那得找到閒暇才能閱讀；現在這篇文章都是相互分離的段落，可以說是傳記的抽樣介紹和主要成分，我認為不會在時間上讓你感到負擔，得知這麼多偉大人物的嘉言警句，都是傳記和史書當中最為關鍵和極其精采的部分，可以說花費最少的代價能得到最大的收穫。

一　居魯士[5]

1 波斯人認為長鷹鉤鼻的人才算美男子，居魯士的鼻子就是那種形狀，所以成為受到萬民愛戴的國王。

2 居魯士曾經說過，為人不要僅僅只想自己獲得好處，他必須把機會讓給別人。他還說一個人要是不能比臣民做得更好，他就不配擁有統治的權力[6]。

3 波斯人的國土到處高山峻嶺崎嶇難行，民眾希望能獲得平坦而肥沃的土地，用來取代原有的疆域，居魯士不同意這樣做，他說不論是植物的種子還是人類的生活，還是喜愛本鄉本土，雙方有極其緊密的血緣關係[7]。

（續）───────────────

對雅典將領伊斐克拉底說了這段話。

5　這位是居魯士大帝，在位時期約為559-529 B.C.，他是波斯帝國的創立者，擊敗利底亞的克里蘇斯，將小亞細亞的希臘城邦都納入版圖。本章的人名次序按照年代的先後排列。

6　參閱色諾芬《居魯士的教育》第1卷6節和第7卷5節，敘述的內容並非杜撰，因為可以在其他的作品之中發現。

7　蒲魯塔克可能取材於希羅多德《歷史》第9卷122節，後者或許參考希波克拉底的著作，參閱他的《空氣、水和地區》（*Airs, Waters, and Places*）第24章。還可以參閱柏拉圖《法律篇》695A；李維《羅馬史》第19章25節；這種觀念當時雖然流行，殖民的開墾和遠征的行動，還是照舊進行沒有中止。

二　大流士[8]

1 澤爾西斯的父親大流士如此讚譽自己，面對戰場瞬息萬變的危局，能夠保持冷靜的頭腦可以全神貫注。

2 等到臣民應繳稅款的總額已經確定，他召來行省的省長，詢問他們稅負是否過重，聽到地方的行政首長表示徵收的準標相當溫和，他下令所有的稅率減半繳交[9]。

3 大流士掰開一個大石榴，有人問他是否喜歡統治下的臣民，數量能像石榴子這樣的繁多，他回答道：「臣民在質不在量，所有的男子要拿佐庇魯斯(Zopyrus)做榜樣，我會更加高興。」[10] 佐庇魯斯是位勇士也是他的朋友。

4 佐庇魯斯為了瞞過巴比倫人，不惜拿劍自殘面孔，割下自己的鼻子和耳朵，等到他贏得對方的信任，成功的內應將整座城市交到大流士的手裡。很多次大流士說起，要是能夠恢復佐庇魯斯原來的面貌，對他而言比抓到一百個巴比倫俘虜更有價值。

三　塞美拉米斯[11]

塞美拉米斯(Semiramis)建造一個極其壯觀的陵寢[12]，準備供身後之用，墓碑

8　波斯國王大流士一世，在位期間521-486 B.C.，發起侵入希臘的波斯戰爭(492-479 B.C.)，馬拉松會戰失敗返國，在發起另一次遠征之前亡故。

9　波利努斯(Polyaenus)《謀略》(Strategemata)第11卷11節，記載情節類似的故事；希羅多德《歷史》第3卷89-95節，非常詳盡地描述他徵稅的方式和金額，沒有提到任何減稅的措施。

10　希羅多德《歷史》第4卷143節，記載情節相同的故事，只是當事人由佐庇魯斯換為米嘉柏蘇斯。

11　塞美拉米斯是古代亞述國王尼努斯(Ninus)的妻子，後來成為獨掌大權的皇后，征戰四方建立龐大的帝國。

12　希羅多德《歷史》第1卷187節，提到尼托克瑞斯(Nitocris)在巴比倫的城門外面興建墳墓，斯托貝烏斯《花間飛舞》第10卷53節，完全引用蒲魯塔克的說辭。

上面刻著銘文：「不管那一位國王感到缺少金錢，就可以打開這座紀念物，盡其所需將它拿走。」後來大流士挖開墳墓，沒有找到金銀財寶。非僅如此，他接著看到另外一塊碑銘，可以念出下面的字句：「如果你不是貪得無厭的卑鄙小人，就不會去打擾一位躺在這裡的死者。」

四　澤爾西斯[13]

1 亞里阿密尼斯(Ariamenes)是大流士的兒子也是澤爾西斯的兄弟，離開巴克特里亞(Bactria)，率軍前來要與澤爾西斯爭取王位。澤爾西斯派員送上重禮，吩咐使者特別向他指出：「這是你的兄弟澤爾西斯爲了表示情意所送的禮物，要是他登基稱王，你在他的宮廷成爲位階最高的貴族。」等到澤爾西斯受到推戴成爲國王，亞里阿密尼斯立即效忠稱臣，同時將王冠放置在兄長的頭上，澤爾西斯提拔他成爲僅次於自己的二號人物[14]。

2 澤爾西斯對巴比倫人的叛變[15] 極其惱怒，經過大力鎮壓以後，爲了貶低他們的地位，不讓他們有執干戈以衛社稷的義務，成爲吹簫奏琴的樂師，妓院的老鴇龜公，從事蠅頭小利的買賣，只能穿著飄逸流暢的長袍。

3 澤爾西斯說他不吃阿提卡出產的無花果，因爲這是要花錢買的出口貨；他要吃的話，一定先要獲得這塊給他帶來困擾的土地[16]。

4 他在軍營裡面抓到希臘人派來的探子，不僅沒有加以殺害，還要他們到處走動，了解軍隊的狀況，再讓他們離去。

13　波斯國王澤爾西斯是大流士一世的兒子，在位期間486-465/464 B.C.，他在480 B.C.對希臘發起聲勢強大的遠征行動，由於薩拉密斯海戰和普拉提亞會戰的失利，最後還是鎩羽而歸。

14　本書第35章〈手足之情〉18節，詳述這件事的來龍去脈，蒲魯塔克依據傳說，與希羅多德《歷史》第7卷1-4節的記載，在內容方面有很大的出入。

15　根據一般史籍的記載，巴比倫的叛亂發生在大流士的統治之下，參閱希羅多德《歷史》第3卷150節。

16　參閱阿昔烏尼斯《知識的盛宴》652B。

五　阿塔澤爾西茲[17]

1 澤爾西斯的兒子阿塔澤爾西茲獲得「通臂猿」的綽號，因爲有一隻手較另一隻爲長，通常就說他比起其他任何人更適合將權杖掌握在手裡。

2 他是第一位頒布這種命令的國王：他的隨伴在狩獵當中，每個人都可以投擲長矛，無須等待他先行出手[18]。

3 對於統治階層成員的犯法行爲，他是第一位制定下列懲處方式的國王：將違法亂紀者身上的衣服剝下掛起來施以抽打，以及拿走他們的頭飾；用以取代肉體的鞭刑和剃光所有的頭髮。

4 寢宮總管薩蒂巴贊尼斯(Satibarzanes)向他提出違背國法的要求，根據他打聽到的消息，有人願意花三萬鎊鉅款買通關節。因此他通知國庫的司庫送三萬鎊過來，然後將這筆錢交給寢宮總管，說道：「薩蒂巴贊尼斯，將這筆錢拿走。我送你這份禮不致窮到無以爲生，要是我答應你要求的事就會名譽掃地。」

六　小居魯士[19]

小居魯士(Cyrus the Younger)力言斯巴達人與他結盟的好處，說是他比他的兄長有更堅定的意志，何況爲人豪邁有更好的酒量；他誹謗阿塔澤爾西茲生性怯懦，缺乏男子漢大丈夫的氣概，不敢騎馬從事狩獵活動，就是登上寶座也會面臨眾叛親離的局面。小居魯士要求斯巴達人給予人力支援，特別提出保證：徒步來者給予馬匹，馬上騎士給予車輛，耕作農夫賜給村落，莊園領主賜給城市，成爲

17　阿塔澤爾西茲一世是波斯帝國第五任國王，在位期間長達四十二年(465-423 B.C.)，開疆闢土，勵精圖治，創造最輝煌的王朝。

18　色諾芬《居魯士的教育》第1卷4節，認爲這種指示出自居魯士大帝之口。

19　小居魯士是波斯國王大流士二世的次子，與他的兄長阿塔澤爾西茲二世爭天下，於401 B.C戰敗被殺。

士兵就有糧餉，不是代金而是實物[20]。

七 阿塔澤爾西茲·尼蒙[21]

1 稱爲尼蒙（Mnemon）[22]的阿塔澤爾西茲是居魯士的兄弟，不僅同意覲見者可以不受拘束，能夠自由自在與他交談，還要求他的妻子外出坐在車內的時候，將窗簾拉下來，使得路邊的行人也有與她說話的機會。

2 有位貧士呈獻一個極其碩大的蘋果，他很高興的接受，同時還說道：「這個人託米塞拉斯（Mithras）的福，應該換個更大的城鎮給他治理才對。」

3 某次面臨倉促的撤退狀況，他的輜重搶劫一空，等到只有乾無花果和大麥麵包可供食用，這時他大聲叫道：「我過去從未經歷這樣的樂趣！」[23]

八 帕里薩蒂斯

帕里薩蒂斯（Parysatis）是小居魯士和阿塔澤爾西茲的母親，向一些人士提出勸告，如果他們打算對國王開誠布公，措辭方面就要輕聲細語。

九 奧龍特斯

奧龍特斯（Orontes）是阿塔澤爾西茲王的女婿，因爲涉及不榮譽的案件遭到

---

20 蒲魯塔克《希臘羅馬英豪列傳》之〈阿塔澤爾西茲傳〉6節，提到他宣布的優厚犒賞條件，只是這些都是「想當然耳」的事。

21 這位波斯國王是阿塔澤爾西茲二世尼蒙（Artaxerxes II Mnemon, 404-358 B.C.），他是大流士二世之子。自從386 B.C.與斯巴達簽訂和平協定以後，雙方保持多年相安無事的狀況。

22 尼蒙這個名字的由來是他有「過目不忘的記憶力」。

23 參閱蒲魯塔克《希臘羅馬英豪列傳》之〈阿塔澤爾西茲傳〉12節，敘述他無水可飲的狀況。

指控[24]，等到判決確定，國王就說數學家一次能表示一萬的數字，有的時候只能表示個位數，這種方式如同國王的親人和朋友，某個時間他們擁有絕大的權力，一旦失勢毫無力量可言[25]。

十　門儂

門儂投奔大流士的陣營，對亞歷山大發起戰爭[26]，有一位傭兵說了許多謾罵亞歷山大的話，他就用長矛敲這個人的頭，說道：「我付錢給你是要你與亞歷山大作戰，並不是要你詆毀他。」

十一　埃及國王的習性

埃及國王遵守自訂的統治原則，所有的法官都應立下重誓，即使國王指示他們做出不公正的判決，他們都不能從命。

十二　波特斯

波特斯(Poltys)是特洛伊戰爭那個時代的色雷斯國王，有次特洛伊人和希臘人同時派遣代表團去見他，於是他吩咐亞歷山大(即當事人帕里斯)歸還海倫，代價是從他那裡獲得兩位美女作為補償。

24　根據戴奧多魯斯·西庫盧斯《希臘史綱》第15卷10-11節的記載，受到控訴的人是泰瑞巴蘇斯，敘述的情節非常詳實。

25　戴奧吉尼斯·利久斯《知名哲學家略傳》第1卷59節，像是梭倫也有同樣的說法。

26　這件事發生在333 B.C.。

十三　特里斯[27]

　　昔塔西斯（Sitalces）的父親特里斯（Teres）經常說起，要是他什麼事都不做，也沒有率領軍隊進入戰場，這時他感到自己與馬夫沒有什麼不同[28]。

十四　科特斯[29]

　　科特斯（Cotys）有次收到的禮物是一頭花豹，他對贈者的回禮是一隻獅子。他天生性格暴躁，奴僕犯了微小過失，便經常給予嚴厲懲處。有次一位朋友從國外帶給他一些陶器，運用最高的藝術手法，在上面刻出各種浮雕，非常精巧，只是質地易碎。他回贈禮物給朋友，接著將名貴的陶器全部敲成碎片，他說道：「免得有人失手打破，使得我怒氣大發，因而受到苛刻的處分。」

十五　艾敦色蘇斯

　　艾敦色蘇斯（Idanthyrsus）是錫西厄人的國王，對抗越過多瑙河的大流士，想要說服愛奧尼亞人的僭主，破壞橫跨河流的橋梁，逼得大流士只有退兵。受到收買的僭主不願這樣做，說他們已經對大流士立下誓言，因而艾敦色蘇斯稱他們是最聽話的奴隸，連逃走都不會[30]。

27　特里斯是奧德瑞西（Odrysae）的國王，這個城邦位於色雷斯地區，時間大約是西元前5世紀初期。

28　本書第54章〈花甲老人是否應該忙於公事〉16節，錫西厄國王阿提阿斯（Ateas），說他要是終日無所事事，那比馬夫也好不了多少。

29　科特斯是色雷斯國王，在位期間為382-358 B.C.。

30　參閱希羅多德《歷史》第4卷142節；還說他們要是自由人，就是不敢抵抗的膽小鬼。

十六　阿提阿斯

1 阿提阿斯寫信給菲利浦：「你是馬其頓的統治者，學會如何與人作戰；我是錫西厄人的統治者，能夠擊敗饑餓和口渴。」

2 他在為馬梳理和洗刷的時候，問到菲利浦派來的使者，菲利浦是否也做這一類的事情。

3 他在會戰獲勝捕獲的俘虜當中，伊斯門尼阿斯(Ismenias)是一位名氣很高的笛手，於是他吩咐這位樂師吹奏一曲，在座每個人都稱許不已，阿提阿斯發誓賭咒，聽到馬的嘶叫使他感到更加高興[31]。

十七　西盧魯斯[32]

西盧魯斯(Scilurus)生前有八十個兒子，當他臨終彌留之際，將一束標槍交到他們的手裡，叫這些兒子輪流將它折斷，等到他們無能為力只有放棄後，他一根一根抽出標槍，很容易將它拗成兩截。然後他要他們記住這個教訓，只要大家精誠團結就會繼續壯大，如果相互之間爭吵不和，很快就會衰弱下去。

十八　傑朗[33]

1 僭主傑朗(Gelon)在希米拉城外擊敗迦太基人，雙方簽定和平協定，他強迫對方要停止一件惡習，那就是不得將自己的兒女當成犧牲，奉獻給天神克羅努斯當作同意的條款列入其中[34]。

31　本書第25章〈論亞歷山大的命運和德行〉第2篇1節，以及第74章〈伊庇鳩魯不可能過快樂的生活〉13節都提到這個故事；古代的作者對於伊斯門尼阿斯的名聲一直讚譽有加。

32　西盧魯斯是錫西厄國王，在位期間約為西元前1或2世紀。

33　傑朗或稱傑洛(Gelo)是西西里的僭主，491-483 B.C.統治傑拉，接著於485-478 B.C.將敘拉古納入版圖。

34　本書第14章〈迷信〉13節，以及第45章〈論天網恢恢之遲延〉6節，都提到這件事，根據戴

2 他經常率領敘拉古人前往田野從事農耕，重視的態度如同在進行一場戰役，這樣一來土地的生產力獲得很大的改進，人民不會因怠惰變得腐化墮落。

3 他向市民提出徵收金錢的要求，等到他們表示不滿，他說他之所以這樣做是有歸還的打算；後來等到戰爭結束，他果然沒有食言。

4 宴會當中拿出一個七弦琴依序傳遞，到手的人就要高歌一曲，等輪到國王的時候，他下令將他的座騎牽進來，身手敏捷地跳上馬背疾馳離開[35]。

十九　海羅[36]

1 海羅繼承傑洛成為僭主，他經常掛在嘴裡一句話，任何人只要直言無隱，開口的時機總不會出錯。

2 他認為一個人洩漏機密犯下重大的罪行，對於刻意打聽的人一併治罪。因此我們知道，不僅是那些洩漏機密的人，就是那些不該聽到而又聽到的人，同樣受到我們的痛恨。

3 有人辱罵他口臭難聞，簡直令人作嘔，他責備妻子為什麼不告訴他，她說道：「我認為所有的人都聞得到。」[37]

4 科洛奉的色諾法尼斯抱怨，要想維持兩個僕人已經十分困難，海羅聽到以後回答道：「你所瞧不起的荷馬，雖然已經過世，維持一萬人的生計

（續）

　　奧多魯斯・西庫盧斯《希臘史綱》第20卷14節的記載，說是迦太基人暗中還是照做不誤，到了310 B.C.公開恢復這項極不人道的陋習。

35　提米斯托克利對於文藝和音樂雖然抱著不屑一顧的態度，也沒有像傑朗這樣絕塵而去；參閱蒲魯塔克《希臘羅馬英豪列傳》之〈提米斯托克利傳〉2節。

36　海羅是傑拉和敘拉古的統治者，在位期間478-467 B.C.。

37　亞里斯多德提到海羅這一件軼事，斯托貝烏斯《花間飛舞》第5卷83節有相同的記載。

都不止。」

5 喜劇家伊庇查穆斯所以受到他的處分，在於這位詩人當著他妻子的面，說出言辭不雅的批評。

二十 戴奧尼休斯一世[38]

1 政客抽籤按照字母的順序上台向人民發表演說，戴奧尼休斯一世抽到M，有人向他說道：「戴奧尼休斯，你是一個Muddle-head『糊塗蛋』。」他回答道：「不對，我是一位Monarch『君王』。」等到演說完畢以後，敘拉古人立即選他出任將領[39]。

2 在他統治的初期，有些反對他的市民組成一個陰謀團體，發起叛亂，把他圍困在皇宮裡面，他的朋友向他提出勸告，除非自己願意在被推翻後遭到殺害，還是遜位下台為上策。此時他正好看到廚子宰牛，這頭牲口很快倒地身亡，於是他說道：「死亡是如此短暫，為了害怕它降臨到我們的頭上，竟然放棄長遠的統治，豈不是讓人把我們看成毫無眼光和沒有出息？」[40]

3 戴奧尼休斯一世打算讓自己的兒子繼承整個帝國，聽到這位年輕人與一位有夫之婦通姦，帶著怒氣問他是否知道他的父親行動像誰，這位年輕人回答道：「不知道，因為你沒有一位當僭主的父親。」他說道：「除非你停止苟且的行為，否則你的兒子也會跟我兒子一樣。」

4 有次他到兒子的住所，看到存放很多用金銀製作的酒杯，於是高聲叫道：「看來你不像一個僭主，你經常從我那裡拿走這麼多值錢的器具，卻沒有一個朋友能從你這裡獲得好處。」

---

38 戴奧尼休斯一世統治敘拉古是405-367 B.C.。

39 參閱戴奧多魯斯·西庫盧斯《希臘史綱》第13卷91-92節。

40 本書第54章〈花甲老人是否應該忙於公事〉第1節；戴奧多魯斯·西庫盧斯《希臘史綱》第10卷8節；伊利安《歷史文集》第4卷8節和波利努斯《謀略》第5卷7節，對於這個故事都有類似的記載。

5 他向敘拉古人徵收現金，看到市民一副悲傷的樣子，前來乞求和抗議說他們已經是一貧如洗，於是他下令第二次的徵收；類似的做法他實施不下二到三次之多[41]。等到這樣的徵收繼續下去，有次他聽說市民前往市場，面帶歡樂的神色，互相在開玩笑，立即下令暫停徵收的作業，他說道：「他們對當局擺出藐視的姿態，已經證實的確身無分毫。」

6 戴奧尼休斯一世的母親已過了適婚的年齡，提出要求嫁給他的臣民，他說他有權力可以破壞城邦頒布的法律條文，卻不能違背自然規範的天理人情[42]。

7 他對所有的罪犯都施以無情的懲罰，唯獨對於翦徑的小賊願意網開一面，因為這些人只要猖獗起來，敘拉古人就會停止夜間聚在一起的飲宴活動。

8 有位外鄉人自稱有未卜先知的能力，可以私下教導他判定那些人圖謀不軌，會對他採取不利的行動，戴奧尼休斯吩咐這個人講出來，於是外鄉人走到他的身邊說道：「交給我一泰倫的錢，等於讓大家產生一種印象，你已經學會如何辨識陰謀分子的秘密暗號，這樣一來大家心中害怕，就不會有叛逆的事件發生。」戴奧尼休斯如數支付，裝出他已經了然於胸的模樣，同時對這個人極其巧妙的手法感到驚奇不已[43]。

9 有人問他如何打發空閒的時刻，他說道：「希望我永遠不要遇到這種狀況。」

10 他在一個宴會當中，聽到兩位年輕人對他和他的統治，說了很多誹謗和中傷的話；於是他邀請這兩位與他共進晚餐。等到他看到其中一位喝下大量的酒而且言談之間非常放肆，另外一位飲酒知道節制表現極其拘謹的態度；他讓前者安全離開，認為這個人貪杯才成為出言不遜的醉鬼；後者被他

---

41 參閱亞里斯多德《政治學》第5卷2節；以及波利努斯《謀略》第5卷19節。

42 參閱蒲魯塔克《希臘羅馬英豪列傳》之〈梭倫傳〉20節，梭倫定法規定年輕男子不得娶年老而富有的婦女為妻。

43 波利努斯《謀略》第5卷2節和斯托貝烏斯《花間飛舞》第3卷65節。

處死，確信這個人眞正不滿而且帶有敵意；這是他經過仔細鑑別得出的結果。

11 有位市民厭惡的小人受到他的重用和提拔，很多人不滿此事對他交相指責，他說道：「我的意圖在於轉移目標，總算找到一個比我更受到大家痛恨的人」

12 科林斯派遣的使者婉言謝絕他提供的禮物[44]，藉口法律規定不得接受當權者的餽贈。他認爲這是科林斯人玩弄卑鄙的詭計，剝奪專制政體僅有的優勢，甚至連從僭主那裡獲得一點好處，都讓人感到怕害。

13 他聽到有位市民將黃金埋在家中，於是他命令某人去將藏金挖出來，然後交到他的手裡。這個人完成任務並且自己留下一部分，後來搬到其他城市，用不義之財買下一處農莊。戴奧尼休斯將這個人召回來，吩咐他將全部黃金拿走，因爲僭主現在開始處理個人的財富，不再讓值錢的東西放在那裡不加運用。

二十一　戴奧尼休斯二世[45]

1 戴奧尼休斯二世經常說起，他之所以願意供應食宿的需要給許多有學問的人，不是這些人值得他的讚譽，而是經由這些人使自己受到讚譽。

2 波利克森努斯(Polyxenus)[46] 精通辯論之道，說他一定可以駁倒國王，戴奧尼休斯二世說道：「沒錯，你靠著言語可以辦得到，我卻有本領駁倒你的行爲，因爲你會放棄自己的專長，爲了榮華富貴轉過來討好我的一切。」

44　參閱戴奧多魯斯·西庫盧斯《希臘史綱》第15卷70節。

45　這位是戴奧尼休斯二世，統治敘古的時間是367-343 B.C.，受到狄昂的罷黜，放逐到科林斯，以擔任教師謀生。

46　參閱柏拉圖《書信集》第2封314C；這是柏拉圖寫給戴奧尼休斯二世的信，提到他會派波利克森努斯到僭主那裡去。

3 他被迫遜位下台，有人向他說道：「柏拉圖和哲學對你又有什麼幫助？」他回答道：「哲學的力量使我能夠忍受命運的無常和世事的變幻。」[47]

4 問到他的父親僅是一個貧窮的平民，乘勢崛起控制所有的敘拉古人，他是僭主的兒子擁有莫大的權力，竟然會將一切喪失殆盡，他說道：「我的父親開始冒險事業，掌握的時機正好是民主政體受到眾人的痛恨；我所處的時代則是專制獨裁受到大家的厭惡。」

5 另外一位[48]問到同樣的問題，他說道：「我的父親沒有將他的運道連同他的王國一併遺留給我。」

二十二　阿加索克利[49]

1 阿加索克利（Agathocles）是一位陶匠的兒子，等到他在西西里能夠當家作主，受到眾人的擁戴成為國王。他經常將陶質酒杯放在金杯的旁邊，指出來給年輕人看，這時他說道：「那是我過去工作的成品，由於我的剛毅和勤勉，才有現在的事業。」[50]

2 他正在圍攻一座城市，有些民眾站在城牆上面向他辱罵，說道：「陶匠，你拿什麼東西當薪餉付給士兵？」他不動聲色笑著說道：「只要攻下這個城鎮，一切問題都會迎刃而解。」等到他用突擊的方式奪取，就將全部市民出售為奴，說道：「如果你們還要罵我，那麼我會找你們的主人去理論。」[51]

3 伊色卡的民眾抱怨他的士兵不過在島上停留一下，就用暴力將他們一些牲口據為己有，他說道：「你們的國王來到我們那裡，不僅把我們的羊

47　參閱蒲魯塔克《希臘羅馬英豪列傳》之〈泰摩利昂傳〉15節，提到這位僭主很多軼事。

48　根據伊利安《歷史文集》第12卷60節的記載，向他問話的人是馬其頓的菲利浦。

49　阿加索克利統治西西里和敘拉古是318-289 B.C.。

50　這個故事出現在本書第44章〈論不會得罪人的自誇〉13節，只是文字方面稍有出入。

51　參閱本書第33章〈論控制憤怒〉10節，只是最後說這段話的人，變成「獨眼龍」安蒂哥努斯一世。

群趕走，還弄瞎牧羊人的眼睛才離開。」

二十三　狄昂[52]

狄昂將戴奧尼休斯放逐出國以後，聽到有人發起陰謀活動來對付他，後來才知道主使人是凱利帕斯（Callippus），這個人無論在家庭或在海外，都是他最信任的朋友，這樣一來使他無法進行調查，他說道：「我情願露出胸膛讓兇手殺一千遍，總比活著畏懼敵人和懷疑朋友要好得多。」[53]

二十四　阿奇勞斯[54]

1 阿奇勞斯（Archelaus）參加一個充滿歡樂的聚會，熟悉的朋友當中有個不得人緣的傢伙，開口向他要一只金杯；他吩咐僕人將這個人要的東西送給優里庇德，接下來的回答讓人感到驚奇不已，他說道：「不錯，你有權利向我提出要求，優里庇德即使沒有這樣做，他同樣有接受的權利。」

2 一位饒舌的理髮師問他：「頭髮要怎樣剪？」他說道：「保持肅靜。」

3 優里庇德在一個傍晚舉行的宴會中，伸出雙手抱住膚色白皙的阿加豐（Agathon），雖然阿加豐已經是鬍鬚滿面，優里庇德還是與他親吻，阿奇勞斯向他的朋友說道：「你們不必驚奇，優里庇德寫過以下的詩句：

其人若玉樹臨風，

52　狄昂（408-354 B.C.）是西西里政治家，攻占敘拉古驅除僭主，效法雅典建立民主政體，後被部將所弒。

53　狄昂說這段話以及遇害的狀況，可以參閱蒲魯塔克《希臘羅馬英豪列傳》之〈狄昂傳〉54-56節；華勒流斯・麥克西穆斯《言行錄》第3卷8節，有同樣的記載。

54　阿奇勞斯是馬其頓國王，在位期間約為413-399 B.C.。

年華則秋茂春容。」[55]

4 琴師泰摩修斯希望獲得大筆酬勞，結果未能如願，只有戔戔之數，他對
阿奇勞斯非常坦誠地表示憤怒，有次他念出下面的詩句：

只要談到金和銀，
你就翻臉不認人。[56]

嘲諷的對象就是阿奇勞斯；因而阿奇勞斯也要加以反駁：

多多益善你渴望，
老子就是不賣帳。

5 有個人把整桶水潑在他身上，他的朋友在旁慫恿，要他去對付那個傢
伙，阿奇勞斯說道：「他要潑的那個人不是我，只是他以為我就是那個
人。」

二十五 菲利浦[57]，亞歷山大之父

1 根據狄奧弗拉斯都斯的記載，亞歷山大的父親菲利浦是一位偉大的國
王，他的運道和行為證明自己名不虛傳，最特別之處在於禮賢下士，慷
慨大方[58]。

2 他說他要恭賀雅典人的好運，每年都可以選出十位將領，就他自己的經
驗，多年來在馬其頓人中間只找到帕米尼奧。

55　蒲魯塔克在《希臘羅馬英豪列傳》之〈亞西拜阿德傳〉2節，用這兩句詩描述美男子亞西拜
　　阿德有迷人的容貌和氣質。

56　參閱貝爾克《希臘抒情詩集》第3卷〈泰摩修斯篇〉624頁No.14；或者艾德蒙《希臘抒情
　　詩》第3卷334頁。

57　馬其頓國王菲利浦二世生於382 B.C.，在位期間為359-336 B.C.，英勇過人且極有見識，一個
　　沒沒無聞的小國在他的領導之下，一躍而為希臘世界的龍頭霸主。

58　參閱西塞羅《論義務》（De Officiis）第1卷26節。

3 一天之內他接到幾次佳音，感激之餘他說道：「啊！命運女神！讓我遭遇一些不如意的事情吧，可以沖淡這些好消息帶來的喜悅。」

4 等到他戰勝希臘人以後，有人勸他在幾個希臘城市進駐守備部隊，這樣使得他有更多的屬地。他說情願有很長一段時間被人稱為善士，總比在很短期間之內被人稱為主子要好得多。

5 他的朋友向他提出建議，將宮廷裡面那些口德不修的傢伙全部放逐出去。他說他們在這裡講的壞話總是比較少一點，讓這些人到了國外豈不是罵得更厲害[59]。

6 司邁西蘇斯(Smicythus)心懷惡意打尼卡諾爾(Nicanor)的小報告，說他經常在背後講菲利浦的壞話。菲利浦的友伴認為他應該召回尼卡諾爾給予懲罰。菲利浦說道：「其實尼卡諾爾在馬其頓人中間不算太壞，當前有些狀況並非偶發事件，是否出於我們的責任，這方面要做進一步的調查。」等到他知道尼卡諾爾因為家境貧窮遭到很大的困難，同時也因為他的忽略沒有幫他解決，於是他指示要將一份重禮送給尼卡諾爾。等到司邁西蘇斯再度提到尼卡諾爾，說他用令人驚奇的方式，到處讚揚菲利浦的君王風範，菲利浦說道：「你們各位可以了解，任何有關我們的優點或缺點，都是我們應盡的責任。」[60]

7 他說他非常感激雅典的民選領袖，因為這些人對他惡意誹謗，使得他要在談吐和性格方面有良好的表現，他說道：「我要用我的言行證明他們所講都是謊言。」

8 所有他在奇羅尼亞(Chaeroneia)會戰捕獲的雅典人，不要贖金即全部釋放[61]，除此以外還歸還所有的衣物和寢具；雅典人仍舊對馬其頓人抱怨

---

59 蒲魯塔克《希臘羅馬英豪列傳》之〈皮瑞斯傳〉(Pyrrhus)8節，可看到同樣的狀況和處理的方式出現在皮瑞斯身上。

60 參閱提米斯久斯《演說集》第7卷95B，以及弗隆蒂努斯(Frontinus)《兵略》(*Strategemata*)第4卷7節。

61 奇羅尼亞是皮奧夏地區一個小鎮，它是蒲魯塔克的家鄉和出生地，這個地點自古以來發生多次會戰，338 B.C.菲利浦在此擊潰希臘聯軍。參閱波利拜阿斯《歷史》第5卷10節，以及戴

不已，菲利浦對他的手下說道：「雅典人好像在玩接龍遊戲被我們打敗一樣，難道你們沒有這種想法？」

9 會戰中他的肩膀受傷使得鎖骨斷裂[62]，隨軍醫生堅持每天要付診費，他說道：「你要多少就拿多少，只要能夠照顧好我的骨頭。」

10 兩兄弟的名字叫作「兩者」和「各別」；他說「各別」聰明又能幹，然而「兩者」懶惰又愚蠢，最後他發覺「各別」就是這兩位兄弟，「兩者」根本沒有其人。

11 有人建議他對雅典人要心狠手辣，他說自己費盡心機追求名聲，不惜忍氣吞聲，現在勸他拋棄可以表現的機會，豈不是太傻了。

12 兩個惡棍的訟案要他做出最後的裁決，他命令一位從馬其頓逃走，另外一位在後面追趕。

13 他把營地設置在一個形勢險要的地點，後來知道這裡沒有足夠的草料供應駄獸，只得被迫撤營離開，他說道：「我們打仗還要考慮到驢子的舒適，這算什麼樣的生活！」

14 他決心奪取某一個堅強的據點，探子回報該地進出困難而且固若金湯，他問道：「難道會崎嶇到連一頭滿載金錢的驢子都無法接近？」[63]

15 有些與奧林蘇斯人拉昔尼斯（Lasthenes）交往的人士，帶著氣憤的神色抱怨菲利浦的友伴把他們稱爲叛徒，菲利浦說馬其頓人天生是一個粗俗不文的民族，只是他們說話始終直言不諱。

（續）

奧多魯斯・西庫盧斯《希臘史綱》第16卷87節。

62 笛摩昔尼斯《演說集》第18卷〈論王權〉67節；以及奧盧斯・傑留斯《阿提卡之夜》第2卷27節，都提到他在奇羅尼亞會戰受傷的狀況。

63 參閱西塞羅《致阿蒂庫斯書信集》第1卷第16封12節；以及戴奧多魯斯・西庫盧斯《希臘史綱》第16卷54節；從而得知菲利浦作戰的攻無不克，最重要的手段還是賄賂和收買。

16 他勸他的兒子要與馬其頓人交往，從而贏得他們的愛戴，會在民眾中間擁有極大的影響力，即使另外有人掌握統治大權，都會對他表示友善[64]。

17 城邦那些有影響力的人士，無論是好是壞，他都勸他的兒子多方結交為上策，等到以後可以任用前者排斥後者。

18 他被送到底比斯充當人質期間，該城的斐朗(Philon)[65]是他的恩人也是供應無缺的東道主。這位底比斯人一直拒絕接受他送的禮物，因而菲利浦對斐朗說道：「你無法剝奪我無敵天下的名聲，請讓我在知恩圖報方面也能勝過別人。」

19 有次捕獲很多俘虜，菲利浦親自監督拍賣事宜，身穿長袍坐的姿態非常不雅。這時有個人正要發售就大聲喊叫：「菲利浦，饒了我吧，我是你父親的朋友。」菲利浦說道：「老兄，你如何落到這樣的下場？」這個人說道：「我想私下告訴你，讓我到你身邊去。」等到把他帶到菲利浦的前面，他說道：「你要把披風拉低一點，這種坐姿實在是太暴露了。」菲利浦說道：「趕快釋放他，這個人的確是皇室的朋友，我差一點鑄成大錯。」

20 有次他在行軍途中，當地有個人邀他晚餐，他帶著很多人前往，發現主人面露驚慌的神色，知道準備的食物不夠，於是他傳話給每一個跟來的朋友，要他們「留下胃口好吃甜點」，這些人以為後面還有更好的美食，所以全都吃得不多，這樣一來總算保住主人的顏面。

21 優卑亞(Euboea)的希帕克斯(Hipparchus)過世[66]，明顯看出菲利浦非常難過，有人就說：「事實上，他的亡故恰得其時。」菲利浦說道：「不錯，對他的確是時機正好，就我來說太突然了，使得我無法接受他這麼快離開人世，就像他憑著我們兩人的友誼應該獲得我的禮遇。」

64　參閱本書第55章〈為政之道的原則和教訓〉11節；以及西塞羅《論義務》第2卷14節。
65　笛摩昔尼斯《演說集》第19卷140節，曾經提到這個人在底比斯有一言九鼎的地位。
66　菲利浦在343 B.C.派希帕克斯到伊里特里亞，擔任大權在握的僭主；可以參閱笛摩昔尼斯《演說集》第9卷58節和第18卷295節。

22 他聽說亞歷山大一直在抱怨，因為他與別的婦女生下子女，於是這位父親說道：「這樣才好，你有很多競爭者角逐這個王國，可以用來證明你的榮譽和德行，獲得王國是靠著自己的能力而不是我的賜與。」他吩咐亞歷山大聽從亞里斯多德的教導，跟隨這位明師學習哲學，最後他說道：「這樣你就不會像我一樣，做出令人感到遺憾的事情。」[67]

23 他指派安蒂佩特的朋友擔任法官，後來聽說這個人將頭髮和鬍鬚染黑，於是將他開革，同時特別提到，一個人的頭髮和行為非常相襯，如果他自己都心存疑惑，更無法讓別人相信[68]。

24 有人向他報告馬查塔斯（Machaetas）的案情，這時正好到了他要就寢的時間，所以沒有注意整個案子的真相，裁定採用不利於馬查塔斯的判決。等到馬查塔斯宣稱他要提出上訴，菲利浦非常生氣就說：「向誰？」馬查塔斯回答道：「向你，陛下，請你保持清醒注意聽取案情。」這時菲利浦僅僅中止開庭，等到他控制自己的情緒，知道馬查塔斯受到不公正的待遇，還是沒有做出相反的判決，只是自己花錢幫他解決問題，從而維護法庭的尊嚴[69]。

25 克拉底做錯事受到審判，哈帕拉斯（Harpalus）是他的親戚和知己，為了幫助他提出最好的解決辦法，就是付出一筆罰鍰，從而裁定有違事實的判決，獲得赦免無須遭到羞辱。菲利浦說道：「這樣做的效果最好，不僅他可以改過自新，就是我們也不必說難聽的話。」

26 菲利浦的朋友都為他感到憤憤不平，因為他參加奧林匹克運動會的比賽時，伯羅奔尼撒的人民都在噓他，雖然他對他們一直都很友善，他說道：「這麼說來他們要是受到虐待那還得了。」

67　參閱蒲魯塔克《希臘羅馬英豪列傳》之〈亞歷山大傳〉9節，這是指菲利浦娶克麗奧佩特拉為妻，以及又獲得一個兒子的家務事。菲利浦基於政治的需要和個人的好色，至少有七個老婆，其中亞歷山大之母奧琳庇阿斯、菲拉（Phila）和克麗奧佩特拉獲得王后的封號。

68　伊利安《歷史文集》第7卷20節，以及斯托貝烏斯《花間飛舞》第12卷20節，同樣提到極其類似的故事，只是那位君主換成斯巴達國王阿契達穆斯。

69　斯托貝烏斯《花間飛舞》第13卷29節，以及華勒流斯·麥克西穆斯《言行錄》第6卷2節，提到這件訟案的當事人是一位老婦人，她要提出上訴的案由是「清醒的菲利浦控訴酒醉的菲利浦」。

27 一場戰役正在進行當中，他睡了很長一段時間，等到他起床以後，說道：「我睡覺的時候很安全，因為安蒂佩特的緣故，我才醒過來。」

28 有次他在白天睡覺的時候發生狀況，大群希臘人聚集在他的門口，怒氣沖天的連聲抱怨，帕米尼奧說道：「各位對菲利浦的睡覺不要感到驚異，要知道你們就寢的時候他最清醒。」[70]

29 晚宴當中他想矯正豎琴手的錯誤，特別是樂器的演奏方式很有商榷的餘地，這位樂師說道：「陛下，神明不允許你墮落到如此低下的階層，竟然對於音樂比我知道的還要多。」[71]

30 就在他與妻子奧琳庇阿斯感情破裂，以及與亞歷山大發生爭執這段期間，科林斯的笛瑪拉都斯前來拜訪；雙方經過一番寒暄，菲利浦問到希臘各城邦之間是否保持友善的關係，笛瑪拉都斯說道：「你的家庭烏煙瘴氣已經使你焦頭爛額，想不到你還有精力來管希臘的閒事。」這番話使菲利浦頓生悔悟之心，息怒以後與妻兒和好如初。

31 一位貧窮的老婦人好幾次攔住他，堅持要他聽取陳情的案件，使得他感到不勝其煩，就說他很忙沒有時間，於是她大聲叫道：「你這是放棄做國王的責任。」菲利浦對她的話大為警惕，不僅立即聽取她的申訴，還安排其他人員的覲見[72]。

70　蒲魯塔克《希臘羅馬英豪列傳》之〈亞歷山大傳〉31節，提到帕米尼奧建議他實施夜戰的事，看來相差不能以道里計。

71　本書第4章〈如何從友人當中分辨阿諛之徒〉27節；第25章〈論亞歷山大的命運和德行〉第2篇1節；以及第77章〈會飲篇：清談之樂〉第2篇問題1第12節，都提到這個故事；給我們的啟示是人要謹守本分，不可越俎代庖，更不能藐視專家，凡事自以為是。

72　蒲魯塔克《希臘羅馬英豪列傳》之〈德米特流斯傳〉提到同樣內容的故事；斯托貝烏斯《花間飛舞》第13卷28節，引用塞倫努斯（Serenus）蒐集的資料，他說一個鄉下人用這種方式對安蒂佩特表示自己的意見。

二十六　亞歷山大[73]

1 亞歷山大還是一個小孩的時候，菲利浦對外的征戰無往不利，亞歷山大並不覺得高興，就對他的友伴說道：「我父親不讓我有建立豐功偉業的機會。」其他的小孩說道：「他所贏得的東西將來都是你的。」亞歷山大說道：「不勞而獲還有什麼光彩可言？」[74]

2 亞歷山大的腳程非常敏捷而且快速，他的父親要他參加奧林匹克運動會的賽跑項目，他說道：「好吧，只要競爭的對手都是國王，我就會下場。」

3 一個女郎帶到他那裡已經是深夜，她的打算是要與他共度春宵，亞歷山大問她道：「為什麼這個時候才來？」她回答道：「我要等到丈夫入睡才能離開。」因此，亞歷山大痛責手下的奴僕，說他間不容髮逃過「姦夫」這個惡名。

4 亞歷山大焚香敬神非常大方，經常使用成捧的乳香，李奧尼達斯從小就是他的隨從，看到這種狀況就會勸他道：「少爺，等到出產香料的地區落到你的手中，再這樣浪費也不遲。」後來他成為這些國家的主人，寫信給李奧尼達斯：「派人給你送上五百斤的乳香和沒藥，我現在擁有的國土可以生產大量香料，從此你敬神不必像以往那樣的小氣。」[75]

5 就在格拉尼庫斯（Granicus）會戰開打前夕，他讓馬其頓人飽餐一頓，盡其所有毫不在意，因為從翌日開始，他們的飲食完全取自敵人倉庫的儲糧。

73　亞歷山大大帝(356-323 B.C.)是馬其頓國王和戰無不勝的希臘統帥，入侵波斯和印度，建立前所未有的大帝國。

74　參閱蒲魯塔克《希臘羅馬英豪列傳》之〈亞歷山大傳〉5節，很多有關亞歷山大的軼事逸聞在佐納拉斯(Zonaras)《歷史概論》(*Epitome of History*)第5卷8-14節重複出現。

75　參閱蒲魯塔克《希臘羅馬英豪列傳》之〈亞歷山大傳〉25節；以及普里尼《自然史》第12卷32節。

6 他有一位朋友名叫伯瑞盧斯(Perillus)，爲了女兒出閣，向他要求支助用來準備嫁妝，亞歷山大吩咐這位朋友收下一萬鎊，伯瑞盧斯說兩千鎊就夠開銷了，亞歷山大說道：「這筆錢就你收下而言已是綽綽有餘，要送出去達到皆大歡喜的程度還嫌不夠。」[76]

7 他特別吩咐管家，哲學家安納薩爾克斯(Anaxarchus)只要提出要求，就不能打任何折扣；這時管家說他要兩萬鎊，亞歷山大說道：「太好了，他知道自己只有這位朋友，不僅有能力也有意願可以送給他這份厚禮。」[77]

8 他在米勒都斯看到很多雕像，都是奧林匹克運動會和阿波羅運動會的優勝選手，他因而說道：「蠻族圍攻城市之際，守城的人員是否具備這樣的體格？」[78]

9 卡里亞的王后阿達非常關心他的飲食起居，經常送來美味的荣餚和甜點，這些都出於高明的麵包師傅和名廚之手。他說他有出乎想像之外的料理，夜行軍使他的早餐有更好的胃口，節制的早餐更增強晚餐的食欲。

10 某次會戰所有準備事項都已完成，他的將領前來請示，是否還有什麼額外的工作要馬上做，他說道：「只有一件事，就是所有的馬其頓人都要把鬍鬚刮得乾乾淨淨。」帕米尼奧聽到大爲驚奇，亞歷山大說道：「會戰當中只有鬍鬚會被敵人一把抓住，這點難道你不清楚？」[79]

---

76 這裡所說的1萬鎊或2000鎊是英譯者用20世紀初期的兌換標準，要是換成現在的幣值再加一千倍都不止；須知鐵達尼號負責收發無線電的報務員，月薪不過5鎊而已。古往今來談到帝王的慷慨，都能到達一擲千金的程度。

77 要將古代的通貨換算成現在的幣值，很難有一個共同的標準，要是照上面所說一位英譯者的算法，1泰倫約爲240英鎊或1200美元，那麼2萬鎊相當於古代80泰倫，而1泰倫等於36000奧波銀幣，當時一個水手的日薪是3奧波，因此1泰倫是三十六位水手的年薪，80泰倫相當於三千名水手的年薪，可以說是一筆鉅款。

78 參閱亞里斯托法尼斯的喜劇《財源廣進》(Plutus)1003行，以及阿昔尼烏斯《知識的盛宴》523F，提到一條諺語：「米勒都斯人可不能身強體壯」要是一旦如此，不僅萬事可爲，而且無人能制。

79 斯巴達人按照習俗留長髮和鬍鬚，出戰之前一定要加以整理和打扮，顯示旺盛的軍容和高昂的士氣；現在這些馬其頓人聽到要將鬍鬚刮除，難免會感到驚奇。

11 大流士願意送給他兩百萬鎊，平分亞細亞的領土，帕米尼奧說道：「如果我是亞歷山大，就會收下這份重禮。」亞歷山大說道：「如果我是帕米尼奧，也會如此。」他給大流士的答覆是「天無二日，地無二君」[80]。

12 他在阿貝拉（Arbela）冒著極大的危險，對抗列陣以待的一百萬敵軍。他的友伴前來見他，指控有些士兵正在竊竊私語，同時在帳棚裡面達成協議，不願將戰利品交給國庫，全部要留在自己的手中。他笑著說道：「你給我帶來好消息，我聽到他們說的話，知道他們準備征服敵人而不是逃走。」很多士兵前來晉見，他們說道：「陛下，請你打起精神，無須畏懼數量極其龐大的敵軍，須知他們無法忍受我們這一身羊騷味。」

13 全軍排好會戰的陣式，亞歷山大看到一位士兵還在將皮帶固定在標槍上面，就把他當成無用之人推出戰線，馬上就要拿起武器殺敵的時候，他還在做早該完成準備的工作。

14 他的母親寫來一封信，裡面有些中傷的用語，應該保持機密不能讓安蒂佩特知曉。赫菲斯提昂（Hephaestion）如同平常一樣，將這封信讀給他聽，亞歷山大並沒有阻止赫菲斯提昂的朗誦，等到讀完以後，就將手上的戒指取下，像是用印一樣蓋在赫菲斯提昂的嘴唇上面，意思是要他保持緘默，不得告訴任何人。

15 他在阿蒙（Ammon）神廟，遇到先知先覺的祭司把他稱為「宙斯的兒子」。他說道：「這些話沒有值得驚奇之處，宙斯是人類共同的父親，高貴的人士就是祂寵愛的後裔。」[81]

---

80 根據亞里斯托布拉斯（Aristobulus）的說法，亞歷山大在遠征之初，為支付兵員的薪餉所籌的經費不過70泰倫；要是杜瑞斯（Duris）的話可信，說他準備的給養僅夠三十天之用；現在得到200萬鎊將近8000泰倫的重禮，換上任何人都會打退堂鼓。

81 參閱蒲魯塔克《希臘羅馬英豪列傳》之〈亞歷山大傳〉27節，提到祭司向亞歷山大致意，用希臘語稱他為O Paidion，意為「我的孩子」，由於發音不正確，把最後一個字n讀成s，因而變成O Pai dios，意為「神的兒子」，亞歷山大將錯就錯，不僅很高興接受，同時還廣為宣傳，從而獲得很大的好處。

16 他的腳部中了一箭，很多人經常把他當成神明給予歡呼，這時全都蜂擁而上，他仍舊保持泰然自若的神色，說道：「你們看這是血，證明我並非

> 永垂不朽的神祇，
> 流出充沛的元氣。」[82]

17 有些人推崇安蒂佩特的節儉，他們說他過著簡樸毫無排場的生活；這時他說道：「安蒂佩特的外表是純潔的白紙，內在的想法卻是耀眼的紫色。」

18 一位朋友在寒冷的冬天接待他，室內只有一個小火盆，裡面生起半明不滅的火焰，亞歷山大吩咐他多拿一些柴薪進來，要不然乾脆用來焚香敬神算了。

19 安蒂佩垂德（Antipatrides）帶了一位美麗的豎琴演奏家參加午宴，亞歷山大與她眉來眼去產生愛意，就問安蒂佩垂德是否將這位女郎視為無法捨棄的意中人，等到他承認的確已經難以自拔，亞歷山大說道：「你這個可惡的混帳傢伙，請你立刻帶著她離開這裡。」

20 在另外一個場合，笛手優烏斯（Evius）所愛的是皮同（Python），卡桑德卻逼著要與他親吻，亞歷山大看到優烏斯非常苦惱，跳出來對著卡桑德發起脾氣，說道：「這裡不允許有人表達愛意，特別是你和像你這種德性的平民。」[83]

21 他要把生病和沒有作戰能力的馬其頓人循海路遣送回國，據說有位身體很好的人，將名字登記在病號名單上面，這個人被帶到亞歷山

82　這個故事在古代很多著作上面出現，原詩引用荷馬《伊利亞德》第5卷340行，亞歷山大用來告訴他的朋友，他不是神，同樣是會遭受痛苦和死亡的凡人。

83　卡桑德是安蒂佩特的長子，亞歷山大處理叛案使他留下深刻的恐怖印象，很多年後亞歷山大成為馬其頓和全希臘的共主，有次優烏斯在德爾斐的神廟突然見到亞歷山大的雕像，緊張得全身發抖，畏懼之情溢於言表。

大的面前加以盤問，他承認自己之所以會用欺騙的手段，那是因爲他愛上特勒西帕(Telesippa)的緣故，特別是他的意中人也要搭船離開。亞歷山大問道：「有誰能夠說說特勒西帕的狀況？」等他知道這位女士並不是奴隸，於是他說道：「安蒂吉尼斯(Antigenes)，讓我們盡力去說服特勒西帕，願意與我們留在此地，因爲她是具有自由人身分的婦女，我們對她沒有強制的權力。」

22 效力敵軍的希臘傭兵落到他的手裡，他下達命令對於其中的雅典人仍舊拘禁，因爲他們的城邦只要稍微多花點錢，這些人還是能活得下去，爲什麼要當傭兵爲敵人賣命；還有就是帖沙利人也不能原諒，雖然他們擁有最肥沃的土地卻不願耕作。他讓底比斯人自由離去，過去因爲我們戰勝他們的緣故，使他們既沒有城市也沒有領土可以安身立命，逼不得已才投奔波斯人的陣營。

23 他捕獲的俘虜當中，有位印度人以弓箭術獲得極大的名聲，自認有百步穿楊的本領，亞歷山大要他展示兩手，結果發現並非如此，國王非常生氣下令將他處決。這個人在押出去的時候，就向抓住他的人說道，他不是技術不行，因爲有很多天沒有練習，心生畏懼才會失手。等到這些話傳入亞歷山大耳中，不禁感到大爲驚異，贈給這個印度人很多禮物，然後讓他自由離開，因爲這個人情願處死，也要盡力維護自己的名聲。

24 印度國王塔克西勒斯(Taxiles)遇到亞歷山大，協議雙方的交鋒可以不用戰爭的手段。如果你處於劣勢，可以接受我的好處；要是你居於優勢，也可以讓我分享。亞歷山大的回答是雙方雖然有這樣的承諾，無論你是如何仁慈寬厚，我絕不容許你比我更慷慨大方[84]。

25 他在印度的時候，有人告訴他要特別注意一個要點，它的名字叫作「飛鳥絕跡崖」[85]，要想奪取極其困難，然而守將卻是一個儒夫，他說道：「照這種狀況看來應該很容易攻占。」

---

84 亞歷山大接受塔克西勒斯的餽贈，回報更爲貴重的物品，最後竟然送出價值1000泰倫的錢幣，使得身旁的老友深表不悅，卻能贏得很多蠻族的好感。

85 參閱康明翰(Cunningham)《印度的古代地理》(*Ancient Geography of India*)第1卷58節。

26 另外有個人據有難以攻取的高崖，結果他連帶堅固的城堡一併向亞歷山大投降。亞歷山大讓他繼續統治整個地區，還把額外的領地分給他，同時還說道：「這個人非常有見識，他的信心在於我為人的寬厚而不是據點的堅強。」

27 等到他奪取難以攻克的高崖，他的友伴讚譽他的功勳已經超越海克力斯，他說道：「沒這回事，就我擔任指揮官的職位來說，我認為我的功勳與海克力斯相比，不及他的萬一。」[86]

28 他的友伴聽到他用骰子賭博，沒有人把它當成一種競賽，拒絕參加類似的活動，結果受到他的懲處[87]。

29 在他那些職位最高和最有影響力的友伴當中，克拉提魯斯（Craterus）最受他的禮遇，赫菲斯提昂最能獲得他的歡心。他曾經說過：「克拉提魯斯和赫菲斯提昂分別受寵於國王和亞歷山大。」[88]

30 他派人送一萬鎊給哲學家色諾克拉底，然而色諾克拉底拒絕接受，說他沒有這個需要。亞歷山大就問這位哲學家，是否連一個朋友都沒有。他說道：「就我的狀況而論，大流士的財富還不夠分。」

31 波魯斯（Porus）在會戰以後被亞歷山大問道：「我應該如何對待你才好？」他說道：「要把我看成一位國王。」再度問到還有什麼事情沒有提出來；波魯斯說道：「所有一切都包括在這幾個字裡面。」亞歷山大對他的智慧和氣度感到極其驚異，就將征服的地區賜給他，使他統治的疆域比過去更為廣闊[89]。

---

86 阿里安《亞歷山大遠征記》第5卷26節，說是亞歷山大有這樣的表示，他所攻取的山寨形勢極其險要，就是海克力斯出手也難以達成任務。

87 根據蒲魯塔克《希臘羅馬英豪列傳》之〈亞歷山大傳〉76節的記載，亞歷山大生病感到無聊，整天都與米狄斯擲骰子打發時間。

88 參閱蒲魯塔克《希臘羅馬英豪列傳》之〈亞歷山大傳〉，以及戴奧多魯斯·西庫盧斯《希臘史綱》第17卷114節；從而得知克拉提魯斯的器重出於公，赫菲斯提昂的受寵出於私，看來他做出這樣的聲明，在於公私分明和不以私害公。

89 參閱本書第25章〈亞歷山大的命運和德行〉第1篇11節；以及阿里安《亞歷山大遠征記》第5

32 亞歷山大得知背後有人對他肆意詆毀，他說道：「王者的器度在於受到惡言相向還要回報以善行。」[90]

33 正當他回光返照之際，環顧四周的友伴說道：「看來我的葬禮將會極盡莊嚴隆重之能事。」

34 演說家迪瑪德斯在亞歷山大崩殂以後，看到馬其頓的軍隊無人領導，就像瞎了眼的賽克洛普斯，可以說是章法大亂，毫無紀律可言[91]。

二十七　托勒密[92]，拉古斯之子

　　拉古斯（Lagus）之子托勒密的統治時期，通常會在朋友家裡吃飯睡覺，甚至他把晚餐準備好送過去，包括各種美食、亞麻餐巾和桌椅擺設，只要有機會就如法炮製。他自奉甚儉，生活不尚奢華，他經常說王者的風範在於富人勝於富己[93]。

（續）――――――――――――――――
　　卷19節。
90 這則格言能夠顯示在上位者廣闊的心胸，兩千多年來一直被大家引用；可以參閱戴奧吉尼斯‧利久斯《知名哲學家略傳》第6卷3節；伊庇克特都斯（Epictetus）《論述集》（*Discourses*）第4卷6節，馬可斯‧安東尼努斯《沉思錄》第7卷36節以及笛歐‧克里索斯托姆《演說集》第47卷最後的結論。
91 參閱蒲魯塔克《希臘羅馬英豪列傳》之〈伽爾巴傳〉1節，得知迪瑪德斯說過這段話，本書第25章〈亞歷山大的命運和德行〉第2篇4節，認為這是李奧昔尼斯（Leosthenes）發表的論點；參閱德米特流斯‧費勒里烏斯《論口才》（*De elocutione*）284行。
92 埃及國王托勒密一世索特爾（Ptolemy I Soter, 366-282 B.C.）是托勒密王朝的建立者，他原來是亞歷山大的友伴和部將，享有高壽和最佳的運道。
93 參閱伊利安《歷史文集》第13卷13節。

二十八　安蒂哥努斯[94]

1 安蒂哥努斯對於金錢的需索不遺餘力，有人就說：「亞歷山大並非如此。」他回答道：「講得有理，他可以洗劫亞洲，我不過撿拾麥稭。」

2 看到一些士兵穿上鎧甲戴著頭盔在玩球，心中感到非常高興，就把軍官召來，好當面稱讚他們一番。他聽到要召喚的軍官都在飲酒作樂，便將他們的職位授與這幾位士兵。

3 等他到了知命之年，處理事務趨向溫和寬大，使得大家為之嘖嘖稱奇，他說道：「過去我渴望權位和實力，現在我尋求名聲和善意，須知時間可以改變一切。」

4 他的兒子菲利浦，當著很多人的面向他問道：「我們什麼時候才開始行動？」他說道：「你問這個幹什麼？難道還怕全軍聽不到號角的聲音？」[95]

5 德米特流斯的兄弟菲利浦有次搬進一位寡婦的居所，家中有三位美麗的妙齡少女，安蒂哥努斯將營務官叫來，吩咐道：「你能不能為我的兒子找一間不太擁擠的房子？」

6 他長期遭受病痛之苦，後來精力慢慢恢復，他說道：「沒有比這個更壞的信息，疾病提醒我們不要過分傲慢，須知我們都是必死的凡夫俗子。」[96]

94　馬其頓國王安蒂哥努斯一世(380-301 B.C.)綽號「獨眼龍」，原來是亞歷山大的部將，於323-301 B.C.統治小亞細亞地區。

95　蒲魯塔克《希臘羅馬英豪列傳》之〈德米特流斯傳〉28節及本書第39章〈言多必失〉9節，都說是他對德米特流斯的斥責；弗隆蒂努斯《兵略》第1卷1節，提到克拉蘇也對他的兒子說過同樣的話。

96　好像亞歷山大有同樣的表示，斯托貝烏斯《花間飛舞》第21卷15節。

7 赫摩多都斯(Hermodotus)寫詩對他百般奉承，說他是「太陽神的後裔」。他說道：「那位為我照料尿壺的奴隸不會有這種感覺。」

8 有人提到凡是與國王有關之事，不僅光榮而且合乎正道，他說道：「不錯，的確如此，其他的國王都是粗野的蠻族，對我而言，唯有光榮的事才能獲得光榮，正直之事才能稱為正直。」

9 他的兄弟馬西阿斯(Marsyas)涉及一椿訟案，宣稱有權在自己家中舉行審判，安蒂哥努斯說道：「必須在市民廣場審理，讓每個人都聽得到，知道我們不會有不公正的行為。」

10 有次正值冬季，被迫停留在缺乏給養的地區，有些士兵在背後詛咒他，並不知道他就在附近，他用手杖撥開帳棚說道：「如果你們還要罵下去，我就要讓你們好看。」[97]

11 他有一位幕僚亞里斯托迪穆斯[98]，據說是廚師的兒子，向他提出建議要削減費用，盡量節省購買禮物所需的開支，他說道：「亞里斯托迪穆斯，你的話帶有廚房圍裙的臭味。」

12 雅典人把市民權授與他的一位奴隸，讓他受到眾人的尊敬，像自由人一樣登記在兵役名冊上面，他說道：「希望那樣的雅典人不要被我鞭打！」

13 一位年輕人是演說家安納克西米尼斯(Anaximenes)的學生，要在他的面前發表一篇精心推敲的演說，他想要獲得更進一步的資料，就提出一個問題，等到這位年輕人陷入沉默之中，他提示道：「你的答案是什麼？難道它的內容寫在本子裡面？」[99]

---

97 參閱本書第33章〈論控制憤怒〉9節；以及塞尼加《倫理學隨筆》第3卷22節。
98 這位亞里斯托迪穆斯是御廚優特羅皮昂的兒子，參閱本書第1章〈子女的教育〉14節。
99 優里庇德的悲劇《伊斐吉妮婭在陶瑞斯》787行。

14 聽到另外一位演說家提及，積雪的冬季[100] 使得土地上的草藥無法生長，造成缺貨的現象，他說道：「你們對我不能像對普羅大眾一樣信口開河。」

15 犬儒學派的色拉西盧斯(Thrasyllus)向他要一個銀幣，他說道：「這種禮物作為國王拿不出手。」於是色拉西盧斯說道：「那麼給我一泰倫。」他反駁道：「這種禮物犬儒學派的哲人不能收。」

16 安蒂哥努斯派他的兒子德米特流斯帶著船隻和部隊，要讓希臘人成為獨立自由的民族，他認為需要人民的善意和支持，遠勝於奪取寬大和平靜的港口，雅典可以說是世界的燈塔，他的作為可以從這裡傳遞出去，讓所有的居民都知道這個消息[101]。

17 詩人安塔哥拉斯(Antagoras)烹調一條康吉鰻，用手拿著平底鍋不停的翻動。安蒂哥努斯走到他的後面說道：「安塔哥拉斯，你有沒有想過，荷馬在敘述阿格曼儂功勳的時候，難道還會去料理康吉鰻？」安塔哥拉斯頂嘴道：「陛下，阿格曼儂在成就豐功偉業的時候，難道你相信他會在意有人在軍中烹調一條康吉鰻？」

18 他在夢中見到米塞瑞達底收割黃金的穀物，因而產生猜忌之心，並計劃要將這位年輕人殺掉。他將這件事告訴自己的兒子德米特流斯，立下不得洩漏出去的誓言。德米特流斯約米塞瑞達底在海邊散步，用長矛的底端在沙上寫出警告的字句：「米塞瑞達底！快逃！」米塞瑞達底看到後明瞭它的含義，趕緊逃往潘達斯，後來在那裡統治直到過世為止[102]。

---

100 很難相信春天（或許是307 B.C.？）會有反常的寒冷天氣；蒲魯塔克《希臘羅馬英豪列傳》之〈德米特流斯傳〉12節也有這方面的記載。

101 參閱蒲魯塔克《希臘羅馬英豪列傳》之〈德米特流斯傳〉8節，只是措辭稍有不同。

102 蒲魯塔克在其《希臘羅馬英豪列傳》之〈德米特流斯傳〉4節，敘述這件事的來龍去脈；可以參閱阿庇安(Appian)《羅馬史》第9卷〈米塞瑞達底戰爭〉，認為米塞瑞達底在潘達斯成為王朝的奠基者，直到63 B.C.米塞瑞達底六世被龐培征服為止。

二十九 德米特流斯[103]

1 德米特流斯圍攻羅得島[104]之際,在城郊獲得畫家普羅托吉尼斯(Protogenes)用伊阿利蘇斯(Ialysus)做題材的一幅畫,羅得島人派遣傳令官去見德米特流斯,請他保留這幅名作不要毀棄,德米特流斯的答覆是他情願燒掉他父親的畫像,也不會讓費盡心血的精品受到絲毫損傷[105]。等到雙方達成和平協議,留下稱之為「城市奪取者」的巨大攻城機具[106],羅得島人保存起來作為紀念品,證明當時敵軍所具備的實力,以及市民擁有英勇抵抗的精神。

2 雅典人發生起義的行動,就在他進行圍攻作戰那段期間,城市因為缺糧陷入極其悲慘的處境。等到他破城以後,下令全體民眾立即在市民大會會場集合,他要用穀物當成禮品發給雅典人。就在他對著大家訓示的時候,突然之間幾句粗話脫口而出,有位坐在前面的市民高聲抗議,說他應該使用文雅的字眼,於是他說道:「你有膽量更正我說的話,看來我要多給你們八千蒲式耳的糧食。」

三十 安蒂哥努斯二世[107]

1 安蒂哥努斯二世的父親德米特流斯在戰敗被俘之前,派他的朋友送信給他的兒子,以及在雅典和科林斯的將領和幕僚,不能相信用他的名義寫給他們的信件,也不得從這些城市撤走。安蒂哥努斯對不幸的消息感到傷心,他在悲痛之餘寫信給其他國王,特別對於塞琉卡斯(Seleucus)提出乞求,不僅會把

---

103 馬其頓國王德米特流斯是安蒂哥努斯一世的兒子,因屢次奪取堅城,獲得「圍攻者」(Poliorcetes)的稱號;參閱本書第1章〈子女的教育〉8節注18。

104 這一次的作戰是在305-304 B.C.。

105 西塞羅《演說集》第2卷5節,提到他在羅得島見過這一幅畫,後來被送往羅馬掛在和平神廟(普里尼《自然史》第35卷36節提及此事)。

106 戴奧多魯斯·西庫盧斯《希臘史綱》第20卷48節,以及蒲魯塔克《希臘羅馬英豪列傳》之〈德米特流斯傳〉21節,對於這些攻城機具都有詳盡的描述。

107 馬其頓國王安蒂哥努斯二世哥納塔斯(320-239 B.C.),是德米特流斯一世「圍攻者」的兒子,也是安蒂哥努斯一世的孫子,在位期間277-239 B.C.。

他現在保有的領土全部無條件奉上，爲了救他父親，還願意充當人質[108]。

2 安蒂哥努斯在安德羅斯（Andros）島對抗托勒密的將領，雙方的海戰快要開打之際，有位領航員向他說敵軍的船隻在數量上比他們多。安蒂哥努斯說道：「那麼你認爲我們該有多少船隻才夠用？」

3 有次他面對敵手的進軍只有撤退，他說他不是逃走而是爲了掌握優勢，這些都留在後方地區。

4 有位年輕人的父親很勇敢，只是他本人沒有什麼表現，不能算是一個稱職的士兵，讓人認爲他的財產完全來自父親的俸祿。安蒂哥努斯說道：「小夥子，我的薪餉和禮物只給優秀的人，不在於他有優秀的父親。」

5 西蒂姆的季諾逝世，這位哲學家一直受到他的讚譽，於是他說夠資格傾聽他豐功偉業的人已經離他而去[109]。

三十一　黎西瑪克斯[110]

1 黎西瑪克斯在色雷斯被德羅米契達斯（Dromichaetas）擊敗，因爲缺水的緣故率領全軍投降[111]，就在成爲俘虜獲得飲料的時候，他說道：「老天！我爲了滿足這一點口腹之欲，竟然使自己從國王變成奴隸。」[112]

108　參閱蒲魯塔克《希臘羅馬英豪列傳》之〈德米特流斯傳〉51節，哥納塔斯不僅孝順他的父親德米特流斯，就是德米特流斯對於安蒂哥努斯也能承歡膝下，祖孫三代的和睦家風成爲西洋世界少有的典範。

109　參閱戴奧吉尼斯‧利久斯《知名哲學家略傳》第7卷15節。

110　黎西瑪克斯(360-281 B.C.)是亞歷山大的侍衛和將領，後來成爲繼承者之一，306 B.C.自稱色雷斯國王，經過多年的征戰，終於被塞琉卡斯一世擊敗，陣亡於戰場。

111　這件事發生在292 B.C.，不過幾年工夫東山再起，屢次擊敗強敵成爲權勢最大的君主。

112　本書第11章〈養生之道〉9節及第45章〈論天網恢恢之遲延〉11節，都有類似的描述，只是情節稍有出入；蒲魯塔克《希臘羅馬英豪列傳》之〈德米特流斯傳〉39節；波利努斯《謀略》第7卷25節以及戴奧多魯斯‧西庫盧斯《希臘史綱》第21卷12節，對於黎西瑪克斯的投降都有記載。

2 喜劇詩人菲利庇德（Philippides）是他最親密的朋友，於是他對對菲利庇德說道：「我有什麼東西可以與你分享？」另外有個人回答道：「他想要的東西，應該保密不能讓人知道。」

三十二 安蒂佩特[113]

1 安蒂佩特聽到帕米尼奧被亞歷山大下令處死的消息，他說道：「如果帕米尼奧陰謀對付亞歷山大，還有誰能獲得信任？要是他沒有這樣做，怎麼會出現這種結局？」

2 演說家迪瑪德斯的生活和統治是這樣的荒淫無道，就是安蒂佩特有次提到他，都說他等到老年會像用來獻祭的牲口，除了留下舌頭和胃，其餘的部分已經屍骨無存[114]。

三十三 安蒂阿克斯三世[115]

1 安蒂阿克斯三世（Antiochus III）寫信給統治的城市，如果他發布命令與法律有所牴觸，他們可以不予理睬，認為他出於無知才會如此。

2 看到阿特米斯的女祭司容貌極其豔麗，他穿城而過離開以弗所[116]不敢停留，免得一時把持不住，做出褻瀆神聖的行為。

---

113 安蒂佩特（397-319 B.C.）是受到菲利浦和亞歷山大信任的將領，遠征期間由他負責馬其頓和希臘的政事，等到亞歷山大崩殂，獨撐大局達十餘年之久，他的過世導致龐大的帝國四分五裂。

114 本書第41章〈論愛財〉5節；以及蒲魯塔克《希臘羅馬英豪列傳》之〈福西昂傳〉1節，都提到迪瑪德斯靠著馬其頓人大力支持，才會如此奢華暴虐，一定會落到極其悲慘的下場；阿昔尼烏斯《知識的盛宴》44F引用皮瑟阿斯（Pytheas）的話，他說迪瑪德斯有飽食終日的肚子和狂言亂語的舌頭。

115 塞琉西亞（Seleucia）國王安蒂阿克斯三世（242-187 B.C.），被尊稱為安蒂阿克斯大帝，即位以後發起東征，擁有整個波斯帝國及中亞地區，勢力直逼印度邊境，後來與羅馬交惡，屢戰屢敗，只有率軍返回東部，因為搶劫寺廟在混亂之中被部下所弒。

116 根據李維《羅馬史》第33卷38節的記載，196 B.C.他在以弗所進入冬營。

三十四　「神鷹」安蒂阿克斯[117]

安蒂阿克斯的綽號叫作「神鷹」，爲了爭奪王國與他的兄弟塞琉卡斯發生戰爭。等到塞琉卡斯被蓋拉夏人擊敗，從此下落不明，各種跡象看來已經陣亡在沙場。安蒂阿克斯脫下紫袍換上黑色的喪服。過了不久，得知他的兄弟不但安全而且健壯，爲了獲得好消息向神明奉獻犧牲，讓所有城市的民眾戴上花冠大肆慶祝。

三十五　攸門尼斯[118]

據聞攸門尼斯(Eumenes)受到帕修斯的謀害已經過世。等到信息傳到帕加姆(Pergamum)，他的兄弟阿塔拉斯(Attalus)戴上皇冠，娶寡嫂爲妻，擁有王國的統治權。後來知道自己的兄長活在世上，正在返鄉的途中，他趕緊前去迎接，按照習慣帶領侍衛，手裡拿著短矛。攸門尼斯很親切的問候，只是在他的耳邊輕聲說了一句：

> 未見屍體就娶妻，
> 倉促行事難料理。[119]

在攸門尼斯一生之中，對他的兄弟從無猜忌的心理，更沒有責備的言辭。攸門尼斯過世以後，就把自己的妻子和王國都留給阿塔拉斯。爲了回報起見，阿塔拉斯雖然有幾個兒女，都沒有刻意栽培，等到攸門尼斯的兒子成年，就將王國交還給這個年輕人[120]。

117　「神鷹」安蒂阿克斯(Antiochus Hierax, 263-226 B.C.)是安蒂阿克斯二世的次子，240 B.C.與他的兄長塞琉卡斯二世(Selecus II)共同統治塞琉西亞王國，後來與帕加姆國王阿塔拉斯發生衝突，不敵退出小亞細亞，在色雷斯被刺身亡。

118　帕加姆國王攸門尼斯二世索特爾是阿塔拉斯一世的長子，在位期間197-159 B.C.，後來暗中與馬其頓國王帕修斯交好，爲羅馬人罷黜，由他的兄弟阿塔拉斯三世接位。

119　這是對索福克利的風格加以惡劣的模仿，爲的是要適合所要描述的情節；參閱瑙克《希臘悲劇殘本》之〈索福克利篇〉No.601。

120　本書第35章〈手足之情〉18節，把這個故事描述得更爲詳盡，從而得知「兄弟之情」勝過

三十六　伊庇魯斯的皮瑞斯[121]

1 皮瑞斯（Pyrrhus）的幾個兒子還是小孩的時候，問他們的父親將來會將王國交付給誰，他說道：「那要看誰的佩劍最鋒利。」[122]

2 有人問他技藝最高超的笛手是皮同還是卡菲西阿斯（Caphisias），他說道：「波利斯伯強（Polysperchon）是最優秀的將領。」

3 他與羅馬人發生衝突兩次都能獲得勝利，只是損失很多朋友和指揮官，他說道：「我們在會戰中要是再多勝羅馬人一次，看來自己就會全軍覆沒。」[123]

4 他在西西里的戰事失利逼得只有啓航離開[124]，轉過頭去向後方遠眺，接著對他的朋友說道：「我們留下這片衝突不休的土地，讓羅馬人和迦太基人在上面拼個你死我活好了。」[125]

5 他的士兵稱他為「神鷹」，他說道：「如果沒有你們的武器像翅膀一樣使我在高空翱翔，我又怎麼能獲得『神鷹』的綽號？」

（續）

　　「夫妻之愛」，猶如我國所言「兄弟如手足，妻妾如衣服」，看來東西方的見解倒是大同小異。

121　皮瑞斯(319-272 B.C.)是伊庇魯斯國王，作戰勇冠三軍，288-285 B.C.期間統治馬其頓王國，是當代名將，後戰死於亞歌斯城內。

122　參閱蒲魯塔克《希臘羅馬英豪列傳》之〈皮瑞斯傳〉9節，說是這種狀況有點像伊底帕斯用悲慘的詛咒，加在他那幾個兒子身上：
　　　何須拈鬮聽天命，
　　　全憑利器打江山。

123　蒲魯塔克《希臘羅馬英豪列傳》之〈皮瑞斯傳〉對於這次會戰有詳盡的描述，看來「皮瑞斯的勝利」如同「卡德密(Cadmeia)的勝利」，不僅犧牲慘重而且得不償失。

124　這件事發生在276 B.C.。

125　他的話真是一語成讖，羅馬和迦太基之間接著在264-241 B.C.第一次布匿克戰爭(Punic War)，後來是218-201 B.C.第二次布匿克戰爭和148-146 B.C.第三次布匿克戰爭，迦太基人戰敗，都城被夷為平地，羅馬人成為地中海的霸主。

6 他聽到有些年輕人酒後說了一些中傷他的話，下令將這些人在次日帶到他的面前。等到將人押來以後，他問其中一位他們是否說過這些話，這位年輕人回答道：「不錯，陛下，要是我們有更多的酒，就會說得更爲露骨一點。」他聽到以後笑了起來，沒有任何處分就讓他們離開[126]。

三十七　安蒂阿克斯[127]

1 安蒂阿克斯正在進行對付帕提亞人（Parthians）的戰役[128]，一次狩獵當中追趕野獸，離開朋友和奴僕在田野徘徊，進入住著幾位窮人的木屋，沒有被人認出他的身分。晚餐談話的時候提到國王，他聽到大家說他寬宏大量，只是受他信任的朋友都是一些卑鄙的傢伙，因爲他太喜歡出獵，所以忽視很多重要的事務。這個時候他一句話都沒有說，等到次日天明，有位侍衛來到木屋，等到把紫袍和皇冠帶來，顯赫的地位立刻暴露在眾人面前。他說道：「不管怎麼說，還是不要爲你們穿戴打扮比較好，昨天才能第一次聽到有關我的老實話。」

2 在他圍攻耶路撒冷的時候，猶太人向他提出要求，休戰七天舉行最重要的祭典，他不僅答應還給他們準備角上鍍金的公牛，供應大量香料，用莊嚴的行列一直送到城門口，同時還將祭品遞到祭司的手上，然後他再回到營地。猶太人驚奇之餘非常感動，祭典完畢以後，立即將城市交到他手中[129]。

126　蒲魯塔克《希臘羅馬英豪列傳》之〈皮瑞斯傳〉有更爲詳盡的記載，說明他寬以待人而且心胸開闊；華勒流斯‧麥克西穆斯《言行錄》第5卷1節；以及昆蒂良《演說家的教育》第6卷3節，都有類似的敘述。

127　這一位是塞琉西亞國王安蒂阿克斯七世（159-129 B.C.），他是德米特流斯一世索特爾的次子，139 B.C.接位，後來與帕提亞人發生戰爭，戰敗被殺，失去東部的疆域。

128　他的第一次戰役是爲了攻占耶路撒冷，時間是在133 B.C.。帕提亞人原來是中亞一帶的遊牧民族，推翻馬其頓人的統治以後，繼承塞琉卡斯王朝，成爲幼發拉底河到印度之間這個廣大地區的強權，他們的君王將首都設在今日巴格達附近的帖西奉；我國在唐朝的時候將帕提亞人叫成安息人，後來變成對居住在伊朗各民族的通稱。

129　約西法斯《猶太古代史》第8卷8節，有內容極其雷同的記載。

三十八　提米斯托克利[130]

1 提米斯托克利年輕的時候縱情酒色。指揮雅典軍隊的密提阿德在馬拉松擊敗蠻族，讓提米斯托克利深受感動，從而引導他走上正道。他說起「密提阿德的勝利使我無法入睡，不能再這樣的怠惰下去」。聽到的人為他的革面洗心感到大為驚異[131]。

2 有人問他願意成為阿奇里斯還是荷馬，他說道：「就你看來該怎麼說呢？你願意成為奧林匹克運動會的優勝者還是宣布優勝者名字的人？」[132]

3 澤爾西斯率領百萬大軍入侵希臘，這時他非常害怕以民眾領袖自居的伊庇賽德(Epicydes)當選將領，因為這個人毫無操守而且個性怯懦，最後必然落到國破家亡的下場。於是他賄賂伊庇賽德，放棄出馬競選指揮職位。

4 埃迪曼都斯(Adeimantus)缺乏膽識，不敢冒險與波斯人進行一場海戰；提米斯托克利對希臘人多方規勸要求主動迎擊，埃迪曼都斯對他說道：「提米斯托克利，運動會有規定可以鞭打違背口令的偷跑者。」提米斯托克利回答道：「不錯，埃迪曼都斯，他們不會將桂冠放在賽跑落後者的頭上。」[133]

5 優里拜阿德(Eurybiades)舉起藤杖作勢要打他，他說道：「打沒關係，得先聽完我要說的話。」

---

130 提米斯托克利(528/524-462/459 B.C.)是雅典的將領和政治家，靠著他的才華與素養，贏得波斯戰爭的勝利。

131 參閱蒲魯塔克《希臘羅馬英豪列傳》之〈提米斯托克利傳〉3節；本書第5章〈人之如何自覺於德行的精進〉14節以及第6章〈如何從政敵那裡獲得好處〉10節；西塞羅《突斯庫隆討論集》第4卷19節和華勒流斯·麥克西穆斯《言行錄》第8卷14節。

132 笛歐·克里索斯珀姆《演說集》第2卷提到此事，認為這樣說的人是亞歷山大。

133 這裡提到的埃迪曼都斯在希羅多德《歷史》第8卷59節，變成一位演說家而不是將領；蒲魯塔克《希臘羅馬英豪列傳》之〈提米斯托克利傳〉11節，認為說這些話的人不是科林斯的埃迪曼都斯，而是水師提督斯巴達人優里拜阿德。

6 他沒有辦法說服優里拜阿德，願意率領水師在狹窄的水道與敵軍的船隻接戰，於是他私下派遣一位信差到波斯人那裡去，告訴國王不要害怕希臘人，因為他們想要逃走。等到蠻族相信他的話，作戰的地點使希臘人獲得優勢，結果在會戰中吃了大敗仗；提米斯托克利再度派出信差去見澤爾西斯，叮囑他要用最快的速度逃向海倫斯坡，希臘人打算要破壞該地的橋梁。他的目的是要救希臘人免得在陸上被波斯人的大軍擊敗，表面上卻給國王一個印象，退路遭到切斷他就無法歸國[134]。

7 來自塞瑞法斯(Seriphus)島的人士告訴他，說他所以舉世聞名，不是憑著自己的本領，完全靠著城邦的偉大；提米斯托克利說道：「你講得很有道理，如果我生在塞瑞法斯，當然無法出人頭地；即使你是一位雅典人，怎麼說還是沒沒無聞。」[135]

8 安蒂法底(Antiphates)是一位英俊的青年，提米斯托克利一直懷著仰慕之心，在他還沒有發跡的早年，安蒂法底始終避開他，擺出不屑一顧的態度。等到提米斯托克利獲得極大的名聲和權力，這時安蒂法底開始接近他，一副奉承和討好的樣子。提米斯托克利說道：「小夥子，要知道士別三日，當刮目相看，這麼說來我們兩個都增長一番見識。」

9 賽門尼德就一件不合法的事項向他講情。他說要是賽門尼德寫詩音韻發生錯誤，那他就不是一位優秀的詩人；如果自己受到關說不遵守法律的規定，那就不是一位盡責的官員。

10 他的兒子極受母親的寵愛，因此他說這個小孩是全希臘最有權勢的人：因為他的兒子能管住自己的母親，他的妻子能管住他，他能管

134　蒲魯塔克《希臘羅馬英豪列傳》之〈提米斯托克利傳〉12-16節詳盡敘述薩拉密斯海戰的始末；希羅多德《歷史》第8卷75節和110節；以及波利努斯《謀略》第1卷30節，對於這次海戰著墨甚多。

135　蒲魯塔克《希臘羅馬英豪列傳》之〈提米斯托克利傳〉18節也有同樣的說法；只是希羅多德《歷史》第8卷125節，提到的演說家是泰摩迪穆斯(Timodemus)，提米斯托克利口裡的島嶼是貝皮納(Belbina)；柏拉圖《國家篇》329E說起這件事，認為藐視提米斯托克利的人來自塞瑞法斯。

住雅典人，雅典人能管住所有的希臘人[136]。

11 他的女兒待字閨中有人來求親，他選擇的對象是品德重於財富，他說他看的是人而不是錢，總比看錢不看人要好得多[137]。

12 當他要出售一塊土地的時候，特別交代經紀人要讓人知道，買下這塊地可以獲得一個好鄰居。

13 雅典人對待他的態度極其無禮，這時他說道：「這個人長久以來為國效勞，建樹良多，為什麼你們對他起了厭煩之心？」他經常把自己說成一棵懸鈴木，壞天氣大家會到下面來避風雨，等到豔陽高照，馬上去摘採它的葉子，砍掉它的枝幹[138]。

14 他用幽默的語氣說起伊里特里亞人，很像滿腹墨汁的烏賊，空有作戰的刀劍[139]，缺乏運用的頭腦。

15 開始他被逐出雅典，後來趕離整個希臘地區，逼得他只有投靠波斯國王，等到他非要表達意見不可，這時他說雙方溝通的言語如同名貴的地毯，全部鋪開攤平才能展現華麗的圖案和花樣，要是摺疊或捲起來，所有美好的景象都會消失不見。因而他需要時間學好波斯的語言，就可以與國王直接交談，無須經過通事的傳譯[140]。

---

136 參閱本書第1章〈子女的教育〉2節；蒲魯塔克《希臘羅馬英豪列傳》之〈提米斯托克利傳〉18節以及〈馬可斯‧加圖傳〉8節。

137 參閱蒲魯塔克《希臘羅馬英豪列傳》之〈提米斯托克利傳〉18節；西塞羅《論義務》第2卷20節以及華勒流斯‧麥克西穆斯《言行錄》第7卷2節；斯托貝烏斯《花間飛舞》第70卷15節，指出當事人是伯里克利。

138 參閱蒲魯塔克《希臘羅馬英豪列傳》之〈提米斯托克利傳〉18節和22節；以及伊利安《歷史文集》第9卷18節。

139 這裡所指的刀劍就是烏賊或墨魚體內那條「軟骨」；參閱亞里斯多德《動物史》第4卷1節12。

140 參閱蒲魯塔克《希臘羅馬英豪列傳》之〈提米斯托克利傳〉29節；修昔底德《伯羅奔尼撒戰爭史》第1卷137節，都提到他要學習波斯人的語言，這樣才能直接與國王溝通。

16 他受到國王的禮遇獲得很多賞賜，很快變得非常富有，這時他對所有的兒子說道：「兒啊！看來我們已經是騎虎難下。」[141]

三十九 邁隆尼德[142]

邁隆尼德(Myronides)指揮一場戰役對付皮奧夏人，下達命令給雅典人要他們入侵敵人的領土，等到原訂的時辰將近，手下的隊長都說人員尚未到齊，他說道：「願意戰鬥的人員都已來到。」於是趁著他們那股激昂的情緒未曾冷卻之前，率領部隊進入戰場，結果打敗敵軍贏得勝利[143]。

四十 亞里斯泰德[144]

1 「正義者」亞里斯泰德在政壇上經常是獨來獨往，避免結黨成派，他所持的理由是只要從友人那裡獲得強大的勢力，一旦勇氣百倍就會犯下錯誤。

2 有次雅典人在一時衝動之下，決定用投票執行陶片放逐，有個無知的鄉巴佬，手裡拿著一塊陶片，走到他的面前要他把「亞里斯泰德」這個名字寫上去，他說道：「為什麼要寫上這個人的名字？你認識亞里斯泰德嗎？」那人說他並不認識亞里斯泰德，只是聽到「正義者」這個稱呼感到生氣。亞里斯泰德聽了以後二話不說，就把自己的名字寫在陶片上面交給對方[145]。

---

141 參閱本書第25章〈論亞歷山大的命運和德行〉5節和第48章〈論放逐〉7節；以及蒲魯塔克《希臘羅馬英豪列傳》之〈提米斯托克利斯〉29節和波利拜阿斯《歷史》第39卷11節，可見到他發出同樣的感慨，這也是流亡異國的人士難以處理的狀況。

142 邁隆尼德是西元前5世紀雅典名聲響亮的將領。

143 這是457 B.C.在皮奧夏的厄諾菲塔(Oenophyta)會戰(修昔底德《伯羅奔尼撒戰爭史》第1卷108節提到此事)；參閱本書第26章〈雅典人在戰爭抑或在智慧方面更為有名？〉1節以及戴奧多魯斯·西庫盧斯《希臘史綱》第11卷31節。本書第17章〈斯巴達人的格言〉51節12，認為說這種話的人是李奧尼達斯；波利努斯《謀略》第3卷10節3，說這個人是泰摩修斯。

144 亞里斯泰德(530-467 B.C.)是雅典將領和政治家，奠定波斯戰爭勝利的基礎，提洛同盟的創始人，主政期間獲得「正義者」的稱呼。

145 參閱蒲魯塔克《希臘羅馬英豪列傳》之〈亞里斯泰德傳〉7節；以及高乃留斯·尼波斯

3 他一直仇視提米斯托克利，有次兩人都奉派爲使者，他說道：「提米斯托克利，我們出了邊境就把雙方的敵意留在後面，你看這樣好嗎？如果你沒有意見，等到我們歸國再恢復原來劍拔弩張的局面。」

4 他擁有全權決定所有希臘人應該繳納的貢金，等到他從各個主要城邦歸國，因爲所有旅費全部自行負擔，變得家徒四壁，更加窮困[146]。

5 伊斯啓盧斯[147] 寫了一首頌揚安菲阿勞斯的詩：

> 公正的意念起於靈魂深處，
> 明確的企圖在於全力以赴，
> 智慧和審慎帶來莫大收穫。

看來這些話是對亞里斯泰德的最佳寫照。

四十一　伯里克利[148]

1 伯里克利只要擁有軍隊的指揮權，一旦穿上象徵將領身分的披風，就會向自己交代一番話：「伯里克利，一定要小心謹愼，你所指揮的這群自由人，具備希臘人和雅典人的雙重身分。」

(續)

（Cornelius Nepos）《亞里斯泰德傳》第1篇3節。

146 這是發生在478-477 B.C.的重大事件；由於大家都相信亞里斯泰德公正無私，同盟所有成員應繳的款項，全部委託他決定，並且可以全權處理；參閱蒲魯塔克《希臘羅馬英豪列傳》之〈亞里斯泰德傳〉24節及伊利安《歷史文集》第11卷9節。

147 伊斯啟盧斯《七士對抗底比斯》592行；參閱蒲魯塔克《希臘羅馬英豪列傳》之〈亞里斯泰德傳〉3節，以及本書第2章〈年輕人何以應該學詩〉11節、第6章〈如何從政敵那裡獲得好處〉4節。

148 伯里克利(495-429 B.C.)是雅典民主政體政治家和謀略家，他在位時，國勢臻於顚峰，建設雅典成為最偉大的城市。

2 他叮囑雅典人必須據有伊吉納，「該地如同派里猶斯（Piraeus）的眼中釘。」[149]

3 有一個朋友作了偽證，還在神前立下誓言，向他提出免於追究的要求；他的答覆是作為一個朋友，他會盡量遠離祭壇。

4 他在臨死之前，躺在病床上面，訴說一生最幸福的事，莫過於沒有一個雅典人，因為他犯的錯誤穿上黑色的喪服[150]。

四十二　亞西拜阿德[151]

1 亞西拜阿德還是一個小孩的時候，有次他在角力訓練場被對方緊抓不放，生怕掀翻以後被制壓在地，就用嘴咬對方的手好讓它鬆開，其他小孩叫道：「你咬人就像女流之輩。」亞西拜阿德說道：「不對，我咬人就像獅子。」[152]

2 他花了二百七十五鎊買了一條非常漂亮的狗，到手以後就將牠的尾巴給剃掉，很高興的說道：「這樣一來，雅典人就不會談論其他的事，讓我在這一陣子可以大出鋒頭。」[153]

---

149 參閱本書第55章〈為政之道的原則和教訓〉6節；蒲魯塔克《希臘羅馬英豪列傳》之〈伯里克利傳〉8節和〈笛摩昔尼斯傳〉1節；以及亞里斯多德《修辭學》第3卷10節。阿昔尼烏斯《知識的盛宴》99D認為雅典演說家迪瑪德斯有這樣的表示。伊吉納島的居民都是多里斯人，在波斯戰爭之前已對雅典人抱著敵視的眼光，到了伯羅奔尼撒戰爭的初期（431 B.C.），雅典人強迫他們遷離這個島嶼。

150 本書第44章〈論不會得罪人的自誇〉12節；蒲魯塔克《希臘羅馬英豪列傳》之〈伯里克利傳〉38節；以及朱理安《演說集》第3卷128D，都詳述他去世前所說的話。

151 亞西拜阿德（450-404 B.C.）是雅典將領，展現作戰的膽識和勇氣，表現指揮的才華素養，平生行事最富爭議。

152 參閱蒲魯塔克《希臘羅馬英豪列傳》之〈亞西拜阿德傳〉1節；本書第17章〈斯巴達人的格言〉69節之44，提到同樣的故事，只是主角換成一個斯巴達人。

153 這條狗的身價是70邁納，或7,000德拉克馬或42,000奧波銀幣，以當時一個水手或士兵的日薪3奧波計算，相當於四十個水手或士兵的年薪。古人所謂「聲色犬馬」的奢華就是這個道理。

3 他在教室裡面提出請求，要讀《伊利亞德》這本書，教師的回答是荷馬的作品他一本都沒有，亞西拜阿德給了他一拳，接著就離開這個學校。

4 他到伯里克利的府上去拜訪，得知伯里克利現在很忙，正在考慮如何向雅典人提出報告，他說道：「這樣做不是上策，為何不去考慮怎樣才能不提報告？」

5 雅典人將他從西西里召回，面臨危及性命的審判，他逃走以後躲了起來，說是能夠乘機開溜還不走，非要等法庭還他一個公道，那真是太傻了[154]。

6 有人對他說道：「你對於祖國所作的決定怎麼一點信心都沒有？」他回答道：「其他的事情我都相信，唯獨性命交關之際，就連自己的母親都不抱多大希望，難免她會發生差錯，該投白豆竟然投了黑豆。」

7 他和他的同伴受到起訴，聽到死刑的判決已經通過，他說道：「我們要讓那些人知道我們還活在世間。」於是他投向斯巴達的陣營，為了對付雅典人就發起迪西利亞（Decelean）的戰事[155]。

四十三　拉瑪克斯[156]

拉瑪克斯（Lamachus）指責手下一位誤事的隊長，這個人發誓說不會再出紕漏，拉瑪克斯說道：「戰爭中不容有兩次犯錯的餘地。」

154　參閱蒲魯塔克《希臘羅馬英豪列傳》之〈亞西拜阿德傳〉21節；以及伊利安《歷史文集》第13卷38節。

155　參閱蒲魯塔克《希臘羅馬英豪列傳》之〈亞西拜阿德傳〉22節；伊利安《歷史文集》第13卷38節；以及波利努斯《謀略》第1卷40節。

156　拉瑪克斯是西元前5世紀的雅典將領，以作戰英勇著稱，西西里遠征之役中伏陣亡。

四十四　伊斐克拉底[157]

1 據稱伊斐克拉底是一位鞋匠的兒子，所以受到旁人的輕視。他第一次建立名聲，在於他受傷以後，還能救出一位倖存的敵人，連帶鎧甲和所有的物品，全部帶到他的三層槳座戰船。

2 他紮營在友善的盟邦境內，仍舊建起圍柵挖好壕溝做出萬全的準備，有人就說：「我們有什麼好怕的？」他的回答是一位將領始終牢記在心的金玉良言：「凡事安全為上，我從不讓自己有輕敵和涉險的念頭。」[158]

3 他與蠻族對陣已經排出會戰的部署，他說感到擔心的地方，就是對方不知道伊斐克拉底的名字，要是對付其他的敵人，憑著他的威望會使他們的心理受到打擊。

4 他涉及的審判會受到死刑的懲處[159]，就對告發人說道：「你到底要如何，老鄉？就在戰爭已經進逼到我們周遭的年代，你說服城邦僅考慮我一個人就夠了，根本不必把你也算進去。」

5 哈摩狄斯是古代的著名人物，有位同名的後裔嘲笑伊斐克拉底出身寒微，他說道：「我的家族自我開始有輝煌的歷史，你的家族過去有輝煌的歷史，卻即將在你身上結束。」

6 某位演說家在市民大會對他提出質疑：「你是何等人物竟然如此傲慢？你到底是騎兵、重裝步兵、弓箭手還是盾牌手？」他回答：「這些都不

157　波利努斯《謀略》第3卷9節對雅典將領伊斐克拉底的言行有詳盡的記載；另參閱本書第8章〈機遇〉5節注22。

158　參閱波利努斯《謀略》第3卷9節。華勒流斯・麥克西穆斯《言行錄》第7卷2節，裡面有西庇阿・阿非利加努斯(Scipio Africanus)說這段話的記載；塞尼加《倫理學隨筆》第2卷31節，認為費比烏斯(Fabius)有同樣的表示；西塞羅《論義務》第1卷23節，視為一位將領應該切實遵守的戰爭準則。

159　同時受到起訴的人員還有泰摩修斯，罪名是356 B.C.的海倫斯坡海戰沒有善盡職責(參閱戴奧多魯斯・西庫盧斯《希臘史綱》第21卷21節)。

是，只是我知道如何指揮所有這些人。」

四十五　泰摩修斯[160]

1 大家都說泰摩修斯是位運道最好的將領，有些嫉妒他的人畫一幅畫，說他正在呼呼大睡，城市會自動落入他設置的羅網當中。因此泰摩修斯說道：「如果我在睡夢之中就能奪取城市，你們想想我要是在清醒的狀況下，還能沒有更大的建樹嗎？」

2 一位有勇無謀的將領[161]把身上的傷口向雅典人展示，泰摩修斯說道：「有次我指揮你們在薩摩斯作戰[162]，弩砲發射的箭矢落在身邊，讓我感到非常慚愧，身爲一個負有重責大任的將領，怎麼這樣不重視自己的安危。」

3 有位傑出的演說家提名查里斯（Chares）出任要職，認爲雅典的將領都應該像他一樣，泰摩修斯說道：「不僅將領，就是給將領攜帶寢具的人也應如此。」

四十六　查布瑞阿斯[163]

1 查布瑞阿斯（Chabrias）經常提到一個人指揮軍隊，應該知己知彼，料敵機先。

2 他與伊斐克拉底受到叛國罪的起訴[164]，伊斐克拉底指責他在這個危險關頭，還要去體育館，好像沒有事一樣花很多時間用午餐。他回答道：

---

160 泰摩修斯是雅典的將領，成為伊斐克拉底的同僚。
161 根據蒲魯塔克《希臘羅馬英豪列傳》之〈佩洛披達斯傳〉2節的記載，這個人是查里斯。
162 這次作戰發生在366 B.C.。
163 查布瑞阿斯是西元前4世紀中葉，雅典名聲極其響亮的將領。
164 這個事件發生在366 B.C.，涉案的人並非伊斐克拉底而是凱利斯特拉都斯（Callistratus）。參閱笛摩昔尼斯《控訴密迪阿斯》（*Against Meidias*）65。

「你要知道雅典人只要獲得不利我們的證據，就會將我們兩人置於死地，到時候你是一個未經梳洗的餓鬼，不像我吃過飯洗過澡，身體按摩得舒舒服服。」

3 他經常提到，一群像綿羊的軍隊被獅子領導，較之一群像獅子的軍隊被綿羊領導，更令人感到害怕[165]。

四十七　赫吉西帕斯[166]

赫吉西帕斯(Hegesippus)綽號叫作「頭盔的冠毛」，公共場合鼓勵大家要起而反抗菲利浦，有位人士在市民大會高聲批評：「你這樣做會把我們拖進一場戰爭。」他說道：「沒錯，老天在上，不僅如此，還有黑色的喪服、公開的葬禮以及對死者發表的演說，如果我們想生而為自由人，不必事事仰馬其頓人的鼻息，就得做破釜沉舟的打算。」

四十八　皮瑟阿斯[167]

皮瑟阿斯還是一個年輕人的時候，前往市民大會反對將榮譽授與亞歷山大的決議案，有人說道：「你年紀這麼輕就膽大包天，竟然敢談論如此重大的問題？」他回答道：「事實上，亞歷山大在我這樣大的年紀，你們就通過表決把他尊為神明。」[168]

165　斯托貝烏斯《花間飛舞》第54卷61節，說是菲利浦有這樣的表示。

166　赫吉西帕斯是西元前4世紀雅典極其愛國的演說家，反對馬其頓的菲利浦不遺餘力。

167　皮瑟阿斯是雅典毫無原則的演說家，一直站在反對笛摩昔尼斯的立場。

168　參閱本書第55章〈為政之道的原則和教訓〉8節。對於亞歷山大神格化的問題，大加嘲笑的言論出自一位口齒銳利的雅典人；參閱戴奧吉尼斯‧利久斯《知名哲學家略傳》第6卷8節和63節；伊利安《歷史文集》第2卷19節和第5卷12節；以及華勒流斯‧麥克西穆斯《言行錄》第7卷2節。

四十九　雅典人福西昂[169]

1 從來沒有人看過雅典人福西昂開懷大笑或傷心落淚。

2 有人在市民大會的會場上對他說道：「福西昂，看起來你很傷腦筋的樣子。」他說道：「你猜得沒錯，我一直在考量怎麼樣能對雅典人長話短說。」

3 有次雅典人獲得一份神讖，說是大家都能萬眾一心，其中只有一位異議分子，當眾宣讀以後引起一陣大亂，下達命令要把這個人找出來。福西昂非常坦誠的走上前去，要大家無須再去尋找，他就是神讖上面所指的人，只有他在市民大會不合時宜，無論任何事都要與大家唱反調。

4 某次他在市民大會提出個人的意見，獲得在座人士的喝采，他看到大家都接受還表示贊許，這時他轉過頭來問他的朋友，說道：「是不是我一時大意說了什麼蠢話？」[170]

5 有次雅典舉行盛大的祭典和節慶活動，大家要求他比照其他人捐出一筆獻金，福西昂受到不停的糾纏以後，要他們向有錢人去募捐，他說道：「我那一份實在拿不出手，何況還要用來還債。」說完就把借錢給他的人指出來[171]。

6 演說家笛摩昔尼斯對他說道：「雅典人一旦神志失常，就會置你於死地。」他回答道：「此言不虛，一旦他們神志清醒，你也難逃殺身之

---

169 福西昂(402-318 B.C.)是雅典將領和政治家，曾四十五次當選雅典將領，戰無不勝。他後來成為雅典的統治者，318 B.C.因謀求希臘城邦的和平而遭到處決。不久後被平反、舉行國葬，亦下達敕令建立其雕像使之名垂千古。

170 參閱蒲魯塔克《希臘羅馬英豪列傳》之〈福西昂傳〉8節。戴奧吉尼斯·利久斯《知名哲學家略傳》第6卷5節，提到安蒂塞尼斯出現類似狀況；伊利安《歷史文集》第2卷6節則說當事人是希波瑪克斯(Hippomachus)。

171 那位債權人是雅典的財主凱利克利。

禍。」[172]

7 告發者亞里斯托杰頓犯了死罪關在監牢，等到判決通過，希望福西昂能夠前去探望，福西昂的朋友都不願他去看這個惡徒，他說道：「任何人在那種地方與亞里斯托杰頓談話，難道還能不感到莫大的樂趣？」

8 查里斯奉派率領一支軍隊前去援助拜占庭的人民對抗菲利浦，消息傳來說是拜占庭人閉門不納，使得雅典人大為憤怒。福西昂在市民大會發言，認為盟邦表現出拒絕的態度，我們不應該為此大發脾氣，那是派遣的將領無法讓人相信，所以他現在願意出來競選將領職位。等到他領軍前去救援，由於深受拜占庭人的信賴，使得菲利浦只有撤退，無法達成所望的企圖[173]。

9 亞歷山大派人送給他一份價值兩萬鎊的重禮，他問來人在這麼多的雅典人當中，為什麼唯獨他蒙受亞歷山大的厚愛。他們的回答是國王考量當代人物，只有他公正不阿受到世人的尊敬。他說道：「那麼請國王讓我繼續保有得之不易的信譽。」[174]

10 亞歷山大向雅典人提出供應三層槳座戰船的要求，市民大會點名要福西昂上前說明個人的看法，作為決策的參考。他站起來說道：「我的建議是你們可以派出軍隊使自己成為征服者，再不然就是使用朋友能夠享有戰勝的榮譽。」

11 突如其來流傳未曾證實的消息，說是亞歷山大已經逝世。性急的演說家立即跳上講台，危言聳聽說是戰爭迫在眉睫，事不宜遲要先下手為強。福西昂堅持要等待一段時間，清楚整個情況再做決定。他說道：「如果亞歷山大今天已經逝世，無論是明天還是後天，死亡的事實不會改變。」

172　參閱蒲魯塔克《希臘羅馬英豪列傳》之〈福西昂傳〉9節；本書第55章〈為政之道的原則和教訓〉14節中，與他針鋒相對的人是迪瑪德斯。

173　參閱蒲魯塔克《希臘羅馬英豪列傳》之〈福西昂傳〉14節，發生在339 B.C.。

174　參閱蒲魯塔克《希臘羅馬英豪列傳》之〈福西昂傳〉18節及伊利安《歷史文集》第11卷9節。

12 李奧昔尼斯將城邦拖進戰爭，認為可以獲得自由和領導的地位，極
其燦爛的遠景使得他們欣喜若狂。福西昂將他的話視為杉樹，他說
道：「這種樹木何其雄偉而高大，只是無法結出果實。」無論如何，首要的企圖
還是如期達成，城邦向神明獻祭用來慶祝大捷的信息。福西昂被問到他是否願意
城邦有那樣的成就，以及他是否願意自己去達成。他說道：「我當然希望城邦能
夠無往不利，只是該說的話還是要說。」[175]

13 馬其頓人入侵阿提卡[176]，靠近海岸的地區都受到蹂躪，他領導一群
役期已到的人員前去迎擊。一大群人蜂擁在他的身旁，不斷催促他
「占領前面的山丘」或是「部隊要在此處列陣」，他無可奈何的說道：「老天爺，
這麼多的將領這麼少的兵，怎麼能夠打仗！」雖然如此，他還是立即與敵人接
戰，獲得勝利並且殺死馬其頓人的指揮官邁西昂(Micion)。

14 沒過多久，雅典人的作戰失利，逼得只有向安蒂佩特投降，接受進
駐的守備部隊。這支部隊的指揮官是麥尼拉斯(Menyllus)，為了示
好，送一筆錢給福西昂。他用非常氣憤的口氣，說是麥尼拉斯根本不配與亞歷山
大相比，何況他找不出理由，用來解釋他過去所以拒絕現在反而能夠接受。

15 安蒂佩特說他在雅典有兩位好朋友，兩位之中他無法說服福西昂接
受一件禮物，然而他即使送再多也無法讓迪瑪德斯感到饜足。

16 安蒂佩特自認有權要福西昂做一些不講道義的事情，於是他說道：
「安蒂佩特，你不能把福西昂當成朋友的同時又要他奉承討好。」[177]

17 安蒂佩特亡故以後，雅典恢復了民主政體，市民大會通過福西昂和
友人的死刑判決，其他人員在押解出去的時候淚流滿面，只有福西

---

175 參閱蒲魯塔克《希臘羅馬英豪列傳》之〈福西昂傳〉23節以及華勒流斯‧麥克西穆斯《言行
錄》第3卷8節。

176 這是322 B.C.拉米亞(Lamia)戰爭出現的狀況。

177 這則軼事一再出現在本書第4章〈如何從友人當中分辨阿諛之徒〉23節、第12章〈對新婚夫
婦的勸告〉29節、第42章〈論羞怯〉10節；以及蒲魯塔克《希臘羅馬英豪列傳》之〈福西昂
傳〉30節和〈埃傑斯傳〉2節。

昂的神色不變，有個政敵在途中相遇就向他的臉孔吐口水，他望著官員說道：
「難道就沒有人能制止這種惡劣的行為嗎？」

18 一位友人在處死以前不斷哭泣和咒罵，他說道：「休迪帕斯（Thudippus），你能與福西昂共赴黃泉，還有什麼好不滿的？」[178]

19 等到裝滿毒胡蘿蔔汁的杯子交到他的手中，有人問他對自己的兒子有什麼遺言，他說道：「請向他說不要對雅典人心存怨恨和惡意。」[179]

五十　彼昔斯特拉都斯[180]

1 彼昔斯特拉都斯是雅典的僭主，有段期間他的朋友違背他的意願占據菲勒（Phyle），他帶著一包被褥前去相見，他們問他這是什麼意思，他說道：「我來是為了說服各位離開此地，要是無法達成任務，便與各位同進退，這包東西是準備進監獄用的。」

2 有個八卦消息傳到他的耳中，說他的母親愛上某一位年輕人，兩個人曾經暗中幽會。年輕的情人知道消息洩漏感到害怕，前來請求他原諒。彼昔斯特拉都斯邀請對方前來晚餐，結束以後問道：「你覺得怎麼樣？」年輕人說道：「非常滿意。」彼昔斯特拉都斯說道：「你只要討我母親的歡喜，每天都可以過滿意的生活。」

3 色拉西布盧斯愛上彼昔斯特拉都斯的女兒，有天他見到這位女郎就親吻，彼昔斯特拉都斯的妻子在旁慫恿要他出面反對，他說道：「他們愛我們，反倒要我們去恨他們，那麼他們要是恨我們的話，我們又拿他們怎麼辦

178　參閱蒲魯塔克《希臘羅馬英豪列傳》之〈福西昂傳〉36節；本書第44章〈論不會得罪人的自誇〉5節；以及伊利安《歷史文集》第13卷41節。

179　參閱蒲魯塔克《希臘羅馬英豪列傳》之〈福西昂傳〉36節以及伊利安《歷史文集》第12卷49節。

180　彼昔斯特拉都斯成為雅典的僭主和統治者，時間是在560-528 B.C.，有人將他列為希臘七賢之一。

呢？」他讓色拉西布盧斯娶他的女兒爲妻[181]。

4 幾個花天酒地的傢伙偶爾遇到他的妻子，毛手毛腳之餘還說了一些下流話，第二天這些人流著眼淚來見彼昔斯特拉都斯懇求原諒，他說道：「你們的行爲確實有欠檢點，只是我的妻子昨天一整天都沒有出門。」

5 他非常渴望娶第二位妻室，這時他的子女問他是否他們有缺失讓他感到不滿，他說道：「沒有那回事，我一直希望多生幾個像你們這樣優秀的子女。」[182]

五十一　費勒隆的德米特流斯[183]

費勒隆的德米特流斯向托勒密王建議，要他買一些有關國王和統治者如何履行職責的書籍來讀，同時他還說道：「有些事情國王的朋友不敢提出來，都已經寫在書本當中。」

五十二　萊克格斯[184]

1 斯巴達人萊克格斯要他的市民同胞養成留長髮的習慣，說是滿頭美髮會使英俊的面孔容光煥發，醜陋之人東施效顰能使對手望之生畏[185]。

181　參閱華勒流斯・麥克西穆斯《言行錄》第5卷1節；本書第33章〈論控制憤怒〉9節論及此事。

182　參閱第35章〈手足之情〉6節；蒲魯塔克《希臘羅馬英豪列傳》之〈馬可斯・加圖傳〉24節，老加圖要結婚，他的說法與彼昔斯特拉都斯完全一致。

183　費勒隆的德米特流斯是馬其頓當局派駐雅典的總督，時為317-307 B.C.。

184　萊克格斯（約700-630 B.C.）是斯巴達的政治家和立法者，制定法令規章，奠定一個希臘強權的基礎。

185　斯巴達人非常注重頭髮的款式，尤其是出戰之前要梳理整齊；參閱希羅多德《歷史》第7卷208節，斯巴達人防守色摩匹雷（Thermopylae）隘道，澤爾西斯派探子偵察敵情，回報說是看到斯巴達人沐髮，準備出兵。

2 有人極力勸他在城邦推行民主政體，他的回答是：「爲何你不先從自己家中做起？」

3 他下令規定民眾建築住屋只能用鋸子和斧頭，因爲他知道一般人的心理，簡陋的房間讓人不願放置貴重的器皿、地毯和餐桌[186]。

4 他禁止拳擊和贏取獎金的搏鬥，這樣民眾不會在參觀運動比賽的時候，養成大聲叫嚷的習慣。

5 他禁止斯巴達人對同一敵國，實施經常和長久的作戰。過了很多年以後，亞傑西勞斯出征受傷，安塔賽達斯(Antalcidas)說他費盡心血將底比斯人訓練成優秀的對手，現在遭到報應，眞是咎由自取[187]。

五十三　查瑞拉斯[188]

1 查瑞拉斯王向萊克格斯請教，爲何制定的法律那樣少，他的回答是言多必失，三緘其口的人只需很少的法律[189]。

2 有位農奴行爲不檢冒犯到他，他說道：「神明在上，如果我沒有生氣的話，你的小命難保。」

3 有人問他和他的國人爲什麼要留長髮，他說在所有的裝飾品當中這種方式花費最少[190]。

---

186 參閱本書第17章〈斯巴達人的格言〉53節之9；特別是蒲魯塔克《希臘羅馬英豪列傳》之〈萊克格斯傳〉13節，有更爲詳盡的記載。

187 雖然話是這麼說，事實上亞傑西勞斯不能算是底比斯人的老師，應該是他前面那些生性謹慎的將領，讓底比斯人獲得訓練的機會。

188 查瑞拉斯是斯巴達優里龐帝系(Eurypontids)的國王，在位期間約爲775-770 B.C.。

189 參閱本書第17章〈斯巴達人的格言〉68節之1，以及蒲魯塔克《希臘羅馬英豪列傳》之〈萊克格斯傳〉20節，證明斯巴達人不喜高談闊論。

190 本書第17章〈斯巴達人的格言〉56節之2，認爲是另外一位斯巴達國王尼康德；斯托貝烏斯《花間飛舞》第65卷10節，把說這句話的人歸之於亞傑西勞斯。

五十四　特勒克盧斯[191]

特勒克盧斯(Teleclus)王的兄弟經常抱怨，說市民對國王關心的程度遠勝於對他的關心，特勒克盧斯回答道：「因為你不知道如何甘心忍受不公平的待遇。」

五十五　狄奧龐帕斯[192]

狄奧龐帕斯(Theopompus)訪問某個城市，有人指著城牆問他是否美麗而高聳，他回答道：「這裡並不適合女性居住，對嗎？」[193]

五十六　阿契達穆斯[194]

盟邦在伯羅奔尼撒戰爭中提到，阿契達穆斯應該定出分攤經費的多少，他說道：「固定的數額永難滿足戰爭所需。」[195]

---

191 特勒克盧斯是斯巴達國王屬於埃傑斯帝系(Agiads)，在位期間約為760-740 B.C.。

192 狄奧龐帕斯是斯巴達國王，屬於優里龐帝系，在位期間約為720-675 B.C.。

193 參閱本書第17章〈斯巴達人的格言〉38節之6；提到說這句話的人有不同的版本：本書第17章〈斯巴達人的格言〉2節之55，認為是亞傑西勞斯；同章第5節之6，說是埃傑斯有這樣的表示；以及華勒流斯・麥克西穆斯《言行錄》第3卷7節，記載一位不知其名的斯巴達人這樣說過。

194 這位斯巴達國王是阿契達穆斯二世，出自優里龐帝系，在位期間469-426 B.C.。

195 斯巴達國王所說一句話，不斷被後人引用，只是遣詞用字出現一些變化：像是蒲魯塔克《希臘羅馬英豪列傳》之〈克拉蘇傳〉2節，戰爭永難餵足其巨大的胃口，再多財富也不敷運用；〈克里奧米尼斯傳〉27節，戰爭不可能在一天之內滿足需要；〈笛摩昔尼斯傳〉17節，戰爭的每日需要無法精確估算。

五十七　布拉西達斯[196]

1 布拉西達斯在一些乾無花果當中抓住一隻老鼠，這個小東西咬了他的手，於是將牠放走，轉過頭來對旁邊的人說道：「這樣一個小動物都有求生的勇氣，受到欺負還是會奮鬥到底。」

2 會戰中一支長矛貫穿盾牌使他受傷，他拔出這根長矛用來殺死接戰的敵人，後來有人問他怎麼會受傷，他說道：「我的盾牌沒有盡到保護之責。」

3 他的犧牲是為了使生活在色雷斯的希臘人獲得獨立，等到這件事情結束以後，派到斯巴達的使者去見他的母親[197]，她就問起布拉西達斯是否光榮戰死沙場，不愧為一個斯巴達人；這些色雷斯人異口同聲讚譽她的兒子，說是沒有那位斯巴達人比他更勇敢，她說道：「各位無須過度稱許，布拉西達斯雖然奮不顧身，斯巴達還有很多表現比他更好的人。」

五十八　埃傑斯[198]

1 埃傑斯這位國王說斯巴達人從來不問敵軍的人數有多少，只問他們在那裡。

2 他在曼蒂尼[199]的時候，有人一直追問他是否冒險要與優勢之敵進行會戰，他說道：「接戰的敵人愈多，統治的臣民愈多。」

---

196 布拉西達斯是斯巴達負責阿契達穆斯戰爭（Archidamian War，即伯羅奔尼撒戰爭最初十年的戰事，得名於斯巴達國王阿契達穆斯）的將領，422 B.C.在安斐波里斯會戰陣亡。

197 他的母親名字叫作阿吉里歐妮（Argileonis）；參閱本書第17章〈斯巴達人的格言〉23節之4，以及第19章〈斯巴達婦女的嘉言懿行〉1節。

198 這位斯巴達國王是阿契達穆斯之子埃傑斯二世，出自優里龐帝系，在位期間426-400 B.C.。

199 曼蒂尼（Mantineia）是位於阿卡狄亞一個小鎮，在此發生兩次重大會戰：一是418 B.C.埃傑斯王率領斯巴達人擊敗雅典和亞哥斯聯軍；二是362 B.C.底比斯人與斯巴達人對陣贏得勝利，然而伊巴明諾達斯不幸陣亡。

3 有人對伊利斯人大加讚譽，說他們把奧林匹克競賽辦得公正無私而且有聲有色，埃傑斯說道：「要是他們每四年才有一天做事公正，這又算得上什麼豐功偉業？」那個人還是喋喋不休，國王說道：「把一件很光彩的事做得很有榮譽，這又有什麼公正可言？」[200]

4 有個很討厭的傢伙，一直追問斯巴達最好的人是誰，他回答道：「就是那個最不像你的人。」

5 有個人向他探問斯巴達人的數量，他說道：「足夠打發心術不正的壞蛋。」

6 另外有位向他問到同樣的問題，他說道：「要是你看到他們在作戰，就會認為他們人數眾多。」

五十九　賴山德[201]

1 僭主戴奧尼休斯將幾件非常值錢的服飾，當作禮物送給賴山德的女兒；賴山德拒絕接受，說是怕穿上這些美麗的裝束以後，襯托他的女兒更加醜陋。

2 賴山德的行事毫不考慮是非，完全基於利害，他譏笑那些認為海克力斯的後裔在戰爭中不該運用欺騙手段的人士，特別提到他穿的獅皮要是不夠，湊上一塊狐狸皮也就行了[202]。

200　伊利斯位於伯羅奔尼撒半島的西部，瀕臨地中海，自古以來是舉辦奧林匹克運動會的聖地，以保持長久的和平而聞名於世。

201　賴山德是斯巴達將領，占領雅典扶植寡頭政體，支持亞傑西勞斯接位，395 B.C.圍攻哈利阿都斯(Haliartus)之役陣亡。

202　海克力斯的後裔是指可以推舉斯巴達國王的兩個帝系；希羅多德《歷史》第7卷204節和第8卷131節，列出他們的家譜。我國孫子有言：「上兵伐謀，其次伐交，其次伐兵，其下攻城。」就是這個道理。

3 斯巴達人和亞哥斯人的邊界發生爭議，對方認為他們有充分的理由，賴山德拔出他的佩劍，說道：「有關領土的問題，全靠這個當家作主。」

4 科林斯人煽起叛亂行動，賴山德率軍抵達城牆的下方，發覺斯巴達人對於攻擊有些舉棋不定的樣子，這時正好看到一隻野兔跳過壕溝，他說道：「沒用的敵人讓野兔在城牆下邊安睡，你們還這樣害怕，難道不感到慚愧？」

5 一位來自麥加拉的人士，用直率的口氣與他在會議中討論雙方有關的事務，他說道：「你的話需要城邦的實力作為後盾。」[203]

六十　亞傑西勞斯[204]

1 亞傑西勞斯經常談到小亞細亞的居民，說他們是可憐的自由人卻是很聽話的奴隸。

2 大家在習慣上都將波斯國王稱為「萬王之王」，他說道：「除非他比我更為公正和自制，否則他憑什麼比我有更偉大的頭銜？」[205]

3 當他被問到「勇敢」和「正義」以何者為先，他說道：「如果人人維護正義，世界邁向大同之境，三達德的『勇』亦無必要。」

4 他非常珍視友情，遇到特殊狀況能以大局為重。例如有次倉促之間變換營地，就把一位生病的朋友留下來，友人在他後面大聲呼叫給予幫助，

---

203 參閱本書第4章〈如何從友人當中分辨阿諛之徒〉32節；第17章〈斯巴達人的格言〉54節之8；以及蒲魯塔克《希臘羅馬英豪列傳》之〈賴山德傳〉22節。本書第17章2節之56，認為說這個話的人是亞傑西勞斯。

204 這位斯巴達國王是亞傑西勞斯二世(444-360 B.C.)，出自優里龐帝系，在位長達四十一年，南征北討，無役不從，立下蓋世的武功。

205 參閱本書第5章〈人之如何自覺於德行之精進〉6節；第17章〈斯巴達人的格言〉2節之63及第44章〈論不會得罪人的自誇〉16節；蒲魯塔克《希臘羅馬英豪列傳》之〈亞傑西勞斯傳〉23節；以及色諾芬《亞傑西勞斯傳》第8卷4節。柏拉圖《高吉阿斯篇》470E提到蘇格拉底有類似的論點。

他含淚轉過身去說道：「同情和睿智有時很難兩全。」

5 麥內克拉底(Menecrates)是位名醫，很多奉承他的人稱他爲「宙斯」，有次就用這個頭銜寫信給亞傑西勞斯，起首是：「麥內克拉底·宙斯致亞傑西勞斯王，敬祝政躬康泰。」國王的回信：「亞傑西勞斯致麥內克拉底，敬祝身心健康。」[206]

6 斯巴達人在科林斯擊敗雅典人[207] 和他們的聯軍贏得大捷，當他得知大量敵軍陣亡，深深嘆息一聲說道：「啊！希臘人！這麼多的勇士白白犧牲，要是用在正途，足夠征服所有的蠻族。」

7 他從奧林匹克山的宙斯神廟獲得一道合乎他心願的神讖，民選五長官要他就同樣這件事，要求事奉阿波羅的女祭師(Pythian)指點迷津。等他到達德爾斐以後，詢問神明是否與祂的父親有類似的見解[208]。

8 他寫信給卡里亞的海德里烏斯(Hudrieus)爲一個朋友講情：「如果尼西阿斯清白無辜，請你釋放他；要是他犯下罪行，請看在我的分上免於追究；總之，無論如何要讓他平安無事。」

9 有人邀請他去聽一個人的表演，模仿夜鶯的聲音受到大家的讚譽，他說道：「這種鳥兒的鳴啼已經聽過很多次。」

---

206 這個故事再度出現在本書第17章〈斯巴達人的格言〉2節之59；以及蒲魯塔克《希臘羅馬英豪列傳》之〈亞傑西勞斯傳〉21節。伊利安《歷史文集》第12卷51節，以及阿昔尼烏斯《知識的盛宴》289B，提到回函給麥內克拉底的是馬其頓國王菲利浦。麥內克拉底是一位來自敘拉古的醫生，359-336 B.C.一直在菲利浦的官廷服務。

207 這是指亞傑西勞斯受召返國之際，發生在394 B.C.的科羅尼亞(Coronea)會戰，斯巴達人擊敗雅典人和皮奧夏人組成的聯軍。

208 參閱本書第17章〈斯巴達人的格言〉2節之10，說他在多多納得到宙斯的神讖，並非奧林匹克山的神廟；色諾芬《希臘史》第4卷7節有類似的記載。

10 琉克特拉（Leuctra）會戰之後，由於斯巴達對擅離職守的逃兵[209]，法律訂下嚴厲的懲罰條文，除了喪失市民權，還有其他附帶的處分，民選五長官有鑑於人力的缺乏，希望能夠廢止嚴苛的規定，授權亞傑西勞斯修訂有關的法條。他出現在市民大會，親自下達命令，既往不咎。所有的法律「明天」開始生效。

11 他奉派前往埃及與國王結盟，當地發生叛亂，充滿敵意的部隊有他們數倍之多，將他連帶國王一起包圍在營地。敵軍要挖一道壕溝困死他們，國王急著要在不利的狀況下進行會戰，亞傑西勞斯拒絕他的要求，說是敵人這樣做可以保障他們的安全，完成部分的高牆阻止對方用數量的優勢來包圍他們，留下尚未連接的缺口，可供他們在兵力對等的條件下發起攻擊。果不其然，他們趁著壕溝快要合龍之際，全軍進擊終於獲得勝利。

12 他在逝世之前，命令他的僚屬不得為他製作雕塑或是繪製畫像，他說道：「如果我有任何高貴的行為，這就是我給大家興建的紀念碑；如果我沒有值得贊許的事蹟，再多的雕像留在世間也是徒然。」[210]

六十一　阿契達穆斯[211]，亞傑西勞斯之子

阿契達穆斯是亞傑西勞斯的兒子，看到從弩砲發射出來的箭矢，這是首次從西西里帶來的利器，不禁大叫道：「老天爺！人類的英勇從此算不得一回事。」

---

209 Tresantes「逃兵」這個字的本意是「被畏懼所控制的人」，對這些人的處罰極其嚴厲，犯者禁止授與任何職位，門當戶對的婚姻都要解除，只要在外遇到他們可以任意毆打，選手就是違背法律；身穿最破爛的衣服，頭髮和鬍鬚要剃一半留一半，真是不堪入目。

210 他帶著230泰倫的銀塊，從埃及返鄉以應付國內的戰爭，因病半途崩殂於船上。

211 這位斯巴達國王是阿契達穆斯三世，出自優里龐帝系，在位期間361-338 B.C.。

六十二　小埃傑斯[212]

1 迪瑪德斯取笑斯巴達人的劍太短，玩雜耍的人可以將它吞進肚內，小埃傑斯說道：「事實上斯巴達人用這種武器，比起任何人更容易逼近到敵人的身邊。」

2 民選五長官命令他將一些士兵交給變節者領導，他說他不相信出賣祖國的人，不會將任何部下交到這種人的手裡[213]。

六十三　克里奧米尼斯[214]

有人答應送幾隻鬥雞給克里奧米尼斯，說牠們會鬥到至死方休。他的回答是：「不必，我要你送的鬥雞是能殺死對手又能活下來。」

六十四　披達瑞都斯[215]

三百人團是城邦位階最高的組織[216]，成員受到市民的敬仰；披達瑞都斯（Paedaretus）未能選上，帶著滿面笑容離開會場，他的說法是城邦至少有三百個比他更優秀的人。

212　這位斯巴達國王是埃傑斯三世，出自優里龐帝系，在位期間338-330 B.C.。

213　本書第17章〈斯巴達人的格言〉5節之1，提到如此表示的人是埃傑斯二世。

214　這位斯巴達國王是克里奧米尼斯二世，出自埃傑斯帝系，在位期間370-309 B.C.。

215　披達瑞都斯是伯羅奔尼撒戰爭時期的斯巴達將領；他的名字有時會拼成Paedaretus或Padaretus。

216　參閱希羅多德《歷史》第7卷205節和第8卷124節；修昔底德《伯羅奔尼撒戰爭史》第5卷72節；色諾芬《斯巴達的政治體制》第4卷3節。

六十五　達蒙尼達斯

合唱團的指揮將達蒙尼達斯排在最後一列，他說道：「太好了，你們可以看出這是獲得榮譽的位置。」[217]

六十六　奈柯斯特拉都斯

奈柯斯特拉都斯(Nicostratus)是亞哥斯的將領，阿契達穆斯[218]勸他出賣一處堅強的據點，答應的報酬是一大筆錢，還有就是除了皇室以外，任何一位他所喜歡的斯巴達女子。他答覆說阿契達穆斯不是海克力斯的後裔，因為海克力斯以懲處壞人為宗旨，現在阿契達穆斯卻要讓正人君子變成邪惡之徒。

六十七　優達米達斯[219]

1 優達米達斯(Eudamidas)的年歲已高，見到色諾克拉底在學院與門生討論哲學，得知他在探求至德之道，就說道：「他還有什麼時間可以實踐履行呢？」

2 有次他聽到一位哲學家力言智者是最稱職的將領，他說道：「這番言論會受到大家的讚揚，只是演說家從來不會出現在號角長鳴的場合。」

217　本書第17章〈斯巴達人的格言〉2節之6，提到亞傑西勞斯還是小孩的時候，參加團體舞蹈擺在最不起眼的位置，他說出令人深思的話；何以如此是不是因為他的腿有殘疾的關係。

218　這位斯巴達國王是阿契達穆斯三世，在位期間361-338 B.C.。

219　優達米達斯一世是埃傑斯三世的弟弟，出自優里龐帝系，331 B.C.接位成為斯巴達國王，在位期間331-305 B.C.。

六十八　安蒂阿克斯

　　安蒂阿克斯（Antiochus）出任民選五長官的時候，聽到菲利浦要將土地送給梅西尼人，就問菲利浦是否爲了保有這片領土才讓他們擁有實力，在戰鬥中可以占上風。

六十九　安塔賽達斯[220]

1 有位雅典人批評斯巴達人沒有學問，安塔賽達斯駁斥道：「不管怎麼說，在所有希臘人當中，只有我們沒有學到各位的惡習。」

2 另外一個雅典人向他說道：「你們無法否認，有很多次我們將你們從西菲蘇斯（Cephisus）河邊趕走。」他說道：「我們感到遺憾，就是我們始終沒有機會能將你們從優羅塔斯（Eurotas）河邊趕走。」[221]

3 有位老師在講堂朗誦讚譽海克力斯的文章，他說道：「爲什麼要這樣做，難道有人說他壞話不成？」

七十　伊巴明諾達斯[222]

1 只要底比斯人伊巴明諾達斯擔任將領，軍隊從來不會驚惶失措。

220　安塔賽達斯是斯巴達的水師提督和政治家，387 B.C.代表希臘與波斯談判，由於做出很大的讓步，總算達成「安塔賽達斯的和平」。

221　西菲蘇斯河靠近雅典，優羅塔斯河流經斯巴達；這樣一來變成斯巴達人經常打到人家門口，雅典人從來未曾踏入斯巴達半步，事實也是如此。

222　伊巴明諾達斯是底比斯的將領和政治家，參閱第1章〈子女的教育〉10節注30。

2 他常說戰死沙場何其美好。

3 他經常宣稱，重裝步兵不僅重視體能訓練還要加強軍事操演[223]；他對胖子難掩嫌惡之情，有次就把體型過重之人逐出軍隊，說是用三、四面盾牌都保護不了他的肚皮，這種人在作戰當中一無是處。

4 他過著極其節儉的生活，有次受邀參加鄰居的晚餐，發現桌上擺滿精製的蛋糕、點心和各種菜餚，可以說是色香味既全，他馬上離開並且說道：「我認爲吃一頓飯不必擺出高傲的姿態。」

5 廚子將帳單呈給伊巴明諾達斯，說是他屬下的官員這幾天的花費，伊巴明諾達斯對於用掉大量橄欖油非常生氣，這些官員都感到驚詫，他說花多少錢並不讓他煩心，而是想不通怎麼會把這麼多的油喝進肚內。

6 城市正逢假日，大家忙著飲酒作樂加強社交活動，只有伊巴明諾達斯外出散步，看來他的儀容沒有經過梳洗，只是保持清醒的神色陷入沉思之中。途中遇到一位很親近的朋友，感到驚奇，就問他爲何這副模樣就單獨出來，他說道：「還不是你們這些人在假日當中仍舊猛灌黃湯。」[224]

7 有個沒用的傢伙犯了輕微的罪行被他關了起來，佩洛披達斯講情他不理會，有位人士的情婦向他懇求，伊巴明諾達斯就將這個人放了出來，他說讓一個娼妓欠他這種情分倒是很適合，至於一個將領則大可不必。

8 斯巴達人提出恐嚇要發起入侵行動，獲得幾道神讖對底比斯人有不同的指示，有人說會被敵人打敗，也有人認爲可以贏得勝利，他下令將不同意見的神讖，分別放在發言台的兩邊，等到東西放好以後，他站起來指著那些帶有吉兆的神讖說道：「如果你們願意服從上級官員的命令，前去與敵人近身戰鬥，這些就會爲你們指點迷津。」他指著那些帶有凶兆的神讖說道；「你們若要

223　參閱高乃留斯·尼波斯《伊巴明諾達斯傳》第15卷2節之4與5。
224　參閱提米斯久斯《演說集》第7卷88C。

像一個懦夫不敢面對危險，不妨聽從這邊的指示。」

9 某次出現這樣的狀況，他正率領部隊去與敵軍對陣，突然天空電閃雷鳴，有人問他神明顯示的徵兆爲何，他回答道：「出現雷雨的地區離敵軍營地較近，看來他們的體驗更爲深刻。」[225]

10 他經常提到這一生最大的幸福，是讓父母還活在世上的時候，聽到他發揮將領的才華，打敗斯巴達人，贏得琉克特拉會戰的勝利。

11 他的習慣是不論在任何時刻，都保持整齊的穿戴和親切的容貌，有天在會戰獲勝以後，不僅沒有梳洗，還一副心灰意懶的樣子出現在眾人面前。他的朋友問他有什麼事情讓他如此苦惱，他說道：「昨天我覺得個人近來的言行輕佻，經常表露傲慢的神色，所以要求自己應該哀矜勿喜。」

12 他非常清楚斯巴達人的習性，經常隱瞞所受的災害，爲了讓人知道他們遭到重大的損失，不讓敵方把陣亡的人員一起運走，規定要按照城市分別處理，從而得知斯巴達人戰死的數量超過一千人[226]。

13 帖沙利的國君傑生是他的盟友，前來底比斯訪問，知道伊巴明諾達斯的景況很差，致贈兩千金幣，伊巴明諾達斯拒絕接受，用堅定的眼光看著傑生說道：「你開始就錯了。」然後他向一位市民借了兩鎊，用來支付戰爭期間個人的費用，接著領軍入侵伯羅奔尼撒地區。

14 後來有一次波斯國王派戴奧米敦（Diomedon）贈送兩萬五千鎊，伊巴明諾達斯嚴厲斥責來使，長途跋涉只爲了腐化他，同時吩咐戴奧米敦回去轉告國王，只要凡事有利於底比斯人，無須送他任何東西都是朋友，反之無論對他本人多好都是敵人[227]。

225　參閱波利努斯《謀略》第2卷3節之3。

226　鮑薩尼阿斯《希臘風土誌》第9卷13節之11和13，提到這件事有更詳盡的敘述。

227　參閱高乃留斯·尼波斯《伊巴明諾達斯傳》第15卷4節，同樣的故事用很長的篇幅，伊利安《歷史文集》第5卷5節只有寥寥幾句。

15 亞哥斯人以盟邦的身分派軍進入底比斯[228]，雅典的使者抵達阿卡狄亞（Arcadia），對這兩個城邦大事抨擊。知名演說家凱利斯特拉都斯舉出歐里斯底和伊底帕斯為例，用來羞辱亞哥斯和底比斯。伊巴明諾達斯站起來答覆道：「我們承認這兩位當中一位是弒父者，亞哥斯也有一位弒母者，只要我們將犯有這種罪行的人逐出國門，雅典人就會接納他們。」

16 斯巴達人指控底比斯人，開列一個單子舉出很多條罪狀，他反駁道：「底比斯人會讓你停止簡潔的演說。」

17 雅典將菲里的僭主亞歷山大視為朋友，因為這個人是底比斯的對頭，所以他答應要供應雅典人所需的肉類，賣給他們只要一分錢一磅，伊巴明諾達斯說道：「我們供應他們用來烤肉的木柴不要任何回報，如果他們要在這裡找麻煩，我們會把這片土地上面的東西全部砍倒在地。」

18 皮奧夏人只要閒下來就變得很懶散，他經常抱著期望要讓市民留在軍中服役，等到他被選為皮奧夏的行政長官，總是向人民提出勸告，說道：「老兄，請多考慮一下，只要我是將領，你們應該保持現役才對。」同時他提到自己的國土是開闊的平原，毫無掩護暴露在敵人的攻擊之下，自古以來就是戰爭的舞台[229]。他特別強調要是不能將盾牌抓緊，對國家的權力就會從手中流失。

19 查布瑞阿斯要在科林斯的郊區建立一個戰勝紀念碑，底比斯人要將戰爭帶到敵人城牆的下方，結果有少數人被他擊倒在那個地點。伊巴明諾達斯嘲笑他小題大作，說道：「放一座赫克特（Hecate）的像來取代戰勝紀念碑就夠了。」按照習俗他們會在城門外面的三岔路口，放置一尊冥界女神的雕像。

228　這是370 B.C.發生的事。

229　參閱蒲魯塔克《希臘羅馬英豪列傳》之〈馬塞拉斯傳〉（Marcellus）21節；就像伊巴明諾達斯將皮奧夏的原野稱之為「阿瑞斯的舞台」，色諾芬把以弗所叫作「戰爭的兵工廠」一樣，可以將那個時代的羅馬視為「戰神烽煙四起的殿堂」。

20 有人報告雅典當局派遣一支軍隊進入伯羅奔尼撒地區，全部配發最新的裝備，他說道：「要是特林(Tellen)有一兩支新到手的笛子，難道安蒂吉尼達斯(Antigenidas)就非得哭起來不成？」（特林是位水準很差的樂師，反之安蒂吉尼達斯技藝超群，名聲極其響亮。）[230]

21 聽到他的負盾手從某人手裡得到一大筆錢，因為那個人在戰爭中發了財，他就對負盾手說道：「快把我的盾牌還給我，你可以去買一個酒館過安逸的日子；因為你一旦變成有錢人，就不會像過去那樣願意面對危險。」

22 有人問他就他與查布瑞阿斯、伊斐克拉底相比，誰是更優秀的將領，他說道：「我們都活在世上的時候，很難分出高下。」

23 等到他從拉柯尼亞班師，由於違背法律的規定，擔任皮奧夏行政長官的期限超過四個月[231]，他與所有出任將領的同僚交付審判，面臨生命受威脅的危險。他願意負起所有的責任，因為作戰行動全部根據他下達命令，對這方面他無話可說，只是要求審判能夠公正，如果他們判他死刑，希望把判決書刻在墓碑上面，讓希臘人知道伊巴明諾達斯硬要底比斯人違背他們的意願，將兵刀之災帶到拉柯尼亞，須知該地五百年[232]來未受敵軍的蹂躪；還有他在經過兩百五十年以後，帶領被逐出的民眾重回梅西尼，以及他將阿卡狄亞人組織起來成立一個聯盟，使得希臘人恢復民主獨立的自治政府。事實上所有這些重大功勳全部在這次戰役中完成。審判官帶著笑容離開法庭，連投票的工作都無須舉行[233]。

---

230 參閱本書第25章〈論亞歷山大的命運和德行〉第2篇2節，提到有一次安蒂吉尼達斯用笛子吹出《車駕破陣曲》，亞歷山大聽到以後熱血沸騰，一躍而起拿著身邊的武器，擺出與敵人廝殺的模樣。

231 底比斯人入侵伯羅奔尼撒地區是在370-369 B.C.。

232 蒲魯塔克《希臘羅馬英豪列傳》之〈亞傑西勞斯傳〉31節，提到伊巴明諾達斯率領一支四萬人的大軍入侵拉柯尼亞，自從多里斯人據有整個地區以來已有六百年之久，沒有人膽敢入寇。

233 阿庇安《羅馬史：敘利亞戰爭》第2卷40-41節，曾經拿伊巴明諾達斯的軍事行動，來與西庇阿·阿·阿非利加努斯的戰術進行比較；由於蒲魯塔克對於這兩人所寫的列傳未能存世，兩部作品的著眼如何，相互之間是否有雷同之處，已經無從得知。

24 他在最後一場會戰[234] 受了重傷抬進帳棚，他先召喚達芳都斯 (Daiphantus)來見，其次是愛奧拉達斯(Iolaidas)，等到知道這兩個人都已陣亡，他吩咐底比斯人趕快與敵人談條件，因爲現在沒有一個將領可以支撐大局。事實印證他的話沒有錯，特別是他對自己的同胞所知甚深。

七十一　佩洛披達斯[235]

1 佩洛披達斯是與伊巴明諾達斯共同擔任指揮職位的同伴，他的朋友提出規勸，讓他知道錢財是必要之物，不能視之如糞土，他說道：「你們說的完全正確，就我的看法，奈柯迪穆斯(Nicodemus)更需要財富。」他指的這個人是殘廢的跛子。

2 佩洛披達斯離家趕赴沙場的時候，妻子求他要注意自身的安全，他說道：「妳可以叮囑其他人自求多福，對指揮官和將領的勸告，是要他們關心市民的性命。」

3 他手下有個士兵說道：「糟了，我們要落到敵人的手裡！」他說道：「你怎麼不說敵人落到我們手裡？」[236]

4 菲里的暴君亞歷山大有不忠的行爲，佩洛披達斯落到他的手中成爲俘虜，受到囚禁還是譴責亞歷山大。暴君說道：「難道你要急著找死。」他回答道：「不錯，我就是想這樣，底比斯人一定會怒氣沖天，你很快會自取滅亡。」

5 娣布(Thebe)是暴君的妻子，她前來探視佩洛披達斯，說看到他在監牢中還能自得其樂，感到十分驚異。佩洛披達斯的回答是他感到更爲驚

234　這是指發生在362 B.C.的曼蒂尼會戰。

235　佩洛披達斯(410-364 B.C.)是底比斯將領，光復城邦的自由權利，率領聯軍直逼斯巴達城下，建立千古不朽的英名。

236　參閱蒲魯塔克《希臘羅馬英豪列傳》之〈佩洛披達斯傳〉17節；同樣的說法在本書第17章〈斯巴達人的格言〉51節之7，只是當事人換成李奧尼達斯。

奇，那就是她沒有受到囚禁還能忍受亞歷山大的倒行逆施[237]。

6 伊巴明諾達斯出面使得他的將領獲得釋放，佩洛披達斯說他非常感激亞歷山大，證明他不僅有勇氣面對戰爭還能面對死亡。

---

237 最後還是娣布夥同她的三個兄弟將她的丈夫殺死，亞歷山大成為第一位被妻子謀害的僭主，可以參閱蒲魯塔克《希臘羅馬英豪列傳》之〈佩洛披達斯傳〉35節。

第十六章
羅馬人的格言

一　孟紐斯‧庫流斯[1]

1 孟紐斯‧庫流斯(Manius Curius)從敵人那裡獲得的領土，大部分成為公地，剩下分給每個士兵的田地面積都很小，引起某些人的抱怨。他祈求不要有一個羅馬人存有這樣的看法，認為退役的士兵靠著一小塊土地就能夠維持生計。

2 薩姆奈人(Samnites)[2] 被孟紐斯‧庫流斯打敗以後，有次派使者去見他，贈送黃金當成禮物，發現他在房間的角落用一個陶罐煮蕪菁。他對薩姆奈人的答覆是用這種食物當作午餐的人，金錢對他已經毫無用處；何況他認為征服擁有黃金的人比起擁有黃金，能使人獲得更大的榮譽。

二　該猶斯‧法布瑞修斯[3]

1 該猶斯‧法布瑞修斯(Gaius Fabricius)聽到皮瑞斯擊潰羅馬人的消息，說道：「那只是皮瑞斯打敗利維努斯(Laevinus)而已，伊庇魯斯人並沒有戰勝羅馬人。」[4]

---

1 孟紐斯‧庫流斯是200 B.C.的執政官，後來又任兩次，他征服薩姆奈人以及打敗皮瑞斯。本章的人名次序按照年代的先後排列。
2 薩姆奈人居住在義大利中部山區，位於拉丁姆(Latium)和阿普利亞(Apulia)之間，是勢力最大的部族，290 B.C.孟紐斯‧庫流斯獲得勝利，結束歷時十五年的薩姆奈戰爭。
3 全名是該猶斯‧法布瑞修斯‧盧辛努斯(Gaius Fabricius Luscinus)，為古代羅馬人的典範，剛毅、正直又簡樸；擔任282和278 B.C.的執政官，後一任期率領大軍與皮瑞斯對抗。
4 皮瑞斯是伊庇魯斯國王，280 B.C.擊敗身為執政官的利維努斯。

2 法布瑞修斯奉派前去見皮瑞斯商談戰俘贖金的問題，國王送給他很多錢遭到拒絕。第二天，由於皮瑞斯知道法布瑞修斯沒有見過戰象，就讓手下體型最大的戰象突然出現在他的後面，高舉長鼻發出可怕的叫聲。這位羅馬人見識到這種場面，轉過頭來帶著笑容說道：「無論是昨天的黃金還是今天的野獸，在我看來發生不了作用也不值得大驚小怪。」

3 皮瑞斯力邀法布瑞修斯加入他的陣營，擁有一人之下萬人之上的職位，法布瑞修斯說道：「這種舉措對你沒有一點好處；要是伊庇魯斯人明瞭我們兩人的關係，這時他們情願讓我取代你成為統治者。」

4 法布瑞修斯成為執政官，皮瑞斯的醫生與他暗通款曲，只要他答應給予酬勞，就會下毒將皮瑞斯害死。法布瑞修斯將來信送給皮瑞斯，勸國王以後對於朋友和敵人不要做出錯誤的判斷。

5 皮瑞斯破獲叛逆事件，就將犯案的醫生處以絞刑，手中的戰俘不要贖金，遣返法布瑞修斯的營地。法布瑞修斯不願白白接受禮物，送還同樣數目的俘虜，免得讓人產生這種印象，認為他這樣做是為了獲得報酬。他說道：「我們揭發出賣的惡行不是向你施恩要求回報，而是不願因你的受害遭到責備，說我們為了結束這場戰爭，不是憑著自己的實力而是靠著可恥的陰謀。」[5]

三　費比烏斯・麥克西穆斯[6]

1 費比烏斯・麥克西穆斯(Fabius Maximus)的意圖是避免與漢尼拔接戰，藉著時間的拖延和持久，消耗和磨損漢尼拔的鬥志和實力，運用富裕的資源打擊缺乏金錢和糧食的對手。他擺出亦步亦趨糾纏不放的姿態，採用平行前進的策略，通過崎嶇的山區，在地勢最高的位置安營紮寨。大多數的民眾譏笑他

5　參閱蒲魯塔克《希臘羅馬英豪列傳》之〈皮瑞斯傳〉21節；西塞羅《論義務》第1卷13節和第3卷22節；華勒流斯・麥克西穆斯《言行錄》第6卷5節之1；奧盧斯・傑留斯《阿提卡之夜》第3卷8節；以及弗隆蒂努斯《兵略》第4卷4節之2。

6　費比烏斯・麥克西穆斯(275-203 B.C.)曾經五度出任執政官，第二次布匿克戰爭的羅馬將領，率軍對抗漢尼拔，運用持久戰略確保羅馬安全。

的怯懦，把他稱為漢尼拔的「跟班」，然而他絲毫不以為忤，仍舊照原訂的計畫貫徹執行。他曾向朋友說起一個人要是害怕別人的嘲諷和批評，非要採取暴虎馮河的手段，結果被敵人打得大敗而逃，這種人可以說更是膽小如鼠。

2 等到他的同僚負起指揮的責任，米努修斯（Minucius）擊敗一些敵軍，躊躇滿志，自認是羅馬功勞最大的人，費比烏斯說他害怕米努修斯的運氣太好，如果能吃些苦頭倒是不會償事。沒過多久米努修斯果然中了敵軍伏兵之計，陷入全軍覆沒的危險。費比烏斯率軍前來援助，殺死很多敵人，終於將米努修斯救出虎口。漢尼拔向他的朋友說道：「這片一直籠罩在山頭的烏雲，終究會變成襲擊我軍的暴風雨，我不是早就有言在先了嗎？」

3 不幸慘劇在坎尼（Cannae）[7] 落到共和國頭上，費比烏斯選擇克勞狄斯・馬塞拉斯（Claudius Marcellus）擔任執政官，成為他的同僚，這個人擁有大無畏的精神，要與漢尼拔奮戰到底。費比烏斯仍舊堅持原來的策略，緊纏漢尼拔不放，卻又拒絕與他交戰，迦太基人的軍隊最後會因精力衰竭而自行滅絕。漢尼拔說他對費比烏斯高掛免戰牌，較之馬塞拉斯的願意交鋒，感到更為忌憚。

4 有位盧卡尼亞（Lucania）士兵受到指控，說他愛上一位少女，經常在夜晚溜出營區去幽會，費比烏斯聽到報告，知道這位士兵平素表現優異，於是派人私下找到那位女郎，將她安置在自己的帳棚裡面，然後將那個人叫來向他說道：「你經常在夜間外出，違反軍紀不可能不予追究，姑念你過去的服務良好，願意赦免所犯的過錯，為了以後讓你能在戰場表現英勇的行為，這就是你給我的保證。」於是將女郎叫出來，讓這位士兵將她帶回去。

5 整個塔倫屯除了衛城，其餘部分都落到漢尼拔的手中，他為了確保城市的控制，進駐一支守備部隊。費比烏斯使出一個詭計，將漢尼拔引誘到很遠的距離，然後用突擊的方式奪取城市。等到他的秘書向他請示，對於神聖的物品應該如何處理，他說道：「讓我們把塔倫屯人留給憤怒的天神。」

7　西元前216年8月2日，羅馬執政官特倫久斯・瓦羅（Terentius Varro）和伊米留斯・包拉斯（Aemilius Paulus）率領八萬大軍，在坎尼與漢尼拔會戰，羅馬軍慘敗，據稱有五萬人被殺。

6 馬可斯‧利維烏斯(Marcus Livius)率領他的守備部隊，一直能夠保有衛城沒有落到敵人手中，就說因爲他的緣故，羅馬人才能光復塔倫屯。其他人聽到這番話開始笑他，費比烏斯說道：「你的話已經說得很清楚，要不是你失去這個城市，我就無法將它奪回。」

7 費比烏斯已是年邁體衰的老人，他的兒子成爲執政官，有次他當著很多人的面在行使職權的時候，費比烏斯騎在馬上向他走過去，年輕人要扈從校尉命令他的父親下馬，在場的人員看到這種情形非常氣憤，費比烏斯聽命跳下馬來，用輕快的腳步跑向前去，一點也沒有老態龍鍾的樣子，擁抱他的兒子說道：「我兒，做得很對，你已經知道所擁有的權柄以及如何運用，須知國家的尊榮和奉獻的精神，較之父母和兒女的親情更爲重要。」[8]

四　老西庇阿[9]

1 老西庇阿善盡軍事和政治責任以後，所能獲得的空閒時間，全部花在文學方面，他經常說自己即使無事可做仍舊忙碌不堪。

2 他用突擊的方式奪取迦太基[10]，有些士兵俘虜一位美麗的少女，帶到他的面前呈獻給他，他說道：「如果我是一個平民而不是一位主將，就會很高興的接受。」

---

8 古代的羅馬人特別重視父權，十二表法第四表第二款：身爲父親三度出售親生的兒子，其子始可脫離父子關係。從而顯示國家的權力較之父權，擁有更大的支配力量。

9 老西庇阿就是巴布留斯‧高乃留斯‧西庇阿‧阿非利加努斯(Publius Cornelius Scipio Africanus)，曾經兩度出任執政官，是第二次布匿克戰爭的主將，202 B.C.贏得查瑪(Zama)會戰的勝利，導致迦太基人最後的滅亡。

10 這是指迦太基人在西班牙建立的城市新迦太基，成爲最重要的後勤和補給基地，羅馬人獲得此城對爾後戰局發生極大的影響力；參閱波利拜阿斯《歷史》第10卷8-19節；以及李維《羅馬史》第26卷42-51節和第27卷7節。

3 他在圍攻巴里亞（Baria）[11] 的時候，看到一座維納斯神廟位於高處，四周都在它的鳥瞰之下。他說他打算兩天以後在那座神廟聽取訴訟當事人的陳述，爲了保證能親自出席，特別下令要他們將這個地點列入記載。他好像有先見之明，等到城市攻占果然可以照辦。

4 有人在西西里向他提出詢問，現在他的目標是要率領軍隊渡過海洋，前去攻打迦太基，要想完成任務他最倚重的部隊爲何。他指出全身披掛而且久經訓練的三百勇士，以及可以遠眺海面的高聳木塔[12]，他說道：「只要我一個口令，這些人都會登上高塔縱身跳下，粉身碎骨在所不惜。」

5 他領軍渡過大海，成爲阿非利加的主人，敵軍的營地都被他縱火燒毀。迦太基派人來見他要求簽訂和平條約，同意交出戰象和船隻以及支付賠償金。等到漢尼拔從義大利率軍返國，他們現在不再有畏懼之心，對於要履行協定感到後悔。西庇阿知道以後，就說他們因爲召回漢尼拔的關係，除非付出一百萬鎊這樣巨大的金額，否則就無法保持原來的契約，即使他們不願意都不行。

6 等到迦太基人全軍覆沒，派遣使者前來商議和平條約，他下令來人馬上回去，要將盧契烏斯·特倫久斯（Lucius Terentius）帶來，否則拒絕聽取他們提出的條款。特倫久斯是極有才幹的羅馬人，落到迦太基人手裡成爲俘虜。他們返回將要的人帶來，西庇阿在將壇上面舉行會議，安排特倫久斯的座位僅次於自己，然後他與迦太基人進行磋商，終結雙方的戰爭[13]。

7 特倫久斯在凱旋式的行列中走在西庇阿的後面，頭上戴著氈帽，像是剛被釋放的奴隸。西庇阿過世的時候，特倫久斯供應加了蜂蜜的葡萄酒，讓參加葬禮的人員盡情飲用，只要與喪禮有關的事務，都要做到排場極其盛大的

11　巴里亞是位於西班牙西南海岸的城市，經由發掘的碑銘確定所在的遺址，只是名字的拼法有Barea、Barcia、Badia、Batheia等不同。

12　西庇阿為了渡海進攻迦太基，不僅對於部隊加以嚴格的訓練，尤其是補給運輸和攻城機具都有萬全的準備；可以參閱李維《羅馬史》第29卷1節和華勒流斯，麥克西穆斯《言行錄》第7卷3節之3。

13　和平協定的條款如下：賠償羅馬人一萬泰倫，支付期間分為五十年；遣返所有的俘虜和逃兵；除保留十艘三層槳座戰船外，交出所有的戰船和戰象；必須得到羅馬同意，否則不得與其他民族作戰；歸還所有占領的土地和財產；交出一百名人質作為誠信的保證。

程度。當然這都是後話，暫且不提。

8 敘利亞國王安蒂阿克斯入侵希臘，羅馬派出大軍渡海前去攻擊他的部隊，於是他派員去見西庇阿，詢問和平條款有關事宜。西庇阿說道：「現在談和已經太晚，你在部隊出發之前，所有的事務都應周詳的考量。」[14]

9 元老院投票通過，贈送西庇阿一筆金錢。等他前往國庫領取，司庫不願在那一天開啓庫房。西庇阿說是不必勞動大駕，自己就可以打開庫門，所持的理由是他讓國庫裝滿金錢，否則沒有關上庫門的必要。

10 佩提留斯（Petillius）和奎因都斯（Quintus）在市民大會對他提出多項指控，西庇阿說他在這一天擊滅迦太基人和漢尼拔，要戴上花冠登上卡庇多（Capitol）向神明獻祭，同時叮囑每一個人都要投票支持他。說完以後動身出發，民眾在後面跟隨，留下指控者在台上繼續發言[15]。

五　提圖斯·奎因久斯[16]

1 提圖斯·奎因久斯（Titus Quintius）從進入政壇開始，被大家視爲才華出眾的人物，他在當選執政官之先，並沒有按部就班出任護民官、法務官和市政官。他奉派率領軍隊去對抗菲利浦，等到首次與對手會面協商和平條約，菲利浦抱怨奎因久斯帶著一大群人員，他孤身一人代表馬其頓，應該送一些羅馬人當作人質，用來保證他的安全。奎因久斯說道：「這話不假，只是你把親戚朋友全殺光，才落到孤苦伶仃的地步。」

14　這位就是名震天下的安蒂阿克斯大帝；羅馬軍隊於191 B.C.出動，敘利亞國王在兩次重大會戰中敗北，從此一蹶不振，最後遭部下刺殺。

15　當代很多著作對這件事都有記載，可以參閱本書第44章〈論不會得罪人的自誇〉4節；蒲魯塔克《希臘羅馬英豪列傳》之〈馬可斯·加圖傳〉15節；波利拜阿斯《歷史》第23卷14節；李維《羅馬史》第38卷50-51節；以及奧盧斯·傑留斯《阿提卡之夜》第4卷18節。伊巴明諾達斯遭遇同樣的狀況，採取的行動也很類似，參閱本書第15章〈國王和將領的嘉言警語〉70節23。

16　他的名字以提圖斯·弗拉米尼努斯（Titus Flamininus）更為眾所周知（228-174 B.C.），正好三十歲出任執政官，領軍擊敗馬其頓國王菲利浦，希臘的城邦獲得自由，羅馬的勢力得以向東方發展。

2 他在會戰中擊敗菲利浦以後，參加地峽運動會，當眾宣布要把自由和獨立送給所有的希臘人[17]。過去被漢尼拔俘虜的羅馬人，有很多賣到希臘成為奴隸，於是希臘人就以每位二十鎊的價格，將他們從主人的手裡買下來，當成禮物送給奎因久斯。等到他在羅馬舉行盛大的凱旋式，那些贖回的羅馬人，按照奴隸獲得釋放成為自由人的習俗，頭戴氈帽參加遊行的隊伍。

3 亞該亞人有意派遣一支軍隊征服札辛蘇斯人的島嶼，他特別提醒他們，到伯羅奔尼撒半島以外的地區去作戰，就像烏龜把頭伸得太遠，會給自己帶來危險。

4 安蒂阿克斯王率領實力強大的軍隊到達希臘，為了讓人知道皇家的軍隊是由不同的種族所組成，他的使臣念出一大串很難聽懂的名字。弗拉米尼努斯為了使亞該亞人不要產生畏懼之心，特別為他們講一個故事。他說他在卡爾西斯的時候，朋友請他吃晚餐，看到整桌擺滿菜餚，就勸主人不要這樣費事。他的朋友說這些都是豬肉，僅僅烹調的方法有點變化。他說道：「你們要是聽到國王的軍隊有這樣的名字，像是槍騎兵、長矛兵、禁衛步兵或配置兩匹座騎的弓弩手，我勸各位不必大驚小怪，事實上他們都是軟弱的敘利亞人，只是使用不同的裝備而已。」

5 斐洛坡門(Philopoemen)是亞該亞人的將領，奎因久斯拿他的長相開玩笑，說他僅有四肢而無肚皮；真正的含義是指他的處境相當貧困，縱然有優秀的騎兵和步卒，缺乏經費拿來酬勞他們，或者作為糧餉之用。事實上，斐洛坡門的手腳長得很勻稱，腰圍非常纖細。

六　格耐烏斯‧杜米久斯[18]

西庇阿大將指派格耐烏斯‧杜米久斯(Gnaeus Domitius)出任他的同僚，取代

---

17 據說全場觀眾歡聲雷動，猛烈的音爆竟然使飛過的烏鴉因而墜落；參閱蒲魯塔克《希臘羅馬英豪列傳》之〈弗拉米尼努斯傳〉10節，以及李維《羅馬史》第33卷32節。

18 他的全名是格耐烏斯‧杜米久斯‧阿亨諾巴布斯(Gnaeus Domitius Ahenobarbus)，190 B.C.在馬格尼西亞(Magnesia)會戰擊敗安蒂阿克斯大帝，贏得壓倒性勝利。

他的兄弟盧契烏斯（Lucius）負責安蒂阿克斯的戰事。杜米久斯正在探視敵軍會戰配置，手下擔任幕僚的官員建議立即發起攻擊。他說現在時間已經不夠，因為他們要砍倒數以千計的敵人，搶劫對方的行李輜重，等回到營地還要享受戰勝的殊榮；明天只要掌握時間，這些事都可以如期完成。到了翌日，他與敵軍接戰，殺死對方五萬人馬[19]。

七　巴布留斯・黎西紐斯[20]

執政官巴布留斯・黎西紐斯（Publius Licinius）負起軍隊指揮之責，發起一場騎兵會戰，為馬其頓國王帕修斯擊敗，損失兩千八百人馬，不是被殺就是成為俘虜。等到會戰結束，帕修斯派出使者前去商議和平條約，戰敗者吩咐戰勝者將議案送到羅馬在元老院提出。

八　包拉斯・伊米留斯[21]

1 包拉斯・伊米留斯（Paulus Aemilius）出馬競選第二任期的執政官，結果鎩羽而歸。等到羅馬與馬其頓國王帕修斯爆發戰爭，派去的將領不是缺乏經驗就是個性軟弱，戰事拖延不決。這時人民指派他為執政官。他表示並不想出任最高的職位，所以對大家沒有感激之意，市民之所以要把執政官給他，為的是要讓他可以負起出征馬其頓的重責大任。

2 他從羅馬廣場返家，發現他的小女兒特爾夏（Tertia）正在哭泣，他問起原因，她說道：「我們的帕修斯死掉了。」（這是給一隻寵愛的小狗所取的名字。）他說道：「乖女兒，真走運，對我來說真是一個好彩頭。」

19 參閱阿庇安《羅馬史：敘利亞戰爭》第6卷30-38節；以及李維《羅馬史》第38卷39節。
20 巴布留斯・黎西紐斯・克拉蘇（P. Licinius Crassus）是176 B.C.的法務官和171 B.C.的執政官。
21 包拉斯・伊米留斯（229-160 B.C.）是羅馬將領，以寡擊眾，贏得皮德納會戰的勝利，成為馬其頓的征服者，羅馬從此躍升為世界性的強權和帝國。

3 他發現營地裡面有很多愛管閒事的人，好像自己就是將領；於是他吩咐手下人員全都閉嘴，只要將刀劍磨得鋒利就行，所有事務由他負責，要大家不必瞎操心。

4 他下令夜間擔任警衛的哨兵，不得攜帶長矛或刀劍，這樣一來，對敵人沒有自衛的力量，逼得只有提高警覺，不敢倒在地上呼呼大睡[22]。

5 他們通過山區侵入馬其頓，發現敵軍已經排出會戰隊形，納西卡[23]情緒高昂要求出兵，他回答道：「我要是在你那樣的年紀也會如此，獲得的經驗教訓使我務必審慎從事，特別是長途行軍疲累之餘，不能與以逸待勞之敵會戰。」

6 他在打敗帕修斯以後，大開宴席款待朋友慶祝勝利，所有的事務準備極其周到，讓人有賓至如歸的感覺。根據他的說法是「治大國如烹小鮮」，迎賓待客和用兵作戰都是同樣的道理，一個是要使敵人甘拜下風，另一個是要讓朋友稱心如意。

7 帕修斯成為俘虜後向他提出請求，能夠免於在凱旋式的行列中丟人現眼，伊米留斯說道：「一切都看你自己的決定。」讓他明瞭只有一死才能逃過凱旋式的羞辱。

8 他對於得自帕修斯數量難以估算的金銀財寶[24]，真可以說是一介不取，為了獎勵女婿圖貝羅（Tubero）作戰英勇，賜給他一只重五磅的銀碗。據

---

22 李維提到伊米留斯不讓哨兵帶盾牌，因為羅馬人使用長盾，站崗的時候可以倚靠睡覺，他下令凡是擔任夜間警戒的士兵，中午讓他們休息，不像以往要服行整天的勤務，所以受到大家的歡迎；參閱李維《羅馬史》第44卷33節。

23 這位納西卡的全名是巴布留斯・高乃留斯・西庇阿・納西卡・科庫隆姆（Publius Cornelius Scipio Nasica Corculum），他是巴庇阿・阿非利加努斯的女婿，兩度出任執政官，後來成為元老院最有權勢的人物。

24 按照蒲魯塔克的算法，獲得的戰利品有價值2250泰倫的銀幣和231泰倫的金幣；華勒流斯・安提阿斯（Valerius Antias）認為沒有這麼多，要是根據李維的估計金額還要龐大。佩特庫盧斯（Valerius Paterculus）的說法很有道理，自從獲得馬其頓人數代的庫藏以後，羅馬人有一百二十五年之久無需繳稅。

說這件食具成爲伊留斯家族（Aelian）頭一件最貴重的東西。

9 伊米留斯有四個兒子，年長的兩位爲其他家庭收養[25]，留在家中撫育的兩位幼兒接著過世，一位是十四歲在他的父親舉行凱旋式前五天，一位只有十二歲在遊行完畢後第三天。所有的羅馬人都爲他的悲傷深受感動，面對殘酷的命運爲之戰慄不已。他說命運女神賜給凡人重大的福分，從來都會混雜或附帶盛極則衰的波折，他的內心充滿焦慮，經常料想會有災難降臨羅馬這個城市，等到巨大的不幸打擊到自己的家庭，這時他才不再爲共和國的前途擔心害怕。

九 老加圖[26]

1 老加圖爲了遏制奢華的風氣，讓窮無立錐之地的貧民有口飯吃，經常說道：「同胞們，要對餓著肚子的人發表演說是困難的工作，須知空言無法充饑。」

2 他說要是一條魚的價格比一頭牛還貴，這座城市就很難繼續生存下去[27]。

3 婦女擁有家庭的大權成爲流行之事，他的批評帶有苦澀的意味，因而說道：「人類都是男人支配女人；現在是全人類都受羅馬人的統治，然而我們俯首聽命家中的婦女。」[28]

---

25 伊米留斯休掉前妻以後，就將她生的兩個兒子，讓給羅馬最顯赫和最高貴的家庭；年長的哥哥被五次出任執政官的費比烏斯·麥克西穆斯收養；因爲西庇阿·阿非利加努斯是伊米留斯的表親，就把年幼的弟弟送給他當養子。

26 馬可斯·加圖（Marcus Carto, 234-149 B.C.）是羅馬政治家和學者，成爲舉世聞名的監察官，大力鼓吹毀滅迦太基，終於促成第三次布匿克戰爭，羅馬得以控制整個地中海。

27 從戴克里先（Diocletian）的限價令，知道海魚的售價比肉類沒有高多少；要說一條魚比一頭牛還貴，那是豪門的窮奢極侈，碩大的活魚運到羅馬，烹調之前還要稱它的重量，記錄下來讓賓客可以四處誇耀。

28 不僅加圖有這種說法，就連三百年前的希臘英雄人物提米斯托克利，都有受妻子頤指氣使的感慨；參閱蒲魯塔克《希臘羅馬英豪列傳》之〈提米斯托克利傳〉18節。

4 他經常告訴大家，行善好義即使毫無報酬，他仍願意全力以赴；爲非作歹即使免受懲罰，他還是極力拒絕；他的座右銘是「待人以寬，律己以嚴」。

5 爲了要求官員做好本分工作，對他們所犯的錯誤給予嚴厲的指責；他經常提到，任何人有權阻止罪行而又無法辦到，應該採取措施糾正這方面的缺失。

6 他說他最高興的事莫過於看到年輕人的面孔紅裡透黑而不是蒼白無神。

7 他很討厭士兵行軍的時候手動的多，戰鬥的時候腳動得多，鼾聲比作戰吶喊的聲音還要響亮。

8 他說最壞的統治者是管不好自己的人。

9 他認爲自尊自重對每個人而言都特別需要，因爲沒有人可以與自己分離。

10 很多表現平常的人物都有雕像，人們不免出面爲他沒有打抱不平，他說道：「我情願別人問我爲什麼沒有，而不是問我爲什麼會有。」

11 他責備有權而無法善盡職責的人，唯其如此職責會繼續掌握在他們手裡。

12 他常說喪失榮譽的人無德行可言。

13 他說：「身爲一位官員或是一位法官，對的事無須別人央求，錯的事央求也不讓步。」

14 他說惡行即使不危及當事人，卻會危及大眾。

15 他經常提及，很多讓人討厭的事都與年老有關，所以不能再把惡行帶來的憎恨加上去。

16 他有一個觀念，認爲一個人的脾氣暴躁，因爲時間的推移導致的心智失常也會有所不同[29]。

17 他說一個人有好運道，做人處世更應理性而謙虛，這樣才能減少別人的嫉妒，須知嫉妒的對象不是本人而是周圍的事物。

18 他常說一個人要是對可笑的事感到重要，必然會對重要的事感到可笑。

19 他經常如此表示，需要用不斷的善行確保成果，這樣才能保持名聲不致墮落。

20 他經常譴責市民選出同一位人士擔任同樣的職務，他說道：「你們這樣做會給人一種印象，就是這個職務你們認爲無關緊要，或者你們認爲沒有幾個人夠資格擔任這個職務。」

21 有個人要賣掉靠近海邊的土地，他裝出驚奇的樣子說道：「海浪要把整塊田地沖走得費很大工夫，這個傢伙只要用一杯酒就行了。」

22 他參與監察官的選舉，看到其他候選人討好民眾，盡力去奉承他們；於是他大聲疾呼，羅馬人民需要嚴正的醫師以及全面的淨化，他們的人選不在於和藹可親而是剛毅正直，結果他的話使得他高票當選[30]。

---

29 參閱賀拉斯《書信集》第1卷第2封62，以及塞尼加《倫理學隨筆》第1卷1節2。

30 從這裡可以證明羅馬人的確是偉大的民族，只有他們才配擁有高瞻遠矚的領袖人物，對於加圖極其嚴肅的面孔沒有畏懼之心，反對那些油腔滑調討好他們的候選人。

23 他勉勵年輕人作戰要勇敢，有力的手臂一擊之下可以取人性命，呐喊和外型能使敵人產生畏懼之心。

24 他發起戰爭，要清剿住在貝蒂斯(Baetis)河[31] 一帶的民族，因敵軍的數量極其龐大而陷入危險之中。塞爾特布里亞人(Celtiberians)願意出兵支援，要求的代價是四萬鎊，其他的羅馬人反對支付巨款。加圖說這樣做對當局沒有任何損失：如果他們獲勝，將由得自敵人的財富支應所需費用，根本不花羅馬人一個銅板；萬一他們戰敗，也就沒有債務人和債權人之分。

25 加圖攻取的城市，就數量來說，比他留在軍中與敵人對陣的天數要多，確實的數目是四百個；戰爭所獲得的財物極其豐富，他本人除了飲食所需，可以說是分文不取。

26 他發給每一位士兵一磅白銀並且公開表示，能讓很多人帶著銀兩回家，總比少數人帶著黃金回家要好得多；他說官員應該增加自己的聲譽而不是行省的數目。

27 他在軍中身邊只有五個僕人，其中一位從俘虜當中買下三個幼童，等到加圖發覺此事在圖利自己，感到無顏面對主人只有自縊而死。

28 西庇阿因為波利拜阿斯[32] 的關係，請求加圖為流放的亞該亞人仗義執言，這件事情在元老院引起激烈的辯論，有些人支持本案，也有人反對他們歸國。加圖站起來發表意見：「我們整天坐在這裡好像沒事可幹，一直為年老又窮苦的希臘人傷腦筋，究竟應該由我們把他們抬進墓地，還是任憑他們在亞該亞自行安排後事。」於是元老院投票通過讓他們歸國。

31　加圖在195 B.C.經過抽籤出任「遠西班牙」行省的總督，他的轄區包括貝蒂斯河（現在稱為瓜達爾基維爾河[Guadalquivir]）流域，北邊以莫瑞那山脈(Sierra Morena)為界。

32　波利拜阿斯是布匿克戰爭時代的歷史學家，204 B.C.生於阿卡狄亞的麥加洛波里斯(Megalopolis)，167 B.C.成為亞該亞的放逐人員，在羅馬的時候住在伊米留斯‧包拉斯的家中，成為小西庇阿的密友，146 B.C.親眼目睹迦太基的滅亡。

29 波斯都穆斯・阿比努斯（Postumius Albinus）用希臘文寫出一本歷史著作，為此他懇求讀者的原諒；加圖帶著挖苦的口氣說道：「他在安斐克提昂聯盟（Amphictyonic League）[33] 敕令的強制之下，不得不寫出這本書，當然值得大家的諒解。」

十　小西庇阿[34]

1 他們說小西庇阿享年五十四歲，一生之中沒有買賣田地，也沒有大興土木，全部的家產僅僅價值三十三磅白銀和二磅黃金，他之所以留下這麼少的遺產，好像與他身為迦太基的征服者很不相稱，事實上在所有的將領當中，只有他讓手下的士兵都發了大財。

2 他說波利拜阿斯對他提出了勸告，每次前往羅馬廣場，除非在與他談話的人員當中，能夠接觸到舊雨新知，表示他那一天沒有白去，否則就不要急著離開。

3 羅馬與迦太基要打第三次布匿克戰爭，加圖預言有個人會完成這個任務，這時西庇阿還是一個年輕人，等到他作戰英勇和指揮有方的名聲傳到羅馬，加圖念出下面的詩句：

> 智者精誠當月日，
> 凡夫逐影何其愚。[35]

33　安斐克提昂聯盟又稱德爾斐聯盟（Delphic League），主要的任務是負責管理德斐（Delphi）聖地和祭祀的事項，幾乎希臘中部和北部的城邦全部參加，逐漸產生很大的政治影響力。

34　小西庇阿的全名是巴布留斯・高乃留斯・西庇阿・伊米利阿努斯・阿非利加努斯・紐曼蒂努斯（Publius Cornelius Scipio Aemilianus Africanus Numantinus, 185-129 B.C.），他原來是包拉斯・伊米留斯的次子，後來送給老西庇阿當養子，曾經兩度出任執政官，也是第三次布匿克戰爭的主將，於146 B.C.征服迦太基，將它夷為平地。

35　參閱蒲魯塔克《希臘羅馬英豪列傳》之〈馬可斯・加圖傳〉27節以及李維《羅馬史》第40卷；這句詩出自荷馬《奧德賽》第10卷495行。

4 當他完成一次戰役回到羅馬，人民大會授給他官職[36]，這樣做不是表示好感，而是希望經由激勵的方式，使得迦太基的征服更爲快速和容易。

5 等到他通過外牆，迦太基人在城堡堅強固守，他發覺橫隔兩軍之間的內海並不夠深，於是波利拜阿斯給他出主意，將有突出尖刺的鐵球撒布其間，或者將釘滿矛頭的木板推到海中，使得敵軍無法渡過這道天塹，前來攻擊羅馬人的防壁。西庇阿說這種做法過於被動，他們據有城牆而且安然進入城市，能夠以逸待勞就不會全力出擊[37]。

6 他發現城市裡面到處都是希臘的雕像和許願的祭品，全都來自西西里的各個城市，於是他公開宣布，經由地方人士的查證和辨識，可以將這些雕像運回故土。

7 所有的士兵全都從事洗劫和掠奪，他不讓手下的奴隸或自由奴乘機發財，就是買進戰利品都不可以。

8 該猶斯‧利留斯(Gaius Laelius)是他最親密的朋友，現在要競選執政官，他主動給予大力支持。他詢問龐培(Pompey)[38]（據說這位龐培的出身是笛手的兒子）是否登記成爲候選人，龐培說他沒有參選，願意盡力幫助利留斯並且出馬拉票。他們相信龐培說的話就等待他的配合，誰知道完全是一片謊言。有人提到龐培到處奔走爲自己向市民說好話，其他人聽到以後非常氣憤，西庇阿笑著說道：「誰要我們自己這樣的愚蠢，好像我們原來的打算是訴諸神明而不是凡人的幫忙，然而卻浪費所有的時間，用在等待一個笛手身上！」

9 阿庇斯‧克勞狄斯(Appius Claudius)是他競選監察官的敵手，曾經自誇所有羅馬人都能直呼其名來打招呼，然而西庇阿認識的人卻寥寥無幾。西庇阿說道：「你講得非常對，我目前這樣也沒有什麼不好，不會因認識太多而

36　西庇阿在147 B.C.出任執政官，參閱華勒流斯‧佩特庫盧斯《羅馬史概論》第1卷12節3。

37　戴奧多魯斯‧西庫盧斯《希臘史綱》第32卷23-25節；阿庇安《羅馬史：布匿克戰爭》第19卷127-132節；以及華勒流斯‧參克西穆斯《言行錄》第3卷7節之2；對於西庇阿奪取迦太基都有詳盡的記載。

38　這位奎因都斯‧龐培(Quintus Pompey)是141 B. C的執政官。

自討苦吃。」[39]

10 好像羅馬要發動戰爭對付塞爾特布里亞人，他叮囑人民派他和競選的對手出任副將或者軍事護民官，讓參與戰鬥的人員，就兩個人的英勇提出他們的意見和判斷。

11 西庇阿出任監察官剝奪一位年輕人的權利，不讓他留在騎士階層；原因出於與迦太基發生戰事的時候，這位年輕人有次準備豪華的晚宴，訂做一個形狀如同城市的蜂蜜蛋糕，將它稱為迦太基，然後送到朋友的面前，讓他們盡情搶食。當這位年輕人問起將他除名的理由何在，西庇阿說道：「你竟敢在我之前就將迦太基洗劫一空！」

12 看到該猶斯‧黎西紐斯（Gaius Licinius）走在他的前面，西庇阿說道：「我知道這個人犯了偽證罪，卻沒有一個人指控他，我不能同時身兼原告和法官。」

13 元老院第三次派他從事非常特殊的工作，如同克萊托瑪克斯（Cleitomachus）[40] 所述：

> 制裁傲慢的行為，
> 維持屬地的秩序。[41]

就是成為羅馬統治之下所有城市、民族和國王的檢查官。他抵達亞歷山卓以後，下了座艦開始向著岸上行走，身穿把頭顱遮掩起來的長袍，亞歷山卓的民眾很快聚集在他的周圍，懇求他取下頭蓋露出面孔，渴望的眼睛能一睹天使的容貌。等到他們如願以償，到處聽到歡呼和讚揚的聲音。埃及國王出於四肢不勤的生活和

---

39 他在142 B.C.出任監察官。

40 本書第52章〈哲學家應與掌權者多多交談〉1節，提到波賽多紐斯（Poseidonius）有這樣的表示，對於西庇阿寄以厚望；阿昔尼烏斯《知識的盛宴》549D也持類似的看法。

41 荷馬《奧德賽》第17卷487行；西庇阿在141 B.C.開始遊歷各地，遍及地中海東部所有的行省、屬地和王國。

嬌生慣養的身體[42]，很難步行出現在大眾的面前，目前的狀況則不然，必須親自
迎接羅馬的大將；西庇阿小聲對帕尼久斯(Panaetius)說道：「我們的訪問可以讓
亞歷山卓人獲得一些好處，就是能夠看到國王自己走路。」

14 哲學家帕尼久斯是他的朋友，後來成為他旅行時的同伴，此外身邊
還有五個僕人，其中一位死在異鄉，西庇阿並沒有從當地購買奴隸
充數，而是要家人從羅馬再送一個來。

15 努曼夏人(Numantians)在戰場好像望風披靡，很多將領敗在他們手
中，市民大會因為戰爭的緣故，將執政官的職位第二次授與西庇
阿[43]。很多人應徵登錄在服役名冊上面，想要隨他出征，元老院出面干涉，理由
是義大利缺乏保護。再者，國庫雖然有錢卻不讓他領取，供他使用的歲入來自稅
負，徵收的日期尚未來到。西庇阿說他不缺經費，他自己和朋友就可以充分供
應，只是在士兵方面發現很多毛病。他說這場戰爭將很艱困，不僅需要對抗打敗
他們很多次的英勇敵軍，還要指揮面對強敵作戰不夠英勇的市民同胞。

16 等他抵達軍營，發現到處是一片混亂，瀰漫放縱、迷信和奢華的風
氣，二話不說就將占卜、算命和淫媒之流全部驅離，接著下達命令
每人的配備是一個鍋、一支烤肉叉和一只陶質酒杯，送走其餘的陣營用具，經過
大家的請求，總算讓步，每人可留下一個兩磅的銀質高腳杯。他禁止士兵到浴場
鬼混，就是按摩也得自力為之，他說這些馱獸沒有長出手臂，所以需要他們經常
給予刷毛和按摩，照料得無微不至。他命令士兵中餐要站著進食，以未經烹調的
口糧為主，即使晚餐可以坐在地上，僅有簡單的食物像是麵包或麥片粥，加上烤
過或煮熟的肉類。他外出穿一襲用別針扣起來的黑色披風，說他為玷辱共和國的
軍隊在服喪之中[44]。

42　這位埃及國王是托勒密七世(Ptolemy VII, 145-116 B.C.)，因為身體過於肥胖，亞歷山卓人給
　　他取一個「菲斯康」(Physcon)的綽號。

43　這是134 B.C.，離西庇阿第一次擔任執政官已有十三年，超過法律規定十年的期限。

44　阿庇安《羅馬史：西班牙戰爭》第14卷85節；波利努斯《謀略》第8卷16節之2；李維《羅馬
　　史》第57卷，以及華勒流斯·麥克西穆斯《言行錄》第2卷7節之1，對於西庇阿整飭軍紀的
　　狀況，都有很細密的描述。

17 西庇阿檢查軍事護民官門繆斯（Memmius）用馱獸裝運的行李，發現其中有一個鑲嵌名貴寶石的葡萄酒冷卻器，這是色瑞克利（Thericles）[45] 製作的精品。西庇阿對他說道：「像這樣奢華的生活方式：對我和共和國而言，你有三十天[46] 的時間是無用的人渣；對你自己來說，是使你一輩子成為寄生的窩囊廢。」

18 有個人向他展示一面裝飾得極其精美的盾牌，他說道：「小夥子，精工製造的盾牌更要講究適用，一個羅馬人會把他的性命託付在他的右手而不是左手。」[47]

19 有個人說他背負構建欄柵的木樁太過沉重，西庇阿說道：「極有可能，這樣一來使你信賴這根木樁更甚於你的佩劍。」

20 觀察到敵軍的鹵莽大膽。西庇阿說他要用時間保障安全，一位盡責的將領就像醫生，把用刀動手術作為最後不得已的手段，他在最適當的時機發起攻擊，將努曼夏人打得大敗而逃[48]。

21 老者問遭到擊潰的士兵，為什麼這樣怯懦，會在手下敗將的前面逃走，要知道羅馬人經常被他們趕得四處亂竄。有位努曼夏人是這樣回答的，綿羊仍舊是綿羊，只是換了一個牧羊人。

22 他征服努曼夏人舉行第二次凱旋式，有關元老院和結盟城邦的問題，與該猶斯·格拉齊（Gaius Gracchus）發生爭執。民眾感覺受到委屈，就在講台下面對他高聲大喝倒采。他說道：「兩軍對陣的戰場吶喊對我來說是家常便飯，一群暴民我更不會放在眼裡，須知我對他們非常清楚，他們把義大利看成後母而不是親娘。」

---

45 他是科林斯最有名氣的陶匠。

46 給予處分或禁閉的期限。

47 士兵戰鬥的時候，通常是左手執盾而右手拿劍，這句話的意思是攻擊重於防禦，只有打敗敵人才能確保自己的安全。

48 阿庇安提到努曼夏人的潰敗，在於西庇阿進行一系列規劃良好的圍攻作戰；可以參閱他的《羅馬史：西班牙戰爭》第14卷89節。

23 格拉齊周圍的人大叫：「殺死這個暴君！」他說道：「對國家充滿敵意的人先要把我除去，這是天經地義的事。只要西庇阿一息尚存，羅馬就不會陷入絕境，如果羅馬淪落到你們手裡，西庇阿也不會苟且偷生。」

十一　西昔留斯・梅提拉斯[49]

1 西昔留斯・梅提拉斯(Caecilius Metellus)決定帶頭攻打一個有堅強工事的要點，一位百夫長就說奪取該地會犧牲十個人。梅提拉斯問他是否將自己算在那十個人裡面。

2 有位百夫長當著手下的士兵，問他下一步有什麼打算，他說：「我始終認為倘若身上穿的襯衫知道我心裡的事，我會毫不遲疑把它撕碎丟進火裡燒掉。」[50]

3 梅提拉斯在西庇阿生前，始終對這位政敵反對不遺餘力，等到西庇阿亡故，他感到極其悲傷，要他幾個兒子在葬禮中參加抬棺表示敬意。他說他非常感激神明，為了保佑羅馬的人民，不讓西庇阿出生在其他民族。

十二　該猶斯・馬留[51]

1 該猶斯・馬留(Gaius Marius)出生一個寒微的家庭，靠著軍隊服務優異的表現得以進入政壇。開始他登記為位階較高的市政官[52]候選人，等到

49　全名為奎因都斯・西昔留斯・梅提拉斯・馬其頓尼庫斯(Quintus Caecilius Metellus Macedonicus)，是羅馬威名遠播的將領，他於165 B.C.擊敗亞該亞聯軍，出任143 B.C.的執政官及131 B.C.的監督官，亡故於115 B.C.；有時會將他與西昔留斯・梅提拉斯・努米迪庫斯(Caecilius Metellus Numidicus)混淆不清。

50　參閱本書第39章〈言多必失〉9節。然而華勒流斯・麥克西穆斯《言行錄》第7卷4節之5；弗隆蒂努斯《兵略》第1卷1節之12，認為這句話是梅提拉斯・庇烏斯(Metellus Pius)所說。

51　該猶斯・馬留(157-86 B.C.)是羅馬將領和軍事改革家，曾經七次出任執政官，發起內戰要與蘇拉(Sulla)爭天下，未及決一勝負身歿。

52　羅馬設四員市政官，行政市政官和平民市政官各兩位，負責管理街道、給水、垃圾、衛生、

發現聲勢已經落後，只有退而求其次，就在當天改爲參選位階較低的市政官，結果還是鎩羽而歸，在一日之內接連兩次競選失利，這在羅馬還是頭一遭出現這種狀況。

2 他的兩條腿都長著很大的肉瘤，看到這種畸形的殘餘物感到無比的厭惡，決定讓一位醫生動手術，操刀割除帶來極其劇烈的痛苦，不僅沒有發出呻吟之聲，甚至連眉頭都沒有皺一下，等到醫生把注意力放在另外一條腿上，這時馬留加以婉拒，說是治療疥癬之疾要忍受這樣的活罪，眞是太不值得了[53]。

3 馬留第二次出任執政官的時候，他的外甥盧休斯(Lusius)性好男色，在軍中用暴力強迫名叫特里朋紐斯(Trebonius)的士兵就範，結果在反抗當中被殺死。法庭上面很多人對他指控，卻沒有人爲他辯護，年輕人並沒有否認殺死他的長官，當場詳細敘述整個事件的本末。馬留下令將獎勵作戰英勇的桂冠拿來，親手將它放在特里朋紐斯的頭上。

4 他對著條頓人(Teutons)[54] 開設營地，兩軍之間有一條小河，士兵大聲抱怨說他們口渴難忍，他指著那條被敵軍用欄柵圍住的河流說道：「你們只要不怕流血，就可以到那裡去喝水。」他們提出質問，爲什麼不在身體裡面的血因爲缺水而乾涸之前，馬上領導他們發起攻擊。

5 辛布里人(Cimbri)的戰事期間，一千多名卡麥里儂(Camerinum)[55] 的居民有英勇的表現，他頒發羅馬市民權作爲獎勵。處理的方式不合法律的規定，有人在元老院提出異議，他的答覆是戰爭的噪音使人很難聽清楚法律的輕聲細語。

（續）————————————————————

交通、公共建設、市場和娛樂，任期一年，分別由人民大會和平民大會選出。

53 《三國演義》描述關公的刮骨療傷，看來古今中外都用這種手法，凸顯一位英雄人物的剛毅和堅忍。

54 條頓人和辛布里人都是來自北歐的日耳曼民族，後來與鄰近的安布羅尼斯人(Ambrones)聯合起來，大約在110 B.C.遷移到隆河(Rhone)河谷，105 B.C.在阿勞西奧(Arausio)擊敗羅馬大軍之前，已經贏得兩次勝利。

55 卡麥里儂位於翁布里亞(Umbria)，是羅馬的盟邦，照理說應該享有同等的權利，事實上卻有很大的差異，馬留未經元老院同意，擅自將羅馬市民權授與他們，這是不合法的行為。

6 內戰[56]期間，他被敵人用壕溝圍困得水泄不通，所有的退路全被切斷，即使受到挑戰和羞辱，他都能忍氣吞聲相應不理。龐皮狄斯‧希洛(Pompaedius Silo)向他說道：「馬留，如果你眞是一位偉大的將領，那麼放馬出來與我決一死戰。」馬留回答道：「要是你能說動我如你所願，那麼你就是最偉大的將領。」

十三　卡圖拉斯‧盧塔久斯[57]

卡圖拉斯‧盧塔久斯(Catulus Lutatius)在辛布里人的戰事期間，傍著阿蒂索(Atiso)河設置營地，羅馬人看到蠻族渡河發起攻擊，馬上向後撤離。他無力阻止他們的行動，下令將他的鷹幟擺在逃亡隊伍的前面，情願自己遭受譴責也不讓國家蒙受羞辱，因爲這群將士不是臨陣脫逃，而是追隨他們的上官退卻。

十四　蘇拉[58]

蘇拉被人稱爲「幸運將軍」，可以從很多事蹟中舉出兩件來說明，其中之一是他與庇烏斯‧梅提拉斯(Pius Metellus)的友誼；還有就是他並沒有將雅典夷爲平地，反倒是赦免冒犯他的城市。

十五　該猶斯‧波披留斯[59]

該猶斯‧波披留斯(Gaius Popillius)受到元老院的派遣，送一封信給安蒂阿克

56　這裡所說的內戰應該是90-88 B.C.羅馬與義大利盟邦之間的社會戰爭(Social War)。

57　卡圖拉斯‧盧塔久斯在102 B.C.與該猶斯‧馬留(Gaius Marius)同時出任執行官，一起負有肅清辛烏里人(Cimbri)和保障義大利安全的任務。

58　這位蘇拉的全名是盧契烏斯‧高乃留斯‧蘇拉(Lucius Cornelius Sulla, 138-78 B.C.)，爲羅馬將領，與該猶斯‧馬留相爭，贏得內戰勝利而成爲獨裁官。他大殺平民黨派，進行暴虐統治。

59　該猶斯‧波披留斯是173 B.C.的執政官。

斯，要求敘利亞的國王從埃及撤軍，不能欺負托勒密皇室失去父母的孤兒，篡奪
他們的王國。等他離開軍營還有一段距離，安蒂阿克斯出來迎接。他未還禮就遞
給對方帶來的文件。國王閱讀以後，說他要想一想再給答覆。於是波披留斯在國
王和幕僚站立的地面劃一個大圈子，說道：「你們可以留在線內，考量好給予回
答。」所有在場人員對於來使擁有崇高的精神感到極為驚異，安蒂阿克斯答應順
從羅馬元老院的敕令，等到這些事情都完成以後，波披留斯才向國王致敬，相互
擁抱為禮[60]。

十六　盧庫拉斯[61]

1 盧庫拉斯（Lucullus）在亞美尼亞（Armenia）只有一萬步卒和一千騎兵，揮
軍前去接戰有十五萬人馬的泰格拉尼斯（Tigranes）。兩軍對陣正好是十
月六日，很多年前的同一個日子，昔庇阿（Caepio）的部隊被辛布里人打得全軍覆
沒。有人向他提出勸告，說今天是凶日不利於羅馬人出兵交鋒，應當延後再與敵
軍會戰。盧庫拉斯回答道：「讓我們加倍努力，使得今天成為受到羅馬人歡迎的
吉日。」[62]

2 他的士兵畏懼全副鎧甲的敵人，於是他要手下的弟兄無須害怕，說是打
敗鈍重的騎士比剝下他們的披掛還要容易得多。他身先士卒抵達一座小
山的頂端，觀察蠻族移動的狀況，大聲叫道：「弟兄們，我們贏定了！」接戰的
時候沒有遇到抵抗，接著就發起追擊，他的損失是五個羅馬人陣亡，敵軍有十萬
人被殺。

60　這是168 B.C.出現的狀況，提到的敘利亞國王是安蒂阿克斯四世伊庇法尼斯（Antiochus IV
　　Epiphanes）。

61　全名為黎西紐斯·盧庫拉斯（Licinius Lucullus, 110-56 B.C.），是羅馬將領，74 B.C.任執政
　　官，贏得東方戰事的勝利，主導元老院的政治運作，以生活奢華著稱於世。

62　羅馬人重視星象和占卜，古代的努馬曆就有吉凶之分，每天都用符號加以注記。主要的符號
　　有五種：F（fastus）可以行公共活動的日子；C（conitials）市民大會集會的日子；N（nefastus）不
　　宜公共活動的日子；NP（nefastus feriae publicae）公共假日；EN（endotercisus）日中可行公共
　　活動，晨昏不宜。

十七　格耐烏斯·龐培[63]

1 格耐烏斯·龐培（Gnaeus Pompey）受到羅馬人的愛戴的程度，如同他的
父親受人痛恨的程度[64]。他在年輕的時候就全心全意想要投向蘇拉的陣
營，雖然沒有謀得一官半職，也不是元老院的議員，卻在義大利境內徵兵編成三
個完整的軍團。蘇拉對他發出召集的通知，他不願部隊沒有獲得戰利品或是經過
血的洗禮，就出現在統帥的面前；一直到他在幾次會戰中打敗敵軍的將領，他才
率領部隊去與蘇拉會師。

2 他擁有將領的身分，被蘇拉派往西西里，發覺士兵在行軍途中紀律敗
壞，經常發生搶奪和暴力事件，於是他懲處到處遊蕩和脫離隊伍的人
員，同時下令封刀，每個人的劍不能出鞘[65]。

3 瑪默廷人（Mamertines）受到唆使要支持民黨，龐培決定要對他們施加嚴
厲的懲罰，第紐斯（Sthennius）是市民的領導人物，告訴龐培說他處置不
夠公正，因為有罪的人逍遙法外，而讓無辜者慘遭誅戮，龐培要他說出來是誰有
罪，竟然讓大家受到牽連。第紐斯的回答是他自己，說服他的朋友或對政敵用強
迫的手段，使得全城投向馬留的陣營。龐培認為這個人坦誠的談吐和高貴的精神
極其可取，因而赦免整個城市和第紐斯本人。

4 他渡過大海前往阿非利加清剿杜米久斯，在一次重大的會戰中擊敗對
手，士兵用「凱旋將軍」的頭銜向他致敬，他說敵軍的防壁仍舊屹立不
搖，所以拒絕接受不實的榮譽。於是大家不顧傾盆大雨，經過強打猛攻，最後占
領對手的營地[66]。

63　龐培（106-48 B.C.）是羅馬大將，平定海盜發起東方戰役，組成三人執政團，內戰失敗在埃及
　　被害。

64　龐培的父親龐培烏斯·斯特拉波（Pompeius Strabo, 135-87 B.C.）是89 B.C.的執政官，攻占派
　　西隆（Picenum）地區反叛城市阿斯庫隆（Asculum），有助於結束社會戰爭（Social War, 90-88
　　B.C.）；他獲得戰利品不肯分給眾人要獨吞，以及87 B.C.不願防守羅馬對抗辛納（Cinna）和馬
　　留，使得他樹敵甚多。

65　龐培於82 B.C.以法務官頭銜率領六個軍團，鎮壓西西里的反叛分子和馬留的餘黨。

66　龐培在81 B.C.率領軍隊航向烏提卡和迦太基，據說他只花四十多天，便完成擊滅敵人和征服

5 等他班師還朝，蘇拉親自出城迎接，很高興賜給他各種榮譽，首先稱他為Magnus即「大將」[67]。他抱著很大的期望要舉行凱旋式，由於他還不是元老院的成員，基於傳統，所以蘇拉不予同意。龐培特別要讓蘇拉知道當前的態勢，民眾頂禮膜拜東升的旭日而非西沉的夕陽，蘇拉知悉以後不禁大叫：「讓他舉行凱旋式吧！」出身貴族世家的塞維留斯(Servilius)，對於龐培的自大感到極其氣憤；等到聽說有些士兵認為發的犒賞沒有預期那樣多，開始鼓譟要杯葛凱旋式，龐培不為所動，寧願放棄也不會低聲下氣受部屬的勒索，塞維留斯認為龐培是真正偉大的人物，夠資格舉行凱旋式[68]。

6 羅馬的騎士有一種習慣，他們在軍隊完成法律規定的服役年限，牽著座騎到羅馬廣場去見兩位監察官，報告參與的戰役以及將領的名字，按照他們的功過接受應得的贊許或申斥。龐培正在擔任執政官的時候，自己牽著馬匹來到傑留斯(Gellius)和連圖盧斯(Lentulus)這兩位監察官的前面，然後他們向他發問，是否參與所有他應打的戰役，他回答道：「沒錯，這些戰役都是我擔任主將。」

7 他在西班牙獲得塞脫流斯(Sertorius)所有的文件，有些信函來自共和國的領導人士，邀請塞脫流斯進軍羅馬，可以引發一場革命使政府全面改組。他沒有啓封就將所有信函付之一炬，使得犯錯的人有懺悔的機會，免得洩漏出去引起軒然大波，給國家帶來更大的災害。

8 帕提亞國王弗拉阿底(Phraates)派人去見龐培，宣稱劃定兩國邊界最正確的方式是幼發拉底河，按照龐培的說法，羅馬人討論他們與帕提亞人的邊界，依據的原則是主權和正義。

（續）

　　阿非利加的任務，處理行省和王國的錯綜複雜的問題，然而他的年紀不過二十四歲。

67　一般人都把Pompey the Great或Pompey Magnus譯為「偉大的龐培」。個人認為「偉大的」是形容詞，用作頭銜不太適合，故比照Alexander the Great是「亞歷山大大帝」，將此譯為「龐培大將」。

68　龐培第一次舉行凱旋式的日期是3月12日，年份無法確定，可能是81或80 B.C.，他一生獲得三次凱旋式（另外兩次是77和61 B.C.）的榮譽。

9 盧契烏斯‧盧庫拉斯(Lucius Luculus)打完他在東方的戰役，優游林下過著醇酒美色的日子，生活極其奢華揮霍，對於龐培已到知命之年還要過辛苦的軍旅生涯，表示不予苟同之意。龐培針對他的這種狀況特別提到，花天酒地的生活所帶來的勞累，較之從事公職的繁忙更不適合老年的養生之道。

10 有次龐培得病，醫生的處方是每餐要吃一隻鶇鳥，發現時令不合無法買到，有人告知只有盧庫拉斯的家中，才會終年供應不絕，龐培說道：「總不能說是靠著盧庫拉斯的奢侈，龐培才能活下去吧！」因此，不理醫生建議的食療，將就吃些容易獲得的肉類[69]。

11 那個時候的羅馬出現糧食極度缺乏的情況，他奉派出任看來虛有其名的市場監督，實際上成為羅馬世界權力最大的主人[70]，親自率領船隊前往阿非利加、薩丁尼亞和西西里等地，等到收購和聚集數量極其龐大的穀物，急著想要運回羅馬。海上突然發生強烈的暴風雨，所有的船長都擔心航行的安全，龐培看到這種狀況第一個登船，吩咐水手起錨，同時大聲叫喊：「性命不要也得開航。」

12 等到他與凱撒的不和已鬧得舉國皆知，當時擔任執政官的馬塞利努斯(Marcellinus)[71]，曾經受過龐培很多好處，現在卻倒向凱撒的陣營，就在元老院對下個年度的執政官候選人大肆抨擊。龐培說道：「馬塞利努斯，你在背後誹謗我難道不覺得羞恥嗎？是我讓你從無名小卒能夠青雲直上，是我讓你免於餓死能夠成為富翁，難道你就這樣的忘恩負義？」

13 加圖用挖苦的口氣諷刺龐培，說他事先預告凱撒會大權在握，對於民主政體帶來很大的危害，然而卻在凱撒成了氣候以後，龐培才採

69　蒲魯塔克《希臘羅馬英豪列傳》之〈龐培傳〉2節和〈盧庫拉斯傳〉40節，本書第54章〈花甲老人是否應該忙於公事〉4節，都記載這件軼事。斯托貝烏斯《花間飛舞》第17卷43節，引用繆索紐斯(Musonius)的著作，類似情節的當事人是哲學家季諾。

70　根據元老院通過的穀物輸入法案，把所有的港口、市場和倉庫置於他的控制之下，凡是與商人和農民相關的事務全部掌握在他手裡，穀物交易的管理和運作完全由他負責，成為擁有最高統治權的領主。

71　全名是格耐烏斯‧高乃留斯‧連圖盧斯‧馬塞利努斯(Gnaeus Cornelius Lentulus Marcellinus, c. 90-48 B.C.)，56 B.C.的執政官，於海盜戰爭中擔任龐培的副將。

取反對的立場。龐培的回答是小加圖的話的確非常靈驗，他之所以沒有先行動
手，是不想讓人講閒話，說他以小人之心度君子之腹。

14 他提到自己的時候用語非常坦率，說他不僅對於任何職位毫無戀棧
之心，即使在政壇有所得失在他都是意料之中的事。

15 龐培在法爾沙拉斯（Pharsalus）會戰[72] 慘敗之後逃到埃及，從三層槳
座戰船跳到國王派來接他的漁船上面，轉過頭去看他的妻子和幼
兒，沒有說別的話只念出索福克利的詩句：

> 等他踏進暴君的大門，
> 變成奴隸失去自由身。[73]

就在他登岸之際受到長劍的猛擊，僅僅發出一聲呻吟，就用衣袍蒙住面孔，讓對
方痛下毒手，注定難逃被殺的命運。

十八　西塞羅[74]

1 演說家西塞羅經常拿自己的名字開玩笑，他的朋友勸他改一個姓氏，這
時他意氣風發的表示，要竭盡所能使西塞羅這個姓氏比加圖家族、卡圖
拉斯家族（Catuli）和斯考魯斯家族，更加受人尊敬。

---

72 法爾沙拉斯會戰發生在西元前48年8月9日，根據凱撒《內戰記》（*The Civil War*）的記載，龐
　培的軍隊有一萬五千名戰死，二萬四千名投降，一共擄獲一百八十面軍旗，其中有九個軍團
　的鷹幟。

73 瑙克《希臘悲劇殘本》之〈索福克利篇〉No.789；這首詩還出現在本書第2章〈年輕人何以
　應該學詩〉6節，以及蒲魯塔克《希臘羅馬英豪列傳》之〈龐培傳〉78節。阿庇安《內戰
　記》（*Civil Wars*）第2卷84節和笛歐·卡休斯《羅馬史》第42卷4節，提到國王的軍師下令將
　他處死之前，龐培隨即念出這兩句詩。

74 全名為馬可斯·屠留斯·西塞羅（Marcus Tullius Cicero, 106-43 B.C.），是羅馬的演說家、政
　治家、哲學家和學者，折衝尊俎於羅馬內戰，終於遭到殺身之禍。

2 他向神明奉獻一個銀盤，要工匠把前面兩個名字馬可斯和屠留斯刻在上面，他的姓就刻上一粒鷹嘴豆的圖形代表「西塞羅」[75]。

3 他經常說起音調高昂的演說家，他們之所以要大聲吶喊，就是因爲表達的能力欠佳，如同瘸腿的人不能走路只好騎馬。

4 維里斯(Verres)[76]有個兒子從小就極其頑劣，後來更是名聲狼藉；等到維里斯對簿公堂譴責西塞羅生活頹喪，敗壞年輕人的品德。西塞羅說道：「這些話要是你拿到自己家裡教訓不長進的兒子，豈不是更爲適合？」

5 梅提拉斯‧尼波斯(Metellus Nepos)對他說道：「你以證人身分害死的人比以律師身分拯救的人要多得多。」西塞羅說道：「沒錯，原因是我實話實說而不是靠口才取勝。」

6 梅提拉斯用瞧不起人的口吻一直追問他的父親是何許人，西塞羅說道：「從你母親的行爲來看，你對這個問題更難講得清楚。」因爲梅提拉斯的母親是個水性楊花的女人，身爲她的兒子更是浪蕩輕浮，已經到寡廉鮮恥的地步。

7 戴奧多都斯(Diodotus)是梅提拉斯的講演術教師，亡故以後，他的門生在他的墓前設置一座大理石的烏鴉像。西塞羅說道：「這是非常恰當的紀念物，因爲他沒有把梅提拉斯教會登台演講而是到處飛翔。」

8 護民官瓦蒂紐斯(Vatinius)是個脾氣很壞的客戶，後來與西塞羅不和，經常發生爭吵；有次聽說瓦蒂紐斯已經逝世，沒過幾天發現他還活著，於是西塞羅說道：「該死的人是那個傳播不實消息的混帳東西！」

---

75 因為拉丁文的cicer意為「鷹嘴豆」或「藜豆」，大約有位祖先的鼻尖上面有個微凹的疤痕，很像鷹嘴豆的裂口，因而取了西塞羅這個姓氏。

76 維里斯是73-70 B.C.的西西里總督，犯下暴虐和貪瀆等罪行受到告發。

9 有個人據說是阿非利加人的後裔，某次當西塞羅提出抗辯的時候，他說他聽不清楚對手說的話，西塞羅反駁道：「可是你的耳朵多了幾個洞！」[77]

10 卡斯都斯‧波披留斯（Castus Popillius）無知又固執，卻很想成為一個律師，有次西塞羅召他出庭作證，在接受詢問的時候，總說對這件事一無所知，西塞羅說道：「我們要你回答的問題，可是跟法律毫無關係。」

11 演說家賀廷休斯（Hortensius）[78] 從維里斯那裡接受一尊純銀的人面獅身像作為報酬，西塞羅對案情用旁敲側擊的方式加以指控，賀廷休斯說他不善於猜謎，西塞羅反駁道：「那你家裡為什麼要擺一尊人面獅身像！」

12 有次他遇到浮康紐斯（Voconius）帶著三個面貌長得醜陋的女兒，他就輕聲向朋友念出下面的詩句：

他違背阿波羅的旨意，
竟然養育出大群後裔。[79]

13 蘇拉的兒子福斯都斯（Faustus）生活極其奢侈揮霍，最後債台高築，不得不貼出布告拍賣產業，西塞羅說道：「說到公告，要是他與他父親相比，更受大家的歡迎。」

14 等到龐培和凱撒公開決裂，他說道：「就我目前的狀況來說，是只知道避凶而不知道趨吉。」[80]

---

77 通常是蠻族出身的奴隸才有這種記號。
78 奎因都斯‧賀廷修斯是當代的歷史學家和演說家，家世極其富有，曾經擔任蘇拉的副將，小加圖將妻子瑪西婭（Marcia）讓給他，驚世駭俗的行為使人側目。
79 抑揚格三音步詩句，出自某齣失傳的悲劇，很可能是優里庇德的《伊底帕斯王》。
80 凱撒的友人特里比久斯（Trebatius）寫信給西塞羅，說凱撒認為他最佳的自處之道，是參加凱撒的陣營，為實現共同的目標而奮鬥；如果他自認年事已高無法做到，就應該前去希臘，不理世事，置身紛爭之外。

15 他責備龐培放棄羅馬，說他只知仿效提米斯托克利的離城，而不是伯里克利的固守；事實上，目前的處境適合採用伯里克利的作為，而不是提米斯托克利的策略。

16 他改變心意投靠龐培的陣營，等到龐培問起他的岳父在那裡，他說道：「我們兩人的岳父目前在一起。」[81]

17 有一個人的政治立場發生轉變，脫離凱撒投向龐培的陣營，他說他的決定是如此的倉促和急切，甚至將馬匹都留下沒有帶走。西塞羅就說這個人最關心他的座騎，對牠的安全考慮得無微不至。

18 有一個人提到凱撒的朋友全都意氣消沉，他反駁道：「你說的好像不是他的朋友而是他的仇敵。」

19 法爾沙拉斯會戰之後，龐培已經逃走，一個名叫諾紐斯（Nonius）的人宣稱他們這邊還有七隻老鷹，認為這種方式可以鼓舞大家的勇氣，西塞羅說道：「如果我們是用鼓譟的烏鴉來作戰的話，你的建議可以說是刮刮叫。」

20 等到凱撒敉平動亂班師還朝，龐培的雕像原來遭到拆除，現在為了推崇他的功勳，下令重新設置起來。西塞羅說凱撒恢復龐培的雕像，是為了維護自己的安全[82]。

21 他認為自己擁有口若懸河的辯才是最有價值的本錢，同時也努力向這個方向邁進，已經到了錙銖必較的地步。有次一個案件上訴到百人連法庭，等到開庭的日期快要接近，他的奴隸厄洛斯（Eros）前來報告，說是審判又要延後一天，西塞羅就把自由賜給帶來消息的厄洛斯。

81　龐培娶凱撒的女兒茱麗亞為他的第四任妻子，雖然茱麗亞已經亡故，凱撒還是做過他的岳父。西塞羅這樣說是他的岳父留在羅馬，凱撒現在已經據有都城。

82　蒲魯塔克在本書第6章〈如何從政敵那裡獲得好處〉9節、《希臘羅馬英豪列傳》之〈凱撒傳〉57節及〈西塞羅傳〉40節都提到這個故事；參閱蘇脫紐斯《封神的朱理烏斯》（*Divus Julius*）75節。

十九　該猶斯·凱撒[83]

1 該猶斯·凱撒還是年輕人的時候，爲了逃避蘇拉的迫害，結果落到海盜的手裡。他們提出一大筆贖金的要求，凱撒笑海盜有眼不識泰山，竟然對他的身價一無所知，主動答應將金額增加一倍。他派隨行人員去籌措所需款項，自己則留在這些殘暴的西里西亞人之中，他並不將他們放在眼裡，每當他要睡覺就吩咐他們不得喧嘩。他寫作演說辭和詩歌，讀給這些禁卒聽，如果他們不能極口讚譽，就被他斥爲大字不識的蠻族，同時用開玩笑的口吻，威脅要將他們全都吊死。等到贖金送到他獲得釋放以後，立即從小亞細亞集結人員和船隻，很快捕獲這些海盜，用碟刑釘死在十字架上[84]。

2 他在羅馬的時候，要與當時聲望最高的卡圖拉斯競選祭司長[85]的職位，投票那天他的母親陪他走到門口，他說道：「母親，今天妳會知道，妳的兒子如果不是祭司長，就是逃亡國外的放逐人士。」

3 他休掉妻子龐培姬（Pompeia），因爲她與克洛狄斯（Clodius）[86]之間發生流言蜚語，後來克洛狄斯帶上法庭接受審判，凱撒被列爲證人，他也沒有說妻子一句壞話。等到檢察官問起：「那你爲什麼要將她休掉？」他回答道：「身爲凱撒的妻室，貞節不容旁人置疑。」

4 他閱讀描述亞歷山大豐功偉業的傳記，禁不住流下眼淚，向他的朋友說道：「當他在我這個年紀已經制服大流士，你們看我至今還是一事無

83　該猶斯·凱撒（100-44 B.C.）是羅馬名將、政治家、獨裁者和激進分子，贏得內戰勝利，宣告共和體制結束，遭暗殺身亡。

84　當時海盜的行徑極其猖獗，勢力大到可以控制整個地中海海域，無論是航行和通商都沒有任何保障。後來蓋比紐斯（Aulus Gabinius）提出一個法案，授與龐培專闕重任，運用共和國的軍隊和水師全力肅清海盜。

85　羅馬的祭司長或稱最高神祇官，在整個國家體制當中擁有幾個特點：祭司長是宗教界最高領袖；羅馬公職均為複數，連執政官都是兩位，祭司長只有一位，沒有同僚在旁邊掣肘；可以兼任其他公職；祭司長是唯一沒有任期的終身職；提供位於城市中央的官邸。

86　克洛狄斯出身羅馬最有名望的家族，等到59 B.C.為了競選護民官，竟然改姓放棄貴族的身分；西元前62年12月發生醜聞，那時他剛授與財務官的職位。

成。」

5 他在翻越阿爾卑斯山的時候經過一個貧窮的小鎮，陪伴的友人提出一個問題，像這種地方是否還有黨派對立和爭著出頭的現象，他停止腳步想了一下說道：「我不管在那裡，秉持的原則是『寧爲雞口，不爲牛後』。」

6 他說冒險犯難和積極主動在於採取行動而非沉思默想。

7 他從高盧行省渡過盧比孔河去與龐培爭奪天下，向四周追隨他的人說道：「骰子已經丟下去了！」[87]

8 龐培從羅馬逃向布林迪西(Brundusium)，凱撒想要從國庫取得金錢，護民官梅提拉斯有管理之責，不僅加以阻止，還將庫房的大門鎖上，凱撒威脅要將他處死，梅提拉斯感到極其震驚，凱撒說道：「年輕人，對我而言，做比說要容易得多。」

9 他的部隊從布林迪西到狄爾哈強(Dyrrachium)的運輸過程非常緩慢，在無人知曉的狀況下，他登上一艘小船想要渡過寬闊的大海。船隻幾乎被大浪淹沒，他向船長暴露自己的身分，大聲叫道：「要知道凱撒就在船上，命運女神會保佑你們。」[88]

10 暴風雨變得更爲猛烈，阻止他渡過大海，這時候士兵很快聚集在他的四周，表現出氣憤的樣子對他加以指責。因爲就凱撒來說，沒有辦法單單憑著現在的兵力就可以戰勝敵人，這些士兵認爲他對他們失去信心，才會有這樣的行動。兩軍發生一場會戰[89]，龐培獲得勝利，他沒有乘勝擴張戰果，

---

87 凱撒渡過盧比孔河是羅馬建城705年，即西元前49年1月12日，但凱撒的《內戰記》沒有提到這條河。

88 這個故事經常被人提到，只是情節沒有這麼簡單，主旨像是說他受到神明的眷顧，還需自己不斷的努力，最後可以達成人定勝天的要求。

89 西元前48年7月9日龐培對凱撒的左翼發起一個海陸聯合攻擊，動用六十個支隊的兵力，獲勝以後沒有實施追擊，使得凱撒僥倖逃過一劫，除了失去三十二面軍旗，還有一千多名士兵喪生。

反而收兵退回營地。凱撒說道：「今天的勝利屬於敵人，但他們沒有人能夠掌握勝利帶來的戰機，否則我們會死無葬身之地。」

11 龐培在法爾沙拉斯會戰中下令給他的部隊，步兵要守住戰線保持隊形的完整，等待敵人的進攻。凱撒認爲他犯下大錯，好像龐培不知道採取主動的接敵運動，用快速的步伐增加打擊的力量，可以激起高昂的鬥志和勇往直前的精神。

12 他用神速的進軍擊敗潘達斯的法納西斯（Pharnaces），寫信給在羅馬的朋友：「余來；余見；余勝。」[90]

13 他追趕逃到阿非利加的西庇阿和他的黨羽，最後小加圖只有自裁送掉性命。凱撒說道：「小加圖，我對你的死感到遺憾，因爲你不願讓我擁有保全你性命的榮譽。」

14 有人報告他安東尼和多拉貝拉（Dolabella）形跡可疑，他應該加強身邊的警衛，凱撒說他對長髮肥胖的人毫無所懼，倒是那些蒼白瘦削的傢伙，讓他無法放心，指的就是布魯特斯（Brutus）和卡休斯（Cassius）。

15 晚餐的談話主題不知怎麼換成生命的終結，討論到那一種死法最好，他說道：「暴卒。」

90　他只用三個字表示用兵的敏捷：*Veni, Vidi, Vic*。三個拉丁文有相同的音節，非常簡潔生動。有人說這是他給元老院的告捷文書，過分簡略的語句，難免給人極其傲慢的感覺。所以還是以通知朋友的短函爲宜。

二十　凱撒・奧古斯都[91]

1 屋大維（Octavius）首次獲得奧古斯都的稱號還是一個青年，那時他向安東尼要回一百萬鎊[92]；這筆錢原來屬於他的舅公凱撒所有，等到凱撒遭到暗殺，安東尼將它從凱撒的府邸搬走據爲己有。因爲奧古斯都要執行凱撒的遺囑，將這筆錢分給羅馬市民，每人可以得到三鎊。安東尼將到手鉅款緊抓不放，還讓奧古斯都知道，如果他有一點見識，最好是忘掉自己提出的需求。奧古斯都逼得要拍賣祖傳的產業，等到按照遺囑支付賞金，在市民之中培養自己的聲望，同時讓大家憎恨安東尼。

2 色雷斯國王里米塔爾西斯（Rhoemetalces）與安東尼斷絕聯盟關係，投向奧古斯都的陣營。里米塔爾西斯只要飲酒過量就會出言不遜，明顯對於新的盟友表示輕視的態度。因此有次奧古斯都與另一位國王在飲宴當中說道：「我喜歡有人變節投向我方，只是對叛徒始終沒有好感。」[93]

3 他攻下亞歷山卓以後，全城的市民都極其驚惶，擔心會受到嚴厲的處置。當他登上將壇，就要亞歷山卓的阿瑞烏斯（Areius）[94]站在他的旁邊，然後宣布他要赦免這座城市，主要是推崇它的雄偉和美麗；其次是看在奠基人亞歷山大分上；第三是因爲阿瑞烏斯是他的朋友。

91　奧古斯都的名字是該猶斯・朱理烏斯・凱撒・屋大維（Gaius Julius Caesar Octavianus, 63 B.C.-14 A.D.），凱撒於44 B.C.被刺身亡，留下遺囑以他為繼承人。這位十九歲的年輕人全力以赴，在軍事和政治兩方面皆獲得驚人的成就，31 B.C.在阿克興（Actium）海戰擊潰安東尼，將整個羅馬世界納入掌握，再經由各種巧妙的手法和謀略，終於將羅馬的共和體制改變為君主政體。

92　蒲魯塔克《希臘羅馬英豪列傳》之〈安東尼傳〉15節，提到的金額是4,000泰倫，即2,400萬德拉克馬（笛納）。華勒流斯・佩特庫盧斯《羅馬史概論》第2卷60節，說7億塞司退斯（sesterces）或相當於600萬英鎊（這是二十世紀初期的幣值）。

93　蒲魯塔克在《希臘羅馬英豪列傳》之〈羅慕拉斯傳〉17節重複運用這句警語；斯托貝烏斯《花間飛舞》第54卷63節引用同樣的話，只是當事人成為馬其頓的菲利浦。

94　阿瑞烏斯・迪第穆斯（Areius Didymus）是一位斯多噶學派哲學家，早年的名聲並不響亮，看來是天降大任要他來拯救整個城市，雖然他後來成為西西里的行政長官，卻一直拒絕在埃及擔任重要職位。

4 有人告訴奧古斯都說是埃及行政長官厄洛斯，某次買了一隻戰無不勝的
鵪鶉，是大家口中公認的冠軍；結果這位老兄把這隻鵪鶉烤好吃掉。皇
帝將他召來詢問指控是否屬實，厄洛斯承認確有其事，皇帝下令將他釘死在一艘
船的桅杆上面。

5 他指派阿瑞烏斯取代狄奧多魯斯成爲西西里總督，有人遞給他一張紙
條，上面寫著：「塔蘇斯（Tarsus）的狄奧多魯斯是一個禿子也是一個小
偷，你還有什麼意見？」凱撒讀了以後寫在下面：「這就是我的意見。」

6 密西納斯（Maecenas）是他的心腹好友，每年他的生日都會接受密西納斯
所送的禮物──一個酒杯。

7 哲學家阿瑟諾多魯斯（Athenodorus）[95] 已經老邁龍鍾，懇求讓他離開宮
廷回家安享天年，奧古斯都答應他的要求，等到辭行那天，阿瑟諾多魯
斯向他說道：「你在發怒之際，切記先在心中默念二十四個字母一遍，再開口說
話或是採取行動。」奧古斯都抓住他的手說道：「我仍舊需要你在旁襄助。」於
是挽留他再效勞一年，同時說道：

　　沉默帶來的報酬是無須涉險。[96]

8 他從讀史得知，亞歷山大完成所有的征服工作只不過三十二歲，這時有
種不知如何打發餘生的感覺；奧古斯都對於亞歷山大有這種想法非常詫
異，因爲他認爲使得帝國長治久安是最重要的任務，勝過建立帝國的開疆闢土。

9 頒布防止通姦的法律，最特別的地方是指控的被告如何審判，以及定罪
的犯人如何懲處。後來他在極度憤怒之下，把氣出在一個年輕人的身
上，這個人的名字與他的女兒茱麗亞（Julia）產生流言蜚語，於是他用拳頭猛揍對
方，這個年輕人叫道：「凱撒，你已經制訂法律。」這時他對自己頓生厭惡之

95　阿瑟諾多魯斯是來自塔蘇斯的哲學家，笛歐·卡休斯《羅馬史》第56卷43節，提到這個很特
　　別的諫言；他後來還是返回家鄉，參閱斯特拉波《地理學》第14卷5節之14。
96　參閱貝爾克《希臘抒情詩集》第3卷〈賽門尼德篇〉417頁No.66；以及艾德蒙《希臘抒情
　　詩》第2卷322頁。

感，在那一天之中都拒絕進食。

10 他派遣外孫該猶斯[97]進軍亞美尼亞，向神明乞求這位年輕人有龐培的人望、亞歷山大的勇氣和他的運道。

11 他說他會給羅馬找到合適的繼承人，登基的君主對任何一件事從來沒有只考慮兩次就算數；他指的是提比流斯。

12 他想用崇高的職位來平息年輕繼承人引起的騷動，他們不予理會，還是繼續內鬥不已；他說道：「你們這些晚輩應該聽一位老人的話，要知道他在年輕的時候，所有的老人都聽他的話。」

13 似乎聽到有這麼一回事，雅典的市民大會將幾位官員關起來，奧古斯都從伊吉納寫信通知雅典當局，他說他們好像不知道他對這件事相當憤怒；雖然他不是整個冬天都留在伊吉納[98]。後來他對這件事還是沒有做任何處置。

14 指控優里克利（Eurycles）[99]的原告當中，有一位以直言無諱著稱，說話不近人情引起聽者的厭惡，他不遠千里而來向奧古斯都說道：「凱撒，如果這些事情對你無關緊要，可以要優里克利把修昔底德的《伯羅奔尼撒戰爭史》第七卷[100]讀給我聽。」奧古斯都對他這種態度非常氣惱，下令將他打進監獄，等到聽說這個人是布拉西達斯的後裔當中唯一倖存者，便召喚他來到面前，薄予斥責以後將他釋放。

97　這位外孫的名字叫作該猶斯·凱撒，是他的女兒茱麗亞和阿格里帕（Agrippa）所生的兒子。

98　參閱笛歐·卡休斯《羅馬史》第54卷7節，裡面提到奧古斯都在21 B.C.整個冬天都留在薩摩亞島。

99　或許這位優里克利就是在阿克興會戰中，駕船追趕克麗奧佩特拉座艦的將領，這時安東尼已在艦上；參閱蒲魯塔克《希臘羅馬英豪列傳》之〈安東尼傳〉67節。

100　這裡提到第7卷，現在算起來應該是第4卷，詳細記載布拉西達斯的英勇事蹟；何以會有不同卷數，那是因為修昔底德的《伯羅奔尼撒戰爭史》，在古代分為十三卷，後來經過編纂成為八卷。

15 畢索（Piso）建造自家要住的房屋，從地基到屋頂都很講究，奧古斯都說道：「這樣的建築物使我心花怒放，好像你要讓羅馬成為一個永恆的城市。」[101]

---

101 奧古斯都說過這樣的話，他來到羅馬的時候，還是一個磚造的城市，等他離開時，全部變成大理石。

第十七章
斯巴達人的格言

一 阿加西克利[1]

1 斯巴達國王阿加西克利(Agasicles)非常喜愛閱讀和文學,當時有位名叫斐洛法尼斯(Philophanes)的文士,可以說是學富五車,國王卻不讓他覲見,大家爲此事感到不解,阿加西克利說道:「我想成爲他的門生,希望學問能像他的兒子一樣好。」

2 有人提出一個問題,在位者如何能夠安全的統治,無須貼身侍衛的保護,他回答道:「君王應該愛民如子。」[2]

二 亞傑西勞斯大帝

1 亞傑西勞斯大帝有次中籤成爲慶典期間晚宴的主人,奴僕來問如何上酒供客人飲用,亞傑西勞斯說道:「如果酒多就盡量滿足大家的需要;要是準備的不夠就平均分配給每個人。」

2 一個罪犯熬刑不屈,亞傑西勞斯說道:「這個人眞是不成材,堅忍和剛毅的個性竟然用在爲非作歹上面。」

---

1 阿加西克利是斯巴達早期的國王,年代已經非常久遠。本章的人名次序按照希臘字母的先後排列。

2 荷馬《奧德賽》第2卷47行。這是奧德修斯之子特勒瑪克斯對他父親的讚譽之辭。

3 有些人稱讚一位政客，說他有能力將微不足道之事化小爲大，亞傑西勞斯說一個鞋匠要是爲腳小的顧主做出一雙大號的鞋子，肯定沒有好手藝。

4 有人向他說：「你已經同意。」用這句話做藉口再三這樣的解釋。亞傑西勞斯說道：「不錯，只要對的話，我一定會這麼說；如果不對，即使我有這樣的表示，還是不會同意。」其他人在旁插嘴道：「國王應該講求誠信，『只要應允就不能食言。』」[3] 亞傑西勞斯說道：「作爲臣屬最重要的事，在於規勸國王對於所問的問題和所說的話都合乎正道，一定要在適當的時機提出正確的要求，讓國王給予同意。」

5 無論他在何處聽到人民的責備或讚譽，他認爲需要讓他知道是所說的方式和內容，並非知道說的人是誰。

6 當他還是小孩的時候，在一次祭典中參加裸體的舞蹈表演，導演指派他一個很不顯眼的位置。他說道：「好吧！我要讓大家知道，不是地位使人獲得榮譽，而是人使得地位獲得榮譽。」[4] 這種說話的口氣眞像是一位君主。

7 有位醫生建議他接受過於精巧的治療程序，看起來非常不簡單，他說道：「天哪，我的命沒有注定遇到危險非要活下去不可，所以對有些事情我要擺出拒絕的態度。」[5]

8 他站在銅殿的雅典娜祭壇前面，向神明獻祭一頭小母牛，發覺蝨子在咬他，很快用手指將牠捎出來，頭髮一點都不亂，當著眾人的面把蝨子捏得粉碎，說道：「老天爺！在祭壇的前面殺死陰謀分子，眞讓人感到高興。」

9 有次他看到一個兒童從洞中將一隻老鼠拖出來，就在將牠抓住的時候，老鼠咬他的手一口，乘著鬆開之際能夠安然逃走。亞傑西勞斯說道：「考量到最小的動物受到欺負都會反抗，想想我們人類更應該如此。」

---

3 荷馬《伊利亞德》第1卷527行。
4 在本書第13章〈七位哲人的午宴〉3節也有類似的故事。
5 龐培好像也有同樣的表示；參閱第16章〈羅馬人的格言〉17節之10。

10 他一心一意要對波斯發動戰爭，目的是爲了使居住在亞細亞的希臘人獲得自由；他在多多納[6]求到宙斯的神讖，天神的吩咐是立即進軍不得有誤，他把獲得的指示向民選五長官提出報告。他們要他再去德爾斐提出同樣的問題請求神示，等他到達提供預言的神殿，就用這種方式發問：「阿波羅，你與你父親的意見相同，是嗎？」獲得阿波羅的認同，亞傑西勞斯下定決心，立即從事戰役的行動。

11 泰薩菲尼斯從開始就對亞傑西勞斯抱著畏懼之心，代表國王簽訂協定，答應將自由和獨立授與希臘人的城市。等到國王派遣的大軍已經到達，通知亞傑西勞斯離開亞細亞，否則就要向他宣戰。亞傑西勞斯非常高興對方毀約，馬上採取攻勢，像是有向卡里亞進軍的打算，等到泰薩菲尼斯在該地集中兵力，亞傑西勞斯用快速的行動入侵弗里基亞[7]，攻占很多城市，獲得數量很大的戰利品。他向他的朋友說道：「違背莊嚴的誓約是不守誠信的行爲，然而在戰爭中能夠智取敵人不僅公正而且光榮，還可以獲得最大的利益和樂趣。」

12 發現自己的騎兵實力過於薄弱，亞傑西勞斯撤軍回到以弗所，要成立一支騎兵部隊。他要求擁有資產的人士應盡服役的義務，如果不願入營，繳納費用召募代理的人員和購買馬匹。用這種方式獲得大量志願投效的士兵，部隊很快增加新的生力軍，除了步卒還有作戰英勇而且人數眾多的騎兵。亞傑西勞斯說他效法阿格曼儂的榜樣，每一位有錢的膽小鬼要離開軍旅，必須奉上一匹經過調教的母馬[8]。

13 亞傑西勞斯下令將捕獲的俘虜公開發售，全部被剝得赤身裸體再出賣，發現衣物的買主很多，當成奴隸的人員由於皮膚白皙，表示習於戶內生活缺乏勞動和操作，認爲買回去會一無是處，不但賣不出去還受到大家的嘲笑，亞傑西勞斯走向前去向周圍的希臘人說道：「就是這種沒有用的人跟我們戰鬥，才讓你們得到不值錢的東西。」

---

6 本書第15章〈國王和將領的嘉言警語〉7節有相同的記載。

7 亞傑西勞斯的部隊在以弗所集結，卡里亞在他的東南方而弗里基亞在他的東北方，可以運用兩地的分離位置，對任何一面取得局部優勢。

8 這個故事出現在荷馬《伊利亞德》第23卷296行及以後各行。

14 他在利底亞境內擊敗泰薩菲尼斯，殺死對方很多人馬，領軍進入波斯的疆域。國王派人奉上大筆金錢，要求中止敵對行為作為回報，亞傑西勞斯的答覆是談和之權操持在斯巴達當局的手裡，與他沒有關係。要是談到財富，他的意思是寧願分給士兵，自己並不想落得任何好處，更能讓他感到心安理得。希臘人認為接受敵人的賄賂是寡廉鮮恥的行為，倒是可以光明正大在戰場奪取戰利品[9]。

15 斯皮司瑞達底（Spithridates）的兒子麥加巴底（Megabates）長得非常漂亮，在他的心中占有很大的分量。有次這個幼童前來致敬，感到自己受到他的喜愛，要求能夠獲得他的親吻，亞傑西勞斯轉過臉去不予理會。麥加巴底面紅耳赤只有退了下去，以後再來觀見時便保持相當距離，他裝出驚奇的樣子問他為什麼沒有像從前那樣親近，他四周的朋友說是他的錯，不僅沒有接受這個小孩的吻，還很驚慌的避開，如果能多給一點鼓勵，會像從前那樣到跟前來。亞傑西勞斯靜靜想了一會，最後說道：「你們無須多慮，如果能與過去一樣重修舊好，這在我而言，比起占領敵方人口眾多的城市，還要讓我更為喜悅。」

16 這位國王在其他方面都能依法嚴守分際，一旦涉及到朋友的問題，還要拘泥於正義的原則，照他個人的說法，僅僅在不得已的狀況之下，用來作為拒絕的藉口。不管怎麼說，從他寫給卡里亞國王海德里烏斯的短簡，就知道他對朋友的情義：「如果尼西阿斯清白無辜請你釋放他；要是他正犯下罪行，請看在我的面子免於追究；總之，無論如何要讓他平安無事。」

17 亞傑西勞斯對友情的重視並非一成不變，有時會考慮當時的狀況以國事為先，這裡可以舉例說明，有次營地被敵軍突破陷入混亂，撤離之際要將生病的朋友留下，有位友人相當受他的喜愛，就在後面流著眼淚大聲呼叫給予幫助，他轉過頭去說道：「同情和現實真是難以兩全！」

---

9 蒲魯塔克《希臘羅馬英豪列傳》之〈亞傑西勞斯傳〉10節，提到向他求和的人是泰什勞斯底（Tithraustes），奉國王的命令取代泰薩菲尼斯的職位。參閱色諾芬《希臘史》第3卷4節之25及《亞傑西勞斯傳》第4卷6節。

18 他的生活方式非常簡樸，過得比他的朋友還要清苦，通常會禁絕暴飲暴食。即使夜間休息的隱秘行為，都可以拿神明做見證，沒有不可告人之事，很難找到像他這樣願意一切公諸於世的做法。無論冬夏不同的季節，對於冷熱都能甘之如飴。他的帳棚就設置在士兵中間，連所用的草墊都比別人更為粗糙。

19 他經常提到身為最高統帥，應該在剛毅和勇氣方面勝過下屬，並非奢華和享樂的生活。

20 無論如何，有人問到萊克格斯的法律所帶給斯巴達人的好處何在，他說道：「對世上的歡樂抱著不予理睬的態度。」

21 有人對他以及其他斯巴達人，提到穿著的樸素和飲食的清淡感到非常驚奇，他說道：「朋友，只有這種生活方式才能收穫自由的成果。」

22 有人勸他何不輕鬆一點，因為人生變幻無常，掌握享受的機會否則一去不再復返；他回答道：「我的習慣是要訓練自己從沒有機會當中找到轉變的契機。」

23 他甚至到了老年還保持類似的觀念，有人問他為什麼到他這把年紀，在非常寒冷的天氣還不穿內衣，他說道：「我們身為職位很高的老人要做好榜樣，讓年輕人可以效法。」

24 他率領軍隊穿過薩索斯人（Thasians）的國度，當地人士送給他麵粉、鵝、麵包、蛋糕以及其他值錢的食物和各種酒類；除了麵粉他接受，別的東西他吩咐退回，因為斯巴達人沒有食用的習慣。薩索斯人費盡口舌堅持要他全數留下，於是他下令分配給希洛特人（Helots）。薩索斯人追問他這樣做的原因何在，他說道：「擁有大丈夫氣概的男子漢不會縱情口腹之欲，只有奴性很重的人受到誘惑，自由人的做法適得其反。」[10]

10　蒲魯塔克《希臘羅馬英豪列傳》之〈亞傑西勞斯傳〉36節，提到類似的狀況，只是發生的地點是在埃及；同樣的故事出現在阿昔尼烏斯《知識的盛宴》657B，以及伊利安《歷史文集》第3卷20節，只是當事人變成賴山德。

25 有個時期薩索斯人感到他對整個城邦極其照應，所以將他奉祀在廟宇尊爲神祇，派遣一個代表團前去告知他們採取的方式，他讀到使者奉上的呈文，就問他們的城邦是否有權將人提升爲神，等到他們的答覆非常肯定，於是他說道：「趕快回去，首先要將你們的國人尊爲神明，等到這件事辦好以後，這時我才相信你們有能力對我如法炮製。」

26 亞細亞的希臘人民投票通過，將他的雕像豎立在他們最顯赫的城市，他寫信給他們：「請各位務必不要爲我懸掛畫像、設置雕塑或者建立紀念物。」

27 他在亞細亞看到一所房屋的屋頂使用方形的梁，就問屋主這個國家的木材是否天生如此，他們回答說道：「不對，是圓的。」他說道：「如果這些木材天生是方的，你們是不是還要費一番工夫把它做成圓形？」[11]

28 某次有人問他斯巴達的國境要延伸到多遠，他揮動長矛說道：「這個東西所能到達的地點。」

29 有人想要知道斯巴達人爲什麼沒有城牆，他指著全副武裝的市民說道：「這些都是斯巴達的城牆。」

30 另外一個人提出同樣的問題，他說道：「城市不是用石頭和木材來加強防衛的力量，是用居民的武德。」

31 他向朋友提出勸告，努力的目標不是爲了富於錢財而是英勇的行爲。

32 不論前往何處，亞傑西勞斯盼望手下的士兵可以快速執行任務，然而他總是能夠身先士卒。

---

11 參閱蒲魯塔克《希臘羅馬英豪列傳》之〈萊克格斯傳〉13節，提到斯巴達有一位名叫李奧特契德(Leotychides)的國王，沒有見過其他形式的木工，見到精美的雕刻和藻井，就問主人，他們國家的樹木是否天生是這個樣子。

33 亞傑西勞斯感到驕傲的地方，在於他負擔沉重的工作始終不輸任何人；同時他認為成為自己的主人要比成為國王重要得多[12]。

34 他看到一個瘸腿的人走向戰場，這個人問他在那裡可以找到座騎，亞傑西勞斯說道：「難道你不知道，戰爭需要的不是跑得快的人而是堅守陣地的人？」

35 有人問他如何才能獲得崇高的聲譽，他說道：「視死如歸。」

36 有人想要知道為什麼斯巴達的會戰，要在鼓笛齊奏的悠揚樂聲當中進行，他說道：「我們用音樂保持步伐的整齊，無論懦夫還是勇士都會同心一德。」

37 有個人詳細敘述波斯國王有多好的運道，特別是當時他還是一個年輕人，亞傑西勞斯說道：「普里安在那個年紀也沒有遭到厄運。」[13]

38 等到亞細亞大部分地區落在他的控制之下，決定盡速進軍征服波斯人，不讓他們的國王再花很多時間，拿出金錢敗壞希臘人當中民選的領袖人物。

39 斯巴達四周的城邦受到波斯的收買，發生戰事，使得民選五長官召回亞傑西勞斯。這時的斯巴達何其幸運，亞傑西勞斯的人品是如此的公正和謙虛，全心全意遵守國家的法律，雖然他擁有很大的權力和很好的運道，還是立即接受命令，即使他充滿希望可以獲得偉大和光榮的成就，還是馬上放棄一切趕快返國，在亞細亞的盟邦當中留下「未竟全功」的憾事[14]。

---

12 老加圖說過：「最壞的統治者是管不好自己的人。」參閱本書第16章〈羅馬人的格言〉9節之8。

13 普里安是特洛伊的國王，戰敗不但失去他的國家，連所有的兒子都被希臘人殺死。

14 參閱蒲魯塔克《希臘羅馬英豪列傳》之〈亞傑西勞斯〉15節；色諾芬《希臘史》第4卷2節之2-3以及《亞傑西勞斯傳》第1卷36節；高乃留斯‧尼波斯《偉大的將領：亞傑西勞斯》第17卷4節之1-4。

40 波斯的錢幣上面打著一個弓箭手的銘記，他說他的營地已經為敵人攻破，國王帶著三千名弓箭手將他逐出亞細亞，泰摩克拉底（Timocrates）用這樣數目的金幣，賄賂雅典和底比斯的民選領袖，兩個城邦的民眾受到煽動，帶著敵意前去攻打斯巴達[15]。

41 他寫給民選五長官的回函如下：
「亞傑西勞斯向民選五長官致問候之意：目前已經征服亞細亞大部分地區，蠻族望風而逃，我們在愛奧尼亞建立很多防備森嚴的營地，現在收到你要我限期返國的信息，我會在發信以後成行，或者會稍待幾天也說不定；我負起大軍指揮的責任不是為了自己，對於國家和盟邦都應該有所交代。一個人要想真正的統治，必須遵守法律的規定和民選五長官的要求，還要與城邦另外一位統治者配合無間。」[16]

42 等到渡過海倫斯坡海峽以後，他用陸上行軍穿越色雷斯地區，一路上沒有懇求當地的蠻族，只是派遣一位信差告知沿途的城市，願意讓他們用朋友或敵人的方式通過，幾乎所有的地方都把他當成朋友接待，給予各方面的協助。那個被稱為特拉勒斯人（Trallians）[17]的民族，卻說澤爾西斯也要留下買路錢，提出的要價是一百泰倫和同樣數目的婦女，亞傑西勞斯輕蔑的答覆，他們為什麼不趕快來拿？繼續領軍前進，發現對手已經排出會戰隊形，立即發起攻擊，把特拉勒斯人打得一敗塗地，被殺的人馬甚多，最後能夠安全通過。

43 他派遣使者去見馬其頓國王提出同樣的問題，國王說他要考慮一下，亞傑西勞斯說道：「讓他多想想也好，我們還要繼續前進。」馬其頓人對他大無畏的精神感到無比的驚訝，難免產生懼怕之心，國王下令讓他們像朋友一樣通行無阻。

---

15 根據色諾芬的說法，泰什勞斯底派羅得島人泰摩克拉底，帶50泰倫分送給底比斯、科林斯和亞哥斯的政要；「雅典雖然沒有分到黃金，卻始終保持對斯巴達發起戰爭的激情。」

16 這封信讓人感到懷疑的地方，在於字數過多，不合拉柯尼亞風格的簡潔要求。

17 除了利底亞的特拉勒斯位於小亞細亞，伊里利亞還有一個同名的城市，位於色雷斯和馬其頓的邊界，也是他返國必經之路；根據達西爾（Darcier）的說法，狄奧龐帕斯證實確有其事，至於是那一個特拉勒斯，還是弄不清楚。

44 帖沙利人與他的敵人聯盟，他進入該地大肆蹂躪整個國度。不過，抵達拉立沙(Larissa)[18] 這個城市的前面，就派色諾克利(Xenocles)和西瑟斯(Scythes)前去談和，市民把這兩個人抓起來關進監獄，他的部隊極其氣憤，要求他立即發起圍攻作戰。他的回答是帖沙利的全部地區，也不值得犧牲兩位使者當中任何一位的性命；因此他與對方磋商條件，經過調解終於將兩人放回。

45 他得知會戰已經在科林斯近郊開打[19] 的信息，斯巴達人的損失微不足道，很多科林斯人、雅典人和聯盟的人員被殺，重大的勝利沒有使他激起歡欣的情緒，反而深深嘆息一聲說道：「啊！希臘人！如此眾多的勇士白白犧牲，要是用來進軍去對付蠻族，該有多好。」

46 法爾沙利亞人(Pharsalians)[20] 對他的部隊發起攻擊，阻礙他的行程使他感到困擾。他親自率領五百名騎兵將敵手打得潰不成軍，然後在納薩西姆(Narthacium)山的山麓建立一座戰勝紀念碑。他對這場作戰感到非常得意，辛苦訓練出來一支人數不多的勁旅，竟然擊敗全希臘最出色而且占有兵力優勢的騎兵部隊。

47 迪弗瑞達斯(Diphridas)從國內前來傳話，要他立即入侵皮奧夏，這時他已經繞過帶有敵意的地區。雖然他的看法是目前的準備不足，應該延後實施，還是服從民選五長官的職權，等到科林斯地區派來兩個師[21] 的兵力給予支援，立即領軍進入皮奧夏。科羅尼亞(Coroneia)會戰，他的對手是底比斯人、亞哥斯人、科林斯人和來自洛克瑞斯的人馬，他因身體多處受傷幾乎陷入絕望的困境，最後還是贏得重大的勝利，根據色諾芬的說法，這一天對斯巴達人

---

18 帖沙利地區的重要城市拉立沙形勢險要，是馬其頓南下希臘的門戶，位於佩尼盧斯(Penelus)河畔。

19 這是394 B.C.的尼米亞會戰，斯巴達人打敗雅典、科林斯、皮奧夏和其他希臘城邦的聯軍。

20 法爾沙利亞是位於帖沙利中部的平原，上面有同名的城市法爾沙拉斯，西元前48年8月9日凱撒在此擊敗龐培，贏得內戰的勝利。

21 西元前5世紀斯巴達的軍制：師(division或army，羅馬人稱為軍團)轄3,456人，下分6個團；團(morae)轄576人，下分6個營；營(lochos)轄144人，下分2個連；連(pentekostys)轄72人，下分2個隊；隊(enomotia)轄36人；作戰時營組成正面和縱深各12人的方陣。

而言是個很特殊的日子[22]。

48 等到他返回家園，雖然已經獲得很大的成就和勝利，生活的方式和日常的作息還是沒有絲毫的改變。不像其他將領，一旦從遙遠的異地享譽歸國，難免學會其他國家的風尚和時樣，不是忘懷本國的習俗，就是抱著厭惡和藐視的態度。

49 他發現有些市民出於一種炫耀的心理，藉著養育馬匹參加奧林匹克競賽自抬身價，於是慫恿他的姊妹賽尼斯卡（Cynisca），派出一輛馬車入場比賽。他所以這樣做是為了向希臘人表示，贏得這種勝利無關於積極的精神和卓越的能力，完全取決於擁有的財富和龐大的費用。

50 他與哲學家色諾芬相識甚久，交談之間非常尊敬，甚至還勸色諾芬將兒子送到斯巴達，不僅讓他接受最好的課程，還能養成服從命令的習性和指揮統御的能力。

51 有一次他被人問到，斯巴達人之所以比其他的民族有更佳的運道其理由何在，他回答道：「因為我們深諳統治和被統治之道，而且不斷身體力行。」[23]

52 賴山德從亞細亞返國以後，組成實力強大的黨派，用來對付亞傑西勞斯，這個陰謀要等賴山德死後才被發現。他本來想要向大家指出，身為政治人物的賴山德，生前是一個口是心非的市民。等到他讀到留在賴山德文件裡面的一篇演說稿，作者是哈利卡納蘇斯（Halicarnassus）的克利昂，準備讓賴山德在市民大會宣布，用來革新和改變政府的體制，亞傑西勞斯的打算是公諸於世。等到一位年長的元老仔細閱讀，發現暗藏玄機，具備極大的破壞力，勸他與其將賴山德從墳墓裡面挖出來鞭屍，還不如將演說稿和他一起埋藏得不見天

22　因為那天發生日蝕，可以推算非常正確的日期，就是奧林匹克97會期第一年即西元前392年8月29日。

23　參閱本章第5節之2；蒲魯塔克《希臘羅馬英豪列傳》之〈萊克格斯傳〉30節和〈亞傑西勞斯傳〉1節；以及色諾芬《亞傑西勞斯傳》第2卷16節；得知統治的要領在於愛民的作為、守法的精神和領導的技術；被統治在於服從的習性、教育的成效和紀律的要求。

日。他認為提出的見解非常明智，按照建議迅速將全案妥善處理。

53 有些人暗中與他為敵，他不願公開加以懲處，遇到機會就將為首分子派到國外，擔任將領或重要職位，舉凡野心分子一旦有了權力，就會暴露不公和貪婪的習性，出了問題就會受到法律的制裁，這時他視狀況加以援手，讓他們免於牢獄之災，他用盡心機化敵為友擴大陣營，最後幾乎再也找不到與他作對的人。

54 有人希望他能寫信給在亞細亞的朋友，使得陳情者能得到公平合理的待遇。亞傑西勞斯說道：「即使我沒有寫信給這些朋友，他們都會秉公辦理。」

55 有人在國外某個城市將城牆指給亞傑西勞斯看，特別提到堅實的結構和高聳的塔樓，並且問亞傑西勞斯是否覺得非常雄偉；亞傑西勞斯說道：「確實壯觀無比，適合老弱婦孺住在裡面，男子漢大丈夫毫無必要。」

56 有位來自麥加拉的男士，吹噓他的城市何其偉大，亞傑西勞斯說道：「小夥子，你的話需要實力做後盾。」

57 很多別人喜愛的事物，他卻一點都沒有興趣。例如凱利彼德（Callippides）是一位悲劇演員[24]，在希臘人當中擁有極大的名望和聲譽，所到之處引起眾人的注目。有次他遇到亞傑西勞斯就向前致敬，發現國王根本沒在意，還是滿懷信心加入隨員的行列，期望獲得亞傑西勞斯的青睞，看來這一切都無法產生效果，便大著膽子前去搭訕，最後他說道：「陛下，難道你對我沒有印象，還是你根本沒有聽過我的名字？」亞傑西勞斯直視他的面孔說道：「你不是那個叫作凱利彼德的街頭藝人嗎？」通常斯巴達人把巡迴演出的演員稱為街頭藝人，有點不能登大雅之堂的味道。

24　凱利彼德隨著亞西拜阿德的艦隊從亞洲返回雅典，進港的時候穿上官靴和紫袍，打扮成劇中人物，對著所有的乘員念出適合當時情景的台詞，讓人印象極其深刻。

58 某次邀請他去聽一個人的表演，模仿夜鶯美妙的聲音受到眾人的讚
譽，他加以推辭說道：「我經常聽到那種鳥兒的鳴啼。」[25]

59 麥內克拉底是當代一位名醫，治療各種疑難雜症可以說是藥到病
除，很多受過好處的人將他稱爲「宙斯」，意思是他能生死人而肉
白骨。這個人的虛榮心很重，不自量力就以神聖的名號自居。很偶然的機會有次
寫信給亞傑西勞斯，起首：「麥內克拉底・宙斯致亞傑西勞斯國王，敬祝政躬康
泰。」亞傑西勞斯讀後不以爲意，還是給予回覆，起首：「亞傑西勞斯國王致麥
內克拉底，敬祝身體健康。」[26]

60 康儂（Conon）和法那巴蘇斯（Pharnabazus）率領萬王之王的艦隊成爲
海上的霸主，他們開始封鎖斯巴達人的海岸，法那巴蘇斯供應費用
重建雅典的長牆，基於當前形勢的變遷，斯巴達人要與波斯國王談和，當局派遣
市民安塔賽達斯去見泰瑞巴蘇斯，將小亞細亞的希臘人轉移到蠻族的權力之下，
過去亞傑西勞斯爲了爭取他們的自由發起戰爭。和平談判由安塔賽達斯全權負
責[27]，帶來的羞辱不會落在亞傑西勞斯的頭上，何況安塔賽達斯是他難以溝通的
政敵，不惜屈從任何條件達成任命，因爲只有戰爭能夠增長亞傑西勞斯的權勢和
聲譽。

61 有人說斯巴達已經成爲親波斯的城邦，爲了答覆甚囂塵上的流言，
按照亞傑西勞斯的論點，毋寧說波斯成爲親斯巴達的國家。

62 有人問及德行以何者爲先，英勇抑或正義，他說不能主持正義則無
英勇可言，若全世界邁向大同之境，三達德之一的「勇」亦無必要。

---

25 同樣的故事也出現在本書第15章〈國王和將領的嘉言警語〉9節。

26 此故事根據伊利安《歷史文集》第12卷51節的記載。

27 安塔賽達斯的和平協定是在386 B.C.簽署，讓所有在亞細亞的希臘城邦以及鄰近的島嶼，成
爲波斯國王的臣民和屬地；參閱色諾芬《希臘史》第5卷1節之29；以及蒲魯塔克《希臘羅馬
英豪列傳》之〈阿塔澤爾西茲傳〉21節；特別提到阿塔澤爾西茲會對安塔賽達斯賜與殊榮，
把他稱爲自己的朋友和貴賓。

63 亞細亞的居民習於稱呼波斯國王為「萬王之王」，亞傑西勞斯說道：「我認為除非他比我更為公正以及更為自制，否則憑什麼有比我更為偉大的頭銜？」[28]

64 他經常說亞細亞的居民是可憐的自由人也是聽話的奴隸。

65 有人問他如何在眾人之中擁有良好的名聲，他說道：「言而有信以及行而有義。」

66 他經常提到一位將領對敵人應有英勇的氣概，對下屬應有仁慈的心靈。

67 有人想要知道兒童應該學些什麼，他說道：「等他成人以後可以用得著的東西。」[29]

68 有次他擔任法官，原告說得非常有條理，被告支支吾吾僅能對指控的各點，一再重複聲明：「亞傑西勞斯，身為國王應該維護法律。」因而亞傑西勞斯說道：「如果有人破門而入打進你家中，或者有人要搶去你穿的外衣，難道你期望房屋的建築者或外衣的製造者能前來給你援助？」

69 等到和平條約簽署以後，波斯人在斯巴達人凱利阿斯（Callias）的陪同下，擔任傳話人將波斯國王的信函送給他，要求兩人能夠加強交往和建立友誼。亞傑西勞斯不願接受，要求來人帶話給國王無須私下有書信的溝通，如果國王表示自己是斯巴達人的朋友，能夠善意對待希臘人，那麼他會就職權所及的範圍，視國王是自己的友人；要是還用陰謀詭計對付希臘人，他繼續說道：「即使我接到再多的來函，仍然無法視他為友。」[30]

28　亞傑西勞斯暗示衡量偉大事功的皇家標準，在於高貴與合法的主持正義而不是運用武力。

29　斯巴達國王李奧特契德和哲學家亞里斯蒂帕斯，都表示過同樣的意見。

30　參閱蒲魯塔克《希臘羅馬英豪列傳》之〈亞傑西勞斯傳〉23節；色諾芬《亞傑西勞斯傳》第8卷3節以及伊利安《歷史文集》第10卷20節；特別提到他的作為，並不完全拘泥於個人的原則，有時基於野心和抱負，有時出之憤怒和氣惱。

70 亞傑西勞斯非常溺愛子女，他們在幼年的時候，他用一根手杖當成馬匹，抱著他們騎在上面玩耍，有次被一位朋友看到，就要求對方不要將這件事告訴旁人，說是等到他自己成為父親也會這樣做。

71 他對底比斯人的戰事始終斷斷續續，有次他在會戰中受傷[31]，他們說安塔賽達斯這樣表示：「亞傑西勞斯教導底比斯人戰爭的藝術和作戰的技能，所以獲得這種報應，真是活該倒楣。」事實上，底比斯人單獨在皮奧夏與斯巴達人展開無數次前哨戰鬥，也打了幾次會戰，雖然沒有多大必要，卻可以用來加強訓練的效果，提升實戰的經驗。所以早期的萊克格斯基於這種原因，曾經下達「諭旨」[32]規定斯巴達人對同一個敵國，不能實施經常和長久的作戰，免得對手習慣於自衛因而獲得戰爭的教導和訓練。

72 斯巴達的盟邦對亞傑西勞斯極其不滿，因為戰爭的緣起並非公眾事務的齟齬和摩擦，僅是私人恩怨引起對底比斯的仇恨。他們帶著氣憤的神色不斷抱怨，說是盟軍的人數最多，卻為少數人長年累月暴露在危險和困苦之中。亞傑西勞斯得知以後，想出一個辦法表示異議，盟邦出兵就人數而言並非最多。他下令集合全體人員，要盟邦不分國籍混雜坐在一邊，所有的斯巴達人坐在另一邊，等到全體坐好以後，他要一位傳令官大聲宣布，所有的陶工全都站起來，接著是鐵匠、木匠、磚瓦匠，一直到所有的工匠，這時幾乎所有的盟邦全都站了起來，斯巴達人卻一個也沒有，因為法律禁止他們從事任何行業。於是亞傑西勞斯笑著說道：「各位請看，我們派來的士兵比起你們實在是多得太多了。」[33]

73 琉克特拉會戰很多斯巴達人逃走，免得喪生在敵人手中。根據法律的規定，他們受到極其羞辱的待遇。民選五長官有鑑於城邦缺少人力，特別是士兵大量不足，希望對逃兵網開一面，重點在於法律要能通融。因此

---

31 這是流亡志士光復底比斯以後，斯巴達人採取的反制行動，亞傑西勞斯在378 B.C.率軍入侵皮奧夏。

32 萊克格斯將某些法令稱為「諭旨」，等於告訴大家已經獲得神明的核定和啟示。

33 斯巴達人的一生都要受到紀律的約束，沒有人可以選擇自己的生活方式，也無從獲得謀生的技能，整座城市像是一所軍營，每個人都有分配的口糧和指派的任務，生命不是為了達成個人的目標，而是在於維護城邦的整體利益。

他們選亞傑西勞斯為立法者，他前往市民大會向大家報告：「我不願成為立法者來制定法律，也不會對現行的條款做出增多、減少或修改的決定。目前最好的辦法是所有的法律從明天開始生效。」[34]

74 雖然伊巴明諾達斯來勢洶洶有如摧毀一切的浪濤，底比斯人和他的盟邦吹噓要獲得重大的勝利，亞傑西勞斯還是固守不出，這時城市的民眾數量稀少，還是迫得敵人只有撤軍返國[35]。

75 曼蒂尼會戰時，他要求斯巴達人無須注意其他人員，應把目標完全放在伊巴明諾達斯一人身上。他說只有智勇雙全的將帥才會帶來勝利，因此他們只要將領導人物置之死地，其餘人員缺乏見識派不上用場，面臨群龍無首的局面就會迎風而降。要知道成敗繫於伊巴明諾達斯一身，他的喪生會給敵人帶來全面的崩潰，否則就會讓他們喜笑顏開。結果是有位斯巴達人給予他致命一擊，等到主將陣亡以後，亞傑西勞斯的人馬列陣出擊，輸贏的天平馬上發生變化，底比斯人落到下風，斯巴達人獲得優勢。

76 斯巴達的戰事需要大量經費，埃及國王塔克斯（Tachos）要求他們供應一支傭兵部隊，答應給予極其可觀的酬金，因而亞傑西勞斯奉派前往埃及。等到他出現在民眾的面前，因為樸素的穿著受到大家的藐視。他們期望斯巴達的國王如同波斯的萬王之王，身穿金碧輝煌的裝飾。這是他們對國王所持觀點，實在令人難以恭維。總之，他特別向埃及人表示，不管他們為他做了什麼，獲得讚揚和推崇最適當的方式，在於對他們的了解和自己擁有至高的武德。

77 看到當前敵軍[36]的聲勢浩大（人馬有二十萬之眾），自己的兵力薄弱，他知道手下的官兵害怕即將面臨的危險，大家起了未戰先敗的

34　本書第15章〈國王和將領的嘉言警語〉60節之10有同樣的記載。

35　參閱色諾芬《希臘史》第7卷5節之10；戴奧多魯斯．西庫盧斯《希臘史綱》第15卷83節，以及高乃留斯．尼波斯《偉大的將領：亞傑西勞斯》第17卷6節之1-3。後世史家對於底比斯的撤軍原因有不同的說法，只有狄奧龐帕斯認為是金錢收買，還讓亞傑西勞斯白白浪費10泰倫。

36　尼克塔納比斯是塔克斯的堂兄弟，指揮實力大的部隊，起兵反叛受到擁戴成為國王，塔克斯只有流亡國外。這時尼克塔納比斯拉攏亞傑西勞斯，建立相當密切的關係；門德（Mende）行省出現一位新即位的國王，率領一支大軍要與尼克塔納比斯爭天下。

念頭。因此他決定在排出會戰隊形之前，先將預謀計劃好並且不讓任何人知道。他在手掌上面用筆將「勝利」這個字，從右到左寫成反體，等到他接下祭司呈給他腸卜的肝臟，就用寫上字跡的手緊緊握住一段時間，掌心的字已經印在肝臟上面。他表露出非常驚訝的神色，裝出不知道怎麼會有這種事發生的樣子，像是經過一番掙扎才展示給四周的人看，說是神明透過肝臟上面的字跡，預告他們將獲得勝利。他的下屬感受到非常靈驗的徵候，使他們可以擊敗敵人，因而士氣大振，在作戰中的表現極其英勇。

78 敵人挖掘一道壕溝包圍他的陣地（他們這樣做是人數眾多的關係），他的盟友尼克塔納比斯（Nectanabis）堅持出擊，要與對方進行決定性的會戰。亞傑西勞斯說敵人用這種方式圍困，會使自己陷入與防守者對等的局面，所以他加以阻止，要等待時機的來臨。等到壕溝還差一段就要合龍，他把部隊排列在兩端之間距離較小的空隙，在雙方兵力概等狀況下發起戰鬥，他率領數量劣勢的部隊擊潰敵軍，斬獲極其豐碩。後來返國爲城邦帶回很多錢財[37]。

79 他在從埃及歸國的途中逝世，臨終之際對周邊人員給予交代，不得爲他繪製遺容或是設置雕像，更無須建立各種紀念物。他說道：「設若我做了好事種下善果，大家還會記得我；要是我的工做一無可取，留在世上再多的雕像也是徒然。」[38]

三　亞傑西波里斯[39]，克里奧布羅都斯之子

1 亞傑西波里斯是克里奧布羅都斯的兒子，有人向他提起菲利浦只不過幾天工夫，就把奧林蘇斯夷爲平地，他說道：「老天爺，即使再花很多年的時間，還是無法建造像這樣的城市。」[40]

37　埃及國王擺出盛大的場面為他餞行，除了禮物還贈送價值230泰倫的銀塊，用來充作戰爭的經費。

38　本書第15章〈國王和將領的嘉言警語〉60節之12有相似的記載。

39　斯巴達國王亞傑西波里斯二世，出於埃傑斯帝系，在位期間371-370 B.C.。

40　本書第3章〈論課堂的聽講〉6節有相似的記載。

2 有人特別提到他在當國王的時候，要求的人質都是年富力強的人士，不是他們的兒女和妻子，他說道：「這樣做比較公平，最大好處是要自己承擔做出錯誤決定產生的後果。」

3 他率軍在國外征戰，想要人從家鄉給他帶幾條狗來，有人說道：「獵犬的出口不需要批准。」他說道：「我們的人過去還不是一樣，只是現在已經變得毫無用處。」

四 亞傑西波里斯[41]，鮑薩尼阿斯之子

雅典人之間相互發生爭執，內部出現很多埋怨的聲音，接受麥加拉人出面調停，鮑薩尼阿斯之子亞傑西波里斯說道：「雅典的人民應該感到羞恥，他們一直保有全希臘的領導權，談到行事的公正還不如麥加拉人。」

五 埃傑斯[42]，阿契達穆斯之子

1 有一次民選五長官向阿契達穆斯之子埃傑斯說道：「你率領一群年輕人去攻打的國家，裡面有內應的人會引導你們去攻占城堡。」埃傑斯說道：「閣下，何必如此，竟然要我們的青年相信賣國賊，這樣做對嗎？」

2 被問到斯巴達最流行的教育方式，他回答道：「有關領導統御和服從命令的知識。」

3 他說斯巴達人不會問敵人有多少而是他們在何處。

---

41 斯巴達國王亞傑西波里斯一世，出於埃傑斯帝系，在位期間394-380 B.C.。

42 斯巴達國王埃傑斯二世，出於優里龐帝系，在位期間426-400 B.C.。下面有些格言應該歸於另外一位斯巴達國王埃傑斯三世。

4 他領軍進駐曼蒂尼，不願冒險與兵力優勢的敵人進行決定性的會戰，他說道：「只有統率龐大部隊的將領，才會與人數眾多的敵軍一較高下。」

5 有人問他斯巴達人的數量有多少，他說道：「足夠打發不懷好意的壞蛋。」

6 他順著科林斯的城牆走動，發現極其高聳還夾雜不少塔樓，圍繞的面積非常寬廣，於是說道：「是什麼樣的婦女才能住在這裡？」

7 有位文士說道：「發表演說是最重要的事。」他反駁道：「要是你保持沉默就會一文不值！」

8 亞哥斯人初次接戰被他打敗，表現大無畏的勇氣再度列陣出擊，他看到盟邦陷入驚懼之中，說道：「各位，大家無須害怕，要是我們戰勝還這麼緊張，你們想想戰敗者又該如何？」

9 阿布德拉[43] 的使者前來覲見，兜圈子說了很多話，最後問他有什麼指示，返國以後可以向人民報告，他說道：「你可以告訴大家，說我一直很安靜傾聽你的長篇大論。」

10 有人讚譽伊利斯（Elis）的人民舉辦奧林匹克運動非常公正，他說道：「如果每四年才有一天做到大公無私，難道這也算是了不起的成就？」

11 有人提及皇室[44] 的成員對他極其猜忌，他說道：「他們陷入落魄的狀況完全是咎由自取，當然這跟我和我的朋友有很好的運道不無關係。」

---

43 阿布德拉是位於色雷斯的城市，靠近尼斯都斯（Nestus）河的河口，是古代一個重要的港口和貿易中心。

44 原因出在斯巴達有兩個國王，維持兩個帝系和皇室當然有力不從心之感，人數眾多難免良莠不齊。

12 某位人士向他提出建議，要爲敗北的敵人留下退路，不必趕盡殺絕，他說道：「逃走的敵人可以使我們不戰而勝，爲什麼非要與堅守陣地的勇士拚命？」

13 有人向他提出計劃能使希臘人獲得自由，充滿理想主義的觀念很難實現，他說道：「閣下，你的意見要以實力和金錢做後盾。」

14 有人說菲利浦禁止希臘人在背後對他指指點點，他說道：「夠了，閣下，我們之間的交往都在自己的國土上面。」[45]

15 佩林蘇斯（Perinthus）派遣一位使者來到斯巴達，覲見的時候發表冗長的談話，最後停了下來，問埃傑斯有什麼交代，回去以後可以向人民提出報告。他說道：「除了你一直說個不停，讓我很難插嘴這件事，難道還有別的？」

16 他僅在一位使者的陪同之下去見菲利浦，馬其頓國王覺得不可思議，大聲說道：「這是怎麼回事？竟然單獨來見？」他說道：「不錯，對付你只要一個人就夠了。」[46]

17 他在晚年的時候，一位老人說他看到古老的優良傳統逐漸喪失，蠱惑人心的惡習偷偷蔓延開來，使得斯巴達陷入極其混亂的處境。埃傑斯平心靜氣的說道：「事態的發展要順著一條合乎邏輯的道路，當我還是一個小孩的時候，經常聽到我的父親在抱怨，提到各項事務都是一塌糊塗；我的父親說當他是一個小孩時，他的父親也是這麼說。所以一個人不應該對態勢變得比早年更壞感到驚異，而是奇怪它爲什麼變得更好，或是它爲什麼還能保持現況。」

18 有人問他一個人在一生當中如何保持自由人的身分，他說道：「對於死亡抱著藐視的態度。」

45　從雙方在世的時間推算，本條和下面兩條，當事人應該是埃傑斯三世。

46　本章第69節之30和本書第39章〈言多必失〉17節，提到一位不知名的斯巴達人，就用這句話反駁德米特流斯。

六　小埃傑斯[47]

1 迪瑪德斯說變戲法的藝人表演吞劍，通常用斯巴達的產品，因爲劍身較短，小埃傑斯反駁道：「適合斯巴達人的武器在於能夠近身制敵。」

2 有個讓人討厭的傢伙一直不停追問誰是最好的斯巴達人，他說道：「就是那個最不像你的人。」

七　埃傑斯四世[48]

　　埃傑斯四世是最後一位用埃傑斯做稱號的國王，民選五長官以叛國的罪行將他逮捕，沒有經過審判處以極刑，他在簇擁之下走向絞繩的時候，看到一位官員哭泣，他說道：「老兄，請不要爲我流淚，他們的處理程序違背法律和正義，看來我比取我性命的人，還是要高出一籌。」等到說完這些話，就神色不變地從容赴死。

八　阿克羅塔都斯[49]

　　阿克羅塔都斯（Acrotatus）的雙親做了一些不合正義原則的事，認爲他有責任要與他們同流合污，他採取反對的立場，只是在談話的時候還是有所保留。等到他們堅持要他加入，這時他說道：「只要我與你們沆瀣一氣，所有的公理正義全都蕩然無存；雖然是你們把國家和法律交到我的手裡，我除了感激，還得考慮自己的責任，想起當年你們教導我要堅持公正的原則，即使在你們的統治之下一切言行還是合乎正道，所以我要遵循過往的指示而非現在的你們。過去你們希望我

47　小埃傑斯是斯巴達國王埃傑斯三世，出於優里龐帝系，在位期間338-330 B.C.。
48　埃傑斯四世（262-241 B.C.）是斯巴達優里龐帝系國王，企圖改革除去民選官員，事敗被殺。他被害之時年僅二十一歲，已登基四年，他的祖母和母親隨之遭到處決。
49　阿克羅塔都斯是克里奧米尼斯二世（在位期間：370-309 B.C.）的兒子，早在他父親之前逝世，未能成爲國王。

盡可能把事情做好，不僅要做一個守本分的平民，成為統治者後更要成為一個仁德之君，我一直想要達成你們的願望，如果現在我無法滿足你們的要求，只有乞求你們能體諒我的處境。」[50]

九　阿爾卡米尼斯[51]，特勒克盧斯之子

1 有人問起特勒克盧斯之子阿爾卡米尼斯（Alcamenes），一個人如何維護王國的安全，他說道：「他不應把個人的利益看得太重。」

2 另外有人想要知道他不接受梅西尼人的禮物理由何在，他說道：「我只要收下禮物，就不可能保持法律的公正無私。」

3 有人提到他有龐大的家產何以還要過清苦的生活，他說道：「擁有資產的人過的生活遵循理性而不是屈從欲望，這才是高貴的事情。」

十　安納山德瑞達斯[52]

1 安納山德瑞達斯（Anaxandridas）是李奧（Leo）的兒子，有人向他提到非常擔心自己的案子，很可能受到放逐的處分；他說道：「閣下，你無須意志消沉，逐出祖國總比受到正義的唾棄要好得多。」

2 一個人向民選五長官提到那些急需處理的事務，只是有的地方言過其實，他說道：「閣下，你在沒有需要的時刻，老想一些需要的事情。」[53]

50　參閱本書第42章〈論羞怯〉15節，亞傑西勞斯對他的父親說過同樣的話。

51　斯巴達國王阿爾卡米尼斯出自埃傑斯帝系，在位期間約為740-700 B.C.。

52　斯巴達國王安納山德瑞達斯二世出自埃傑斯帝系，在位期間約為560-520 B.C.。

53　本章第50節之3，認為這話是安納山德瑞達斯的父親李奧所說；蒲魯塔克《希臘羅馬英豪列傳》之〈萊克格斯傳〉20節，把這句話歸於安納山德瑞達斯的兒子李奧尼達斯。

3 有些人問他爲什麼把田地交到希洛特人手裡，看來像是對它抱著漠不關心的態度，他說道：「我們獲得這些田地不會對它置之不理，須知我們爲了它才不愛惜自己的性命。」

4 有人特別提到，舉凡能夠獲得崇高聲譽的事業，總會給人群帶來災難，能夠加以擺脫未嘗不是一樁好事。他反駁道：「要是按照你所說的理由，那麼犯罪就會帶來幸福。一個人只要對崇高的名聲懷著關切之心，難道他會犯下褻瀆神聖和其他十惡不赦的罪行？」

5 另外有人問到，斯巴達人在戰爭中爲什麼會冒險犯難，他說道：「我們受的訓練是要尊敬生命，不像有人抱著苟且偷生的態度。」

6 有人問他爲什麼年長的元老對重罪的審判延續數日之久，甚至被告受到無罪的開釋，還會受到起訴的處分，他說道：「他們要花數天的時間做出裁示，一旦對於重罪的判決犯了錯誤，司法的公正就難以平反。按照起訴的法規強制要求繼續控告，經過愼重的考量可以得到更爲正確的決定。」[54]

十一　安納山德[55]，優里克拉底之子

有人問及斯巴達人爲什麼國庫沒有存放很多財物，優里克拉底（Eyrycrates）之子安納山德（Anaxander）回答道：「免得監守自盜。」

十二　安納克西拉斯[56]

有人覺得奇怪，就問民選五長官見到國王爲什麼不站起來讓座，特別是他們

54　參閱柏拉圖《答辯篇》37A提出的事實；以及修昔底德《伯羅奔尼撒戰爭史》第1卷132節對這個問題所做的解釋。

55　斯巴達國王安納山德出自埃傑斯帝系，在位期間640-615 B.C.。

56　安納克西拉斯是阿契達穆斯之子，雅典和麥加拉爲了薩拉密斯發生爭執，他可能是仲裁者之一，這是西元前7世紀的重大事件。

的職位是由國王指派，安納克西拉斯(Anaxilas)回答道：「就是因爲這個緣故他們才夠資格擔任民選五長官。」

十三　安德羅克萊達斯[57]

斯巴達人安德羅克萊達斯(Androcleidas)瘸了一條腿，還要把名字登記在戰鬥人員名冊上面，有人說他是跛子堅持不肯接受，他說道：「我要是與敵人當面戰鬥，一定堅守陣地不會逃走。」

十四　安塔賽達斯

1 安塔賽達斯初次參加薩摩色雷斯島的神秘祭典，祭司問他在一生之中做過那些褻瀆的事情，他答覆道：「我的言行神明應該知道得一清二楚。」[58]

2 雅典人把斯巴達人稱爲不知禮儀的化外之民，他說道：「不管怎樣，我們是唯一沒有從你們那裡承襲惡習的民族。」

3 有位雅典人對他說道：「我們有很多次把你們從西菲蘇斯河擊退，這點你不能否認。」他駁斥道：「然而我們卻從來沒有能把你們從優羅塔斯河擊退的機會。」

4 有人問他的作爲爲何獲得眾人的讚賞，安塔賽達斯說道：「在於他的談話能給人帶來快樂，加上他的建議給人帶來好處。」

5 有位文士宣讀一篇頌揚海克力斯的文章，他說道：「爲什麼，難道有人講了一些詆毀他的話？」

57　安德羅克萊達斯或許是賴山德的政敵，蒲魯塔克《希臘羅馬英豪列傳》之〈賴山德傳〉8節提到此人。

58　同樣的故事出現在幾個知名之士身上，可見這是一個眾所周知的託辭和藉口。

6 亞傑西勞斯與底比斯人作戰受傷，安塔賽達斯當著他的面說道：「那裡的人民沒有作戰的意願，同時還缺乏搏鬥的本領，是你訓練他們成為武藝高強的戰士，所以你受傷完全是咎由自取。」亞傑西勞斯給底比斯人帶來連年的戰爭，逼得他們進行自衛熟悉軍旅之事。

7 他經常提到年輕人是斯巴達的城牆，他們的長矛所指的地方就是國界。

8 有個人一直追問為什麼斯巴達人在戰爭中使用短劍，他說道：「因為他們要與敵人近身肉搏。」

十五　安蒂阿克斯

安蒂阿克斯是民選五長官的首輔，聽到菲利浦歸還梅西尼人原有的領土，提議要供應他們武力，捍衛疆域的時候可以占到上風。

十六　阿里烏斯[59]

1 有幾位男士受到婦女的讚譽，她們不是自己的妻室而是別人的配偶，阿里烏斯(Areus)說道：「賢淑又高貴的婦女要特別注意談吐，她們除了自己的良人，應該不知道別人的狀況。」

2 有一次他在西西里的時候，偶爾經過塞利努斯(Selinus)，看到一座紀念物上面刻著輓歌體的聯句：

暴政如虎必將翦除兮，
吾人戰死於野終不悔。

59　斯巴達國王阿里烏斯一世出自埃傑斯帝系，在位期間309-265 B.C.。

因而他說道：「你這樣死眞是不值得，暴政何須盡力翦除，等到油乾就會燈滅。」[60]

十七　亞里斯頓[61]

1 有人贊許克里奧米尼斯的箴言，問到他如何做一個賢明的國君，他說道：「對朋友要仁至義盡，對仇敵要心狠手辣。」亞里斯頓說道：「閣下，難道你不知道，施恩過甚會使朋友變成仇敵？」雖然很多人認爲這是蘇格拉底的箴言[62]，應該是這位哲人得自亞里斯頓[63]。

2 有人問他斯巴達的人數有多少，他說道：「足夠打發我們的敵人。」

3 有位雅典人發表帶有紀念性質的演說，用來讚揚陣亡在斯巴達人手中的將士，他說道：「大家不妨想一想，我們要是戰勝將會怎麼樣？」[64]

十八　阿契達邁達斯

1 有個人在阿契達邁達斯的面前贊許查瑞拉斯，說他對所有人都非常客氣，阿契達邁達斯說道：「就是他對犯錯的人也都和藹可親，所以大家才會這樣對他頌揚不已？」

60　因爲他是國王才有這種極其鄉愿的論點，好歹也要爲暴君僭主開脫一番；事實上「苛政如虎」就要翦除，何況爲惡還有傳染性，不能等它油乾燈滅，縱使犧牲自己的性命也是最大的榮譽。

61　斯巴達國王亞里斯頓出自優里龐帝系，在位期間約爲550-515 B.C.。

62　即使是蘇格拉底所說的話，其間還是有很大的差別；參閱柏拉圖《國家篇》335B及後面各段；《克瑞托篇》49A及後面各段；以及《高吉阿斯篇》469A-B和475B-D。

63　戴奧吉尼斯‧利久斯《知名哲學家略傳》第1卷91節，提到這句話出自克里奧布盧斯之口。

64　講這種話實在很不得體，只有失利吃了敗仗，才要發表頌揚死者鼓舞士氣的演說，贏得勝利無須自我誇耀，還得保持哀矜勿喜的神情。

2 有個名叫赫卡提烏斯（Hecataeus）的詭辯家，受邀到公共食堂用餐，直到食畢始終不置一詞，大家都不諒解，阿契達邁達斯爲他緩頰說道：「善言者會掌握說話的時機。」

十九　阿契達穆斯[65]，朱克西達穆斯之子

1 阿契達穆斯是朱克西達穆斯的兒子，有人問他誰是斯巴達的領袖人物，他說道：「法律和依法行事的行政首長。」

2 有人贊許一位演奏七弦琴的樂師，對他的技巧感到非常驚奇，他說道：「閣下，你對樂師已經如此誇獎，要是見到正人君子你又該如何頌揚呢？」

3 有人向他介紹一位樂師，特別提及：「這個人是非常優秀的樂師。」他說道：「這種人在我們國家的地位如同料理湯水出名的大廚。」一位能用樂器發出悅耳之音，一位善於烹調滿足口腹之欲，暗示這兩者並無差別。

4 有人應允要給他釀出味道醇厚的葡萄酒，他說道：「這是爲了什麼？這種酒喝得愈多，對同桌用餐的人愈沒有好處。」

5 他克服很多困難，總算在靠近科林斯城池的地點將營地設置完畢，這時看到城牆的下方驚起一隻野兔，他向追隨在後的士兵叫道：「敵人已經落在我們的掌握之中。」[66]

6 興訟的雙方都同意阿契達穆斯擔任仲裁人，他帶著兩造進入銅殿供奉雅典娜的神聖內院，要他們發誓願意依從他的決定，等到兩人行禮如儀，他說道：「我的決定是兩造沒有平息紛爭之前，不能離開聖潔的地點。」

65　斯巴達國王阿契達穆斯二世出自優里龐帝系，在位期間469-427 B.C.。

66　參閱蒲魯塔克《希臘羅馬英豪列傳》之〈賴山德傳〉22節，提到在科林斯城下作戰的人是賴山德。

7 西西里的僭主戴奧尼休斯送昂貴的衣物給阿契達穆斯的女兒，他不願意接受說道：「我怕這些女孩穿上以後，更加襯托出她們的容貌醜陋。」

8 看到他的兒子奮不顧身與雅典人戰鬥，他說道：「要不就得增強力氣，要不就得減少勇氣，否則難逃殺身之禍。」

二十　阿契達穆斯[67]，亞傑西勞斯之子

1 奇羅尼亞會戰結束，菲利浦寫了一封非常傲慢的信給亞傑西勞斯之子阿契穆達斯，得到回函：「如果你量量自己的影子，就會發現獲勝以後沒有變得更大。」

2 有人問他斯巴達人控制多大的地區，他說道：「只要長矛所及之處，全是我們的領土。」

3 伯瑞安德精通醫術聞名於世，只是詩作非常蹩腳，阿契達穆斯說道：「為什麼你非要世人把你看成差勁的詩人而不是高明的醫生？」

4 斯巴達人與菲利浦爆發戰爭，有人建議要打的會戰，應該離開本國有一段距離[68]，阿契達穆斯說道：「不行，要是在無法讓人民看到的地方作戰，我們一定要在兵力方面較敵人占有優勢才行。」

5 他與阿卡狄亞人打了一場會戰[69]獲得勝利，有人對他大肆恭維，他說道：「如果我們制服對手靠的是智慧而不是蠻力，那才真正有本事。」

67　斯巴達國王阿契達穆斯三世出自優里龐帝系，在位期間361-338 B.C.。

68　這是笛摩昔尼斯用來對付斯巴達人的計謀，參閱《演說集》之〈論阿林蘇斯人的下場〉1節及結論。

69　這是368 B.C.的「無淚之戰」，亞傑西勞斯之子阿契達穆斯獲得西西里僭主戴奧尼休斯的幫助，殺死很多敵人，本身卻無損失。

6 等到他入侵阿卡狄亞，得知伊利亞(Elaea)人支持阿卡狄亞人，於是他送一封信過去：「阿契達穆斯致伊利亞人，安分守己不會吃虧。」

7 伯羅奔尼撒戰爭已經開打，盟邦想要知道多少經費才夠用，希望他對分攤的貢金定出一個限度，他說道：「固定的配額永難滿足戰爭的胃口。」[70]

8 他看到一根從弩砲發射出來的箭矢，威力強大的武器從西西里帶來，首次出現在戰場上面，他說道：「天神呀！人類的勇氣已無用武之地。」

9 希臘人撕毀他們與馬其頓人安蒂佩特和克拉提魯斯簽訂的條約[71]，獲得自由和獨立，由於感到斯巴達人比馬其頓人更難侍候，所以不願接受他的勸告；於是阿契達穆斯說道：「不論山羊綿羊的叫聲都大同小異，一個人除非說出真心話，否則就有各式各樣的表達方式。」

二十一　阿斯提克拉蒂達斯

斯巴達國王埃傑斯出兵攻打安蒂佩特，在麥加洛波里斯郊區的會戰中吃了敗仗，有人就向阿斯提克拉蒂達斯(Astycratidas)說道：「你們這些斯巴達的人現在怎麼辦？難道你們願意向馬其頓人上表稱臣？」他說道：「你這是什麼話！誰說安蒂佩特有辦法不讓我們為斯巴達戰死？」

二十二　畢阿斯[72]

雅典將領伊斐克拉底設下埋伏，畢阿斯中計情勢險惡，手下的士兵問他怎麼

70　本書第15章〈國王和將領的嘉言警語〉56節有同樣的記載。

71　無論是安蒂佩特還是克拉提魯斯，對於阿契達穆斯三世而言，時間上都是太晚一點，因為這位斯巴達國王死於338 B.C.，當時菲利浦還在世間。

72　色諾芬《希臘史》第4卷8節32-39，提到安納克西拜阿斯(Anaxibius)也說過同樣的話，如果這種論點正確，由於他的名字不合於字母的順序，可見這種錯誤很早就已發生。

辦，他說道：「你們可以自求多福，我只有死戰到底，除此以外還有什麼路可走？」

二十三　布拉西達斯

1 布拉西達斯在乾無花果堆中抓到一隻老鼠，這個小東西咬他的手，於是他就將牠放走，然後轉過頭來對旁邊的人說道：「即使小動物都有求生的勇氣，受到欺負不僅自衛還要奮鬥到底。」

2 會戰中一根長矛貫穿盾牌使他受傷，他從身上將它拔出，就用這項武器殺死接戰的敵人，有人問他怎麼受傷，他說道：「我的盾牌成了叛徒。」

3 他在趕赴戰場之際寫信給民選五長官：「我以必死的決心去從事這場戰爭。」

4 他的犧牲是為了使生活在色雷斯的希臘人獲得自由，等到事情結束以後，派到斯巴達的使節團去見他的母親。她就問起布拉西達斯是否戰死沙場，這才不愧為一個斯巴達人。來使異口同聲讚譽她的兒子，說沒有那個斯巴達人比他更勇敢；他的母親說道：「各位來自海外或許不太清楚，布拉西達斯雖然作戰奮不顧身，斯巴達還有很多比他表現更好的人。」

二十四　達蒙尼達斯

合唱團的指揮要達蒙尼達斯站在最後一排，於是他大聲叫道：「太好了，閣下，你會發覺備受冷落的位置，因為我的關係引起大家的注意。」

二十五　達米斯

亞歷山大派人送來一份命令，要他們通過法定的投票程序，將他尊為神明供

大家膜拜，達米斯（Damis）說道：「我們可以答應亞歷山大的要求，因為他已經是一個無往不利的神祇。」[73]

二十六　達明達斯

　　菲利浦入侵伯羅奔尼撒地區，有人就說：「當前的危機使得斯巴達面臨悲慘的命運，我們應該與侵略者談談條件。」達明達斯（Damindas）高聲駁斥道：「我們連死都不怕，還在乎什麼悲慘的命運。」

二十七　德西利達斯

　　皮瑞斯率領大軍接近斯巴達[74]之際，德西利達斯（Dercylidas）奉派為使者前去相見，等到皮瑞斯提起要求，說是斯巴達人應該採納他的意見，推舉克里奧尼穆斯（Cleonymus）成為國王，否則就會讓他發現，比起過去被他擊敗的敵人，斯巴達人不能算是英勇之輩。德西利達斯插嘴說道：「設若我們的對手是神明，由於我們並沒有犯錯，所以毫無畏懼之心；如果他不過是凡人，可以保證他不會優於我們。」

二十八　笛瑪拉都斯[75]

1　笛瑪拉都斯（Demaratus）與奧龍特斯[76]談話的時候，後者表現出傲慢的態度，有人說道：「笛瑪拉都斯，看來奧龍特斯對你有很深的成見。」笛瑪拉都斯說道：「他不會對我有任何不利之處，只有甜言蜜語才會傷人，實際上

73　參閱伊利安《歷史文集》第2卷19節。

74　272 B.C.皮瑞斯應克里奧尼穆斯的邀請，率領一支大軍前往斯巴達，大張旗鼓的作為，讓人知道他不是要仲裁斯巴達的內爭，完全為了自己的利益可以占領整個伯羅奔尼撒半島。

75　笛瑪拉都斯是斯巴達優里龐帝系的國王，在位期間515-491 B.C.，他被人民罷黜以後投奔波斯國王，490 B.C.隨著澤爾西斯入侵希臘。

76　奧龍特斯是波斯國王阿塔澤爾西茲的女婿，除此以外一無所知。

他的說話毫無恨意。」

2 有人問他爲何斯巴達人對失去盾牌的士兵，施以極其羞辱的處分，要是丟掉頭盔或胸甲，反倒是沒有人去追究；他說道：「身上穿的披掛是爲了保護個人，丟失與否只影響到自己的安全；盾牌用來掩護作戰正面，出了問題就會使得陣線出現空隙。」

3 他在聽一位樂師演奏的時候說道：「看來他把這種無聊事做得眞是有聲有色。」

4 他參加一次會議，有人問他不敢發表意見是否過分愚蠢或拙於言辭，他說道：「傻子就是喜歡亂嚼舌頭。」[77]

5 有人問他身爲國王爲什麼還會被斯巴達人放逐，流亡到國外，他說道：「因爲斯巴達的法律較之我本人擁有更大的權力。」

6 一位斯巴達人有個他所愛的年輕人，經不起金錢的誘惑要與他分手，最後這位愛人說道：「啊！斯巴達人，我對你迷戀不已。」他說道：「我敢發誓，你的心已經被另外一個人收買。」

7 有位波斯人發生叛逃的行爲，笛瑪拉都斯說服他改變初衷，願意返回本土，國王將他判處死刑；笛瑪拉都斯說道：「陛下，這樣做很可恥，他是你的仇敵才會逃亡，當時你並沒有任何處置；現在他要成爲你的朋友，你卻要取他的性命。」

8 笛瑪拉都斯的門下有位食客，國王放逐期間陪在身邊，經常說說笑話打發時光，有人問到他這件事，食客說道：「朋友，我不願與你爭辯，因爲這樣做實在有損我的地位和身分。」

77　本書第39章〈言多必失〉4節，裡面有畢阿斯說過這句話的記載；斯托貝烏斯《花間飛舞》第34卷15節，說是梭倫有類似的表示。

二十九　伊克普里庇斯

伊克普里庇斯(Ecprepes)是民選五長官的首輔，他用手斧將樂師弗里尼斯所用樂器上面的九根弦割斷兩根，然後說道：「不要謀害音樂。」[78]

三十　伊庇尼都斯

伊庇尼都斯(Epaenetus)常說謊言是萬惡之源(伊庇尼都斯經常提及，說謊的人犯下所有的過失和罪行)。

三十一　優比達斯

優比達斯(Euboedas)聽到有人稱讚某位人士的妻子，覺得這種行為難以忍受，他說道：「絕對不要在家庭以外的地方，談論婦人的才華和學養。」

三十二　優達米達斯[79]，阿契達穆斯之子

1 優達米達斯是阿契達穆斯的兒子和埃傑斯的兄弟，他在雅典的學院，看到年事已高的色諾克拉底與門人弟子討論哲學，就問這位長者是何許人物。有人就說他是一位智者，也是德行的探求者，優達米達斯說道：「如果現在他還在探求，請問能有什麼時間可以實踐履行？」[80]

78　蒲魯塔克《希臘羅馬英豪列傳》之〈埃傑斯傳〉10節記載這個故事；本書第18章〈斯巴達的古代習慣〉17節；阿昔尼烏斯《知識的盛宴》636E；皮蘇斯(Boethus)《論音樂》(De Musica)第1卷1節，都提到這件事，只是情節方面添加很多資料。

79　斯巴達國王優達米達斯一世出自優里龐帝系，在位期間331-305 B.C.。

80　本書第15章〈國王和將領的嘉言警語〉67節之1有同樣的故事。

2 聽到一位哲學家發表高見，大意是只有智者可以成為優秀的將領，他說道：「動聽言辭值得嘉許，說話的人難以相信，因為他從未涉足號角長鳴的戰地。」

3 色諾克拉底就自己擬訂的題目發表演說，優達米達斯在結束的時候抵達，陪同他的人說道：「我們來得不巧，他剛剛報告完畢。」優達米達斯說道：「這樣也好，可以讓他毫無顧忌暢所欲言。」另外有人說道：「最好還是聽聽他說些什麼。」優達米達斯說道：「我們去拜訪一個人，發現他剛剛用完餐，難道我們要他再吃一頓不成？」

4 所有的市民大聲疾呼要對馬其頓人發起戰爭，有人問他這時他為什麼決心維護雙方的和平，他說道：「我這樣做就不需要證明他們都在扯謊。」

5 另外有個人提到過去的勇士，對波斯人獲得光輝的成就，所以堅持將戰爭帶到敵國境內，優達米達斯說道：「看來你根本不了解狀況，提出的建議像是在擊敗一千頭羊以後，就可以與五十條惡狼大打出手。」

6 有位樂師受到大家的歡迎，他們問優達米達斯對這個人有什麼印象，他回答道：「他的雕蟲小技倒是能夠展現非常大的魅力。」

7 有人對雅典讚譽不已，他說道：「那個城市的確值得推崇，否則怎麼會有人對它能造就正人君子表示關切之情？」

8 有個來自亞哥斯的人前來晉見，特別提到國外的斯巴達人言行不知檢點，當地古老的法律對他們毫無約束之力[81]，他說道：「你來到斯巴達並沒有變壞反而更好，可見人受環境的影響是何等巨大。」

---

81 有一句諺語：「獸王登極，狐犬遠逸」可以用來形容這件事；參閱蒲魯塔克《希臘羅馬英豪列傳》之〈賴山德與蘇拉的評述〉3節。

9 亞歷山大派出傳令官在奧林匹克運動會公開宣布，所有受到放逐處分的人士都可以歸國，唯獨底比斯人排除在外[82]，優達米達斯說道：「各位底比斯的朋友，宣告給你們帶來不幸卻也是最大的恭維，亞歷山大只對你們存著畏懼之心。」

10 問到他爲什麼在從事冒險犯難的任務之前，要先向繆司奉獻犧牲，他說道：「希望爲我們的功勳說幾句好聽的話。」

三十三　優里克拉蒂達斯[83]，安納山德瑞達斯之子

有人問爲什麼民選五長官每天都要審判涉及契約的案件[84]，安納山德瑞達斯之子優里克拉蒂達斯(Eyrycratidas)說道：「使得我們和政敵彼此都能夠互信。」

三十四　朱克西達穆斯[85]

1 有人問他爲什麼他們要保持法律在不成文的方式，要是寫下來就能讓年輕人閱讀豈不是更好。朱克西達穆斯說道：「因爲要讓年輕人習於英勇無畏的行爲，成爲頂天立地的男子漢，最好的辦法是用心靈去感受法律的精神。」

2 某位艾托利亞人(Aetolian)[86]斬釘截鐵的表示，任何人要是能夠加入這個有大丈夫氣概的團體，就會認同戰爭而不是和平，朱克西達穆斯說道：「老天爺，就這些人而言，死勝於生。」

---

82 這是323 B.C.亞歷山大崩殂前不久的事；參閱戴奧多魯斯‧西庫盧斯《希臘史綱》第18卷8節。
83 優里克拉蒂達斯是斯巴達國王，出自埃傑斯帝系，在位期間665-640 B.C.；希羅多德《歷史》第7卷204節，裡面提到李奧尼達斯的譜系，從而得知優里克拉蒂達斯應該是安納山德的兒子。
84 參閱亞里斯多德《政治學》第3卷1節之10。
85 朱克西達穆斯或許是斯巴達國王李奧特契達斯二世(Leotychidas II)的兒子，過世在他父親之前，所以未能成爲國王。
86 艾托利亞位於希臘的中部，西邊和北邊分別與阿卡納尼亞和伊庇魯斯為鄰，南臨科林斯灣(Corinthian Gulf)，東邊與洛克瑞斯接壤，主要的城市是瑙帕克都斯(Naupactus)和卡萊敦(Calydon)。

三十五　希隆達斯

希隆達斯(Herondas)在雅典的時候，聽說有個人沒有職業遊手好閒受到起訴，就讓人把這個要過自由人生活而定罪的傢伙指給他看，因爲在斯巴達從來不會發生這種事。

三十六　瑟瑞達斯

瑟瑞達斯(Thearidas)磨好他的佩劍，有人問它是否鋒利，他回答道：「遠勝於誹謗者的舌頭。」

三十七　提米斯特阿斯

提米斯特阿斯(Themisteas)是隨軍的占卜官，就向李奧尼達斯王說出他的預言，國王和麾下的士兵全在色摩匹雷壯烈成仁。李奧尼達斯派他回斯巴達，藉口是向當局報告未來的動態，實際上是不願他同歸於盡。提米斯特阿斯根本不領情，他說道：「我是奉派前來作戰的士兵，並非傳遞消息的信差。」[87]

三十八　狄奧龐帕斯[88]

1 有人問到如何使王國保持在最安全的狀況，狄奧龐帕斯(Theopompus)回答道：「願意聽取朋友的諫言，掌握的權力不要濫用，善待屬下的臣民。」

87　本書第60章〈論希羅多德的《歷史》是充滿惡意的著述〉32節，對這件事有不盡相同的記載，問題出在希羅多德《歷史》第7卷221節，占卜官的名字並非提米斯特阿斯而是麥吉斯蒂阿斯(Megistias)。

88　狄奧龐帕斯是第一次梅西尼戰爭(First Messenian War, 743-724 B.C.)時期的斯巴達國王，出自優里龐帝系，在位期間約爲720-675 B.C.。

2 海外來人提到自己在本國的市民當中，被人稱爲「愛斯巴達的人」
（Philolacion）。狄奧龐帕斯說道：「要是被人稱爲『愛自己國家的人』
（Philopolites），豈不更好？」

3 來自伊利斯的使者提到城邦所以派他前來，有一個很特別的理由，就是
他一直仿效斯巴達人的生活方式，狄奧龐帕斯問道：「你認爲你或其他
市民所過的生活，那種方式較好？」這人當然表示自己的選擇極其正確，狄奧龐
帕斯說道：「要是這麼多的市民當中只有一個好人，整個城邦怎麼能夠長治久
安？」

4 有人說斯巴達之所以固若金湯，完全是國王有卓越的統治能力，他說
道：「並非如此，而是我們的市民能與統治者同心同德。」

5 皮洛斯的人民經過投票的程序，獲得決議授與他最高的榮譽，他在回信
中提到適當的敬意經得起時間的考驗，過分的虛名很快就會湮滅無蹤。

6 有人向他指出一座城牆，問他是否高聳又堅固，他說道：「難道裡面住
的都是老弱婦孺？」

三十九 索里西昂

索里西昂（Thorycion）從德爾斐返國，在地峽見到菲利浦的軍隊，這時菲利
浦已獲得這條狹窄通道的控制權，索里西昂說道：「科林斯的人民呀！伯羅奔尼
撒竟會有像你們這樣無用的看門人。」

四十 提克塔米尼斯

提克塔米尼斯（Thectamenes）被民選五長官判處死刑，押解下去的時候笑了
起來，旁觀者當中有人問他是否對斯巴達的法律表示藐視之意，他說道：「並非
如此，我只是慶幸自己能夠敢做敢當，不必提出懇求要領別人的情。」

四十一　希波達穆斯[89]

　　希波達穆斯(Hippodamus)在戰場列陣的位置緊靠阿契達穆斯王，後來他的職務由埃傑斯替代，接著他和埃傑斯被召回斯巴達從事其他任務。他說道：「為了斯巴達，我能在這群勇士當中陣亡，才是平生最大的榮譽。」（這時他已經有八十多歲。）因此他手持武器站在國王的右邊，直到最後戰死沙場。

四十二　希波克拉蒂達斯[90]

1 希波克拉蒂達斯(Hippocratidas)接到卡里亞總督給他的書函，提到一位斯巴達的來人暗中與叛徒圖謀不軌，被捕後堅不吐實，總督特別親自加了一行，問他對這件事有什麼關照之處。希波克拉蒂達斯回信：「如果你真正看得起他，就將他處死；要是不願這樣做，那是你把他看成一個膽小鬼，毫無任何武德可言，就可以將他驅逐出境。」

2 一位正在值勤的年輕人，有天和他的愛人在外面被他遇見，作賊心虛面孔變得蒼白，他說道：「你在外面散步應該找讓你神色自若的人。」

四十三　凱利克拉蒂達斯[91]

1 凱利克拉蒂達斯(Callicratidas)出任水師提督，賴山德的朋友向他提出一個很合算的建議，要是他能為他們除去一位政敵，就可以獲得一萬鎊的

89　阿昔尼烏斯《知識的盛宴》452A和波利努斯《謀略》第2卷15節，都提到希波達穆斯的名字，那位埃傑斯是後來的埃傑斯四世；然而只有埃傑斯二世或埃傑斯三世的父親名叫阿契達穆斯；很可能是他的年齡太大，才受到召回從事其他任務。

90　斯巴達國王希波克拉蒂達斯出自優里龐帝系，在位期間600-575 B.C.；希羅多德《歷史》第8卷131節，李奧特契達斯的譜系上列出他的名字。

91　凱利克拉蒂達斯是斯巴達的水師提督，為人正直個性坦誠，406 B.C.率領艦隊參加阿金紐西(Arginusae)海戰，與雅典聯軍交鋒，落敗以後陣亡於戰場。

酬庸，雖然目前他的狀況非常拮据，急需金錢支付水手的糧餉，還是不願答應。克倫德是作戰會議的成員之一，就向他說道：「如果我是你的話，就會答應這件事。」凱利克拉蒂達斯說道：「換成我是你，也會這樣表示。」[92]

2 他前往薩迪斯[93]會晤小居魯士（這時波斯人是斯巴達的盟邦），爲艦隊要求支援經費，到達第一天吩咐闇者傳話說他要覲見，得到的答覆是小居魯士正在宴客沒有空閒，他說道：「那我就在這裡等他宴會完畢。」闇者不加理會走進府邸，他知道這天無法見到，同時還給人一個印象，就是他缺少與人打交道的能力。次日還是吃閉門羹，他說道：「我們不能爲了得到錢財就做一些有傷斯巴達體面的事。」無奈之餘只有返回以弗所，對於奉承蠻族的人士發泄他的不滿，還讓大家知道就是波斯人的財大氣粗才使他受到羞辱，同時當著在場人士發出誓言，等他回到斯巴達要盡全力促成希臘人的和解，這樣才不會害怕蠻族的威脅和恐嚇，更不需他們的幫助使得自己鬥得你死我活。

3 有人問他愛奧尼亞人究竟如何，他說道：「他們是無用的自由人卻是很聽話的奴隸。」

4 居魯士派人送錢讓他支付士兵的糧餉，同時給他準備重禮作爲雙方建立友誼的表記，他收下金錢但是退回禮物，同時說他與居魯士無須任何私人的交往，對將領而言袍澤之情只存於麾下的斯巴達人。

5 他在阿金紐西即將進軍從事海戰之際，領航員赫蒙（Hermon）說現在正好揚帆遠颺，因爲雅典人的船隻在數量上占有優勢。凱利克拉蒂達斯說道：「怎麼會有這回事？臨陣脫逃不僅給大家帶來羞恥，也會傷害到斯巴達的尊嚴，我們要留在此地決一死戰才是上策。」[94]

6 他在會戰之前向神明奉獻犧牲，聽到占卜者的報告，徵兆顯示軍隊獲得勝利，指揮官會喪失性命，他一點都不在意的說道：「斯巴達的氣數不

---

92 亞歷山大也用這種語氣答覆帕米尼奧的建議；參閱蒲魯塔克《希臘羅馬英豪列傳》之〈亞歷山大傳〉29節。

93 薩迪斯雖然深處內陸，卻是古代利底亞王國的都城，後來成為小亞細亞的波斯省長府邸所在地。

94 參閱色諾芬《希臘史》第1卷6節之32，以及西塞羅《論義務》第1卷24節。

是光靠一個人，因此即使我被殺，對國家並沒有任何損害，要是我向敵人屈服，就會帶來無窮的後患。」於是他事先安排克倫德接替指揮官一職之後，毫不遲疑地展開海上接戰行動，果不其然壯烈成仁。

四十四　克里奧布羅都斯[95]，鮑薩尼阿斯之子

克里奧布羅都斯是鮑薩尼阿斯的兒子，遇到一個從國外來的人，雙方就自己的父親誰更優越一事發生爭辯，克里奧布羅都斯說道：「除非你父親如同我父親有像我這樣的兒子，否則我父親要比你父親更勝一籌。」

四十五　克里奧米尼斯[96]，安納山德瑞達斯之子

1 克里奧米尼斯是安納山德瑞達斯的兒子，他說荷馬和赫西奧德分別是斯巴達人和希洛特人的詩人，因為前者基於戰鬥的需要給予指導，後者只會歌頌田園之美。

2 在與亞哥斯人簽訂七天的停戰協定以後，他一直保持警覺毫不鬆弛，敵人以為雙方休兵可以高枕無憂，等到第三天夜晚，他發起襲擊行動，很多人被殺，其餘成為俘虜[97]。對方譴責他違背神聖的誓言，他辯說誓言裡面只說白天沒有將黑夜包括在內，不管怎麼說，「對敵人不擇手段較之確守信義更受到大家的認同，無論神明或凡人皆如此。」[98]

3 他違背停戰協定得到進軍亞哥斯的機會，由於當地婦女取出放在神廟的武器，堅守城市實施激烈的抵抗，逼得他只有撤離，這在他而言何嘗不

95　斯巴達國王克里奧布羅都斯出自埃傑斯帝系，在位期間380-371 B.C.。

96　斯巴達國王克里奧米尼斯二世出自埃傑斯帝系，在位期間約為517-488 B. C.

97　西塞羅《論義務》第1卷10節；以及希羅多德《歷史》第6卷78-79節，都提到克里奧米尼斯打敗亞哥斯人，只是運用另外一種計謀。

98　這一段話出自優里庇德的悲劇《伊里克特拉》584行；參閱瑞克《希臘悲劇殘本》之〈優里庇德篇〉No.758。

是一大幸事。

後來他陷入逆境感到大勢已去，就用匕首從足踝一直割到致命之處，臨終還能含笑而歿[99]。

4 占卜者想要說服他不能領軍攻打亞哥斯人的城池，他的藉口是退兵會讓人看不起。等到他行軍快要接近城市，看到城門緊閉，城牆上面站著婦女，他說道：「對方的男子都已陣亡，只有婦女防守城門，難道你認為現在退兵才會帶來羞辱？」

5 亞哥斯人辱罵他是毫無品格的騙子，專門發假誓講謊話來害人；他說道：「你們有權講我的壞話，我也有權對你們做壞事。」

6 薩摩斯派來的使者勸他攻打僭主波利克拉底，舉出很多理由囉囉唆唆一直講個不停，他說道：「你在開始說的事情我不記得，你在中間講的理由我不清楚，你在最後提的結論我不同意。」[100]

7 成群海盜在四鄉大掠，等到被捕，他們的首領說道：「我沒有辦法供應手下弟兄所需的糧食，那些擁有它的人都不願分一點給我，迫得我只有運用武力。」克里奧米尼斯聽到以後說道：「歹徒多歪理。」

8 有個位階很低的傢伙在說他的壞話，他說道：「你之所以到處揭人陰私，就是要我們忙著為自己辯護，便沒有時間回敬你那卑劣的言行，你說我講的理由對不對？」

9 有位市民說起仁德之君不論在任何時候，都要運用各種方法表現出溫文儒雅的風範，他回應道：「這話不錯，只是不能到受人藐視的程度。」

---

99 希羅多德《歷史》第6卷75節和84節；阿昔尼烏斯《知識的盛宴》427C；以及伊利安《歷史文集》第2卷41節；全都記載這件事的本末，說起他發瘋的原因，是酗酒引起神志喪失所致。

100 參閱希羅多德《歷史》第3卷46節，對這件事有同樣的記載；只是波利克拉底成為薩摩斯的僭主是在525 B.C.，克里奧米尼斯擔任國王是在517 B.C.，中間相隔八年之久。

10 他受到慢性病的折磨一直纏綿病榻，開始的時候相信心靈治療師和算命占卜之流的話，後來又不理這些人將他們打發走路，大家感到非常驚異，他說道：「這有什麼可怪之處？要知道我已經不是從前那個人了，那我就不會同意從前所作的事。」[101]

11 有位公眾知名的文士就「英勇」這個題目，拉拉雜雜說了一車子話，使得他發出一陣笑聲，等到有人說道：「克里奧米尼斯，你為什麼聽到有人說起英勇就會大笑，要知道你是一位國王？」他說道：「閣下，要是這些話從燕子的口裡說出來，我還是照笑不誤；如果老鷹也這麼表示，那麼我就不會如此失態。」

12 亞哥斯的人民斬釘截鐵的表示，他們為了洗刷上次敗北的恥辱[102]，決心再度發起作戰，他聽到以後說道：「我感到奇怪的地方，就是他們以為增加一個兩音節的字[103]，就會變得比以前更有實力。」

13 有人指責他說道：「克里奧米尼斯，你愈來愈奢侈。」他反駁道：「奢侈總比不講信義要好得多，拿你來說萬貫家財還不是愛貪小便宜。」

14 有人想把一位樂師介紹給他認識，特別加上一些讚譽之辭，就說這個人是全希臘最優秀的音樂家，克里奧米尼斯指著身邊一位人士說道：「老兄，我敢發誓，就位階來說，他與我這位優秀的廚師無分軒輊。」[104]

15 薩摩斯的僭主密安德流斯（Maeandrius）由於波斯人入寇逃到斯巴達，把攜帶的金銀器具展示出來，為了討好克里奧米尼斯，說他願意拿多少走都可以；他一介不取，還擔心其他市民會受到影響，立刻去見民選五

101　參閱蒲魯塔克《希臘羅馬英豪列傳》之〈伯里克利傳〉38節和戴奧吉尼斯·利久斯《知名哲學家略傳》第4卷54節，從而得知伯里克利和拜昂都出現類似的狀況。

102　那是546 B.C.為爭奪昔里伊（Thyreae）舉行的戰鬥；參閱希羅多德《歷史》第1卷82節；以及柏拉圖《斐多篇》89C。

103　兩音節的字是「再度」，因為他們上次吃了敗仗。

104　據說阿契達穆斯二世也說了這番話。

長官，爲了有利斯巴達起見，從薩摩斯來的朋友和貴賓應該盡速離開伯羅奔尼撒，免得有人經不起誘惑觸犯國法變成壞人。他們聽從他的意見，就在當天把密安德流斯驅逐出境[105]。

16 有人向克里奧米尼斯說道：「亞哥斯的人民經常對他發動戰爭，爲什麼他對他們沒有斬草除根以絕後患？」他說道：「我們不能把他們全部殺光，因爲還要拿這些人當工具來訓練我們的年輕人。」

17 有人質問他爲什麼不把得自敵人的戰利品奉獻給神明，他說道：「因爲這些東西都取之儒夫之手，對神明的威嚴有所羞辱。」

四十六　克里奧米尼斯，克里奧布羅都斯之子

克里奧米尼斯是克里奧布羅都斯的兒子，有人送他幾隻鬥雞，說牠們爲了取勝會鬥到不死不休，他說道：「我關心之處在於這些鬥雞能殺死對手活下來，並不是自己力戰身亡。」

四十七　拉波塔斯[106]

有人說話極其冗長，拉波塔斯(Labotas)說道：「請問，對這樣一個小題目爲什麼要長篇大論的陳述？你要用的字句應該與主旨的內容相稱。」

四十八　李奧特契達斯[107]

1 有人說李奧特契達斯一世(Leotychidas I)的心性不定，易變難以捉摸，他說道：「這話不錯，那是要適應不同的狀況，不像你們善於取巧，打

105　這個故事完全照抄希羅多德《歷史》第3卷148節的內容。
106　拉波塔斯是早期埃傑斯帝系的斯巴達國王。
107　斯巴達國王李奧特契達斯一世出自優里龐帝系，在位期間625-600 B.C.。

定主意以不變應萬變。」

2 問到一個人如何持盈保泰，始終掌握無往不利的順境，他說道：「首先在於他不能相信世事的變幻無常。」

3 問到生為自由人的小孩學什麼最好，他說道：「成人以後對他有幫助的東西。」

4 問到斯巴達人酒量很小的理由何在，他說道：「別人並沒有處心積慮要超越我們，至於我們則不然。」

四十九　李奧特契達斯，亞里斯頓之子[108]

1 李奧特契達斯是亞里斯頓的兒子，有人向他說笛瑪拉都斯的幾個兒子都在中傷他，他聽到以後表示：「天哪！他們之中沒有一個人會說一句好聽的話，我一點都不感到奇怪。」[109]

2 鄰近的城門發現一條蛇盤繞在鑰匙上面，占卜者宣稱這是不可思議的事，他說道：「就我的看法，要是鑰匙能盤繞在蛇的身上，那才真是不可思議的事。」

3 菲利浦是奧菲烏斯[110]神秘祭典的祭司，雖然個人落入極其貧困的處境，經常強調任何人只要參加他主持的儀式，終其一生都能過幸福的生活。李奧特契達斯對他說道：「你這個白癡！為了可以停止哀悼自己的不幸和貧窮，何不趕快死去算了？」

---

108 斯巴達國王李奧特契達斯二世出自優里龐帝系，在位期間491-469 B.C.，根據其他史料，他應該是米納里斯(Menares)之子。

109 同樣的故事出現在戴奧吉尼斯‧利久斯《知名哲學家略傳》第2卷35節；以及斯托貝烏斯《花間飛舞》第19卷5節。

110 奧菲烏斯是古代傳說的吟遊詩人，他以禁絕肉類知名於世，所以神秘祭典才會冠上他的名字。

4 有人問他爲什麼沒有把從敵人那裡獲得的武器奉獻給神明，他說這些東西能夠到手，完全在於原來的持有者是懦夫，就連讓年輕人看到都不適宜，何況還要當成神明的祭品。

五十　李奧[111]，優里克拉蒂達斯之子

1 李奧是優里克拉蒂達斯的兒子，有人問他那一種類型的城市，適合居住而且最爲安全，他說道：「居民擁有的東西不會太多也不會太少；良好的作爲可以加強信心，即使發生錯誤也不會削弱實力。」

2 看到奧林匹克運動會的賽跑選手，渴望在起跑之際就能占到上風，他說道：「賽跑選手最渴望的事，莫過於起跑要快，並非奧林匹克精神所在的競賽要公正。」

3 有些人在不妥當的時間討論徒然無益的事，他說道：「閣下，你在毫無需要時刻老惦記著需要。」

五十一　李奧尼達斯[112]，安納山德瑞達斯之子

1 李奧尼達斯是安納山德瑞達斯的兒子和克里奧米尼斯的兄弟，有人向他說道：「你除了身爲國王，其他方面與我們並沒有什麼不同。」他回答道：「如果我不能比你們高明，那麼我就不配當你們的國王。」

2 他正要開拔前往色摩匹雷與波斯人交鋒，他的妻子戈爾果問他有什麼事情要交代，他說道：「去嫁一個好丈夫，養育優秀的兒女。」

111　斯巴達國王李奧出自埃傑斯帝系，在位期間590-560 B.C.。
112　斯巴達國王李奧尼達斯出自埃傑斯帝系，在位期間488-480 B.C.，他是率領三百勇士戰死在色摩匹雷的英雄人物；據說蒲魯塔克曾為他立傳，只是目錄沒有它的篇名。

3 民選五長官認為他前去防衛色摩匹雷，所帶的兵力過於薄弱，他說道：「抱著必死的決心前往該地，人數實在是太多了。」[113]

4 他們再度提起：「看來你下定決心不讓蠻族占領重要的關隘？」他說道：「空言無益，真正的期望是能為希臘人壯烈犧牲。」

5 他到達色摩匹雷以後，對全身披掛的同志說道：「他們都說蠻族即將趨近，目前還在趕路之中，好像我們等在這裡只是浪費時間；這話沒錯，很快我們就會接戰殺敵，那怕戰死沙場也心甘情願。」

6 這時有人說道：「蠻族的箭雨密得不見天日。」他說道：「能夠在陰影下面戰鬥，豈不是很涼爽？」

7 還是有人提到：「敵人離我們很近。」他說道：「那麼我們離敵人也很近。」

8 有人說道：「李奧尼達斯，你來這裡豈不是冒著以寡擊眾的危險？」他說道：「如果你們認為我要靠兵員的數量，就是所有希臘人全部算上還是不夠，也不過是敵軍總兵力的零頭而已，我們能夠仗恃的只是男子漢的勇氣，現在的數量就能達成任務。」

9 另外有人提到同樣的事，他說道：「實在說，要是他們全部壯烈成仁，這個數量已經很多。」

10 澤爾西斯寫信招降：「如果你不逆天行事，只要投奔我的陣營，就可以成為全希臘唯一的統治者。」他的覆函：「如果你對生命中高貴的事物稍有認知，就不應該垂涎別人的所有權；就我而言為希臘犧牲性命，較之成為一個高高在上的獨夫，不僅更有價值也可以獲得最高的榮譽。」

---

113 根據希羅多德的計算，防守色摩匹雷的兵力，除了斯巴達的三百名重裝步兵，聯軍部隊約為五千人；參閱希羅多德《歷史》第7卷202-203節。

11 澤爾西斯再度來信：「交出你的武器。」他寫信答覆：「放膽前來奪取。」

12 他希望馬上與敵人交鋒，別的指揮官答覆他的建議，說是要等待其餘的盟軍。他說道：「爲什麼？要知道並不是已經到達的部隊都願意出戰，難道你們還不明白，只有尊敬和摯愛國王的人才會與敵人作戰？」

13 他叮囑手下的士兵要用早餐，好像要到另個世界才能進晚餐。

14 問到爲什麼只有正人君子情願光榮戰死不肯苟且偷生，他說道：「因爲他們相信前一種人合乎自然之道；後一種人無法擺脫自私的控制。」

15 他不想兩個年輕人陪著他們同歸於盡，知道不會接受他的好意，於是分別授與這兩個人秘密通信的工具[114]，帶回斯巴達交給民選五長官。他還隱瞞意圖想要拯救三位成年人，他們看穿他的心思，拒絕接受派遣的工作。其中一位說道：「我從軍是爲了打仗，不是傳遞公事。」第二位表示：「留在這裡才是男子漢大丈夫。」第三位說道：「我要充當前鋒，不願跟隨在後。」

五十二　洛查古斯

洛查古斯（Lochagus）是波利厄尼德（Poluaenides）和塞朗（Seiron）的父親，接到信息說是其中一位兒子陣亡，他說道：「我早就知道會如此，他可以說是在劫難逃。」

---

114 這種秘密通信的工具是兩個尺寸一樣大的木製軸承，一個發給派遣的將領，另一個留在民選五長官手中，要傳送的文件先要繞在軸承上面割成條狀，收到以後只有同大小的軸承才能拼接，使得文件可以閱讀。

五十三 萊克格斯

1 立法者萊克格斯想要市民活在世上不僅是生存而已，他們要過莊重又能知所節制的生活，使自己成為頂天立地的男子漢大丈夫（因為他們習於過著平靜無為的日子）。為了證明他的理論能讓眾人接受，於是從一窩幼犬當中抱出兩隻小狗來養育。一隻小狗讓牠習慣於適口的食物，始終留在家中不與外界接觸；另外一隻他帶到田野訓練牠的狩獵本事。過了一段時間，他將兩隻成長的狗帶到市民大會，把一些骨頭和現成的食物擺在前面，還將一隻野兔從籠中放出來。這時兩隻狗會做牠們習慣的工作，一隻啃食丟在地上的骨頭，另一隻馬上衝上去撲倒野兔，萊克格斯說道：「各位市民同胞，你們請看，兩隻狗都由同個父母出生，基於紀律的要求表現完全相異的行為，從而得知後天的訓練比起先天的稟賦，可以發揮更大的功效。」[115]

有人說這兩隻狗並非出於一窩，分別是家犬和獵犬，然而他將血統混雜的家犬施以狩獵的訓練，讓血胤純正的獵犬習於現成的食物，然後讓大家看出其中優劣之所在。於是他說道：「各位市民同胞，雖然大家對於高貴的出身都稱許不已，從這個案例可以看出，除非我們在一生之中不斷的學習和鍛鍊，能夠在全人類當中獲得最光榮和最高貴的名聲，否則即使我們身為海克力斯的後裔，還是占不到任何優勢和上風。」

2 他重新劃分土地[116]，所有的市民得到相等的面積，過沒多久他在收穫的季節從海外歸來，途中經過方始收割的田野，看到許多大小相等排列整齊的成堆作物，他感到非常愉悅，笑著對旁邊的人說道，整個斯巴達就像一份家產，剛剛分給眾多的兄弟。

3 消除大家的債務之後，萊克格斯決定要把人民的動產加以分配，眾人之間不再存有可憎的差別與不公。他發覺公開進行這項工作，將會面臨極為危險的處境，於是採取另外的辦法，運用謀略排除人們的貪婪。他下令收回全

---

115 本書第1章〈子女的教育〉4節有相同的故事。

116 他把拉柯尼亞的一般農地劃分為三萬份面積相等的單位，附屬斯巴達的土地有九千份；前者分配給拉柯尼亞地區的公民，後者分配給斯巴達的市民；每份土地可以生產八十二蒲式耳的穀物，以及相當數量的油、酒和副食品。

部的金幣和銀幣，只有一種鐵製的錢幣能夠流通，很大的重量和額度才有極其微小的幣值，因而儲蓄價值十邁納的通貨[117]，就要占用一個有相當空間的小室，搬動它需要一對公牛來拖。等到這種貨幣開始發行，很多罪惡馬上在斯巴達絕跡，誰會向別人偷盜或打劫這種錢幣呢？像這種錢幣不易隱藏，據有也不會增加光彩，切開以後就無法使用，誰又會費盡力氣去奪取或是當成賄賂接受呢？接著採取相關步驟，他宣布一切無用或多餘的工藝爲非法，其實根本沒有必要大聲疾呼加以反對，這些職業自然會隨著金幣和銀幣的停用而消失，因爲現在的幣值不適於支付精緻的製品；鐵幣的運輸不便，即使想盡辦法出口，在希臘其他地區不能流通，徒然惹起大家的訕笑，現在他們沒有錢財購買外國的商品和器具，商賈也不把貨船開到拉柯尼亞的港口；修辭教師、遊走四方的卜者、妓院的老鴇、金匠和銀匠、雕塑家和珠寶匠，不再涉足一個沒有金錢的國土，奢侈的風氣逐漸喪失供養和滋長的環境，不必多費力氣就會慢慢消弭於無形[118]。

4 他要對當時流行的奢侈風氣進行打擊，除去對富人的敵視之心，規定大家一起用餐，吃相同的食物和麵包。有人問他爲什麼要這樣做，還把武裝市民編進員額較小的連隊，他說道：「可以使他們接受和執行命令更加快速，免得他們產生衝動出現激進的企圖，即使發生違法犯紀的狀況也限於少數人士。所有人的飲食配額完全相等，就是寢具、擺設以及所有物品莫不如此，這樣一來富人對窮人占不到任何好處和優勢。」

5 財富不再引人垂涎，擁有者既不能使用也無法炫耀，他對親近的朋友說道：「各位，最關緊要之處在於消除自古以來其所以成爲財富的本質，讓我們變成對它視而不見的瞎子。」

6 他非常注意「吃大鍋飯」這件事，有人想要先在家中進食，再到公共食堂敷衍一下，同樣不被容許；大庭廣眾之間要是不能與旁人一樣的吃喝，難免受到貪圖享受和過於柔弱的指責。再者就是有人違犯要給予罰鍰的處

---

117 早期的希臘還沒有使用錢幣，可能是蒲魯塔克記錯年代；就是其他城邦發行錢幣以後，斯巴達使用鐵叉（iron spit）直到西元前3世紀，一個鐵叉的價值相當一奧波銀幣。

118 蒲魯塔克用很長的篇幅，描述萊克格斯禁止使用金銀貨幣的政策，特別是用來阻遏奢華的惡習；可以參閱蒲魯塔克《希臘羅馬英豪列傳》之〈萊克格斯傳〉9節；色諾芬《斯巴達的政治體制》第7卷5-6節以及柏拉圖《埃里色克阿斯篇》400B。

分。特別有個案例關係到埃傑斯王[119]，有次他剛剛打敗雅典人返國，想要單獨與皇后用餐，派人到公共食堂去拿他的食物，被手下的指揮官制止，次日再向民選五長官提出反映，結果國王被處以大筆罰鍰。

7 禁止奢侈的法令激怒富有的市民，他們聯合起來反對，開始謾罵不已，接著向他投石想要置他於死地。逼得他只有逃離會場，擺脫後面的追逐者，要到雅典娜神廟的銅殿避難，等他轉過頭看後面的狀況，這時距離很近的阿爾康德（Alcander），就用手中的木棍打中他的眼睛。後來市民大會投票通過提案，將阿爾康德交給他懲處。他把阿爾康德帶回家，沒有加以責罵或虐待，就這樣共同生活在一起。從而使得這位年輕人了解萊克格斯的人品和性格，成為他最熱心的擁護者。萊克格斯的身教言教，使得蠻橫衝動的青年變成斯巴達謹言慎行的市民。萊克格斯為了紀念這次不幸的事件，就在雅典娜神廟的銅殿奉獻一座大廳，取的名字是歐普蒂勒提斯（Optilletis），多里斯人的土語把「眼睛」稱為optics或optilloi。

8 萊克格斯顯然不肯將他制定的法律形諸文字，有人問他原因何在，他說道：「法律的要旨在於對公共的福利有直接的助益，已經藉著良好的紀律和訓練銘記於青年的心靈，保證可以長遠留存。」[120]

9 有次某些人想要知道為什麼他規定建造屋頂只能用斧頭，大門可以用鋸子，此外不得使用其他工具，他說道：「使得市民對家中所有的東西，都能保持簡樸的形式和節制的態度，擁有的物品不能引起旁人的側目而視。」

10 出於這種習性使然，首次用李奧特契達斯當稱號的國王，幾乎沒有見過其他樣式的木工，有次他在一個富麗堂皇的房間接受招待，看到梁柱的精美雕刻和天花板的藻井，就向主人請教是否他們國家的樹木天生就是方形。

119　這位國王可能是埃傑斯二世，奧林匹克19會期第三年即418 B.C.，在曼蒂尼會戰打敗雅典人，他的手下有六位部將，與他共餐的應該是這些人。

120　最關緊要之處還是這位立法者運用身教重於言教的方式，比起任何強迫的灌輸，更能使年輕人建立堅定和穩固的行為準則，參閱蒲魯塔克《希臘羅馬英豪列傳》之〈萊克格斯傳〉13節。

11 他規定斯巴達對同一個敵國，不得實施經常和長久的作戰，有人問他理由何在，他說道：「免得他們習慣於自衛進而精通兵戎之事。」很久以後，亞傑西勞斯爲此受到譴責，大家認爲他不斷侵略皮奧夏，底比斯人受到訓練成爲可以媲美斯巴達人的對手。有次安塔賽達斯看到他受傷，毫不客氣的說道：「以往底比斯人對於戰爭一竅不通，經過他的培養和教導成爲可怕的敵人，現在遭到報應完全是咎由自取」。

12 萊克格斯命令未婚少女加強鍛鍊身體，要求她們參加賽跑、角力、標槍、鐵餅等訓練項目，有人問他爲什麼要這樣做，他說道：「她們將來孕育的子女在健康強壯的母體裡面，可以獲得堅實的根基和更佳的發育；此外她們在增強元氣以後，易於承受分娩的痛苦。還有就是消除婦女的過度嬌柔孱弱，必要時可以拿起武器，保護她自己、她的子女和她的國家。」

13 有人對於少女以裸體[121] 的方式出現在遊行的隊伍表示不同意的態度，並且追問這樣做的理由何在，他說道：「少女要像少男一樣參加類似的活動，她們不應感到羞恥，旁觀者保持莊嚴的態度，絕不允許任何放肆的言行。裸體可以教導人們重視簡樸的生活，注意良好的健康，體驗高尚的情操，藉以邁進行爲高貴和人格光榮的境界。」因而像李奧尼達斯之妻戈爾果的思想和言論，自然就會在她們的身上出現：有一位外國女士向她說道：「只有斯巴達的婦女能夠支使身邊的男子。」她回答道：「妳說的很對，因爲我們這些婦女才是『男子漢』的母親。」

14 爲了鼓勵結婚起見，對於不願娶妻的光棍，禁止他們在祭典中觀看裸體遊行的隊伍，同時還施以各種差辱的處分。即使年輕人對長者應有的尊敬和禮節，也將沒有子女的人排斥在外，例如有天德西利達斯進入一個房間，某位青年坐在那裡一動也不動，口裡反而說出難聽的話：「你將來也沒有孩子可以讓座給我。」雖然德西利達斯是名聲顯赫的將領，大家也不認爲那位青年有失禮的行爲。

---

121 希臘文gumnos這個字通常指「裸體，沒穿衣服」，也有「沒有使用衣物或裝備」的意思，因此仍舊可以有些掩遮物；例如工匠在花瓶上面描繪佩琉斯和女強人亞特蘭大角力的場面，會讓她穿一條緊身長褲或胸衣；另外一種裸體的形式，就是穿開衩很高的長袍，將大腿裸露出來。

15 有人質問他爲什麼制定法律禁止結婚的女子準備嫁妝，他說道：「這樣一來不會讓少女因爲缺乏家產而無法結婚，也不讓有些男士的求親只爲了獲得財富，使得每個人選擇妻室的著眼，在於對方的性情和德行。」因爲這個理由，城邦裡面任何能使婦女更爲美麗的行業都遭到禁止。

16 他定出男子和女子結婚年齡的底線，有人問到他這件事，他說道：「成熟的父母才能生出健康又結實的嬰兒。」[122]

17 他禁止丈夫花整夜的時間陪著妻子，規定年輕人白天要與友伴在一起，晚上要留在團體裡面，只有在不讓別人得知的狀況下，採取極其審愼的行動去探望他的新娘；有人表示驚訝問他爲何如此，他說道：「雙方的愛情一直能夠保持新鮮和炙熱之感，不像長相廝守的配偶日久就會膩煩和麻木；相聚的時候不僅短促而且被迫得及早分手，兩個人的欲火和歡情始終保存不會熄滅；他們的交媾是如此的困難而稀少，平常只有不斷自我克制，在一起就有健康的身體和充沛的精力，孕育的後裔來到世間更爲健壯。」

18 他棄絕各種香膏的理由是不願浪費和濫用橄欖油[123]；同時認爲染布的技術會助長奢華的風氣。

19 他要斯巴達禁止各種美容的行業，因爲這方面的手藝違背善良風俗，使人趨向墮落和下流。

20 那個時代對婦女的品德要求甚爲嚴格，不像後來有人會受到荒淫放蕩的指責[124]，早期提到通姦是一種不可思議的行爲。據稱古代有一個名叫傑拉達塔斯(Geradatas)的斯巴達人，一個外國人問到他當地有關通姦的狀況，因爲他沒有看到萊克格斯對這方面有任何立法的規定，傑拉達塔斯說道：「閣下，我國從沒有一個姦夫。」那個人反駁道：「如果有的話怎麼辦？」他回

---

122 參閱蒲魯塔克《希臘羅馬英豪列傳》之〈萊克格斯傳〉15節；以及色諾芬《斯巴達的政治體制》第1卷6節。

123 因爲古代的香水都是用油作爲主要成分；參閱塞尼加《自然界的問題》第4卷13節之9。

124 阿昔尼烏斯《知識的盛宴》142F，引用菲拉克斯提供的資料，證明斯巴達人在很多方面趨向墮落和腐化。

答道：「他的懲罰是賠償一條碩大的公牛，站在台吉都斯（Taygetus）山頂伸長牠的頸脖，要能飲到優羅塔斯河裡的水。」那個人聽到這話感到非常驚奇，說道：「怎麼會有這樣大的公牛？」傑拉達塔斯笑著說道：「財富和奢華以及有助於獲得美貌的東西全都遭到蔑視，尊敬的態度、和諧的秩序以及對權威的服從給予最高的地位，這叫一個人怎麼能成為姦夫？」[125]

21 有個人堅持城邦要建立民主政體，萊克格斯說道：「你可以先在自己家中做起。」

22 有人質問他是否規定用不值錢的小件祭品奉獻給神明，他說道：「這樣一來祭祀的香火不會斷絕。」

23 他允許市民僅能從事體育方面的競賽，而且不准使用武器，有人問他理由何在，他回答道：「市民不致養成大叫放棄的習慣，即使面臨艱苦的搏鬥也會堅持到底。」

24 有人問他為什麼命令下屬要經常更換營地，他說道：「我們這樣做才能迫使敵人感受最大的痛苦。」[126]

25 有人想要知道為什麼他極力避免攻擊防衛森嚴的城池[127]，他說道：「即使最勇敢的士兵都會臨戰失利，不僅落到實力較弱的敵人手裡，甚至被婦孺奪走性命。」

26 底比斯人為了向琉柯色[128]表示虔誠的敬意，就祭祀儀式的內容和態度向他請教；萊克格斯提出的建議，如果他們認為琉柯色是一位

---

125 其中部分文字引用蒲魯塔克《希臘羅馬英豪列傳》之〈萊克格斯傳〉15節；最後那段議論不見於手稿之中，很可能是編者自行加入。

126 因為營地的開設和撤收是非常勞累的工作，斯巴達人經常訓練習以為常，敵人當然難以忍受。

127 可以參閱蒲魯塔克《希臘羅馬英豪列傳》之〈賴山德與蘇拉的評述〉，事實上斯巴達人沒有能力攻擊有城牆防護的城市，因為他們缺乏攻堅的技術和器械；希羅多德《歷史》第9卷70節和修昔底德《伯羅奔尼撒戰爭史》第1卷102節，對於這個問題有很深入的剖析。

128 皮奧夏的阿薩瑪斯有個名叫英諾的女兒，她投身海中變成女神，大家給祂的稱呼是琉柯色。

女神，就不應該向她表露哀容以示悲悼之意；要是把她看成普通婦女，不必像對女神一樣奉獻犧牲。

27 有些市民希望知道：「如何避免敵人的侵略？」他說道：「你如果始終保持在貧窮的狀況，只要鄰居認為比你優裕，就不會產生垂涎之心。」

28 另外有一次，大家就築城的問題向他請教，他說道：「城市的人牆比起磚石之牆更為堅固而耐久。」

29 斯巴達人特別注意整理他們的頭髮，始終記得萊克格斯所說的格言：英俊的面孔因為滿頭美髮更加容光煥發；醜陋的容貌因高聳的髮型使人望而生畏。

30 他在戰爭中給予的指導，只要打敗敵軍就會發起追擊直到確保勝利為止，然後鳴金收兵返回營地。他說對放棄抵抗的人還要趕盡殺絕，是一種卑鄙惡劣的行為，有虧希臘人高尚的品德。這種對待敵人的方式不僅可以表現出寬大的氣量，也是一種極其高明的策略，對手要是知道他們只殺死全力抵抗的戰士，就會把逃走當成獲得個人安全最好的辦法[129]。

31 有人問到他為什麼禁止在敵人的屍首上面搜尋戰利品，他說道：「士兵不會為了滿足貪婪之心，從而放棄戰鬥，同時要讓他們保持貧窮，才會善盡應負的責任。」

五十四　賴山德

1 西西里僭主戴奧尼休斯派人送給賴山德的女兒幾件非常值錢的服飾，他不接受說是怕穿上這些美麗的裝束，襯托得他的女兒更加醜陋。過了不

129　參閱蒲魯塔克《希臘羅馬英豪列傳》之〈萊克格斯傳〉22節；修昔底德《伯羅奔尼撒戰爭史》第5卷73節；以及波利努斯《謀略》第1卷16節之3。

久，斯巴達派賴山德擔任使臣去見戴奧尼休斯，這位僭主拿出兩件長袍，要他選一件帶回去給女兒，賴山德說她會選一件較好的給自己，離開的時候把兩件長袍都拿走。

2 賴山德看起來狡猾而且精明，運用詭計處理有關戰爭的事務，僅在有利可圖才會極口頌揚公理正義，如果無法達成這樣的目標，通常會不計毀譽便宜行事。他的觀點在於毫不考慮是非，完全基於利害。

3 有人責備他的作爲完全運用詐術，因而他譏笑那些認爲海克力斯的後裔在戰爭中不應運用欺騙手段的人士，就他的說法如果獅皮不夠用，那就得湊上一塊狐狸皮[130]。

4 還有人抨擊他處理米勒都斯[131] 的問題，違背自己立下的誓言，他就說精明的小孩用投擲骰子騙錢，大人用賭咒發誓騙人。

5 他在伊哥斯波塔米(Aegospotami)[132] 運用詭計擊滅雅典人的艦隊，然後拿出饑饉的手段迫得對方開城投降，因而他寫給民選五長官極其簡潔的函件：「占領雅典。」

6 亞哥斯人與斯巴達人就邊界的土地問題發生爭執，他們自認有充分的理由，賴山德拔出他的劍說道：「邊界問題的爭議要靠這個當家作主。」

7 賴山德要通過皮奧夏的領土，看到他們還在舉棋不定的樣子，就派員去問皮奧夏人，在他進軍之際要將長矛收起還是準備使用。

8 一個麥加拉人在會議中對他講話毫不保留，他說道：「閣下，你的話需要城市的實力做後盾。」

---

130 本書第15章〈國王和將領的嘉言警語〉59節之2有相同的故事。
131 米勒都斯的動亂即將爆發，他公開斥責陰謀分子，鼓勵奉行民主政體的人士，目的是讓最有分量的領袖不要逃走，留在城中被他一網打盡，所有相信他誓言的人全都難逃一死。
132 賴山德贏得伊哥斯波塔米海戰的勝利，是在奧林匹克93會期第四年即405 B.C.，雅典的艦隊除了康儂率領8艘船逃脫，其餘全部落到他的手中，獲得三千名俘虜和所有的將領。

9 科林斯人煽起叛變的行動，他們進軍平亂抵達城牆的下方，賴山德發覺斯巴達人對於攻擊有點遲疑不決，這時正好看到一隻野兔跳過壕溝，他說道：「怠惰的敵人讓野兔在城牆下面安睡，你們還這樣害怕，難道不感到慚愧？」

10 他到薩摩色雷斯[133]求取神讖指點迷津，祭司要他坦白說出一生之中有那些違法犯紀的行為，賴山德問道：「要我這樣做，是出於你或神的命令？」祭司說道：「當然是神的旨意。」賴山德說道：「請你離開這裡好讓我照自己的方法去做，那就是盡量說清楚免得神明再來問我。」

11 一個波斯人問他，那種類型的政府最為理想，他說道：「對勇敢的人和怯懦的人都能給予適當的獎勵。」

12 有個人說他非常欽佩賴山德，心中充滿感激之情，賴山德回答道：「我的牧場有兩頭公牛，雖然牠們無法開口說話，我對誰懶惰以及誰辛苦工作，心裡完全有數。」

13 有人對他肆意誹謗，他說道：「罵吧，你這個可憐的外國人，繼續罵吧。看來惡毒的念頭充滿你的心靈，可以藉這個機會發洩一空，不讓污穢的垃圾留在裡面。」

14 賴山德死後過了一段時間，盟邦在斯巴達為某些事項發生爭執，認為可以參考賴山德的著作，這些他都已經保存起來。亞傑西勞斯到他的家中，發現他草擬有關斯巴達制度的演說，都已撰寫完成編纂成冊，要旨是王國應從優里龐世系和埃傑斯世系中收回，為了使全民都能擁有繼承王位的權利，國王應該選擇最優秀的市民出任。因此最高的榮譽不僅只屬於海克力斯的後裔，而是所有作為能像海克力斯的人士。亞傑西勞斯最初的想法充滿熱情，要將這些著作公諸於世，讓他的同胞了解賴山德有偉大的人格。克拉蒂達斯（Cratidas）是一位見識高明的智者，當時他出任民選五長官的首輔，等到把這些

133　薩摩色雷斯是愛琴海北部的一個大島，靠近色雷斯海岸地區，舉行神秘祭典的聖地，奉祀波塞登的神廟求得的神讖非常靈驗。

文件讀過以後，對亞傑西勞斯加以勸阻，說是目前不應該再將賴山德從墳墓裡面挖出來，特別是他的講稿極盡強辯狡譎之能事，煽動的言辭倒是有與他合葬的必要。

15 那些與他的女兒訂親的人，等到賴山德逝世以後，發現女方非常貧窮，紛紛要求退婚。雖然可以證明賴山德的公正和清廉，反而使他的女兒受到遺棄，所以當局對賴婚的人士施以罰鍰的處分[134]。

五十五　納麥底

納麥底（Namertes）奉派出任使臣，到達的國家有一位民眾的接待極其熱情，因為知道他有很多朋友，問到有什麼方法可以測試友人是否忠誠，他說道：「路遙知馬力，患難見真情。」

五十六　尼康德[135]

1 有人提到亞哥斯人在背後說他的壞話，尼康德說道：「要是真有此事，他們會對顛倒黑白的人給予處分。」[136]

2 有人問他為什麼斯巴達人會留著長髮蓄起高雅的鬍鬚，他說道：「一個人用這種方法來修飾自己的容貌，不僅效果極佳而且無須花費。」

3 某位雅典人說道：「尼康德，你們斯巴達人過於堅持不工作的原則。」他說道：「這話沒錯，我們不願做的事情可以隨便你說。」

---

134 從而得知斯巴達的法律，處分的對象是不結婚的人、晚婚的人以及婚事不當的人，特別針對那些視財富重於家世和品德的人；參閱蒲魯塔克《希臘羅馬英豪列傳》之〈賴山德〉30節和伊利安《歷史文集》第6卷4節和第10卷15節。

135 斯巴達國王尼康德是查瑞拉斯的兒子，出自優里龐帝系，在位期間約為750-720 B.C.。

136 他曾經侵略亞哥斯人，在其國土上大肆燒殺；參閱鮑薩尼阿斯《希臘風土誌》第3卷7節之4。

五十七 潘昔達斯[137]

1 潘昔達斯(Panthoedas)奉命出使亞細亞，他們向他指出一座非常堅實的城池，他說道：「老天爺！就一個外鄉人來說，這是婦女最好的住處。」

2 學院的哲學家在進行嚴肅而冗長的交談，後來有些人問起潘昔達斯，他對他們的談話有什麼印象，他說道：「除非能夠派上用場，否則說來一無是處，請問還有什麼比實用更為重要？」

五十八 鮑薩尼阿斯[138]，克里奧布羅都斯之子

1 那個時代提洛島的人民，堅持他們有權不必理會雅典人的要求，還說按照法律的規定[139]，確信他們之中沒有人可以在島上出生，死後也不能埋在島上；克里奧布羅都斯之子鮑薩尼阿斯說道：「你既不是這個地方出生，也不能在這裡辦後事，那你又怎麼能將這個地方稱為你的故鄉？」[140]

2 流亡國外的人士一直唆使他，要他率領軍隊去攻打雅典，並且提到奧林匹克運動會宣布他的名字，只有雅典人發出噓聲表示藐視之意，他說道：「你們想想看，對他們好還被他們喝倒采，如果對他們壞那怎麼得了？」

3 有人想要知道為什麼斯巴達人會讓詩人特提烏斯(Tyrtaeus)成為市民，他說道：「由於不願看到一位外鄉人成為我們的領袖人物。」[141]

4 有位身體很虛弱的人一直催促斯巴達人，要從陸海兩方面冒著危險對敵軍發起攻擊，他說道：「請你脫下衣服讓我們看看你是那一號人物，竟

---

137 潘昔達斯是斯巴達派遣在外的總督，377 B.C.戰死在坦納格拉(Tanagra)。
138 鮑薩尼阿斯從479 B.C.起擔任斯巴達的攝政，普拉提亞會戰的希臘聯軍統帥。
139 這條法律生效是在425 B.C.，這已經是鮑薩尼阿斯後很多年(他於468 B.C.亡故)的事。
140 參閱修昔底德《伯羅奔尼撒戰爭史》第3卷104節。
141 根據傳說，特提烏斯是土生土長的雅典人。

敢勸我們出戰？」

5 得自蠻族的戰利品當中，有人發覺他們的衣物都很貴重，因而感到相當驚異；他說如果俘虜擁有的物品非常值錢，看來他們的身價會更高，這樣豈不是更好。

6 他在普拉提亞擊敗波斯人贏得大捷，下令將準備給波斯人的晚餐，拿來供他和手下的官員享用。看到這些飲食真是極盡奢華之能事，鮑薩尼阿斯說道：「老天爺！波斯人都是一些貪吃的傢伙，要是他擁有希臘這片國土，就只能像我們一樣吃大麥做的粗餅。」[142]

五十九　鮑薩尼阿斯[143]，普萊斯托納克斯之子

1 有人提出一個問題，他們的國家為什麼不允許古老的法律有任何改變，普萊斯托納克斯(Pleistoanax)之子鮑薩尼阿斯回答道：「因為法律的權力超越個人，而非個人的權力可以逾越法律。」

2 他被放逐到特基亞(Tegea)[144]，仍舊推崇斯巴達人的作為，有人說道：「你對城邦忠心耿耿，為什麼不能留在斯巴達反而遭到放逐？」他說道：「醫生也是如此，他們習於將時間花在病人身上，對於那些身體健康的人，他不會留在他們之中。」[145]

3 有人問他要怎樣做才能擁有征服色雷斯人的能力，他說道：「我們要讓最優秀的人擔任將領。」

4 一位醫生前來出診，對他說道：「你一點問題都沒有。」他說道：「你沒有診斷出來，所以我才不雇你當我的醫生。」

142　參閱希羅多德《歷史》第9卷82節；特別提到他拿波斯和希臘的飲食做一比較。
143　斯巴達國王鮑薩尼阿斯出自埃傑斯帝系，在位期間408-394 B.C.。
144　這是發生在394 B.C.的事，很快就在該地逝世。
145　戴奧吉尼斯‧利久斯《知名哲學家略傳》第2卷70節，提到亞里斯蒂帕斯說過同樣的話。

5 他說一個醫生的壞話受到朋友的責備，因爲這位醫生沒有給他看診開方，不可能受到誤診的傷害，他說道：「如果我接受他的處方，這條命老早就沒有了。」

6 醫生向他說道：「你一定會長壽。」他說道：「那是因爲我沒有雇你當我的醫生。」

7 他說最好的醫生，不讓病人腐爛就很快的下葬。

六十　披達里都斯

1 有人說敵軍的兵力占有優勢，披達瑞都斯說道：「那麼我們會因斬獲極多享有盛名。」

2 看到某人的個性柔弱缺乏男子漢氣概，反而因待人溫和受到市民的嘉許，他說道：「除非基於需要在某些方面應該優於婦女，否則我們對像女士的男子或是像男子的女士，不必多方讚譽。」

3 三百人團[146] 是城邦地位最高的組織，披達瑞都斯落選不能列名其中，他在離開投票會場的時候笑容滿面，民選五長官把他叫回來，問他爲什麼這樣高興，他說道：「因爲我要祝賀城邦至少有三百個市民比我優秀。」

六十一　普萊斯塔克斯[147]

1 普萊斯塔克斯(Pleistarchus)是李奧尼達斯的兒子，有人問他接位使用的名號爲什麼不冠上「一世」的頭銜，他說道：「擁有這種頭銜的國王，

---

146 按照希羅多德的說法，選出的三百人屬於「騎士」階級；參閱希羅多德《歷史》第8卷124節和色諾芬《斯巴達的政治體制》第4卷3節。

147 斯巴達國王普萊斯塔克斯出自埃傑斯帝系，在位期間480-459 B.C.。

需要掌握絕對的統治權，追隨在後者無須費這麼大的力氣。」[148]

2 某位擁戴他的追隨者喜歡到處插科打諢，他說道：「閣下，你要注意不能整天在那裡說笑，免得成為一位脫口秀的藝人，就像整天下場的人才能成為角力士一樣。」

3 有個人善於模仿夜鶯的聲音，他覺得不以為然就說道：「閣下，要是真正聽到有如天籟的鳴啼，令人感到更為愉悅。」

4 有人提到某位惡名昭彰的政客對他讚譽不已，他說道：「我感到很奇怪，是否有人向他說我已經過世，須知這個傢伙從來不說活人的好話。」

六十二　普萊斯托納克斯[149]

一位阿提卡的演說家只要提到斯巴達人，就說他們是沒有學問的莽夫，鮑薩尼阿斯之子普萊斯托納克斯說道：「講得很對，所有希臘人當中只有我們沒有學到你們的惡習。」

六十三　波利多魯斯[150]

1 有個人不斷威脅他的政敵，阿爾卡米尼斯之子波利多魯斯（Polydorus）說道：「難道你不知道在你所採取的報復行動當中，就這一部分最為有效？」

---

148 斯巴達國王優里昔尼斯（Eurysthenes）將王權分由兩個兒子繼承，長子埃傑斯是第二代，成為埃傑斯帝系的首位國王；次子普羅克利（Procles）傳給他的兒子優里龐（Eurypon）是第三代，優里龐成為優里龐帝系的首位國王。參閱蒲魯塔克《希臘羅馬英豪列傳》之〈萊克格斯傳〉2節；斯特拉波《地理學》第8卷366節；以及鮑薩尼阿斯《希臘風土誌》第3卷7節之1。
149 斯巴達國王普萊斯托納克斯出自埃傑斯帝系，在位期間459-408 B.C.。
150 斯巴達國王波利多魯斯出自埃傑斯帝系，在位期間700-665 B.C.。

2 他率領軍隊向著梅西尼前進，有人問他是否要與自己的兄弟開戰，他說他不會僅僅為了處理還未過戶的土地而那樣做。

3 亞哥斯人自從與斯巴達人舉行三百人之戰[151] 以後，再度在一次決定性的會戰中，落得全軍覆沒的下場。盟邦勸波利多魯斯不要讓機會白白溜走，應該乘勢襲擊敵人的城牆，占領他們的城市。他們的說法是這樣做非常容易，因為亞哥斯的男子都已戰死沙場，只留下倖存的婦女。他回答道：「兩軍在對等的條件下作戰，然後征服我們的對手，這才談得上戰勝的榮譽。等到兩國的邊境經過戰爭得到解決以後，還想去占領他們的城市，在我看來這種事毫無正義可言，特別是這與我進軍的目的不能吻合。」

4 有人問到斯巴達人為什麼會奮勇作戰，毫不珍惜自己的性命，他說道：「因為他們知道尊敬指揮官就不能存有畏懼之心。」

六十四　波利克拉蒂達斯

波利克拉蒂達斯(Polycratidas)奉派擔任使者，與其他人員一起去見波斯國王的將領，被問到他們的身分是普通市民或公家代表，他說道：「如果事情辦得通，這才算是公務；要是吃了閉門羹，都可以視為私事。」

六十五　菲比達斯[152]

他在琉克特拉從事危險的接戰之前，有人提到這天將是勇士出鋒頭的日子，菲比達斯說這天所以讓人懷念，那是因為勇士能出鋒頭的關係。

151　斯巴達人和亞哥斯人在546 B.C.為爭奪昔里伊舉行的戰鬥；參閱希羅多德《歷史》第1卷82節。
152　菲比達斯是斯巴達的將領，382 B.C.在寡頭政體叛逆分子的引導下，一舉奪取底比斯。

六十六 蘇斯[153]

有個故事提到蘇斯(Sous)王被克萊托里亞人(Cleitorians)圍困在乾旱多石的地方，以致無法獲得飲水，最後迫不得已只有達成協議，把征戰的成果歸還原主，條件是他和手下所有人員能夠飲用最近的泉水，經過例行的立誓和簽署以後，他把士兵召集起來講話，如果有人放棄飲水的要求，就把王國讓給他作爲報酬。他們之中沒有人願意這樣做，過了一會等大家全部痛飲完畢，蘇斯王最後走到泉邊，只是用水潑潑面孔並沒有嚥下一滴，當著敵人的面開拔離去，拒絕交出征服的土地。因爲按照條款的規定，他和所有的人並不是全都飲用對方的泉水。

六十七 特勒克盧斯[154]

1 有人說特勒克盧斯的父親[155]曾經對他惡言相向，於是特勒克盧斯對這個人說道：「就算我的父親過去沒有罵過你，現在也不可能再有機會了。」

2 他的兄弟向他提到一回事，遇到的市民全都大小眼，對他不如對國王那樣禮遇(雖然國王與他是同一個家族出身)，特勒克盧斯毫不思索就說道：「原因是你對不公正的待遇抱著心有不甘的態度，我可不會這樣。」

3 問到斯巴達人爲什麼有這種習慣，年輕人會站起來讓座給長者，他說道：「斯巴達人非常尊敬父母，推己及人，所以會對毫無關係的人彬彬有禮。」

---

153 傳說蘇斯是第三代的斯巴達國王，出自優里龐帝系。根據希羅多德提出家譜，優里龐帝系自普魯克利算起，到優里龐是第二代，然而這個帝系不像埃傑斯帝系，並沒有用普魯克利之名，倒是用他的兒子優里龐稱呼這個帝系，裡面根本沒有蘇斯的位置。

154 斯巴達國王特勒克盧斯出自埃傑斯帝系，在位期間約爲760-740 B.C.。

155 他的父親是過世的國王阿奇勞斯。

4 有人問他有多少財產，他說道：「總是不夠用。」

六十八　查瑞拉斯[156]

1 有人問萊克格斯爲什麼制定這樣少的法律，查瑞拉斯說道：「言多必失，三緘其口的人規定愈少愈好。」

2 有人問到他們帶著未婚的少女到公眾場合，無須要她們遮住臉孔，爲何已婚的婦女卻要戴上面紗，他說道：「及笄的少女要拋頭露面去找丈夫，出嫁的婦女已經名花有主不能讓人打主意。」

3 一位希洛特人對他的態度非常蠻橫，他說道：「如果我不是已經發過脾氣，你的下場一定是死無葬身之地。」

4 有個人問他，就他的看法政府最好的形式爲何，他說道：「這個政府的絕大多數市民都能心滿意足，不會引起內部的爭執，彼此只想在德行方面更上層樓。」

5 有人問他爲什麼神明的雕像只要設置起來就會配上武器，他說道：「這樣我們就不會讓神明譴責那些個性懦弱的人，同時年輕人不必祈求沒有武裝的神祇給予保護。」

6 回答一個人的問題，那就是斯巴達人爲什麼要蓄長髮，他說道：「這種修飾容貌的方式最爲自然又無需任何花費。」

---

156 斯巴達國王查瑞拉斯出自優里龐帝系，據說他與萊克格斯是同時代的人物，在位期間約爲775-770 B.C.。

六十九　名聲不彰的斯巴達人所說的各種格言

1 薩摩斯島派來的使者說話滔滔不絕極其冗長，斯巴達人對他說道：「你在開始說的話我們已經忘了，所以對後面所說的話都不知道怎麼辦才好。」

2 一位演說家在會議中發表意見，拖延講話的時間到令人生厭的程度，最後問到在座人士如何向市民報告，他們說道：「報告說你很難停下來閉口不言，所以我們只有靜聽的份。」

3 底比斯人在很多事情上面與斯巴達人發生爭執，於是斯巴達人說道：「你應該少點傲氣或者多點實力。」

4 一個斯巴達人被問到為什麼要留那樣長的鬍鬚，他說道：「等我看到自己出現灰白的頭髮，就會對這把長髯更為珍惜。」

5 某次有人問道：「為什麼你們使用短劍？」回答是：「這樣一來我們就不得不迫近敵人。」

6 有人讚譽亞哥斯的勇士，一位斯巴達人說道：「不錯，要在特洛伊這個地方。」[157]

7 聽到有幾個人在用餐完畢以還被迫飲酒，有人問道：「什麼，難道他們進食也是被逼的？」

8 品達曾經寫過：

---

157 那已經是很久很久以前的事，現在拿出來講沒有任何價值，所謂「好漢不提當年勇」就是這個道理。

雅典是希臘的中流砥柱[158]。

根據一個斯巴達人的說法，如果要依靠這種材料，希臘早就被沖垮了。

9 有人看到一幅畫，繪出斯巴達人被雅典人屠殺的情景，然後口裡一直念念有詞：「勇敢呀！雅典人！勇敢呀！」一個斯巴達人在旁插嘴：「沒錯，在畫裡面。」

10 有個人很想聽到惡意誹謗的話，一位斯巴達人說道：「看來你只會用耳朵來反對我們，請不要這麼寬宏大量。」

11 有個人遭到懲處，一直不停的在說：「我是無心之失。」旁人加以反駁：「那麼你只有接受意外之罰。」

12 看到一些人坐在小凳上面出恭[159]，有位老兄說道：「老天爺請幫幫忙，我不希望坐在那裡的時候，連一個可以讓座的老年人都沒有。」

13 有些開俄斯人訪問斯巴達，參加宴會以後在民選五長官的大廳嘔吐，穢物弄髒他們的座椅。斯巴達人進行全面的調查，以為是市民做的好事。等到知道是開俄斯人所為，他們如釋重負公布事情的始末，特別提到：「斯巴達人對開俄斯人造成的褻瀆行為，同意不予追究。」[160]

14 有種很硬的杏仁售價要貴兩倍，他看到以後說道：「都像石頭了還能這樣稀少？」

15 一個人拔掉夜鶯的毛發現肉很少，說道：「除了美妙的聲音沒有別的東西。」

158　參閱克里斯特《品達的吉光片羽》No.76。

159　看起來有點像馬桶，只是斯巴達人沒有這種習慣。

160　伊利安《歷史文集》第2卷15節提到這個故事，只是這群訪客是克拉卓美尼人。

16 有一個斯巴達人看到犬儒學派的戴奧吉尼斯，酷寒的天氣全副武裝繞著一座銅像行走[161]，就問戴奧吉尼斯這樣做是不是因爲身體很冷的關係，等到戴奧吉尼斯說：「不是。」另外有人說道：「那麼爲何你要如此慎重其事？」

17 一個斯巴達人指責梅塔朋屯的人民都是懦夫[162]，他們之中有人就說：「事實上，我們與其他城邦相比不算小國，還有相當的實力。」斯巴達人斥責道：「那麼你們不僅懦弱，還不敢出面主持公道。」

18 某人訪問斯巴達，有次當眾用單足站立很長一段時間，就向斯巴達人說道：「閣下，我不認爲你們用這種姿勢能夠支持這麼久。」另外有個人插嘴道：「我們沒有辦法，要是一隻鵝倒是可以做得到。」

19 一個人吹噓他的說話極盡技巧之能事，有位斯巴達人說道：「老天爺！說話沒有什麼本領可言，完全在於確鑿的事實，否則一無是處。」[163]

20 某位亞哥斯人有次說道：「我們國家有很多埋葬斯巴達人的墳墓。」有個斯巴達人回答道：「我們國家裡面連一座亞哥斯人的墳墓都沒有。」意思是指斯巴達大軍經常進出亞哥斯，然而亞哥斯人從來沒有在斯巴達立足。

21 一個斯巴達人成爲戰俘當成奴隸出售，拍賣員叫道：「我要賣一個斯巴達人。」這個人要他住口，說道：「你叫的是要賣一個戰俘。」

---

161 根據戴奧吉尼斯・利久斯《知名哲學家略傳》第6卷23節，提到犬儒學派的戴奧吉尼斯，自我訓練要求的程度很高，能夠忍得住嚴寒和酷暑。

162 梅塔朋屯是一個希臘人的城市，位於義大利南部的塔倫屯灣；指責他們的斯巴達人是克里奧尼穆斯。

163 柏拉圖《菲德魯斯篇》260E，這段話說得完全相同。

22 有個人在黎西瑪克斯的軍隊服役，被問到他是不是希洛特人[164]，就說道：「你以爲無論那個斯巴達人都只要你付一點錢就夠了？」

23 底比斯人在琉克特拉擊潰斯巴達的大軍，接著向優羅塔斯河挺進，有個人大聲誇耀道：「斯巴達人在那裡？怎麼看不到他們的蹤影。」旁邊有位被俘的斯巴達人說道：「他們不在這裡，看來你走得還不夠遠。」

24 就在雅典人交出海上據點[165]的時候，還宣稱這是薩摩斯人留給他們的權利，斯巴達人說道：「你們不願承認失敗，爲什麼還要賴別人？」從這件事產生一則諺語：

自己不認帳還要薩摩斯人出面頂罪。

25 斯巴達人要摧毀某座城市，民選五長官說道：「年輕人失去角力訓練學校，他們不再有較量的對手。」

26 有個城市給斯巴達人帶來很多煩惱，國王下令要將它夷爲平地，大家不同意這樣做，說道：「你不能丟掉或拿走年輕人的磨刀石。」

27 他們特別提到角力要是沒有教練的指導，培養出來的選手空有勇氣而無技巧。賴薩諾瑞達斯(Lysanoridas)被人問到，爲什麼卡戎會打得他潰不成軍，主要的理由誠如他所說：「卡戎具備隨機應變的能力。」

28 菲利浦在進入斯巴達的疆域之際，曾經寫信問民選五長官，把他的到來看成是一個朋友還是一個敵人，得到的答覆是：「兩者皆非。」

---

164 斯巴達人進入伯羅奔尼撒半島以後，征服拉柯尼亞地區的部落，將全部土著當成奴隸，希洛特人幾乎成爲農奴的代名詞。

165 伯羅奔尼撒戰爭於404 B.C.結束，就在前一年薩摩斯還是雅典的水師基地。

29 斯巴達當局派遣使者去見德米特流斯的兒子安蒂哥努斯，後來聽說使者用國王的名號稱呼安蒂哥努斯，雖然不辱使命在全城缺糧極其嚴重的時刻，給每個人帶來一個半蒲式耳的小麥，這位使者還是被他們施以罰鍰的處分。

30 德米特流斯抱怨斯巴達人只派遣一位使者去見他，他們的答覆是：「一對一的晤面還不夠嗎？」

31 有個壞蛋帶來很好的構想，他們接受以後把事情弄清楚，再將建議權授與另外一個人，這個人有良好的名聲，才會通過投票的程序。

32 兩兄弟爭執激烈鬧上法庭，斯巴達人處分他們的父親，說他怎麼允許自己的兒子發生這種事情。

33 他們對來訪的樂師施以罰鍰的處分，因為他用手指而非義甲撥弄七弦琴[166]。

34 兩個小孩打架，其中一個用鐮刀對敵手施以有力的一擊，受傷小孩的朋友不在場，等他們趕到就發誓要為他報仇，受傷的小孩說道：「神明在上，我要說老實話，你們這樣做非常不公平，因為只要我手腳快一點或是勇敢一點，那麼倒在地上的是他不是我。」

35 有個案例關係到另外一個小孩，那個時代的習慣是自由人家庭的兒童，要用偷竊的手段獲得所要的東西，不能逃開讓人找回會給團體帶來羞恥。有次一群小孩偷了一隻活生生的小狐狸，交給其中一位保管，失主在搜尋的時候，他就將狐狸藏在衣服裡面，這種凶狠的動物將他咬得肚破腸流，為了不讓別人找到失物，只有盡量忍住痛苦，等到搜查的人離開，這些小孩才知道出了問題，他們責備他不必為了藏好狐狸而喪失性命；這位小孩說道：「我的想法並非如此，就是寧死也不願因為怕痛讓他們發覺，須知懦弱的心靈所保住的性

---

166 使用手指比義甲（即琴撥）發出的聲音更加優美動聽；參閱本書第55章〈為政之道的原則和教訓〉6節。

命，會使人從此生活在羞辱之中。」[167]

36 有些人在路上遇到斯巴達人就說道：「你們的運氣真好，這裡有強人打劫剛剛才離去。」然而他們說道：「天哪！不是這樣的說法，這些強人應該慶幸沒有碰上我們。」

37 有位斯巴達人被問到他懂些什麼，他說道：「如何過自由的生活。」

38 一位斯巴達小孩成為安蒂哥努斯王的俘虜，後來當成奴隸賣掉，這個小孩只要認為合於自由人身分所作的事，對於買他的人任何要求都會服從，有次主人吩咐他將一把夜壺拿進去，他無法忍受這種無禮的待遇，於是說道：「我不是一個奴隸。」其他人堅持要他聽話，他爬上屋頂說道：「這件買賣會讓你得到很多教訓。」然後縱身跳下當場斃命。

39 有次一個斯巴達人正在發售為奴，某位買主問他：「如果我把你買下來，你願不願凡事聽命而行？因為只有這樣對我才有幫助。」他說道：「只要你不買我，這些都沒有問題。」

40 還有一位俘虜遭到發售，拍賣者大聲喊叫要賣出一個奴隸，這位斯巴達人說道：「你這個天殺的惡棍，為什麼不說『一位俘虜』？」

41 一位斯巴達人拿蒼蠅當作紋章繪在盾牌上面，只是大小如同實物。有人嘲笑他說他這樣做是為了不要引起敵人的注意，因為他們看不到盾牌上面的紋章，以為他是無名之輩，他說道：「為了讓他們看清楚我的紋章是像實物一樣大小的蒼蠅，作戰的時候我要無視於危險盡量接近敵人。」

42 有人在晚宴中帶進一具七弦琴，並且說道：「好在沒有斯巴達人參加，否則就會大殺風景。」[168]

---

167 蒲魯塔克《希臘羅馬英豪列傳》之〈萊克格斯傳〉18節，用簡短的筆調敘述這個故事。
168 蒲魯塔克《希臘羅馬英豪列傳》之〈提米斯托克利傳〉2節；以及西塞羅《突斯庫隆討論

43 問到通往斯巴達的道路是否安全，一位斯巴達人說道：「要看你是那一種人而定；獅子可以隨心所欲，野兔就會寸步難行。」

44 一位角力手在揪扭中讓對手抱住脖子，很快就會被壓制在地，由於處於劣勢無法動彈，就用嘴咬對方的手臂好使它鬆開。他的對手說道：「你這個斯巴達人竟然像婦女一樣咬人。」他說道：「你說的不對，我咬人就像一頭獅子。」[169]

45 有個瘸子趕赴戰場，有些人跟在後面嘲笑，他轉過頭來說道：「你們這些可惡的傻瓜，一個人的腿有什麼用，在與敵人作戰的時候無須逃走，應該站在那裡堅守陣地。」

46 一個人[170]受到致命的箭傷，生命正在慢慢流逝，他說道：「我感到遺憾不在於戰死沙場，可恨壯志未酬竟然喪生在放冷箭的敵人手裡。」

47 有個人到了一家客棧，交給老闆一塊肉準備當作晚餐，等到老闆問他還有乳酪和橄欖油在那裡，這個斯巴達人說道：「要是我有乳酪，爲什麼還要吃肉？」[171]

48 從某位人士得知，有個名叫蘭庇斯(Lampis)的伊吉納人很有福氣，他有大宗貨物裝載在商船上面運往海外，因而家境極其富有，一位斯巴達人說道：「我並不重視那些懸掛在繩索上面的幸福。」[172]

（續）

　　集》第1卷2節，針對當時的狀況，都有類似的表達方式。

169　同樣的故事出現在亞西拜阿德身上，參閱蒲魯塔克《希臘羅馬英豪列傳》之〈亞西拜阿德傳〉2節。

170　希羅多德《歷史》第9卷72節，提到凱利克拉底(Callicrates)在普拉提亞會戰陣亡。

171　本書第67章〈論肉食者鄙〉第1篇5節，提到一個斯巴達人帶著一條小魚，並不是這裡所說的肉；參閱伊利安《歷史文集》787A，以及笛摩昔尼斯《演說集》第23卷211節。

172　暗示船隻在海上航行的風險很大，貿易帶來的財富容易失去；參閱西塞羅《突斯庫隆討論集》第5卷14節。

49 某人說這位斯巴達人是騙子，他回答道：「你說得不錯，我們都是自由人，應該真誠以對；要是遇到的人不說老實話，那你也只好如法炮製。」

50 有個人想要讓一具屍首直立站住，費力做了很多次還是沒有辦法，他說道：「天哪！看來在裡面要撐根支柱。」

51 坦尼克斯(Tynnichus)聽到他的兒子色拉西布盧斯在戰場被殺，剛毅的個性能忍住悲痛，親手寫出下面這首輓詩[173]：

生氣全無的色拉西布盧斯被高舉的盾牌帶到披塔尼，
他的身上共有七處傷口都是亞哥斯人的長矛所戳穿；
全部展示在正面能讓鮮血淋漓的軀體顯得英勇無比，
年老的坦尼克斯把他放在火葬堆上訴說心中的意願：
讓可憐的懦夫為你悲痛我在葬禮不會流下一滴眼淚，
你是我和斯巴達的好兒子獲得的名聲使人震耳如雷。

52 浴場的主事將大量的水注入池中供亞西拜阿德使用，一位斯巴達人說道：「你們為什麼要用這樣多的水，難道他的身體不夠乾淨？後來的人用剩下的水，就會說亞西拜阿德是個不潔之人。」

53 馬其頓的菲利浦用信函給斯巴達人下達幾項命令，他們答覆：「無論你寫什麼，我們只說一個『不』字。」

等到他侵入斯巴達的國土，大家認為馬其頓人會大肆破壞，這時他向一群斯巴達人說道：「各位斯巴達人，你們現在怎麼辦？」其中有一位說道：「只要死得像個男子漢，你又能奈我何？所有希臘人當中只有我們知道什麼是自由，絕不對其他人拱手稱臣。」

173　有人認為這首詩引用戴奧斯柯瑞德(Dioscorides)的《帕拉廷詩集》(*Palatine Anthology*)第7卷229行；可以參閱洛布古典文庫的《希臘詩集》第2卷130頁。

54 埃傑斯吃了敗仗[174] 以後，安蒂佩特提出條件要他們送五十名兒童作爲人質。民選五長官的首輔伊特奧克利的看法是不能送出兒童，因爲這樣會影響到他們的教育，不能接受傳統的訓練，欠缺成爲市民應具備的資格。如果安蒂佩特同意，斯巴達可以送雙倍數量的老人或婦女。等到安蒂佩特威脅他們不送兒童會引起嚴重的後果，斯巴達人給予一致同意的答覆：「你給我們的命令要是比死亡還苛刻，那麼要我們赴死也是很容易的事。」

55 奧林匹克運動會舉行期間，一位老人前來參觀比賽，發現沒有空位可坐。他到處尋找都遭到鄙視和嘲笑，甚至挪出一點空間都不肯。當他走到對面斯巴達人的區域，所有的兒童和很多的成人都站起來，要把座位讓給他。因此與會的希臘群眾齊聲喝采，他們對斯巴達人有良好的習慣表達欽佩之意，類似的狀況在當時很難見到。這位老人搖著

滿頭白髮和飄逸的長鬚[175]，

眼裡含著淚水說道：「哎呀！這眞是一個不幸的時代！所有的希臘人都知道什麼是正道和善行，只有斯巴達人能夠腳踏實地貫徹到底。」

有人說起同樣的事情發生在雅典，時間在泛雅典節的假期，阿提卡的民眾用有失體面的方式，來作弄一位老年人，他們要他過去說要挪出地方讓他，等他擠到那裡根本不予理會。後來他經過所有觀眾，到了對面斯巴達代表團的區域，他們都站起來並且把座位讓給他。群眾看到非常高興，發出喝采的聲音表示贊許，有位斯巴達人說道：「天哪！雅典人知道什麼是正直和良好的行爲，只是做不到。」

56 有位乞丐向一位斯巴達人要求施捨，後者說道：「如果我如你所願，那你不折不扣就是一個乞丐，對你這種不體面的行徑，第一位把東西送給你的人要負責，就是他使得你陷入怠惰的困境。」

---

174 這位是斯巴達國王埃傑斯三世，在331 B.C.的參加洛波里斯會戰中落敗。
175 荷馬《伊利亞德》第22卷74行和24卷516行，詩中描述的人物是特洛伊國王普里安。

57 一個斯巴達人看到某位人士費時費力去蒐集神明的雕像，就說這個人很可憐，對於神明的認識還不如他多。

58 有人抓住一位與醜陋婦女私通的姦夫，因而說道：「可憐的心靈，怎麼有這樣不堪的需要！」

59 聽到一位演說家用很長的句子賣弄學問，某位斯巴達人說道：「天哪，這個人真是勇氣百倍，他捲起舌頭說得這麼好，卻與要講的主題毫無關係。」

60 有個人來到斯巴達，看到年輕人對長者非常禮遇，就說道：「人到老年還值得活下去的地方只有在斯巴達。」

61 詩人特提烏斯被問到他是何許人，有個斯巴達人說道：「一位智勇雙全的人物，能夠使年輕人擁有鋒芒畢露的心靈。」

62 有個人患有非常痛苦的目疾還是前往戰地，很多人對他說道：「這種狀況為什麼你還要從軍？你到底能夠做些什麼？」他說道：「即使我一事無成，至少可以讓敵人的刀劍不會那麼鋒利。」

63 斯巴達當局殺了波斯派來的使者，奉到神讖要為不義的行為提供補償，才能讓對方感到滿足，布利斯（Bulis）和史帕契斯（Sperchis）是出身高貴的人士，志願到波斯國王澤爾西斯那裡赴死。兩個人來到澤爾西斯面前，說是代表斯巴達人來謝罪，無論波斯人用什麼方法將他們處死，絕不會皺一下眉頭。國王對忠誠的行為極為欽佩，讓他們獲得自由，堅持要他們留下為他服務。這兩人說道：「我們如何能夠在此處生活？如何能夠放棄國家和法律，以及那些發生惡行使我們長途跋涉前來請罪的人？」等到國王的將領英達尼斯（Indarnes）[176] 不停的嘮叨懇求他們留下，說他們只要與國王建立友誼，就會獲得重用立即飛黃騰達到最高的職位，他們說道：「我們看你像是不知道自由的可

176　希羅多德《歷史》第7卷135節，裡面提到的波斯將領名叫海達尼斯（Hydarnes）。

貴，對一個有見識的人而言，就是拿波斯王國來交換，他都不會答應。」[177]

64 一位斯巴達人去拜訪朋友，第一天吃了閉門羹，他的朋友藉故不見，等到次日借到嶄新的被褥，才用奢華的方式接待來客，斯巴達人跳到被褥上面用腳亂踩，說他昨天沒法用到只能睡在麥稭上面。

65 有個斯巴達人到了雅典，看到當地居民的工作：像是叫賣鹹魚和熟食、徵收稅負、主持公共妓院，或者從事其他不體面的行業，只有拉不到生意才感到沒有光彩。等他返回故鄉以後，市民同胞問到他在雅典的見聞，他說道：「每件事情都很可愛也很有趣。」這種諷刺的說法在傳達一個觀念，那就是雅典人只考慮每件事的可愛和有趣與否，至於是否讓人感到羞辱，就完全不以為意。

66 有個人向另外一個人問一個問題，得到的回答是不知道；發問的人說道：「你在說謊。」另外這個人說道：「你看，自己知道答案還要問我，真可笑。」

67 就在某個時候，斯巴達派出的使者到達僭主黎格達米斯（Lygdamis）的宮廷。他想要敷衍來人一再延後見面協商的時間，直到最後他的藉口是體諒對方的風塵僕僕，因而斯巴達人說道：「告訴他，憑著神明的名字，我們來是要與他討論問題，不是與他下場角力。」

68 一個斯巴達人獲得新會員的資格參加神秘祭典，有人要他訴諸良心說出一生之中，所作所為以那件事情最為褻瀆神聖，他說道：「神明非常清楚。」另外有人相當堅持，於是說道：「你一定要原原本本說出來。」這位斯巴達人反問道：「我應該告訴誰？是你還是神？」另外這個人說道：「告訴神。」斯巴達人說道：「那麼請你離開。」

---

177 參閱本書第55章〈為政之道的原則和教訓〉19節；克里索斯托姆《演說集》第76卷最後的部分；斯托貝烏斯《花間飛舞》第7卷70節和第39卷27節；這個故事最早的出處可能是希羅多德《歷史》第7卷134-136節。

69 有個人在夜晚從一座墳墓旁邊走過，幻想自己看到一個鬼，舉起長矛衝了過去，像是戳中目標一樣，他大聲叫道：「看你往那裡逃？非要你死兩次不可。」

70 有個人發誓說要從琉卡迪亞懸崖（Leucadian rock）上面投身而下，等到他前去看過它的高度，帶著嘲笑的態度說道：「我認為無須再發一個更重的誓才能這樣做。」

71 兩軍在激烈的戰鬥之中，有位斯巴達人正要對倒在地上的敵人施以致命的一擊，這時聽到收兵的號角聲，就停了下來沒有痛下毒手。有人問他敵人已經無力反抗，他為什麼不趁機取其性命，他說道：「服從指揮官的命令勝過殺死一名敵人。」[178]

72 一位斯巴達人參加奧林匹克競賽鎩羽而歸，有人向他說道：「斯巴達人，你的對手證明他是一個比你更為優秀的人。」他說道：「你說的不對，他只是一個讓我更為煩惱的人。」

178　參閱本書第21章〈羅馬掌故〉39節；蒲魯塔克《希臘羅馬英豪列傳》之〈佩洛披達斯與馬塞拉斯的評述〉3節；毫無疑問這個故事最早出現在色諾芬《居魯士的教育》第4卷1節之3，知道這個人名字叫作克里桑塔斯（Chrysantas）。

第十八章
斯巴達的古代習慣

1 斯巴達人的習慣，年紀最大的長者指著大門，對所有前來公共食堂用餐的成員說道：「這裡說的話一個字也不能傳到外面。」[1]

2 他們愛好一種名叫黑肉湯的菜式，老年人只喝湯把肉留給年輕人食用。據說西西里的僭主戴奧尼休斯[2] 爲了吃這道佳餚，刻意買下一位過去是斯巴達廚師的奴隸；他吩咐家奴爲他烹調這道很特別的肉湯，說是不必在意它的花費，等到僭主吃進嘴裡，感到無比厭惡只好吐了出來，這位廚師說道：「陛下，喝湯得用斯巴達的方式，要先在優羅塔斯河[3] 中洗澡，然後品嘗才有味道。」[4]

3 斯巴達人在公共食堂小酌一番之後就摸黑走回家中，在任何狀況下都不得點火照明，爲的是養成習慣在伸手不見五指的夜晚，能毫無所懼放膽前進[5]。

4 他們學習讀書寫字完全以實用爲主，其他的課目認爲沒有什麼用處，很多人對書籍和論文都抱這種看法。他們的教育重點在於服從命令、忍耐

---

1 參閱本書第77章〈會飲篇：清談之樂〉第7篇的序文；蒲魯塔克《希臘羅馬英豪列傳》之〈萊克格斯傳〉12節以及柏拉圖《法律篇》633A的批注；全都記載斯巴達人這個共同遵守的規定。

2 蒲魯塔克《希臘羅馬英豪列傳》之〈萊克格斯傳〉12節，提到這個人是潘達斯的國王。

3 優羅塔斯河是伯羅奔尼撒半島最大的河流，發源在阿卡狄亞中部的山地，流經斯巴達，在拉柯尼亞灣入海。

4 廚師的說法與蒲魯塔克《希臘羅馬英豪列傳》之〈萊克格斯傳〉12節的記載，稍微有點不太一樣；參閱西塞羅《突斯庫隆討論集》第5卷34節，以及斯托貝烏斯《花間飛舞》第2卷100節。

5 參閱色諾芬《斯巴達的政治體制》第5卷7節以及柏拉圖《邁諾斯篇》（*Minos*）320A。

饑寒、克服艱辛、贏取勝利或者戰死沙場。

5 他們通常不穿內衣，所有的服裝只是一件長袍，不會洗濯自己的身體，根本沒有上浴場和塗油按摩的習慣。

6 年輕人按照軍中的編制，區分為小組，睡在極其簡陋的床鋪上面，墊著優羅塔斯河岸生長的蘆葦，這些材料不得用刀砍只能赤手折斷，除此沒有其他的用具和被褥。到了冬天，在蘆葦中間攙摻薊花冠毛，認為這種東西具有保暖的性質。

7 兒童的愛慕者出於良好的行為可以得到允許，對他們的摟抱視為可恥的下流動作，因為這種方式不是心靈的愛慕而是肉體的欲望，任何人受到抱怨說是出現羞辱的摟抱，就會受到終生剝奪市民權的處分[6]。

8 按照他們的習慣，年老的長者隨時可以詢問年輕人，他們前往何處或者要做何事，如果回答的理由非常牽強或者試圖隱瞞，長者可以給予懲戒。要是年輕人當著長者的面做了錯事，長者由於督導不周，同樣會受到大家的責備。任何人在大庭廣眾之下受到嚴譴，認為是奇恥大辱表現出極其氣憤的神色。

9 任何人做了錯事被人發覺，就會繞著市內一個祭壇行走，口裡不斷念出自責的詩句，他們認為只有深刻的反省才能發揮知錯必改的功效[7]。

10 年輕人要敬畏和服從自己的父親，也要尊敬所有的長者，街上遇見要讓路，房間裡面要讓座，當著他們的面要保持靜肅。因而這種習

---

6 蒲魯塔克《希臘羅馬英豪列傳》之〈萊克格斯傳〉18節的記載與現在所說有很大的出入；特別提到同性之愛受到贊許，就連貞潔的婦女都在少女當中尋找對象；像是蒲魯塔克用一種「柏拉圖式」的觀點，對待斯巴達人極其普遍愛好男色的習氣，他認為亞傑西勞斯也抱著這樣的看法；雖然古今中外對於雞姦的行為都會疾言屬色大肆抨擊，事實上卻採取默許的態度，因為可以解決性欲的需要，又不會帶來生育所造成的繼承問題。

7 斯巴達當局為了鼓勵結婚增加生育，對於不願娶妻的單身漢，制訂法律褫奪他們應有的權利，冬天逼迫他們在市場赤身遊行示眾，邊走邊唱羞辱自己的歌曲；參閱蒲魯塔克《希臘羅馬英豪列傳》之〈萊克格斯傳〉15節。

慣帶來的後果，就是每個人所擁有的權威，不僅及於自己的子女、奴隸和財產，即使鄰人的所有也都包括在內，造成一視同仁的共有社會，任何人都不會出現置身事外的行為。

11 一個小孩不管受到那一個人所給予的處分，即使他的父親在聽到以後不會再打他一頓，始終認為這會給父親帶來羞辱。所有的斯巴達人相互之間產生信心，肯定祖先所遺留的紀律和訓練，使得每個人都不會命令他們的子女，做出玷辱家風的事情[8]。

12 所有的小孩要盡可能偷竊要吃的食物，時時留心周圍的狀況掌握機會，趁著人們睡覺或不注意的時候趕緊下手。他們一旦被捉到，不僅鞭笞還要挨餓，日常的配給量已經減少，到達不足以果腹的程度，整個著眼和用意是要他們能夠自謀生活，被迫運用所有的力量和本領[9]。

13 雖然這種讓人吃不飽肚皮的飲食主要作用在此，另外要考量的因素在使他們獲得較高的身材。斯巴達人認為人的精氣向上騰升，兒童的身體柔順就會隨之長高；過量的飲食會使精氣受到壓迫和抑制，橫向發展變得肥胖；因此處於挨餓的環境有助於塑造優美的體型，細長又精瘦的體質更合乎自然的養生之道，量多而質佳的食物會使人過重，四肢和軀體不會長得修長而勻稱[10]。

14 斯巴達人對於音樂和詩歌，關心的程度不下於培養坦率的談吐和高尚的氣質，他們的詩歌非常生動充滿沛然莫之能禦的精神，能夠激勵並且掌控聽者的心靈，鼓舞全副熱情投入積極的行動；至於就體裁和措辭而論，非僅平實無華而且絕不裝腔作勢；主題總是真誠嚴肅帶有教誨的意味，讚揚保國衛民陣亡沙場的英雄人物，再不然就是譏笑貪生怕死的懦夫；他們認為前者

8　參閱色諾芬《斯巴達的政治體制》第6卷2節。

9　亞里斯多德的著作很多地方提到斯巴達人，特別是他的《政治學》非常推崇他們的制度；只是就這一點而論，對於萊克格斯施以不留情面的指責，說他將兒童訓練成野獸。

10　蒲魯塔克《希臘羅馬英豪列傳》之〈萊克格斯傳〉17節和色諾芬《斯巴達的政治體制》第2卷5-6節，都提到兒童經常處於吃不飽的狀況，事實上他們的論點過於牽強，有的地方根本無法自圓其說。

何其幸福而光榮，後面這類人的生活在他們的描述之下，悲慘可憐眞是生不如死。

15 斯巴達人在莊嚴的節日慶典組成三個合唱團[11]，成員分別是老人、青年和兒童。第一團的老人開始唱出[12]：

> 吾輩青春少壯時，
> 力拔山兮氣蓋世。

青年大聲應和：

> 英雄有後幸何之，
> 敵寇膽敢來比試；

兒童最後結尾：

> 勇冠三軍誰家子，
> 年少不輸凌雲志。

16 還有就是他們的破陣樂無論是旋律和節奏，全都充滿大無畏的氣概和視死如歸的精神，加上戰舞訓練出齊一的步伐，在簫笛的伴奏之下向著敵軍開始接戰行動。事實上，萊克格斯一向對音樂用於軍事操練極其喜愛，確認詩歌內涵和英勇殺敵關係密切，如同獲得神明的呵護和指導，從容不迫的勇氣帶來希望和信心。

因之國王在趕赴戰場之前，先要向九繆司獻祭[13]，表示自己曾受良好的教養，著手的行動經過正確的判斷，鼓勵市民要建立功勳，能夠名垂青史。

---

11 波拉克斯《字彙》（*Lexicon*）第4卷107節，說是特提烏斯組成三個合唱團。

12 這些詩歌可以參閱蒲魯塔克《希臘羅馬英豪列傳》之〈萊克格斯傳〉21節；貝爾克《希臘抒情詩集》第3卷661頁；以及艾德蒙《希臘抒情詩》第3卷530頁。

13 斯巴達人重視的文藝指的是詩歌、舞蹈和音樂，所謂向繆司獻祭，不過是要消除一般人認為斯巴達專注於軍事訓練的呆板印象；參閱蒲魯塔克《希臘羅馬英豪列傳》之〈萊克格斯傳〉21節；笛歐·克里索斯托姆《演說集》第2卷31節；阿昔尼烏斯《知識的盛宴》632F；華勒流斯·麥克西穆斯《言行錄》第2卷6節之2。

17 要是有人對美好的古老音樂肆意逾越原有的法則，他們認為無法接受，即使是那個時代知名的音樂家如特潘德(Terpander)[14]，一位年代最古老又優秀的彈琴高手，奉獻一生用來頌揚英雄的偉業，他為了使調性有不同的變化，就在樂器上面增加一根弦，不僅受到民選五長官的罰鍰處分，所用的琴還被釘在牆上示眾，拿來警告他人不得再犯。主要原因在於斯巴達人只接受簡潔的單音旋律。還有就是泰摩修斯參加卡尼亞(Carneia)節慶的音樂競賽，有位民選五長官拿出一把小刀，說是這種樂器的琴弦只有七條，問他多餘的琴弦要從那邊割掉比較好。

18 萊克格斯要祛除與喪禮有關的迷信行為，同意把死者葬在城內，墳墓可以靠近神廟，目的是要使年輕人對死亡不感到畏懼，就是接觸屍首或踩到棺木也不會覺得不吉利。其次他下令不許陪葬，除了裹屍的紅布和一些橄欖葉，要對所有的死者一視同仁。陣亡疆場的戰士可以將名字刻在墓碑上面，此外任何人得不到這份榮譽；同時喪禮不得過分哀慟，像是出現嚎啕大哭的場面。

19 他不讓人民遠赴海外，免得沾染到異族的習性和不守紀律的生活方式[15]。

20 他禁止外國人入境，主要原因在於害怕他們帶進有違良好行為的風氣[16]。

21 任何一位市民都要遵守紀律的要求，他們從身為兒童就已經有充分的了解，唯有這樣才能享有市民權。

---

14 特潘德是西元前7世紀中葉，來自列士波斯島安蒂沙(Antissa)的詩人和音樂家，在斯巴達建立一所音樂學校。

15 研究早期斯巴達人保持封閉不與外人接觸的習性；參閱蒲魯塔克《希臘羅馬英豪列傳》之〈萊克格斯傳〉27節及〈埃傑斯傳〉10節；色諾芬《斯巴達的政治體制》第14卷4節；以及亞里斯托法尼斯的喜劇《鳥群》1012行。

16 絕不是修昔底德所持的論點，說是畏懼外人知道他們的狀況，模仿他們的施政作為和學習他們的優點長處；參閱《伯羅奔尼撒戰爭史》第2卷，伯里克利在陣亡將士國葬典禮的演說。

22 有人認爲任何一位外國人要想成爲他們的市民，按照萊克格斯規定的程序，不僅要遵從他們的紀律和參加他們的訓練，在一開始就要成爲建制部隊的成員[17]。

23 斯巴達人不允許有買賣的行爲；他們的習慣是在有需要的時候，可以將鄰居的奴僕當成自己的奴僕加以使喚，其他如狗、馬和所有牲口無不如是，除非擁有者要用另當別論。在這個國家，任何人發現自己缺乏某樣東西確有所需，可以打開擁有者的庫房拿走所需之物，再把門關好就可離開[18]。

24 他們進入戰場通常穿紅色長袍是出於兩個理由；首先他們認爲這種色澤的衣服穿上以後，可以表現出英勇無敵的男子漢氣概；其次有如鮮血的顏色使得缺乏戰陣經驗的敵軍，在看到以後會產生恐懼的感覺。還有就是他們如果受傷，最大的好處是不容易讓敵人發覺，即使流血也分辨不出來。

25 他們運用謀略制服敵人，這時就殺一頭公牛做犧牲向阿瑞斯獻祭，如果是經過戰鬥贏得勝利，這時的祭品是一隻公雞。這樣做在於要求他們的領導者要能不戰而屈人之兵[19]。

26 他們祈禱要避免任何不公正的行爲，萬一發生要能採取補救的措施。

27 他們祈禱神明爲了獎勵他們的善行賜與公正和榮譽，除此以外別無所求。

28 他們崇拜全副武裝的阿芙羅黛特，所有神明的雕像包括女神在內，手裡全都執著一根長矛，指出英勇出於神意要能滿足戰爭的需要。

---

17 當時一定有若干外國人居住在斯巴達相當時間，亞西拜阿德就是很好的例子。

18 這種「物盡其用，大公無私」的精神，就連後世的「共產制度」都無法達到這樣的境界；參閱色諾芬《斯巴達的政治體制》第6卷3-4節，以及亞里斯多德《政治學》第2卷5節。

19 《孫子‧謀攻篇》：「上兵伐謀，其次伐交，其次伐兵，其下攻城。」此之謂也。

29 他們愛好諺語和格言，遇到適當的場合就會引用，像是：

掌握機會，自力更生。

指出一個人要克盡本分做好自己的工作，神明才會給你加一把勁，要是全部靠老天幫忙，到頭來一事無成[20]。

30 他們要希洛特人喝醉以後在年輕人面前露出醜態，讓大家知道酗酒的後果，收到自我克制的功效[21]。

31 他們的習慣是不能在外面敲門，可以大聲叫喚。

32 他們洗浴使用的淨身器，不像羅馬人是金屬製品而是拿蘆葦編成。

33 他們不會演出喜劇或悲劇，也沒有上劇院的習慣，所以聽不到嘲笑法律的聲音，也不會有人起鬨給予熱烈的擁護[22]。

34 詩人阿契洛克斯抵達斯巴達，立即遭到驅逐出境的待遇，因為他們知悉在他的詩中，要大家拋棄武器而不是英勇殺敵[23]：

我的盾牌是精美的武器卻能使塞安人興高采烈，
路途中間發生衝突糾纏成一團混亂帶給我煩惱，

---

20 這條諺語來自古者的格言「自助天助」；參閱巴布流斯(Babrius)《寓言集》(*Fabulae*)No.20。

21 古代的學者經常提到斯巴達人對待希洛特人極其殘酷，無論是衣著、姿態、言行甚至所有方面，都要表現出奴隸的身分，禁止接受教育和軍事訓練，不得從事任何提高階級的行業；希臘人認為斯巴達人後來為強烈的地震所毀，就是上天懲罰他們對待希洛特人的不公和迫害。

22 參閱柏拉圖《法律篇》816節及後面各節，表達出完全不同的概念和看法。

23 對於阿契洛克斯的行為可以找到很多的資料：像是貝爾克《希臘抒情詩集》第2卷384頁〈阿契洛克斯篇〉No.6；賀拉斯《頌歌集》第2卷7節之10；以及華勒流斯・麥克西穆斯《言行錄》第6卷3節。

讓自己獲得安全能夠逃過迎面而來的死亡魔掌，
即使捨棄一面古老的盾牌可以獲得第二次機會。

35 對於廟宇和宗教的服侍和奉獻，無論少女或少男都有同樣的義務。

36 西拉菲達斯（Sciraphidas）受到很多人的誤解，所以被民選五長官施以罰鍰的處分。

37 有個人穿上質地很粗的衣服，卻在長袍上面縫一道緄邊，結果被他們處死。

38 從角力場出來的年輕人要是知道走那條路可以到皮立亞（Pylaea），就會受到懲戒[24]。

39 西菲索奉（Cephisophon）有本事對任何題目滔滔不絕講上一天的話，結果被迫流亡外國，他們的說法是一個優秀的演說家，使用的時間和題材的內容要能相稱。

40 斯巴達的小孩在奧昔亞（Orthia）[25] 的阿特米斯祭壇前接受鞭笞，整日不休甚至到致命的程度。他們覺得能忍受痛苦是值得驕傲的事，所以彼此之間競爭，看誰經得起最長時間和最多次的抽打，優勝的人獲得很高的名聲。這種競賽他們稱為「鞭撻」，每年都會舉行。

41 萊克格斯讓他的市民同胞擁有一種高貴而可賀的特權，就是保證他們獲得極其豐富的空閒時間。事實上他不允許他們從事任何有辱身分的行業，使得他們不需要去賺錢，包括費盡力氣去儲蓄都受到禁止，更不必忙著去幹活，因為他們認為擁有財富既不能引起羨慕，還讓人感到有失顏面是不光彩的事。希洛特人為他們耕田種地，用先行墊支的方式預付田租，使得斯巴達人

---

24 這一條要表示的意義並不清楚；皮立亞很可能是一個聊天和休閒的地方。
25 奧昔亞是斯巴達最神聖的地點，位於優羅塔斯河的西岸地區。

的不勞而獲不致太多，讓希洛特人感到仍舊有利可圖，樂於將他們視為主人去為他們工作，因為這些主人不再期望有更多的回饋。

42 斯巴達人受到禁令的制止不得成為水手以及從事海戰，後來雖然參加遠洋作戰成為海上的霸主，看到市民的性格有陷入墮落和沉淪的危險，還是要打消這方面的企圖，只是整個環境已經有了變化，這也是無可奈何之事。像是斯巴達聚集數額驚人的金錢，任何人要據為己有會受到死刑的處分，他們的國王阿爾卡米尼斯和狄奧龐帕斯得到一份神讖[26]，上面寫著：

> 斯巴達的滅亡在於貪婪財富。

等到賴山德占領雅典，將大量金銀運回國內，他們不但接受還授與他最高的榮譽。

只要斯巴達這個城邦遵循萊克格斯的法律，仍舊信守他們的誓約，就可以在希臘以優良的政府和卓越的聲譽，居於領袖群倫的地位達五百年之久。時代的變遷逐漸使得法律和誓約受到侵蝕和逾越，愛好財貨的風氣蔓延開來，他們的實力開始萎縮，就是盟邦也會對他們惡言相向。他們陷入無法自拔的困境，馬其頓的菲利浦在奇羅尼亞贏得勝利，成為希臘人海上和陸地的統帥，後來他的兒子亞歷山大征服底比斯，同樣獲得希臘人承認[27]。雖然斯巴達人居住在沒有城牆保護的城市，人口因連年的戰爭而銳減，已經成為虛弱易於到手的獵物，這時他們仍能使萊克格斯的法律發出微弱的火花[28]，因而在馬其頓國王的統治期間，只有斯巴達人不賣帳，沒有加入馬其頓人的陣營，也沒有派遣部隊到亞洲打仗，甚至對當時的聯邦大會都不願踏入一步，更不要提支付貢金這回事。等到萊克格斯的法律完全遭到廢除，他們的市民對同胞拿出專制和高壓的手段，從而不再保持祖先遺留的訓練方式，昔日的光榮和自由的言論終於一去不返，淪落到被征服和受支配的從屬狀況，現在他們像其他希臘人一樣受到羅馬人的統治。

---

26 戴奧多魯斯·西庫盧斯《希臘史綱》第8卷12節之5，以及蒲魯塔克《希臘羅馬英豪列傳》之〈埃傑斯傳〉9節，都提到這份神讖和它的內容。
27 兩個重大事件分別發生在338和335 B.C.。
28 這是柏拉圖《法律篇》677B所引發的回響，所謂「百足之蟲，死而不僵」就是同樣的道理。

第十九章
斯巴達婦女的嘉言懿行

一　阿吉里歐妮

　　阿吉里歐妮是布拉西達斯的母親，她的兒子為色雷斯的希臘人爭自由戰死沙場[1]；有幾位安斐波里斯的市民來到斯巴達，趕赴她家中拜訪給予慰問。她見到來人就問她的兒子是否英勇陣亡，不愧是一個斯巴達人。大家異口同聲讚譽布拉西達斯，說是沒有那一位斯巴達人比他更為偉大，她說道：「各位貴賓，我的兒子的確是一位優秀又熱愛榮譽的戰士，斯巴達還有很多比他表現更好的人。」

二　戈爾果[2]

1 戈爾果是斯巴達國王克里奧米尼斯的女兒。米勒都斯的亞里斯塔哥拉斯（Aristagoras）力勸她的父親，為了拯救愛奧尼亞於水深火熱之中，要他參加對波斯國王的戰爭，同時還答應贈送一大筆錢作為經費。克里奧米尼斯的回答是難以同意，來人就將金額一直向上加，於是戈爾果說道：「父王，如果不讓這個可恨的外鄉人馬上離開，很快他會讓你身敗名裂。」[3]

2 有次她的父親要她用答謝的方式將穀物送給某位人士，還加上幾句話：「因為他讓我知道如何才能釀出香醇的美酒。」她說道：「父王，這樣一來就會有更多的酒可以痛飲，更多的醉鬼不知節制，陷入腐化和墮落的處境無

1　那是422 B.C.的安斐波里斯會戰。
2　戈爾果後來成為斯巴達國王李奧尼達斯的妻子，她的丈夫在色摩匹雷壯烈犧牲。
3　參閱希羅多德《歷史》第5卷48-51節，看來每個人都經不起誘惑，最關緊要之處在於避免接受試探。

法自拔。」[4]

3 她看到亞里斯塔哥拉斯要奴僕爲他穿鞋綁好鞋帶，就向克里奧米尼斯說道：「父王，這位外鄉人像是沒有生出一雙手。」[5]

4 一位外國來客用溫和而優雅的方式向她獻殷勤，她將他推開來說道：「離開這裡，你不能參加婦女的宴會。」

5 有位來自阿提卡的女士向她問道：「爲什麼只有斯巴達的婦女能管好她的男人？」她說道：「只有我們這裡的婦女才是男子漢的母親。」

6 戈爾果的丈夫李奧尼達斯要趕往色摩匹雷，她爲了鼓勵士氣，力言此行對斯巴達是如何重要，最後問到他對她有什麼交代，李奧尼達斯說道：「再嫁一個聽話的男人，撫育一群優秀的兒女。」

三 傑蒂阿斯

1 傑蒂阿斯(Gyrtias)的孫兒阿克羅塔都斯與其他的小孩鬥毆，遭到痛打一頓抬回家中已經亡故，家人和朋友都哀悼不已，傑蒂阿斯說道：「你們爲什麼還不停止哭哭啼啼？他不是已經讓你們知道他的血是從那裡流出來。」她說一個人想把事情處理妥當，不是只會尖聲的喊叫，在於找出補救的辦法[6]。

2 信差從克里特帶來阿克羅塔都斯[7]逝世的噩耗，她說道：「他在前往與敵人接戰之際，無論是殺死敵人或者被人殺死，這種念頭難道不會浮現

---

4 參閱本書第17章〈斯巴達人的格言〉19節4，斯巴達國王阿契達穆斯有類似的看法。

5 參閱戴奧吉尼斯·利久斯《知名哲學家略傳》第6卷44節，提到犬儒學派哲學家戴奧吉尼斯對於戈爾果的懿德讚譽不已。

6 她最後表示的論點，借用柏拉圖《國家篇》604C揭櫫的原則。

7 斯巴達國王阿克羅塔都斯是阿里烏斯一世的兒子，在位期間265-262 B.C.，事實上他在262 B.C.的參加洛波斯會戰中陣亡，倒是他的父親阿里烏斯入侵克里特島，曾經在那裡作戰一段期間。鮑薩尼阿斯在《希臘風土誌》第27卷27節之11，犯了一個張冠李戴的錯誤，就是將阿克羅塔都斯與他同名的祖父混淆不清。

在他的腦海？看來他眞是死得其所，讓我們爲他感到高興，對他自己、他的國家和他的祖先而言，總比活著做一個懦夫更有價值。」[8]

四　達瑪特里婭

達瑪特里婭(Damatria)聽人說她的兒子是個逃兵，認爲這個懦夫對她已經毫無可取，等到其子回家就把他殺死，這裡有她寫的墓誌銘[9]：

> 年輕的達瑪特流斯犯下臨陣脫逃可恥罪行，
> 親生之母無法忘懷奇恥大辱可是斯巴達人。

五　沒有名望的其他斯巴達婦女

1 另外一位斯巴達婦女由於其子棄守陣地，認爲對國家沒有盡到責任，就將他殺死，並且說道：「我的後代沒有這樣的人。」下面是她寫的墓誌銘[10]：

> 你的命運要帶著我的恨意在黑暗中顛沛跎蹰，
> 連優羅塔斯河的碧波都不會流經膽小的麋鹿；
> 你這個無用懦夫現在只能離開哈得斯的地府，
> 趕快走！我不會為斯巴達養育如此不肖之子！

2 另外一位婦女聽到兒子戰死在沙場，說道[11]：

8　斯托貝烏斯《花間飛舞》第108卷83節，特勒斯(Teles)引用一個情節相同的故事，只是當事人不是傑蒂阿斯，是另外一位斯巴達婦女。

9　參閱《帕拉廷詩集》第7卷No.483；或者帕頓所編《希臘詩集》第2卷238頁。

10　《帕拉廷詩集》第7卷No.433的詩在文字上有些變化。

11　這是第17章〈斯巴達人的格言〉69節之51所引用的一首詩，這裡只摘錄最後兩句。

只有懦夫為你悲痛我在葬禮不會流一滴眼淚，
你是斯巴達的好男兒獲得名聲使人震耳如雷。

3 有一位母親聽到她的兒子安全無恙，逃離當面的敵軍，就寫信給他：「有關你的消息已經到處傳播，如果你不能澄清自己的行為，那就不要活在世上。」

4 一位婦人的幾個兒子全都從戰場逃回來看她，她說道：「你們這幾個卑鄙的無賴，為什麼要像懦夫一樣飛奔逃走？難道想要溜進那個讓你們來到世間的地方？」於是她掀起長袍將那個東西露給他們看[12]。

5 一個婦人看到她的兒子向她走過來，就向他問道：「我們城邦的處境如何？」他說道：「所有人員都已陣亡殆盡。」她拾起磚頭向他猛擲，將他殺死以後說道：「看來是他們派你將壞消息通知我們。」

6 有一個人向他的母親敘述他的兄長作戰是如何的英勇，最後在沙場壯烈犧牲，他的母親說道：「如果不能與他在旅程中作伴，難道你不覺得羞恥？」

7 有個婦女將五個兒子派往戰場，站在城牆的外廓很焦急等待會戰的消息，有人回來見到她就說她的五個兒子都已戰死，她說道：「我不是問我兒子的狀況，你這個不知輕重的東西，我想知道城邦的情況如何？」來人宣布他們已經獲得勝利，婦人說道：「那麼我很高興接受我的兒子都已死亡的信息。」[13]

8 有位婦人正在埋葬她的兒子，一個相識的老婦人走過來對她說道：「哎呀，可憐的女人，妳真倒楣。」她說道：「沒這回事，我認為這是我的福氣，我很驕傲自己的兒子能為斯巴達犧牲性命，這種事怎麼會輪到我的頭上，

---

12 這在古代視為對人最侮辱和最輕蔑的動作；斯托貝烏斯《花間飛舞》第108卷83節，特勒斯引用這個故事。

13 參閱蒲魯塔克《希臘羅馬英豪列傳》之〈亞傑西勞斯傳〉29節。

真是天意如此。」[14]

9 有位來自愛奧尼亞的婦女帶著非常驕傲的神色，向人展示她身上所穿的織物，這種東西的價錢極其昂貴；一位斯巴達婦女指著她那四位行為端莊的兒子說道：「婦女獲得這樣的成果才會受到推崇和讚譽，她的欣喜和誇耀沒有任何事物可以與之相提並論。」[15]

10 有位婦女聽到她的兒子在外國行為放縱讓人側目而視，她寫信給他：「你的傳言甚為不堪，馬上改過向上，否則就自我了斷。」

11 下面這段記載展現同樣的風格：受到放逐處分的開俄斯人來到斯巴達，指控披達瑞都斯犯下很多罪行，因此他的母親特琉夏（Teleutia）派人將他們召來，聽到他們所受的委屈以後，認為這都是她兒子的錯，於是送一封信給他：「母親致披達瑞都斯；你最好自行了斷，或者留在任何想去的地方，要想安全回到斯巴達已經是毫無指望。」

12 有個婦人的兒子想要做違紀犯法的勾當，做母親的對他說道：「我兒，你將來的下場不是接受法律的制裁就是自行一命歸西。」

13 一位婦人陪著瘸腳的兒子趕赴戰場，她說道：「我兒，每走一步都要記得自己是個英勇的戰士。」[16]

14 有個婦人的兒子從戰場返家，腳部受傷非常疼痛，她說道：「我兒，只要你記得自己是個勇士，就不會覺得痛苦而是無比的快活。」

15 一個斯巴達人受傷無法走路，只能用四肢在地上爬行，不雅的動作讓自尊受到傷害，因而極其沮喪，他的母親對他說道：「嘲笑造成

14　斯托貝烏斯《花間飛舞》第108卷83節，特勒斯也提到情節相同的故事；參閱西塞羅《突斯庫隆討論集》第1卷42節。

15　斯托貝烏斯《花間飛舞》第5卷47節，西維魯斯說是羅馬也有這樣一位婦女，她就是格拉齊兄弟的母親高乃莉婭。

16　參閱本書第25章〈論亞歷山大的命運和德行〉第1篇9節；斯托貝烏斯《花間飛舞》第7卷29節；以及西塞羅《論演說家》第2卷61節。

的損害比起英勇帶來的歡樂，又能算得上什麼。」

16 一個婦女將盾牌交給兒子，特別加以叮囑：「望你執盾凱旋而歸，不然用它把你抬回來。」[17]

17 有位婦女的兒子從軍到前方去作戰，她將盾牌交到他手上的時候說道：「你的父親用這面盾牌保衛國家，因此你要完成這項任務，否則壯烈犧牲在所不惜。」

18 有位婦女的兒子說他的佩劍短了一點，他的母親說道：「那就多向前進一步。」

19 有位婦人聽說她的兒子在隊伍當中英勇作戰因而陣亡，就說道：「沒錯，他是我的兒子。」等到聽到另外一位兒子因為怯懦留得性命，她說道：「不對，他不是我的兒子。」

20 有位婦人聽到她的兒子在激戰之中，陣亡在配置的崗位上面，就說道：「把他抬走，讓他的兄弟補上去。」

21 有位婦女參加莊嚴的公眾遊行隊伍，聽到她的兒子在戰場獲得勝利，身受重傷已經奄奄一息，她沒有取下頭上戴的花冠，帶著驕傲的口吻向鄰近的婦人說道：「我的朋友，打敗敵人贏得大捷之後以身許國，比起活在世上參加奧林匹克競賽獲得優勝，更要高貴得多。」[18]

22 有個人與他的姊妹談起她的兒子，作戰陣亡是何等高貴的行為，她說道：「我為他感到高興，然而你的兒子留在後面，沒有能夠參加這樣英勇的隊伍，我覺得非常遺憾。」

---

17 亞里斯多德的《警語》提到這兩句話是出自戈爾果之口，斯托貝烏斯《花間飛舞》第7卷31節加以引用，同時還說這已經成為斯巴達的慣常用語；舉例來說，可以參閱修昔底德《伯羅奔尼撒戰爭史》第2卷39節的批注。

18 一個情節相似的故事與色諾芬有關，參閱本書第10章〈致阿波羅紐斯的弔慰信〉33節。

23 有人寫信去問一位斯巴達婦女，他對她的迷戀無法自拔，是否她可慰藉他的相思之苦，她答覆道：「我是一個小孩就學到服從父親，從此奉行不渝；等到我成爲已婚的婦人，父親的位置由丈夫取代；因此一個人的建議只要合乎榮譽的要求，大可以把事情攤開來先與我的丈夫去商量。」

24 一個貧窮的女子，被問到要帶多少嫁妝給娶她的男子，她說道：「堅貞懿德的家風。」

25 一個斯巴達婦女被人問到她是否要討好她的良人，她說道：「不對，我的丈夫事事要遷就我。」[19]

26 一個女郎暗中與一個人發生關係，懷孕以後流產，她忍著極大的痛苦不吭一聲，整個過程都不讓她的父親和家人知道，雖然大家是在一個屋簷之下。她用端莊的行爲來對抗不雅的私通，即使遭到刻骨銘心的折磨，最後還是獲得精神的勝利。

27 一個斯巴達婦女被當成奴隸出售，有人問她以後要怎麼做，她說道：「盡心守分。」

28 有個婦女被俘以後被問到類似的問題，她說道：「把主人的家管好。」

29 有個婦女被人問到如果將她買下來，以後是否會很聽話，她說道：「只要你不把我買下來，我一定聽話。」

30 一個婦女發售爲奴，叫賣人問她知不知道怎麼做，她說道：「保持自由人的身分。」等到買主要她做不適合自由人婦女所作的事情，她說道：「你會感到後悔，卑鄙的行爲帶來財產的損失。」接著便自殺身亡。

---

19 蒲魯塔克在《希臘羅馬英豪列傳》之〈萊克格斯傳〉14節中提到亞里斯多德有一種很不正確的觀念，他曾經提到萊克格斯用盡各種辦法，要使婦女謙遜有禮善守本分，最後放棄努力只有聽其自然，問題是丈夫長年離家出征在外，他們的妻子在家中掌權，享有很大的自主能力，慢慢居有優勢地位；事實上，亞里斯多德的評論一點都沒有錯。

第二十章
勇敢的婦女

　　談到婦女的德行，克莉（Clea），我無法認同修昔底德的觀念[1]，他公開宣稱有教養的女士應該姓名不爲人知，更不可讓外人對她們品頭論足加以讚譽或譴責，她們的行爲更是「大門不出，二門不邁」。《高吉阿斯篇》的論點深獲我心，展現出高尚的格局，認爲婦女的懿德較之她們的規範更應廣受頌揚。

　　羅馬人的習俗[2]何其卓越，他們如同頌揚男士一般對待婦女，在她們亡故以後舉行合乎身分的紀念儀式。因此，當代最卓越的婦女李昂蒂斯（Leontis）過世的時候，我前來祭弔並且有機會與你長談，除了可以分享哲學帶來的慰藉，還討論很多關切的問題。現在誠如你所希望的那樣，我對「男女兩性的德行完全雷同」這個題材，就所蒐集的資料已完成寫作。這裡面包括大量歷史文件，枯燥的內容在閱讀的時候不可能帶來樂趣。然而，只要找到有說服力的論據當成例證，理應讓人認爲可以浮一大白，那麼我們的討論獲得雙方一致的同意，有助於對本文深入的解釋和說明，即使要

> 參與對繆司的膜拜和歌詠，
> 這是雙方最爲美好的交情，

也不會產生遲疑或躊躇的心理。誠如優里庇德[3]所說：對美的熱愛可以寄託他的

1　出自修昔底德《伯羅奔尼撒戰爭史》第2卷45節；這是伯里克利在陣亡將士國葬典禮的演說，最後向成為寡婦的女性致敬，表彰她們應得的榮耀，並沒有說出本章所提到的話，更沒有那麼嚴格的要求。

2　參閱蒲魯塔克《希臘羅馬英豪列傳》之〈卡米拉斯傳〉8節；李維《羅馬史》第5卷50節；以及西塞羅《論演說家》第2卷11節。特別提到元老院授與婦女應得的榮譽，規定採用如同男子的喪葬儀式，可以發表葬禮演說。

3　出自優里庇德《海克力斯讚歌》673行，可能是蒲魯塔克靠著記憶引用這兩句詩，因為其中有兩個詞出現替代的狀況。

信念，這是與生俱來的天性存在於靈魂深處。

　　或許在想像之中，我們力言男子和婦女的畫像有部分完全相似。即使這份工作由女性去做，那就是把阿皮勒斯、朱克西斯或奈科瑪克斯遺留給我們的畫像展示出來，要是我們的目標在於滿足欣賞的欲望和視覺的誘惑，並不是爲了要加強說服的力量，因而受到某些人的責備；我認爲這種非難的態度根本是無的放矢。

　　我們宣稱詩學或占卜並非一種藝術形式，所以出現這種說法，那是前者爲男子所運用而後者出於婦女之手。要是我們將莎孚和安納克里昂（Anacreon）這兩位詩人所寫的詩放在一起；或者將西比爾（Sibyl）和巴西斯（Bacis）兩種神讖並列，就會發現彼此之間可以說是大同小異，即使大聲朗誦讓人覺得我們用花言巧語誘導聽者相信[4]，難道任何人有權擺出大義凜然的姿態譴責這樣的展示？別人不可如此，何以你對這兩者也不能說句公道話？

　　男子的武德和婦女的懿行之間的類似和差異不論出自任何其他源頭，較之用他們的生命對照生命以及行動反映行動來相比，實際上不可能讓我們了解得更爲清楚；像是偉大的藝術作品，可以進一步深入考量，如同塞美拉米斯和塞索斯特瑞斯（Sesostris）的壯麗建築是否擁有同樣的性質和布局？或者塔納奎爾（Tanaquil）與塞維烏斯（Servius）這兩位國王的智慧是否能夠分庭抗禮？或者波西婭（Porcia）與布魯特斯擁有的高尚人格是否能夠相互媲美？要是就最重要的本體性和影響力來比較，佩洛披達斯與泰摩克萊婭是否可以說是平分秋色？

　　我們要是就事論事，各種德行都能獲得某種不相容的差異，由於性質的迥然有別可以構成它的特色；後來之所以逐漸呈現雷同的趨勢，那是基於習慣使然，還要考慮到人類的體質、天性和生活的方式[5]。諸如阿奇里斯的英勇採取的方式與阿傑克斯大不相同；奧德修斯的智慧與尼斯特眞是天差地別；提起加圖這個堅持正義原則的人與亞傑西勞斯的作風各有千秋；艾里妮（Eirene）疼愛她的丈夫與阿塞蒂斯（Alcestis）的手法完全背道而馳；至於將高乃莉婭這位品格高尚的女中豪傑拿來與奧琳庇阿斯相比，讓人不知從何說起。雖然舉出這些例子，我們還是不要爲勇敢、智慧和正義預設很多相異的類型，因爲沒有人可以接受適當的評估，然後再把個別的區隔排除在外。

　　上面這些插曲經常被人詳盡的敘述，因爲你一直保持與書爲友的習慣，我確

4　賀拉斯《詩藝》（*Ars Poetica*）426行。

5　參閱希波克拉底《空氣、水和地區》第23卷、西塞羅《突斯庫隆討論集》第1卷33節，以及波菲利《論自制》。然而戴奧吉尼斯·利久斯《知名哲學家略傳》第7卷127節，陳述的內容持相反的論點。

信你對這方面有充分的體認和淵博的知識，現在可以略而不提。最後還是要交代一些例外的事項：我們這個時代之前，那些值得大家詳細閱讀的事蹟，要是逃過文人學者的法眼，一定要盡可能忠實記載再呈獻到讀者面前。特別提到婦女的嫻淑美德，無論是全體奉獻的結果還是獨力堅持的善行，只要適合向世人報導，最好的辦法是先了解眾所周知的來龍去脈，接著記錄下來完成簡單的摘要。

一　特洛伊的婦女[6]

　　特洛伊城破以後乘船逃離的人們，沒有航行經驗加上對於海洋一無所知，遭到暴風雨的吹襲帶往義大利的海岸，就在台伯河的河口拋錨停泊，能夠免於災難因而慶幸不已；男子這時到四周去偵察要了解地區的狀況，留下來的婦女對於海上生活感到膽寒而且已經勞累不堪，她們認為立即找到一塊土地安頓下來，要比到處飄泊好得多，何況失去的祖國沒有能力恢復，要建立殖民區作為安身立命之地。

　　就在一位名叫羅瑪(Roma)的婦女領導之下，放火燒掉他們的船隻。等到她們完成破壞的工作，就前去迎接向著海邊跑來搶救船隻的男子，害怕他們會發怒，有人抱著丈夫，還有人抱著自己的親戚，就用親嘴去哄他們，拿出討好的手法來安撫他們的情緒。這種習俗的起源就是如此，直到現在羅馬婦女還是拿接吻歡迎她們的親屬。

　　特洛伊人知道本身有極其急切的需要，必須與當地的居民打交道，發現對方非常仁慈，表現出友善的態度，婦女的行為獲得滿意的結局，從此他們與拉丁人生活在一起。

6　參閱本書第21章〈羅馬掌故〉6節、蒲魯塔克《希臘羅馬英豪列傳》之〈羅慕拉斯傳〉1節，以及波利努斯《謀略》第8卷25節之2。這個故事與魏吉爾敘述的細節頗有出入，哈利卡納蘇斯的戴奧尼休斯在《羅馬的古蹟》第1卷72-73節，有很詳盡的說明和解釋。

二 福西斯的婦女[7]

福西斯的婦女表現出崇高的行為，沒有任何有名氣的作者形之於筆墨，直到今日在海姆波里斯(Hyampolis)附近地區，他們根據古老的敕令還在舉行神聖的儀式，可以證實她們的英勇絕不後人，無論從那一方面來說都經得起考驗。整個事件的本末在達芳都斯[8]的傳記當中有詳盡的說明[9]，談到婦女的部分有如下述。

帖沙利人發起的戰事，對福西斯人採用「殺無赦」的指導原則。起因在於帖沙利人擁有福西斯人的城市，派駐的總督和暴君在一天之內，被福西斯人全部屠殺殆盡。這樣一來帖沙利人處死兩百五十位福西斯人質[10]，大舉出動全國的兵力經由洛克瑞斯展開入侵行動，事先已通過決議，所到之處不讓成年人留下活口，兒童和婦女全部出售為奴。

貝特留斯(Bathyllius)之子達芳都斯身為福西斯三位執政之一，說服人民發兵迎擊帖沙利的大軍，將福西斯全境的婦孺集中在一個地點，堆起大量的柴薪和乾草，派出警衛給予指示，萬一他們戰敗，就盡速舉火將人員和財產化為灰燼。幾乎所有與會人士都贊同這個計劃，只有一位起來發言，認為婦女有權表示意見，除非她們拒絕，否則不得採用強制的手段。等到婦女聽到會議討論的內容，她們集會通過同樣的議案，通知達芳都斯說她們願意玉石俱焚。據說兒童也有類似的行動，獲得與他們父母同樣的結論。

與敵偕亡的措施使得福西斯人無後顧之憂，他們在靠近克里奧尼(Cleonae)的海姆波里斯與敵軍接戰，終於獲得勝利。福西斯人的決議使得他們在希臘人之中獲得「拚命三郎」的美稱。他們為了紀念這一天的大捷，至今還在海姆波里斯舉辦最隆重的節慶，稱之為伊拉斐波利亞祭典(Elaphebolia)，用來奉祀阿特米斯。

---

7 福西斯這個區域位於希臘的中部，境內的德爾斐是宗教聖地；下面提到的故事，可以參閱波利努斯《謀略》第8卷65節；以及鮑薩尼阿斯《希臘風土誌》第10卷1節之3-11。

8 蒲魯塔克曾經寫過一篇〈達芳都斯傳〉，蘭普瑞阿斯(Lamprias)目錄的編序是38號，只是沒有流傳到後世。

9 希羅多德《歷史》第8卷27-28節有很詳盡的敘述。

10 伊司契尼斯的演說〈論騙人的使節〉140。

三　開俄斯的婦女[11]

　　開俄斯人據有琉科尼亞（Leuconia）作為殖民區之原由如下：開俄斯有位出身顯赫世家的人物舉行婚禮，新娘坐著迎親的馬車來到；他們的國王希波克盧斯（Hippoclus）是新郎非常親近的朋友，這時參加飲宴正在喝酒作樂，就跳到馬車上面，並沒有打算做出無禮的舉動，僅是依據當時的風俗開些謔而不虐的玩笑，誰知竟被新郎的朋友當場殺死。

　　神明震怒的徵兆很快顯現在開俄斯人的面前，獲得神讖的指示要他們處死殺害希波克盧斯的凶手，那些人全部坦承沒有逃避責任的打算。神明願意網開一面，任何人只要涉及此一罪行，就應該離開城市流亡在外。認定的罪犯包括動手謀殺和曲意包庇這兩方面的人士，為數不少也不是沒有實力，於是開俄斯人將他們安置在琉科尼亞，這是早年他們與埃里什里人（Erythraeans）聯手，從科羅尼亞人那裡奪取的領地。

　　等到後來開俄斯人與埃里什里人鬧翻，雙方發生戰事[12]，須知埃里什里人是愛奧尼亞人當中實力最強的部族。等到埃里什里人進軍琉科尼亞，他們沒有力量維持下去，簽訂協定同意從市鎮撤離，每個人只能帶一個斗篷和一件內衣，此外所有物品都得留下。婦女表示他們要是不帶武器，等於赤身裸體從敵人當中通過，這種行徑只配稱為儒夫。這時男子說已經立下誓約不能違背，婦女吩咐他們不能將武器棄而不帶，要是敵人問起，就說根據男子漢大無畏的精神，要把長矛當作斗篷而把盾牌視為襯衣。開俄斯人聽從勸告，他們向埃里什里人表達毫無所懼的言詞，同時展示手裡的武器，埃里什里人懾於對手英勇的氣勢，沒有敢前去迎戰或是出手阻止，只能眼看他們平安離去。開俄斯人的武德出於婦女的教導，面臨緊急關頭才能化險為夷。

　　開俄斯婦女表現的英勇並沒有退步，男子的行動更為出色；很多年以後，德米特流斯之子菲利浦[13]圍攻開俄斯人的城市，為了使所有的奴隸投向他的陣營，發布野蠻而侮慢的公告，逃亡者獲得的報酬是自由以及能與自己的主人結婚，他

11　開俄斯島在小亞細亞的愛奧尼亞海岸，當時都是希臘的殖民地；本節敘述的狀況可以參閱波利努斯《謀略》第8卷66節。

12　希羅多德《歷史》第1卷18節；以及弗隆蒂努斯《兵略》第2卷5節，全都提到米勒都斯人幫助開俄斯人的事蹟。

13　這位馬其頓國王是菲利浦五世，戰事發生在201 B.C.。

的打算是將主人的妻子匹配給奴隸。受辱婦女突然露出凶狠和野蠻的神色，就是奴隸也都氣憤不已，當著婦女的面表示支持之意，於是她們與所有的奴隸聯合起來，帶著石塊和投射武器登上城牆，鼓勵和迫使作戰的人員，最後他們英勇的防衛，用標槍和弓箭給敵人造成傷亡，終於能夠擊退菲利浦。同時沒有一個奴隸逃到對方的陣營。

四　亞哥斯的婦女[14]

　　亞哥斯的婦女受到女詩人特勒西拉（Telesilla）的鼓舞，奮起反抗克里奧米尼斯的入侵，可以說是女性保國衛民最著名的事蹟。據說特勒西拉出身名門世家，從小體弱多病，後來為了個人的健康去向神明請求指示，獲得神讖要她投身繆司的門牆，她順從勸告致力於詩藝和音樂的鑽研，不僅身體的狀況獲得改善，更在藝文方面擁有很大的名聲。

　　等到斯巴達國王克里奧米尼斯殺死很多亞哥斯人（有些富於傳奇的描述提到的數目是七千七百七十七人[15]，都是沒有根據的說法），接著要向城市進軍，亞哥斯的年輕婦女為了拯救城邦，出於無畏的精神和神意的啟發，決心阻止敵人。她們在特勒西拉的領導之下，拿起武器登上城牆，繞著全城配置在雉堞之間，旗幟鮮明而且殺氣騰騰，看在敵人眼裡感到大驚失色。結果使得克里奧米尼斯遭到擊退，人員蒙受重大的損失。就是另外一位國王笛瑪拉都斯，蘇格拉底也曾經提到，得到內應能夠占領龐菲利孔（Pamphyliacum）這個重要的城堡，最後還是被驅離以致毫無所得。

　　整個城邦安然無恙，陣亡的婦女埋葬在亞哥斯大道的兩側，倖存者為了紀念她們無比英勇的行為，獲得豎起戰神阿瑞斯雕像的特權。有人提到這次會戰發生在四月第七日，古代的亞哥斯人將這個月份稱為Hermaeus；還有人說是該月的第一日，每年到這一天要舉行盛大的慶祝活動，得到的名稱是「無敵者祭典」，參加的婦女穿上男子的短衫和斗篷，男子則穿上婦女的長袍用面紗將臉孔掩蓋起來。

14　亞哥斯瀕臨伯羅奔尼撒半島東部的亞哥斯灣，在斯巴達的東北方約八十公里，一直與斯巴達人爭奪整個地區的霸權；下面敘述的情節參閱本書第17章〈斯巴達人的格言〉45節之3；希羅多德《歷史》第6卷76節。以及鮑薩尼阿斯《希臘風土誌》第2卷20節之8。

15　根據希羅多德《歷史》第7卷148節的記載，被殺的人數有六千之眾，發生在494 B.C.或者更早一些。

按照希羅多德的記載[16]，他們為了盡快補充男子的缺乏，沒有讓婦女與奴隸結合，而是要她們獻身於隔鄰而居的臣民，盡量擇優匹配，為亞哥斯帶來更多的市民。據說婦女對原來有婚姻關係的丈夫表示藐視，認為他們的地位要低於後來的情夫，亞哥斯人因而制定一條法律[17]，要說已婚婦女長出鬍鬚，那就是認定她與兩位丈夫同睡一張床。

五　波斯的婦女[18]

居魯士唆使波斯人反叛他們的國王阿斯提吉斯（Astyages），同時不願米提人（Medes）居於領導的地位，結果居魯士遭到擊敗。波斯人向著都城逃走，敵軍沿著同一條道路在後追趕。婦女到都城的前面去迎接，將她們所穿的長袍掀起來，說道：「你們這樣匆忙奔走，難道不怕別人嘲笑是全世界最無恥的懦夫？要知道你們已無路可逃，除非溜進把你們生出來的地方。」波斯人有鑑於此感到羞愧難當，責怪自己的怯懦行徑，重新整理隊伍與敵軍接戰，終於將對手打得潰不成軍。從而產生一種不成文的習俗，無論何時國王騎馬進入都城，每位婦女可以獲得一個金幣的賞賜[19]。他們說渥克斯（Ochus）[20]是一位卑鄙小人，也是最為貪婪的國王，經常從旁繞道不願通過都城，剝奪婦女領取犒勞的權利。亞歷山大兩次進入巴比倫，每位有小孩的婦女可以獲得加倍的恩典。

六　塞爾特婦女[21]

塞爾特人（Celts）越過阿爾卑斯山，把義大利當成家園定居之前，黨同伐異的

16　希羅多德《歷史》第6卷83節，只提到他們與奴隸之間的戰爭，並沒有將其他事情牽扯進去；可以參閱亞里斯多德《政治學》第5卷3節之7。

17　這是用一種迂迴的方式承認確有其事。

18　參閱波利努斯《謀略》第7卷45節之2；以及賈士汀（Justin）《歷史的譴責》（*Historiae Philippicae*）第1卷6節。

19　參閱色諾芬《居魯士的教育》第8卷5節之21。

20　渥克斯即阿塔澤爾西茲三世，是波斯最偉大的國王阿塔澤爾西茲二世的兒子，在位期間358-338 B.C.，個性凶狠殘酷又嗜血，暴虐的行為遠超過前朝所有的君主。

21　參閱波利努斯《謀略》第7卷50節。

爭執繼續下去即將引起內戰，使他們陷入極其悲慘的處境。婦女插足兩個武裝隊伍之間，處理雙方的歧見，仲裁和決定獲得無懈可擊的美好結局，無論是城邦和家庭的成員都能建立眞誠的友情。從此以後只要有關戰爭與和平，他們一定會與婦女商議，特別是重大的事務如盟邦問題，都要經過她們的認同才能獲得最後的決定。所有的事件當中，他們與漢尼拔簽署的協約，裡面特別規定，如果塞爾特人對於迦太基人有任何不滿和抱怨，由在西班牙的迦太基總督和將領擔任法官，做出最後的裁定，要是迦太基人控告塞爾特人，則由塞爾特的婦女擔任審判的法官。

七　米洛斯的婦女[22]

　　米洛斯人(Melians)需要寬廣的領土，寧斐烏斯(Nymphaeus)是一位非常英俊的年輕人，奉派前去負責建立殖民區，神明吩咐他出航，無論在何處損失運輸工具，就在該地停下從事指派的工作，等到他到達卡里亞登岸稍事整補之際，乘坐的船隻都遭到暴風雨的摧毀。克里阿蘇斯(Cryassus)的卡里亞居民，對米洛斯人不幸的處境相當同情，同時也畏懼他們的進取精神，同意撥出部分土地讓他們能在附近居住。後來看到米洛斯人在短期內有快速的發展，暗中圖謀要將他們全部殺死，爲了達成企圖要準備盛大的宴會。

　　正巧有位名叫卡斐妮(Caphene)的卡里亞少女愛上寧斐烏斯，他們的戀情沒有被人發覺。謀害的計劃要付諸執行，她不願寧斐烏斯喪失性命，就將市民的打算和盤托出。等到卡里亞人前來邀請，寧斐烏斯就說希臘人的習俗是參加宴會要帶著婦女一同出席，卡里亞人聽到也就答應，寧斐烏斯了解全盤狀況以後，通知米洛斯人完成所有的準備，所有的男子穿上傳統的服裝，不攜帶任何武器，每位婦女將短劍藏在長袍的衣褶裡面，坐在丈夫和男親屬的旁邊。等到用餐進行到中途，卡里亞人正要發出預先的信號之際，希臘人知道時機已到，所有的婦女將懷中的短劍取出交給男子，立即動手將所有的蠻族全部屠殺殆盡。接著占領整個區域並且將城市夷爲平地。他們又另外建立取名爲新克里阿蘇斯的市鎮。卡斐妮嫁

22　米洛斯島(Melos)位於賽克拉德斯(Cyclades)群島的西端，是斯巴達人的殖民地，亞西拜阿德在417 B.C.對它發起攻擊，次年才全部占領。修昔底德《伯羅奔尼撒戰爭史》第5卷記載米洛斯人遭到屠殺的狀況，並沒有提到雅典的敕令。本章敘述的情節可以參閱波利努斯《謀略》第8卷64節。

給寧斐烏斯爲妻，由於她立下莫大的功勞受到大家的讚揚和感激。婦女能保持鎮靜和勇氣，全部自願加入行動，沒有一個人表現出驚慌和懦弱的神色，更能獲得世人的稱許和欽佩。

八　伊楚里亞的婦女[23]

等到伊楚里亞人擁有林諾斯島和因布洛斯島(Imbros)的主權[24]，有些雅典婦女以及她們與伊楚里亞人所生的子女，被強迫從布勞隆(Brauron)的港口運送出去，身爲雅典人之所以被驅離這些島嶼，主要原因是他們身上有部分的蠻族血統，等到他們在提納朗[25]上岸，斯巴達人對希洛特農奴的戰爭獲得援手，因而他們接受賜與的市民權以及異族之間通婚的權利。

雖然如此，還是受到歧視認爲沒有資格出任官吏以及成爲元老院的議員；出現這種觀念的藉口是他們經常聚集在一起，暗中會有一些趨向極端的企圖，會對斯巴達早已建立的制度產生擾亂和破壞的作用。接著斯巴達人將他們拘留起來，關在監獄裡面派出強大的守衛部隊，要找出明確的證據將他們繩之以法。成爲囚犯的妻子來到監獄，經過不斷的說情和懇求，總算得到守衛的允許，可以進去問候她們的丈夫給予安慰[26]。見面以後要丈夫立刻與她們交換衣物，脫下自己的服裝交給妻子，然後穿上妻子的長袍，離開的時候用布幕蒙起面孔，妻子留下準備面對恐怖的下場，守衛受騙認爲他們都是婦女，因而讓這些男子通過監獄的大門。

隨之而來的行動是他們占領台吉都斯山上堅強的堡壘，煽動希洛特人起來造反，很高興接受他們用來增強所需的兵力。斯巴達人陷入極其危險的情況，畏懼之餘派出傳令官前來談和，他們提出的條件是歸還他們的妻子，接受所需的金錢和船隻，啓航離開，無論在那裡找到土地和建立一個城市，都把自己視爲斯巴達

23　參閱本書第22章〈希臘掌故〉21節；波利努斯《謀略》第7卷49節；希羅多德《歷史》第4卷145-148節和第6卷138節，提到那裡的居民都是阿爾戈英雄號(Argonauts)乘員的後裔；以及華勒流斯‧麥克西穆斯《言行錄》第4卷6節。

24　伊楚里亞位於羅馬的北邊瀕臨第勒尼安海(Tyrrhenian Sea)的地區；伊楚里亞人擁有的林諾斯島和因布洛斯島，都位於愛琴海的北部，可以控制海倫斯坡海峽，地理位置非常重要。

25　拉柯尼亞的提納魯斯(Taenarus)岬位於伯羅奔尼撒半島最南端，海灣的內側有一個名叫提納朗的港口。

26　根據其他的資料，這些人在被抓來當晚就遭到處決。

的墾殖者和親戚。佩拉斯吉亞人（Pelasgians）[27] 曾經完成這項壯舉，他們的領導人物像是波利斯（Pollis）、德爾法斯（Delphus）和克拉泰達斯（Crataidas）都是斯巴達人。只有少數人定居在米洛斯，至於波利斯和他的同伴，以及絕大部分人員航向克里特，證明神讖確實靈驗有效。因為獲得的指示是他遺失女神的神像或是船上的錨，就應停止漂泊，在該地建造一個城市。

當他來到克里特，在一個名叫克森尼斯（Chersonese）的地方拋錨，到了夜晚陷入極其驚慌的混戰之中，他們毫無秩序的跳上船隻，把古老的阿特米斯雕像丟在岸上。這座雕像是祖先遺留的古物，最早從布勞隆帶到林諾斯島，接著離開林諾斯島隨著他旅行到處漂泊。他們到了海上等混亂的局勢平息下來，才知道神聖的雕像已經遺失，就在這個時候波利斯發覺錨上的錨爪已經不見（很可能是錨在海底被岩石卡住，緊急狀況下用力起錨以致斷裂），他認為神明指示的預兆完全實現，於是發出信號要船隻轉頭回去。他占有這個國度，在多次會戰中對抗當地土著贏得勝利，建立一個名叫萊克都斯（Lyctus）的城市，並且將其他市鎮置於他們的控制之下。這裡的人民認為他們與雅典人有親屬關係，因為他們的父系來自伊楚里亞而母系來自雅典；同時也是斯巴達的墾殖者[28]。

九　呂西亞婦女

發生在呂西亞[29]的事件聽起來有如神話，卻有人證實其言不虛[30]。他們所說的阿米索達魯斯（Amisodarus），該地的土著把他稱為埃薩拉斯（Isaras）；當時呂西亞人在季列亞（Zeleia）的郊外有個殖民區，阿米索達魯斯從這裡帶著海盜船來到呂西亞。這些海盜船聽從契瑪瑞斯（Chimarrhus）的指揮，好戰成性的傢伙可以說是殺人如麻。契瑪瑞斯乘坐的船隻，船首有獅子的雕像而船尾用蛇當圖騰。他對呂西亞人燒殺擄掠無所不為，雖然位於內陸地區的人民不善於航海，居住的城市也沒有靠近海濱，還是在劫難逃。

27　佩拉斯吉亞人是古老年代希臘居民的通稱，也用在入侵斯巴達地區的伊楚里亞人身上。

28　參閱亞里斯多德《政治學》第2卷10節之2。

29　呂西亞在小亞細亞多山的南部，位於卡里亞和龐菲利亞（Pamphylia）之間，詹蘇斯（Xanthus）和佩塔里（Patara）是地區主要的城市。

30　參閱荷馬《伊利亞德》第6卷152行和以後各行，以及第16卷328行的批注；海吉努斯（Hyginus）《寓言集》（Fabulae）No.57；阿波羅多魯斯《作品全集》第2卷3節；難道契瑪瑞斯就是傳說中的怪物契米拉（Chimaera）？

契瑪瑞斯後來被貝勒羅豐(Bellerophon)[31]所殺，雖然他想逃走，貝勒羅豐還是騎著佩格蘇斯(Pegasus)從後面趕上。貝勒羅豐也將亞馬遜人(Amazons)逐走，運用的手段談不上光明磊落。事實上愛奧巴底(Iobates)對待貝勒羅豐同樣不夠公正，因為這個緣故，貝勒羅豐才會在海洋到處漂泊，就向海神波塞登祈禱要求對愛奧巴底進行報復，讓他的國土赤地千里不收五穀。因此他在懇求以後開始回航，升起的巨浪使得整個地區為之氾濫。可怕的景象看起來就像一片大海騰空而至，淹沒廣大的平原。所有的男子懇求貝勒羅豐阻止毀滅的行動，根本沒有產生說服的功效，於是婦女把長袍掀起去見他，貝勒羅豐感到害臊再度退回大海[32]，據說那些驚濤駭浪也跟著消失。

有人想要對這些記事的神話性質加以解釋，說他並沒有祈求神明用海水的倒灌降禍於人類，只是平原最肥沃的部分都在海平面之下，有一條山嶺沿著海岸延伸，貝勒羅豐打開缺口讓海水排出去。然而海洋的波濤洶湧再度淹沒平原，男子除了向他乞求沒有做任何事，只有婦女群聚在他的周圍，表現出極其尊敬的態度，他基於氣憤使得海潮消退。

還有人用斬釘截鐵的口吻表示，說契米拉並不是別的東西，而是一座面對太陽的山嶺，夏天反射陽光會使周圍地區極其炎熱，平原上面種的作物乾涸而枯萎。貝勒羅豐發覺原因何在，就將懸崖最光滑的部分加以削除，不讓它產生最大的反射效果。後來他對呂西亞人的忘恩負義非常不滿，還是婦女出面求情，才打消施加報復的念頭。

寧菲斯(Nymphis)寫出[33]有關赫拉克利(Heracleia)的著作，第四卷裡面提到這件事的來龍去脈，整個來說跟神話好像沒有什麼牽連。詹蘇斯人(Xanthians)的土地上面有一頭野豬肆虐，為害牲口和作物，貝勒羅豐將牠殺死以後沒有獲得適當的報酬。因此他向海神波塞登申訴，要求降禍於詹蘇斯人。突然之間整個平原由於鹽分的沉澱變得閃閃發光，土壤成為鹽漬地，完全不能生長任何植物。最後還是貝勒羅豐接受婦女出於尊敬的懇求，不再生氣，才請波塞登高抬貴手。因為

31　貝勒羅豐是希臘神話的英雄人物，他的座騎佩格蘇斯是一匹長著翅膀的飛馬，遊歷各地去行俠仗義。

32　參閱荷馬《伊利亞德》第6卷162-197行，提到貝勒羅豐的出身、家世、性格以及遭到陷害的各種情節。

33　赫拉克利是寧菲斯的故鄉，這位歷史學家是西元前2世紀的知名之士，平生著述甚豐，沒有存世的作品。

這種緣故，詹蘇斯人遵從傳統習俗，他們的姓氏來自母系而非父系[34]。

十　薩爾曼提卡的婦女[35]

　　巴卡（Barca）之子漢尼拔發起對付羅馬人的戰役之前[36]，在西班牙進軍一座名叫薩爾曼提卡（Salmantica）的大城。開始的圍攻作戰讓人畏懼萬分，情願降服送給漢尼拔六千鎊的金錢，提供三百名人質。等到他撤軍解圍，當地居民改變心意，不再承諾原先答應的事項。於是漢尼拔回師再度攻擊背信的城市，下令給士兵可以大肆洗劫。西班牙的蠻族陷入極度驚恐之中，獲得的條件是同意身為自由人的居民離開，身上只能穿表示市民身分的長袍，留下武器、財產、奴隸和整個城市。婦女認為他們在離城的時候，敵人只清查每個男子，不會去找婦女的麻煩，就將刀劍藏在身上，隨著男子趕緊開拔。

　　等到他們全部出城以後，漢尼拔派出馬西塞利亞（Masaesylia）的士兵擔任警衛，將居民置於看管之下。其餘的士兵衝進城中不守軍紀到處搶劫，搬運出來大量的戰利品，這些馬西塞利亞人不甘願在旁作為觀眾，對於監視市民的工作絲毫沒有放在心上，在感到極其苦惱的狀況下，想要採取行動好能夠分一杯羹。面對當前有利的局面，婦女吩咐男子集合起來，將刀劍發給他們，還有一些婦女跟著行動，攻擊看守他們的警衛。有個婦女搶走通事貝儂（Banon）的長矛，在刺他的時候發現不管用，因為這位通事身上穿著胸甲。他們殺死幾位警衛，剩下的馬西塞利亞人只有潰逃，就在婦女的相助之下，形成一個緊密的團體，要用實力打出一條生路。

　　漢尼拔得知出事的消息，馬上派出部隊在後面追趕，那些無法堅持到底的人士都被他捕獲。其餘的市民就拿高山峻嶺作為藏身之所。後來，他們還是派人去向漢尼拔陳情，同意歸還城市，獲得赦免和更仁慈的待遇。

34　參閱希羅多德《歷史》第1卷173節，以及後世學者的注釋，裡面引用很多情節類似的故事。

35　參閱波利努斯《謀略》第7卷48節。

36　這個時候大約是220 B.C.，參閱波利拜阿斯《歷史》第3卷14節；以及李維《羅馬史》第21卷5節。

十一　米勒都斯的婦女[37]

有一段時間，米勒都斯的少女出於無法知悉的原因，恐怖又奇異的苦悶使得她們處於著魔的狀況。最常見的臆測之辭是空氣帶有令人失常和可以傳染的成分，使得她們的心靈產生錯亂出現歇斯底里的症狀。總之，一種渴望死亡和精神異常的衝動，使得她們在突然之間要去懸梁自縊，還有很多人像是受到操控，偷偷從家中溜出去吊死在別的地方。父母的規勸和眼淚以及朋友安慰的話全都不發生作用，對於身旁監視人員嚴密的看管和用盡心機的照料，她們還是能夠避開再去尋死。看來這種邪惡的疾病像是出於神意非而人力所能醫治，一直要到某位有見識的人提出建議，那就是通過一項規定，凡是上吊身亡的婦女，須赤身裸體抬著經過市民大會去埋葬。等到這項規定通過以後，再也沒有年輕的女性用這種方式去自尋死路。從這裡可以證明出於與生俱來的操守和德行，可以保護我們不受邪惡思想的侵犯；事實上婦女帶著泰然自若的神色，面對世界上最令人畏懼的東西，那就是死亡和痛苦，不會表現出退縮和規避的模樣，對於死後的羞辱卻感到無法忍受。

十二　西奧斯的婦女

根據傳統習俗，西奧斯[38]的少女可以成群結隊前往公家的寺廟，在那裡消磨一整天的時間，追求她們的男子在一旁觀看她們的遊戲和舞蹈。到了夜晚她們輪流到每個少女的家中，等候她們的父母和兄弟為她們洗腳。經常發生多位年輕人同時愛上一個少女的事情，根據習俗，這種戀愛的方式，非常遵守秩序還能自我約束，只要這位女郎傾心其中一位愛人，其餘人員立刻停止追求的行動。合乎禮儀的習俗所產生的後果，對於婦女而言從來沒有聽過通姦和誘騙的惡行，這段期間達七百年之久。

37　米勒都斯位於小亞細亞海岸的愛奧尼亞地區；提到他們的婦女可以參閱波利努斯《謀略》第8卷63節。奧盧斯·傑留斯《阿提卡之夜》第15卷10節，從蒲魯塔克已佚失的作品《論靈魂》（De Anima）轉錄這個故事，很多地方會出現重複。

38　西奧斯島位於愛琴海的南部，雅典的西南方距離約為七十公里。

十三　福西斯的婦女[39]

　　福西斯的僭主奪取德爾斐，底比斯人憤而與他們兵戎相見，這就是眾所周知的「神聖戰爭」[40]。有些婦女是戴奧尼蘇斯的狂熱信徒，她們被人稱爲塔德斯（Thyads）[41]，帶著陷入歇斯底里的興奮情緒，在夜間不自覺的亂逛中來到安斐沙（Amphissa）[42]。她們疲勞到極點，神志還是無法恢復，猛然倒在市場裡面，東一個西一個睡滿一地。安斐沙現在與福西斯結成聯盟，僭主有很多士兵駐防該地，市民的妻子害怕信徒受到士兵的侮辱，全都跑到市場很安靜的站在她們的旁邊，即使她們不省人事還是不願離開。等到她們從沉睡中醒來，每一位本地人服侍一位外鄉人，要她們提高警覺還供應所需食物。最後安斐沙的婦女獲得丈夫的同意，陪伴這些外鄉人，將她們安全護送到邊界。

十四　華勒麗婭和克黎莉婭[43]

　　塔昆紐斯・蘇帕巴斯簡稱塔昆（Tarquin），是從羅慕拉斯算起第七任羅馬國王，他之所以受到驅逐是出於兩件事情的影響，一是身爲君主的傲慢，另一件出於盧克里霞（Lucretia）的德行。盧克里霞嫁給出身王室的知名之士爲妻，她把塔昆的一位兒子當成貴賓，在家中接待之際卻遭到強暴。她將不幸的經過向朋友和親人全盤托出以後，立即自裁身亡。塔昆陷入罷黜的處境，爲了恢復國王的權力盡最大努力發起數次戰爭，最後他說服伊楚里亞的統治者波森納（Porsena），率領一支大軍前去對付羅馬[44]。

39　「福西斯的婦女」這個題目在前面已經用過，本節這個故事應該取名爲「安斐沙的婦女」。

40　歷史上共有三次「神聖戰爭」：590 B.C.希臘城邦爲了控制德爾斐，引起第一次神聖戰爭；448 B.C.福西斯人據有德爾斐發生第二次神聖戰爭；第三次神聖戰爭從356-346 B.C.有十年之久，起因是福西斯人搶奪德爾斐神廟的金庫。這個故事發生在第三次神聖戰爭期間。

41　戴奧尼蘇斯是眾所周知的酒神和歡樂之神；塔德斯是奉祀酒神的女祭司。

42　安斐沙是希臘中部地區的城鎮，雖然在洛克瑞斯境內，卻緊鄰德爾斐不到幾公里。

43　蒲魯塔克《波普利柯拉傳》（Poplicola）17-19節提到這個故事，動人的情節當然還有其他的作者加以運用；像是李維《羅馬史》第2卷13節；哈利卡納蘇斯的戴奧尼休斯《羅馬古代史》（Roman Antiquities）第5卷32-34節；華勒流斯・麥克西穆斯《言行錄》第3卷2節之2；以及波利努斯《謀略》第8卷31節。

44　參閱李維《羅馬史》第2卷9節。

　　面臨戰火威脅的同時，羅馬人還遭到饑饉的迫害；他們知道波森納不僅是一位偉大的戰士，還是富於正義感的正人君子，非常希望能就塔昆去位這件事出面主持公道。塔昆的爲人剛愎自用，他說波森納要盡責任做忠誠的盟友，而不是充當公正的法官。這樣一來波森納與塔昆斷絕關係，願意盡力與羅馬人維持友誼，條件是歸還割據自伊楚里亞的土地和捕獲的戰俘。爲了保證履行協定，要交給他十個青年和十個少女作爲人質，其中包括執政官波普利柯拉（Poplicola）[45]的女兒華勒麗婭（Valeria）；雖然同意的事項沒有全部完成，波森納立即暫緩戰爭的準備工作。

　　這群少女要到河邊去沐浴，地點離開羅馬人的營地只有很短的路程，其中有一位名叫克黎莉婭（Cloelia），大家在她的教唆之下，將所穿的衣物綁在頭上，冒險衝過快速的激流和急遽的漩渦，在水中大家緊密的游在一起，靠著克服困難的決心和不怕失敗的勇氣，終於能夠抵達對岸。還有人說克黎莉婭獲得一匹馬，她騎在上面慢慢的渡過，完全靠著她的引導維持方向，讓游泳的少女獲得她的幫助和鼓勵。對於他們支持的論點，我馬上會提出來說明。

　　羅馬人看到這些少女很安全沒有受到任何損傷，就對她們的勇敢和大膽給予讚揚，然而並不同意她們擅自歸來，這樣一來就會證明他們失信於人毫無榮譽可言。因此當局命令所有的女郎立即回去，並且派人在旁邊監督。她們在渡河之際，塔昆派出部隊設下埋伏[46]，這些少女間不容髮要落入他的手中。執政官波普利柯拉的女兒華勒麗婭帶著三個奴僕，擺脫追兵逃進波森納的營地。另外就是波森納有一個名叫阿隆斯（Aruns）的兒子，盡最大的速度趕去給予援助，最後還是將她們從敵人那裡拯救出來。

　　等她們回到營地，波森納注視這些少女，吩咐她們說出是誰唆使和領導這樣的計劃，所有的人都怕克黎莉婭受到處分，大家都不講一句話。克黎莉婭自動站出來全部承擔，波森納對她非常欽佩，下令將一匹配具齊全的馬牽出來，當作禮物賜給她，表現出仁慈又友善的態度，派出護衛將她們送回去。很多人根據這點才說克黎莉婭騎馬渡河。還是有人說事情並非如此，波森納讚譽她的精力和膽識遠非婦人孺子可比，從她的行爲值得接受給予勇士的禮物。總之，靠近聖路[47]有一座婦女騎在馬上的雕像，有人說這位女中豪傑就是克黎莉婭，也有人認爲是

45　波普利柯拉是西元前6世紀的羅馬將領和政治家，領導市民推翻王政建立共和。
46　他的目的是阻止人質返回波森納的營地，這樣一來羅馬人就會失去信用。
47　聖路即沙克拉大道（Via Sacra），是羅馬城最主要的街道，從西利蒙塔納門經過圖拉真廣場直抵卡庇多山，成爲舉行凱旋式的路線。

華勒麗婭。

十五　蜜卡和麥吉斯托

　　亞里斯托蒂穆斯（Aristotimus）[48] 說服馬其頓國王安蒂哥努斯[49]，獲得支持才能成爲統治伊利斯人民的僭主，他對權力的運用非常不妥，施政作爲完全背離寬厚的要求。這個人的天性極其凶狠，他的手下有一幫來源混雜的蠻族，要靠這些惡徒來保護個人的安全和統治的地位，出於心中的畏懼對他們百依百順，即使這些護衛對市民的行爲是如此的傲慢和殘酷，他還是視若無睹不予理會。從斐洛迪穆斯（Philodemus）發生的案例可見一斑。

　　這位市民有一個美麗的女兒名叫蜜卡（Micca）；僭主的傭兵當中有位頭目的名字叫作盧契烏斯，這個傢伙說是愛她要讓她成爲他的情婦，更可能是要表現無人敢予違抗的高傲，竟然派人召喚她去與他見面。她的父母看到事已如此只有勸她從命，女郎擁有高貴的情操，抱著她的父親提出哀求，說是寧願一死也不能讓他用羞辱和非法的方式奪去處女的貞節。耽擱一段時間以後，盧契烏斯是個好色成性的粗人，仗著幾分酒意要親自前來索取，發現蜜卡跪在地上抱著她父親的膝蓋，於是他命令這位女郎跟著他走。看到她根本不理不睬，就剝去她的衣服，用鞭子抽打她赤裸的身體，這時她勇敢的承受痛苦的酷刑一聲不吭。

　　她的父親和母親在旁邊流著眼淚懇求，要他停手卻毫不管用，只有求助於神明的干預，以及其他市民見證這種極其恐怖又違法的暴虐行爲。蠻族的頭目在震怒和酗酒的刺激之下已經完全瘋狂，竟然殺死少女，最後她的頭還垂在父親的胸膛上面。

　　僭主對類似這樣的慘劇當然不會感動，不少市民遭到殺害，還有很多人被迫過著流亡的生活。不管怎麼說，好像有八百人安全逃到艾托利亞[50]，懇求當地人士幫助他們，從僭主的手裡救出他們的妻兒子女。沒過多久，亞里斯托蒂穆斯自己發布通告，婦女只要願意前去與丈夫相聚，可以將女方的財產全部帶走。當他知道她們帶著高興的神色接受規定的條件（據說這些婦女的數目超過六百人），他

48　伊利斯鑄造的錢幣，上面有亞里斯托蒂穆斯的名字和頭像。

49　他是安蒂哥努斯二世哥納塔斯，在位期間277-239 B.C.。

50　艾托利亞是希臘中部一個區域，它的西邊是阿卡納尼亞，北部與伊庇魯斯和帖沙利接壤，東部是洛克瑞斯，南面瀕臨科林斯灣。

發布命令要她們在指定的日子，結成一個隊伍才能離開，目的是爲了保證她們的安全。

等到這一天來臨，婦女帶著揀拾的財物聚集在城門口，有的人將年幼的兒女抱在懷裡，還有人坐在大車上面，大家不分彼此都在那裡等待。突然之間僭主的手下出現，還在一段距離之外就開始責罵，大聲喊叫要她們停在原地。等到他們走近以後，立刻命令所有的婦女要向後退，然後來人分散在四周，還有一些騎馬的人繼續向著婦女前進，毫不留情的就從隊伍中間衝過去，使得這些婦女沒有閃避的機會，她們不能跟著走，也不能留下不動，對於那些即將當場喪命的老弱婦孺也無法給予援手，她們之中有些人從車上摔下受傷，也有人失足在馬蹄之下。這些傭兵把她們當成羊群，用吆喝和鞭子在後面驅趕，這些婦女一個接著一個跌倒在地，一直到士兵將她們全部送進監獄。她們的財物都落入亞里斯托蒂穆斯的手裡。

伊利斯的人民對於這種惡行感到氣憤不平，奉獻給酒神戴奧尼蘇斯大家稱之爲「聖處女」的女祭司，手裡拿著懇求的樹枝和束帶向神明祭祀，前進的途中在市場附近與亞里斯托蒂穆斯相遇。他的侍衛出於尊敬就讓路給她們，這些女祭司很安靜的停下，首先是很虔誠的高舉懇求的樹枝。這種行動很明顯她們是在爲這些婦女陳情，想用哀求的方式來安撫他的大發雷霆。這時他對侍衛的未盡職責極其惱怒，大聲尖叫說是他們讓這些女祭司來到他的面前，現在就應該把她們趕出市場，無論是推還是打，總要讓她們沒有一個人留下；然後他對這些婦女每人施以四百鎊的罰鍰。

等到這些事件發生以後，赫拉尼庫斯(Hellanicus)[51] 開始統合大家的行動來對付僭主；他這時年歲已高，兩個兒子不幸逝世，無論會產生何種後果對他而言都已毫無顧忌。遭到放逐的流亡人士從艾托利亞渡海過來占領阿美摩尼(Amymone)，這是位於伊利斯的一座城堡，可以用來作爲發起作戰行動的基地，原來那些從伊利斯逃走的市民現在都來投效，使得聲勢大增。亞里斯托蒂穆斯感到大事不妙，前去見那些被關起來的婦女，認爲要達成目標的最佳方式是讓她們畏懼而不是討好她們，他命令她們寫信給她們的丈夫，要他們趕快離開這個國家；如果她們膽敢不寫，就將她們全部施以酷刑然後處決，在這個之前先要殺死她們的子女。他在那裡站了很久不斷催促她們表示意見，也想聽聽她們對他的

51　赫拉尼庫斯是獲得民眾擁戴的領袖人物，他們用起義的行動反對伊利斯的僭主亞里斯托蒂穆斯。

要求有什麼說法。大部分的婦女根本不予理睬，只是很安靜的相互注視，頷首表示她們的心意已決，不會因威脅之辭產生慌亂或動搖。

麥吉斯托(Megisto)是泰摩利昂(Timoleon)的妻子，因為丈夫的家世和個人的德行，能夠維持領導者的地位，為了故意輕視前來的僭主，不認為應該站起來迎接，也不讓其他婦女這樣做，保持端坐的姿態給予下面的回答：「如果你是一個有見識的人，就不會想到用妻子去影響丈夫；你應該派人去見他們，就像你向我們施展你的權勢一樣，找出一些好聽的話去與他們講，總比在這裡對著我們做出下流勾當要好得多。你要是對說服他們已經感到絕望，或是期盼能利用我們來誤導他們；那麼我可以告訴你不要再想欺騙我們，我們也不吃你這一套；同時我祈禱他們心中永遠不要存著這種卑鄙的念頭，為了想讓妻子和幼小的子女活下去，放棄為國家爭取自由的崇高理想。事實如此，看來失去我們對他們而言並非一件壞事，因為他們沒有在現場看到這場悲劇；然而就從你的手裡救出所有的市民，不再遭受殘酷的迫害和難以忍耐的無禮來講，卻是一樁天大的好事。」

麥吉斯托說了這些話，亞里斯托蒂穆斯無法忍受，下令將她的幼兒帶過來，意圖當著她的面將他殺死。這些兒童都在玩耍和角力，奴僕想要從雜亂之中將他找出來，他的母親叫著他的名字說道：「我兒，快過來，現在要在你懂得世事之前，讓你能夠脫離專制政體的苦海；看到你活著過奴役的生活比起看到你的死亡，使我更感到傷心難過。」

這樣一來，亞里斯托蒂穆斯對著這位母親拔出劍來，暴怒的神情像是要立刻衝過去；他有一位非常親密的夥伴名叫塞隆(Cylon)[52]，雖然僭主自己認為這個人對他很忠誠，實際上卻恨之入骨；同時塞隆還加入赫拉尼庫斯的陰謀組織；看到情況不對馬上前去阻擋，勸他回心轉意不要痛下毒手，就說這種舉動不僅可恥而且會被人輕視，身為一個英明有為的統治者，絕不會用這種方式來處理當前的困境。最後的結果總算亞里斯托蒂穆斯能夠恢復理性，只有悻悻然離開監獄。

接著發生一件不祥的凶兆，中午他在休息的時候只有妻子陪伴，午餐還在繼續準備，一隻老鷹高飛在府邸的上空盤旋，好像是有意如此，牠嘴裡含著一塊石頭，丟落在一間寢室的屋頂，那是亞里斯托蒂穆斯夜間睡覺的地方，就在這個時刻發生很響的撞擊聲，看到這隻猛禽的人都在大叫。亞里斯托蒂穆斯為之大驚失色，等他知道是怎麼一回事就將占卜者請來，以往在市民大會有問題都會與他商議，目前困惑之餘就問他發生的徵兆主何凶吉。占卜者鼓勵他不要氣餒，要他相

---

52 德爾斐有一塊碑，上面刻著銘文用來推崇他的善行。

信宙斯會讓他振作精神並且給予援手；在另一方面，占卜者卻告訴這些市民，說他認爲上天的制裁正在僭主的頭上伺機而動，很快就會讓他家破人亡。赫拉尼庫斯和他的朋友聽到以後感到事不宜遲，決定在次日發起攻擊。

那天夜晚赫拉尼庫斯夢到亡故的兒子站在他的身旁向他說道：「明天這個城市就會聽從你的指揮。」因此他從顯靈獲得堅定不移的勇氣，讓他的同伴也受到鼓舞爲之興奮不已。在另一方面，亞里斯托蒂穆斯得知克拉提魯斯（Craterus）[53]親率大軍前來助陣，現在已經在奧林帕斯山設置營地，馬上變得英勇無比，在沒有侍衛保護的狀況下，僅由塞隆陪同前往市民大會。因此赫拉尼庫斯抓住機會，不等發出原來已說好的信號，就高舉雙手用清晰的聲音說道：「勇士們，爲何不趕快下手？我們要爲祖國這片美好的土地抗爭到底，絕不放棄。」塞隆首先拔出劍來刺殺跟在亞里斯托蒂穆斯身後的人，這時色拉西布盧斯和蘭庇斯從對面衝了出來阻擋，使得僭主得以搶在起義志士之前，躲進宙斯神廟尋求庇護。他們還是在那裡將他處死，屍體運到市民大會示眾，向著民眾歡呼已經獲得自由。事實上他們並沒有比這些婦女的行動更快，就在城市回響勝利的呼叫之際，她們已經出現在這群勇士的四周，用綵帶和花冠將他們裝扮起來。

群眾如同浪潮湧向僭主的府邸，他的妻子將寢室的門閂住以後在裡面懸梁身亡，他有兩位適婚年紀的女兒，長得貌美如花仍舊待字閨中，她們被大家抓住以後拖了出來，決定在殺死她們以前，先加以折磨和蹂躪。麥吉斯托和其他婦女出面阻止，大聲喊叫說他們這樣做等於犯下十惡不赦的重罪，如果他們認爲自己是民主政體的市民，那就不應該像僭主一樣，做出神人共憤的殘酷暴行。很多人對這位品格高尚的婦女極其尊敬，何況她在說話的時候表現出大義凜然的神色，眼中還含著淚水，於是他們同意不能做出禽獸的行爲，答應給她們自行了斷的機會。

因此他們將兩位少女帶返家中，逼著她們趕快自裁，年長的邁羅（Myro）將腰帶解下來做成一個活套，與她的妹妹告別以後，要她的妹妹注意看她怎麼做才對，然後說道：「唯有這種方式可以讓我們結束生命避免遭到羞辱，雖然我們並不值得有這種待遇。」等到妹妹希望能夠得到先死的權利，同時緊抓住腰帶不放，這時邁羅說道：「過去妳對任何事情提出要求我從來沒有拒絕，因此妳也要接受我的懇求；親愛的妹妹，要是我看到妳在我的面前自盡，這種悲傷比起死亡

53　克拉提魯斯是亞歷山大麾下能力最強的將領，等到大帝崩殂以後，帝國隨之四分五裂，只有他與安蒂佩特成爲馬其頓和希臘的統治者。

本身還要讓我難以忍受。」接著邁羅教她的妹妹如何將活套繞住頸脖，等到做妹妹的看到她已斷氣，就將屍體解下來用布蓋好。最後她請求麥吉斯托照料她的後事，不要讓她在死後還遭到不光彩的事故。

　　看到這樣悲慘的結局，即使再痛恨僭主的人，也禁不住要對這兩位高貴的少女流出同情的眼淚。提起婦女節義忠孝的行為可以說是史不絕書，我只能就蒐集到的資料來舉例說明，至於個別的英勇事蹟我總認為來自作者本人的選擇，很多地方難以深入考證，無法像年代志一樣按照時間的先後給予妥善的編排。

十六　派麗婭[54]

　　有些愛奧尼亞人遷到米勒都斯，後來他們與奈琉斯(Neileus)[55]的兒子意見分歧，發生不斷的爭執，因而在米勒都斯人的手裡吃了很多苦頭，於是離開前往邁烏斯(Myus)[56]定居；叛逃的行動引起雙方的戰爭。然而戰事並不是沒有暫時停息或是阻止彼此的交往，某些節慶期間一般婦女可以從邁烏斯前往米勒都斯。邁烏斯的民眾當中有位顯赫的人物名叫皮昔斯(Pythes)，他的妻子是伊阿披基婭(Iapygia)，生了一個名叫派麗婭(Pieria)的女兒。

　　正當祭祀阿特米斯的節慶期間，他為妻子準備非常豐富的祭品，同時答應他的女兒可以一同前去參加盛大的典禮。弗里基烏斯(Phrygius)是對奈琉斯的兒子有極大影響力的人物，他對派麗婭一見傾心，總想能用什麼方法可以取悅新認識的愛人，這時她說道：「只有你可以讓我在許多人的陪同之下經常來到此地。」弗里基烏斯很快了解她希望在市民之間獲得友誼與和平，從而終止雙方的戰爭。此後派麗婭在兩個城市獲得推崇和榮譽，甚至到今天米勒都斯的婦女，一直在祈求她們的丈夫能像弗里基烏斯愛派麗婭那樣愛她們。

54　參閱波利努斯《謀略》第8卷35節；以及亞里斯提尼都斯(Aristaenetus)《書信集》第1卷之15。

55　奈琉斯是雅典最後一位國王科德魯斯(Codrus，統治期約為1089-1068 B.C.)的兒子，他在小亞細亞建立米勒都斯(Miletus)這座城市。

56　邁烏斯位於卡里亞，是列名愛奧尼亞聯盟的城市。

十七　波利克瑞特[57]

　　納克索斯(Naxos)[58]和米勒都斯之間發生一場戰事，起因出於米勒都斯人海普西克里昂(Hypsicreon)的妻子尼厄拉(Neaera)。這位有夫之婦愛上納克索斯島的普羅米敦(Promedon)，竟然要乘船與他私奔；他是海普西克里昂的朋友和貴賓，還是屈服在尼厄拉火熱的示愛之下，她害怕丈夫知道會有不測，於是普羅米敦將她帶到納克索斯，當作懇求者安置在赫斯夏(Hestia)神廟。納克索斯人非常寵愛普羅米敦，拒絕將她遣返，同時還拿懇求者的身分作為藉口；從而兩個城市之間爆發戰爭。除此以外還有很多人參與米勒都斯的陣營，特別在所有愛奧尼亞人當中以埃里什里人最為熱心。等到戰爭拖延下去，給涉入的城市帶來很大的災害。後來還是婦女的英勇結束這場戰事，如同這場不幸的起因出於婦女的外遇和不貞。

　　埃里什里人的將領戴奧吉尼都斯(Diognetus)被授與固守堅強據點的重任，由於地勢險要加上工事完備，對於納克索斯人的城市造成很大的威脅，能夠從對手那裡獲得很多戰利品，搜捕到一些自由人出身的婦人和少女。他對其中一位名叫波利克瑞特(Polycrite)的女郎迷戀不已，留在身旁不像俘虜，視為已經結縭的髮妻。等到米勒都斯人大肆慶祝的節慶，如同預期那樣來到軍中，所有人員參加飲宴和交際的活動。波利克瑞特問戴奧吉尼都斯能不能藉著這個理由，送一些糕餅給她的兄弟享用。他不僅答應還催她馬上去辦，她偷偷將一塊寫著字句的鉛板藏在麥餅裡面，特別交代送去的人告訴她的兄弟，特別是她為他們做的東西不能給別人吃。她的兄弟發現裡面的鉛板和寫的字跡，波利克瑞特勸他們要在當天的夜晚攻擊敵人，因為節慶的關係大家飲了很多酒警戒一定會鬆懈。她的兄弟帶著信息去見他們的將領，力主馬上要展開行動，等到敵人的據點落到手中，有很多人被殺，波利克瑞特乞求同胞饒戴奧吉尼都斯一命，使得他能夠安然無事。當她回到城門的時候，遇到大群前來歡迎她的市民，奉上花冠表示感激並且大聲讚譽她的表現，她難以忍受突如其來的歡樂，竟然倒在城門旁邊不治身亡。他們將她埋在該地，石碑上面刻著「英靈不滅之墓」幾個字，雖然大家羨慕波利克瑞特建立的功勳，但是對她沒有享受到塵世的榮譽就此一命歸西，仍舊有依依不捨之意。

57　參閱波利努斯《謀略》第8卷36節；以及帕台紐斯《愛的故事》9和13。
58　納克索斯島是愛琴海南部賽克拉德斯群島一個面積較大的島嶼，位於雅典東南方兩百公里。

納克索斯的作者曾經記載這個故事，要是根據亞里斯多德[59]的說法，波利克瑞特並沒有成爲俘虜，只是戴奧吉尼都斯在某個場合遇見她，因而墮入情網，已經準備爲她任何事都萬死不辭。這時她答應許身於他，只是要他承諾她所要求的事，如同哲學家所說的那樣，她要戴奧吉尼都斯立下誓言盡全力完成。等到他給了她所需的誓約，她提出要求就是將迪利姆（Delium）[60]交到她的手裡（這個據點後來就用這個名字），否則她不會同意與他白頭偕老。他無法逃避對她的愛情以及所立的誓言，只要盡一切手段妥善安排，終於能將這個要點交給波利克瑞特，然後她再轉交給她的市民。這樣一來，納克索斯人再度能與對手處於勢均力敵的狀態，使得米勒都斯人願意就他們提出的條件達成和議。

十八　蘭普薩斯[61]

來自福西亞（Phocaea）的孿生兄弟福布斯（Phobus）和布勒普蘇斯（Blepsus），他們的出身淵源於科德魯斯世系（Codridae）[62]；這個家族過去有位名叫福布斯的顯赫人物，第一位從琉卡迪亞懸崖[63]上面縱身於大海，有點像史書上面記載那位來自蘭普薩庫斯的卡戎[64]。福布斯屬於帝王階層，擁有很大的權勢，爲了家庭的事業啓航前往帕里姆（Parium）[65]，成爲曼德朗（Mandron）的朋友和貴賓；曼德朗是畢布里西亞人（Bebrycians）的國王，這個民族也有人稱之爲披特伊薩人（Pityoessenians）。

當他們爲著鄰國的企圖而憂心忡忡的時候，福布斯加入曼德朗的陣營，在作戰方面給予援手。等到福布斯要離開返回故鄉，曼德朗對他的未來表示非常關心，如果福布斯願意帶著福西亞的墾殖人員來到披特伊薩[66]，答應分給他們一片土地，協助福西亞人在那裡建立城市。福布斯基於這個緣故說服市民，派遣他的

---

59 參閱奧盧斯・傑留斯《阿提卡之夜》第3卷15節。

60 迪利姆是納克索斯島上一個堅固的據點，與皮奧夏打了一場會戰的小鎮有相同的名字。

61 參閱波利努斯《謀略》第8卷37節。

62 這個世系以傳說中雅典最後一位國王科德魯斯爲他們的始祖。

63 琉卡斯是亞得里亞海的島嶼，接近阿卡納尼亞的海岸，長久以來是科林斯的盟邦；這個島嶼的最南端有個名叫琉卡迪亞的懸崖。

64 蘭普薩庫斯的卡戎是西元前5世紀的歷史學家。

65 帕里姆是邁西亞一個城市，位於海倫斯坡海峽的南岸。

66 披特伊薩是邁西亞一個城市，很多畢布里西亞人居住在該地。

兄弟帶著開闢殖民區的人員前往。發現曼德朗只要答應的事全都辦得非常妥當，對於他們的期望沒有打任何折扣。

　　等到福西亞人從鄰近的蠻族獲得大批戰利品和擄獲物，畢布里西亞人不僅嫉妒還產生畏懼之心，就想除去心腹之患，只是無法說服曼德朗，因為這個人是正人君子，不肯用卑劣的手段對付希臘人。後來曼德朗外出旅行，他們準備用暗中謀害毀滅當地的殖民區人員。曼德朗的女兒蘭普薩斯(Lampsace)是一位年輕的女郎，事前得知這件陰謀的策略，首先勸他們的朋友和親屬不要參與其事，特別讓他們了解謀殺是邪惡的行為，何況要去對付他們的恩人和盟友，現在已經成為他們的市民同胞。等到她對他們曉以大義還收不到效果，只有暗中通知希臘人現在醞釀的事件，警告他們要加強戒備。他們準備獻祭的犧牲和飲食，邀請披特伊薩人到城外來赴宴，然後自己兵分兩路，一路占領城牆，另一路殺死出席的男子，等到他們用這種方法控制城市以後，再將曼德朗請回來擔任他們的國王，統治外來和當地的居民。

　　蘭普薩斯因病亡故，他們舉行盛大的葬禮然後將她埋在城內，這座城市就用她的名字稱為蘭普薩庫斯。曼德朗盡力讓他們不要懷疑他有背叛的行為，他們要他放心與他們生活在一起，他的回答是將被害者的妻兒子女帶走是他的權利，後來他們還是同意，再也不會做出對不起人的事。他們首先將英雄的榮譽加在蘭普薩斯的身上，後來他們將她視為女神用犧牲獻祭，一直到現在香火不絕。

十九　阿里塔斐拉[67]

　　塞倫[68]的阿里塔斐拉(Aretaphila)出生的時候，離開後來米塞瑞達底[69]統治的期間並沒有多久，那真是一段艱困的日子。她所展現的英勇以及偉大的建樹，就拿古代的女中豪傑來比較，也是不遑多讓。她的父親伊格拉托(Aeglator)和丈夫斐迪穆斯(Phaedimus)是當時的顯赫人物；她的容貌出眾，而她高人一等的見識和從不出錯的政治智慧，使得她享有盛名，等到城邦陷入不幸的逆境，她的作

67　參閱波利努斯《謀略》第8卷38節。

68　塞倫尼亞位於北非瀕臨地中海，後來成為羅馬的行省，首府稱為塞倫，是希臘人建立的殖民城市，與迦太基、希臘和埃及有密切的商業和貿易來往。

69　這是潘達斯國王米塞瑞達底六世優佩托(Mithridates VI Eupator)，憑著文治和武功贏得「大帝」的頭銜，在位期間120-63 B.C.，曾經與羅馬發生三次米塞瑞達底戰爭，時間分別是88-84、83-82及74-63 B.C.。

爲更爲卓越和突出。

奈柯克拉底（Nicocrates）成爲僭主統治塞倫的人民，他不僅下令使很多人遭到謀殺，還親自動手除去阿波羅祭司麥蘭尼帕斯（Melanippus），好接替遺留的職位。他殺死阿里塔斐拉的丈夫斐迪穆斯，使得心不甘情不願的阿里塔斐拉成爲他的妻子。這個人作惡多端可以說不勝枚舉，他把衛隊派駐在城門口，就連送到墳場的死者都不放過，除了拿匕首來戳還用燒紅的鐵塊來烙，這樣一來使得市民不敢裝成屍體的樣子，在暗中運出城去。

甚至就是阿里塔斐拉都難以忍受面臨的困境；雖然僭主非常愛她，答應讓她享受榮華富貴，特別是他對她的稟賦和氣質感到心悅誠服，在她的面前表現出溫和有禮的模樣，換了對任何人都是蠻橫而殘暴的真面目。即使如此，城邦陷入悲慘和不幸的局勢使得她更加苦惱；市民一個接著一個遭到殺害，無論從那一方面來說，報復的念頭全部破滅殆盡；流亡在外的人士到處散布，實力非常微弱而且怯懦不敢舉事。

阿里塔斐拉的冒險是唯一的希望，只有她能給人民帶來最大的福分；她將菲里的娣布[70]當成仿效的對象，從而激勵光榮和進取的勇氣。然而她缺乏娣布所能擁有的優勢，那就是無法從家庭裡面獲得忠誠的支持，因而她決定採用下毒的手段除去自己的丈夫。有效的藥物種類很多，在準備、購買和試驗的過程中，不可能沒有受到注意，最後還是被人出賣。等到提出確鑿的證據，奈柯克拉底的母親卡爾比婭（Calbia）是個天性嗜血又無情的女人，認爲在處死阿里塔斐拉之前先讓她經過酷刑的折磨。奈柯克拉底的愛情會在不知不覺中緩和他的憤怒，只要拖延下去對她的恨意就會變得微弱，阿里塔斐拉勇敢面對控訴，盡其所能爲自己辯護，所能提供的藉口完全取決於他的態度。等到她了解提出的證據，看到對下毒所做的準備工作，已經不容她否認，只有招供，但是強調這些藥物都不會致命。

她說道：「親愛的夫君，你是這樣的愛我，因爲你的恩賜我才有名氣和影響力，所以我認爲最重要的工作，就是不能成爲壞女人嫉妒的目標。我害怕她們會使用藥劑和詭計，這樣一來讓我要想辦法發明一些東西，可以抵銷或中和萬一服下以後產生的效用。我這種想法何其愚蠢，完全是婦人之見，根本不值得拿出死刑來懲罰。一個婦女渴望的愛情，遠比你從她那裡獲得者爲多，所以才會使用春藥和誘惑的手段，如果你認爲這樣就可以置我於死地，那麼我也毫無怨尤。」

---

70 娣布殺死自己的丈夫菲里的僭主亞歷山大；參閱蒲魯塔克《希臘羅馬英豪列傳》之〈佩洛披達斯傳〉35節；戴奧多魯斯·西庫盧斯《希臘史綱》第16卷14節；華勒流斯·麥克西穆斯《言行錄》第9卷13節。

　　不管阿里塔斐拉如何為自己開脫，奈柯克拉底決定要讓她接受刑求，毫不通融的卡爾比婭也支持這種方式，認為唯有這樣才知道她是否說了真話。她用不屈不撓的勇氣忍受令人髮指的酷刑，最後連卡爾比婭都看不過去只有放棄；奈柯克拉底確信她清白無辜只能無罪釋放。他為了使她遭到折磨覺得非常抱歉；沒過多久又將她接回去，他無法克制對她的熱情，再度恢復以往的關係，為了獲得她的好感，就對她百般奉承和曲意呵護。當她對抗酷刑和痛苦獲得勝利之後，不會因他表示善意就屈服，還要採取其他手段和運用間接的路線，振作精神，不達成偉大的目標絕不中止。

　　幸而她有一位及笄的女兒面貌非常嬌美，可以當成搖晃的餌用來引誘僭主的兄弟，這位年輕人愛好美色很容易上鉤。她利用少女的魅力和春藥，阿里塔斐拉經常提到這方面的效果，使得年輕人陷入其中無法自拔，同時還讓他為理應獲得的權力而煩惱不堪。僭主的弟弟名字叫作勒安德（Leander）。等到雙方開始熱戀，勒安德一直要求僭主同意他與姪女的婚事。然而在另一方面，少女受到母親的教導，發揮她的影響力去說服勒安德，採取行動讓城市獲得自由，特別指出即使是他在專制極權之下，同樣無法過自由人的生活，保證可以簽訂婚約以及永久維持下去。

　　還有就是勒安德的朋友認為要向阿里塔斐拉示好，他們推測他對身為僭主的兄弟，產生覬覦之心有進一步的打算。當勒安德發覺阿里塔斐拉在計劃同樣的陰謀要採取行動的時候，卻用先下手為強的方式，說服一個名叫達弗尼斯（Daphnis）的奴僕去殺死奈柯克拉底。他再也不理會阿里塔斐拉，對於其他人來說，他的行為讓人一眼就可以看出在謀害自己的親兄弟，並非要除去一位僭主，因為接位者的統治瘋狂又愚蠢。勒安德認為阿里塔斐拉不會恨他，也沒有表示明確的敵意，所以對她保持幾分尊敬，仍舊有若干影響力，就在他不知情的狀況下安排對他不利的活動。

　　首先她在暗中煽動阿非利加人對他發動一場戰爭，說服一位擁有權勢的人物名叫安納布斯（Anabus）進行征服的工作，親自率領軍隊前來攻打塞倫。接著她用欺騙的手法指控勒安德的朋友和將領，暗示這些人對於從事作戰一點都不熱心，情願保持和平與安寧，好像他需要這種環境和專制的政體，才能維持和鞏固他的權力去控制所有的市民。她說她自己可以進行調停的工作，安排他與安納布斯舉行一次會議，一定要在戰爭造成難以彌補的損害之前，先答應這件事情。就在勒安德給予承諾的時候，阿里塔斐拉早已與阿非利加人取得協議，同意給他們很多禮物和大筆金錢，趁著僭主前來與他們開會之際將他抓住。

等到阿非利加人被說服願意加入她的陣營，勒安德開始遲疑不決，在阿里塔斐拉的面前感到侷促不安。她說這樣的話那她就獨自前往，迫得他在不了解狀況之下，毫無武裝隊伍的護送立即成行。當他接近到看得見安納布斯的時候，再度感到非常擔心，想要等待他的衛隊趕上來，阿里塔斐拉馬上加以鼓勵，接著開始叫他懦夫，見到遲延不可避免，不顧一切非常勇敢地用手拖著他走，一直到把他交到蠻族手中。他立刻被收押成為囚犯，要等到阿里塔斐拉的朋友帶來大筆金錢，還在其他市民的陪同之下，阿非利加人才把受他們看管的勒安德交出來。

所有人聽到這個消息，跑到外面去相互告知。他們看到阿里塔斐拉平安無事，幾乎忘記對僭主是如此的憤怒，至於報復那已經是次要的問題。能夠享有自由的生活是他們最關心的事，大家帶著歡樂和眼淚迎接她的歸來，如同跪倒在神明的雕像面前那樣向她頂禮膜拜。民眾洶湧而來，一個接著一個毫無間斷，到了夜間就輕易接替勒安德的職位，接著馬上回到城市。

等到他們將所有的榮譽和讚揚賜給阿里塔斐拉以後，這時轉過頭來打量僭主應該如何處置。他們用火刑將卡爾比婭活活燒死，接著將勒安德裝進皮袋密縫起來丟進深海。他們要求阿里塔斐拉應該與那些優秀的市民，共同控制和管理政府的運作，認為這是她無可推辭的酬庸。她如同贏得大獎的名角，已經在舞台上面出盡鋒頭，現在她看到城市獲得自由，應該是光榮身退的時刻，立即回到自己家中與婦女住在一起，不再涉及或干預公眾的事務，她在家人和朋友的陪伴下，用紡紗織布打發平靜的餘生。

二十　康瑪[71]

蓋拉夏（Galatia）[72] 的西納都斯（Sinatus）和夕諾瑞克斯（Sinorix）都是最有權勢的行政區長官，兩位之間有遠房的親屬關係。西納都斯娶的妻子名叫康瑪（Camma），這位少女的容貌出眾體態優美，說起貞潔的懿德更是廣受讚譽。她不僅性情嫻靜敬愛丈夫，而且機智過人品格高尚，仁慈和恩典更能贏得所有僚屬的尊重。月神阿特米斯特別受到蓋拉夏人的膜拜，她能出任這位神祇的女祭司，僅就此點而論可以知道她的地位是如何的崇高，因而經常可以見到她盛裝參加遊

71　本書第50章〈愛的對話〉22節；以及波利努斯《謀略》第8卷39節，都提到這個故事。

72　蓋拉夏是地勢高峻的區域，位於小亞細亞的中部，原來分屬弗里基亞（Phrygia）和卡帕多西亞（Cappadocia），85 B.C.成為羅馬元老院管轄的行省。

行的隊伍，或者主持奉獻犧牲的祭祀。

誰知夕諾瑞克斯對她一見鍾情，然而只要她的丈夫在世，無論誘騙的說服還是武力的脅迫都發生不了作用。他只有採取令人髮指的行動，用叛逆作為藉口殺掉西納都斯。接著他像是一點也不願浪費寶貴的光陰，立即向康瑪求婚。這時她把所有的時間都花在廟宇裡面，默默忍耐夕諾瑞克斯違法的罪行，不願接受人們的同情，更不用卑劣的手段予以反擊，她的意圖在於表現高人一等的見識以及伺機而動的策略。夕諾瑞克斯還在鍥而不捨的提親，為了在爭論當中不願落於下風，經常說些強辭奪理的話來為自己辯護，認為他在各方面都較西納都斯為優，特別是他為了愛康瑪才去害死情敵，並不是有什麼過分殘暴的打算。

婦女的推辭從開始就沒有表現出拒人於千里之外的神情，後來經過一段時間她的態度逐漸軟化；特別是夕諾瑞克斯現在有很大的權力，她的親戚和朋友為了獲得夕諾瑞克斯的重用和禮遇，都想要說服她或是拿出其他辦法，使得她要忍受很大壓力。最後她只有屈服，派人通知他前來相見，理由是兩造要當著女神的面，彼此同意婚事並且立下誓約。他抵達以後的接待非常周到，接著她把夕諾瑞克斯引到祭壇的前面，酹酒祭神以後自己先喝一部分，再叮囑他飲完碗中的剩酒；誰知在牛奶和蜂蜜裡面攙了毒藥。

等到她看見他把酒全喝下肚，突然發出歡樂的呼叫，全身俯伏在女神的雕像下面說道：「尊貴的女神，我請妳做見證，西納都斯遭到謀殺以後，我之所以能活下去，完全是為了今天。這段期間除了希望正義得到伸張，苟且偷生的我得不到一絲安慰。現在正義已經站在我這一邊，使得我能夠毫無遺憾地相從我的良人於地下。至於提到夕諾瑞克斯這個最邪惡的小人，讓他的朋友用墳墓來作為他結婚的新房。」

就在這位蓋拉夏人聽到所說的話之際，感覺毒藥的效能已經發作，身體陷入無法控制的混亂狀態，立即跳上一輛馬車，像是疾馳的搖晃和顛簸可以讓他獲得解脫，也不過片刻工夫就移到昇床上面，拖到黃昏時分還是一命嗚呼。康瑪忍過一夜的痛苦，等到得知夕諾瑞克斯殞滅的消息，這時她才含笑以歿。

二十一　斯特拉托尼斯

蓋拉夏孕育出名垂千古的女中英豪，像是戴奧塔魯斯（Deiotauus）的妻子斯特拉托尼斯（Stratonice）和奧特阿岡（Ortiagon）的妻子契奧瑪拉（Chiomara），這兩位

就是箇中翹楚。

斯特拉托尼斯知道丈夫很想她能生育後裔繼承王國，然而她沒有子女卻是不爭的事實，說服他要另外一位婦女爲他生一個嬰兒，大家心照不宣承認是她所出。戴奧塔魯斯覺得這個構想非常高明，同意完全讓她作主，於是她從俘虜當中買來一位少女，取名伊里克特拉（Electra），契約經過國王批准。後來生下的小孩都由她撫養，充滿愛心照顧得無微不至，如同自己的子女擁有繼承的權利。

二十二　契奧瑪拉[73]

接著要說奧特阿岡之妻契奧瑪拉的事蹟：羅馬大軍在格耐烏斯（Gnaeus）[74] 統率之下，抵達亞細亞發起一場會戰擊敗蓋拉夏人，結果契奧瑪拉和其他婦女都成爲戰俘。有位軍官[75] 運氣很好成爲她的主人，如同士兵一樣侵犯她的肉體。他是一個無知的粗漢，對於酒色或金錢的誘惑完全無法自我控制，後來還是成爲貪圖財富的犧牲者。契奧瑪拉的身價很高，經過雙方同意以後，羅馬軍官將她帶到作爲兩國邊界的河邊交換贖金。等到蓋拉夏人渡過河流，將黃金交給對手然後接下契奧瑪拉，很高興的離開之際，她頷首示意要其中一位去刺殺羅馬人。等到這個人將他的頭割了下來，她拾起來用長袍將它包好帶走。契奧瑪拉來到丈夫的面前，就將這個頭顱丟到他的腳下，他帶著吃驚的神色說道：「親愛的妻子，高貴的事情是要忠貞不貳。」她說道：「不錯，更高貴的事情是與我發生親密關係的人，只能有一個活在世上。」

波利拜阿斯[76] 曾經與這位婦女在薩迪斯[77] 見過一面，對於她有高明的見識和淵博的智慧，大爲讚賞不已。

73　波利拜阿斯《歷史》第21卷38節的殘本上面記載這個故事，蒲魯塔克很可能由此摘錄；可以參閱李維《羅馬史》第38卷24節；華勒流斯‧麥克西穆斯《言行錄》第6卷1節；以及弗洛魯斯（Florus）《羅馬史概論》（*Epitome of Roman History*）第1卷27節之6。

74　這位羅馬將領的名字是格耐烏斯‧曼留斯‧烏爾索（Gnaeus Manlius Vulso），會戰發生在180 B.C.。

75　根據記載知道這個人是一位百夫長。

76　波利拜阿斯（200-117 B.C.）生於希臘南部的麥加洛波里斯，是亞該亞同盟的領袖人物之一，成爲人質留滯羅馬達十年之久，結交權貴和學者，對於政局有深入的認識，著述《羅馬史》四十卷，成爲了解羅馬帝國從第二次布匿克戰爭，到西元前2世紀最可靠的記錄。

77　薩迪斯是古代利底亞王國的都城，後來成爲波斯在小亞細亞的政治和軍事中心，雖然處於內陸地區，控制東西向的交通，形勢極其險要。

二十三　一位帕加姆的婦女

米塞瑞達底把六十名出身高貴的蓋拉夏人當成朋友召喚到帕加姆[78]，等他們到了以後，認爲擺出傲慢的姿態和橫蠻的言行，倒也沒有什麼不對。這樣一來所有的來客都感到氣憤難平，其中有位波里多瑞克斯（Poredorix）具備強健的體魄和卓越的心靈，曾經出任托西歐庇亞人（Tosiopians）的行政區長官，了解這樣一種狀況，那就是米塞瑞達底要到設置在體育館的法庭聽訟，如果抓住機會突然發起襲擊，整個法庭的人員如同墜入萬丈深淵，全都死無葬身之地。到了排定的日期出於偶發的原因，米塞瑞達底沒有前往體育館，他把這些蓋拉夏人都召喚到府邸。這時波里多瑞克斯勸勉大家要鼓起勇氣，等到米塞瑞達底與這些來客相見，一擁而上將他殺死，軀體支解以後馬上丟在四處。

有位通風報信的密探得知此事立即謁見米塞瑞達底，他逮捕所有的蓋拉夏人，然後逐一將他們處以極刑。沒過幾天他突然想起一位漂亮而英俊的年輕人，所有同齡人員都難以望其項背，他覺得非常遺憾，同時他的心意也逐漸改變。他之所以如此苦惱，是因爲心目中的青年列入首批處死的名單，然而他還是下達命令，只要發現這位年輕人還活著，就立刻從監獄中釋放。提到的幸運兒名字叫作貝波利塔努斯（Bepolitanus），不可思議的福氣就這樣降臨到他的頭上：因爲他在遭到逮捕的時候穿著一套華麗又昂貴的服裝，劊子手想要據爲己有，不願鮮血和穢物將它污染，等到抽空將它從年輕人身上剝下來以後，再把原來的物主拖出去處死，誰知這時傳令官從國王那裡跑過來，大聲呼叫貝波利塔努斯的名字。這個案子使得很多人喪生，唯獨貪婪之心救了年輕人一命。

波里多瑞克斯遭到處決以後，屍體不准掩埋要暴露在外，他的朋友沒有一個人敢走近示眾的地點。帕加姆有一位婦女，是他生前最心愛的情人，所有的蓋拉夏人都知道有這回事，現在冒著生命的危險要去安葬他的遺骸。派出的守衛注意到這件事，將她逮捕以後押解到國王的面前。據說米塞瑞達底看了她一眼就深受感動，因爲這個女郎如此年輕流露出無辜的神色。讓他知道真正的理由是出於愛情，竟能發揮這樣大的力量使人不顧自己的性命，總而言之，他懷著憐憫之心同意她運走屍體給予埋葬，同時把屬於波里多瑞克斯的衣物和首飾，全都贈送給勇

78　帕加姆是愛奧尼亞的首府，距離海岸有二十四公里，圖書館的規模僅次於亞歷山卓，為希臘世界在小亞細亞的第一名城。此地於281-133 B.C.建立阿塔盧斯（Attalus）世系的帕加姆王國。

敢女郎作爲紀念。

二十四　泰摩克萊婭[79]

　　底比斯的瑟吉尼斯如同伊巴明諾達斯、佩洛披達斯以及其他的仁人志士一樣，對於城邦的獨立自由懷著極其熱烈的期盼，後來起義的行動沒有獲得成功，接著就在奇羅尼亞涉及事關希臘人存亡的戰爭，他們擊敗當面之敵準備發起追擊之際，有個人對他大聲叫道：「你們要追多遠？」他回答道：「一路直到馬其頓。」

　　瑟吉尼斯有一位名叫泰摩克萊婭的姊妹壽命比他長，可以見證這個家庭具備高尚的德操，特別是瑟吉尼斯本人的天賦才華，成爲當代盛名遠播的偉大人物。泰摩克萊婭憑著她的德行也能造成有利的態勢，即使面對排山倒海而來的橫逆也能泰然處之。

　　等到亞歷山大擊敗底比斯人[80]，手下的人馬有部分已經攻入城內，開始到處縱兵搶劫，其中有位軍官將泰摩克萊婭的房舍據爲己有，說起這個人毫無理性和教養可言，表現出一副傲慢和愚蠢的模樣。他是一支色雷斯部隊的指揮官，名字與國王完全一樣，其他方面眞是有雲泥之別；對於泰摩克萊婭的祖先和地位毫無尊重之意，用過晚餐和灌飽黃湯，召喚女主人要整夜陪他在一起。就這樣還不算了事，他要她將金銀拿出來，好像她把這些東西都藏了起來，有時發出威脅之詞說是要將她殺死，過一會又答應娶她爲妻。

　　她抓住這個機會說道：「神明爲鑑，在這個夜晚之前，我以爲活在世上不如死掉算了，看來在經歷一番苦難以後，至少我可以保留一些顏面。事到如今我只有聽天由命，要把你看成我的保護人、主子和丈夫。我不能違背神明的意願，剝奪你應該擁有的東西；因爲從此以後我要聽從你的決定。我有值錢的首飾和銀製的頭面放在一只大酒杯裡面，此外還有一些黃金和錢幣，當城市要被你們占領的時候，我吩咐侍女將這些值錢的物品放在一起，然後丟進枯井之中，也可以說暫時保存在那裡。那口井的位置很隱蔽，四周長著濃密的樹木。我希望你有好的運

79　蒲魯塔克在《希臘羅馬英豪列傳》之〈亞歷山大傳〉12節提到泰摩克萊婭的故事，情節非常簡單；可以參閱波利努斯《謀略》第8卷40節。

80　亞歷山大在335 B.C.攻占底比斯，爲了讓希臘人永難忘懷恐怖的景象，將全城夷爲平地，有六千人死於刀劍之下，無分男女老幼發爲奴者多達三萬人。

道能夠得到值錢的財寶，當作我送給你的證據和信物，給我的家庭帶來幸福和光明的前途。」

馬其頓人聽到這番話以後，根本等不到天亮，在泰摩克萊婭的引導之下直接來到所說的地點，命令他們將花園的大門關上，這時就沒有人知道他們在裡面做什麼，他只穿著一件內衣就向下爬進井中。他現在已經大難臨頭，站在井口的泰摩克萊婭，命中注定要親自執行報復的工作。等到他高聲叫喊已經抵達井底，她自己搬來很多石頭，那些侍女還將巨大的石塊滾過來，她們從上面投下去將他擊斃，一直到全部將他埋住。等到馬其頓人發覺有異前來探視，接著找出殘缺不全的屍體，這時他們已經發布對底比斯人封刀的公告，逮捕泰摩克萊婭押到國王的面前，報告她犯下膽大包天的惡行。

亞歷山大看到她那沉著鎮靜的神情，以及進來時從容不迫的步伐，知道她有高貴的血統，出身上流階層，首先就問她的家庭狀況，她一點都不怯場，帶著高傲的口吻說道：「我運氣很好有一個哥哥是瑟吉尼斯，他在奇羅尼亞會戰中擔任將領，後來就在該地陣亡，為希臘人爭自由而與馬其頓人作戰，過去我們一直享受民主政治的幸福，從來沒有親身體驗奴役的生活。現在我的家庭歷經慘痛的災難，只有下定決心不再逃避死亡，除非你下令停止這些惡行，否則我不願再活著接受像那天晚上一樣的折磨，」

在場有很多人同情她的遭遇流下眼淚，亞歷山大對她不僅憐憫更能感受精神的偉大，她的勇敢和所說的話讓他覺得不可思議，下令給手下的軍官給予妥善的照顧，讓她仍舊住在全城聞名的房舍，不得受到任何騷擾和委屈。泰摩克萊婭和其他與她有親屬關係的族人，全部獲得自由可以前往希臘各地定居。

二十五　埃里克索[81]

阿昔西勞斯是巴都斯(Battus)的兒子，他有個綽號叫作「有福之人」，雖然說在各方面都與他的父親大相逕庭。事實上他的父親在世的時候，他在府邸的四周建起防壁，因而被他的父親處以一泰倫的罰鍰。巴都斯所以未得善終(才給阿昔西勞斯一個帶有諷刺意味的綽號)[82]，可以看出他的天性是何等的冷酷，那也是

81　參閱希羅多德《歷史》第4卷160節；波利努斯《謀略》第8卷41節；穆勒(Muller)《希臘歷史殘篇》第3卷387頁。

82　他得到一個「翻臉無情」的諢名。

與他交了一個邪惡的朋友有關，在拉阿克斯(Laarchus)的協助之下，他當不上國王即成了僭主。

　　拉阿克斯在暗中規劃讓他變成暴君，舉凡塞倫最高貴的市民受到放逐或謀害，把所有的血債算在阿昔西勞斯的身上，自己反倒置身事外。最後他讓阿昔西勞斯飲下攙有海兔[83]的藥劑，患了一種重病，使得身體虛弱不堪又痛苦難當，還是逃不了命喪黃泉的後果。拉阿克斯掌握統治的權力，藉口是要保留給阿昔西勞斯的兒子巴都斯(取用他祖父的名字)。這個小孩天生是個瘸子而且年歲還小，所以拉阿克斯不把他放在眼裡；小孩的母親爲人審愼行事高雅，有很多深具影響力的親人。因此拉阿克斯拿出慷慨的作風對她百般討好，想要贏得芳心可以娶她爲妻。他還示意說娶她完全是爲了替巴都斯著想，只要成爲他的兒子，就能與他共同統治整個城邦，這也是最適當和最合法的方式。

　　埃里克索（Eryxo)(是這位婦女的名字)與她的兄弟商量以後，吩咐拉阿克斯先與她的兄弟交換意見，看來她自己是同意這門親事。等到拉阿克斯要與他們見面，好像總是推三阻四的拖延時間。埃里克索派一個侍女去見拉阿克斯，說是她要讓他知道她的兄弟抱持反對的立場，如果雙方在暗中結成連理，他們無法表示異議只有贊同，因此只要他願意，夜晚就可到她那裡去，等到生米煮成熟飯，一切問題自然迎刃而解。

　　拉阿克斯聽到這個天大的好消息，更爲婦人抱怨的方式興奮萬分，他答應不論到何處只要她給一句話就行。埃里克索把要實行的計謀全都問過她的長兄波利阿克斯(Polyarchus)，等到決定動手的時間來到，波利阿克斯暗中帶著兩位年輕人進入他姊妹的房間，他們的手裡拿著刀劍要爲遭到謀殺的親人復仇，因爲他們的父親不久之前被拉阿克斯下令處決。

　　埃里克索派人去請拉阿克斯，他來到的時候根本沒注意四周的狀況，年輕人對他發起襲擊，被長劍刺穿身體立即斃命。他們將他的屍首拋到城牆外面，擁戴巴都斯接位繼承他父親的統治權，波利阿克斯讓塞倫的人民獲得自由，城邦的政體恢復原來的型態。

　　後來出事是因爲城市駐有大量埃及國王阿瑪西斯的士兵，他們受到拉阿克斯的雇用，成爲忠心的支持者，也是脅迫市民最有力的工具。這些士兵派人去見阿瑪西斯指控波利阿克斯和埃里克索。國王大爲震怒要對塞倫的人民發起戰爭，正

83　這是一種有毒的魚，可能是河豚也說不定；本書第65章〈陸生或海生動物是否能更爲靈巧〉35節，提到這種魚吃下肚會致人於死。

好這時他的母親逝世，由於要辦理喪事沒有立即成行，回來的信差卻帶來災禍的噩耗。因此波利阿克斯認為最好的方式是前去為自己辯護，埃里克索表示不願留在家中，情願一同前往分擔所要面對的危險，就是他們的母親克瑞托拉（Critola）雖然年事已高，也要陪著子女讓他們感到有人照顧；特別是她的地位極其崇高，因為她是「有福之人」巴都斯的姊妹。

他們到達埃及以後，冒險犯難的精神贏得民眾的同聲讚譽，就是阿瑪西斯都對婦女的見識和勇氣表示由衷的欽佩，波利阿克斯和同來的婦女受到皇室的禮遇，然後埃及國王護送他們回到塞倫。

二十六　色諾克瑞特

庫米（Cumae）[84]的色諾克瑞特（Xenocrite）對於僭主亞里斯托迪穆斯[85]的作為舉止，贏得不少人的大力讚譽。雖然這位僭主獲得「仁義之君」的稱號，只是大家並不知道他的真面目。事實上蠻族用這個稱呼來表示「幼稚」之意，當時他還是一個少年，要是拿別人來說還留著很長的頭髮（他們把留長頭髮的人稱為「騷擾者」[86]也不是沒有道理）。後來亞里斯托迪穆斯與蠻族的作戰表現極其卓越而突出，不僅膽識過人能夠完成交付的任務，要是提起快速的反應和未卜先知的本事更是同儕望塵莫及。因此他很快晉升到最高的職位，受到市民同胞的極口讚譽；等到塔昆紐斯·蘇帕巴斯要恢復他的王國，使得羅馬人受到伊楚里亞人的圍攻，他奉命前去給予援手。這場戰役延續很長一段時間，他幾乎讓所有的市民都受到徵召進入軍中服役；這時他的作風不像一位將領，倒是如同一位政客，說服大家加入他的陣營去攻擊元老院，將出身高貴和具備影響力的市民施以放逐的處分。

亞里斯托迪穆斯使自己成為僭主，他對婦女和自由人身分的年輕人，很多方面有不當的舉措，因而他的作惡多端已經超越過去的記錄。像是歷史上就有這樣

84　庫米是義大利南部康帕尼亞（Campania）地區一個城市。

85　參閱哈利卡納蘇斯的戴奧尼休斯《羅馬古代史》第5卷4-12節；以及戴奧多魯斯·西庫盧斯《希臘史綱》第7卷10節。

86　像是流浪漢四處行走唱一些乞討的歌曲；可以參閱阿昔尼烏斯《知識的盛宴》359D-360B。很可能是Hair-raisers「長髮者」這個字被誤寫成Harassers「騷擾者」，不管怎麼說，總比蒲魯塔克運用希臘的字源學更有道理。

的記載，說他把留長髮和佩帶金飾的習慣，強加在男孩的身上，反倒是女孩規定要剪短頭髮，穿男孩的衣服和短袍。亞里斯托迪穆斯對色諾克瑞特情有獨鍾迷戀不已，雖然她的父親受到放逐，僭主還是不願讓她的父親歸國，也沒有獲得家長的同意。他始終認為這位女郎會死心塌地跟隨他，因為所有的市民都會嫉妒她是如此的好命。這一切對她而言並不值得重視。她一直為雙方的結合沒有舉行婚禮和簽訂誓約感到極其苦惱，特別是她渴望城邦能獲得自由，須知任何人有這種想法就是僭主痛恨的目標。

正好在這個關鍵時刻發生了一件大事，亞里斯托迪穆斯要繞著國土的邊界挖一道壕溝，這個工程毫無必要也無法發生作用，真正的理由是他想要市民疲憊不堪，把所有的時間和精力用在辛勞的奴役上面，自然會減少對他的威脅；因此他特別規定每個人挖除土方的數量。一位婦女看到亞里斯托迪穆斯快要接近，趕快停步站在路邊用長袍蒙住自己的面孔。等到僭主經過以後，在旁的年輕人開著玩笑問她，為什麼她會表現謙恭的態度為亞里斯托迪穆斯讓路，對於別人從來沒有如此。她用一本正經的口吻回答道：「因為在庫米所有的人民當中，只有亞里斯托迪穆斯是一位敢做敢當的男子漢。」

僅僅這幾句話就把造成當前處境的責任歸罪到大家的頭上，慚愧之餘激起了高貴的情操，要為爭取自由而奮鬥到底。據稱色諾克瑞特聽到此事，就說要是她的父親能回到故鄉，她情願為他在曠野挖壕運土，勝過與亞里斯托迪穆斯共享奢華和權力。對於團結起來反對亞里斯托迪穆斯的人士而言，出現這些事件增大他們的聲勢，他們在昔摩特勒斯(Thymoteles)的領導之下更是充滿信心。等到色諾克瑞特答應提供一條安全的通路，同時保證亞里斯托迪穆斯沒有武裝也不會發覺，他們便毫無困難的衝了進去，僭主當場送掉性命。兩位婦女的英勇行為給庫米的市民帶來自由，一位說出他們心中的念頭，促使他們採取積極的行動；另外一位與他們合作獲得所望的結局。

他們要將特權和重禮當作酬勞致贈給色諾克瑞特，然而她一概拒絕；只是提出一個要求，讓她能夠埋葬亞里斯托迪穆斯的屍體，經過表決獲得同意。最後他們選她出任德米特的女祭司，授與的榮譽不僅增加女神的光彩，也適合色諾克瑞特的身分。

二十七　皮昔斯的妻子[87]

　　據說皮昔斯的妻子與澤爾西斯是同個時代的人物，這位婦女有過人的智慧和善良的心地。皮昔斯本人像是機緣湊巧獲得一些金礦，他對財富的喜愛毫無節制，超越一般人的想像已到貪得無厭的程度。他自己把全部時間花在這方面，就是市民都被他逼進礦坑，所有的挖掘、搬運和沖洗全是為了找到黃金；除此以外沒有其他工作，也不從事另外的活動。很多人因而身亡，大家更是感到精疲力竭。皮昔斯的妻子在家中，婦女來到她的門前向她哭訴，她勸大家離開不要喪失奮鬥的勇氣。然後她召來一些最信任的金匠，給他們找一個藏身之處，吩咐他們用黃金做出麵包、各種糕點、水果以及皮昔斯最喜愛的山珍海味。這些東西做好以後，皮昔斯正從海外旅行歸來抵達家中。

　　他交代要用餐的時候，他的妻子叫人搬來黃金的餐桌，上面擺滿黃金製成的菜餚，只是全部不能吃進肚中，皮昔斯看到這些惟妙惟肖的食物開始感到非常高興，等到他看飽以後，吩咐把吃的東西拿上來，這時他無論想要什麼，她都用黃金做成的複製品充數，皮昔斯憤怒得大發脾氣，高聲喊叫說他已經是饑火中燒，他的妻子說道：「是你費了千辛萬苦才能源源不絕供應我們這些東西，除此以外全部付之闕如。所有經商的本事已經從我們當中消失，現在沒有人去耕種田地，放棄培育作物的工作等於斷絕食物的來源。我們都在挖掘和尋找無用之物，只是浪費我們的精力，使得市民無法過正常的生活。」

　　這些話讓皮昔斯深受感動，從此他的大部分活動不再用於金礦，同時下令只要五分之一的市民輪班進入礦坑工作，其餘人員轉行從事農業或貿易。

　　澤爾西斯[88]入侵希臘的途中，皮昔斯的接待和呈獻的禮物可以說盡善盡美，要求國王賜給他恩典，因為他有幾個兒子，批准其中一位免於軍隊的服役，留在家中讓皮昔斯到老年能夠獲得安慰。澤爾西斯聽到以後怒火沖天[89]，下令將父親要求留下的兒子立即處死，屍體砍成兩半分置道路兩旁，所有的部隊從中間行軍通過；其他的兒子都被他帶走，後來全部命喪沙場。

87　參閱波利努斯《謀略》第8卷42節；以及希羅多德《歷史》第7卷27-29節，這裡用的名字是皮修斯(Pythius)。

88　希羅多德在《歷史》第7卷27-39節，用很長的篇幅敘述皮昔斯與澤爾西斯的故事。

89　澤爾西斯特別提到一個人的情緒是住在耳朵裡面，聽到吹捧奉承就會精神百倍，逆耳之言就會火冒三丈。參閱塞尼加《倫理學隨筆》第3卷16節；以及普里尼《自然史》第33卷10節。

　　這些不幸的事故使得皮昔斯喪失所有的生趣,世上很多壞蛋和蠢材所經歷的人生,看起來他也無法避免,主要原因在於他畏懼死亡以及不願再有任何負擔。他不願活在世間,然而又難以捨棄生命。城市附近有座很大的土丘,皮索波萊特(Pythopolites)河從旁邊流過,他準備將陵寢建在土丘上面,然後讓溪流改道,河水可以直接流向土丘,一直漫到墳墓的下方為止。等到所有的工程完畢以後,他住進陵寢裡面,把管理政府和照顧整個城市的工作交給他的妻子,叮囑她不能前來探視,只是每天將晚餐放在一條小舟上送給他即可,直到小舟到了墓地沒有人動晚餐,表示他已經亡故以後不要再送。他用這種方式打發餘生,他的妻子領導的政府有優異的表現,市民過著安居樂業的日子。

蒲魯塔克札記 I

2014年6月初版 　　　　　　　　　　　　　　　定價：新臺幣850元

有著作權・翻印必究
Printed in Taiwan.

著　　　者	Plutarch
譯　　　者	席　代　岳
發　行　人	林　載　爵

出　版　者	聯 經 出 版 事 業 股 份 有 限 公 司	叢書編輯	梅　心　怡
地　　　址	台 北 市 基 隆 路 一 段 180號 4樓	校　　對	呂　佳　真
編 輯 部 地 址	台 北 市 基 隆 路 一 段 180號 4樓	封面設計	顏　伯　駿
叢 書 主 編 電 話	（ 0 2 ） 8 7 8 7 6 2 4 2 轉 2 1 1		
台 北 聯 經 書 房 ：	台 北 市 新 生 南 路 三 段 9 4 號		
電　　　話：	（ 0 2 ） 2 3 6 2 0 3 0 8		
台 中 分 公 司 ：	台 中 市 北 區 崇 德 路 一 段 1 9 8 號		
暨 門 市 電 話 ：	（ 0 4 ） 2 2 3 1 2 0 2 3		
台 中 電 子 信 箱	e - m a i l ： l i n k i n g 2 @ m s 4 2 . h i n e t . n e t		
郵 政 劃 撥 帳 戶 第	0 1 0 0 5 5 9 - 3 號		
郵 撥 電 話 ：	（ 0 2 ） 2 3 6 2 0 3 0 8		
印　刷　者	世 和 印 製 企 業 有 限 公 司		
總　經　銷	聯 合 發 行 股 份 有 限 公 司		
發　行　所：	新北市新店區寶橋路235巷6弄6號2樓		
電　　　話：	（ 0 2 ） 2 9 1 7 8 0 2 2		

行政院新聞局出版事業登記證局版臺業字第0130號

國家圖書館出版品預行編目資料

蒲魯塔克札記/Plutarch著 . 席代岳譯 . 初版 . 臺北市 .
聯經 . 2014年6月（民103年）. I. 616面 . II. 584面 . III. 608面 .
IV. 584面 . 17×23公分 .（聯經經典）. 譯自：Moralia
ISBN 978-957-08-4396-5（I.：精裝）
ISBN 978-957-08-4397-2（II.：精裝）
ISBN 978-957-08-4398-9（III.：精裝）
ISBN 978-957-08-4399-6（IV.：精裝）

1.倫理學　2.道德

190　　　　　　　　　　　　　　　　　　　103007859